● 陈兴良 /著

刑法研究（第九卷）

刑法总论 Ⅳ

Research on Criminal Law

中国人民大学出版社
·北 京·

总 目 录

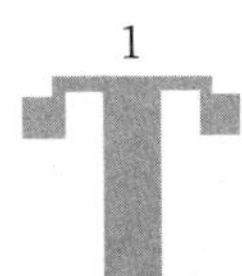

第九卷　刑法总论Ⅳ

第十卷　刑法总论Ⅴ

第十一卷　刑法各论Ⅰ

第十二卷　刑法各论Ⅱ

第十三卷　刑法各论Ⅲ

本卷目录

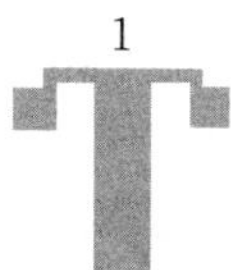

七、共同犯罪

共同犯罪的法理分析

共同犯罪是二人以上共同实施的犯罪，是犯罪的特殊形态之一。由犯罪之共同性的特征所决定，共同犯罪在定罪与处罚上均具有不同于单独犯罪的特点，因而有必要在刑法理论上加以研究。

一、共同犯罪概述

共同犯罪，是我国从苏联刑法理论中引入的一个概念。[①]

大陆法系各国刑法，则区分正犯与共犯。[②] 广义上的共犯包括共同正犯、教唆犯与帮助犯，狭义的共犯指教唆犯与帮助犯。通观大陆法系各国的共同犯罪理论，基本上是沿着正犯与共犯两条线索建立起来的。[③] 尽管我国刑法统一规定了共同犯罪，但正犯与共犯的分析框架仍然可以贯通我国刑法中的共同犯罪理论。

① 关于苏联刑法理论中的共同犯罪理论的演变，参见［苏］皮昂特科夫斯基等编写：《苏联刑法科学史》，曹子丹等译，83页，北京，法律出版社，1984。

② 充足犯罪构成要件的是正犯，依附于正犯而存在的是共犯。

③ 正犯与共犯的对立是缓慢的和不稳定的历史发展的结果。关于正犯与共犯的历史演进过程的详尽描述，参见［德］李斯特：《德国刑法教科书》，徐久生译，357页，北京，法律出版社，2000。

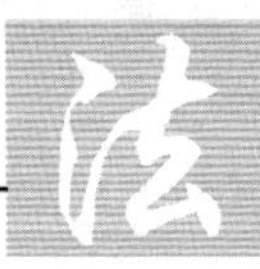

（一）共同犯罪的概念

共同犯罪区别于单纯犯罪的根本特征在于犯罪的共同性。如何理解犯罪的共同性，直接涉及共同犯罪概念的确定。

关于犯罪的共同性，在刑法理论上存在犯罪共同说与行为共同说之争。[①] 犯罪共同说认为，犯罪的本质是侵害法益，共同犯罪是二人以上共同对同一法益实施犯罪的侵害，因此，共同犯罪的共同性是犯罪的共同性。共同犯罪关系是二人以上共犯一罪的关系。是否构成共同犯罪，应以客观的犯罪事实为考察基础。在客观上预先确定构成要件上的特定犯罪，由行为人单独完成该犯罪事实的，是单独正犯；由数人协力加功完成该犯罪事实的，是共同犯罪。[②] 行为共同说认为，二人以上通过共同行为以实现各自企图的犯罪人，就是共同犯罪。共同犯罪的行为不能与法律规定的构成要件混为一谈，二人以上的行为人是否构成共同犯罪，应以自然行为本身是否共同而论。行为共同说从主观主义的立场出发，认为犯罪是行为人恶性的表现，所以不仅数人共犯一罪为共同犯罪，凡二人以上有共同行为而实施其犯罪的，皆系共同犯罪。行为共同说认为，共同犯罪关系是共同主观恶性的关系，而不是数人共犯一罪的关系。故共同犯罪不仅限于一个犯罪事实，凡在共同行为人之共同目的范围内的均可成立。因此，在不同的构成要件上，亦可成立共同犯罪。[③]

上述犯罪共同说与行为共同说之争，关系到对犯罪与行为的界定。基于“无

---

① 犯罪共同说与行为共同说所论者，系以共犯，尤其是共同正犯之成立范围为主，仅涉及有关共犯形态之成立过程及共犯概念之构成方法，为形成共犯之方法论。参见郭君勋：《案例刑法总论》，419 页，台北，三民书局，1983。

② 日本学者指出：正是在这种数人的行为实现一个构成要件事实之上，成立了刑法总则中的共犯概念。换句话说，共犯是在数人行为实现一个构成要件的场合，对其共同行动的数人的行为分别评价，以各自的行为作为犯罪而令行为人负责任的。参见［日］小野清一郎：《犯罪构成要件理论》，王泰译，86 页，北京，中国人民公安大学出版社，1991。在此小野清一郎强调了数人犯一罪的共犯概念，是典型的犯罪共同说。

③ 牧野英一等学者主张行为共同说，基于主观主义理论立场，认为共同犯罪为数人不仅实施了共同的犯罪，而且通过共同的行为，实现了各人企图所犯的罪行。参见鲁兰：《牧野英一刑事法思想研究》，168 页，北京，中国方正出版社，1999。

行为则无犯罪”的命题，行为与犯罪是不存在关系的。[①] 然而，犯罪共同说之所谓犯罪，是规范意义上的犯罪，指充足犯罪构成要件的行为；而行为共同说之所谓行为，是事实意义上的行为，是一种“裸”的行为。在这个意义上说，犯罪共同说与行为共同说之间的区分是十分明显的：犯罪共同说从犯罪的共同性出发，以数人行为构成犯罪作为共同犯罪成立的前提。而且，这里的犯罪还必须是同一构成的犯罪，在不同构成之间无所谓共同犯罪。而行为共同说从行为的共同性出发，以具有数人的共同行为作为共同犯罪成立的基础。至于数人行为是构成犯罪以及是否构成同一犯罪，在所不问。因此，行为共同说确定的共同犯罪范围大于犯罪共同说的。

我认为，共同犯罪之共同性，是法律规定的构成要件之共同而非事实上行为之共同。在这个意义上，犯罪共同说具有其合理性。既然共同犯罪是数人共犯一罪的关系，那么，数人对一罪承担刑事责任是否违反刑法中个人责任原则？古代和中世纪的刑法，曾经实行团体责任和连带责任，其典型形态是株连，株连的特点也是数人对一罪承担刑事责任。[②] 这种株连的数人对一罪承担刑事责任与共同犯罪中数人对一罪承担刑事责任是否存在区别以及其区别何在呢？对此，日本学者小野清一郎提出将犯罪与犯罪构成要件的事实加以区别的命题。[③] 按照小野清一郎的观点，在共同犯罪的情况下，犯罪虽然只有一个，但数人的行为都与犯罪构成要件事实有关系，由此构成共同犯罪承担刑事责任的基础。我认为，上述说

---

① 日本学者指出：在承认犯罪是行为的命题的范围内，硬把犯罪和行为在概念上对立起来是没有意义的，至少，应当对犯罪的含义和行为的含义分别作出限定。参见［日］小野清一郎：《犯罪构成要件理论》，王泰译，85 页，北京，中国人民公安大学出版社，1991。

② 犯罪本须行为人具备犯罪构成要件才能成立，但古代法因政策上的理由，己身纵使不犯罪，由于其与正犯有一定身份关系也受处罚，这即所谓缘坐及连坐。《唐律》以来，缘坐指正犯的亲属或家属亦被处罚，而连坐乃正犯的同职或伍保负连带责任。参见戴炎辉：《中国法制史》，55 页，台北，三民书局，1979。

③ 日本学者指出：作为个人刑事责任根据的犯罪本身，与犯罪构成要件的事实必须予以区别。依据单一的犯罪而产生数人的责任，这在原理上是不允许的。但是，对与同一犯罪构成要件事实有关系，为了它的实现而共同行动的数个人的行为分别评价，分别作为犯罪来处罚，至少是悖理的。参见［日］小野清一郎：《犯罪构成要件理论》，王泰译，86 页，北京，中国人民公安大学出版社，1991。

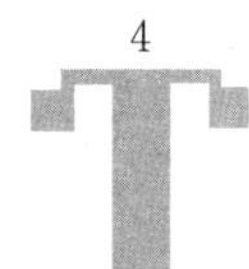

法虽然力图使共同犯罪的刑事责任根据建立在个人责任原则之上，从而将它与株连的数人对一罪承担刑事责任加以区分，但论证并不充分。在我看来，关键在于要把共同犯罪之犯罪与单独犯罪之犯罪加以区分。单独犯罪是一人所犯之罪，根据个人责任原则，罪责自负，不得株连未参与实施犯罪之人；而共同犯罪是数人共犯之罪，这里的犯罪虽然也是单一之罪，但参与者却是数人，共同犯罪是以共同犯罪行为与共同犯罪故意为基础的，由此而与因一人犯罪而追究未实施犯罪之人的刑事责任的株连相区分。因此，共同犯罪之共同责任与现代刑法所要求的个人责任原则并不矛盾。

（二）正犯的概念

正犯[①]在我国刑法理论中称为实行犯，指实行刑法分则规定的构成要件行为的犯罪人。一般而言，刑法分则是以单独犯罪为标本的[②]，因而，单独犯罪均为正犯，称单独正犯。共同犯罪是以实行行为为中心而展开的，正确地理解正犯概念，是共同犯罪理论的基础。

在刑法理论上，关于正犯概念，存在扩张正犯论与限制正犯论之争。扩张正犯论（extensiver Taeterschaftsbegriff）认为，正犯之范围不应局限于实行构成要件之行为人。凡对实现犯罪构成要件之结果，赋予任何因果条件之关系者，皆为正犯，不分其为亲自实施，或利用教唆、帮助他人实行。因这种学说强调共犯之独立性，扩张了正犯的概念，故谓之扩张正犯论。依此说，刑法各本条的规定的构成条件，并非仅限于正犯适用，即教唆及帮助者亦皆适用。教唆及帮助行为，均应依正犯之规定加以处罚。因此，如果没有刑法总则有关共犯的规定，所有对构成要件结果之实现具有条件关系之行为人，将皆按正犯处罚。故设此共犯

---

① 正犯，德语为 Taeterschaft，系亲自实现构成要件者，亦即采取实行行为之人。参见蔡墩铭：《刑法总论》，再修订版，222 页，台北，三民书局，1998。正犯系中国古代刑法的用语，指触犯正条的犯罪人。这里的正条，即刑法中的罪刑式条文。

② 日本学者指出：在以个人责任的观点为基调的今日刑法上，是以用自己的实行行为完成犯罪的单独犯罪行为在刑法条文上作为原型设想的，许多的构成要件是按这种形式规定的。在刑法上也例外地规定有预想由几个行为人来实现的构成要件，称为必要的共犯。参见［日］福田平、大塚仁：《日本刑法总论讲义》，李乔等译，156～157 页，沈阳，辽宁人民出版社，1986。

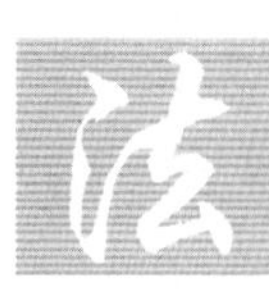

规定，将正犯刑罚加以缩小适用，以限制或缩小教唆犯与帮助犯之处罚。本质上一切共犯，仍不失为正犯，又称为刑罚缩小事由。限制正犯论（restrktiver Taeterschaftsbegriff）认为，行为人自行实施犯罪行为而实现构成要件者为正犯。非亲自实现构成要件者，则非正犯。此说将正犯之观念，限制于自己亲自实施犯罪构成要件之人，故谓之限制正犯论。依此说，刑法各本条，仅就正犯之既遂行为设其处罚之规定，并未包括未遂及教唆、帮助等行为。因此，这些行为是非实行行为，没有法律特别规定，不得加以处罚。刑法总则上之教唆犯、帮助犯等共犯规定，乃欲使正犯之刑罚扩张于正犯以外之人。所以，共犯规定是刑罚扩张事由，或曰刑罚扩张原因。

上述扩张正犯论与限制正犯论之争，涉及正犯与共犯的区分以及刑法中共同犯罪制度的立法根据问题。关于正犯与共犯的区分，并不是自古皆然的。例如，中国古代刑法中共同犯罪的概念，指的是共同正犯，并未包括作为共犯的教唆与帮助犯。[①] 在这个意义上，可以说中国古代刑法采用的是统一的正犯原则（Einheitstaeterprinzip）。这种正犯与共犯不予区分的共同犯罪制度，势必将更为广泛的犯罪相关行为纳入正犯概念之中；同时，也会使刑法分则的罪状规定显得繁复。

正犯与共犯的区分始于中世纪意大利刑法理论。在复兴罗马法的口号下，意大利法学家对罗马法进行注释，并将注释成果引入刑法研究，从犯罪构成要件的解释着手开始区分正犯与共犯的概念。由此可见，正犯与共犯的区分是建立在犯罪构成要件之上的。当然，在中世纪意大利刑法理论中，犯罪构成要件理论尚未成熟，因此正犯与共犯的区分并不明确。19世纪以来，随着犯罪构成理论的发展，正犯与共犯的关系随之得到进一步研究。在犯罪构成要件理论形成以后，行为是否符合犯罪构成要件就成为认定犯罪的唯一标准。

---

① 日本学者指出：在《唐律》里，除了“共（共同）犯罪者（正犯）”，并没有设立像人们所说的教唆或是帮助这样的与共犯罪者（正犯）相对立存在的概念，来作为一般的共犯类型。其原因，使用滋贺教授的话来说，就是并不是嫌区别它们麻烦，而是在于要把更为广泛的犯罪的协力行为认定为犯罪行为。参见［日］西村克彦：《东西方的共犯论》，载《国外法学资料》，1982（1），21页。

正犯之符合犯罪构成要件，是毫无疑问的。那么，共犯如何具有犯罪构成要件的该当性呢？对于这个问题的初步解决，就形成了扩张的正犯概念，即将教唆犯与帮助犯等共犯包括在正犯概念之内，以便使其具有犯罪构成要件的该当性。① 然而，将共犯包括在正犯概念之中，抹杀了正犯与共犯的区分，不符合生活逻辑。因为，作为正犯行为的杀人与作为共犯行为的教唆杀人与帮助杀人显然是存在区别的。②

基于支配行为的可能性的观念，将正犯与共犯加以区分，由此形成限制正犯论。③ 显然，这种正犯与共犯相区分的观点是有其事实根据的。不仅如此，正犯与共犯的区分还具有政策性理由。因为扩张正犯论强调刑法的积极机能——社会保护，潜藏着刑罚权扩张，即扩大共同犯罪范围的危险；而限制正犯论则注重刑法的限制机能——人权保障。因此，法治国的思想要求限制的正犯概念。

如上所述，限制正犯论将正犯与共犯相区分，这是具有事实根据与政策理由的。那么，如何解决共犯构成犯罪的法理根据呢？对于这个问题，我认为日本学者小野清一郎的修正的构成要件说是具有说服力的。小野清一郎将共犯视为构成要件的修正形式，共犯的各种问题全部应当从这一构成要件形式的角度去思考和解决。④ 从犯罪构成要件出发，一方面确认共犯之所以认定为犯罪是因为它合乎

---

① 扩张正犯的首倡者麦兹格继承了贝林、M. E. 麦耶尔的构成要件理论，但他扩张了构成要件相符性，认为凡是对构成要件的实现给予了因果条件者，全都是实行犯，都应当是正犯。麦兹格指出：所谓正犯，就是用自己的行为赋予构成要件的实现以原因者，不管他的行为是教唆还是帮助。参见［日］小野清一郎：《犯罪构成要件理论》，王泰译，90页，北京，中国人民公安大学出版社，1991。

② 正如日本学者指出：自己去杀人的行为，与教唆他人杀人的行为和帮助他人杀人的行为是有区别的——伦理性的、类型性的区别。这不仅仅限于一些实定法形式上的区别，就是在日常生活用语的惯例中，在国民的、社会的观念中，也有明显的区别。参见［日］小野清一郎：《犯罪构成要件理论》，王泰译，92页，北京，中国人民公安大学出版社，1991。

③ 限制正犯论的首倡者布伦斯在正犯具有支配行为的可能性的意义上，试图论证共同正犯和教唆犯及帮助犯性质上的不同，即在这种情况下，行为是包含着结果的行为。对行为的支配，要把主观方面和客观方面结合在一起去考虑，在教唆犯和帮助犯那里缺乏这种意义上的支配行为的可能性，而共同正犯则是二人以上分别有这种支配行为可能性的情形。这就是布伦斯主张限定的正犯概念的存在论理由。参见［日］小野清一郎：《犯罪构成要件理论》，王泰译，91页，北京，中国人民公安大学出版社，1991。

④ 日本学者认为，共犯是实现其构成要件时的方法性类型，是一种修正的构成要件。参见［日］小野清一郎：《犯罪构成要件理论》，王泰译，83页，北京，中国人民公安大学出版社，1991。

犯罪构成要件，从而维持了犯罪构成要件理论的逻辑上的贯通性；另一方面将共犯的构成要件与正犯的构成要件加以区分，前者是特殊的、修正的构成，而后者是典型的、一般的构成。刑法关于共犯的规定，就成为共犯承担刑事责任的法律根据。① 由此可见，建立在正犯与共犯相区分基础之上的限制正犯论所确定的正犯概念具有充分的法理根据。

根据限制正犯论，正犯与共犯是有区别的，两者不可混为同一概念。那么，正犯与共犯如何区分呢？关于这个问题，在刑法理论上存在各种观点的纷争。大而言之，可以分为客观说、主观说与折中说。

客观说又有形式的客观说与实质的客观说之分。形式的客观说以构成要件概念为中心，认为实施构成要件行为的人是正犯，其余均为共犯。② 形式的客观说之所谓客观，是指构成要件的行为；而其所谓形式，则是指构成要件的法律规定。因此，形式的客观说是以法律规定的构成要件的形式特征作为正犯与共犯区分标准的，从而严格地限制了正犯的范围。形式的客观说坚持了严格的罪刑法定主义，有其合理性，惜乎过于注重客观形式上的判断，未能顾及性质上的区分。为弥补形式的客观说之不足，遂有实质的客观说之提出。实质的客观说根据因果关系原因力程度之不同，区别原因与条件，认为对结果予以原因者，应成立正犯；仅予以条件者，则成立共犯。③ 原因与条件的区分是一个事实问题，而正犯

① 意大利学者指出：我们的刑法制度，是以罪刑法定原则为基础的刑法制度，这种制度要求在认定正犯问题上，必须以限制的正犯概念为指导。按照这种理论，只有那些实施了具备构成要件行为的人，才属于法律规定的正犯。要处罚那些实施了非典型行为的行为人，就必须援引专门的法律规定，即有关共同犯罪的法律规定。参见［意］杜里奥·帕多瓦尼：《意大利刑法学原理》，陈忠林译，317～318页，北京，法律出版社，1998。

② 形式的客观说认为构成要件之实施与其支持性的行为，在客观上已有不同之表征，故主张以客观要件之实施与否作为区别正犯与共犯之标准。参见苏俊雄：《刑法总论Ⅱ：犯罪总论》，修正版，406页，台北，1998。

③ 实质的客观说认为应视因果历程中的实质作用区分正犯与共犯，对于主导所意识之行为不可欠缺的因果过程者，也即主导危险性行为之参与者，应以正犯论。参见苏俊雄：《刑法总论Ⅱ：犯罪总论》，修正版，408页，台北，1998。

与共犯的区分是一个法律问题，实质的客观说有将两者混淆之嫌。[①] 更为重要的是，在共同犯罪中，无论是正犯的行为还是共犯的行为，对于犯罪结果的发生来说，都是给予原因者。只是这种原因力在程度上有所差别，而难以区分原因与条件。

主观说以因果关系理论中的条件说为基础，认为一切条件皆为发生结果的等价原因，所以，从因果关系的观点，无法对正犯与共犯予以客观的区别，二者的区别不能不求诸行为人的主观。因此，主观说主张应以为自己犯罪的意思作为区分正犯与共犯的标准：凡是以为自己犯罪的意思而参与犯罪的，就应当认为是正犯，否则就是共犯。在对于为自己犯罪的意思的理解上，又有意图说与利益说之分。意图说主张以行为人的意思方向及强度为准区分正犯与共犯。[②] 利益说以行为人对犯罪的利害关系区分正犯与共犯。[③] 主观说之为自己犯罪的意思，无论是以意图还是利益作为认定标准，都缺乏规范根据，难以正确地区分正犯与共犯。

折中说避免客观说与主观说之偏执，兼顾了双方之所长。折中说又分目的行为支配说与综合说。目的行为支配说认为，实现犯罪结果的行为是所谓目的行

---

① 李斯特在共犯问题上对事实问题与法律问题作了区分，指出：从原因概念中可得出结论，每个与行为结果的产生有关联者，均是行为结果的造成者。因此，立法者可以从中得出结论，每个原因人只要他实施了违法的和有责的行为，均可视为正犯，且因此得为实现构成要件承担责任。《挪威刑法典》第 58 条正是建立在此观点之上的。但是，大多数法律，包括《德意志帝国刑法典》（第 48 条、第 49 条），则选择了另一种观点：在无须否定所有与行为结果有关条件逻辑——认识论上的同价情况下，《德意志帝国刑法典》对各种促使结果发生的行为作出了不同的刑法评价，主要区分正犯与共犯，在不同的法律评价的基础上的观点下严格概念上的不同：正犯为一方面，教唆犯和帮助犯为另一方面。参见［德］李斯特：《德国刑法教科书》，徐久生译，354～355 页，北京，法律出版社，2000。由此可见，李斯特将正犯与共犯的区分视为一个法律评价问题，而不是事实上的因果问题。

② 意图说是一种纯粹的主观说，以意图公式（Animus-Formel）为理论基础，认为正犯是指有自任主角意思（animusauctoris）的犯罪参与者，而共犯是以配角意思（animus socii）的参与加功者。参见苏俊雄：《刑法总论Ⅱ：犯罪总论》，修正版，408 页，台北，台湾大地印刷厂有限公司，1998。

③ 利益说认为意图公式欠缺客观上可合理验证的表征，且在判断上难免会因参与者之客观表征的意志强度与种类，以及各种利益之间不同而受到影响；从而其实际的操作将可能有违其以行为者主观意志之观点为标准的意旨，而事实上取决于其他因素，从而形成一种以参与程度为准的利益理论（Interessetheorie）。参见苏俊雄：《刑法总论Ⅱ：犯罪总论》，修正版，409 页，台北，台湾大地印刷厂有限公司，1998。

为，凡是能够支配目的行为的，是正犯，否则就是共犯。这里的支配又分为行为支配、意志支配与功能支配。[①] 正犯具有行为支配性，包括客观上的行为与主观上的犯意均处于支配地位。教唆犯虽有意志支配而无功能支配；帮助犯既无意志支配又无功能支配，均为共犯。综合说认为只要行为人出于自己犯罪意思并且实施了构成要件的行为，就是正犯，否则就是共犯。在上述折中说中，目的行为支配说是主观说与实质客观说的折中，因而不可避免地带有实质客观说的弊端，即不是从法律性质而是从事实性质上区分正犯与共犯。综合说是主观论与形式客观说的折中，在将两说统一的时候，也就同时结合了两者的缺点。

我认为，区分正犯与共犯只能以主观与客观相统一的犯罪构成要件为标准。主观上具有实行构成要件行为的故意，客观上具有该当构成要件的行为，就应当认为是正犯，否则就是共犯。当然，对于该当构成要件的行为如何理解，在我国刑法理论上有狭义论与广义论之分。狭义论认为，所谓构成要件的行为，仅指发生犯罪结果的原因行为；而广义论认为，所谓构成要件的行为，除发生犯罪结果的原因行为以外，还包括具有帮助性质而为完成犯罪所必不可少的发生在犯罪现场的其他行为。[②] 我认为，狭义说对于构成要件行为的理解过于狭窄。例如故意杀人，甲按住被害人的手脚使其不能反抗，乙持刀将被害人杀死。乙的行为是杀人的实行行为，对此没有疑义。甲的行为对于被害人的死亡不具有直接的原因力，按照狭义说势必被排除在实行行为之外，视为现场帮助行为。如此理解实行行为，就否定了实行行为内部的行为分担。[③] 广义说对构成要件行为的理解过于广泛。事实上，并非在犯罪现场具有帮助性质的行为都是实行行为。在身份犯的

---

① 行为支配指行为人以自己承担责任而为犯罪构成要件事实之实施者；意志支配指支配他人按自己之意志去实施犯罪；功能支配指行为之分担。参见苏俊雄：《刑法总论Ⅱ：犯罪总论》，修正版，410～411页，台北，台湾大地印刷厂有限公司，1998。

② 参见陈兴良：《共同犯罪论》，59页，北京，中国社会科学出版社，1992。

③ 共同实行中同样存在行为的分工。高铭暄教授形象地把实行行为中的分工称为小分工，而把正犯与共犯之间的分工称为大分工，以示两者的区别。参见高铭暄：《刑法总则要义》，175～176，天津，天津人民出版社，1986。

情况下，没有特定身份的人不可能成为正犯。因此，即使在犯罪现场实施具有帮助性质的行为，只要行为人没有特定身份，同样不能成为本罪的正犯，而只能是共犯，即事中帮助犯。因此，在以犯罪构成要件说作为标准区分正犯与共犯的时候，应当根据法律对某一犯罪的构成要件之规定，结合犯罪的事实特征，以便得出正确的结论。

（三）共犯的概念

共犯，是相对于正犯而言的，指未参与实行刑法分则规定的构成要件行为的共同犯罪人。① 一般是指教唆犯、帮助犯，苏联及我国刑法还有组织犯。在某种意义上说，共犯概念是法律的产物。②

共犯与正犯的关系是理解共犯的关键。关于这个问题，在刑法理论上存在共犯的从属性和独立性之争。共犯从属性与共犯独立性之争主要解决的是共犯的犯罪性问题，即共犯的犯罪性来自正犯还是来自本身。③

共犯从属性说认为，共犯对于正犯具有从属性，共犯的成立及可罚性，以存在一定的实行行为为必要前提。因此，只有在正犯已构成犯罪并具有可罚性的情况下，共犯才从属于正犯而成立并具有可罚性。关于共犯在何种程度上从属于正犯，存在从属性程度说，通常采德国刑法学家麦耶尔④关于从属性程度的公式。据此，从属性程度可以分为以下四种：一是最小限度从属形式，认为共犯的成立，只要正犯具备构成要件的该当性就够了，即使缺乏违法性及有责性，也无碍

① 我国台湾地区学者指出：共犯，Teilnahme 者，指本由一人实施之犯罪，而由数人实施之情形。按刑法上大部分之构成要件，皆预定由单独个人行为予以充足，但此种情形不得由数人之行为为之，此即发生共犯之问题。参见蔡墩铭：《刑法总论》，再修订版，227 页，台北，三民书局，1998。上述意义上的共犯，指共同犯罪，包括正犯与共犯。在相对于正犯的意义上，共犯指正犯以外的共同犯罪人。

② 德国学者指出，为了能够了解共犯理论的这一结构，有必要将 M. E. 麦耶尔的话语铭记在心："共犯概念完全是法律的产物。"［德］李斯特：《德国刑法教科书》，徐久生译，355 页，北京，法律出版社，2000。

③ 日本学者指出：问题的根本点在于，教唆犯或帮助犯是否与正犯（单独的或共同的）的性质完全相同。这不仅是个解释论的问题，而且是个先于法律的、存在论性质的，即实体逻辑性质的问题。参见［日］小野清一郎：《犯罪构成要件理论》，王泰译，92 页，北京，中国人民公安大学出版社，1991。

④ 麦耶尔，系法国刑法学家 M. E. Mayer 的译名。在我国刑法学界亦译为迈耶。特此说明。

于共犯的成立。二是限制从属形式，认为正犯具备构成要件的该当性和违法性，共犯才能成立，即使正犯缺乏有责性也不受影响。三是极端从属形式，认为正犯必须具备构成要件的该当性、违法性与有责性，共犯始能成立。四是最极端从属形式，认为正犯除具备构成要件该当性、违法性与有责性外，并以正犯本身的特性为条件，正犯的刑罚加重或者减轻事由之效力亦及于共犯。① 共犯从属性说以正犯的行为为中心，使共犯依附于正犯而成立，这就严格地限制了共犯的构成条件，在一定程度上正确地揭示了正犯与共犯的关系。然而，共犯从属性说是建立在客观主义之上的，无视行为人的主观犯意，割裂主观与客观的联系，简单地以行为的分工作为区分正犯与共犯的标准。从属性程度的提出，在一定程度上弥补了共犯从属性说的不足，可以认为是对共犯从属性说的一种变相修正。在前述四种从属性程度中，最极端从属形式偏重于正犯的可罚性，而将共犯本身应斟酌的情况一概抹杀，未免过当。而大多数国家都有极端从属形式或者限制从属形式。由此可见，从属性程度大有步步缩小的趋势。尽管如此，由共犯从属性说的客观主义立场所决定，其理论的内在矛盾是难以克服的，因而终究不能正确地揭示正犯与共犯的关系。

共犯独立性说认为，犯罪乃行为人恶习性的表现，共犯的教唆行为或帮助行为，系行为人表现其固有的反社会的危险并对结果具有原因力，即为独立实现自己的犯罪，并非从属于正犯的犯罪，应依据本人行为而受处罚。换言之，其教唆或帮助不过是利用他人的行为，以实现自己的决意的方法而已，无异于实行行为。因此，在二人以上参与共同犯罪的场合，不应认为存在从属于他人犯罪的情

---

① 日本平野博士则把共犯的从属性分为实行的从属性、要素的从属性和罪名的从属性。实行的从属性是正犯现实地实施了实行行为，是否是共犯成立的要件；要素的从属性是成为共犯概念上的前提的正犯的行为，是否只要是符合构成要件的行为就够了（最小从属性说），还是需要是符合构成要件的违法的行为（限制从属性说），抑或是需要是符合构成要件的违法的有责的行为（极端从属性说）的问题。罪名从属性是共犯应该是与正犯相同的罪名（罪名从属性说），还是共犯的罪名可以与正犯的罪名不同（罪名从属性论），参见［日］大塚仁：《犯罪论的基本问题》，冯军译，280～281页，北京，中国政法大学出版社，1993。

形。教唆与帮助行为本身应认为独立构成犯罪，均可独立予以处罚。[①] 共犯独立性说将共犯的可罚性建立在本人行为的基础之上，尤其是对教唆犯的主观恶性予以充分的关注，在一定程度上克服了共犯从属性说的缺陷。但是，共犯独立性说是建立在主观主义基础之上的，它断然否定共犯对正犯的从属性，因而无助于正确地揭示正犯与共犯的关系。至于共犯独立犯说，将共犯视同正犯，使之直接适用刑法分则条文，这就导致共犯概念的取消。

共犯的从属性与独立性之争的焦点问题在于：共犯与正犯在实体上是否具有同一性？一般地说，我们还是要承认共犯与正犯的区别。例如杀人与教唆杀人或者帮助杀人，在观念上是有区别的。共犯从属性说的立论基础就是这种区别，对此是应予肯定的。而共犯独立性说否定正犯与共犯之间的这种区别，将正犯与共犯在实体性质上相等同，其偏颇之处显而易见。

我认为，共犯对于正犯来说具有一定的从属性，即共犯的犯罪性来自正犯。这种从属，是法律性质上的从属。[②] 尽管应当承认共犯对于正犯的一定程度的从属性，但不能由此否定共犯的相对独立性，这种独立性表明，共犯行为的犯罪性

① 在共犯独立性说中，更有一种极端的主张，即共犯独立犯说。该说坚持包括的正犯者的概念，认为应该取消正犯与共犯的区分，将共犯包括在正犯的概念之内。例如，共犯独立犯说的倡导者佛尼茨库认为，国家刑罚权的对象不是行为而是行为者，对行为者适用刑罚当然也要考虑行为，因为行为是行为者性格的外部表现。由于各个行为者的行为各有不同的特征，无论单独犯或共犯都是独立的，因而，不论教唆犯或正犯都是共同惹起结果的行为者，自应受同样的处理。加功于实行行为本身的从犯，应与正犯相同，但未直接或间接加功于实行行为的从犯，由于其行为只不过部分地惹起结果，其责任与正犯的责任就不能相同。对这样的帮助者必须作为特别的犯罪加以处罚。从而，可在刑法总则中一般地规定帮助犯，而应依各犯罪的性质和特点在刑法分则规定其刑事责任。参见李光灿等：《论共同犯罪》，202 页，北京，中国政法大学出版社，1987。

② 日本学者基于“违法是连带的，责任是个别的”的命题，认为在考虑从属性共犯与正犯的联系时，从属性共犯相对于正犯符合构成要件的违法行为而言是连带的，在这一范围内承认从属性的限制从属形态的立场就具有合理性，而极端从属形态则要求共犯对正犯来说只应个别地理解的责任也具有从属性，应该说是不妥当的立场。参见［日］大塚仁：《犯罪论的基本问题》，冯军译，287 页，北京，中国政法大学出版社，1993。

虽然来自正犯，但其评价根据仍然是共犯的行为本身。[①] 换言之，共犯行为是刑法的独立评价对象。教唆行为、帮助行为经由刑法总则规定，是教唆犯与帮助犯的构成要件的行为，只不过它必须与一定的正犯行为相结合才能构成完整的共犯形态。在法律特别规定的情况下，没有正犯行为，只能构成共犯的未完成形态，例如教唆未遂等。上述共犯的从属性与独立性相统一的观点，确认了共犯的二重性，更能完整地阐明正犯与共犯的关系，可采为通说。

二、正犯

正犯在共同犯罪中居于核心的地位，任何一种共同犯罪理论都以正犯为基础。

（一）单独正犯

单独正犯（Einzeltaeterschaft），指一人单独实施刑法规定的犯罪。单独正犯是犯罪的典型形态，刑法分则规定的犯罪，除必要共犯[②]以外，均为单独正犯。在这个意义上，单独正犯就是单独犯罪，由此区别于共同犯罪。单独正犯与共同犯罪在一般情况下不难区分，在同时正犯的情况下，则容易混同于共同犯罪。同时正犯，又称同时犯，指对一个客体，单独正犯数人具有并有并列关系而构成的犯罪。[③] 例如在同一地点、同一时间，相互间并无犯意联络的数人同时向一人开

---

① 日本学者指出，从属性共犯存在其自身不从属于正犯的独立性。从属性共犯虽然是以表现其教唆行为、帮助行为的正犯行为为载体，才带有现实的犯罪性的，然而，其犯罪性的基础当然存在于教唆行为、帮助行为自身之中，在正犯行为不能完全与教唆行为、帮助行为连接起来时，就必须承认从属性共犯本身的独立意义。参见［日］大塚仁：《犯罪论的基本问题》，冯军译，290页，北京，中国政法大学出版社，1993。

② 必要共犯是指在刑法上例外地规定预想由几个行为人来实现的构成要件。这一般称之为必要的共犯，不是本来的共犯，因而也不适用总则的共犯规定。必要共犯又可以分为集合犯（集团犯罪与聚众犯罪）和对向犯等类型。参见［日］福田平、大塚仁：《日本刑法总论讲义》，李乔等译，156页，沈阳，辽宁人民出版社，1986。

③ 同时正犯又称为相邻犯。我国学者指出：几个行为人在没有共同犯罪决意情况下共同导致了一个构成要件结果发生的，就是刑法中的相邻犯。参见李海东：《刑法原理入门（犯罪论基础）》，181页，北京，法律出版社，1998。

枪。由于在这种情况下，各正犯之间没有犯意联络，只是偶然地同时犯罪，因而仍属于单独正犯。

（二）共同正犯

共同正犯（Mittaeterschaft），指二人以上共同实施刑法规定由单独正犯实施的犯罪。共同正犯是正犯性与共犯性的统一①，因此各国刑法一般都将共同正犯在总则中加以专门规定。

共同正犯之正犯性在于：二人以上共同实施的是具有刑法分则规定的构成要件的行为。在这一点上，共同正犯不同于教唆犯与帮助犯。教唆犯与帮助犯的行为是刑法分则未予规定而由刑法总则加以规定的。因此，狭义上的共犯不包括共同正犯。共同正犯的共犯性在于：二人以上共同实施刑法分则规定的构成要件的行为，毕竟不同于一人实施犯罪的单独正犯。共同正犯在实施犯罪的时候，行为人在实行行为过程中存在一定的分工。就单独的一个人而言，他所实施的可能只是犯罪构成要件行为的某一部分。在这种情况下，共同正犯实行的是在共同犯罪故意范围内的“部分行为全体责任”原则，只有根据共犯原理才能解决其定罪根据问题。② 因此，广义上的共犯又包括共同正犯。我认为，从正犯与共犯的二重性上理解共同正犯的性质是妥当的。③ 共同正犯根据其构成特征又可以分为以下几种情形。

1. 分担的共同正犯

分担的共同正犯是指各共同犯罪人在实行犯罪时，具有实行行为上的分工，

---

① 我国台湾地区学者指出：共同正犯为正犯固无疑问，然而共同正犯除有正犯性之外另有共犯性。刑法因注重其共犯性而将其规定于共犯之内。参见蔡墩铭：《刑法总论》，224 页，台北，三民书局，1998。

② 我国学者指出：共同正犯与单独正犯的场合不同，事实上是共同正犯的行为人并不都是自身直接实施该种犯罪的所有行为，而是分别实施其部分行为，与一个单独的正犯具有不同的形式。像这样多个参与者的行为只是某种犯罪的部分行为都要为全体行为承担责任的情况，学说上用“部分行为之全体责任”的概念来表述。参见何鹏：《现代日本刑法专题研究》，78～79 页，长春，吉林大学出版社，1994。

③ 在共同正犯性质的理解上，涉及共谋共同正犯的概念，即二人以上者在就犯罪的实行共谋后，其中一部分人实行了，包括没有直接实施实行行为的全体共谋者，都成立共同正犯。共谋共同正犯是日本刑法中特有的概念，建立在小野清一郎提出的共同意思主体说之上。对于共谋共同正犯能否成立，在日本刑法理论上存在争议。日本学者大塚仁认为，共谋共同正犯的观念不符合刑法关于共同正犯规定的严格解释，不应该承认。参见［日］大塚仁：《犯罪论的基本问题》，冯军译，275 页，北京，中国政法大学出版社，1993。

其犯罪行为以共同犯罪故意为纽带，互相利用和互相补充，形成共同实行行为，由此构成共同正犯。分担的共同正犯的显著特征是各共同犯罪人都只实行了犯罪构成要件行为的一部分，由此区分于单独正犯。在单行为犯的[①]情况下，分担的共同正犯所分担的是一个行为，可谓一行为之分担。在复行为犯[②]的情况下，分担的共同正犯所分担的是数个行为，可谓数行为之分担。尤其是在数行为之分担的另一人夺取财物，其行为分别符合故意伤害罪与抢夺罪之构成。但由于这两种实行行为并不独立成罪，只是从属于抢劫罪中的复合的实行行为，所以，应以抢劫罪的共同正犯论处。

2. 并进的共同正犯

并进的共同正犯是指各共同犯罪人在共同犯罪故意的支配下，各自的行为分别符合全部构成要件，由此构成共同正犯。并进的共同正犯的显著特征是在共同犯罪故意下实施了一个完整的犯罪实行行为，由此区别于同时正犯。并进的共同正犯可以分为两种情形：一是各共同犯罪人基于共同犯罪故意同时对同一个客体实行犯罪，可谓一客体之并进，例如甲、乙经共谋同时枪击丙，致丙死亡；二是各共同犯罪人基于共同犯罪故意分别对不同客体实行犯罪，可谓数客体之并进，例如甲、乙共谋杀丙和丁，由甲杀丙，由乙杀丁。

3. 先行的共同正犯

先行的共同正犯是指各共同犯罪人在实施犯罪以前，对犯罪进行了预谋，继而共同实行某一犯罪行为，由此构成共同正犯。在这种情况下，各共同犯罪人都自始至终参与共同犯罪的实行，因此又称为原始的共同正犯。

4. 承继的共同正犯

承继的共同正犯是指某一正犯在一定犯意的支配下，完成某一犯罪构成行为

---

① 单行为犯是指单纯的行为单数，即行为人出于一个意思决定，而实施一个实行行为而构成的犯罪。关于单纯的行为单数，参见熊选国：《刑法中的行为论》，295 页，北京，人民法院出版社，1992。

② 我国学者指出：复行为犯是在一个独立的基本犯罪构成中包含数个不独立成罪的实行行为的犯罪，参见王明辉：《复行为犯研究》，载陈兴良主编：《刑事法评论》，第 4 卷，321 页，北京，中国政法大学出版社，1999。

的一部分以后，又取得另一正犯的同意，共同继续把犯罪实行完毕，由此构成承继的共同正犯。在承继的共同正犯中，关于后行为人对于参与前的犯罪行为是否承担刑事责任问题，存在争议。① 我认为，对此应区分为单一犯与复合犯分别考察。在单一犯中，后行为人虽然是在实施犯罪过程中介入的，仍应对全部犯罪承担共同正犯的刑事责任。在结合犯、牵连犯等复合犯的情况下，后行为人如果是在所结合之罪或者所牵连之罪实施完毕以后介入的，则只对其所介入之罪承担共同正犯的刑事责任。

（三）直接正犯

直接正犯（unmittelbare Taeterschaft），指直接实施刑法规定的犯罪。直接正犯与单独正犯的内容相同，都是正犯的典型形态，只不过强调犯罪的直接性。这里的直接性，并不排除在犯罪时以一定的工具为中介，但这种工具限于自然力与物理力或者动物，而不包括他人之行为。

（四）间接正犯

间接正犯（mittelbare Taeterschaft），指利用不为罪或不发生共犯关系的第三人实行犯罪。间接正犯是客观主义的共犯理论为弥补其共犯从属性说之不足所推衍出来的一个范畴。按照主观主义的共犯理论，只要具有共同犯罪行为，即使是具有刑事责任能力的人与没有刑事现任能力的人，或者达到刑事责任年龄的人与没有达到刑事责任年龄的人，均可构成共同犯罪，这就是所谓共犯独立性说。按照此说，间接正犯显系正犯，在理论上毫无承认之必要。而按照客观主义的共犯理论，共犯具有从属性，即教唆犯和帮助犯系从属于正犯的犯罪，称为从属

① 关于这个问题在刑法理论上存在以下两种观点：(1) 后参加者对前行为亦负共同责任。此说为犯罪共同说所主张，认为共同犯罪系共同加功于一个犯罪事实，后参加者认识前行为者之意思，利用前行为者已有之成果，而共同参与后行为之实施，即对于前行为者整体之行为有共同意思之联络，而参与后行为之实施，自为整体行为之共同正犯，即对于参加前之行为，亦应负共同之责。(2) 后参加者仅对后参加之行为负责。此说为行为共同说所主张，认为二人以上由于共同之行为关系而为犯罪者，谓之共同犯罪。后行为者对于前行为者所为之前行为，虽有所认识，但既未参与，自不能认其有共同犯罪关系，令其对前行为亦负其责任，应仅对后行为负共同犯罪之责。参见褚剑鸿：《刑法总则论》，264 页，台北，有盈印刷有限公司，1984。

犯。在一般情况下，如果正犯不构成犯罪，就没有处罚教唆犯和帮助犯的理由。但这种情况，无异于利用工具犯罪。[①] 如果仍然坚持以正犯构成犯罪作为教唆犯和帮助犯承担刑事责任的前提，那么，该教唆犯和帮助犯就不能依法论处，这显然不合乎情理。在这种情况下，为调和客观主义共犯理论的矛盾，将这种教唆犯和帮助犯名之曰间接正犯。[②] 间接正犯的显著特征在于犯罪实行的间接性，从而区别于直接正犯。当然，并非所有正犯都存在间接正犯，在亲手犯的情况下，法律规定犯罪须由行为人亲自实行，因而不存在间接正犯。[③]

在间接正犯理论中，间接正犯的正犯性是一个核心问题，即间接正犯并未亲手实行犯罪，又为什么要将其视为正犯？对此，在刑法理论上存在下述观点：(1) 工具说，认为间接正犯是利用他人犯罪，被利用者只不过是间接正犯的工具而已。(2) 因果关系中断说，此说将间接正犯视为因果关系中断的一种排除情形。即在因果关系进行中，介入一定的自然事实或他人的意志自由行为，而使原有的因果关系中断。而利用无责任能力人或无故意者，因果关系并不中断而成立间接正犯。(3) 原因条件区分说，认为与结果发生具有一定关系的先行行为为原因，具有原因力，利用者行为对于结果赋予原因，被利用者之行为不过条件而已，利用者应负正犯之责。(4) 主观说，认为间接正犯是以自己犯罪的意思而利用他人犯罪，所以，利用者虽然没有直接实施犯罪，但亦应被视同正犯。(5) 国民道德观念说，认为根据国民道德观念，应将利用他人犯罪者视为正犯。(6) 构

---

① 刑法分则各本条之构成要件，原对于实施犯罪之手段、方法，所谓亲手犯（eigenhaendige Delikte），如纯正身份犯、目的犯、纯正不作为犯及单纯举动犯等皆是。参见蔡墩铭：《刑法总论》，225 页，台北，三民书局，1998。

② 间接正犯是极端的共犯从属性说的产物，提出这个概念的目的，是在犯罪的直接实行人不具有可罚性的情况下，让犯罪行为的操纵人为自己的非构成要件行为承担刑事责任，从而堵塞从属性理论中这一明显的漏洞。参见［意］杜里奥·帕多瓦尼：《意大利刑法学原理》，陈忠林译，337 页，北京，法律出版社，1998。

③ 亲手犯，又称自手犯，指以间接正犯的形式不可能犯的犯罪。从构成要件的内容和意义来看，在规定以一定行为主体实施一定的行为，始作为犯罪而处罚时，一定的行为主体实施一定的行为，对于这种犯罪就是必要的。这种刑法规范的特点在于利用他人不可能发生对法益的侵害。按照这种犯罪所根据的规范的特殊性，自手犯的概念自然应当予以肯定。参见马克昌：《关于共犯的比较研究》，载高铭暄、赵秉志主编：《刑法论丛》，第 3 卷，295 页，北京，法律出版社，1999。

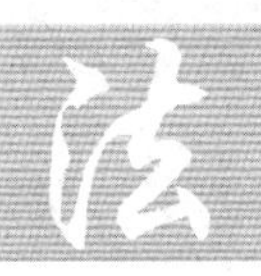

成要件说，认为实行符合构成要件定型性的行为均为正犯行为，间接正犯只不过是实行的方式而已。(7) 行为支配说，认为间接正犯在利用他人犯罪中，起着支配作用，即间接正犯在整个犯罪过程中都居于支配的地位。值得注意的是，日本学者小野清一郎从伦理评价的角度论证了间接正犯的正犯性。[①] 上述观点都从各个方面论证了间接正犯的正犯性，有从客观方面论证的，也有从主观方面论证的；有从利用者方面论证的，也有从被利用者方面论证的；还有从社会一般道德观念论证的，各有特点，又都存在缺陷。我认为，对于间接正犯的正犯性，应坚持主观与客观相统一的原则，从利用者与被利用者两个方面予以展开。

间接正犯在主观上具有利用他人犯罪的故意[②]，也就是指行为人明知被利用者没有刑事责任能力或者没有特定的犯罪故意而加以利用，希望或者放任通过被利用者的行为达到其所说明的犯罪结果。因此，间接正犯与被利用者之间不存在共同犯罪故意。这种利用他人犯罪的故意不同于直接正犯的自己犯罪的故意，因而有别于直接正犯。同时，这种利用他人犯罪的故意也不同于教唆故意与帮助故意，后者是一种共犯的故意，以明知被教唆人或帮助人的行为构成犯罪为前提，具有主观上的犯意联络；而在间接正犯的情况下，行为人明知被利用者的行为不构成犯罪或者与之不存在共犯关系，因而具有单独犯罪的故意，即正犯的故意。

间接正犯在客观上具有利用他人犯罪的行为，也就是指行为人不是亲手犯

① 日本学者指出：所谓的间接正犯，也是伦理性的，因而也成为构成要件行为的问题。这是一种自己不下手，而利用他人——然而并不是教唆他人去实行犯罪——来实行自己的犯罪的情形。例如，唆使精神病人去放火的行为；让不知情的护士给患者服下毒药的行为等，即可认定为等于是自己放火和杀人。这些行为的构成要件，尽管是以物理的行为（身业）为其内容的，但又是以智能地使动他人的行为（语业）为内容的，并且在具体事件中伦理评价中认定其符合构成要件行为即为实行的。这是间接正犯的特点。参见［日］小野清一郎：《犯罪构成要件理论》，王泰译，53页，北京，中国人民公安大学出版社，1991。

② 关于间接正犯是否可以由过失构成，即是否存在过失的间接正犯，在刑法理论上存在争论。否定说认为间接正犯以故意利用被利用者为必要，过失行为不像故意行为具有作为正犯概念要素的行为支配，而否定过失间接正犯。肯定说认为过失惹起他人行为仍系诱致行为而肯定过失间接正犯的存在。参见林维：《间接正犯研究》，57页，北京，中国政法大学出版社，1998。我认为，过失间接正犯没有存在的余地，因为间接正犯是一个与共同犯罪相关的概念，在利用者与被利用者之间不存在共犯关系的情况下，构成间接正犯而非教唆犯与帮助犯。而在过失犯罪中，本身就不存在共同犯罪问题，因而没有必要肯定过失间接正犯的概念。当然，在承认过失共同犯罪的语境中，过失间接正犯的概念有其存在的合理根据。

罪，而是以他人作为犯罪工具而实施犯罪。正是利用他人犯罪这一特征将间接正犯与直接正犯加以区别。直接正犯是本人亲手实施犯罪，当然，在这种实施犯罪过程中，也未必都是直接使用肢体，而是可以利用机械、自然力或者动物，由于这些被利用对象不具有人的主体性，因而只是纯粹的客体——犯罪工具，因而仍然属于直接正犯的范畴。这种利用他人犯罪的行为也不同于教唆行为与帮助行为，后者是一种共犯行为，存在着对于实行行为的客观联结，因而形成共同的犯罪行为；而间接正犯的利用行为是单独的犯罪行为，被利用者的行为只是间接正犯实行犯罪的一种中介。从因果关系上说，共同犯罪行为是犯罪结果发生的共同原因，因而教唆行为和帮助行为与犯罪结果之间存在多因一果的关系。当然，将教唆行为与帮助行为单独加以考察，一般认为教唆行为与犯罪结果之间具有间接的因果关系，而帮助行为则只是犯罪结果发生的条件而非原因。在间接正犯的情况下，行为人与犯罪结果之间具有因果关系，这种因果关系具有包容性的特征。①

间接正犯根据利用他人犯罪的情形不同，可以区分为下述形式。

1. 利用未达刑事责任年龄的人实施犯罪

构成犯罪，对于犯罪主体具有一定年龄的规定，没有达到法定刑事责任年龄的人，依法不构成犯罪。利用这种未达刑事责任年龄的人为工具实施犯罪的，无论其是否具有辨别能力②，利用者均应以间接正犯论处。

2. 利用精神病人实施犯罪

精神病人，如果根据生物学标准和心理学标准，丧失了辨认能力和控制能

---

① 关于间接正犯与犯罪结果之间的因果关系，在刑法理论上存在以下说法：（1）法律的直接因果关系说；（2）事实的直接因果关系说；（3）区别对待说；（4）间接因果关系说。在辨析以上各说的基础上，我国学者提出包容性的直接因果关系的观点。这种包容性的直接因果关系，或称双重的事实的直接因果关系，来源于间接实行行为必须通过主体性他人发生作用的特征。后一直接因果关系只有在考察他人主体责任时才单独论及，而在一般情况下，后者的整体实行行为与结果具有直接因果关系。参见林维：《间接正犯研究》，73页，北京，中国政法大学出版社，1998。

② 刑法理论上有采完全辨别是非能力标准说者，例如日本学者团藤重光认为，精神成熟程度未必与年龄相伴，虽未满14岁而属于无责任能力人，但如其对于某种犯罪已具有相当程度的规范意识，且具有完全辨别是非之能力时，即足为规范障碍，自非单纯之道具可言，因而利用人应成为教唆犯。参见［日］团藤重光：《刑法纲要总论》，140页，日本，创文社，1984。这种观点错误之处显而易见。

力，系刑法上的无责任能力人。利用这种无责任能力人实施犯罪，只不过是利用工具而已，利用者构成间接正犯。如果唆使限制刑事责任能力的精神病人实施犯罪，由于限制责任能力人依法应负刑事责任，只是可以从轻或者减轻而已，因而唆使者与限制责任能力人属于共同犯罪，唆使者不构成间接正犯，而应以教唆犯论处。

3. 利用他人无罪过行为实施犯罪

这里的无罪过行为是指不可抗力和意外事件，即行为在客观上造成了一定的法益侵害结果，但其主观上既无故意又无过失，依法不负刑事责任。在这种情况下，被利用者系无罪之代理人。① 因此，利用者应以间接正犯论处。

4. 利用他人合法行为实施犯罪

这里的合法行为并非指通常意义上的合法行为，而是指排除犯罪性的违法性阻却事由，即正当防卫和紧急避险等。这种行为依法不负刑事责任，是合法行为。如果利用他人的正当防卫行为实施犯罪，则防卫人不负刑事责任，利用者应以间接正犯论处。

5. 利用他人过失行为实施犯罪

刑法中的共同犯罪是共同故意犯罪，不仅不存在共同过失犯罪，而且在故意犯罪与过失犯罪之间亦不存在共同犯罪，而应分别以犯罪论处。因此，利用他人的过失行为实施犯罪，被利用人应承担过失犯罪的刑事责任，利用者则应以间接正犯论处。

6. 利用有故意的工具实施犯罪

在刑法理论上，所谓有故意的工具，是指被利用者具有刑事责任能力并且故意实施某一犯罪行为，但缺乏目的犯中的必要目的（无目的有故意的工具），或者缺乏身份犯中的特定身份（无身份有故意的工具）的情形。由此可见，利用有

① 在英美刑法中，无罪之代理人（innocent agent）是指一个人对主犯的犯意一无所知，而仅仅是实行犯实施犯罪的工具的情形；或者一个人在他人的唆使与请求下实施了某一犯罪行为，但他对于犯罪事实缺乏了解或一无所知，因而不构成犯罪的情形。See Black's Law Dictionary，West Publishing Co，1979，p. 708.

故意的工具可以分为两种情形：一是在目的犯的情况下，利用有故意无目的工具。被利用者由于无特定目的而不构成法律要求特定目的之犯罪，但因有故意而构成一般故意犯罪。基于共同犯罪是共犯一罪之理念，利用者与被利用者并非共犯一罪之关系，利用者是利用他人故意犯罪行为实施其具有的特定目的才能构成的犯罪，应以间接正犯论处。二是在身份犯的情况下，利用有故意无身份的工具。被利用者由于无特定身份而不构成法律要求特定身份之犯罪，但因有故意而构成一般故意犯罪。有身份者与无身份者分别构成不同犯罪，不属于共同犯罪。对于有身份者来说，是利用他人的故意犯罪行为实施其具有特定身份才能构成之犯罪，应以间接正犯论处。

三、共犯

共犯，这里是指狭义上的共犯，是共犯理论的主要内容。

（一）组织犯

组织犯是指组织他人实行犯罪的人。在大陆法系刑法中，大多没有组织犯的规定，组织犯的概念来自苏联刑法理论。[①] 我国刑法中虽未明确规定组织犯的概念，但在主犯的规定中包括组织犯的内容，尤其是首要分子的概念涵括了组织犯的内容。

组织犯在客观上具有组织行为，在主观上具有组织故意。组织行为是指在犯罪集团中组织、策划、指挥的行为。一般地说，组织行为具有不同于实行行为的特点，它不是由刑法分则加以规定，而是由刑法总则规定的。如果某种组织行为已由刑法分则作了规定，就不是组织犯的组织行为，而其本身已经是实行行为。

① 组织犯的概念首见于1952年《阿尔巴尼亚刑法典》，1958年《苏联和各加联盟共和国刑事立法纲要》和1962年《苏俄刑法典》均有组织犯之规定。现行《俄罗斯刑法典》同样存在组织犯的概念，指组织犯罪的实施或领导犯罪实施的人，以及组建有组织的犯罪集团或犯罪团体的人。参见［俄］斯库拉托夫、列别捷夫主编：《俄罗斯联邦刑法典释义》，黄道秀译，上卷，78页，北京，中国政法大学出版社，2000。

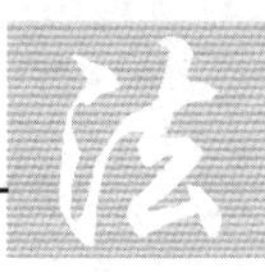

组织故意是指组织、策划、指挥他人实施犯罪活动的故意。组织犯通过对犯罪集团的组织、策划、指挥，对犯罪集团的成员起着支配和控制作用。组织犯的组织行为与犯罪集团成员的实行行为之间存在制约关系。因此，组织犯应在组织故意的范围内，对在其制约下的实行行为所造成的一切犯罪结果承担刑事责任。

（二）教唆犯

教唆犯是指教唆他人犯罪的人。教唆犯的特征在于：制造犯意并通过他人实现其犯罪意图。制造犯意表明教唆犯是以对他人灌输犯罪意图为己任的共同犯罪人，是犯意制造者，从而区别于其他共犯。通过他人实现犯罪意图表明教唆犯本人并不亲自实行犯罪，而只是唆使他人去实行，是犯罪的幕后唆使者，从而区别于正犯。

教唆犯在客观上具有教唆行为，在主观上具有教唆故意。教唆行为是指引起他人实行犯罪意图的行为，教唆行为的表现形式是多种多样的，包括劝说、请求、挑拨、刺激、利诱、怂恿、嘱托、胁迫、诱骗、授意等。[①] 教唆故意是指唆使他人犯罪的故意。教唆故意具有双重性，即所谓双重教唆故意。[②] 这种双重教唆故意表现为：在认识因素中，教唆犯不仅认识到自己的教唆行为会使被教唆的人产生犯罪的意图并去实施犯罪行为，而且认识到被教唆的人的犯罪行为将会造成法益危害的结果。在意志因素中，教唆犯不仅希望或者放任其教唆行为引起被教唆的人的犯罪意图和犯罪行为，而且希望或者放任被教唆的人的犯罪行为发生法益侵害结果。

关于教唆犯的处罚根据，在刑法理论上存在起因说与责任参与说之争。[③] 我认为，起因说与责任参与说并无根本冲突。起因说表明教唆犯之责任根据在于唆

---

① 关于这 10 种教唆方法的详尽阐述，参见陈兴良：《共同犯罪论》，98 页，北京，中国社会科学出版社，1992。

② 教唆犯之成立实质上具有双重教唆故意（doppelte Ansiftungsvorsatz）之特征，即一方面教唆犯自己必须以故意犯之方式为之；另一方面，其教唆之行为，亦必须以使他人故意实施犯罪为目的。参见苏俊雄：《刑法总论Ⅱ：犯罪总论》，443 页，台北，台湾大地印刷厂有限公司，1998。

③ 起因说（Verursachungstheorie），认为教唆行为使他人发生犯罪决意，此不啻为他人犯罪之远因，以是教唆者应解为实行正犯犯行之无形起因者，教唆者之所以应予处罚，其理由正在于此。责任参与说（Schuldteilnahmetheorie），认为教唆行为非惹起他人之犯行，毋宁诱使他人成为犯人，是所谓教唆犯，乃使他人为有责之犯人并参与其犯罪。参见蔡墩铭：《刑法总论》，235 页，台北，三民书局，1998。

使他人犯罪，因而是犯罪的起因；而责任参与说表明教唆犯与被教唆人形成责任一体的共犯关系，应对其所参与的犯罪承担刑事责任。当然，对于教唆犯的处罚根据来说，更需要关注的是教唆对于被教唆人犯罪的作用。我认为，教唆行为与被教唆人的实行行为之间具有诱发关系，从实质上说，这种诱发关系就是因果关系，教唆行为是唆使他人实行犯罪的行为，以制造犯意为其特征。没有教唆犯的唆使，被教唆的人就不会产生犯意因而实施某种犯罪。被教唆的人的实行行为是教唆行为的结果，教唆行为对实行行为具有起果作用。因此，教唆犯在教唆故意的范围内，应对被教唆人实行的犯罪承担刑事责任。

（三）帮助犯

帮助犯是指帮助他人犯罪的人。在大陆法系刑法理论中，帮助犯亦称从犯。[①] 这里的从犯，与我国刑法中的从犯有所不同。我国刑法中的从犯是共同犯罪人作用分工法的产物，包括帮助犯与起次要作用的实行犯。

帮助犯在客观上具有帮助行为，在主观上具有帮助故意。帮助行为是为实行犯罪提供便利条件的协力行为。[②] 在司法实践中，帮助行为的表现方式是各种各样的，在刑法理论上可以归纳为以下几种情形：（1）根据帮助的性质，可以分为狭义帮助行为与隐匿行为。狭义帮助行为是指在实施犯罪前对犯罪之实行的帮助。隐匿行为是指事先通谋、事后隐匿罪犯或者罪证，这是一种事后帮助。它以事先通谋为条件，否则就是犯罪的庇护行为，即刑法理论上之所谓连累犯。[③]（2）根据帮助的方式，可以分为物质性的帮助行为与精神性的帮助行为。物质性的帮助行为是指物质上与体力上的帮助，这种帮助是有形的，因此又称为有形的

① 从犯（Beihilfe）谓帮助他人犯罪者，即对他人之犯罪，为使其易于实施而予以帮助，故亦称帮助犯。参见蔡墩铭：《刑法总论》，240页，台北，三民书局，1998。

② 费尔巴哈指出：虽然确实不想为自己惹起犯罪，然而基于帮助惹起者活动被看作共同有助于他的犯罪成立的行为是能够加担的。对意图的这种作为或不作为有责任者，叫帮助者（Geniilfe，Aociuadelicti）。参见马克昌主编：《西方近代刑法学说史略》，90页，北京，中国检察出版社，1996。

③ 连累犯是事前与他人没有通谋，在他人犯罪以后，明知他人的犯罪情况，而故意地以各种形式予以帮助，依法应受刑罚处罚的行为。参见陈兴良：《共同犯罪论》，464页，北京，中国社会科学出版社，1992。

帮助，由此构成的是有形共犯。精神性的帮助行为是指精神上与心理上的帮助，这种帮助是无形的，因此又称为无形的帮助，由此构成的是无形共犯。(3) 根据帮助的时间，可以分为事前帮助行为、事中帮助行为与事后帮助行为。事前帮助行为是指在实施犯罪以前提供的帮助，由此构成的是事前共犯。事中帮助行为是指存在于身份犯的，在他人实行犯罪过程中提供的帮助，由此构成的是事中共犯。在身份犯的情况下，之所以存在事中帮助，是因为无身份者不能实施身份犯的实行行为，因而即使亲临现场提供便利，也只能是事中帮助。在非身份犯的情况下，事中帮助被视为实行行为的一部分，构成共同正犯，属于分担的共同正犯。事后帮助行为是以事先通谋为前提的事后隐匿行为，由此构成的是事后共犯。

帮助故意是指帮助他人犯罪的故意，帮助故意同样具有双重的心理状态。在认识因素中具有双重的认识：一方面，必须认识到被帮助人所实行的是犯罪行为和这种犯罪行为将要造成一定的危害结果；另一方面，必须认识到自己所实行的是帮助他人实施犯罪的行为，即以自己的帮助行为为被帮助人实施犯罪创造便利条件。在意志因素中具有双重的意志：一方面，希望或者放任自己的帮助为被帮助人实行犯罪提供便利；另一方面，希望或者放任通过自己的帮助，被帮助人能够造成一定的法益侵害结果。

关于帮助犯的处罚根据，在刑法理论上存在起因说与责任参与说之争。① 起因说更注重从客观因果关系上为帮助犯的处罚提供根据，而责任参与说则注重从客观帮助行为上为帮助犯的处罚提供根据，两者都有一定道理。我认为，帮助行为与被帮助人的实行行为之间具有协同关系，帮助犯是通过本人的帮助行为，使他人的犯罪易于完成，是为犯罪的加功者。因此，在帮助故意的范围内，应对被帮助人实行的犯罪承担刑事责任。

（本文原载《现代法学》，2001 (3)，原文题目为《共同犯罪论》）

---

① 起因说认为，帮助犯之行为对于正犯之行为予以条件，故帮助行为对结果之发生，亦有因果关系存在，从而不可无罚，责任参与说认为，帮助犯乃以其帮助行为而使正犯之犯罪成立，亦即使他人堕落者。参见蔡墩铭：《刑法总论》，240 页，台北，三民书局，1998。

走向共犯的教义学

——一个学术史的考察

共同犯罪是犯罪的一种特殊形态，其定罪量刑都有别于单独犯罪。我国刑法关于共同犯罪的规定，具有较为鲜明的特色。在这种情况下，我国共同犯罪理论的发展在很大程度上受法条的制约。尽管如此，我国的共同犯罪理论还是获得了长足的发展，正在逐渐形成共犯的教义学。本文以我国刑法学中的共同犯罪理论的嬗变为经线，以共犯的基本问题为纬线，进行一个学术史的考察。

一、共同犯罪立法的溯源

我国古代刑法中存在共犯罪之制，这里的共犯罪在类型上相当于我国现行刑法中的共同犯罪，但在性质上又存在重大区别。我国台湾地区学者戴炎辉教授指出：自汉以来，已有共犯罪之制，至唐律始详备。唐之共犯罪，似采取“扩张的正犯概念”，凡对于实现构成要件的结果，为共同行为者，即是共犯罪之人；此与现代刑法共犯之并列为共同正犯、教唆犯、从犯三种形式者不同，仍包括地承

认一“共犯”形式，而于其中分为造意与随从，以造意者为首，随从者减一等。[①] 由此可见，我国古代刑法关于共犯罪的规定是较为独特的。若用现代共犯理论分析，共犯罪在其外形上相当于共同正犯，而这里的正犯具有扩张的性质，因为在某些犯罪中包含了犯罪的加工，即现在刑法中的帮助行为。而在共犯罪以外另设教唆犯，对教唆犯单独设罪，完全否定教唆犯的从属性，体现了我国古代刑法的主观主义色彩。

及至清末刑法改革，以《日本刑法》为摹本，引入了大陆法系的共犯制度，并深受当时刑法起草人冈田朝太郎教授的影响。《大清新刑律》《暂行新刑律》仍采《唐律》之规定，将第六章称为共犯罪，并分别规定了共同正犯、教唆犯与从犯（帮助犯），即对共同犯罪人采三分法。这一规定虽有“共犯罪”之名，但其内容已为德日刑法的共犯制度所替换。对此，我国台湾地区学者陈子平教授指出：《大清新刑律》《暂行新刑律》不仅深受当时日本刑法典之影响，更为新刑律起草人冈田朝太郎氏之见解所左右。当时，日本旧刑法［明治十三年（1880年）］第八章称“数人共犯”，其中第一节称“正犯”，第二节称“从犯”，其“正犯”规定中包含教唆犯在内。至日本现行刑法［明治四十年（1907年）］第一篇第十一章虽然改称“共犯”，其中却又分别规定为共同正犯（第60条）、教唆犯（第61条）、从犯（第62条、第63条），而依然将共同正犯包含在第十一章“共犯”里。由此可推知，日本旧刑法中所称的“数人共犯”与现行刑法所称的“共犯”，其意义应属相同，皆仅作对应于单独犯之概念。再从上述冈田氏之见解以观，更可获知我国暂行新刑法第八章称“共犯罪”系出自冈田氏之主张，且其意义应与日本新旧刑法之“数人共犯”“共犯”概念相同。[②] 如上所述，《大清新刑律》《暂行新刑律》称共犯罪，与日本1880年《刑法》相同。日本1907年《刑法》已改为共犯，而我国则迟至民国1928年《刑法》才改为共犯。但这里的共犯，与共同犯罪同义。例如，民国学者王觐称共犯（Teilnahme）者，数人共同

① 参见戴炎辉：《中国法制史》，3版，73页，台北，三民书局，1979。

② 参见陈子平：《共同正犯与共犯论——继受日本之轨迹及其变迁》，22页，台北，五南图书出版公司，2000。

犯罪，别于一人单独犯罪而言者也。[①] 在这个意义上的共犯，包括了共同正犯、教唆犯和帮助犯。值得注意的是，德、日刑法关于共同犯罪的规定采用的是不同的标题：《德国刑法典》称"正犯与共犯"，而《日本刑法典》则称"共犯"，因此德国刑法体系书与日本刑法体系书分别依其刑法称呼。不过，从具体内容上来看，都是关于共同正犯、教唆犯与从犯（帮助犯）的规定，因而在内容上并无根本区别。德、日刑法对共同犯罪都以区分正犯与共犯为中心线索而展开，采二元体系而排除了不区分正犯与共犯的单一体系。同样，我国民国时期关于共犯的理论，也采用的是二元体系。我国民国学者在论及共犯之意义时指出：刑法亦如他国立法例，就共犯（Teilnahme，complicit）只各别规定其意义，未共通规定其意义，故关于共犯之共通意义，即基本上观念，仍只有取决于学说；而学说又恰如后述，有正反之二派；对于共犯之共通意义，亦因所持见解不同，而有不同。即共犯，泛之，固可称曰："二人以上共同犯罪"。但进一步之定义，则成问题，余系取后述之犯罪共同说，故对于共犯详细之定义，应解为"二人以上协助（共同加功）成立同一犯罪"[②]。以上对共犯的解释，区分广义与狭义。广义上的共犯包括正犯，相当于共同犯罪。狭义上的共犯，则相对于正犯而言，指教唆犯与帮助犯。大体上可以说，德国刑法中的共犯是指狭义上的共犯，而日本刑法中的共犯则是指广义上的共犯。我国民国时期的刑法学，基本上承袭日本，采广义上的共犯概念。

1949 年中华人民共和国成立以后，我国关于共同犯罪的理论也转向苏俄刑法学。应该说，在苏俄刑法学中，对共犯理论从一开始就否定了正犯与共犯相区分的立场，这主要表现在对古典学派的共犯从属性理论的批判上。例如，苏俄学者指出：共同犯罪的附属理论，在 20 世纪 30 年代中期曾经受到批判。T. N. 沃尔科夫写道：共同犯罪的附属理论，因其在方法论上有毛病，不合逻辑，形式主义，而且也不实用，所以是经不起批评的……根据这种理论，一切共犯都可分为

---

① 参见王觐：《中华刑法论》，姚建龙勘校，238 页，北京，中国方正出版社，2005。

② 陈瑾昆：《刑法总则讲义》，吴允锋勘校，196 页，北京，中国方正出版社，2004。

"主犯"和"从犯"；而且，他们归入哪类，并不取决于共犯具体行为的意义，而是取决于预先规定的、说明共犯行为方式的形式上的特征。[①] 在上述论述中，苏俄学者对共犯从属性理论进行了批判，其罪名之一是形式主义。这里的形式主义，也可以解读为客观主义，即从客观外在形式上对正犯与共犯加以区分。关于这个问题，将在后文探讨。但上述译文中，"主犯"和"从犯"的表述似有所不妥，这里的主犯应指正犯，但在20世纪50年代初期，曾被译为执行犯。例如，以下译文对执行犯作了界定：苏维埃刑法认为，实行犯罪的人为执行犯。凡直接参加执行实现该种犯罪构成的某种行为的一切人，都在执行犯的概念之内。因此，在杀人犯中，不仅直接实行杀害行为的人是执行犯，当另一人对被害人施行致命打击时，束缚被害人手的人也同样是执行犯。在实行犯罪时对被害人的行动加以阻挠者，也同样是杀人的执行犯。[②]

此外，与"主犯"相对应的"从犯"，应是指共犯，包括教唆犯与帮助犯。如上所述，苏俄刑法学强调行为人在共同犯罪中的危害性，这一观点是社会危害性理论在共同犯罪制度中的反映。但在对共同犯罪定罪的时候，又不能不考虑共犯的参与程度，即考虑正犯与共犯的形式上的关联。因此，在共同犯罪问题上，苏俄刑法学始终在共犯的危害性与参与程度之间徘徊。1922年《苏俄刑法典》第15条规定：对各共犯适用的刑罚方法不仅决定于他们的危害性，而且决定于他们参加实施犯罪的程度。这就确立了兼顾危害性与参与程度的原则，具有某种折中的意味。但危害性主要应在处罚时考虑，在定罪时依据的应当是参与程度，更确切地说是参与形式，即正犯抑或共犯。这种过于突出危害性的观点，到20世纪30年代发展成为对共犯制度的根本破坏。苏俄学者指出：A.R.维辛斯基在30年代末发表的意见，对共同犯罪问题的理论探讨及这个制度在实践中的适用，造成了很大的危害。他在第一次全苏苏维埃法与国家科学问题会议的报告

---

① 参见［苏］皮昂特科夫斯基等：《苏联刑法科学史》，曹子丹等译，85页，北京，法律出版社，1984。

② 参见［苏］苏联司法部全苏法学研究所主编：《苏联刑法总论》（下册），彭仲文译，448页，上海，大东书局，1950。

中，就共同犯罪问题提出了一系列错误的、对社会主义法制有害的论点。根据他对共同犯罪概念的解释，就会在实践中因国事罪的共同犯罪行为而对那些实际上并没有实施犯罪的人追究刑事责任。他否认各共犯之间必须有旨在实施犯罪的协议，认为在帮助犯或教唆犯的行为和实行犯所实施的犯罪行为之间不需要有因果关系。他还否认故意对共同犯罪是必不可少的。维辛斯基根据 20 世纪英国刑法学家斯蒂芬的论点认为，可以对实施犯罪的过失教唆行为追究刑事责任。这是一种容易导致客观归罪辩护的论点。①

维辛斯基在共犯问题上的极端观点，反映了对共犯定罪时过于强调危害性而忽视参与程度所可能带来的对法治的破坏。及至 1958 年《苏联和各加盟共和国刑事立法纲要》第 17 条第 4 款专门规定了组织犯，指出："组织或领导犯罪的人是组织犯。" 1960 年《苏俄刑法典》接受了这一规定，1996 年《俄罗斯联邦刑法典》也承袭了关于组织犯的规定。可以说，在苏俄刑法学以及此后的俄罗斯刑法学中，组织犯是其共犯规定的特点之一，这一点值得我们高度重视。

《苏俄刑法典》关于共同犯罪的概念性规定，也是其立法特色之一，这与《德国刑法典》是完全不同的。《苏俄刑法典》关于共同犯罪的定义最早是 1919 年的《苏俄刑法指导原则》提出的。该法第 21 条规定："数人（结伙、匪帮、聚众）共同实施的行为，实行犯、教唆犯和帮助犯都应受罚。"但是 1922 年和 1926 年的《苏俄刑法典》以及 1924 年的《苏联和各加盟共和国刑事立法基本原则》却没有共同犯罪一般概念的规定，而只是划分出共同犯罪人（教唆犯、帮助犯和实行犯），并规定了对他们适用刑罚的一般原则。1958 年《苏联和各加盟共和国刑事立法纲要》首次规定了共同犯罪是二人以上共同参与犯罪的概念。1960 年《苏俄刑法典》第 17 条未作任何修改转述了这一规定。1991 年《苏联和各加盟共和国刑事立法纲要》（以下简称《纲要》）（因苏联解体而未生效）从文字上和实质上更确切地规定了共同犯罪的概念。苏联解体以后，1994 年和 1996 年《俄

① 参见［苏］皮昂特科夫斯基等：《苏俄刑法科学史》，曹子丹等译，86～87 页，北京，法律出版社，1984。

罗斯联邦刑法典》完全复述了《纲要》关于共同犯罪的一般概念。[①] 共同犯罪一般概念的规定，为正犯与共犯设置了一个上位概念，避免了共犯的广义与狭义理解带来的混乱，无疑是有意义的。但共同犯罪一般概念的规定也带来了对共同犯罪研究的一个方法论上的重大转向，即从对正犯与共犯的个别性把握而转向对共同犯罪的整体性思考。对共同犯罪的整体性思考，是把共同犯罪当作犯罪的一种特殊形态，而不是把共犯当作一种修正的犯罪构成形式，一般性地从共同犯罪故意与共同犯罪行为上讨论共同犯罪的定罪要件，而正犯与共犯的具体定罪要件则被遮蔽了。这一消极影响在很大程度上妨碍了对共犯的深入研究，例如，苏俄学者在论及共同犯罪的法律本质问题时指出：共同犯罪的法律本质问题是十分复杂的。关于共同犯罪的法律本质，刑法理论上形成了两种稳定的观点。一种观点的基础是共同犯罪的补充性质（拉丁文 accessorium——“补充的”“不独立的”）。另一种理论的拥护者则把共同犯罪看成独立的犯罪活动形式。共同犯罪的补充性质表现在共同犯罪的核心人物是实行犯，而其余共同犯罪人的活动是辅助性的，没有独立的意义，共同犯罪人的行为和他们的责任完全取决于实行犯的行为和他的责任：实行犯的行为应受处罚，共同犯罪人的行为也应受处罚，而如果实行犯不被追究责任，则共同犯罪人也不承担责任。刑法界积极主张共同犯罪逻辑补充性质的人是科瓦廖夫。他在自己的著作中得出这样一个结论：犯罪构成是直接实行犯完成的，而其余的共同犯罪人“并不完成犯罪构成本身”，所以教唆犯和帮助犯的行为中存在某种决定他们责任的“共同犯罪构成”，A. B. 纳乌莫夫也支持补充论，认为它是俄罗斯刑法中责任的基础，但有些保留。然而他承认，共同犯罪人的责任虽然基本上取决于实行犯的责任，但毕竟在一定程度上具有独立性。

但是大多数作者对这一观点持批评态度。[②] 苏俄学者反对上述共同犯罪的补

① 参见［俄］H. Φ. 库兹涅佐娃、N. M. 佳日科娃主编：《俄罗斯刑法教程（总论）》（上卷·犯罪论），黄道秀译，379 页以下，北京，中国法制出版社，2002。

② 参见［俄］H. Φ. 库兹涅佐娃、N. M. 佳日科娃主编：《俄罗斯刑法教程（总论）》（上卷·犯罪论），黄道秀译，382 页，北京，中国法制出版社，2002。

充性质的观点，主要反映了在如何理解共犯（教唆犯或者帮助犯，以及组织犯）的犯罪性这一问题上的立场。因为《苏俄刑法典》规定了共同犯罪的一般概念，基于对共同犯罪概念的理解，认为对犯罪的参与形式包括了正犯行为与共犯行为，因而会得出结论：共同犯罪人刑事责任的根据和限度不存在于实行犯的行为之中，而存在于每个人自己所实施的行为之中。[①] 这是一种典型的共犯独立性说的观点，它也是实质性地理解共犯性质的必然结论。因此，正是共同犯罪的一般概念为共同犯罪的整体性考察提供了法律根据。在这种情况下，尽管《苏俄刑法典》也分别对实行犯、组织犯、教唆犯和帮助犯作了规定，其内容类似于《德国刑法典》关于正犯与共犯的规定，但在性质上已经迥然有别。可以说，苏俄刑法学的共犯理论已经走上了一条完全不同于德、日刑法学的学术道路。

我国关于共同犯罪的刑事立法，同样深受《苏俄刑法典》的影响，主要表现在规定了共同犯罪的一般概念，即“共同犯罪是指二人以上共同故意犯罪”，但这里的犯罪是指正犯还是也包括共犯，刑法并未加以具体规定。按照一般的逻辑关系，这里的犯罪是指刑法分则规定的犯罪，即正犯，因而我国刑法关于共同犯罪的规定在性质上类似于我国《唐律》中的共犯罪。在这种情况下，共犯的定罪根据如何解决呢？对此，刑法也未予明文规定。

在我国刑法起草过程（1950 年至 1979 年）中，关于共同犯罪的规定，集中在共同犯罪人的分类是采用分工分类法还是作用分类法上。对此，高铭暄教授归纳了五种分类法：(1) 根据犯罪分子在共同犯罪中所起的作用分类。(2) 根据犯罪分子在共同犯罪中的分工分类。(3) 以按分工分类为主，在此基础上吸收作用分类法。(4) 基本上按作用分类，教唆犯单独规定。(5) 把共犯分为两种类型，集团性的共犯和一般的共犯：对集团性的共犯采作用分类法，对一般的共犯采分工分类法。[②] 在以上五种分类法中最终采用的是第四种意见，即以作用分类法为主对教唆犯单设一条，同时纳入作用分类法。就分工分类法而言，其功能在于解

① 参见［俄］H. Φ. 库兹涅佐娃、N. M. 佳日科娃主编：《俄罗斯刑法教程（总论）》（上卷・犯罪论），黄道秀译，383 页，北京，中国法制出版社，2002。

② 参见高铭暄：《中华人民共和国刑法的孕育和诞生》，52～54 页，北京，法律出版社，1981。

决共犯的定罪问题；而作用分类法的功能则在于解决共犯的量刑问题。那么，上述第四种意见对共犯的定罪问题是如何解决的呢？对此，高铭暄教授同样也有此一问，指出：这项方案是否解决了定罪问题？由于为教唆犯单独规定了一条，可以说已解决了定罪问题，因为像组织犯、实行犯、帮助犯，在条文中已包含了，定罪是不成问题的。[①] 大概是高铭暄教授也意识到共犯的定罪是在立法中应当解决的问题。那么，我国刑法关于共犯的规定是如何解决共犯的定罪问题的呢？如同高铭暄教授所指出的，教唆犯设有专条，为其定罪提供了法律根据。至于其他共犯，包括实行犯、组织犯与帮助犯，根据高铭暄教授所述，是采用涵括在主犯、从犯与胁从犯的条文中的方式解决其定罪问题的。例如，主犯包含了组织犯与起主要作用的实行犯，从犯包含了帮助犯与起次要作用的实行犯等。在这种情况下，就出现了一个将定罪问题通过量刑概念来解决的本末倒置的逻辑混乱。由此可见，我国《刑法》关于共同犯罪的立法，虽然在相当程度上受《苏俄刑法典》的影响，例如规定共同犯罪的一般概念、组织犯的设立等，但又在很大程度上有别于《苏俄刑法典》。因为《苏俄刑法典》虽然设立了组织犯这一共犯类别，但大体上还是保持了正犯与共犯相区分的逻辑关系。但在我国《刑法》中，采用作用分类法，将共同犯罪人分为主犯、从犯、胁从犯与教唆犯，模糊了正犯与共犯的区分，具有《唐律》“共犯罪分首从”立法例的痕迹。至于胁从犯的设立，则是“首恶必办，胁从不问”的刑事政策在共同犯罪制度中的体现，因此，我国《刑法》关于共同犯罪的规定，是十分具有中国特色的。当然，这也给刑法教义学的解释带来相当大的障碍。

二、正犯与共犯的区分

在本文第一部分，之所以对共同犯罪制度进行追根溯源式的论述，就是要为刑法教义学的解释提供法律资源。刑法教义学是以法律规则作为逻辑演绎起点

① 参见高铭暄：《中华人民共和国刑法的孕育和诞生》，54页，北京，法律出版社，1981。

的，因而在很大程度上受刑法规定的制约。

在我国共同犯罪学术史上，首推李光灿先生1957年9月在法律出版社出版的《论共犯》一书。[①] 该书是我国20世纪50年代的第一本刑法学专著，也是20世纪80年代第一本再版的刑法学专著。在本书的再版前言中，李光灿先生指出：由法律出版社1957年9月出版的拙作《论共犯》，至今已经24年了。它一出世，就面临厄运，备受摧残；始则受到法律虚无主义的围攻和责难；继则遭林彪、江青、康生团伙的诬罔和批判。总之，它问世以来经过了多灾多难的历程。[②]《论共犯》一书之所以受到批判，据李光灿先生在再版前言中所言，一是对苏俄学者维辛斯基关于共犯理论中"左"的错误所作的批评。二是使用了若干旧法名词，如实行犯、帮助犯、教唆犯等。这些批判，现在看来当然都是极为可笑的。《论共犯》第2版根据1979年刑法学关于共同犯罪的规定作了修改。从内容来看，《论共犯》一书中的共犯，是共同犯罪的简称，因而并没有坚持正犯与共犯相区分的观点，而是从客观与主观两个方面对共同犯罪成立的条件作了分析。尤其值得指出的是，按照刑法关于共同犯罪人的分类讨论共同犯罪的定罪问题，从一开始就出现了逻辑上的混乱。例如，在论及共同犯罪的客观方面时作者指出：从客观方面来看，这可分为两种情况：一种情况是，简单的共同犯罪，即在一个共同犯罪活动中，不分主犯和从犯、教唆犯和胁从犯的情况。这就是说，在这种共同犯罪中，各个犯罪人在参加某一共同犯罪活动时，不论具体分工怎样不同，都有一个一致的目标把他们的活动联结起来成为一个共同的犯罪活动，在共同犯罪中，每一个犯罪人的行为和共同犯罪所发生的危害结果之间都存在着直接或者间接的因果关系。另一种情况是，比较复杂的共同犯罪，即在一个共同犯罪中，不但有主犯，也有一些从犯。这种情况表明，参加这种共同犯罪的从犯的作为或不作为，都和主犯的犯罪行为之间存在着因果关系，因此，无论是主犯的犯罪行为

① 本书第1版我无缘见识，手边收藏的文本是1981年8月第2版，全书约3万字，是我藏书中最薄的一本，隐身在书架中，因为几乎没有书脊，十分难找。该书过去从来没有用过，这次为写本文，几乎花了半个小时才找到。

② 参见李光灿：《论共犯》，2版，2页，北京，法律出版社，1981。

或者其他各共犯者的犯罪行为同这些行为所造成的危害结果之间，都存在着直接的或者间接的因果关系。[①] 在以上论述中，简单的共同犯罪是指共同正犯。共同正犯是正犯性与共犯性的统一，在德国刑法学中，共同正犯的正犯性更受到强调。尤其是在犯罪事实支配理论之下，共同正犯被认为是机能性支配的情形，属于正犯的范畴。例如德国学者在论及共同正犯时指出：这里，首先必须是所有参与人均是共同犯罪决意的主体，因为只有这样，他们才能成为实施支配行为的参与者。此外，每一个参与人还必须在客观上实施了超越预备行为范畴的特定行为。通过最符合目的的角色分工（Rollenverteilung），在共同正犯情况下可产生这样的结果，即形式上不属于构成要件该当行为范畴的单个行为，足以作为正犯受处罚。它只是涉及在“分工”范畴内实施全部计划的必要的部分（机能的行为支配，funktionelle Tatherrschaft）。[②] 基于机能性的行为支配理论，超越了形式—客观（formell-objektive Theorie）理论对正犯的限制，而使共同正犯获得了完全的正犯性，并且去除了共犯性。然而，在日本刑法学中，共同正犯的共犯性更受到关注，因而被纳入广义上的共犯概念。例如日本学者在阐述“部分行为全部责任”的法理时指出：共同正犯的刑事责任的构造，原则上与以他人的行为为媒介而扩张自己行为的因果性范围的教唆犯、帮助犯相同，而且，从这意义上看，应该说共同正犯是有别于单独正犯的“共犯”的一种。正因为如此，刑法典才在“共犯”这一章中规定了共同正犯。[③]

正是在共犯意义上理解共同正犯，在日本刑法学中才会发展出共谋共同正犯说、共同意思主体说、实质性实行共同正犯论等相关理论。无论上述德国刑法学与日本刑法学在对共犯的理解上存在何种差异，正犯与共犯的区分这一点是不存在争议的。但在我国刑法学中，正犯与共犯都在一定程度上被称为旧法名词，而

---

① 参见李光灿：《论共犯》，2 版，再版前言，2 页，北京，法律出版社，1981。

② 参见［德］汉斯·海因里希·耶赛克、托马斯·魏根特：《德国刑法教科书（总论）》，徐久生译，789 页，北京，中国法制出版社，2001。

③ 参见［日］西田典之：《日本刑法总论》，刘明祥、王昭武译，254 页，北京，中国人民大学出版社，2007。

且刑法关于共同犯罪人的分类采用的是作用分类法，因而在对共同犯罪定罪的时候，没有采用建立在正犯与共犯相区分基础之上的个别认定法，而是采取了共同犯罪行为与共同犯罪故意的整体认定法。在这一整体认定法中，往往引入刑法为量刑而规定的主犯与从犯等概念。例如，在上述论述中，李光灿先生在讨论共同正犯时，没有使用正犯（实行犯）的概念，而是使用了主犯与从犯的概念。共同正犯不分主犯与从犯，实际上是指在共同正犯的情况下均是正犯，不分正犯与共犯。至于李光灿先生所讲的复杂的共同犯罪，就是指正犯与共犯并存的共同犯罪。这种所谓共同犯罪形式，在德、日刑法学中是根本不必从整体上来加以讨论的，只要对其中的共犯加以认定即可。但在我国刑法学中，却在共同犯罪的定罪论述中，采用主犯、从犯等作用分类法的概念，从而出现了逻辑上的混乱。

在此后我国的刑法教科书中，关于共同犯罪的叙述形成了三段论的模式：一是共同犯罪的概念；二是共同犯罪的形式；三是共同犯罪人的分类及其刑事责任。其中，共同犯罪的概念主要解决共同犯罪的定罪问题。例如我国刑法教科书在共同犯罪的成立要件的三段标题下，对共同犯罪的定罪问题作了以下论述：共同犯罪成立要件的理论是建立在犯罪构成理论基础上的，它是单个犯罪构成理论的发展。[①] 由此可见，该刑法教科书是把共同犯罪的定罪纳入犯罪构成当中加以研究的，从犯罪构成的角度解决共同犯罪的定罪问题，这是完全正确的。当然，在德、日刑法学中，并不存在我国刑法学中的犯罪构成的概念，而只有构成要件的概念。因此，对共犯的定罪是构成要件理论所要解决的问题。例如，日本学者小野清一郎最早提出了共犯是构成要件的修正形式的命题，指出：把构成要件明确地当作法律上的概念来把握，认为成立犯罪必须要有“充足”的构成要件，亦即在所有方面都符合构成要件概念规定的事实。然而未遂犯和共犯是赋予不能达到充分满足特定构成要件的某些行为以可罚性的情况，在此意义上，它也可以说是“扩张处罚的原因”。但这并不意味着没有构成要件相符性或构成要件不充足就可以扩张处罚。未遂犯也好，共犯也好，如果不充分满足犯罪的一般概念要

① 参见高铭暄主编：《刑法学》（修订本），2 版，188 页，北京，法律出版社，1984。

素，仍然没有可罚性。对犯罪来说，仍以充分满足构成要件的行为为必要。在这个意义上，我才把未遂犯和共犯的规定视为构成要件本身的修正。它们不是在“修正”构成要件相符性（贝林后来把它换成“构成要件关系”）时，而是“修正了的构成要件”的充分满足时成立犯罪的。① 小野清一郎把正犯的构成要件当作一般的构成要件，共犯并不符合一般的构成要件，但共犯具有修正了的构成要件，这是一种特殊的构成要件。这样，就将共犯纳入构成要件，为共犯提供扩张处罚的类型化、规范化的根据。修正的构成要件的观点为日本学者所承继，日本学者大塚仁教授甚至直接把未遂犯与共犯的内容放在构成要件该当性中加以论述，认为这是一个被修正的构成要件该当性的问题。大塚仁教授指出：在构成要件论的立场上，形式上加以说明时，正犯是实施了符合基本的构成要件的实行行为的人，而共犯则可以说是通过符合分别被修正的构成要件的教唆行为、帮助行为而加担正犯的实行行为的人。②

从构成要件角度为共犯的定罪提供法理论证，是修正的构成要件说的初衷。当然，共犯定罪的法理论证，仅有修正的构成要件论还是不够的，还需要进一步从共犯的性质，尤其是共犯与正犯的关系上加以论证。但在苏俄刑法学中，对于共犯的定罪没有提供特殊的法理，而只是将四要件简单地套用在共同犯罪中。例如，苏俄学者特拉伊宁指出：共同犯罪并不变更刑事责任的根据。不论是单独行动的人，还是共同犯罪中的行为人，都只有在他们的行为包含了相当的犯罪构成的全部因素，特别是包含了像因果关系和罪过这样一类必要的构成因素时，才负刑事责任。③ 共同犯罪的构成与单独犯罪的构成之间到底存在何种差别呢？对此，特拉伊宁指出：共同犯罪并不改变刑事责任的公认的根据，它并没有创造一种新的连带责任；不论是单人的活动或是在共同犯罪时的活动，刑事责任都是以

① 参见［日］小野清一郎：《犯罪构成要件理论》，王泰译，157～158页，北京，中国人民公安大学出版社，2004。

② 参见［日］大塚仁：《刑法概说（总论）》，3版，冯军译，240页，北京，中国人民大学出版社，2003。

③ 参见［苏］A. H. 特拉伊宁：《犯罪构成的一般学说》，王作富等译，231页，北京，中国人民大学出版社，1958。

具备了永远是同样必要的构成因素——罪过和因果关系——为前提的。共同犯罪只是创造了责任的特殊形式。因为它是活动——几个人实施同一个犯罪的活动——的特别危险的形式。因此，共同犯罪可以一般地确定为：几个人共同参加实施同一个犯罪，其中每个行为人都应该和犯罪的结果有因果联系和罪过联系。[①] 在以上关于共同犯罪的犯罪构成的论述中，都只是泛泛而论，而根本没有涉及共犯的定罪根据问题。如果把这里的共同犯罪理解为共同正犯，那么，以上论述也许还有几分意义。但共犯根本不具备刑法分则规定的犯罪构成要件，其定罪根据又如何解释呢？对此，苏俄学者没有从构成要件上加以论证，而是强调了共同犯罪人之间的主观联系，指出：共同犯罪不是几个人活动的简单的凑合。同时，共同犯罪也并非永远和必须是基于事前协议的几个人的活动。在各共犯之间必须有主观联系，即至少组织犯、教唆犯和帮助犯了解执行犯的活动。各共犯之间没有这种起码的主观联系，也就没有共同犯罪。这种主观联系采取比较强烈的形式，就成为划分各种共同犯罪的根据。[②] 这种强调共犯之间主观联系的观点，是对维辛斯基观点的一种纠正。因为维辛斯基在 20 世纪 30 年代末曾经否认各共犯之间必须有旨在实施犯罪的协议，认为在帮助犯或教唆犯的行为和实行犯的实施的犯罪行为之间不需要有因果关系，他还否认故意对共同犯罪是必不可少的。维辛斯基根据 20 世纪英国刑法学家斯蒂芬的论点，认为可以对实施犯罪的过失教唆行为追究刑事责任。这是一种容易导致为客观归罪辩护的论点。[③] 相对于维辛斯基在共犯问题上否认主观联系因而导致客观归罪的观点，上述特拉伊宁强调共犯之间主观联系的观点是具有进步意义的。但共犯的定罪首先是一个客观行为的问题。对于这一点，特拉伊宁关于共犯的理论恰恰没有涉及。尤其是苏俄刑法学否认了共犯对于正犯的一定程度的从属性，共犯的定罪根据就无从说起。

---

① 参见［苏］A. H. 特拉伊宁：《犯罪构成的一般学说》、王作富等译，237 页，北京，中国人民大学出版社，1958。

② 参见［苏］A. H. 特拉伊宁：《犯罪构成的一般学说》，王作富等译，237 页，北京，中国人民大学出版社，1958。

③ 参见［苏］皮昂特科夫斯基等：《苏联刑法科学史》，曹子丹等译，86～87 页，北京，法律出版社，1984。

受到苏俄刑法学的上述影响，我国关于共同犯罪的理论，也从一开始就偏离了正犯与共犯这一基本线索。例如我国关于犯罪构成的理论著作，在论及共同犯罪的犯罪构成时认为构成共同犯罪必须具备以下条件：(1) 共同犯罪的客体。共同犯罪的客体是指我国刑法所保护的而为共同犯罪行为所侵害的社会主义的社会关系。(2) 共同犯罪的客观要件。共同犯罪在客观方面，必须要有共同犯罪行为。共同犯罪行为，是指各个共同犯罪人为追求同一危害社会结果，完成同一犯罪而实施的相互联系、彼此配合的犯罪行为。(3) 共同犯罪的主体。共同犯罪的主体必须是两个以上的自然人。(4) 共同犯罪的主观要件。共同犯罪是指两人以上共同故意犯罪。共同犯罪故意，是指犯罪人通过犯罪意思的传递、反馈而形成的，明知他们的行为的合一会发生某种危害社会结果，并且都希望或者放任这种结果发生的主观心理态度。[①] 以上关于共同犯罪的犯罪构成的论述，基本上是在套用四要件的犯罪构成理论，根本没有涉及正犯与共犯的关系问题，也就没有为共犯的定罪提供法理根据。

共同犯罪行为与共同犯罪故意成为我国刑法中的共同犯罪的定罪根据，具有整体论的性质。在这一整体框架下，我开始作了一些具体化的论述。例如王作富教授主编的《中国刑法适用》一书第 12 章共同犯罪，是我执笔的。在该章中，我对共同犯罪行为与共同犯罪故意除了加以总体性的论述以外，在共同犯罪行为中分述如下。

(1) 实行行为。共同犯罪中的实行行为，是指直接实行刑法分则规定的行为。

(2) 组织行为。组织行为，是指组织犯所实施的指挥、策划、领导犯罪的行为。

(3) 教唆行为。教唆行为是指能够引起他人实行犯罪的意图的行为。

(4) 帮助行为。帮助行为是指为其他共同犯罪人实行犯罪创造便利条件，在共同犯罪中起次要或者辅助作用的行为。

---

① 参见樊凤林：《犯罪构成论》，259 页以下，北京，法律出版社，1987。

与之对应，我还对共同犯罪故意作了以下分述。

（1）实行故意。共同犯罪中的实行故意，是指实行犯对其犯罪行为会造成危害社会的结果的希望或者放任的心理状态。

（2）组织故意，是指组织犯的犯罪故意。

（3）教唆故意，是指教唆他人犯罪的故意。

（4）帮助故意。是指帮助他人（主要是指实行犯）犯罪的故意。[①]

除了以上对共同犯罪行为与共同犯罪故意的具体论述以外，在关于共同犯罪行为的总述中，在一定程度上涉及共犯的定罪根据问题。我指出：共同犯罪行为和单独犯罪行为相比，具有显著的特点。单独犯罪行为，都是由我国《刑法》分则加以明文规定的。因此，对于单独犯罪，只要直接依照刑法分则的有关规定对犯罪分子定罪就可以了。而共同犯罪行为，除实行犯的行为是由刑法分则明文规定的以外，其他共同犯罪人的行为，例如组织行为、教唆行为和帮助行为，都是由刑法总则规定的。只有把这些行为与实行行为有机地结合起来，才能正确地解决共同犯罪的定罪问题。[②] 在以上论述中，我提出要将共犯行为与正犯行为结合起来解决共同犯罪的定罪问题，这实际上已经在一定程度上涉及了正犯与共犯的关系。我在博士论文《共同犯罪论》（1988 年 3 月答辩通过）中，第一次明确地提出引入正犯与共犯的关系，以此阐述我国刑法中的共同犯罪的性质，由此开启了我国《刑法》中的共犯理论从苏俄向德日的转型。我指出：西方历史上共同犯罪理论萌生于中世纪意大利刑法学家对犯罪构成要件的解释。凡是充足构成要件的是正犯（实行犯），除此以外的是共犯（教唆犯和帮助犯）。因此，通观大陆法系各国的共同犯罪理论，基本上是沿着正犯与共犯两条线索建立起来的。因而，理解正犯与共犯的关系，就成为揭示共同犯罪性质的关键。关于正犯与共犯的关系，在刑法理论上出现过五花八门的学说，主要是存在共犯从属性说与共犯独立性说的聚讼。我国《刑法》否定了区分正犯与共犯的共同犯罪理论的传统格局，

① 参见王作富主编：《中国刑法适用》，168 页以下，北京，中国人民公安大学出版社，1987。

② 参见王作富主编：《中国刑法适用》，168 页，北京，中国人民公安大学出版社，1987。

确立了统一的共同犯罪的概念。但我国《刑法》中的共同犯罪，从构成要件来分析仍然存在符合刑法分则规定的构成要件的实行犯与在刑法分则规定的构成要件的基础上刑法总则加以补充规定的非实行犯（包括组织犯、教唆犯与帮助犯）的区别。因此，确立实行犯与非实行犯的关系，对于认识我国刑法中的共同犯罪的性质具有重要意义。[①] 这里所讲的实行犯与非实行犯的关系，就是正犯与共犯的关系。正犯与共犯的关系确立以后，才能将德、日刑法学的共犯理论引入我国，作为对我国《刑法》关于共同犯罪规定解释的教义学资源。应当指出，我国《刑法》关于共同犯罪的立法规定，以统一的共同犯罪概念为基础。采用作用分类法为主的共同犯罪人的分类方法，在很大程度上偏离了大陆法系刑法传统的关于共犯的立法格局，甚至与《苏俄刑法典》关于共同犯罪的规定也已经存在重大差别。在这种情况下，若不采用大陆法系关于共犯的理论加以补救，则司法上的许多难题是难以解决的，例如间接正犯、片面共犯、身份犯的共犯等问题。

三、共犯二重性说的衰败

关于共犯的性质，在德、日刑法学中历来存在共犯从属性说与共犯独立性说之争。日本学者小野清一郎指出：关于共犯的从属性和独立性，一直争论不休。对从属性和独立性，必须从各种意义、各种程度上去考虑，这是 M. E. 麦耶尔以来人们的普通认识。问题的根本点在于，教唆犯或帮助犯是否与正犯（单独的或共同的）的性质完全相同。这不仅是个解释论的问题，而且也是个先于法律的、存在论性质的，即实体逻辑性质的问题。[②] 小野清一郎是同时在解释论与存在论的意义上讨论共犯的从属性与独立性的。其实，从属性说与独立性说的对立主要不在于解释论而恰恰在于存在论。在存在论意义上，把共犯与正犯视为同一实体，则从属性是根本不存在的。只有承认共犯与正犯的区别，才有从属性可言。

① 参见陈兴良：《共同犯罪论》，49～50 页，北京，中国社会科学出版社，1992。

② 参见［日］小野清一郎：《犯罪构成要件理论》，王泰译，161～162 页，北京，中国人民公安大学出版社，2004。

在一般情况下，承认共犯从属性的通说是以正犯的成立为前提承认共犯存在的。但在教唆未遂，即被教唆者没有犯所教唆罪的情况下，对于教唆未遂是否处罚，就成为对共犯从属性说的一大考验。我国刑法明确规定了对教唆未遂的处罚，正是由此出发展开了我国刑法学中具有特色的二重性说。

二重性说，即共犯的从属性与独立性的统一说，最初是我国学者伍柳村教授在讨论教唆未遂时提出的。该命题一经提出，即引起了较大的反响，并在一定程度上成为我国共同犯罪理论研究中的一个热点问题。伍柳村教授对教唆犯的二重性作了以下论述：教唆犯的犯罪意图既然必须通过被教唆人的决意，并且去实施他所教唆的犯罪行为，才能发生危害结果或者达到犯罪目的，否则，是不可能发生危害结果或者达到犯罪目的的，所以，就教唆犯与被教唆人的关系来讲，教唆犯处于从属地位，教唆犯具有从属性。但是，教唆犯给予他人以犯罪意图这一行为，它与单个人犯罪的故意表示，其危害性是不相同的。单个人犯罪犯意表示还没有发生社会关系，只是个人犯罪意思活动的流露而已，所以不能认为犯罪；而在共同犯罪中，教唆犯的教唆行为则是教唆犯与被教唆人已经发生了人与人之间的社会关系，而且在这种社会关系中，又已显示出教唆他人犯罪这一行为本身对社会危害的严重程度。无论被教唆人是否去实行犯罪，教唆行为本身都应该被认为犯罪，当然在处罚时也必须考虑被教唆人是否犯了被教唆的罪这一事实。所以，从这个意义上讲，教唆犯在共犯中又处于相对的独立地位，教唆犯又具有相对的独立性。由此可见，教唆犯具有二重性——从属性和相对的独立性。① 伍柳村教授的这篇论文，可以说是我国关于共犯问题的第一篇具有学术含量的论文。伍柳村教授以我国《刑法》关于教唆犯的规定为依据，论证了教唆犯的二重性。其中，我国刑法关于“教唆他人犯罪的，应当按照他在共同犯罪中所起的作用处罚”的规定，体现的是教唆犯的从属性。而我国《刑法》关于“如果被教唆的人没有犯被教唆的罪，对于教唆犯，可以从轻或者减轻处罚”的规定，则体现了教唆犯的相对独立性。

---

① 参见伍柳村：《试论教唆犯的二重性》，载《法学研究》，1982（1），17页。

伍柳村教授的教唆犯的二重性说，对我具有较大的影响。我采用二重性说，对教唆犯的未遂进行了分析，认为在实行犯没有实行教唆犯所教唆的犯罪的情况下，教唆犯所处的犯罪阶段问题，在刑法理论上存在三种观点：（1）预备说；（2）未遂说；（3）既遂说。对此，我指出：可以认为，预备说是共犯从属性理论的观点，既遂说是共犯独立性理论的观点。两者之所以不能正确地解决在实行犯没有实行教唆犯所教唆的犯罪的情况下，教唆犯所处的犯罪阶段问题，就在于共犯从属性理论和共犯独立性理论都没有科学地揭示教唆犯的本质特征。共犯从属性论否定教唆犯的独立性，表现为客观主义；共犯独立性理论否定教唆犯的从属性，表现为主观主义。我则坚持主观和客观相统一原则，认为教唆犯是独立性和从属性的统一，由此阐发教唆犯在共同犯罪中的特殊地位。

从教唆犯是独立性和从属性的统一出发，必然得出在实行犯没有实行教唆犯所教唆的犯罪的情况下，教唆犯是犯罪未遂的结论。① 在当时，我的上文是较早从正面回应伍柳村教的教唆犯的二重性观点的。当然，由于当时学术规范尚未健全，我的上文竟然没有引注。现在看来，这是对伍柳村教授的大不敬。我对教唆犯的二重性的理解，不完全相同于伍柳村教授的。伍柳村教授的二重性说被马克昌教授称为抽象的二重性说，理由是没有结合刑法的规定来论述。② 指称伍柳村教授的二重性说没有结合刑法的规定论述，并不符合实际。伍柳村教授把刑法关于教唆犯的一般规定界定为从属性，而把刑法关于教唆未遂的处罚规定界定为相对独立性，这怎么能说是没有结合刑法的规定论述呢？我以为，伍柳村教授的二重性，恰恰是法律规定的二重性。在被教唆了的人已经犯被教唆罪的情况下，教唆犯只具有从属性而没有独立性；在被教唆的人没有犯被教唆的罪的情况下，教唆犯只具有独立性而没有从属性。在这个意义上的二重性，是根据教唆犯的不同情形（既遂与未遂），分别论及从属性与独立性。而我对二重性的理解，是基于犯罪构成要件，认为教唆行为之作为犯罪构成的客观要件是教唆犯的独立性的体

① 参见陈兴良：《论教唆犯的未遂》，载《法学研究》，1984（2），61～62页。

② 参见马克昌：《论教唆犯》，载《法律学习与研究》，1987（5），16页。

现，教唆行为不是实行行为，教唆犯的犯罪构成客观要件是教唆行为和实行犯的实行行为的有机结合，这是教唆犯的从属性的体现。① 我的这种关于教唆犯的二重性的观点，可以称为构成要件的二重性说。在教唆犯的二重性说的基础上，我还上升为共犯的二重性说，指出：基于上述共犯从属性与独立性统一说，我认为，对于共同犯罪的性质，应在区分实行犯与非实行犯的基础上，对非实行犯的可罚性从它与实行犯的从属性与独立性的统一性上进行科学的论证。②

尽管如此，在我国刑法学界对二重性的界定始终没有达成共识。例如马克昌教授虽然也赞同二重性说，但对于如何界定二重性却提出了个人见解。马克昌教授指出，(1979 年)《刑法》第 26 条第 1 款规定的教唆犯，只有在被教唆人实施犯罪时才能成立。这时教唆人与被教唆人构成共同犯罪关系，被教唆人实施的犯罪行为是犯罪预备、未遂或既遂，教唆犯也是犯罪预备、未遂或既遂，这就是教唆犯犯罪的从属性。但这一款规定的教唆犯的刑事责任，则是依其在共同犯罪中的作用处罚，而不是依照实行犯的刑罚处罚，这就是教唆犯处罚的独立性。第 26 条第 2 款规定的教唆犯，是被教唆人没有犯被教唆之罪的情况。在这种情况下，教唆犯与被教唆人根本不成立共同犯罪关系，刑法却仍然对之规定了刑事责任。这里的教唆犯既无犯罪的从属性，也无刑罚的从属性，亦即只有独立性。③ 马克昌教授将上述二重性说称为具体的二重性说，以区别于伍柳村教授的抽象的二重性说。马克昌教授对（1979 年)《刑法》第 26 条第 1 款的分析认为，在这种情况下教唆犯并非像伍柳村教授所主张的那样，只有从属性而无独立性，而是既有从属性又有独立性。这一观点我是完全赞成的，并且与我基于构成要件的分析结论是相同的。但马克昌教授认为（1979 年)《刑法》第 26 条第 2 款的教唆犯只有独立性没有从属性的观点，则我难以苟同。如果上述情形，教唆犯只有独立性，那么教唆犯就应当构成犯罪既遂。而刑法规定对这种被教唆的人没有犯被教唆的罪的情况下的教唆犯以未遂论处，正是教唆犯的一定程度的从属性的体现。

① 参见陈兴良：《论教唆犯的未遂》，载《法学研究》，1984 (2)，62 页。

② 参见陈兴良：《论共同犯罪的性质与构成》，载《社会科学战线》，1991 (2)，105 页。

③ 参见马克昌：《论教唆犯》，载《法律学习与研究》，1987 (5)，16 页。

根据我所主张的构成要件的二重性说，教唆未遂是构成要件的二重性的必然结果。

二重性说在我国刑法学界受到较为广泛的肯定，此后关于教唆犯的论述一般都论及二重性问题，甚至时至今日还有学者对二重性说进行重新厘定。[①] 由此可见，二重性说在我国刑法学界的学术影响之大。当然，对于二重性说的批评，乃至于否定的观点也始终存在。例如在教唆犯的二重性说产生之初，我国学者就对此进行了批评，指出：独立性说和从属性说的基本理论表明，对于认定教唆犯的刑事责任，从立论根据、分析方法乃至如何适用刑罚，都是根本不同的；应用到具体案件上，结论有时甚至是相反的。在一部刑法里，要么采取独立性说，即完全以教唆人所教唆之罪作为定罪基础；要么采取从属性说，即完全以被教唆人所实施之罪作为定罪基础。很难想象，在一部刑法里可以合二而一，或者说具有所谓的二重性。[②] 上述观点强调了独立性与从属性的互相排斥，难以两立。这一观点，在张明楷教授那里作出了更有力的说明。张明楷教授提出了“二重性说：不可思议的学说”的命题，指出：不难看出，共犯从属性说与共犯独立性说，不管是就基本观点而言还是就理论基础而言，都是非此即彼、完全对立的，无论如何也看不出来二者可以调和、折中。以行走方向作比喻，从属性说如同走向东方，而独立性说如同走向西方，一个人或者一辆车，不可能同时既向东方走或行驶，又向西方行走或行驶。但不可思议的是，我国出现了“二重性”说，而且愈演愈烈。[③]

张明楷教授对二重性说进行了系统的批评，认为我国之所以出现二重性说，是因为对学派之争以及旧派和新派甚至理论缺乏系统与合理的评价。[④] 对于这一观点，我是赞成的。当然，系统与合理的评价是建立在对从属性说与独立性说的正确理解之上的。现在看来，在二重性说提出之初，我对共犯从属性说与共犯独立性说的理解是十分肤浅的，甚至是错误的，建立在这一基础之上的二重性说，现在确实需要重新进行反思与检讨。关于共犯从属性与独立性，日本学者作了以

---

① 参见陈世伟：《论共犯的二重性》，58 页，北京，中国检察出版社，2008。

② 参见余淦才：《试论教唆犯的刑事责任》，载《安徽大学学报》，1983（2），63 页。

③ 参见张明楷：《刑法的基本立场》，305 页，北京，中国法制出版社，2002。

④ 参见张明楷：《刑法的基本立场》，330 页，北京，中国法制出版社，2002。

下叙述：共犯从属性说（Theorie der akzessorische Natur der Teilnahme）认为，成立狭义的共犯或者带有可罚性的前提，是需要正犯者实施了一定的行为。共犯独立性说（Theorie der Verselbstandigung der Teilnahme）认为，是由于共犯者的固有行为而成立狭义的共犯并带有可罚性的。古典派一般采用前者，近代学派一般采用后者。在古典学派中，区别了相对于一定的犯罪处于直接的或者重要的地位的行为和只不过具有间接的或者轻微关系的行为，前者本身是能够独立成为犯罪的（正犯），后者只有从属于其他犯罪才能成为犯罪（从属犯，加担犯）。在近代学派中，教唆行为、帮助行为本身也是行为人反社会性格的征表，只要对犯罪结果具有原因力，就可以承认其为共犯。

共犯从属性说与共犯独立性说的对立，显著地表现在关于教唆犯、从犯的未遂的成立范围上。共犯从属性说认为，只有基于教唆者、帮助者的教唆行为、帮助行为被教唆者、被帮助者着手了犯罪的实行，其终于未遂时，才可考虑教唆犯、从犯的未遂。共犯独立性说认为，既然教唆者、帮助者实施了教唆行为、帮助行为，即使如被教唆者、被帮助者立即予以拒绝等被教唆者、被帮助者完全没有实施实行行为时，也是教唆犯、从犯的未遂，在处罚其未遂罪的犯罪中就是可罚的。可以说，这是因为共犯从属性认为教唆者、帮助者的教唆行为、帮助行为与正犯者的实行行为是异质的；而共犯独立性说则认为，教唆行为、帮助行为也不外乎是表现教唆者、帮助者的犯罪意思的实行行为，正犯者的实行行为对教唆者、帮助者来说只不过是因果关系的转述和客观的处罚条件。① 根据以上对共犯从属性说与独立性说的全面阐述，从属性说与独立说的区别在于共犯的可罚性根据：从属性认为共犯不具有独立的可罚性，其可罚性依附于正犯而存在。但独立性说认为共犯行为本身即具有可罚性，因此，在被教唆人没有犯被教唆的罪的情况下，教唆犯也在处罚未遂犯的犯罪中具有可罚性。根据以上共犯从属性说与共犯独立性说的观点分析我国刑法关于教唆犯的规定，不能不认为我国刑法处罚教

① 参见［日］大塚仁：《刑法概说（总论）》，3版，冯军译，242～243页，北京，中国人民大学出版社，2003。

唆未遂的规定体现了教唆犯的独立性。那么，对于被教唆的人已经实施的被教唆的罪的情况，对教唆犯按以其在共同犯罪中的作用处罚的规定是否体现了从属性呢？我现在的观点是认为，刑法关于教唆犯的规定是一个整体，只要具有独立性就不可能具有从属性。在这个意义上，二重性说确实难以成立。因为教唆未遂是否处罚，是考察一部刑法是采用共犯从属性说还是采用共犯独立性说的标志。在这种情况下，我国学者提出了教唆犯的两种含义的命题，认为我国现行《刑法》第 29 条规定的是广义的教唆犯，即第 1 款规定的是狭义的或真正意义的教唆犯，对此刑法采用的是从属性说。而第 2 款规定的是以教唆的行为方式实施的间接正犯，因而对间接正犯的未遂处罚，并不妨碍教唆犯的从属性的贯彻。[①] 这一立论的初衷是要排除我国刑法中教唆犯从属性的法律障碍，但论证难以令人信服，因为我国刑法并未规定间接正犯，更不可能在没有规定间接正犯的前提下规定间接正犯的未遂。对于我国《刑法》第 29 条第 2 款，张明楷教授提出了其见解，指出：对于《刑法》第 29 条第 2 款，仍应理解为共同犯罪中的教唆犯未遂的规定，即将其中的“被教唆的人没有犯被教唆的罪”理解为“被教唆的人没有犯被教唆的既遂罪”；详言之，该款的基本含义是，如果被教唆的人着手实行犯罪后，由于意志以外的原因未得逞（未遂）或者自动放弃犯罪或有效地防止结果发生（中止），对于教唆犯，可以从轻或者减轻处罚。这一解释不仅维持了教唆犯从属性说，使教唆犯的处罚根据明确、得当，而且在解释论上具有根据。[②] 张明楷教授意图将我国《刑法》第 29 条第 2 款的规定，从教唆的未遂（失败的教唆）改而解释为未遂（包括中止、预备）的教唆（失效的教唆）。但这一解释也是难以成立的，因为立法者是以教唆未遂为其规范对象的。例如高铭暄教授在论及 1979 年《刑法》第 26 条第 2 款的规定时，指出：如果被教唆的人没有犯被教唆的罪，对于教唆犯来说，并不排除其教唆行为的社会危害性，这在刑法理论上叫作“教

---

① 参见何庆仁：《我国刑法中教唆犯的两种涵义》，载《法学研究》，2004（4），53 页。

② 参见张明楷：《论教唆犯的性质》，载陈兴良主编：《刑事法评论》，第 21 卷，88 页，北京，北京大学出版社，2007。

唆未遂”，或者叫作“未成功的教唆”①。

我们再以我国台湾地区“刑法”为例分析。台湾地区原“刑法”（1935—2006年）第29条第3款规定：“被教唆人员未至犯罪，教唆犯仍以未遂犯论。但以所教唆之罪有处罚未遂犯之规定者为限。”但2006年新“刑法”，则删除了上述规定，并将第29条第1款“教唆他人犯罪者，为教唆犯”修改为“教唆他人使之实行犯罪行为者，为教唆犯”。这一修改，表明台湾地区“刑法”从教唆犯的独立性说改而采用教唆犯的从属性说。对此，修正理由指出：一、关于教唆犯的性质为何，实务及学说之见解至为混乱，唯依现行教唆犯之立法理由“教唆犯恶性甚大，宜采独立处罚主义。唯被教唆人未至犯罪，或虽犯罪而未遂，即处教唆犯既遂犯之刑，未免过严，故本案规定此种情形，以未遂论”。似可得知系采共犯独立性说立场。二、教唆犯如采共犯独立性说之立场，实侧重于处罚行为人之恶性，此与现行“刑法”以处罚犯罪行为为基本原则之立场有违，更不符合现代刑法思潮之共犯从属性思想，故改采德国刑法及日本多数见解之共犯从属性说中之“限制从属形式”。依限制从属形式之立场，共犯之成立系以正犯行为（主行为）之存在为必要，而此正犯行为则须正犯者（被教唆者）着手于犯罪之实行行为，且具备违法性（即须正犯行为具备构成要件该当性、违法性），始足当之，至于有责性之判断，则依个别正犯或共犯判断之，受删除现行条文第三项失败教唆及无效教唆之处罚，并修正要件为“教唆他人使之实行犯罪行为者，为教唆犯”，亦即被教唆者未产生犯罪决意，或虽生决意却未实行者，教唆者皆不成立教唆犯。三、修正后之教唆犯既采共犯从属性说之立场，因此，关于教唆犯之处罚效果，仍维持现行法第二项“教唆犯，仍以其所教唆之罪处罚之”之规定，在适用上系指被教唆者着手实行，且具备违法性后，教唆者始成立教唆犯。而成立教唆犯后之处罚，则依教唆犯所教唆之罪（如教唆杀人者，依杀人罪处罚之）。至于应适用既遂、未遂何者之刑，则视被教唆者所实行之构成要件事实既遂、未

① 高铭暄：《中华人民共和国刑法的孕育与诞生》，57页，北京，法律出版社，1981。

遂为断。[①] 从上述台湾地区"刑法"的修正理由可知，旧法处罚教唆未遂，因而被认为采共犯独立性说，新法删除了教唆未遂的处罚规定，并将教唆犯的概念修改为教唆他人使之实行犯罪，从而改采共犯从属性说。在我国《刑法》未删除第29条第2款的情况下，想要通过将《刑法》第29条第2款的规定从教唆未遂（失败的教唆）改而解释为未遂教唆（失效的教唆），由此贯彻共犯从属性说，我认为存在法律上的障碍。

当然，如何解决这个问题也存在可以商量的余地。我们可以参考德国刑法学对这一问题的解释。《德国刑法典》第30条规定了共犯的未遂，指出："一、教唆他人实施重罪而未遂的，依该重罪的未遂论处，并依第49条第1款减轻处罚。可适用第23条第3款的规定。二、示意他人犯罪，或接受他人的犯罪请示，或与人他约定实施重罪，或教唆他人实施重罪的，其处罚适用前款规定"。德国学者认为，上述第30条第1款规定的是失败的共犯，第2款规定的是犯罪约定。[②] 在上述失败的共犯中，就包括了教唆未遂。虽然《德国刑法典》以共犯的未遂概括第30条的内容，但德国学者认为第30条是对数人参与并表明是应处罚的共犯的初期阶段的特定重罪的预备行为的例外规定。[③] 由此可见，上述规定是一种例外性的规定。那么，如何在学理上解释这一规定，尤其是如何与共犯从属性说相协调呢？德国学者作了以下阐述：因为正犯行为并没有实际实施，行为非价被限制于在精神领域留存的行为不法，它在客观上仅通过重罪意图的表示及赞同重罪意图的表示而表现出来。在所有情况下——体系所陌生的教唆未遂和处于更加初期阶段的无结果的自告奋勇例外——行为的应受处罚性是以他人意志与行为决意的共谋的结合为基础的。关于共犯章节中第30条的排列因对重罪的处罚的依赖性而正当化，此等重罪的既遂必须是所有共犯所追求的（假定的从属性，hypot-

① 参见陈子平：《刑法总论》（2008年增修版），348～349页，北京，中国人民大学出版社，2009。

② 参见［德］冈特·施特拉腾韦特、洛塔尔·库伦：《刑法总论Ⅰ——犯罪论》，杨萌译，339～342页，北京，法律出版社，2006。

③ 参见［德］汉斯·海因里希·耶赛克、托马斯·魏根特：《德国刑法教科书（总论）》，徐久生译，850～851页，北京，中国法制出版社，2001。

hetische Akzessorietaet）。第 30 条同样适用于从属性的限制，以至于教唆无认识能力的精神病患者犯罪未遂也应当受处罚。但不容忽视的是，列进未遂章节中的排列同样是有根据的，因为共犯对正犯行为所特有的依赖性，由于缺乏这样的正犯行为而不存在，并且，单纯的“假定的从属性”也不可能被替代。因此，涉及独立的受处罚犯罪预备行为，但该犯罪预备行为在结构上，由于它涉及共谋事例，具有共犯的表现形式。[①] 在以上论述中，提及一个命题：“假定的从属性”。这里的假定，是指教唆未遂，是指向被教唆的人犯重罪这一目标的，虽然被教唆的人没有犯重罪，即不存在正犯行为，但教唆犯对于正犯行为所具有的这种依赖性还是存在的，这是一种假定的从属性。在假定的从属性的意义上，维持共犯从属性说。上述理解是否有助于解释我国《刑法》第 29 条第 2 款关于教唆未遂的规定，通过进一步扩大解释从属性程度而维持共犯从属性说，还值得研究。

综上所述，以教唆犯，尤其是以教唆未遂为中心线索，我国刑法学界展开了共犯性质的讨论，这一讨论从 1982 年一直延续至今，仍然未能达成共识。通过这一讨论，在我国刑法学中引入了共犯的从属性说与共犯独立性说等德国刑法学理论，从而使我刑法学界关于共犯性质的研究逐渐地摆脱了苏俄刑法学的影响，并形成二重性说，达到了较高的学术水平。

四、共犯从属性说的接受

共同犯罪在何种范围内存在，这是一个关于共同犯罪之共同性的理解问题。关于这个问题，在德国刑法中存在行为共同说与犯罪共同说之争。对此，日本学者指出：共犯以什么为共同？关于这一共犯的根本问题，犯罪共同说与行为共同说是对立的。犯罪共同说（théorie de l'unité du délit）认为数人共同进行特定的犯罪是共犯，客观地预想了构成要件上特定的犯罪（例如，强盗罪），由数人共

① 参见［德］汉斯·海因里希·耶赛克、托马斯·魏根特：《德国刑法教科书（总论）》，徐久生译，851 页，北京，中国法制出版社，2001。

同实行它时是共犯，这种学说与古典学派的立场相适应。相对于此，行为共同说（事实共同说）（théorie de l'unité de l'entreprise）认为，共犯是数人用共同的行为实行各自企图的犯罪，这是在近代学派的立场上采用的观点，因为在把犯罪看成是行为人社会危险性的征表的立场上，本来可以考虑脱离了构成要件的自然性行为本身的共同，认为可以在共同者共同的范围内跨越数个构成要件（例如，杀人罪和伤害罪）而存在共同关系。① 从以上论述可以看出，犯罪共同论是类型化的、规范化的，也是构成要件化的共犯理论；而行为共同说则是事实性的、自然性的，也是脱离了构成要件的共犯理论。两者之间，区别是十分明显的。当然，目前日本刑法学界犯罪共同说与行为共同说经过各自修正，也存在互相靠拢的趋势。当然，犯罪共同说与行为共同说之间，基于理论根据的不同而造成的差别，还是不可否认的。

关于共同犯罪在什么范围内存在，在苏俄刑法学中并没有涉及犯罪共同说与行为共同说的争论，而是在犯罪构成的意义上讨论。例如，苏俄学者特拉伊宁提出共犯对同一个罪行负责的命题，并从犯罪构成上作了论述，指出：各个共犯的社会面貌、犯罪动机以及其他许多特征，也可能是不相同的。但是，这些差别丝毫也不影响那种把各个共犯联系起来并使共同犯罪制度成为必要的某种一致性。这种一致性表现在，不论每个共犯参与实施犯罪时在客观上和主观上的特别有什么不同，所有的共犯总是对同个罪行负责任。问题的实质在于，作为共同犯罪的概念前提的这种一致性，并不是犯罪构成的一致性。因此，一个共犯对基本的构成负责，而另一个共犯则可能对危害性较大或较小的构成，因而根据刑法典的另一条文负责，这丝毫也不能动摇各个共犯对同一罪行负责的一般原理。② 从以上论述可以看出，在苏俄刑法学中共犯对同一罪行负责这一原理表明它更接近于犯罪共同说而非行为共同说。只不过，在某一犯罪具有两个构成：危害较大的构成

---

① 参见［日］大塚仁：《刑法概说（总论）》，3版，冯军译，240～241页，北京，中国人民大学出版社，2003。

② 参见［苏］A. H. 特拉伊宁：《犯罪构成的一般学说》，王作富等译，241页，北京，中国人民大学出版社，1958。

与危害较小的构成的情况下，共犯可以分别适用上述不同的构成，但只能构成同一个犯罪，因而具有罪名的共同性。

我国刑法学对共同犯罪的范围的观点，受到苏俄刑法学的影响，强调共同的犯罪行为必然是指向同一的特定犯罪。但在解释这里的同一的特定犯罪时，又引入了犯罪共同说与行为共同说的理论。例如马克昌教授指出：所谓同一的特定犯罪，是仅限于一个犯罪，还是在数个犯罪中也可能存在？在刑法理论中，其说不一。犯罪共同说认为，共同关系是数人共犯一罪的关系，所以行为的分担仅限于一个犯罪，才成立共同犯罪。行为共同说则认为，共同关系为共同表现恶性的关系，只要行为共同，即为共同表现恶性。所以数个犯罪既可由数人相联络而实施，也可认为有行为的分担，对此数个犯罪，自可成立共同犯罪。我们认为共同犯罪总是就特定的即具体的犯罪而言的，只要具备共同犯罪的客观方面和主观方面的要件，则这种特定的犯罪不论是一个还是数个，都不影响共同犯罪的成立。[①] 从以上论述中很明显地可看出，我国学者不再把犯罪共同论与行为共同说看作是一种理论上的“他者”，而是将其纳入我国刑法学的理论视阈加以讨论。这是一个重大的变化，不仅对于共犯理论，而且对于整个刑法学的知识形态，都是一个转折。例如，在此前的统编教材《刑法学》中，关于共同犯罪的论述，除对我国刑法关于共同犯罪立法规定的阐述以外，另设专节介绍资产阶级关于共同犯罪的理论，虽然在该节没有涉及犯罪共同说与行为共同说，而是主要介绍共犯从属性说与共犯独立性，并从政治与意识形态上作了批判[②]，无论是从编排体例还是从批判态度上，都可以看出，对于这些德、日共犯理论是作为一种“他者”加以排斥甚至批判的；但后来逐渐转变了态度，将这些德、日共犯理论作为我们考察问题的理论背景，融入了我国刑法理论之中。以上马克昌教授对于犯罪共同说与行为共同说的引用性叙述，是德、日刑法知识开始融入我国刑法学的一个极好例证。这表明，我国刑法学开始打破无产阶级刑法学与资产阶级刑法学的阶级

---

① 参见马克昌、罗平：《论共同犯罪的概念和要件》，载《政法论坛》，1985（4），3页。

② 参见高铭暄主编：《刑法学》（修订本），2版，203页以下，北京，法律出版社，1984。

对立的理论模式，它也为我国刑法学以后的繁荣提供了学术资源。

我也在共同犯罪中较早采用犯罪共同说与行为共同说的相关理论，来解释我国刑法关于共同犯罪的规定，但出于某种创新的冲动，在批判犯罪共同说与行为共同说的基础上，提出了所谓共同犯罪的主观与客观统一说，并对此作了以下论证：主观和客观相统一，是我国刑法中的定罪原则，它贯穿于犯罪论始终。我国刑法中的犯罪概念体现了主客观相统一的原则，因为社会危害性是犯罪的本质特征，而具有社会危害性的行为是由人实施的，人的主观认识和意志支配着行为。所以，社会危害性是主观方面的罪过和客观方面的行为的相互统一。以犯罪概念为基础而展开的犯罪构成理论，也体现了主客观相统一的原则，犯罪构成是主观要件和客观要件的统一，由此说明行为具有社会危害性或者这种社会危害性达到了应受刑罚处罚的程度。我国刑法中的共同犯罪，是犯罪的特殊形态，尽管它在体现主客观相统一的原则上具有某些特点，即刑法明文规定把共同犯罪的主观罪过限定在故意的范围之内，但它仍然体现了主客观相统一的原则。可以说，在确定共同犯罪的范围时坚持主客观相统一的原则，是在犯罪论中贯彻主客观相统一原则的必然结果，因而共同犯罪的主观与客观统一说具有理论根据。[①] 以上论证是从社会危害性出发，在共同犯罪的性质问题上套用了主客观相统一原则，这是一种前教义学的论证。而且，在这一论证的逻辑推理中，存在这样一种思维犯罪共同说是刑法客观主义，行为共同说是刑法主观主义，而我们应当超越刑法的客观主义与主观主义，由此得出主客观统一说。在这个意义上说，主客观统一说，具有折中主义的性质。这也是我国刑法学界惯常采用的方法，我在当时也未能免俗。对于这种折中主义方法，周光权教授进行了深刻的批判，指出：我国刑法学当前比较严重的问题还有：对许多重大问题，态度暧昧、似是而非、不能解决问题的折中说流行。其中，流传范围最广、影响力最大的折中说就是“主客观相统一”。这一折中可能存在的问题是：（1）对于犯罪的客观要件、主观要件需要分别判断，例如对于实行行为、间接故意是否存在必须分别判断，判断过程极其复

① 参见陈兴良：《共同犯罪论》，69～70 页，北京，中国社会科学出版社，1992。

杂，不是主、客观相统一这一口号能够概括的。(2) 西方没有任何学派不同时考虑主观、客观，但是从来不提主客观相统一这样的命题，难道我们的概括能力就是强于他们？(3) “主、客观相统一”这类口号，使得思维简单化，混淆了很多复杂的关系，容易使人误解为主、客观要件同等重要，是半斤八两的关系。[①]

从方法论角度来说，主、客观相统一之类的折中主义提法，确实解决不了重大的理论问题。在多年以后，我也对主、客观相统一原则，从价值论与方法论两个方面进行了清理。[②] 实际上，我所说的主客观相统一说，在共同犯罪的范围问题上，与犯罪共同说是较为接近的。例如，在论及不同罪名之间是否存在共犯关系时，我曾经指出：在不同的犯罪之间能否成立共同犯罪呢？对于这个问题，犯罪共同说与行为共同说的回答迥然相异。犯罪共同说认为共同犯罪只能共同犯一罪。因此，只能在同一犯罪之内才能成立共同犯罪。行为共同说则认为共同犯罪并不限于共同犯一罪。因此，在不同的犯罪之间也可以成立共同犯罪。我认为，共同犯罪只能是共同犯一罪的关系，罪质互异的犯罪之间无所谓共同犯罪。这是因为，共同犯罪是在共同犯罪故意支配下实施的共同犯罪行为，并由此而造成共同的犯罪结果。如果各人实施的犯罪的性质完全不同，主观上就不可能有共同故意，客观上也不可能有共同行为，因而应当分别予以单独论处。而且，从处罚上来说，共同犯罪人对共同所犯罪之罪承担刑事责任，而共同犯罪人在犯罪中的作用有主次之分，他们的刑事责任是互相联系着的，所以法律规定对从犯要比照主犯予以从重处罚，如果各行为人成立不同的犯罪，各人都应当对自己实施的罪行承担完全的刑事责任，因而不存在共犯关系。[③] 因此，在不同的犯罪之间能否成立共同犯罪这一问题的结论上，其实我之所谓主客观统一说是与犯罪共同说相同的。在这个意义上，所谓主、客观统一说其实就是犯罪共同说的另一种表述而已。只不过，主张在不同的犯罪之间不能成立共犯的是完全犯罪共同说，而根据部分犯罪共同说，则不同的犯罪之间是可以成立共犯关系的。而部分犯罪共同说

---

① 参见周光权：《刑法学的西方经验与中国现实》，载《政治论坛》，2006 (2)，29 页。

② 参见陈兴良：《主客观相统一原则：价值与方法的双重清理》，载《法学研究》，2007 (5)。

③ 参见陈兴良：《论共同犯罪的性质与构成》，载《社会科学战线》，1991 (2)，108 页。

的观点，迟至1993年才介绍到我国，这就是大塚仁教授的观点。大塚仁教授指出：围绕共犯的基本性质，存在着犯罪共同说与行为共同说的对立，我认为，以构成要件理论为基础理解共犯时，应该根据犯罪共同说，即，二人以上者共同实行了某特定犯罪时就成立该犯罪的共同正犯。不过，即使二人以上者共同实行的是不同的犯罪，但是当犯罪具有同质的、互相重合的性质时，在其重合的限度内，也应该解释为成立共同正犯。[①]

在我国刑法学界较早引入部分犯罪共同说的是张明楷教授。在《刑法学》（第1版）中，张明楷在讨论共同犯罪应否以符合同一个犯罪构成为前提时，分别介绍了对此存在的两种对立观点，即犯罪共同说与行为共同说。而在介绍犯罪共同说时，又分别介绍了完全犯罪共同说与部分犯罪共同说，指出：犯罪共同说认为，二人以上共同实施同一特定的犯罪（符合同一特定犯罪的构成要件）时，才成立共同犯罪。其中完全犯罪共同说认为，二人以上共同实施的行为在罪名上完全相同时，才成立共同犯罪。部分犯罪共同说认为，二人以上虽然共同实施了不同的犯罪，但当这些不同的犯罪之间具有重合的性质时，则在重合的限度内成立共同犯罪。例如，甲以伤害的故意、乙以杀人的故意共同加害于丙时，只在伤害罪的范围内成立共同犯罪。[②] 这里的重合性如何认定呢？对此，张明楷教授认为，在以下四种情况下应当认为犯罪之间存在重合的性质：（1）当两个条文之间存在法条竞合的关系时，其条文所规定的犯罪，一般存在重合性质。（2）虽然不存在法条竞合关系，但当两种犯罪所侵犯的同类法益相同，其中一种犯罪比另一种犯罪更为严重，从规范意义上说，严重犯罪包含了非严重犯罪的内容时，也存在重合性质，能够在重合范围内成立共同犯罪。（3）虽然不存在法条竞合关系，两种犯罪所侵犯的同类法益也不完全相同，但其中一种罪所侵犯的法益包含了另一犯罪所侵犯的法益，因而存在重合性质时，也能够在重合范围内成立共同犯罪。（4）在法定转化犯的情况下，如果数人共同实施了转化前的犯罪行为，而部

---

① 参见［日］大塚仁：《犯罪论的基本问题》，冯军译，251页，北京，中国政法大学出版社，1993。

② 参见张明楷：《刑法学》（上），27页，北京，法律出版社，1997。又见张明楷：《部分犯罪共同说之提倡》，载《清华大学学报》（哲学社会科学版），2001（1）。

分人实施了转化行为，但他人不知情的，应就转化前的犯罪成立共同犯罪。[①]

相对于完全犯罪共同说，部分犯罪共同说更有说服力，更能解决司法实践中的超难问题，因而也更可取。以后，在我国出版的有关共同犯罪著作大多赞同部分犯罪共同说。例如，陈家林博士在《共同正犯研究》一书中，对部分犯罪共同说的观点作了详细复述，明确表示赞同部分犯罪共同说，并对犯罪重合性质的认定作出补充性说明：认定构成要件的重合，强调的是规范意义上的理解，而不是事实意义上的理解。[②] 又如，阎二鹏博士在《共犯与身份》一书中，也提倡部分犯罪共同说，认为该说符合我国立法实际，并对坚持部分犯罪共同说会不会与刑法中的个人责任原则相矛盾这一部分作了探讨，得出了否定性结论。[③] 在某种意义上说，部分犯罪共同说已经成为我国刑法学界的通说。当然，在司法实践中的推广采用，还须假以时日。

我对犯罪共同说与行为共同说的观点，前后也发生了转变。虽然早期主张主、客观统一说，但后来明确赞成犯罪共同说，认为共同犯罪之共同性，是法律规定的构成要件之共同，非事实上行为之共同。在这个意义上，犯罪共同说具有合理性。[④] 此后，我又有限度地承认部分犯罪共同说，即在实行过限的情况下，承认在过限前相同犯意内可以成立共同犯罪。[⑤] 后来，在有关论文中，我又对部分犯罪共同说作了全面探讨，尤其是对部分犯罪共同说与构成要件的行为共同说的差异作了分析，因为这两者对不同罪名之间可成立共犯的结论是相同的，这也表明犯罪共同说与行为共同说具有互相接近的趋势，那么，两者之间是否存在性质上的区别呢？对此，我提出：部分的犯罪共同说认为，如果数个犯罪的构成要件之间存在重合部分，那么在重合的限度内成立较轻之罪的共同正犯。例如甲以杀人故意、乙以伤害故意共同对丙进行侵害并致其死亡的，甲的杀人行为与乙的

---

① 参见张明楷：《刑法的基本立场》，273 页以下，北京，中国法制出版社，2002。

② 参见陈家林：《共同正犯研究》，79 页，武汉，武汉大学出版社，2004。

③ 参见阎二鹏：《共犯与身份》，140 页，北京，中国检察出版社，2007。

④ 参见陈兴良：《本体刑法学》，518 页，北京，商务印书馆，2001。

⑤ 参见陈兴良：《规范刑法学》，139 页，北京，中国政法大学出版社，2003。

伤害行为之间具有重合，但甲的杀人行为已经超出重合部分，具备了故意杀人罪的构成要件，在这种情况下，甲的行为在伤害的限度内与乙是共同正犯，但甲的伤害行为被其杀人行为所吸收，因而最终应以故意杀人罪论处。部分的犯罪共同说坚持了只有在同一犯罪的范围内承认共犯关系的犯罪共同说的立场，但对同一犯罪又像严格的或者完全的犯罪共同说那样，机械地以最终认定为同一罪名为必要，因而有其可取之处。构成要件的行为共同说认为，只要行为人实施了共同的行为，就可以成立共同正犯，并不要求必须是同一或者特定的犯罪。根据这种观点，甲以杀人的故意、乙以伤害的故意共同对丙进行侵害并致其死亡的，由于甲与乙存在共同行为，尽管甲是杀人行为，乙是伤害行为，同样也构成共同正犯。从这里可以看出，尽管部分的犯罪共同说与构成要件的行为共同说，都承认在上述案件中，甲和乙之间成立共同正犯，并且结论都是甲定故意杀人罪，乙定故意伤害罪，但共同犯罪的内容是有所不同的。部分的犯罪共同说认为，甲和乙是成立故意伤害罪的共同正犯，甲之所以定故意杀人罪而不定故意伤害罪，是因为其行为超出了伤害的性质。但构成要件的行为共同说则完全承认在不同犯罪之间可以成立共同正犯，而这一点恰恰与部分的犯罪共同说不同：部分的犯罪共同说并不承认不同犯罪之间的共同正犯。①

以上我对共同犯罪的性质的观点的演变过程，也是德、日刑法学关于共犯的学说引入并被接受的过程，同时也是我国共同犯罪理论不断深化的过程。而这一切，都已经远远地超出了苏俄刑法学关于共同犯罪理论的广度与深度。

五、共犯处罚论的引入

我国关于共同犯罪理论在其发展过程中，越来越多地吸收了德、日学说，近年来更是如此。其中，共犯处罚论就是一个引人瞩目的问题。

① 参见陈兴良：《共同正犯：承继性与重合性——高海明绑架、郭永杭非法拘禁案的法理分析》，载陈兴良主编：《刑事法评论》，第21卷，41～42页，北京，北京大学出版社，2007。

如前所述，关于共犯的处罚根据问题，最早在苏俄刑法学的框架内，是直接套用犯罪构成要件来解决的。后来采用了德、日刑法学中的共犯从属性说与共犯独立性说理论，虽然主张二重性说，但实际上是以从属性说为主。共犯从属性说力图解决共犯的定罪根据问题：只有正犯行为是犯罪构成要件行为。作为非正犯行为的共犯行为为什么具有犯罪性呢？刑法理论上将共犯称为刑罚扩张事由，刑罚为什么会从正犯扩张到共犯？共犯从属性说的答案是：因为共犯对于正犯具有从属性。这种理论，也称为犯罪性的借用说。我国学者指出：犯罪扩张的基础是什么？刑法为何要将对于正犯的处罚规定扩张适用于共犯？回答这些问题，必将探讨立法者创设共犯规定的理论依据，这无疑就是共犯的基础问题。因为它并不是单纯在解释共犯现象，而是要揭示共犯这一社会现象并上升为法律制度的根据，它所处理的是共犯的一般观念。同时，它也是解决共犯论诸问题的前提。正确定罪和量刑是共犯论的实际价值。其中正确定罪是共犯论的核心。而在定罪中，重要的问题就是共犯者与非共犯者的区别，即可罚性共犯的界限问题。可以说共犯论的诸问题，如共犯的成立条件、片面共犯、承继共犯、未遂共犯等都是可罚性共犯的界限问题。[①] 从以上论述来看，共犯处罚根据论是共犯的理论基础。它正在取代共犯从属性说与共犯独立性说而成为共犯的中心问题。根据我国学者的介绍，在相当长的一个时期内，日本刑法学中的共犯论主要是以共犯独立性说与共犯从属性说的对立为中心论点，围绕着教唆未遂是否具有可罚性展开的。直到 20 世纪 70 年代末 80 年代初，随着德国刑法学共犯处罚根据论的传入，日本刑法学者开始考虑为了统一解决上述共犯问题，有必要回到共犯处罚根据上讨论。此后，随着共犯处罚根据论在日本刑法学中的逐步展开，该理论渐渐取得共犯论上基础理论部分的地位。此后的刑法教科书大都试图在共犯处罚论上构建共犯论。[②] 由此可见，共犯处罚根据论是日本刑法学新近发展起来的共犯理论。日本学者西田典之对共犯处罚根据论作了以下介绍：共犯规定是处罚扩张事由，

---

① 参见刘凌梅：《帮助犯研究》，25～26 页，武汉，武汉大学出版社，2003。

② 参见杨金彪：《共犯的处罚根据》，12 页，北京，中国人民公安大学出版社，2008。

那么，为什么应处罚共犯呢？这一般称为“共犯的处罚根据论”问题，大致可以分为责任共犯论、违法共犯论、因果共犯论这三种学说。

责任共犯论认为，共犯的处罚根据在于使得他人陷入了刑罚与责任之中。也就是，该说从行为人创造出了负有刑事责任的犯罪者这一点中，探求处罚根据，因而称为责任共犯论。

违法共犯论认为，共犯的处罚根据在于使共犯实施了该当于构成要件的违法行为。该论主张，正犯行为只要具有违法性即可，不一定要具有责性，因而称为违法共犯论。

因果共犯论认为之所以应处罚共犯，就在于其与他人所引起的法益侵害之间具有因果性，这又称为惹起说。也就是，所谓共犯，是指以其他犯罪参与者为媒介而间接地实施了法益侵害行为者，为此，遭受侵害的法益必须对共犯本身而言也属于应加以保护的法益。因果共犯论是现在的通说。因果共犯论内部又分为纯粹惹起说与构成要件性惹起说这两种学说。纯粹惹起说认为，共犯只要与正犯的违法性结果之间具有因果关系即可。共犯的处罚根据就在于惹起了构成要件的违法性，或者说，惹起了由构成要件这一框架所框定的违法性，而并非仅仅只要惹起了法益侵害这一意义上的违法性即可。没有构成要件该当性便没有共犯处罚。确切的表述应该是，某参与者的行为满足了构成要件，这才是共犯的处罚根据。有人主张应称为混合惹起说，为了更符合其实质，本书称为构成要件惹起说。①

从以上论述可以看出，共犯处罚根据论作为一种为共犯处罚提供本质性的根据的理论，与共犯从属性说与共犯独立性说之间是存在一定区别的。但不可否认的是，上述两种理论又是存在相通之处的。一般来说，责任共犯论大体上等同于共犯从属形式中的极端从属性说。违法共犯论等同于共犯从属形式中的限制从属性说，而因果共犯论等同于共犯从属形式中的最小从属性说。由此可以看出，共犯处罚根据论是对共犯从属性说的逻辑展开。当然，因果共犯论中的纯粹惹起说主

① 参见［日］西田典之：《日本刑法总论》，刘明祥、王昭武译，275页以下，北京，中国人民大学出版社，2007。

张“没有正犯的共犯”，认为教唆未遂具有可罚性，在这一点上又与共犯独立性说存在重合。这里涉及共犯从属性理论，需要加以进一步展开。共犯从属性可分为实行从属性（从属性之有无）与要素从属性（从属性之程度）这两个问题。实行从属性是与共犯独立性说相区分的界限，解决的是是否认同从属性的问题。而要素从属性是一个从属性程度问题，对此我国台湾地区学者陈子平教授指出：在采共犯从属性说之立场，主张共犯之成立以正犯的实行行为（正犯行为）为必要之见解下，该正犯行为以具备犯罪之何种要素为必要，即有关要素从属性之议题，如前所述，向来系以麦耶尔之四种从属形式之分类作为前提而被讨论：(1) 以正犯行为该当构成要件为已足之最小限度从属形式（minimal-akzessorische Form）；(2) 以正犯行为该当构成要件且违法为必要之限制从属形式（limitiert-akzessorische Form）；(3) 以正犯行为该当构成要件、违法且有责为必要之极端（严格）从属形式（extrem-akzessorische Form）；(4) 不仅以正犯行为该当构成要件、违法且有责为必要，甚至以正犯之可罚性条件、刑的加重减轻事由为必要之夸张从属形式（hyper-akzessorische Form）。……目前的限制从属形式为内容之“限制从属性说”不仅是德国刑法第 26 条所明文，亦成为日本之通说。然而，最近多年来，日本已有不少学者对于通说之限制从属性说指出质疑，而逐渐倾向以最小限度从属形式为内容之最小限度从属性说立场，甚至采可罚的不法从属性说，亦即主张即便正犯行为不该当构成要件，若属于“可罚的违法行为”即可。① 由此可见，德、日刑法学虽然主张共犯从属性说，但对于从属性程度的要求逐渐减少，至于可罚的不法从属性说，则接近于共犯独立性说。对于共犯处罚根据论与共犯从属性与独立说的关系，我国学者作了以下论述：在要素从属性问题上，按照责任共犯说→违法共犯论→修正引起说→折中引起说→纯粹引起说的方向，大致可以看出从极端从属性形式（乃至夸张从属性形式）→限制从属性形式→最小从属性形式→共犯独立性方向倾斜的态势。值得指出的是，德

① 参见陈子平：《论共犯之独立性与从属性》，载陈兴良主编：《刑事法评论》，第 21 卷，23 页，北京，北京大学出版社，2007。

国刑法学上的纯粹引起说显示出与共犯独立性亲和的一面，特别是日本刑法学上的结果无价值型纯粹引起说更是如此。[①]

无论是共犯从属性与独立性说还是共犯的处罚根据论，都是德、日刑法学中的共犯学说，并且与其刑法规定具有一定的相关性。在这种情况下，这些理论如何在我国刑法学中采用呢？关于共犯从属性说与独立性说，如前所述，我国刑法学界提出了二重性说，试图超越从属性说与独立性说。现在我国学者更多地主张共犯从属性说，但如何解释《刑法》第29条第2款关于教唆未遂的规定，始终是一个难题。至于共犯处罚根据论，我国学者认为，通说的见解基本上坚持了责任共犯说的立场，并提出了我国刑法坚持修正引起说，因为修正引起说是一种主张共犯通过正犯行为共同引起法益侵害结果而受到处理的理论。[②] 但是，这一观点面临重大的法律障碍。我们可以比较下德、日、中三国刑法关于教唆犯的规定。

> 《德国刑法典》第26条（教唆犯）：故意教唆他人故意实施违法行为的是教唆犯。对教唆犯的处罚与正犯相同。
>
> 《日本刑法典》第61条（教唆）：教唆他人实行犯罪的，判处正犯的刑罚。教唆教唆犯的，与前项同。
>
> 我国《刑法》第29条：教唆他人犯罪的，应当按照他在共同犯罪中所起的作用处罚。教唆不满18周岁的人犯罪的，应当从重处罚。如果被教唆的人没有犯被教唆的罪，对于教唆犯，可以从轻或者减轻处罚。

在上述三国刑法关于教唆犯的规定中，最大的区别就是我国《刑法》第29条第2款对教唆未遂的规定，《日本刑法典》对此没有规定，而《德国刑法典》第30条在未遂犯中规定了共犯的未遂。尤其应当指出的是，德、日刑法典对未遂犯的处罚一般都采法定主义，即法律有规定的才处罚。例如《日本刑法典》第44条规定："处罚未遂的情形，由各本条规定"。而刑法对教唆未遂未作规定，因而是不可罚的，但对于未遂的教唆则是可罚的。在这种情况下，日本刑法典关

---

① 参见杨金彪：《共犯的处罚根据》，85页，北京，中国人民公安大学出版社，2008。

② 参见杨金彪：《共犯的处罚根据》，86、94页，北京，中国人民公安大学出版社，2008。

于教唆犯的规定就可以理解为只有被教唆的人着手实行犯罪，教唆犯才能成立，从而为实行从属性提供了法律根据，也为共犯的处罚根据论的展开提供了法律空间。当然，德国的情况较为复杂。德国学者认为，《德国刑法典》第 30 条对数人参与并表明是应处罚的共犯的初始阶段的特定重罪的预备行为的例外规定。[①] 但我国《刑法》明文规定处罚教唆未遂，在这种情况下，对于教唆犯的规定——“教唆他人犯罪的”就不能再理解为被教唆的人犯罪才构成教唆犯。把我国《刑法》第 29 条第 1 款与第 2 款分开理解，认为第 1 款体现了共犯的从属性，第 2 款体现了共犯的独立性，这正是二重性说的由来，但这种割裂法条之间联系的方法是不可取的。至于主张共犯从属性说的观点，认为可以把《刑法》第 29 条第 2 款解释为被教唆的人没有犯被教唆的既遂罪，那么，这种情形是指未遂（预备、中止）的教唆，但这些情形与教唆的未遂是不同的。在论证理解中，认为如果不这样解释就会出现处罚不协调现象。例如张明楷教授指出：在现行刑法原则上处罚犯罪预备的情况下，如果认为《刑法》第 29 条第 2 款的规定，只适用于教唆者与被教唆者不构成共同犯罪的情形，就会导致处罚的不协调。即如果被教唆者接受教唆后实施预备行为，则对教唆犯适用《刑法》第 29 条第 1 款，同时适用《刑法》第 22 条关于预备犯“可以此照既遂犯从轻、减轻处罚或者免除处罚”的规定；如果被教唆者根本没有实施任何犯罪行为，则对教唆者适用《刑法》第 29 条第 2 款，仅“可以从轻或者减轻处罚”[②]。我认为，以上论证是难以成立的。因为在我国《刑法》中，被教唆的人接受教唆后实施预备行为，教唆犯根本不是按照预备犯处罚，而是按照未遂犯处罚。[③] 在这种情况下，教唆犯应当同时引用《刑法》第 29 条第 1 款与第 23 条的规定，因而并不存在刑罚不协调的问题。

我国刑法学中采用共犯从属性说以及共犯处罚论，除了法律上的障碍以外，

---

① 参见［德］汉斯・海因里希・耶赛克、托马斯・魏根特：《德国刑法教科书（总论）》，徐久生译，850～851 页，北京，中国法制出版社，2001。

② 张明楷：《论教唆犯的性质》，载陈兴良主编：《刑事法评论》，第 21 卷，88 页，北京，北京大学出版社，2007。

③ 参见陈兴良：《共同犯罪论》，395 页，北京，中国社会科学出版社，1992。

还存在一个重大的理论上的障碍，这就是四要件的犯罪构成体系。在德、日刑法学中，无论是共犯从属性说还是共犯处罚根据论，都是以三阶层的犯罪论体系为其分析工具与逻辑前提的。正是因为存在着构成要件该当性、违法性与有责性这三个阶层，共犯从属性说才能与之对应地区分出以构成要件该当性为前提的最小限度从属形式，以构成要件该当性、违法性为前提的限制从属形式，以构成要件该当性、违法性与有责性为前提的极端从属形式。同时，也正因为存在着构成要件该当性、违法性与有责性这三个阶层，共犯处罚根据论才能与之对应地区分出以构成要件该当性为前提的因果共犯论，以构成要件该当性、违法性为前提的违法共犯论，以构成要件该当性、违法性与有责性为前提的责任共犯论。而按照我国通行的四要件的犯罪构成体系，由于在四个要件之间不存在逻辑上的位阶关系，因而不存在共犯从属性程度问题，也不存在各种共犯处罚根据论的差别。如果硬要对接，那么只能说，在从属性程度上是采极端从属性说（指《刑法》第29条第1款），在共犯处罚根据上是采责任共犯论（也指《刑法》第29条第1款），但由于《刑法》第29条第2款的存在，又使上述分析变得毫无意义。

我国采用四要件的犯罪构成体系，给我国吸收德、日刑法学中的共犯理论带来极大的障碍。例如，2002年10月在武汉大学法学院举办的第八次中国刑事法学术研讨会，是以共同犯罪为讨论议题的。我和日本学者高桥则夫教授分别以间接正犯为题目发言。在讨论过程中，高桥则夫提到日本最高法院的以下判例：母亲指示、命令12岁零10个月的长子实施抢劫行为，对此，判决判定既不构成抢劫罪的间接正犯，也不构成抢劫罪的教唆犯，而是构成共同正犯。在本案中，该长子本身具有是非辨别能力，母亲的指示、命令也不足以压制长子的意思，长子是基于自己的意思而决意实施抢劫行为，并且还随机应变地处理问题而最终完成了抢劫。判例正是以此为理由而判定构成共同正犯。[①] 对于高桥则夫教授所讲的这个判例，我怎么也无法理解。我也讲了一个我国最高法院的案例：被告人刘某

① 参见［日］高桥则夫：《间接正犯》，载马克昌、莫洪宪主编：《中国共同犯罪比较研究》，79～80页，武汉，武汉大学出版社，2003。

因与丈夫金某不和，离家出走。一天，其女（时龄12周岁）前来刘某住处，刘某指使其女用家中的鼠药毒杀金某。其女回家后，即将鼠药拌入金某的饭碗中，金某食用后中毒死亡。因其女没有达到刑事责任年龄，对被告人刘某的行为如何定罪处罚，有不同意见。一种意见认为，被告人刘某授意本无犯意的未成年人投毒杀人，是典型的教唆杀人行为，依据《刑法》第29条“教唆不满十八周岁的人犯罪的，应当从重处罚”的规定，对被告人刘某应按教唆犯的有关规定来处罚。另一种意见认为，被告人刘某授意未成年人以投毒的方法杀人，属于故意向他人传授犯罪方法；同时由于被授意人未达到刑事责任年龄，不负刑事责任，因此，对被告人刘某应单独以传授犯罪方法罪论处。最高人民法院审判长会议经讨论认为，本案被告人刘某唆使不满14周岁的人投毒杀人，由于被教唆人不具有刑事责任能力，因此唆使人与被教唆人不能形成共犯关系，被告人刘某非教唆犯，而是“间接正犯”，故对刘某不能直接援引有关教唆犯的条款来处理，而应按其女实行的故意杀人行为定罪处罚。① 在我讲完上述案例以后，在我和高桥则夫教授之间发生了这么一段对话：

> 提问者（高桥则夫）：您刚才所举的间接正犯案件中的小孩到底多少岁？
>
> 陈兴良：12岁。
>
> 提问者（高桥则夫）：我之所以问年龄是因为我在我刚才所举的案件中，母亲指示、命令12岁多的孩子实施抢劫行为，在日本判例中是作为共同正犯进行处理的。因此比较两者的不同很有意义。我想问的是，这个案例的小孩在中国司法中能否构成共同正犯进行处理？
>
> 陈兴良：在中国《刑法》中，构成犯罪要求行为人必须达到法定责任年龄，在共同犯罪中也是如此。在该案中，由于小孩只有12岁，还没有达到中国《刑法》所要求的刑事责任年龄，因此不能构成共犯。在日本刑法中，要构成犯罪只考虑行为人是否具有责任能力而不考虑行为人的年龄。我想问

① 参见中华人民共和国最高人民法院刑事审判第一庭、第二庭编：《刑事审判参考》，总第16辑，74～75页，北京，法律出版社，2001。

的是，该小孩构成了共同犯罪是否一定要进行处罚，不处罚，是否意味着在日本司法实践中采取了行为共同说？

高桥则夫：在日本，这是共犯从属性问题。原来日本采用严格限制说，即要求具备构成要件该当性、违法性和有责性才成立共犯，而现在则主张限制从属性，只要求具备构成要件该当性、违法性就够了。如果刚才所举案例中的小孩有辨别的能力，在日本司法中可能认定为共谋共同正犯。[①]

相似的案情，都是母亲指使 12 周岁的孩子从事犯罪活动，日本法院认定为共同正犯，而我国法院认定为间接正犯，这就是由于犯罪论体系不同所致。在我国四要件的犯罪构成体系中，被利用者不构成犯罪，无论是何种原因，利用者都成立间接正犯。因为根据四要件的犯罪构成体系，不构成犯罪是无法像三阶层的犯罪论体系那样，进一步地区分因缺乏构成要件该当性而不构成犯罪、因缺乏违法性而不构成犯罪、因缺乏有责性而不构成犯罪。因此，被利用者不构成犯罪的范围较为宽泛，间接正犯的范围也较大。但在三阶层的犯罪论体系中，根据阶层可以区分出共犯从属性程度。因而根据限制从属性说，教唆不满 14 周岁的人犯罪的，只要不满 14 周岁的人实施了构成要件该当的行为并且具有违法性，两者之间构成共同正犯，只是对不满 14 周岁的人不处罚而已。如此等等，都与犯罪构成体系有关。

关于这个问题，我国学者认为，可以通过对四要件的犯罪构成体系在解释论上予以阶层化的方式加以解决。我国学者指出：从德国当时由极端从属性形式向限制从属性形式缓和的本来道理看，其基本逻辑就在于，当时的教科书通常把犯罪划分为行为侧面和责任侧面。于是，在此背景下，客观违法论虽然以因果的行为论为基础，但是通过这种形式把犯罪划分为客观面和主观面，共犯只是在客观面具有从属性而已，这就是当时限制从属性形式大体的理论基础。如果我国刑法犯罪构成在解释论上能够阶层化、立体化，就有可能使刑法共犯论贯彻这种限制

① 参见赵慧：《间接正犯研讨综述》，载马克昌、莫洪宪主编：《中日共同犯罪比较研究》，263～264 页，武汉，武汉大学出版社，2003。

从属性理论。[①] 我以为，这种愿望是好的，但我国四要件的犯罪构成体系在四个要件之间只有顺序关系，而没有位阶关系。因为四个要件之间是依存关系，不能想象在没有犯罪故意或者过失的情况下存在犯罪行为，也不能想象在没有犯罪行为的情况下存在犯罪故意或者过失。这种循环论证的逻辑正是四个要件之间一存俱存、一无俱无的关系的真实写照。因此，我认为，只有废弃四要件的犯罪构成体系，改采三阶层的犯罪论体系，才能为共犯理论的发展提供足够的学术空间。

六、单一正犯体系的兴起

共犯理论是以一定国家刑法关于共犯的规定为前提的，属于解释论的范畴。应该说，正犯与共犯相区分的二元区分制经过上百年的发展，已经形成迷宫般的理论体系，对于刑法关于共犯规定具有较强的解释力。但是，区分制也存在一些问题，例如，在正犯与共犯区分上的形式—客观标准，虽然有利于定罪但在量刑上存在偏差，而且这一理论体系存在过于烦琐等缺陷。为此，在德、日刑法学中出现了对正犯与共犯不加区分的单一制理论，又称为单一正犯体系。单一正犯体系基本出发点，是在参与形式上不区分为正犯与共犯。因此，共同犯罪被称为犯罪参与，认为参与形式只是一个构成要件该当性的问题，参与形式与行为不法及参与责任应当加以区分。换言之，只是在三阶层犯罪论体系的第一阶层，即将参与形式定位为构成要件该当性的问题。例如，我国台湾地区学者指出：在单一行为人（正犯，下同——引者注）体系中，目前通说认为，应对于行为人在概念上予以区分，且此种区分，应于构成要件层面即应存在，此种区分并不会影响到行为人单一的体制，而有助于因概念上之区分，而使得确认个别之行为不法更加明确，同时也使得责任个别化的构思，在单一行为人体系中更加落实。[②] 由此可见，单一正犯体系是以三阶层的犯罪论体系为前提的，在构成要件该当性中根据

① 参见杨金彪：《共犯的处罚根据》，161～162页，北京，中国人民公安大学出版社，2008。
② 参见柯耀程：《变动中的刑法思想》，194页，北京，中国政法大学出版社，2003。

条件说，确认各种参与形式具有同等价值。只是在违法性与有责性这两个阶层，再考虑参与程度等问题。可以说，在一点上单一正犯体系与区分制是相同的，即都是以三阶层的犯罪论体系为理论框架的。例如主张区分制的日本学者大塚仁教授就是把共犯作为被修正的构成要件符合性的内容，在构成要件该当性中加以论述的。[①] 当然，单一正犯体系与区分制相比，根本的区别在于对构成要件行为的理解。区分制主张的是限制正犯论，而单一制主张的是扩张的正犯论。对此，日本学者指出：以构成要件论为基础，出现了限制的正犯概念和扩张的正犯概念。一方面，限制的正犯概念（限缩的正犯概念）（restriktiver Täterbegriff；restriktiver Täterschaftsbegriff），是认为只有以自己的手直接实现了构成要件的人才是正犯的立场，其初期的见解是努力用某种理由只把间接正犯纳入正犯的范畴，其以后的学说则想把相当于间接正犯的情形纳入共犯的范畴。在这个意义上，其以后的学说也可以称为扩张的共犯论。另一方面，扩张的正犯概念（extensiver Täterbegriff；extensive Täterschaftsbegriff），是认为给犯罪的实现提供了某种条件的人都实施了符合构成要件的实行行为，都是正犯的立场。[②] 在以上限制正犯与扩张正犯论两种观点中，限制正犯强调正犯行为的亲手性，将正犯等同于亲手犯，因而不能将间接正犯纳入正犯范畴，而只能将间接正犯视为共犯。而扩张的正犯论则认为只要与犯罪的实现具有条件关系者，均为正犯，从而把教唆、帮助等共犯也归结为正犯，取消了正犯与共犯的区分。对此，日本学者作出了以下评论：限制的正犯概念忘记了符合构成要件的实行行为这一观念所具有的规范意义，相反，扩张的正犯概念则忽视了实行行为的定型性意义，必须说都是不妥当的。如上所述，实行行为中既包括了不作为等，也包括了基于间接正犯的情形，而且，应该认为刑法中的教唆犯、从犯的规定预想的是在社会观念上与正犯属于不同类型的行为，认为两者实质上是同一的，就违反了我们的法感觉。应该说，

① 参见［日］大塚仁：《刑法概说（总论）》，3版，冯军译，213页以下，北京，中国人民大学出版社，2003。

② 参见［日］大塚仁：《刑法概说（总论）》，3版，冯军译，238页以下，北京，中国人民大学出版社，2003。

限制的正犯概念过于狭窄，而扩张的正犯概念过于宽广。[①] 日本学者在以上论述中，强调了实行行为的规范性与类型性。根据规范性的特征，实行行为并不见得必须亲手实施，只要对犯罪具有支配关系的，就应当属于正犯。根据德国学者罗克辛的犯罪支配说，正犯可以分为三种：一是直接正犯，直接正犯的行为人亲自实施了构成要件所规定的行为，因而具有行为支配（Handlungsherrschaft）。二是间接正犯，间接正犯的行为人虽未亲自实施构成要件行为，但利用自己的意志力量支配了犯罪的因果流程，因而具有意志支配（Willensherrschaft）。三是共同正犯，共同正犯的行为人通过和其他犯罪人的分工合作，机能性地支配了犯罪，因而具有机能的犯罪支配（funktionelle Tatherrschaft）。[②] 应该说，犯罪支配说在一定程度上克服了限制的正犯论的偏颇，从规范的角度充实了正犯的概念，也为正犯与共犯的区分提供了理论根据。

实行行为的类型性应如何理解？实行行为是一种类型。共犯，即非实行行为也同样是一种类型，为什么对正犯与共犯不加区分的扩张正犯概念，就违反了实行行为的类型性特征呢？这个问题，对于区分制的论证是十分重要的。在区分制的观念中，共犯对于正犯的从属性，即共犯的犯罪性来自正犯，这是一个基本的逻辑前提。当然，共犯从属性原则本身并不是证明的根据（Beweisgrund），而是证明的对象（Beweisthema）。换言之，共犯从属性原则本身的正当性就是有待证明的，并不能作为论证其他问题的先验的根据。[③] 现在的问题是：如何证明刑法分则规定的是实行行为即正犯行为，而共犯行为（教唆或者帮助行为）只有具有对正犯的从属性才能按以刑法分则的条文定罪？这里的问题是：共犯能否在性质上与正犯等同？日本学者小野清一郎在批驳牧野英一关于“教唆犯及帮助犯在实体上是与正犯相同的东西”时指出：自己去“杀人”的行为，与教唆他人去杀人

① 参见［日］大塚仁：《刑法概说（总论）》，3 版，冯军译，239 页以下，北京，中国人民大学出版社，2003。

② 参见何庆仁：《德国刑法学中的义务犯理论》，载陈兴良主编：《刑事法评论》，第 24 卷，242 页，北京，北京大学出版社，2009。

③ 参见江溯：《单一正犯体系研究》，载陈兴良主编：《刑事法评论》，第 24 卷，425 页，北京，北京大学出版社，2009。

的行为和“帮助他人杀人”的行为，是有区别的——伦理性的、类型性的区别，这不仅仅限于一些实定法形式上的区别，就是在日常生活用语的惯例中，在国民及社会的观念中，也有明显的区别。最终，这又是伦理和道义的评价上的差别。[①] 在此，小野清一郎是为正犯与共犯的区分提供伦理和道义上的根据。当然，仅此还是不够的。我们还应当从规范上加以论证。也就是说，刑法对于正犯与共犯是如何界定的。例如，《德国刑法典》第 25 条关于正犯的规定：“一、自己实施犯罪，或通过他人实施犯罪的，依正犯论处。二、数人共同实施犯罪的，均依正犯论处（共同正犯）。”从这一定义可以确认，上述规定中的犯罪是指刑法分则规定的具体犯罪，因而正犯（包括直接正犯、间接正犯和共同正犯）都是实施了刑法分则具体犯罪的人，正犯行为是刑法分则具体犯罪的构成要件该当的行为。《德国刑法典》第 26 条（教唆犯）与第 27 条（帮助犯）规定，教唆犯与帮助犯都是对他人故意实施违法行为予以教唆或者故意予以帮助的人。因此，教唆行为与帮助行为是不具有刑法分则具体犯罪的构成要件该当性的行为。这就是正犯行为与共犯行为在规范性质上的区别。正因为如此，德国学者指出：德国刑法因此没有接受统一正犯原则，而是区分共犯的不同形式。这一立场体现在《德国刑法典》中，第 25 条—第 27 条的规定明确地表明了拒绝统一正犯的概念。[②] 在日本刑法中也是如此。《日本刑法典》第 60 条（共同正犯）规定：“二人以上共同实行犯罪的，都是正犯。”这一定义中的犯罪，是指刑法分则规定的具体犯罪，因而正犯行为是具有刑法分则具体犯罪的构成要件该当性的行为。而《日本刑法典》第 61 条（教唆）与第 62 条（帮助）规定：教唆犯或者从犯（即帮助犯）是教唆或者帮助他人实行犯罪，因而教唆与帮助等共犯行为不是刑法分则具体犯罪的构成要件该当性的行为。正是基于这一规定，日本学者指出：共犯概念不过是实定法的产物而已。《日本刑法典》第 61 条、第 62 条不过是在正犯中，将教唆

① 参见［日］小野清一郎：《犯罪构成要件理论》，王泰译，162 页，北京，中国人民公安大学出版社，2004。

② 参见［德］汉斯·海因里希·耶赛克、托马斯·魏根特：《德国刑法教科书（总论）》，徐久生译，778～779 页，北京，中国法制出版社，2001。

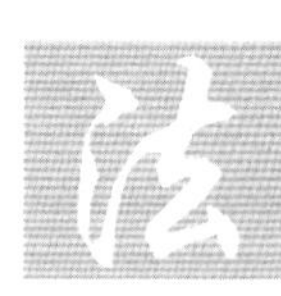

犯和帮助犯进行限定处罚的规定而已。所以，共犯是缩小刑罚事由。[①] 以上论述中论及共犯概念是实定法的产物，正是从规范的意义上界定共犯。至于共犯是刑罚缩小事由的提法，我怀疑是笔误或者误译。因为上述关于正犯与共犯相区分的观点，是限制正犯论的立场，与之对应的是把共犯看作是刑罚扩张事由。而单一正犯概念是扩张正犯论的立场，与之对应的是把共犯看作是刑罚限制事由。[②]

从刑法规定来看，《意大利刑法典》是十分特殊的。1930 年现行的《意大利刑法典》被公认为是第一个单一正犯体系的立法例。[③] 根据有关学者介绍，意大利 1889 年《刑法典》曾按传统理论把共同犯罪分为“主要参与”和“次要参与”，称前者为“共犯”（correita），对这种情况一般运用法律为所犯罪行规定的刑罚；而称后者为“伙同”（complicita），对其一般实行减轻处罚。同时该法典还把共同犯罪区分为“物质的”和“精神的”，称精神的共同犯罪为“教唆”。现行的《刑法典》抛弃了这种传统的区分标准，并根据“因果效力”的理论，对所有参与犯罪的人适用平等责任的标准，其第 110 条规定，当数人共同实施同一犯罪时，对于他们当中的每一个人，均处以法律为该犯罪规定的刑罚。但是，可以根据不同的情节，减轻或增加刑罚。尽管现行法典采用了新的标准，意大利刑法理论依然把参与共同犯罪的人区分为：实施犯（实施分则规定的犯罪行为的人）、参与犯（本身并未实施犯罪行为）和共同实施犯（与他人一起实施部分或全部犯罪行为的人），并且把精神共犯分为怂恿犯（只限于增强他人已有的犯罪意念）和指使犯（使他人产生以前不曾有的犯罪意念）。[④] 应该说，在《意大利刑法典》第 110 条关于共同犯罪的定义下，确实没有再区分正犯与共犯，因此，刑法分则

---

① 参见［日］大谷实：《刑法讲义总论》，新版第 2 版，黎宏译，362 页，北京，中国人民大学出版社，2008。

② 参见［日］大塚仁：《刑法概说（总论）》，3 版，冯军译，239 页，北京，中国人民大学出版社，2003。

③ 参见江溯：《单一正犯体系研究》，载陈兴良主编：《刑事法评论》，第 24 卷，404 页，北京，北京大学出版社，2009。

④ 参见黄风：《意大利刑法引论》，载《意大利刑法典》，黄风译，23 页，北京，中国政法大学出版社，1998。

条文是只规定了正犯行为，还是也包括共犯行为，就提供了各种解释的可能性，而不存在任何法律上的障碍。这一点，是与德、日刑法关于正犯与共犯的规定完全不同的。但是，为什么在这样一种法律语境中，意大利刑法学界主流观点还是把刑法分则规定的行为界定为正犯行为，而与共犯行为相区别呢？对此，意大利学者指出：在“扩张的正犯理论”看来，认定“正犯”（l'outore）的根据，不是行为侵害某种利益的特殊方式，而是行为对法律保护的特定利益的危害。于是，法律规定的犯罪构成要件，就被解释为仅仅具有说明刑法保护的是何种利益的作用，而不能用构成要件来限制法律规范的适用范围。例如，一个人不论是教唆他人盗窃，还是借给他人盗窃所用的必要工具，与实际实施了盗窃行为的人一样，都是盗窃犯。按此观点，有关共同犯罪的法律规定，实质上是取消“幕后”（retrostante）主体的正犯资格，因而它们是限制、而不是扩大了可罚性行为的范围。这种理论在精神上与自由民主的刑法制度是完全相悖的。我们的刑法制度，是以罪刑法定原则为基础的刑法制度，这种制度要求在认定正犯问题上，必须以“限制的（正犯）概念”（la concezione restrittiva）为指导。按照这种理论，只有那些实施了具备构成要件行为的人，才属于法律规定的“正犯”。要处罚那些实施了非典型行为的行为人，就必须援引专门的法律规定，即有关共同犯罪的法律规定。[①] 在此，意大利学者引入了价值判断，由此而对《意大利刑法典》关于共同犯罪的规定得出限制正犯论而非扩张正犯论的教义学结论，从而拒绝了单一正犯体系。

我国的情况是较为复杂的。我国《刑法》第 25 条关于“共同犯罪是指二人以上共同故意犯罪”的规定，这里的“犯罪”是指正犯，还是也包括共犯？恕我寡闻，我还没见到对这个问题的任何回答。如果把这里的“犯罪”理解为正犯之罪，即刑法分则规定的具体犯罪，则上述共同犯罪的概念就等同于共同正犯的概念，而不能在逻辑上涵括共犯。但如果把这里的“犯罪”理解为包括共犯，则又

---

① 参见［意］杜里奥·帕罗瓦尼：《意大利刑法学原理》（注评版），陈忠林译评，327 页，北京，中国人民大学出版社，2004。

与教唆犯是教唆他人犯罪的概念矛盾，因为教唆犯定义中的犯罪显然是不包括教唆犯本身的。这里的问题在于，我国刑法关于共同犯罪的概念只从主观上将共同犯罪限于共同故意犯罪，但并没有从客观上提供共同犯罪的参与形式。我认为，我国《刑法》第25条关于共同犯罪定义中的犯罪，当然是指刑法分则所规定的犯罪，而共同犯罪包括共同故意实行犯罪、组织犯罪、教唆犯罪或者帮助犯罪。这样理解我国刑法关于共同犯罪的概念，才能根据参与形式不同，将正犯与共犯都涵摄在共同犯罪的概念之内。显然，我国《刑法》关于共同犯罪的定义性规定，与《意大利刑法典》第110条的规定是极为相似的，而与对共同犯罪未作概念性规定的德日刑法典是有所不同的。在这种情况下，为单一正犯体系提供了一定的想象空间。例如，我国学者通过对以上两种体系（指区分制与单一制）的述评从而进一步指出，共同犯罪中各个共同犯罪行为人由于相互利用对方的行为作为自己行为的一部分而成为独立存在的行为，共同实施犯罪行为的人皆为正犯。这才是共同犯罪的本质所在。在此基础上，各个行为人主观罪过的内容决定了正犯的性质和成立范围。在这种共犯人的体系中，正犯的确定并不意味着就确定了其责任的大小，其责任大小应当依据其在共同犯罪中的作用大小来加以确定。笔者有理由认为，只有回到本文的立场即坚持通过各个共同犯罪人的“行为—罪过—作用大小”的路径才可能真正探求到共同犯罪的本质，也才可能真正解决各个共同犯罪行为人的罪责根据。当然，从这一角度来看，单一正犯体系相较于“正犯·共犯”分离体系更具有前瞻性和合理性。[①] 当然，上述学者的见解也只能是一种“瞻望”而已，要真正采用单一正犯体系来理解我国刑法中的共同犯罪，存在重大的解释论上的障碍。因为我国《刑法》第25条关于共同犯罪的规定虽然为单一正犯体系提供了法律语境，但我国刑法学关于共同犯罪人的分类，在主犯、从犯、胁从犯的作用与分类法以外，还对教唆犯专门作了规定。依据我国《刑法》第29条的规定，教唆犯是指教唆他人犯罪的。这一规定，为正犯与共犯的区分提供了法律根据。也就是说，刑法分则规定的具体犯罪行为是正犯行为，

① 参见陈世伟：《论共犯的二重性》，135～136页，北京，中国检察出版社，2008。

在逻辑上并不包括教唆等共犯行为在内。共犯行为只有按照刑法总则规定结合相关的刑法分则规定才能定罪，这就是共犯对于正犯在定罪上的从属性。因此，我并不认为在我国刑法中具有采纳单一正犯体系的可能性。

更为重要的是，弃区分制而采单一制的主要原因还是在于以下两点：一是正犯与共犯区分上的困难，二是简单地以是否参与刑法分则构成要件行为的实行作为正犯与共犯的区分标准，难以体现各共同犯罪人在共同犯罪中的作用，尤其是难以使那些虽未实行犯罪但在共同犯罪中起主导作用的行为人受到严厉处罚。为解决上述问题，德、日传统刑法学的基本思路是逐渐地突破关于正犯与共犯相区分的形式—客观的标准，而实质地扩张正犯的概念。例如日本学者创立了共谋共同正犯的概念，共谋共同正犯是以草野豹一郎的共同意思主体论为理论根据的，认为二人以上异心别体的个人通过共谋实施一定的犯罪，形成一种作为超个人的社会性存在的“共同意思主体”，由此可以将部分构成成员所实施的行为认作该共同意思主体的行为，因而全体构成成员均为共同正犯。这种学说，在一定程度上混淆了实行与共谋的区别，是一种团体责任论，是和现代刑法中的个人责任原则不相容的。[①] 尽管如此，在日本司法判例中都广泛地承认共谋共同正犯。[②] 而在德国刑法学中，罗克辛的功能性支配理论，也为正犯扩张至未实行者提供了理论根据。例如德国学者认为，行为支配不局限于亲自实施构成要件该当的行为的情形。整个计划的实施使角色分工或为必要或者符合目的，此等角色分工还给具体的参与人分配法定构成要件以外的行为，使得行为的实施依赖于以这种方式确定的合作。[③] 可以说，上述理论在一定程度上克服了区分制的弊端，使得采用单一正犯体系缺乏必要性。而在我国刑法中，上述区分制的弊端可以说由于组织犯这一概念的确立，而得到了很大程度的缓解。在某种意义上说，组织犯这一概念

① 参见［日］小野清一郎：《犯罪构成要件理论》，王泰译，167页，北京，中国人民公安大学出版社，2004。

② 参见［日］西田典之：《日本刑法总论》，刘明祥、王昭武译，266页，北京，中国人民大学出版社，2007。

③ 参见［德］汉斯·海因里希·耶赛克、托马斯·魏根特：《德国刑法教科书（总论）》，徐久生译，825页，北京，中国法制出版社，2001。

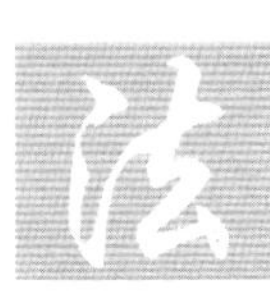

是苏俄及我国刑法关于共犯理论的唯一亮点。

组织犯的概念最早出自 1952 年《阿尔巴尼亚刑法典》，该《刑法典》第 13 条第 3 款规定："组织犯罪团伙、领导犯罪团体、制定犯罪计划或者指挥实施犯罪的人，是组织犯"。这一规定，将组织犯罪的人从共犯中独立出来予以并列，突出了其在共同犯罪中的作用。1960 年《苏俄刑法典》对共同犯罪人改采四分法，增加了组织犯的规定。[①] 现行《俄罗斯联邦刑法典》第 33 条第 3 款对组织犯作了规定："组织犯罪的实施或领导犯罪的实行的人，以及成立有组织的集团或犯罪团伙（犯罪组织）或领导这些集团或团体的人，是组织犯"。俄罗斯学者指出：如果组织犯组织了犯罪并领导了犯罪的实施，但自己不参加直接完成犯罪的客观方面，则他的行为应依照刑法典第 33 条和刑法典分则中规定实行犯责任的相应条款定罪。[②] 由此可见，在俄罗斯刑法中，组织犯属于共犯而非正犯。在处罚上，俄罗斯刑法典规定按照每个共同犯罪人实际参与实施犯罪的性质和程度对共同犯罪人进行处刑。而一般地说，组织犯是最危险的，应担负最大的责任。

我国刑法虽然未在条文中将组织犯单列为一种共同犯罪人，但《刑法》第 26 条第 1 款关于主犯的规定中涵括组织犯，即组织、领导犯罪集团进行犯罪活动的人。对此，我国《刑法》第 26 条第 3 款规定："对组织、领导犯罪集团的首要分子，按照集团所犯的全部罪行处罚"。这一规定，被认为是体现了对组织犯的严厉处罚。在这种情况下，在对有关正犯与共犯的规定中，已经渗透了作用因素，因而正犯与共犯的区分制所具有的形式性所带来的弊端更容易消弭。在我看来，在我国目前实质刑法观念十分强烈的情况下，采用以形式—客观为基础的正犯与共犯的区分制，可以消解我国刑法关于共同犯罪规定的实质性，从而更能够在共同犯罪的定罪量刑中体现罪刑法定的精神。在这个意义上，我认为应该对单一正犯体系持一种排拒的态度。

共犯理论，被认为是德、日刑法学中最为黑暗、最为绝望的一章，而我国

---

① 参见陈兴良：《共同犯罪论》，47 页，北京，中国社会科学出版社，1992。

② 参见［俄］斯库拉托夫、列别捷夫主编：《俄罗斯联邦刑法典释义》（上册），黄道秀译，79 页，北京，中国政法大学出版社，2000。

《刑法》关于共同犯罪规定的总则第二章第三节，被我认为几乎是“绝望之节”[①]。但从学术史的角度考察，30年来，我国共犯理论还是获得了很大的发展，尤其是引入了前沿性的共犯理论，根据我国《刑法》关于共同犯罪的规定，逐渐建立共犯的教义学。可以说，共犯理论是我国刑法总论中发展最快的一个领域，这是值得欣慰的。

（本文原载《刑事法评论》，2009（25））

① 陈兴良：《共同犯罪论》，2版，521页，北京，中国人民大学出版社，2006。

从对合共犯论到阶层共犯论

共犯是对应于正犯而言的。如果说，正犯是典型的犯罪类型；那么，共犯就是特殊的犯罪类型。对于犯罪论体系来说，应当不仅能够正确地处理正犯，而且能够正确地处理共犯。当然，共犯具有规范和事实两个层面上的复杂性，由此而成为犯罪论中的所谓绝望之章。本文以共犯为视角，对三阶层和四要件的犯罪论体系在犯罪认定中的方法进行比较，为三阶层理论的司法适用提供参考。

一、三阶层的共犯论

大陆法系的共犯理论具有两个源头，这就是罗马法的主观主义共犯理论和日耳曼法的客观主义共犯理论。对此，我国民国时期著名比较法学家徐朝阳曾经做过论述，指出：主观主义共犯理论代表罗马法系的精神，认为正犯和共犯的犯罪故意，实属一致，刑事责任自应之相等；所以主观说否定从属性的存在，因为无论为正犯、教唆犯或从犯，莫非犯人固有意思之表现，既是犯人固有的意思，为

其独立犯罪，而非从属他人犯罪，极为明显。[①] 因此，主观主义共犯理论虽然区分正犯与共犯，但对其采取同一处罚原则，因而使正犯与共犯区分的意义大为降低。而客观主义共犯理论源自日耳曼法系的《加洛林纳刑法典》第177条，该条规定："明知系犯罪行为，而帮助犯罪行为者，则无论用何种方式，均应受刑事处分，其处分按行为者之刑而减轻之。"之所以对从犯，即帮助犯采用减轻处罚原则，正是客观主义必然之结果，因为从犯的行为对于犯罪结果的效力不大，其责任自然也随之减轻。[②] 以上主观主义共犯理论和客观主义共犯理论分别成为单一制和区分制的渊源。主观主义是建立在条件说基础之上的。条件说，又称为全条件同价说，或者条件与原因等同说，它认为条件即原因，而所有条件对结果的作用力相等。以此为基础的主观主义共犯理论认为，无论是正犯还是共犯都对结果具有相同的贡献，因而应当同等处罚，在此基础上形成最初的单一制。例如，李斯特指出："从原因的概念中可以得出结论认为，每个与行为结果的产生有关联者，均是行为结果的造成者。因此，立法者可以从中得出结论，每个原因人，只要他实施了违法的和有责的行为，均可视为正犯，且因此得为实现构成要件承担责任。"[③] 日本学者高桥则夫把统一正犯概念这一单一制的核心概念的历史追溯到李斯特，认为李斯特关于统一正犯概念的思想包含了以下三个观点：第一，通过对产生的结果设定条件而参与了结果的惹起的人，就是惹起了结果的人。第二，结果的所有条件都具有同等价值，在参与了结果的惹起的各人之间不存在概念性区别。第三，其不同的刑罚仅仅在同一法定刑内部才具有正当性。[④] 但在大陆法系刑法中，对于共犯的立法并没有采用单一制而是采用了区分制。对此，李斯特指出，只有《挪威刑法典》采用单一制，而《德国刑法典》则采用了区分制：对各种促使结果发生的行为作出不同的刑法评价，主要区分正犯与共犯，在

① 参见徐朝阳：《比较刑法纲要》，126页，北京，商务印书馆，2014。

② 参见陈兴良：《共同犯罪论》，2版，126页，北京，中国人民大学出版社，2006。

③ ［德］李斯特：《德国刑法教科书》（修订译本），徐久生译，351页，北京，法律出版社，2006。

④ 参见［日］高桥则夫：《共犯体系和共犯理论》，冯军、毛乃纯译，8页，北京，中国人民大学出版社，2010。

不同法律评价的基础上严格区分概念上的不同，即正犯为一方面，教唆犯和帮助犯为另一方面。在正犯和共犯的相互关系上，法律更强调前者：共犯的可罚性取决于存在实现全部犯罪特征的“主行为”（Haupttat），共犯因而只能因正犯的符合构成要件的、违法的和有责的行为，在法律评价上只起到参与的作用。[①] 此后，大多数大陆法系国家刑法都采用区分制。建立在区分制基础上的共犯理论属于主流学说，当然，单一制的共犯理论亦占据一定的地位。在阶层犯罪论产生以后，共犯理论就与阶层理论之间发生了密切的联系。可以说，共犯理论是在阶层犯罪论的体系中获得生长空间的。在此，笔者从三个面向对共犯理论与阶层理论的关联性进行讨论。

（一）限制正犯论与扩张正犯论

从阶层的犯罪论体系出发，正犯与共犯的区分完全是一个构成要件的问题。因此，德国学者指出，“共犯理论（Teilnahmelehre）是构成要件理论的一部分”[②]。这里涉及对构成要件的理解，即构成要件只是包括正犯行为，还是也包括教唆和帮助等共犯行为？对此的不同回答形成限制正犯论和扩张正犯论这两种不同的观点，并且深刻影响了共犯理论。

限制正犯论认为，构成要件只包括正犯行为而不包括共犯行为，由此区分正犯与共犯。可以说，正犯与共犯是构成要件内外的区分，这种区分是以构成要件为中心轴而展开的。因此，正犯与共犯的区分是以限制的正犯概念为逻辑基础的，由此推导出的命题是：刑法分则是以规定正犯的实行行为为标本的。基于这个逻辑，首先就应当区分总则性的任意共犯和分则性的必要共犯。必要共犯是刑法分则规定的，因而各犯罪人的行为均符合构成要件，例如聚合犯和对合犯等犯罪类型，其定罪根据在于刑法分则的规定，而无须适用刑法总则关于共犯的规定。因此，分则性的必要共犯属于广义共犯，严格来说不是共犯理论的内容。总则性的任意共犯属于狭义共犯，只有狭义共犯才是共犯理论需要研究的，而这种

① 参见［德］李斯特：《德国刑法教科书》（修订译本），徐久生译，352页，北京，法律出版社，2006。

② ［德］汉斯·海因里希·耶赛克、托马斯·魏根特：《德国刑法教科书》（下），868页，北京，中国法制出版社，2017。

研究的必要性在于：狭义共犯的定罪根据何在？

围绕着狭义共犯的定罪根据问题，限制正犯论认为，教唆和帮助等共犯行为不是刑法分则规定的构成要件行为，因而不能从构成要件中寻找定罪根据。例如，德国学者贝林在严格意义上区分正犯与狭义共犯，这里所谓狭义共犯就是指教唆犯和帮助犯。贝林指出："所以法定构成要件局限于实施符合法定构成要件行为的人，所以就要求法律特别规定'教唆'和'帮助'的概念。"① 贝林在这里所说的"实施符合法定构成要件行为的人"就是正犯，正犯是由刑法分则规定的。而教唆犯和帮助犯并不是刑法分则规定的，而是如同贝林所说，它是"法律特别规定"的，这里的法律是指刑法总则。日本学者小野清一郎在评论贝林的共犯概念时，曾经将其分为早期和晚期两个时期。早期的贝林把构成要件当成不法行为类型来把握，因而对共犯形式的认定不免或宽或严。他一方面认为共犯是"构成要件的核心"，另一方面又认为它是构成要件的"外围"。实现构成要件核心的行为即是实行行为，但预备行为、事后行为、协助行为等在广义上也是属于构成要件类型的行为。在这种观点里，共同正犯最终也是实现构成要件核心的，而教唆犯及帮助犯（狭义的共犯）虽不能说是"直接地"符合构成要件，但可以承认他们具有"修正后"的相符性。② 只是到了晚年，贝林才明确地以是否符合构成要件为标准区分正犯与共犯。值得注意的是，贝林在此提及修正的构成要件的概念，表现了一种欲将构成要件贯穿于共犯的意图。

日本学者小野清一郎接受了贝林关于修正的构成要件的概念，指出："共犯也和未遂犯一样，是构成要件的修正形式。共犯的各种问题全部都应当从这一构成要件修正形式的角度去思考和解决。"③ 修正的构成要件概念，是以共犯定罪亦应符合构成要件为前提的，但共犯毕竟不同于正犯。正犯是本来就符合构成要

① ［德］贝林：《构成要件理论》，王安异译，174页，北京，中国人民公安大学出版社，2006。

② 参见［日］小野清一郎：《犯罪构成要件理论》，王泰译，156～157页，北京，中国人民公安大学出版社，2004。

③ ［日］小野清一郎：《犯罪构成要件理论》，王泰译，144页，北京，中国人民公安大学出版社，2004。

件的，共犯则需要经过修正以后才符合构成要件。那么，如何理解这里的“修正”呢？小野清一郎指出：“对犯罪来说，仍以满足构成要件的行为为必要。在这个意义上，我才把未遂犯和共犯的规定视为构成要件本身的修正。它们不是在‘修正’构成要件相符性时，而是在‘修正了的构成要件’的‘充分满足’时成立犯罪。”① 这段话显得有些晦涩，例如，修正构成要件相符性和修正了的构成要件的充分满足之间，到底有何区分？根据笔者的理解，修正的构成要件是区别于正犯所具有的基本构成要件的，它是以基本构成要件为基础，添加某些要素，由此形成共犯的修正了的构成要件。因此，修正的构成要件并没有改变构成要件本身，它还是以区分正犯与共犯为前提而展开的。

修正的构成要件理论，涉及共犯的体系地位问题。例如，共犯论究竟是在构成要件范围内加以讨论，还是作为犯罪特殊类型加以确定？对此，某些学者将共犯纳入构成要件论。例如日本学者大塚仁将构成要件分为基本的构成要件和被修正的构成要件，指出：“在刑法各本条和各种刑罚法规中，被具体规定着的构成要件称为基本的构成要件。相对于此，被修正的构成要件，特别是指未遂犯和共犯的构成要件。基本的构成要件大体上是关于既遂犯而且是单独犯的。关于未遂犯和共犯，是以基本的构成要件为前提，按行为的发展阶段或者复数行为人的参与形态，在总则中设立应该修正的一般规定，由这些规定，对基本的构成要件进行了修正，成为各犯罪的未遂犯和共犯的构成要件。”② 将共犯置身于构成要件论，在很大程度上限制了共犯理论的展开，不利于共犯理论的发展。在这个意义上，将共犯确定为犯罪特殊形态较好。例如，德国学者也提出了正犯与共犯理论的体系地位问题，主张共犯理论（Teilnahmelehre）是构成要件理论的一部分，在肯定正犯是自己实施构成要件该当的行为或通过他人实施构成要件该当的行为或作为共同正犯参与此等构成要件该当行为的同时，认为教唆犯和帮助犯则处于构成要件之外，他们的可罚性的前提条件，部分产生于相关之构成要件，其次产

① ［日］小野清一郎：《犯罪构成要件理论》，王泰译，158 页，北京，中国人民公安大学出版社，2004。

② ［日］大塚仁：《刑法概说（总论）》，3 版，冯军译，132 页，北京，中国人民大学出版社，2003。

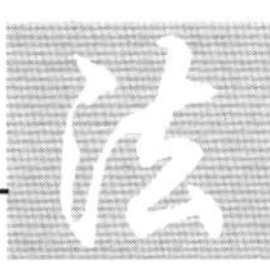

生于与分则中的构成要件有关的总则中的补充规定。[①] 在这种情况下，德国学者在刑法教科书中仍然将共犯作为犯罪特殊形态加以讨论。由此可见，对于共犯理论的体系地位存在不同处理方式。笔者倾向于将共犯理论从构成要件中独立出来，确定为犯罪特殊形态，在此基础上充分展开对共犯的研究。

不同于限制正犯论肯定正犯与共犯之间的区分，扩张正犯论则否定正犯与共犯之间的区分，直接将共犯等同于正犯。如前所述，贝林在其早期认为共犯在广义上也是属于构成要件类型的行为。在此基础上，迈耶扩张了构成要件相符性，认为凡是对构成要件的实现给予了因果条件者，全部是实行，都应当是正犯。正如小野清一郎指出，这是把贝林早期的比较含混的类型性构成要件概念再用条件说的因果关系概念进一步加以扩张的结果。按照这种观点，教唆犯、帮助犯也都应当是正犯。因此，麦兹格给正犯下的定义是："所谓正犯，就是用自己的行为赋予构成要件的实现以原因者，不管他的行为是解释还是帮助。"[②] 扩张正犯论和限制正犯论都认为共犯符合构成要件，但扩张正犯论认为共犯符合的是正犯的构成要件，而限制正犯论认为共犯并不符合正犯的构成要件，它所符合的是修正的构成要件。因此，扩张正犯论和限制正犯论在对构成要件的解释上是完全不同的。在这个意义上说，正犯与共犯理论本身就是一种构成要件理论。

（二）共犯处罚根据论

在共犯理论中，核心问题是处罚根据问题。共犯处罚根据可以从立法论和解释论两个方面展开[③]，其中立法论提供了共犯处罚的规范根据，解释论则为共犯处罚提供教义学根据。共犯并不符合刑法分则规定的构成要件，因此它的处罚根据在于刑法总则的规定。在这个意义上说，只要刑法总则对共犯处罚进行了规定，那么，处罚共犯就具有规范根据。相对于共犯处罚根据的立法论而言，解释

① 参见［德］汉斯·海因里希·耶赛克、托马斯·魏根特：《德国刑法教科书》（下），869 页，北京，中国法制出版社，2017。

② ［日］小野清一郎：《犯罪构成要件理论》，王泰译，158～159 页，北京，中国人民公安大学出版社，2004。

③ 参见刘斯凡：《共犯界限论》，23 页以下，北京，中国人民公安大学出版社，2011。

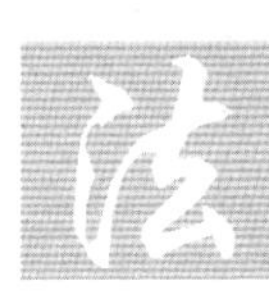

论是极为复杂的，它是在立法论的前提下，进一步为共犯处罚提供法教义学的理论根据。因此，在共犯理论中真正需要研究的是共犯处罚的解释论根据。共犯处罚根据论是在三阶层的框架内展开的，因而它必然以阶层的犯罪论体系为基础。

按照阶层顺序，共犯处罚根据可以分为因果共犯论、不法共犯论和责任共犯论。其中，因果共犯论对应于构成要件阶层，不法共犯论对应于违法性阶层，责任共犯论对应于有责性阶层。尽管从阶层顺序来说，是从因果共犯论、不法共犯论到责任共犯论；但由理论演变的顺序来说，从责任共犯论、不法共犯论到因果共犯论的顺序进行论述，是更为顺畅的。

责任共犯论是较为古老的理论，这种共犯理论认为共犯的处罚根据就在于使正犯堕落，陷入罪责。因此，责任共犯论是从责任要件上，将共犯与正犯相连接。反而言之，如果没有使正犯陷入罪责，则共犯就不能成立。因此，从共犯从属性上来说，这是一种极端的从属形式，它对于限制共犯的范围具有一定的意义。然而，责任共犯论将共犯的处罚根据归之于责任，而没有从构成要件角度揭示共犯与正犯的关联性，因而不能正确地揭示共犯的处罚根据。德国学者指出，责任共犯论现今已经站不住脚了，因为它与《德国刑法典》第 29 条相抵触。[①] 那么，《德国刑法典》第 29 条是如何规定的呢？《德国刑法典》是对参与者之独立可罚性的规定："各参与者依其罪责而受处分，无关其他参与者的罪责。"该条揭示了"限制从属性原则"。共同正犯、教唆犯或帮助犯，参与他人"故意之违法行为"，即可处罚，与罪责无关。[②] 因此，《德国刑法典》对共犯之于正犯的关系采用的是限制从属性说，换言之，即使未使正犯达到具有责任的程度，共犯同样具有可罚性。由此，责任共犯论就在德国丧失了规范依据而难以成立。另一方面，责任共犯论采用了诱使正犯堕落这样充满伦理色彩的用语，表明其是具有道义刑法观的产物，而与现代法益刑法观格格不入。

不法共犯论，亦称违法共犯论，是以违法性为基础的一种共犯处罚根据论，

---

① 参见［德］汉斯·海因里希·耶赛克、托马斯·魏根特：《德国刑法教科书》（下），929 页，北京，中国法制出版社，2017。

② 参见林东茂主编：《德国刑法翻译与解析》，34 页，台北，五南出版公司，2018。

它认为共犯的处罚根据在于促使正犯实施符合构成要件并且违法的行为。正是从违法性的意义上，共犯获得了实质性的处罚根据。相对于责任共犯论而言，违法共犯论并不是从正犯的责任而是从正犯的违法性中寻求共犯的处罚根据。因此，在违法共犯论的语境中，共犯成立范围要大于责任共犯论。违法共犯论是建立在德国学者韦尔策尔的人的不法概念之上的。根据韦尔策尔的观点，不法并不仅仅是指客观的法益侵害结果，而且包含了行为人的主观故意。在此，存在从客观违法论到主观违法论的转变。基于目的行为论，韦尔策尔提出了包含主观故意的人的不法概念。将这种人的不法概念贯彻于共犯的处罚根据，就会自然地推导出违法共犯论。韦尔策尔指出："对于不同的参与者来说，同一个行为事件的不法可能会具有不同的严重性。某个公职人员在行使职务的过程中，伙同一名非公职人员实施身体伤害，对于公职人员来说，该行为的可罚性（《刑法》第 340 条）是高于非工作人员的（《刑法》第 223 条）；《刑法》第 50 条第 2 款所规定的重要规则，是以人的不法思想为基础的。甚至，同一个行为事件可能对于一名参与者来说是正当的，而对于另一名参与者来说则是违法的：通过将他人的合法行为作为工具而实施的间接正犯行为具有违法性。"① 因此，共犯是在违法层面从正犯获得处罚根据的，即共犯的处罚根据在于诱发和促使正犯实施了违法行为。如同责任共犯论将共犯的处罚根据归之于正犯的责任，违法共犯论则将共犯的处罚根据归之于正犯的违法性。因而，有日本学者指出，"违法共犯论在使正犯实施了违法行为本身发现共犯独立的犯罪内容，可以说是责任共犯论的违法版"②。在这个意义上说，违法共犯论与责任共犯论具有相同的逻辑。

因果共犯论是一种在构成要件阶层的因果关系上论证共犯处罚根据的理论，它是以因果行为论为基础的。因果共犯论也称为惹起说或者引起说，其基本原理在于共犯行为与正犯所造成的构成要件结果之间具有因果性。对于因果共犯论，日本学者山口厚指出："共犯的处罚根据在于，共犯行为引起了构成要件的结果。

① ［德］汉斯·韦尔策尔：《目的行为论导论：刑法理论的新图景》，陈璇译，40 页，北京，中国人民大学出版社，2015。

② 转引自杨金彪：《共犯的处罚根据》，50 页，北京，中国人民公安大学出版社，2008。

也就是说，就间接惹起类型的教唆、帮助而言，必要的是介入正犯行为而引起了构成要件结果，必须要肯定教唆、帮助行为与构成要件该当事实（构成要件结果）之间具有因果关系。而且，即便是属于共同惹起类型的共同正犯，自身的因果作用和介入了其他共同者行为的因果作用互相结合，就要求共同正犯行为与构成要件该当事实（构成要件结果）之间存在因果关系。"[①] 就此而言，共犯的因果关系并不只是一个共犯的构成要件问题，更为重要的是一个处罚根据问题。显然，狭义共犯，即教唆犯和帮助犯的因果性和共同正犯的因果性又是存在区分的：狭义共犯又被称为纵的共犯，其共犯行为具有加功于正犯的性质，因此在确认正犯对于构成要件结果具有独立的因果关系的前提下，需要二次性地考察教唆犯、帮助犯对于正犯行为的因果性，这是一种因果链条的延长。一般认为，教唆犯惹起被教唆人的行为，因而两种之间具有因果关系，由此形成二重的因果关系。而帮助行为是在他人实施构成要件行为的前后过程中予以心理和物质上的帮助，虽然帮助行为不像教唆行为那样直接引发正犯行为，但通过介入正犯行为而与构成要件结果之间建立起因果关系。

因果共犯论在构成要件阶层解决共犯的处罚根据问题，相对于不法共犯论和责任共犯论，共犯对正犯的从属性程度降低。在因果共犯论中，存在纯粹惹起说、修正惹起说和折中惹起说这三种学说的争论。[②] 争论的焦点在于：共犯是否具有独立于正犯的违法性？纯粹惹起说认为共犯具有独立于正犯的违法性，从违法的独立性得出共犯的独立性的结论。因此，惹起说认为共犯行为本身就是构成要件行为，可以独立于正犯行为而成为共犯的处罚根据。修正惹起说则认为共犯不具有独立于正犯的违法性，共犯对于正犯的违法性具有从属性。共犯行为并不是构成要件行为，它通过正犯实施实行行为，参与引起法益侵害结果。因此，修正惹起说的惹起只是一种间接的惹起，具有对正犯行为的依附性。折中惹起说认为，共犯的处罚根据在于透过正犯间接侵害构成要件所保护的法益。折中惹起说

① ［日］山口厚：《刑法总论》，3版，付立庆译，317页，北京，中国人民大学出版社，2018。

② 参见杨金彪：《共犯处罚根据论》，51页以下，北京，中国人民公安大学出版社，2008。

认为共犯既具有独立的违法，又具有从属于正犯的违法，因而具有纯粹惹起说和修正惹起说的折中的性质。以上因果共犯论中三种观点的分歧源于违法的相对性和违法的连带性之争。违法的相对性认为在正犯与共犯的关系中，犯罪参与人的违法性随着法益侵害的有无和保护法益的范围而有所不同。因此，正犯和共犯的违法性各自具有独立的违法性。违法相对性被纯粹惹起说所主张，从违法的相对性必然推导出承认没有正犯的共犯和没有共犯的正犯的结论。所谓没有正犯的共犯，是指在正犯不具有构成要件违法性的情况下，共犯因具有独立的违法性仍然可以成立。而所谓没有共犯的正犯，是指尽管正犯具有构成要件的违法性，共犯因不具有违法性因而不能成立。违法的连带性认为在正犯与共犯关系中，只有正犯才具有违法性，而共犯的违法性来自正犯，这就是所谓违法性的连带性。违法的连带性被修正的惹起说所主张，从违法的连带性必然推导出否定没有正犯的共犯和没有共犯的正犯的结论。而折中惹起说处于纯粹惹起说和修正惹起说中间的位置，部分否定、部分肯定违法性的相对性和连带性，因而一方面否定没有正犯的共犯，另一方面肯定没有共犯的正犯。

（三）共犯的从属性及其程度

在共犯理论中，共犯的从属性及其程度也是一个重要问题。共犯的从属性说和独立性说，是关于共犯与正犯之间关系的两种不同理论。从德日共犯理论的演进来看，共犯独立性说越来越受到批判而被边缘化，而共犯从属性说则成为通说。当然，在从属性程度上存在不同的主张。共犯对于正犯的从属性是以违法的连带性为前提的，即建立在没有正犯就没有共犯的基础之上。关于共犯从属性形式，根据德国学者的观点，可以分为四种从属程度，这就是最小从属性、限制从属性、极端从属性和夸张从属性。

共犯从属性是指对于正犯的从属性，在阶层犯罪论中，正犯的成立条件可以分为构成要件、违法性和有责性这三个阶层，由此就可以将共犯对于正犯的从属性区分为三种程度：只要正犯具有构成要件，共犯就可以成立的，是最小限度的从属程度；只要正犯具有构成要件和违法性，共犯就可以成立的，是限制从属程度；只有正犯具有构成要件、违法性和有责性，共犯才能成立的，是极端从属程度；不仅只有正犯具有构成要件、违法性和有责性，共犯才能成立，而且正犯因身份而发生的加重或者减轻事由的效力也及于共犯，是夸张从属程度。[①] 目前，各国刑法以采用限制从属形式的为主流。

在德日刑法教义学中，共犯论是最为复杂的理论领域，也是各种学说争论最为激烈的学说阵地。应该说，共犯论的这种复杂性在很大程度上来自阶层犯罪论。阶层犯罪论犹如搭建了一个逻辑框架，而围绕着正犯与共犯展开的理论就是生长在其中的学术花朵。

二、四要件的共犯论

四要件的共犯论是建立在四要件的犯罪论体系基础之上的，如果说，三阶层的犯罪论体系具有阶层性，那么三阶层的犯罪论体系可以称为阶层犯罪论。建立在阶层犯罪论基础之上的共犯论具有阶层性，可以说是一种阶层的共犯论。四要件的犯罪论体系没有阶层性而具有对合性，因而四要件犯罪论体系可以称为对合犯罪论。建立在对合犯罪论基础之上的共犯论具有对合性，可以说是一种对合的共犯论。

对合犯罪论是苏俄学者创立的一种独特的犯罪论体系，它将犯罪成立条件区分为四个要件，这就是：犯罪客体、犯罪客观方面、犯罪主体、犯罪主观方面。同时，苏俄学者又把这四个要件进一步归纳为犯罪主观要件和犯罪客观要件，并确定了犯罪主观要件和犯罪客观要件之间的对合关系，把主客观相统一确定为犯罪认定原则。苏俄学者把共同犯罪理解为犯罪构成的特殊形式，同样应当根据主客观相统一的原则加以认定。例如，苏俄学者特拉伊宁指出："共同犯罪并不改变刑事责任的公认的根据，它并没有创造一种新的连带责任；不论是单人的活动或是在共同犯罪时的活动，刑事责任都是以具备两个永远同样必要的构成要素——罪过和因果关系——为前提的。共同犯罪只是创造了责任的特殊形式。因

---

① 参见郑泽善：《共犯论争议问题研究》，16页以下，北京，中国书籍出版社，2019。

为它是活动——几个人实施同一个犯罪的活动——的特别危险的形式。因此，共同犯罪可以一般地确定为：几个人共同参加实施同一个犯罪，其中每个人都应当和犯罪的结果有因果联系和罪过联系。”① 在此，特拉伊宁对共同犯罪的犯罪构成进行了论述，强调了客观上的因果关系和主观上的罪过对于确定共同犯罪的刑事责任的重要性。因此，特拉伊宁是从犯罪成立的意义上讨论共同犯罪的，这是以主客观要件为中心的整体性的分析方法，并且从帝俄到苏俄，再到当代俄罗斯一脉相承。② 这种整体分析方法，造就了四要件犯罪论体系的对合性特征，并区分于三阶层犯罪论体系的阶层性。在共犯论中，突出的表现就在于不像阶层犯罪论那样，为共犯理论提供构成要件、违法性和有责性这样广阔的理论生存空间，并形成不同学说的争论。在对合犯罪论中的共犯论，其存在空间是极其狭窄的，只能是构成与不构成的区分，根本就不存在各种共犯理论的生存空间。特拉伊宁在上述对苏俄刑法中的共犯的论述中，就明确指出共犯的刑事责任根据是客观上的因果关系和主观上的罪过。只不过在共犯论中，因果关系和罪过具有不同于单独犯罪的特点而已。例如苏俄学者在论述共犯的因果关系时指出：“共犯中各人对犯罪实行之影响，永远要透过犯罪执行者之自觉活动。各个共犯个别活动之总合，仅只为执行者创造了实行犯罪的真实可能性。这种真实可能性只有在犯罪执行者自觉行动之下，才能成为犯罪的真实完成。共犯中各个人之行为者犯罪实行间之因果必然关系，乃由此而成立。”③ 在此，苏俄学者论述的是共犯与正犯之间的关系，采用的是因果关系等适用于单独犯罪的论证方法，并没有涉及共犯对于正犯的从属性等具有共犯特殊性的分析方法。

苏俄学界曾经讨论过正犯与共犯的关系，主要是共犯从属性理论，但最终受到批判。苏俄学者对这段历史作了回顾，指出：在 20 世纪 20 年代许多著作对共同犯罪问题的研究，都是从刑事古典学派关于共同犯罪的附属理论的观点出发

① ［苏］A. H. 特拉伊宁：《犯罪构成的一般学说》，王作富等译，237 页，北京，中国人民大学出版社，1958。

② 参见庞冬梅：《俄罗斯犯罪构成理论研究》，498 页，北京，中国人民大学出版社，2013。

③ ［苏］孟沙金等：《苏联刑法总论》，下册，彭仲文译，442 页，上海，大东书局，1950。

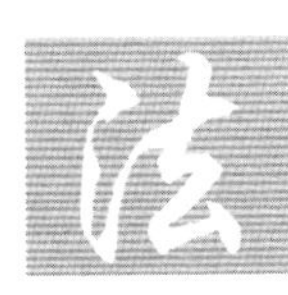

的。共同犯罪的附属理论，在 20 世纪 30 年代中期曾经受到批判。沃尔科夫写道："共同犯罪的附属理论，因其在方法论上有毛病，不合逻辑，形式主义，而且也不实用，所以是经不起批评的……根据这种理论，一切共犯都可分为'主犯'和'从犯'；而且，他们归入哪一类，并不取决于共犯具体形式的意义，而是取决于预先规定的、说明共犯行为的形式上的特征。"目前，还在拥护共同犯罪的附属理论的是科瓦廖夫教授。他在一部著作中写道："多年来，在刑法书刊中，给这一理论妄加了大量的根本不是它的缺点，而且否认了它无疑所具有的优点。它的无可争辩的优点就是涵义确切和结构合理。"但是，绝大多数苏维埃刑法学家并不赞同科瓦廖夫的观点。[①] 在以上论述中，所谓共同犯罪的附属理论就是共犯从属性理论。而提及的主犯与从犯应当是指正犯与共犯，这是翻译上的原因所造成的。苏俄学者否定了共犯对于正犯的从属性，在这种情况下，苏俄刑法学对于共犯自然就偏向于独立性说。同时，苏俄学者还面临着如何论证狭义上的共犯的处罚根据问题。值得注意的是，苏俄学者在对共同犯罪的客观方面的论述中，强调共犯行为对于正犯的因果关系，指出："从客观方面来讲，为使每一共犯者负刑事责任，必须确定在该共犯者的行为与执行犯所实施的犯罪之间，有着因果关系。只有具备这一条件，才能说教唆犯或帮助犯是促进了犯罪的实施"[②]。就此而言，苏俄学者的观点类似于德日刑法教义学中的因果共犯论，即从共犯与正犯之间的因果关系上寻找共犯的处罚根据。但在四要件犯罪论的主客观对合的框架下，难以形成与不法共犯论、责任共犯论的争论。同时，苏俄学者在否定共犯从属性的前提下讨论共犯与正犯之间的因果关系，以共犯促进了正犯行为的实施作为共犯的处罚根据，又与德日刑法教义学中坚持共犯违法的独立性的纯粹惹起说较为接近。

应当指出，苏俄刑法中的共犯论之所以否定共犯对于正犯的从属性，除了

---

① 参见［苏］皮昂特科夫斯基等：《苏联刑法科学史》，曹子丹等译，85 页，北京，法律出版社，1984。

② ［苏］契科瓦则主编：《苏维埃刑法总则》（中），中央人民政府法制委员会翻译室、中国人民大学刑法教研室译，209～210 页，北京，中国人民大学出版社，1954。

和对合犯罪论具有关联以外，还与《苏俄刑法典》关于共犯的规定存在一定的联系。《苏俄刑法典》第 17 条规定：“二人以上故意共同参加实施某项犯罪，是共同犯罪。组织犯、教唆犯和帮助犯，与实行犯一样都是共犯。”根据这一规定，在《苏俄刑法典》中，共犯与正犯具有相同的性质，都是参与犯罪实施者，在此基础上建构的共同犯罪理论，就没有必要再论及共犯对正犯的从属性问题。

我国刑法承继了《苏俄刑法典》关于共同犯罪的规定，同时又体现了我国的特色。我国 1979 年《刑法》第 22 条第 1 款对共同犯罪作了定义式的规定：“共同犯罪是指二人以上共同故意犯罪。”这个共同犯罪的概念和《苏俄刑法典》中的共同犯罪概念相比，《苏俄刑法典》中的共同犯罪概念中规定了实行犯、组织犯、教唆犯和帮助犯，因而在逻辑上涵括了正犯和共犯。而我国刑法的共同犯罪概念中，却没有涉及正犯与共犯，因此，我国刑法中的共同犯罪是一个正犯与共犯的上位概念。在这种情况下，我国刑法对正犯与共犯的区分是不明确的，由此带来共犯论建构上的法律障碍。

在我国早期的刑法教科书中，对于共同犯罪的理论论述就是以二人以上共同故意犯罪为出发点的，并以对合犯罪论为根据而展开。例如我国刑法教科书认为，共同犯罪具有三个特征：(1) 从主体来看，必须是二个或者二个以上具有责任能力的自然人。(2) 从犯罪的客观要件来看，各个共同犯罪人必须有共同犯罪的行为（作为或不作为)。(3) 从犯罪的主观要件来看，各个共同犯罪人都认识到自己不是孤立地实施某一犯罪行为，而是同其他人共同实施这一犯罪行为。综上所述，构成共同犯罪，必须是犯罪的客观要件和主观要件的统一。这就是说，实施犯罪的大多数人不仅在客观上必须有共同的行为，在主观上还要有共同的故意，两个方面缺一不可。否则，就不能构成共同犯罪。① 即使是犯罪构成理论专著，在论述共同犯罪的犯罪构成的时候，也是从犯罪构成的四要件出发，认为构成共同犯罪必须具备以下条件：(1) 共同犯罪的客体；(2) 共同犯罪的客观要

① 参见杨春洗等主编：《刑法总论》，195～196 页，北京，北京大学出版社，1981。

件；（3）共同犯罪的主体；（4）共同犯罪的主观要件。[①] 在这种情况下，我国刑法中的共犯论完全丧失了理论发展的空间，沦为对合犯罪论的附庸。

三、共犯理论的阶层构造

在我国刑法学界，最早试图采用德日刑法教义学中的共犯理论阐述我国刑法中的共同犯罪立法的是伍柳村教授。我国 1979 年《刑法》第 26 条第 2 款规定："如果被教唆的人没有犯被教唆的罪，对于教唆犯，可以从轻或者减轻处罚。"在此，立法涉及教唆犯与被教唆者的关系，实际上就是共犯与正犯的关系。如果不能从共犯与正犯的关系着手，就不可能对我国刑法的上述规定作出科学合理的论述。伍柳村教授明确提出了教唆犯的二重性命题，这里的二重性是指从属性和独立性相统一的二重性。伍柳村教授认为我国 1979 年《刑法》第 26 条第 1 款关于对于教唆犯应当按照他在共同犯罪中所起的作用处罚的规定，是教唆犯的从属性的体现；而第 26 条第 2 款关于被教唆人没有犯被教唆的罪，对教唆犯应当从轻或者减轻处罚的规定，则体现了相对独立性。[②] 马克昌教授在介绍犯罪从属性说和独立性说的基础上，对我国刑法中的教唆犯性质也确定为从属性和独立性的统一，只不过马克昌教授认为我国 1979 年《刑法》第 26 条第 1 款规定表明，教唆犯既具有从属性又具有独立性，而第 26 条第 2 款规定则只有独立性没有从属性。[③] 我国学者提出的共犯二重性说，区别于德日刑法教义学中的从属性说和独立性说。但由于不是在阶层犯罪论的语境下讨论共犯性质问题，因而难以完全接纳德日刑法教义学中的共犯论。

我在《共同犯罪论》的博士论文中，试图在我国共同犯罪理论中引入正犯与共犯的分析路径，指出："关于正犯与共犯的关系，在刑法理论上出现过五花八门的学说，主要是存在共犯从属性说和共犯独立性说的聚讼。我国刑法否定了区

---

① 参见樊凤林主编：《犯罪构成论》，259 页以下，北京，法律出版社，1987。

② 参见伍柳村：《试论教唆犯的二重性》，载《法学研究》，1982（1）。

③ 参见马克昌：《论教唆犯》，载《法律学习与研究》，1987（5）。

分正犯与共犯的共同犯罪理论的传统格局，确立了统一的共同犯罪的概念，但我国刑法中的共同犯罪，从构成要件来分析，仍然存在符合刑法分则规定的构成要件的实行犯与在刑法分则规定的构成要件的基础上刑法总则加以补充规定的非实行犯（包括组织犯、教唆犯与帮助犯）的区别。因此，确立实行犯与非实行犯的关系，对于认识我国刑法中的共同犯罪的性质具有重要意义。”① 只有引入德日刑法教义学以正犯与共犯相区分的逻辑分析方法，才能容纳各种共犯学说，从而丰富和发展我国刑法中的共犯论。

我在共同犯罪研究中，采用了德日刑法教义学的主要概念，例如共同正犯、间接正犯以及主要共犯理论，例如行为共同说与犯罪共同说、共犯从属性说与共犯独立性说等。然而，如果局限于对合犯罪论，则会发生与阶层共犯论的抵牾。例如，我在我国刑法学界引入了间接正犯的概念，用来分析教唆没有刑事责任能力人犯罪的案件处理问题。对于此类案件，我国早期司法实践中往往认定为教唆犯。但教唆犯是以被教唆人具有刑事责任能力为前提的，如果被教唆人缺乏刑事责任年龄，则教唆者不能以教唆犯论处，而应当以间接正犯追究刑事责任。因此，我将间接正犯界定为：把一定的人作为中介实施其犯罪行为，其所利用的中介由于其具有某些情节而不负刑事责任或不发生共犯关系，间接正犯对于其通过中介所实施的犯罪行为完全承担刑事责任。这种实施犯罪行为的间接性和承担刑事责任的直接性的统一就是间接正犯。② 我把间接正犯分为四种：（1）教唆未达到刑事责任年龄的人实施犯罪行为；（2）教唆精神病人实施犯罪行为；（3）利用他人的过失实施犯罪行为；（4）利用他人的意外事件实施犯罪行为。间接正犯是共犯从属性说的产物，如果根据共犯独立性说，例如纯粹惹起说，肯定没有正犯的共犯，因而间接正犯是作为共犯处理的。而根据共犯从属性说，否定没有正犯的共犯，因而共犯的成立应当以正犯存在为前提。在极端从属性程度的情况下，此说当然没有问题；但如果是主张限制从属形式或者最小从属形式，则教唆没有

① 陈兴良：《共同犯罪论》，3 版，38 页，北京，中国人民大学出版社，2017。

② 参见陈兴良：《论我国刑法中的间接正犯》，载《法学研究》，1985（1）。

达到刑事责任年龄的人犯罪，因为没有正犯，因而就不能追究刑事责任。为弥补这一漏洞，提出了间接正犯的概念，将其解读为正犯，从而获得处罚的规范根据。

我国刑法并没有规定间接正犯，但间接正犯概念同样可以适用于我国，我国司法机关接受了间接正犯的概念，并在司法实践中加以运用。例如被告人刘某因与丈夫金某不和，离家出走。一天，其女（时龄 12 周岁）前来刘某住处，刘某指使其女用家中的鼠药毒杀金某。其女回家后，即将鼠药拌入金某的饭碗中，金某食用后中毒死亡。因其女没有达到刑事责任年龄，对被告人刘某的行为如何定罪处罚，存在不同意见：第一种意见认为，被告人刘某授意本无犯意的未成年人投毒杀人，是典型的教唆杀人行为，依据《刑法》第 29 条“教唆不满十八周岁的人犯罪的，应当从重处罚”的规定，对被告人刘某应按教唆犯的有关规定来处理；第二种意见认为，被告人刘某授意未成年人以投毒的方法杀人，属于故意向他人传授犯罪方法，同时，由于被授意人未达到刑事责任年龄，不负刑事责任，因而对被告人刘某应单独以传授犯罪方法罪论处。[①] 这个案例由于属于审判工作中遇到的典型问题，因而在审判长会议上进行了讨论。经过讨论，得出的结论认为：构成教唆犯必然要求教唆人和被教唆的人都达到一定的刑事责任年龄，具备刑事责任能力。达到一定的刑事责任年龄、具备刑事责任能力的人，指使、利用未达到刑事责任年龄的人（如本案刘某的女儿）或精神病人实施某种犯罪行为，是不符合共同犯罪的特征的。因为在这种情况下，就指使者而言，实质上是在利用未达到刑事责任年龄的人或精神病人作为犯罪工具实施犯罪。就被指使者而言，由于其不具有独立的意志，或者缺乏辨别能力，实际上是教唆者的犯罪工具。有刑事责任能力的人指使、利用未达到刑事责任年龄的人或者精神病人实施犯罪，在刑法理论上称之为间接正犯或间接的实行犯。间接正犯不属于共同犯罪的范畴。因被指使、利用者不负刑事责任，其实施的犯罪行为应视为指使、利用

---

① 参见中华人民共和国最高人民法院刑一庭、刑二庭编：《刑事审判参考》，总第 16 辑，75 页，北京，法律出版社，2001。

者自己实施，故指使、利用者应对被指使、利用人所实施的犯罪承担全部责任，也就是说，对指使、利用未达到刑事责任年龄的人或精神病人犯罪的人，应按照被指使、利用者实行的行为定罪处罚。本案被告人刘某唆使不满 14 周岁的人投毒杀人，由于被教唆人不具有刑事责任能力，因此唆使人与被唆使人不能形成共犯关系，被告人刘某非教唆犯，而是间接正犯，故对刘某不能直接援引有关教唆犯的条款来处理，而应按其女实行的故意杀人行为定罪处刑。在最高人民法院审判长会议对这个案件的分析意见中，引入了间接正犯这一概念，从而使刘某利用其不满 14 周岁的女儿投毒杀人一案得以正确定性。因此，尽管在目前中国的刑法和司法解释中尚未使用间接正犯这一概念，但间接正犯的理论已经进入最高人民法院法官的视野，并在司法活动中发生了实际的作用。如果只是单纯地考察这个案件，其法律适用似乎没有问题。但这一结论实际上是以犯罪共同说为前提的，而如果采用行为共同说，即只要具有共同行为就成立共犯，则这个案件就会得出属于共同正犯而非间接正犯的结论。而在日本刑法中，对于指使未成年人进行犯罪的案件，根据在对背后者有无实施强制行为及强制程度、有无压制未成年人的意思及压制程度进行区分。因此，在母亲指示、命令 12 岁零 10 个月的长子实施抢劫行为的案例中，日本判例是既不构成抢劫罪的间接正犯也不构成抢劫罪的教唆犯，而是构成共同正犯，由此看来与我国法院对指使不满 14 周岁的女儿投放毒物案件以间接正犯论处的判例之间存在明显区分。故此，日本学者高桥则夫教授指出："在日本，这是一个共犯从属性问题。原来日本采用严格限制说，即要具备构成要件该当性、违法性和有责性才成立共犯，而现在则主张限制从属性，只要求具备构成要件该当性、违法性就够了。如果小孩有辨别能力，在日本司法中可能认定为共谋共同正犯。"① 由此可见，在阶层犯罪论的语境中，间接正犯与正犯的关系是随着从属性程度不同而消长的。而我国共犯理论是建立在对合犯罪论基础之上的，根据共犯与正犯的逻辑关系分析，不存在共犯对于正犯的从属性，因此是采用极端从属形式。与此同时，我国共犯理论采用的是犯罪共同

① 马克昌、莫洪宪主编：《中日共同犯罪比较研究》，264 页，武汉，武汉大学出版社，2003。

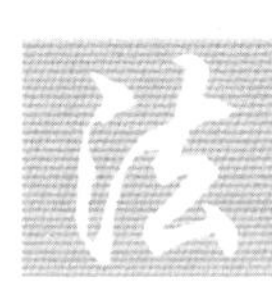

说，只有正犯构成犯罪，共犯才能成立，至于我国 1979 年《刑法》第 26 条第 2 款规定的对被教唆人没有犯被教唆的罪的，对于教唆犯仍然应当处罚，即处罚没有正犯的共犯，只是一种特别规定。在我国刑法中，对于共犯与正犯的关系而言，极端的从属性和极端的独立性并存。就我国刑法采用极端从属程度而言，间接正犯的范围是较为宽泛的，在与采用限制从属形式的日本对比中，就可以清楚地看到这个差别。

在采用对合犯罪论的背景下，即使引入阶层共犯论的概念，也会和既有的逻辑发生碰撞。在德日共犯论中，经常涉及没有正犯的共犯是否可罚的问题，并引起各种不同共犯理论的争论。例如主张纯粹惹起说的德国学者吕德森认为，没有正犯的共犯是否可罚，问题的核心在于构成要件上的法益对共犯而言是否受到保护。在构成要件上的法益对共犯而言受到保护的情况下，虽然缺乏正犯行为，也会导致处罚共犯。例如，德国刑法上不受处罚的参与自杀的共犯也是可罚的。因为，自杀者的生命对于外部的人即共犯是受保护的，刑法不允许共犯参与到这一侵害中。而折中的惹起说则认为，批判纯粹惹起说所主张的没有正犯的共犯的观点，认为虽然共犯也和正犯一样引起符合构成要件的结果，但却是通过正犯符合构成要件、违法的行为实现的，共犯行为的违法性是从正犯行为中引出的。因此，主张折中说的德国学者萨姆松认为，自杀的共犯不会作为普通杀人罪的共犯受到处罚。换言之，共犯的成立以违法的正犯行为为必要条件，即使是在这种情况下，在正犯引起的结果对于共犯来说不是符合构成要件的结果时，共犯也不能成立。① 通过以上学术争论，正犯与共犯的关系更为明晰。

而在我国对合共犯论中，并不在逻辑上严格区分正犯与共犯，在司法实践中，对于自杀的教唆犯和帮助犯一般都认定为故意杀人罪的正犯而不是共犯予以处罚。在刘祖枝故意杀人案中，被告人刘祖枝（女）与被害人秦继明系夫妻关系。秦继明因患重病常年卧床，一直由刘祖枝扶养和照料。2010 年 11 月 8 日 3 时许，刘祖枝在其出租房内，不满秦继明病痛叫喊，影响他人休息，与秦继明发

---

① 参见杨金彪：《共犯处罚根据论》，61、79～80 页，北京，中国人民公安大学出版社，2008。

生争吵。后刘祖枝将存放在暂住地的敌敌畏倒入杯中提供给秦继明，由秦继明自行服下，造成秦继明服毒死亡。这是一起典型的帮助自杀案，对于该案北京市第二中级人民法院以故意杀人罪判处被告人刘祖枝有期徒刑7年，剥夺政治权利1年。本案裁判理由在论证帮助自杀行为应以故意杀人罪论处时，指出："对帮助自杀的行为是否追究刑事责任要根据帮助者的主观和客观两个方面的情况而定：如果帮助者没有意识到他人有强烈的自杀倾向，且所提供的帮助行为与自杀后果之间不具有刑法上的因果关系，对帮助者不追究刑事责任。如果帮助者主观上明知他人有强烈的自杀倾向，客观上仍通过言行进一步强化他人自杀的决意，并提供自杀工具或者帮助他人完成自杀行为的，应当认定帮助行为与他人死亡后果之间具有刑法上的因果关系，对帮助者应当以故意杀人罪追究刑事责任。"[①] 在上述裁判理由中，十分明显地采用了主客观相统一的对合共犯论的分析思路，而根本没有论及正犯与共犯的关系。在帮助自杀案件中，首先应当解决的问题在于：帮助自杀行为是正犯还是共犯？如果是正犯，定罪当然没有疑问。有些国家刑法典明确设立了教唆、帮助自杀罪，对此，完全可以直接认定为该罪。例如《日本刑法典》第202条规定："教唆或者帮助人使其自杀的，处六个月以上七年以下的惩役或者禁锢。"这就是所谓参与自杀罪。日本学者大塚仁指出："不认为自杀是犯罪，并不意味着对自杀的诱惑、挑拨、援助等参与他人自杀的行为也当然是不可罚的，因为这些参与他人自杀的行为是否定他人生命的行为，与本人自身的自杀具有明显不同的性质。只是，既然自杀本身不是犯罪，那么，站在共犯从属性说的立场上，也不能把参与自杀的行为理解为刑法总论上的自杀共犯。因此，在分则中设立独立的构成要件对其予以处罚，乃是各国立法例上所见的态度。"[②] 而在没有设立该罪的国家刑法中，教唆、帮助自杀行为并不是故意杀人罪的正犯行为。在这种情况下，帮助自杀行为本身并不符合故意杀人罪的构成要件，如果

① 陈兴良、张军、胡云腾主编：《人民法院刑事指导案例裁判要旨通纂》，646页，北京，北京大学出版社，2018。

② ［日］大塚仁：《刑法概说（各论）》，3版，冯军译，37～38页，北京，中国人民大学出版社，2003。

直接对其以故意杀人罪论处，就涉及是否肯定没有正犯的共犯问题。但在刘祖枝故意杀人案的裁判理由中，完全没有涉及这些基本共犯理论，而是仅仅以刘祖枝主观上明知秦继明具有自杀意图，客观上为其自杀提供了帮助，与自杀死亡之间存在因果关系，而直接将刘祖枝认定为故意杀人罪。如果不解决帮助行为是否符合构成要件，而以主观上对他人自杀意图的明知和客观上与他人自杀结果之间具有因果关系为根据，将帮助自杀行为认定为故意杀人罪，显然并不符合刑法教义学的一般原理。

正是因为在我国司法实践中没有严格区分正犯与共犯，并以此为前提论证共犯处罚根据，所以，正犯行为和共犯行为之间的界限是混淆的，而导致逻辑上的混乱。例如夏锡仁故意杀人案，被告人夏锡仁与被害人吴楷容系夫妻关系，因吴楷容伤病，加上面临经济困难，两人产生自杀意图。2004 年 5 月 12 日凌晨 1 时许，夏锡仁在租住的地下室准备了凳子和绳子，接着先将吴楷容扶上凳子，将绳子一端系在吴楷容的脖子上，另一端系在地下室的下水管上，然后其将吴楷容脚下的凳子拿开，吴楷容脚动了几下即窒息而死。过了十几分钟，夏锡仁也准备上吊自杀，但想到这样会连累房东，即打消自杀念头，于天明时到派出所投案自首。对于本案中夏锡仁的行为，判决书认定为帮助自杀，以故意杀人罪判处有期徒刑 5 年。本案的裁判理由指出："我国刑法没有将帮助他人自杀的行为规定为一个罪名，这就带来一个认识问题，即对帮助他人自杀的行为应否定罪。帮助他人自杀结束生命，虽然该帮助人主观上没有剥夺他人生命的故意，但其同意帮助他人自杀结束生命，并且帮助意图自杀而死的人实现了这一目的，其行为在性质上属于故意杀人，符合我国刑法规定的故意杀人罪的构成要件，实践中应当按故意杀人罪予以定性处罚。"① 上述裁判理由对帮助自杀行为的性质的论证思路是极为混乱的。客观上帮助意图自杀的人实现自杀意图，是否就可以直接得出该帮助行为具有故意杀人的性质？既然裁判理由确认帮助人主观上没有剥夺他人生命

① 陈兴良、张军、胡云腾主编：《人民法院刑事指导案例裁判要旨通纂》，553 页，北京，北京大学出版社，2018。

的故意，其帮助行为又怎么可能构成故意杀人罪？因此，如果仅仅从主客观统一上对帮助自杀行为的性质进行分析，是难以得出正确结论的。更为重要的是，本案被告人夏锡仁的行为真的只是一种帮助自杀行为而不是受托杀人行为吗？对于夏锡仁行为的性质，本案裁判理由指出："本案中意图自杀的吴楷容，经受不了伤痛的折磨和经济的压力，欲以自杀方式自戕，要求作为丈夫的被告人夏锡仁帮助实现自杀目的，被告人不仅接受了吴楷容的要求，并且具体实施了帮助其自杀的行为，使吴楷容达到了自杀而死的目的，依据我国刑法的规定和司法实践经验，应当对被告人夏锡仁以故意杀人罪加以处罚。"① 在此，裁判理由根据死者吴楷容先提出自杀意图并要求被告人夏锡仁帮助其完成自杀愿望，而将夏锡仁的行为认定为帮助自杀。但从本案中夏锡仁实施的具体行为来看，吴楷容只是提出了自杀的想法，而吴楷容的死亡是夏锡仁的行为一手造成的：帮助吴楷容站上凳子，给吴楷容系上绳子，最后拿开吴楷容脚下的凳子，致使吴楷容窒息死亡。在这种情况下，被告人夏锡仁的行为完全符合故意杀人罪的构成要件，应当以故意杀人罪论处，属于刑法理论上的受托杀人行为。对于这种受托杀人行为，在某些国家刑法典中明确规定为单独的罪名，例如《日本刑法典》第 202 条规定："接受人的自杀嘱托或者得到人的承诺而杀人的人，处六个月以上七年以下的惩役或者禁锢。"日本学者大塚仁指出："同意杀人，即接受被杀者的嘱托或者得其承诺而杀害被害者的行为是以被杀者自身放弃对生命的法益为前提而实施的，从被杀者的立场来看，应该认为是准自杀，因此，其违法性的程度比通常的杀人罪轻。而且，不少情况下，也能减轻行为人的责任。"② 受托杀人行为，如果委托人具有自杀意图，则属于帮助自杀和故意杀人的竞合，其完全符合故意杀人罪的构成要件，因而应当以故意杀人罪论处。但其具有被害人同意的情节，因而属于故意杀人罪的减轻类型，这也是某些国家刑法典对其专门设立罪名的主要根据。但在

① 陈兴良、张军、胡云腾主编：《人民法院刑事指导案例裁判要旨通纂》，553 页，北京，北京大学出版社，2018。

② ［日］大塚仁：《刑法概说（各论）》，3 版，冯军译，38 页，北京，中国人民大学出版社，2003。

没有专门设立罪名的国家刑法中，对这种受托杀人行为，完全可以认定为故意杀人罪，这与那种仅仅为他人自杀提供条件，最终由他人自身完成自杀行为是有所不同的。在上述夏锡仁故意杀人案中，虽然是死者提出自杀的要求，而夏锡仁的行为具有帮助死者完成自杀意愿的性质，夏锡仁在死者同意的情况下，完整地实施了将他人杀死的行为，符合故意杀人罪的构成要件，属于故意杀人罪的共犯，不能再认为是帮助自杀的行为。由此可见，正犯与共犯的区分观念，对于相关案件的处理具有重要的指导意义。

在我国逐渐引入阶层犯罪论以后，阶层共犯论的法理也在我国刑法学界获得认同。在这种情况下，发生了从阶层犯罪论到阶层共犯论的发展。只有在阶层犯罪论的框架中，共犯的相关问题才能得以展开。尤其是那些较为复杂的刑事案件，如果只是采用对合共犯论，则难以得出正确的结论。只有采用阶层共犯论，才能更为清晰地对相关案件中涉及的共犯认定问题作出深入的法理论证。例如，在对合犯罪论中，就犯罪共同说与行为共同说之争而言，就会自然得出犯罪共同说的结论。由此而认为，只有在同一罪名中，才能成立共犯；不同罪名之间，没有共犯成立的余地。我国学者最初是在对合犯罪论的体系中起步采用阶层共犯论的，但对合犯罪论在很大程度上限制了共犯论的展开。在我国司法实践中，否定不同罪名的共犯关系。但在阶层犯罪论引入以后，从犯罪共同说到部分犯罪共同说，再到行为共同说，经历了一个演变过程。例如部分犯罪共同说是在犯罪共同说的阶层基础上发展起来的，根据部分犯罪共同说，如果数个犯罪的构成要件之间存在重合部分，那么在重合的限度内成立较轻之罪的共同正犯。例如，在高海明绑架、郭永杭非法拘禁案中，被告人高海明伙同他人以做生意为名，将与其并无经济纠纷的三个被害人骗至某地加以劫持，对此构成绑架罪没有问题。高海明在绑架被害人期间，欺骗被告人郭永杭被绑架人系债务人，他是为索要债务而拘禁他人，以此让郭永杭帮助看管被害人。在本案中，法院判决认为，被告人郭永杭以为高海明是在追讨生意上的损失费而为其看管被害人，属于《刑法》第238条规定的为索要债务非法拘押、拘禁他人的情形，不构成绑架罪而应以非法拘禁

罪论处。[①] 该判决否定在高海明和郭永杭之间存在共犯关系，因为两者罪名并不相同。但从郭永杭的行为来看，他没有参加高海明等人实施的绑架行为，而是在绑架以后帮助看管，对此不能认定为绑架罪的共犯，这是正确的。但如果否定高海明和郭永杭成立非法拘禁罪的共犯，则不能对郭永杭的行为作出完整的法律评价。对此，我曾经指出："绑架罪和非法拘禁罪之间存在法条竞合关系，绑架罪属于特别法，非法拘禁罪属于普通法。高海明出于勒索财物的目的与没有勒索财物目的的郭永杭共同对被害人进行扣押、监禁。在非法拘禁罪上，高海明与郭永杭之间成立共同正犯。因此，对高海明定绑架罪，对郭永杭定非法拘禁罪，这一最终的定罪结果是正确的。但如果不承认高海明与郭永杭在非法拘禁罪上存在共同正犯的关系，则不利于解决高海明、郭永杭的定罪量刑问题。因为郭永杭是在高海明伙同他人将被害人劫持以后才对被害人看管的，如果郭永杭是非法拘禁罪的单独正犯，则其非法拘禁的实行行为是不完整的，令其对高海明的劫持被害人的行为承担刑事责任，就缺乏足够的法理根据。"[②] 现在，有些学者已经从部分犯罪共同说转向行为共同说。例如张明楷教授在其《刑法学》一书的第3版中主张部分犯罪共同说，指出："二人以上虽然实施了不同的犯罪，但当这些不同的犯罪之间具有重合关系的性质时，则在重合的限度内成立共同犯罪。"[③] 及至该书第5版，张明楷教授主张行为共同说，指出："共同犯罪是不法形态，共同犯罪中的'犯罪'首先是指不法层面意义上的犯罪。而完全意义上的犯罪包含符合构成要件的不法与责任两个层面，所以，对共同犯罪应当采用行为共同说。"[④] 显然，只有接受阶层犯罪论，才有可能认同行为共同说。因此，张明楷教授从部分犯罪共同说到行为共同说的观点转变，可以视为是逐渐接受阶层犯罪论的过程。例如，根据犯罪共同说，达到刑事责任能力的甲与没有达到刑事责任能力的

① 参见国家法官学院、中国人民大学法学院编：《中国审判案例要览》（2001年刑事审判案例卷），61页，北京，中国人民大学出版社，2002。

② 陈兴良：《判例刑法学》（上卷），425页，北京，中国人民大学出版社，2017。

③ 张明楷：《刑法学》，2版，316页，北京，法律出版社，2003。

④ 张明楷：《刑法学》，5版，392页，北京，法律出版社，2016。

乙对妇女进行轮奸的，因为只有甲的行为构成犯罪，而乙的行为不构成犯罪，所以甲乙不成立轮奸。但根据行为共同说，只要甲乙共同实施了轮奸行为，即使乙因为没有达到刑事责任能力而不构成犯罪，也不能否认甲乙之间成立轮奸，对于甲应当适用轮奸的相关处罚规定。我国司法实践中，对于此类问题尽管存在争议，但采用行为共同说的倾向也日益显露。

除了正犯与共犯的区分制以外，目前德日刑法教义学中的单一制也开始传入我国，用来解释我国刑法关于共同犯罪的立法。因为我国共同犯罪的立法没有采用正犯和共犯的概念，而是采用了主犯、从犯、胁从犯和教唆犯的分类体系，这就为单一制的解释留下了较大的空间。单一制又称为单一正犯体系，完全否定共犯的存在，它是以扩张的正犯概念为前提的，认为刑法分则的构成要件包括正犯行为和共犯行为，更为激进的做法是完全废弃正犯与共犯的概念，代之以参与犯的概念，对正犯与共犯不加以区分，因而共犯体系就被称为犯罪参与体系。近年来，我国少数学者明确主张采用一元参与体系。例如江溯教授指出："无论是《唐律》还是前苏联的共同犯罪立法，都是统一正犯体系的立法。因此，我国现行共同犯罪规定显然不是以德日为代表的二元参与体系，而是可以从一元参与体系角度加以论证。"① 虽然我国大多数学者主张二元参与体系，但一元参与体系的讨论，有助于我国刑法中的共犯论进一步发展。

（本文原载《比较法研究》，2019（5））

① 江溯：《犯罪参与体系研究——以单一正犯体系为视角》，256页，北京，中国人民公安大学出版社，2010。

论犯罪的对合关系

在刑法中，除不及物行为以外，及物行为之实施，总是针对一定犯罪对象的，这种犯罪对象可以分为物与人两种。在犯罪对象为物的情况下，它只是消极的行为客体；在犯罪对象为人的情况下，它与一定之行为人发生一种互动关系。这种互动关系，我认为无非有两种：一是被害关系，二是对合关系。在被害关系中，存在的是加害人与被害人之间的关系。其中，加害人是指实施犯罪行为之人，被害人是指遭受犯罪行为侵害之人。关于这种被害关系，专门有被害人学加以研究。在对合关系中，双方行为人并非加害与被害的关系，而是互为行为对象的关系。犯罪的对合关系，对双方行为人的定罪处罚具有重大影响，因而在刑法理论上值得研究。

犯罪的对合关系，与共同犯罪中的对合犯是既有联系又有区别的两个概念。在刑法理论上，对合犯又称为对向犯、对行犯，是必要共犯的一种表现形式。必要共犯是相对于任意共犯而言的，通常认为必要共犯是指刑法分则规定必须二人以上共同故意实施才能构成的犯罪。必要共犯又分为聚合犯与对合犯。对合犯是

指在犯罪构成上预先设定了复数行为者的双向行为的犯罪。① 在论及对合犯时，我国学者一般都举受贿罪与行贿罪的例子，认为在这种情况下，行贿人和受贿人各自实施自己的行为，罪名不同，但任何一罪的完成均以对应之罪的完成为条件。因此，对合犯是基于双方的对向行为合力才能完成的犯罪。② 但由于受贿罪与行贿罪并非一个犯罪，因而称为必要共犯并不合适。为此，我国刑法对对合犯是否属于必要共犯提出了质疑，认为对合犯作为一种犯罪形态，在理论上值得探讨，但作为必要共犯的形式则未必适当。③ 但也有学者认为，对合犯的特点是：所犯罪名可能不同，如行贿、受贿；各自实施自己的犯罪行为，如一个送与，一个收受；双方的对向行为互相依存而存在，如受贿行为与行贿行为互相依存而存在；一方构成犯罪，另一方可能不构成犯罪，如相婚者不知对方已有配偶而与其结婚时，对方虽构成重婚罪，但相婚者则不构成犯罪。这种情况虽仍称为必要共犯，但用语实属不妥，因而德国学者称为“所谓必要共犯”④。我认为，必要共犯是以共犯一罪为特征的。因此，只有在共犯一罪的情况下才构成对合犯。例如已有配偶的男女与对方重婚，是对合犯的适例，而受贿罪与行贿罪虽合称贿赂罪，但并不能称为对合犯。以往在刑法理论中，对于对合犯有理解过于宽泛之嫌，这是不妥当的。受贿罪与行贿罪虽然不是共同犯罪中的对合犯，但却不能否认两者之间存在对合关系。因此，犯罪的对合关系包括对合犯，但又不止于对合犯，还包括那些虽然不构成对合犯，但犯罪之间具有对合关系的情形。由此可见：犯罪的对合关系具有以下特征：一是对合性。这里的对合性也可以说是一种相向关系或者对偶关系。犯罪的对合关系，就是互为行为相对人，彼此依存，缺一不可。二是犯罪性。这里的犯罪性，既可以是双方构成一罪，也可以是双方构成不同之罪，还可以是一方构成犯罪，另一方不构成犯罪。无论如何，必以至少一方构成犯罪为前提。三是法定性。犯罪的对合关系在某种意义上说是一种法定

---

① 参见［日］野村稔：《刑法总论》，全理其等译，381 页，北京，法律出版社，2001。

② 参见杨春洗、杨敦先主编：《中国刑法论》，2 版，145 页，北京，北京大学出版社，1998。

③ 参见高铭暄、马克昌主编：《刑法学》，上编，297 页，北京，中国法制出版社，1999。

④ 赵秉志主编：《外国刑法原理（大陆法系）》，210 页，北京，中国人民大学出版社，2000。

的犯罪形态，是由法律加以规定的，因此应从法律上加以认定。

在正确地理解犯罪的对合关系的基础上，我们还要进一步研究犯罪的对合关系的形态。我认为，犯罪的对合关系存在以下两种情形。

一、彼此俱罪的对合关系

彼此俱罪的对合关系是指具有对合关系的行为相对人双方都构成犯罪的情形。彼此俱罪的对合关系又可以分为彼此异罪与彼此同罪两种类型，下面分别加以论述。

（一）彼此异罪

彼此异罪是指在犯罪的对合关系中，虽然双方行为人都构成犯罪，但刑法分别规定为两种不同的犯罪。在我国刑法中，彼此异罪的对合犯包括：（1）公司、企业人员受贿罪与对公司、企业人员行贿罪。《刑法》第163条规定，公司、企业的工作人员利用职务上的便利，索取他人财物或者非法收受他人财物，为他人谋取利益，数额较大的，构成公司、企业人员受贿罪。《刑法》第164条规定，为谋取不正当利益，给予公司、企业的工作人员以财物，数额较大的，构成对公司、企业人员行贿罪。在上述情形中，一方受贿、一方行贿，存在对合关系并且彼此俱罪，但刑法分则规定为两个不同的犯罪。（2）合同诈骗罪与签订、履行合同失职被骗罪，国家机关工作人员签订、履订合同失职罪。在这种情况下，双方是骗与被骗的关系，这本来是一种典型的被害关系：骗是加害，被骗是被害。但如果被骗者是国有公司、企业、事业单位直接负责的主管人员，或者国家机关工作人员，并且在签订、履行合同过程中，因严重不负责任被诈骗，致使国家利益遭受重大损失的，依法构成失职被骗罪，两者就转化为犯罪的对合关系。在这种情况下，合同诈骗的行为人当然要依法处罚，失职被骗的行为人也应以犯罪论处。（3）出售假币与购买假币罪。这里的出售假币是指将伪造的货币以低于票面额的价格卖出；购买假币是指将伪造的货币以低于票面额的价格买进，两者具有对合关系。（4）非法出售增值税专用发票罪与非法购买增值税专用发票罪。这里

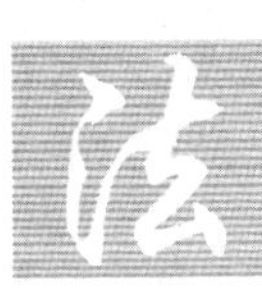

的出售是指将增值税专用发票作为商品卖出；这里的购买，是指将增值税专用发票作为商品买进，两者具有对合关系。(5) 拐卖妇女、儿童罪与收买被拐卖的妇女、儿童罪。拐卖妇女、儿童的行为，根据刑法规定，是指以出卖为目的，有拐骗、绑架、收买、贩卖、接送、中转妇女、儿童的行为之一的。在上述行为中，贩卖是最核心的行为。收买被拐卖的妇女、儿童罪指不以出卖为目的的收买，以出卖为目的的收买则应以拐卖妇女、儿童罪论处。在拐卖妇女、儿童罪与收买被拐卖的妇女、儿童罪之间具有对合关系。(6) 收购赃物罪与销售赃物罪。在收购与销售之间存在对合关系，刑法将两种行为均规定为犯罪，并且是两个不同的罪名。(7) 脱逃罪与私放在押人员罪、失职致使在押人员脱逃罪。在押人员与监管人员之间存在对合关系。在押人员，包括依法被关押的罪犯、被告人、犯罪嫌疑人，脱逃的，构成脱逃罪。如果监管人员私放或者由于严重不负责任，致使在押的犯罪嫌疑人、被告人或者罪犯脱逃，造成严重后果的，分别构成私放在押人员罪和失职致使在押人员脱逃罪。在失职致使在押人员脱逃的情况下，在押人员构成脱逃罪，因而两者之间存在犯罪的对合关系，这是没有疑问的。那么，在私放在押人员的情况下，在押人员是否构成脱逃罪呢？这个问题十分复杂，不可一概而论。依据最高人民检察院《关于人民检察院直接受理立案侦查案件立案标准的规定》，有下列情形之一，应认为构成私放在押人员罪：1）私自将在押的犯罪嫌疑人、被告人或者罪犯放走或者授意、指使他人将其放走；2）伪造、变造或者涂改有关法律文书，以使上述人员脱离监管的；3）提供便利要件，帮助或者纵容上述人员脱逃的；4）违反监管规定，私自将上述人员提出关押场所，指使其外出，致使其脱离监管，情节严重的；5）违反法定条件，私自允许上述人员放假，致使其脱离监管，情节严重的。上述情形中，有的是直接将在押人员放走。在这种情况下，在押人员是消极的被放，因而不构成脱逃罪。有的是为在押人员创造条件使其逃走。在这种情况下，在押人员构成脱逃罪。只有在在押人员构成脱逃罪的情况下，才与私放在押人员的司法工作人员形成彼此俱罪的对合关系。(8) 非法收购珍贵、濒危野生动物，珍贵、濒危野生动物制品罪与非法出售珍贵、濒危野生动物，珍贵、濒危野生动物制品罪。根据我国野生动物保护法的规

定，珍贵、濒危野生动物，珍贵、濒危野生动物制品严格受国家法律保护，无论是非法收购还是非法出售，都应以犯罪论处。在收购与出售之间存在犯罪的对合关系，刑法分别规定为两个不同罪名，但这两个罪名是一种选择式罪名，即使同时具备这两种行为的，也只构成一罪而不以数罪论处。（9）受贿罪与行贿罪。《刑法》第 385 条规定，国家工作人员利用职务上的便利，索取他人财物的，或者非法收受他人财物，为他人谋取利益的，是受贿罪。《刑法》第 389 条规定：为谋取不正当利益，给予国家工作人员以财物的，是行贿罪。在受贿与行贿都构成犯罪的情况下，两者之间存在彼此俱罪的对合关系。（10）单位受贿罪与对单位行贿罪。在我国刑法中，单位受贿与对单位行贿分别独立构成犯罪。这里的单位是指国家机关、国有公司、企业、事业单位、人民团体，而不包括其他单位。在上述单位受贿与对上述单位行贿，双方均构成犯罪的情况下，形成彼此俱罪的对合关系。（11）放纵走私罪与走私罪。《刑法》第 411 条规定，海关工作人员徇私舞弊，放纵走私，情节严重的，构成放纵走私罪。在海关工作人员放纵走私的情况下，被放纵的人必然构成走私罪，因而两者之间存在犯罪的对合关系。（12）放纵制售伪劣商品犯罪行为罪与生产、销售伪劣商品罪。《刑法》第 414 条规定，对生产、销售伪劣商品犯罪行为负有追究责任的国家机关工作人员，徇私舞弊，不履行法律规定的追究职责，情节严重的，构成放纵制售伪劣商品犯罪行为罪。在国家机关工作人员放纵制售伪劣商品犯罪行为的情况下，被放纵者必然构成生产、销售伪劣商品罪，因而两者之间存在犯罪的对合关系。（13）放行偷越国（边）境人员罪与偷越国（边）境罪。《刑法》第 415 条规定，边防、海关等国家机关工作人员，对明知是偷越国（边）境的人员，予以放行的，构成放行偷越国（边）境人员罪。在边防、海关等国家机关工作人员放行偷越国（边）境人员的情况下，被放行者必然构成偷越国（边）境罪。在上述彼此异罪的对合关系中，犯罪双方当事人，通常一方是身份犯，例如国家工作人员，另一方是非身份犯，两者之间大多存在行政法上的管理人与相对人的关系。由于身份犯的行为与职务相关，因而属于职务上的犯罪。而非身份犯的行为是普通犯罪行为，所以尽管两者之间往往存在事实上的共犯关系，但刑法上并不规定为共同犯罪，而是规定为不同罪名，分别论处。

（二）彼此同罪

彼此同罪是指在犯罪的对合关系中，行为相对人构成同一犯罪。共同犯罪中的对合犯，一般指的就是这种情形。在我国刑法中，彼此同罪的对合关系包括：（1）非法买卖枪支、弹药、爆炸物罪。这里的非法买卖，是指违反法律规定私自购买或者出售，因而购买者与出售者构成同一犯罪。（2）非法买卖核材料罪。核材料关系重大，非法买卖双方均系犯罪，两者构成同一犯罪。（3）串通投标罪。依据《刑法》第223条的规定，串通投标罪包括以下两种行为：一是违反国家投标市场管理法规，投标人相互串通投标价，损害招标人或者其他投标人的利益，情节严重的行为；二是招标人与投标人串通投标，损害国家、集体、公民的合法利益的行为。在上述第一种情形中，相互串通的是投标人，虽则构成共同犯罪，但并非对合犯。在上述第二种情形中，相互串通的是招标人与投标人。招标与投标，是发包建设工程、购买成套设备等民事经济活动中采用的有组织的市场交易行为，两者之间存在对合关系，由此构成对合犯。（4）重婚罪。依据《刑法》第258条的规定，有配偶而重婚的，或者明知他人有配偶而与之结婚的，是重婚罪。由此可见，重婚行为包括两种：一是有配偶而重婚的，这是狭义上的重婚行为；二是明知他人有配偶而与之结婚的，这是相婚行为，属于广义上的重婚行为。重婚者与相婚者之间存在对合关系，由此构成对合犯。（5）非法买卖国家机关公文、证件、印章罪。这里的非法买卖，是指违反法律规定，以金钱为交换条件，非法购买或销售。在此，销售者与购买者彼此同罪，属于对合犯。（6）非法买卖警用装备罪。这里的非法买卖，是指无经营、使用权的单位或者个人，擅自销售、购买警用装备。因此，销售者与购买者彼此同罪，属于对合犯。（7）非法买卖制毒物品罪。这里的买卖明显包括买者与卖者，两者构成对合犯。（8）非法买卖毒品原植物种子、幼苗罪。这里的买卖也包括买者与卖者，两者构成对合犯。在上述彼此同罪的对合关系中，买卖、招标投标、重婚相婚，在两种行为之间都具有对合性。考虑到上述具有对合关系的两种犯罪行为性质上的同一性，因而在刑法上规定为同一之罪。

二、非彼此俱罪的对合关系

具有对合关系的双方行为人，只有一方构成犯罪，另一方则属于一般违法行为，甚至连违法行为也够不上。这就是非彼此俱罪的对合关系，从而区别于彼此俱罪的对合关系。应当指出，非彼此俱罪的对合关系，不仅不同于彼此俱罪的对合关系，而且也区别于被害关系。被害关系也是非彼此俱罪，但不构成犯罪的一方是被害人。而非彼此俱罪的对合关系中，不构成犯罪的一方不是被害人，其行为一般是违法的，只是刑法未将其规定为犯罪而已。我国刑法中非彼此俱罪的对合关系包括：(1) 销售侵权复制品罪与购买侵权复制品行为。销售侵权复制品行为，刑法规定为犯罪；购买侵权复制品行为则没有规定为犯罪，两者之间存在非彼此俱罪的对合关系。(2) 非法销售间谍专用器材罪与购买间谍专用器材行为。凡有销售，必相应的有购买，两者之间具有对合关系。但刑法只是将非法销售间谍专用器材行为规定为犯罪，而未处罚购买行为。(3) 非法向外国人出售、赠送珍贵文物罪与购买、受赠珍贵文物行为。依据《刑法》第 325 条之规定，违反文物保护法规，将收藏的国家禁止出口的珍贵文物私自出售或者私自赠送给外国人的行为，是非法向外国人出售、赠送珍贵文物罪。在这一犯罪中，存在出售者与购买者、赠送者与受赠者这样一种对合关系，但法律只将出售行为与赠送行为规定为犯罪，购买行为与受赠行为则并非犯罪。如果购买者与受赠者没有实施其他行为，购买与受赠甚至不能认定为是违法行为。当然，其也不是受害者。(4) 倒卖文物罪与购买文物行为。《刑法》第 326 条规定，倒卖文物罪是指以牟利为目的，倒卖国家禁止经营的文物，情节严重的行为。这里的倒卖，是指销售和以出卖为目的的收购行为，而不包括不以出卖为目的的收买行为。因此，在出卖和不以出卖为目的的收买之间，也存在对合关系。刑法规定只处罚出卖者，而不处罚不以出卖为目的的收买者。(5) 非法出售、私赠文物藏品罪与购买、受赠文物藏品行为。依据《刑法》第 327 条的规定，违反文物保护法规，国有博物馆、图书馆等单位将国家保护的文物藏品出售或者私自送给非国有单位或者个人的行为，是非法出售、私赠文物藏品罪。在本罪中，购买或者受赠国有博物馆、图书馆的国家保护的文物藏品的行为与上述非法出售、私赠文物藏品行为之间存在对合关系，但法律只处罚后者而不处罚前者。(6) 贩卖淫秽物品牟利罪与购买淫秽物品行为。这里的贩卖，是指销售淫秽物品的行为，包括发行、批发、零售、倒卖等。刑法只将贩卖行为规定为犯罪，而未将与之存在对合关系的购买行为规定为犯罪。在上述非彼此俱罪的情况下，对于刑法未规定为犯罪的对合行为能否按照共犯处罚，是刑法上一个存在争论的问题。例如，《日本刑法》第 175 条规定了贩卖猥亵文书罪。在这种情况下，虽然贩卖猥亵文书罪规定并不处罚购入者，但是是否可以参照适用共犯的规定，对购入者作为教唆犯实行处罚呢？对此，否定说认为，既然法律只处罚对合犯一方，当然预先设定了把另一方行为放到处罚之外，因此不能把购入者行为作为贩卖猥亵文书罪的教唆犯进行处罚。而肯定说则认为，积极地并且执拗地进行购买活动使贩卖者产生了贩卖意思的行为，已经不能为刑法预先设定的定型的犯罪构成要件所能包含，所以认定教唆犯的成立也是可以的。① 这里涉及对共犯范围的理解。我认为，在上述情况下，刑法既然规定只处罚贩卖者，购买者即便在客观上引起向本人贩卖之行为也应排除在处罚范围之外。但如果教唆向他人贩卖猥亵文书，仍应以贩卖猥亵文书罪的教唆犯论处。对于这个问题，在我国刑法理论中也是值得研究的。例如，在 1979 年刑法中规定了销赃罪，当时对于买赃自用的行为是否可以按照销赃罪来处理存在争议。有些学者认为买赃自用在客观上起到了帮助销赃的作用，是销赃的共犯，甚至将买赃行为视为销赃罪的一种形式。② 这种观点显然不能成立，因为销赃与买赃是具有对合关系的两种行为，将买赃解释为销赃存在逻辑上的障碍。及至 1997 年刑法修订中增设了收购赃物罪，这里的收购赃物是指有偿地购买赃物，既包括买赃自用，也包括为给他人使用而买赃。③ 至此，销赃与买赃均为犯罪，成为彼此俱

---

① 参见［日］野村稔：《刑法总论》，全理其等译，381～382 页，北京，法律出版社，2001。

② 参见魏克家：《故意大量买赃行为是销赃罪的一种形式》，载《经济体制改革与打击经济犯罪》，248 页，上海，上海社会科学出版社，1987。

③ 参见高铭暄主编：《新编中国刑法学》（下册），861 页，北京，中国人民大学出版社，1998。

罪的对合犯，从而为处罚买赃行为提供了法律根据。但由于对此缺乏深入研究，还是存在一些争议问题。例如《刑法》第145条规定了生产、销售不符合标准的医用器材罪。在一般情况下，不符合标准的医用器材的购买者是本罪的受害人，因而存在被害关系。但在实际中有些医疗机构和个人为追求经济利益，购买、使用明知是不符合标准的医疗器械、医用卫生材料，以致造成严重危害人体健康的后果。为此，《产品质量法》第62条明文规定：服务业的经营者知道或者应当知道所使用的产品属于该法规定禁止销售的产品而用于经营性服务的，按照违法使用产品（包括已使用和尚未使用的产品）的货值金额，依照该法对销售者的处罚规定处罚，因而这一规定是合宪的。但根据这一规定精神，最高人民法院、最高人民检察院2001年发布的《关于办理生产、销售伪劣商品刑事案件具体应用法律若干问题的解释》第6条第4款规定："医疗机构或者个人，知道或者应当知道是不符合保障人体健康的国家标准、行业标准的医疗器械、医用卫生材料而购买、使用，对人体健康造成严重危害的，以销售不符合标准的医用器材罪定罪处罚。"我认为，这一规定有越权之嫌。刑法规定构成犯罪的行为是销售不符合标准的医疗器械、医用卫生材料，它并不包括购买、使用不符合标准的医疗器械、医用卫生材料。这种购买、使用行为属于法无明文规定的情形，通过司法解释规定为犯罪，明显有悖于罪刑法定原则。正如意大利学者在论及犯罪的对合关系中，对那些法律没有明文规定要处罚的行为人，能否按刑法关于共同犯罪的一般规定来加以处罚时指出：对这一问题，人们理所当然地给予了一个否定的答复，因为这显然违背罪刑法定原则：如果法律规定的构成要件必须包含或必须以另一个主体的行为为前提，但法律并没有规定应对该主体进行处罚，那就意味着法律没有要处罚该主体的意思。[①] 由此可见，在非彼此俱罪的对合关系中，对于刑法未规定为犯罪的行为相对人，一般不能以犯罪论处。

（本文原载《法制与社会发展》，2001（4））

---

① 参见［意］杜里奥·帕多瓦尼：《意大利刑法学原理》，陈忠林译，339页，北京，法律出版社，1998。

论共同犯罪的性质与构成

自从近代刑法学作为一门独立的学科诞生以来，共同犯罪一直是刑法学家热衷研究的传统问题。正如日本刑法学家西村克彦指出："共犯，几乎成了永恒的主题"。在共同犯罪领域内，众说纷纭，学派林立，观点聚讼，历久不衰。历史上的共犯理论作为文化遗产虽然给我们以启迪，但如何比较借鉴历史上的共犯罪论，结合我国的刑事立法与司法，建立具有中国特色的共犯理论，仍是我国刑法学家面临的一大课题。

一

西方历史上的共犯理论萌生于中世纪意大利刑法学家对犯罪构成要件的解释。凡充足构成要件的是正犯（实行犯），除此以外的是共犯（教唆犯和帮助犯）。因此，通观大陆法系各国的共犯理论，基本上是沿着正犯与共犯两条线索建立起来的。因而理解正犯与共犯的关系，就成为揭示共同犯罪性质的关键。关于正犯与共犯的关系，在刑法理论上出现过五花八门的学说，主要是存在共犯从属性说与共犯独立性说的聚讼。我国刑法否定了区分正犯与共犯的共犯理论的传

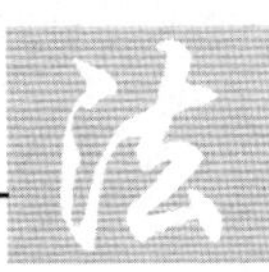

统格局，确立了统一的共同犯罪的概念。但我国刑法中的共同犯罪，从构成要件来分析，仍然存在符合刑法分则规定的构成要件的实行犯与在刑法分则规定的构成要件的基础上刑法总则加以补充规定的非实行犯（包括组织犯、教唆犯与帮助犯）的区别。因此，确立实行犯与非实行犯的关系，对于认识我国刑法中的共同犯罪的性质具有重要意义。

（一）共犯从属性说

共犯从属性说是一种客观主义的共犯理论，认为共犯对于正犯具有从属性，共犯的成立及可罚性，以存在一定的实行行为为必要前提。因此，只有在正犯已构成犯罪并具有可罚性的情况下，共犯才从属于正犯而成立并具有可罚性。关于共犯在何种程度上从属于正犯，有主张从属性程度说者，通常采纳德国刑法学家麦耶尔关于从属性程度的公式。根据麦耶尔的公式，从属性程度可以分为以下四种：一是最小限度从属形式，共犯的成立，只要正犯具备构成要件的该当性就够了，即使缺乏违法性及有责性，也无碍于共犯的成立。二是限制从属形式，正犯具备构成要件的该当性和违法性，共犯才能成立，即使正犯缺乏有责性也不受影响。三是极端从属形式，正犯必须具备构成要件的该当性、违法性与有责性，共犯始能成立。四是最极端从属形式，正犯除具备构成要件该当性、违法性与有责性外，并以正犯本身的特性为条件，正犯的刑罚加重或者减轻事由之效力及于共犯。

共犯从属性说以正犯的行为为中心，使教唆犯与帮助犯依附于正犯而存在，这就严格地限制了共犯的构成条件，这相对于实行株连的封建社会的共犯制度来说，具有历史性的进步意义。共犯从属性说虽然在一定程度上正确地揭示了正犯与共犯的关系，有其可取之处，但从刑法理论上分析，共犯从属性说也还存在许多不足之处，这些缺陷盖源于共犯从属性说所赖以建立的客观主义。共犯从属性说立足于客观主义，无视行为人的主观犯意，割裂主观与客观的联系，因而简单地以行为的分工，将共同犯罪人分为正犯与共犯。体现共犯从属性说的 1810 年《法国刑法典》将教唆犯与帮助犯都规定为从犯，1871 年《德国刑法典》虽然使教唆犯从从犯中独立出来，但仍使教唆犯从属于正犯而成立，没有看到教唆犯作

为犯意的发起者与制造者，具有严重的主观恶性，因而轻纵了教唆犯。

从属性程度的提出，在一定程度上弥补了共犯从属性说的不足，可以认为是对共犯从属性说的一种变相修正。在前述四种从属性程度中，最极端从属形式偏重于正犯的可罚性，而将共犯本身应斟酌的情况一概抹杀，未免过当，故采之者甚少。而大多数国家都采极端从属形式，在学说上有人主张改从限制从属形式。[①] 由此可见，从属性程度大有步步缩小的趋势，尽管如此，由共犯从属性说的客观主义立场所决定，其理论的内在矛盾是难以克服的，因而终究不能正确地揭示正犯与共犯的关系。

（二）共犯独立性说

共犯独立性说是一种主观主义的共犯理论，认为犯罪乃行为人恶性的表现，共犯的教唆行为或帮助行为，系行为人表现其固有的反社会危险性，并对结果具有原因力，即为独立实现自己的犯罪，并非从属于正犯的犯罪，应依据本人的行为而受处罚。换言之，其教唆或帮助不过是利用他人的行为，以实现自己的犯意的方法而已，无异于实行行为。因此，在二人以上参与共同犯罪的场合，不应认为存在从属于他人犯罪的情形。教唆与帮助行为本身应认为独立构成犯罪，均可独立予以处罚。在主张共犯独立性说的刑法学家中，更有个别学者鼓吹“包括的正犯者的概念”，认为应该取消正犯与共犯的区分，将共犯包括在正犯的概念之内。这种否定正犯与共犯区分的学说，在刑法理论上又称为共犯独立犯说。例如，共犯独立犯说的倡导者佛尼茨库主张，国家刑罚权的对象不是行为而是行为者，对行为者适用刑罚，当然也要考虑行为，因为行为是行为者性格的外部表现。由于各个行为者的行为各有不同的特性，无论单独犯或共犯都是独立的，因而，不论教唆犯或正犯都是共同惹起结果的行为者，自应受同样的处理。加功于实行行为本身的从犯，应与正犯相同，但未直接或间接加功于实行行为的从犯，由于其行为只不过部分地惹起结果，其责任与正犯的责任就不能相同。对这样的帮助者必须作为特别的犯罪加以处罚。从而帮助，不可在刑法总则中一般地加以

① 参见韩忠谟：《刑法原理》，增订14版，266页，台北，台湾大学法学院，1981。

规定，而应依各犯罪的性质和特点，在刑法分则规定其刑事责任。这样，在佛氏看来，共犯可有两种处理办法：（1）所有的共同实行犯、教唆犯及主要的从犯，都是相互协力的犯罪的独立正犯。（2）单纯帮助则是特别罪的独立正犯。这样，就可以完全取消共犯。

从刑法理论上分析，共犯独立性说除极端的共犯独立犯说以外，不无可取之处。共犯独立性说将共犯的可罚性建立在本人行为的基础之上，对教唆犯的主观恶性予以充分的关注，在一定程度上克服了共犯从属性说的缺陷。但共犯独立性说是建立在主观主义基础之上的，同客观主义的共犯理论一样，割裂主观与客观的联系，断然否定共犯对正犯的从属性，因而无助于正确地揭示正犯与共犯的关系。

（三）共犯从属性与独立性统一说

共犯从属性说与共犯独立性说各有缺陷，不能对我国刑法中的实行犯与非实行犯的关系作出正确的解释。然而，它却给我们启迪：能不能取两说之所长，建立第三说呢?

值得欣喜的是，几年前我国刑法学家伍柳村提出教唆犯具有从属性与独立性这二重性的观点，认为教唆犯的犯罪意图必须通过被教唆人的决意，并且去实施他所教唆的犯罪行为，才能发生危害结果或者达到犯罪目的，否则，是不可能发生危害结果或者达到犯罪目的。所以，就教唆犯与被教唆人的关系而言，教唆犯处于从属地位，教唆犯具有从属性。同时，在共同犯罪中，教唆犯的教唆行为使教唆犯与被教唆人发生了人与人之间的社会关系，而且在这种社会关系中，又已显示出教唆他人犯罪这一行为本身对社会危害的严重程度。无论被教唆人是否去实行犯罪，教唆行为本身都应该认为犯罪。所以，从这个意义上说，教唆犯在共犯中又处于相对的独立地位，教唆犯又具有相对的独立性。由此可见：教唆犯具有二重性——从属性和相对的独立性。① 教唆犯的二重性的提出，受到不少学者的赞同，认为这一观点突破了教唆犯的从属性与独立性的传统争论，独树一帜，

① 参见伍柳村：《试论教唆犯的二重性》，载《法学研究》，1982（1）。

是很有见地的。[①] 我认为，不仅教唆犯具有二重性，而且组织犯与帮助犯等非实行犯都具有这种二重性。基于这种认识，我们可以在批判地借鉴共犯从属性说与共犯独立性说的基础上，建立共犯从属性与独立性统一说，由此解释我国刑法中的实行犯与非实行犯的关系。

共犯从属性与独立性统一说坚持主观与客观相统一的原则，因而克服了共犯从属性说与共犯独立性说割裂主观与客观联系的缺陷。根据共犯从属性说，犯罪构成的客观要件只能是刑法分则所规定的实行行为，共犯的犯罪构成的客观要件是在教唆或帮助下的实行犯的实行行为，而共犯的行为不是直接破坏法律规范的犯罪行为，不属于犯罪构成的客观要件。这样，共犯从属性说就必然把共犯的可罚性完全建立在实行犯的实行行为之上。而根据共犯从属性与独立性统一说，作为犯罪构成客观要件的行为并不限于刑法分则所规定的实行行为。共犯行为，例如组织行为、教唆行为与帮助行为，在刑法总则中加以规定，从而使共犯在犯罪构成客观方面得到补充。这样，就使共犯的可罚性奠基于自身的行为，因为这些行为本身就是具有社会危害性的犯罪行为，这就体现了共犯的相对独立性。具体地说，共犯的独立性是指共犯具备独立的主客观相统一的承担刑事责任的根据，因而其构成犯罪并不取决于实行犯是否实行犯罪。根据共犯独立性说，共犯完全独立于实行犯的实行行为，共犯构成独立的犯罪，不受实行犯的影响，甚至根本否认正犯与共犯的区别，因而否定了整个共犯制度。而根据共犯从属性与独立性统一说，共犯的行为毕竟不是刑法分则所规定的犯罪实行行为，它只有与实行行为有机地结合在一起，才能构成犯罪，这就体现了共犯的从属性。具体地说，共犯的从属性是指共犯所构成的具体犯罪和罪名，取决于实行犯所实施的特定犯罪，没有抽象的脱离具体犯罪的共犯。

以上我们对共犯从属性与独立性统一说进行了论证。那么，从属性与独立性，谁占主导地位呢？为了回答这个问题，有必要就教唆犯的二重性中谁占主导地位的两种观点加以分析。第一种观点认为，在教唆犯的二重性中，独立性是主

① 参见马克昌：《论教唆犯》，载《法律学习与研究》，1987（5）。

要的，从属性是次要的。例如，我国刑法学界有人指出：我们认为我国刑法规定的教唆犯，确实具有两重性，但独立性是主要的。具体言之，《刑法》第 26 条第 1 款规定的教唆犯，只有在被教唆人实施犯罪时才能成立。这时教唆人与被教唆人构成共同犯罪关系，被教唆人实施的犯罪行为是犯罪预备、未遂或既遂，教唆犯也是犯罪预备、未遂或既遂，这就是教唆犯犯罪的从属性。但这一款规定的教唆犯的刑事责任，则是依其在共同犯罪中的作用处罚，而不是依照实行犯的刑罚处罚，这就是教唆犯处罚的独立性。第 26 条第 2 款规定的教唆犯，是被教唆人没有犯被教唆之罪的情况。在这种情况下，教唆犯与被教唆人根本不成立共同犯罪关系，刑法却仍然对之规定了刑事责任。这里的教唆犯既无犯罪的从属性，也无刑罚的从属性，亦即只有独立性。[①] 第二种观点认为，在教唆犯的二重性中，从属性是主要的，独立性是次要的。例如我国刑法学界有人指出：作为共同犯罪中的教唆犯，是具有二重性的犯罪类型。这种矛盾的二重性，是以从属性为其矛盾的主要方面，以相对的独立性为其矛盾的次要方面。而不能片面地否定任何一个方面，也不能将其矛盾方面的主次加以人为的颠倒。因此，科学地、全面地论证教唆犯，就应当认为教唆犯是共同犯罪中具有矛盾二重性的犯罪，而以从属性为其矛盾的主要方面的类型。[②] 我们认为，上述两种观点虽然在结论上互相对立，但却存在一个共同之处，这就是将从属性与独立性分而论之。这种根据刑法对教唆犯的不同规定，说明在某种情况下教唆犯具有从属性，在另一情况下教唆犯则具有独立性的观点，被称为具体的两重性说，与此相对应的则是抽象的两重性说。[③] 显然，只有在具体的两重性说中，才存在从属性与独立性孰主孰从的问题。我们认为，具体的两重性说，虽然从形式上看，结合刑法条文进行分析，具有法律根据；但此说割裂从属性与独立性的关系，因而是不妥的。在这个意义上，我主张抽象的两重性说。在我看来，从属性和独立性是辩证统一不可分割的：从属性是在相对独立性基础上的从属性，而独立性是在相对从属性前提下的

① 参见马克昌：《论教唆犯》，载《法律学习与研究》，1987（5）。

② 参见李光灿等：《论共同犯罪》，82 页，北京，中国政法大学出版社，1987。

③ 参见马克昌：《论教唆犯》，载《法律学习与研究》，1987（5）。

独立性。共犯的从属性与独立性统一说，也应该如此理解。因此，我认为在共犯的这种二重性中，不存在孰主孰从的问题。

基于上述共犯从属性与独立性统一说，我认为，对于共同犯罪的性质，应在区分实行犯与非实行犯的基础上（限于篇幅，对此问题将另文论述），对非实行犯的可罚性从它与实行犯的从属性与独立性的统一性上进行科学的论证。

二

犯罪构成是承担刑事责任的基础，共同犯罪也不例外。正如苏联著名刑法学家 A. H. 特拉伊宁指出："共同犯罪并不变更刑事责任的根据。不论是单独行动的人，还是共同犯罪中的行为人，都只有在他们的行为包含了相当的犯罪构成的全部因素，特别是包含了像因果关系和罪过这样一类必要的构成因素时，才负刑事责任。"①

（一）共同犯罪的定罪根据

关于共同犯罪的定罪根据，在刑法理论上存在限制正犯论与扩张正犯论之争。限制正犯论认为，行为人自行实施犯罪行为，而实现构成要件者为正犯，非亲自实现构成要件者，则非正犯。此说将正犯之观念，限制于自己亲自实施犯罪构成要件之人，始为正犯，故谓之限制正犯论。依此说，刑罚法令各本条，仅就正犯之既遂行为设其处罚之规定，并未包括未遂及教唆、帮助等行为。因此，这些行为是非实行行为，没有法律特别规定，不得加以处罚。刑法总则上之教唆犯、帮助犯等共犯规定，乃欲使正犯之刑罚，扩张于正犯以外之人。所以，共犯规定实为刑罚扩张事由，或刑罚扩张原因。扩张正犯论主张，正犯之范围不应局限于实行构成要件之行为人，凡对实现犯罪构成要件之结果，赋予任何因果条件之关系者，皆为正犯，不分其为亲自实施，或利用教唆、帮助他人实行。因这种学说强调共犯之独立性，扩张了正犯的概念，故谓之扩张正犯论。依此说，刑法

---

① ［苏］A. H. 特拉伊宁：《犯罪构成的一般学说》，王作富等译，231 页，北京，中国人民大学出版社，1958。

分则及刑罚法令各本条所规定的构成要件，并非仅限于正犯有其适用，即教唆及帮助者，亦皆有其适用。教唆及帮助行为，均应依正犯之规定加以处罚。因此，如果没有刑法总则有关共犯的规定，所有对构成要件结果之实现，具有条件关系之行为人，将皆按正犯处罚，故设此共犯规定，将正犯刑罚加以缩小适用，以限制或缩小教唆犯与帮助犯之处罚。本质上一切共犯，仍不失为正犯，又称为刑罚缩小原因说。①

以上两说，扩张正犯论将共犯行为说成是符合刑法分则规定的构成要件，仅因为缩小刑罚范围而在刑法总则加以规定的观点是没有根据的。显然，杀人与教唆杀人或者帮助杀人在观念上是有区别的，刑法分则仅规定了杀人罪的刑事责任，如果没有刑法总则关于共同犯罪的规定，对教唆杀人或者帮助杀人的行为就不能理所当然地适用刑法分则的条文追究刑事责任。因此，主张刑法总则关于共同犯罪的规定是刑罚扩张事由的限制正犯论是有一定道理的。但限制正犯论没有揭示共犯行为之所以应当承担刑事责任的原因，也没有从构成要件上对共犯承担刑事责任的根据加以进一步的说明。我认为，共犯行为之所以应当承担刑事责任，归根到底还是由行为的社会危害性所决定的。教唆与帮助等行为，虽然不是刑法分则规定的犯罪实行行为，但它们在共同犯罪中对于犯罪结果的发生起着大小不等的作用。因此，教唆与帮助等行为也是具有社会危害性的，这就是共犯应受刑罚处罚的根本原因之所在。那么，又为什么不在刑法分则中将教唆与帮助等行为直接规定为犯罪行为呢？这主要是从立法技术上考虑。因为每一种犯罪都有成立共同犯罪的可能，如果对此在刑法分则中一一加以规定，势必使刑法条文冗长烦琐，出现不必要的重复。而且，从对个别共同犯罪加以惩罚，到共同犯罪发展为一种刑法制度，正是刑法进化的结果，有其历史的必然性。所以，在刑法总则中对共同犯罪加以规定，使其适用于刑法分则规定的各种犯罪，这不仅减轻了刑法条文的繁缛，而且便利司法实践。

犯罪构成一般是以一人犯一罪为标本的。因此，根据一般的犯罪构成不能解

① 参见郭功勋：《案例刑法总论》，2版，392页，台北，三民书局股份有限公司，1983。

决共同犯罪的构成问题。共同犯罪的构成不同于单独犯罪的构成，为使共犯承担刑事责任，需要对单独犯罪的构成加以修正。在这个意义上可以认为，共犯的构成是犯罪构成的修正形式。正如日本刑法学家小野清一郎在《新订刑法讲义总论》一书中指出："总则中的共犯，属于构成要件的修正形式，也就是设定了对于没有满足分则中各具体构成要件的某些行为赋予可罚性的一般形式。所说的共犯是构成要件的修正形式，指的是以分则中所划定的具体构成要件为基本而修正其内容的一般概念性的形式。像盗窃、杀人这样的构成要件是基本的构成要件，共犯即是与这些基本的构成要件有关联而修正了其内容"。根据修正的犯罪构成的理论，我国刑法总则中规定的组织犯、教唆犯和帮助犯，并不是不具备犯罪构成，而只是不具备刑法分则所规定的基本的犯罪构成，但它们具备修正的犯罪构成，这就是共犯定罪的根据，也是共犯承担刑事责任的根据。

（二）共同犯罪构成的形式

以上所说的共同犯罪构成主要是针对共同犯罪中的组织犯、教唆犯和帮助犯等非实行犯的构成而言的。在共同犯罪中，不仅有非实行犯，而且还有实行犯。因此共同犯罪的构成，不是单个共同犯罪人的简单相加，而是单个共同犯罪人的构成要件的复杂组合。

1. 同一犯罪构成内成立的共同犯罪

在一般情况下，共同犯罪总是围绕着一个目的展开犯罪活动，指向同一的特定犯罪。因此，共同犯罪不仅犯罪是同一的，而且犯罪构成也是同一的。例如，甲、乙二人共谋杀丙，甲持菜刀，乙持匕首，共同将丙杀死，甲、乙二人共犯故意杀人罪，其构成要件是同一的。又如，甲在乙的教唆和丙的帮助下将丁杀死。甲、乙、丙三人的共同犯罪中，甲是杀人的实行犯，具备刑法分则规定的构成要件。乙、丙则是杀人的教唆犯和帮助犯，具备刑法总则规定的修正的构成要件。虽然他们之间在构成要件上有基本的构成与修正的构成之分，但性质上是同一的，都是故意杀人罪的构成。正如 A. H. 特拉伊宁指出："各个共犯的社会面貌、犯罪动机以及其他许多特征，也可能是不相同的。但是，这些差别丝毫也不影响那种把各个共犯联系起来并使共同犯罪制度成为必要的某种一致性。这种一致性

表现为，不论每个共犯参与实施犯罪时在客观上和主观上的特征有什么不同，所有的共犯总是对同一个罪行负责任”①。

2. 同一犯罪的不同犯罪构成之间成立的共同犯罪

在同一犯罪的不同犯罪构成之间能否成立共同犯罪，我国刑法学界存在两种互相对立的观点。第一种是肯定说，指出：“所谓同一犯罪，是指同一罪质的犯罪，它包括而不等于符合同一犯罪构成要件的犯罪。因为罪质相同，犯罪构成要件可能不同。例如故意伤害的犯罪、故意伤害致人死亡的犯罪，它们的构成要件各不相同，但罪质相同，即都系故意伤害罪。共同犯罪人的行为是为完成同一罪质的犯罪，尽管其具体构成要件不同，也可以构成共同犯罪”②。第二种是否定说，指出：“犯罪构成是刑事责任的唯一根据的原则，应当毫无例外地也适用于共同犯罪。也就是说，共同犯罪必须以同一犯罪构成为成立的前提。”③ 我们认为，同一犯罪的不同犯罪构成之间是否存在共同犯罪，实际上是一个关系到共同犯罪的范围问题。对于这个问题，行为共同说认为在不同犯罪事实（不仅是不同的犯罪构成，而且是不同的犯罪）之间也可以成立共同犯罪，这种观点对共同犯罪范围的解释显然过于宽泛，因而不足取。犯罪共同说则认为只有在同一犯罪的同一犯罪构成之内才能成立共同犯罪，这种解释又失之狭窄，同样不可取。

我认为，共同犯罪人对同一的特定犯罪承担刑事责任，并不排除各共同犯罪人具有同一犯罪的不同的犯罪构成。这样，在共同犯罪中就出现了犯罪是同一的，犯罪构成却不是同一的复杂情形。在刑法理论上，一个犯罪可以具有几个犯罪构成。这里存在着犯罪和犯罪构成这两个概念之间的区别：犯罪是一个，但法律规定着几个犯罪构成。④ 对此，A. H. 特拉伊宁曾经作过经典的阐述：“在确定共犯的责任时，‘犯罪’和‘犯罪构成’这两个概念的差别，也表现得很明确：

---

① ［苏］A. H. 特拉伊宁：《犯罪构成的一般学说》，王作富等译，241 页，北京，中国人民大学出版社，1958。

② 樊凤林主编：《犯罪构成论》，260 页，北京，法律出版社，1987。

③ 曾宪信等：《犯罪构成论》，160 页，武汉，武汉大学出版社，1988。

④ 参见陈兴良：《我国刑法中的情节加重犯》，载《法学研究》，1985（4）。

共同犯罪一定要以对同一个犯罪，但不一定对同一个构成的责任为前提”①。在我国刑法中，同一个犯罪而规定着几个不同的构成要件的情形比比皆是。以犯罪构成中行为的社会危害程度为标准，可以把犯罪构成分为普通犯罪构成与危害严重或危害较轻的犯罪构成。例如，我国《刑法》第132条规定的故意杀人罪，可以分为普通的构成与危害较轻的构成两种。因此，当二人以上共同故意地实施某犯罪时，各共同犯罪人可能具有不同的犯罪构成。例如，甲在乙的胁迫下，按住丙的手脚，由乙持刀将丙杀死。甲、乙构成故意杀人罪的共同犯罪，但两人的构成要件有所不同：甲属于我国《刑法》第132条规定的情节较轻的故意杀人罪，具备危害较轻的犯罪构成，乙则具备普通的犯罪构成。对于这种情形，A. H. 特拉伊宁曾经深刻地指出：“问题的实质在于，作为共同犯罪的概念前提的这种一致性，并不是犯罪构成的一致性。因此，一个共犯对基本的构成负责，而另一个共犯则可能对危害性较大或较小的构成，因而根据刑法典的另一条文负责，这丝毫也不能动摇各个共犯对同一个罪行负责的一般原理……各个共犯对同一个罪行所负责任的一致性，并不表现在惩罚规范一致的这个形式特征上。这种责任表现在每个共犯对之负责的犯罪在实质上的相同——是在实质上的相同，而不是构成相同。”②

3. 不同犯罪之间能否成立共同犯罪之探讨

在不同的犯罪之间能否成立共同犯罪呢？对于这个问题，犯罪共同说与行为共同说的回答是迥然相异的。犯罪共同说认为共同犯罪只能共同犯一罪。因此，只有在同一犯罪之内才能成立共同犯罪。行为共同说则认为共同犯罪并不限于共同犯一罪。因此，在不同的犯罪之间亦可以成立共同犯罪。在外国刑法中，有行为共同说的立法例。例如《印度刑法典》第38条规定：“几个人从事或参与一个犯罪行为的实施，由于这个行为，他们可以犯各种不同的犯罪。”我认为，共同犯罪只能是共同犯一罪的关系，罪质互异的犯罪之间无所谓共同犯罪。这是因

---

① ［苏］A. H. 特拉伊宁：《犯罪构成的一般学说》，王作富等译，241页，北京，中国人民大学出版社，1958。

② ［苏］A. H. 特拉伊宁：《犯罪构成的一般学说》，王作富等译，241页，北京，中国人民大学出版社，1958。

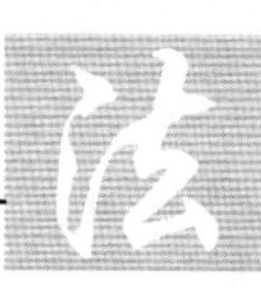

为，共同犯罪是在共同犯罪故意支配下实施的共同犯罪行为，并由此而造成共同的犯罪结果。如果各人实施的犯罪的性质完全不同，那么，主观上就不可能有共同故意，客观上也不可能有共同行为，因而应当分别予以单独论处。而且，从处罚上来说，共同犯罪人对共同所犯之罪承担刑事责任，而共同犯罪人在犯罪中的作用有主次之分，他们的刑事责任是互相联系着的，所以法律规定对从犯要比照主犯予以从宽处罚。如果各行为人成立不同的犯罪，那么，各人都应当对自己实施的罪行承担完全的刑事责任，因而不存在共犯关系。

（三）共同犯罪定性原则

1. 复杂共同犯罪的定性

复杂共同犯罪是指共同犯罪人之间存在行为上的分工的共同犯罪。在复杂共同犯罪的构成中，存在实行犯的犯罪构成与非实行犯（组织犯、教唆犯、帮助犯）的犯罪构成之分。那么，两者由谁决定共同犯罪的性质呢？显然是实行犯的犯罪构成。因此，在这种情况下，共同犯罪罪名的确定应当以实行犯为转移。换言之，共同犯罪的基本特征，是由实行犯所决定的。这就是共同犯罪的性质应以行为人的犯罪实行行为为根据来加以确定的法理。

2. 简单共同犯罪的定性

简单共同犯罪就是刑法理论上的共同实行犯，共同犯罪人之间不存在行为上的分工，都实行了刑法分则所规定的犯罪行为。在这种情况下，共同犯罪的定性问题比较简单，即直接以其共同触犯的刑法分则条文定性。

3. 内外勾结的贪污或者盗窃案件的定性

在共同犯罪定性的问题上，内外勾结进行贪污或者盗窃的案件应如何定性是一个较为复杂的问题，有必要专门加以研究。

关于这个问题，最高人民法院、最高人民检察院在《关于当前办理经济犯罪案件中具体应用法律的若干问题的解答（试行）》（以下简称《解答》）中指出：内外勾结进行贪污或者盗窃活动的共同犯罪（包括一般共同犯罪和集团犯罪），应按其共同犯罪的基本特征定罪。共同犯罪的基本特征一般是由主犯犯罪的基本特征决定的。如果共同犯罪中主犯犯罪的基本特征是贪污，同案犯中不具有贪污罪主体身份的人，应以贪污罪的共犯论处。例如：国家工作人员某甲与社会上的某乙内外勾结，由甲利用职务上的便利，侵吞、盗窃或者骗取公共财物，乙在共同犯罪中起次要、辅助作用，甲定贪污罪，乙虽然不是国家工作人员，也以贪污罪的共犯论处。售货员甲与社会上的乙、丙内外勾结，由甲利用职务上的便利，采取付货不收款、多付货少收款，或者伪开退货票交由乙、丙到收款台领取现金等手段，共同盗骗国家财物，三人共同分赃，甲定贪污罪，乙、丙也以贪污罪的共犯论处。如果共同犯罪中主犯犯罪的基本特征是盗窃，同案犯中的国家工作人员不论是否利用职务上的便利，应以盗窃罪的共犯论处。例如：社会上的盗窃罪犯甲、乙为主犯，企业内仓库保管员丙、值夜班的工人丁共同为甲、乙充当内线，于夜间引甲、乙潜入仓库盗窃国家财物，四人分赃。甲、乙、丁均定盗窃罪，丙虽是国家工作人员，在参与盗窃活动时也曾利用其仓库保管员职务上的便利，但因他在共同犯罪中起次要或者辅助作用，仍以盗窃罪的共犯论处。[①] 我认为，上述司法解释中主犯犯罪的基本特征决定共同犯罪的基本特征的观点值得商榷，主要理由如下：（1）主犯与从犯，是按行为人在共同犯罪中的作用对共同犯罪人的分类，它主要是解决共同犯罪的量刑问题。而共同犯罪的基本特征是指共同犯罪的性质，也就是共同犯罪的定罪问题。显然，这是两个性质完全不同的问题。按照为解决共同犯罪的量刑问题而划分的主犯与从犯来解决共同犯罪的定罪问题，当然不可能得出正确的结论。（2）以主犯犯罪的基本特征决定共同犯罪的基本特征，在只有一个主犯的情况下可行，而如果具有两个主犯且犯罪特征不同，究竟以哪一个主犯犯罪的基本特征来决定共同犯罪的基本特征？显然，在这种情况下以主犯犯罪的基本特征决定共同犯罪的基本特征是行不通的。（3）以主犯犯罪的基本特征决定共同犯罪的基本特征，否定了其他共同犯罪人的构成要件的独立性。例如，内外勾结进行盗窃，主犯甲是非国家工作人员，从犯乙是国家工作人员，按照以主犯犯罪的基本特征决定共同犯罪的基本特征的观点，本案应定为盗窃罪。而乙作为国家工作人员利用职务上的便利盗窃本人保管的公共财

① 参见《中华人民共和国最高人民法院公报》，1985（3）。

产，完全符合我国《刑法》第155条规定的贪污罪的犯罪构成，但却对乙以盗窃罪论处，这是不符合犯罪构成理论的。由于上述司法解释在理论上存在缺陷，在司法实践中不可行，因此，我国刑法学界有些同志在批评司法解释的基础上，提出内外勾结的共同犯罪应一律定贪污罪的观点。[①] 这种观点虽然克服了司法解释的不足之处，但仍然存在缺陷，主要在于这种观点和司法解释一样，都否定了各共同犯罪人的构成要件和独立性。我认为，在内外勾结进行贪污或者盗窃活动的情况下，国家工作人员应以贪污罪论处，而非国家工作人员实际上属于想象竞合犯，即一行为同时触犯盗窃罪（实行犯）和贪污罪（帮助犯）两个罪名。就非国家工作人员与国家工作人员相勾结，使国家工作人员的贪污得以实现而言，非国家工作人员的行为具有帮助贪污的性质，是贪污罪的帮助犯。但由于非国家工作人员的盗窃行为本身构成盗窃罪，属于盗窃罪的实行犯，我们认为盗窃罪（实行犯）重于贪污罪（帮助犯），因此，对非国家工作人员应以盗窃罪论处。

（本文原载《社会科学战线》，1991（2））

① 参见袁林：《关于经济领域中内外勾结犯罪问题的探讨》，载《经济体制改革与刑法》，344页，成都，四川省社会科学院出版社，1987。

论共同犯罪的因果关系

因果关系是刑法学中最复杂的问题之一，而共同犯罪的因果关系具有不同于单独犯罪的特点，其复杂性更是不言而喻。在共同犯罪的情况下，二人以上的危害社会行为是犯罪结果发生的共同原因。因此在具有共同犯罪故意的前提下，二人以上应对危害结果共同承担刑事责任。为使刑事责任个别化，就必须区分各行为人的危害社会行为对危害结果的原因力的大小。因此，因果关系的有无与原因力的大小对于共同犯罪的定罪与量刑具有同等重要的意义。本文拟在阐明共同犯罪的因果关系的一般问题的基础上，从定罪与量刑两个方面展开共同犯罪的因果关系的具体内容，以期深化我国刑法中因果关系的理论。

一

共同犯罪的因果关系，是指共同犯罪行为作为一个总原因与犯罪结果之间的因果关系。只有立足于这一命题，才能对各共同犯罪人的行为与犯罪结果之间的关系加以正确的解决。

因果关系学说对于共同犯罪理论的建立与发展曾经作出过巨大的贡献。回顾

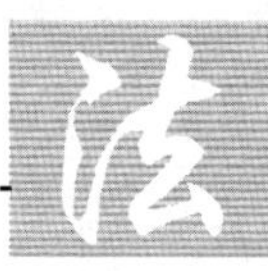

历史上各个流派是如何运用因果关系学说来构造各自的共同犯罪理论体系的，有助于我们理解共同犯罪的因果关系的概念。为此，有必要对因果关系的主要学说略加介绍。在刑法理论上，因果关系的学说基本上可以分为以下二说。

一是条件说，又称全条件同价值说。此说立于逻辑的因果概念的立场，认为一切行为，在逻辑上是发生结果的条件，就是结果发生的原因。此说主张在行为与结果之间，如果存在逻辑上必然的条件关系，即"如无前者，即无后者"的关系，则存在刑法上的因果关系。由于条件说把一切与危害结果存在条件关系的行为都视为原因，因而扩大了因果关系的范畴。

二是原因说，此说区别原因与条件，将对于结果的发生赋予许多条件中，提出特别有力而重要的条件，作为对于发生结果的原因，而在其间认定刑法上的因果关系；其他条件则不认其对于结果的发生赋予原因力，而称为条件（单纯条件）。原因说是为限制条件说不当的扩大刑事责任的范围而产生的学说，故又称为限制条件说。

一般研究共同犯罪的刑法学家都十分重视因果关系问题，甚至认为刑法上共同犯罪理论之科学出发点为因果关系论。而因果关系论具有上述观点分歧，引用不同因果关系学说作为共同犯罪立论的基础，就使共同犯罪理论也产生学派对立。众所周知，在共同犯罪理论中，存在犯罪共同说与行为共同说的争论，而这两派观点正是分别以因果关系论中的条件说与原因说为其立论基础的，由此可见共同犯罪理论与因果关系学说的密切关系。

犯罪共同说以因果关系论中的原因说为其理论基础，例如德国刑法学家毕克迈尔主张原因说中的最有力条件说，认为对于结果发生最有力的条件是原因，其余的是单纯条件。共同犯罪是数人为了发生一个犯罪结果而协力，由于在共同犯罪中，行为人不止一人，对结果发生所起的作用可能不同，因而要区别给予较多原因者与不然者。共同加功于一个犯罪结果的数人行为之间，原因的程度或种类不同，与此相适应，就需要将共同犯罪人加以区别。共同惹起犯罪结果的，是共同正犯；仅仅成为结果发生的条件的，是教唆犯或帮助犯。

行为共同说则以因果关系中的条件说为理论基础，例如德国刑法学家布黎认

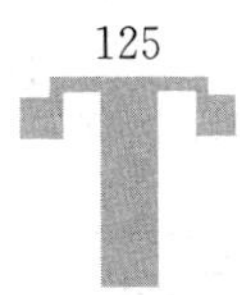

为，对于一定事实的诸原因力之间没有差别。教唆犯、帮助犯与正犯同样惹起犯罪结果，因而主张只要加功于犯罪事实的发生，都有同等的地位。[①]

上述两种共同犯罪理论中，犯罪共同说主张原因说，在共同犯罪行为与犯罪结果的关系上采因果关系分别说。此说的主要缺陷是将统一的共同犯罪行为加以割裂，分别地对各共同犯罪人的行为与犯罪结果之间的关系进行考察，由此得出结论，实行行为与犯罪结果之间具有因果关系，教唆行为、帮助行为则只是犯罪结果发生的条件。我们认为，这种观点是不科学的。行为共同说主张条件说，在共同犯罪行为与犯罪结果的关系上采因果关系平等说。此说的缺陷是对各共同犯罪人的行为不加区分，一概视为条件，然后等同于原因，并且认为各种类型的共同犯罪行为，无论是实行行为，还是教唆行为或帮助行为，对于犯罪结果的原因力是等价的。在此说看来，共同犯罪中的因果关系只不过是单独犯罪的因果关系的复合而已，这就将共同犯罪的因果关系简单化了，因而也不科学。我们主张，在考察共同犯罪的因果关系的时候，不能割裂共同犯罪行为之间的内在联结，而应该把它视为犯罪结果发生的总原因。在这个前提下，对共同犯罪原因体系中的各共同犯罪人的行为对于犯罪结果的作用再作具体分析，以便确定其原因力的大小，为共同犯罪的定罪与量刑提供客观依据。

共同犯罪的因果关系的特点，从宏观看，如日本刑法学家牧野英一认为，因果关系适用于共同犯罪，表现为两种情况：一是因果关系的延长；二是因果关系的扩张。纵的共同犯罪，指数人共同犯罪，因而延长其因果关系，如教唆犯教唆他人犯罪，从犯帮助他人犯罪，其因果关系的特点是：教唆行为、帮助行为是因，他人产生犯意或便于实施犯罪是果；他人实施犯罪是因，犯罪结果发生是果，其因果关系表现为延长的形式。横的共同犯罪，指数人共同犯罪，因而扩张其因果关系。数人共同实行犯罪，其因果关系的特点是：数人的共同实行行为是因，犯罪结果发生是果。即使只是其中一人的行为造成犯罪结果发生，数人的共

① 参见马克昌：《评资产阶级关于共犯的学说》，载《法学评论》，1984（1）。

同实行行为也是造成犯罪结果发生的原因，其因果关系表现为扩张的形式。[①] 牧野英一指出的横的共犯与纵的共犯的分类，对于揭示共同犯罪的因果关系的特点具有一定的价值。在借鉴牧野英一学说的基础上，我们认为可以把共同实行犯、组织犯与帮助犯称为横的共犯，在这种情况下，各共犯的行为横向联结互相作用，共同造成犯罪结果的发生，由此而构成共同犯罪，在因果关系上表现为因果关系幅员的拓宽。把教唆犯称为纵的共犯，在这种情况下，各共犯的行为纵向联结互相作用，共同造成犯罪结果的发生，由此构成共同犯罪，在因果关系上表现为因果关系链条的延长。这是共同犯罪因果关系的特点之一。

从微观上看，我们还可以发现共同犯罪具有双重因果关系。我国学者认为，共同犯罪的因果关系具有两重性，即整体性和独立性。整体性是指所有共犯的行为与共同结果之间的因果关系。独立性是指每个共犯各自的行为与所产生的结果之间的因果关系。[②] 我认为，这种对共同犯罪的因果关系的特点的阐述，基本上是正确的。但是，对于共同犯罪的因果关系的这个特点，称为双重因果关系更为确切。共同犯罪故意具有双重心理状态，与此相适应，共同犯罪存在双重因果关系。具体地说，在教唆犯的情况下，教唆行为引起被教唆的人犯罪的教唆结果，这是第一个因果环节；被教唆的人的实行行为引起共同犯罪结果，这是第二个因果环节，两者之间存在诱发关系。在帮助犯的情况下，帮助行为引起有利于被帮助的人实行犯罪的帮助结果，这是第一个因果环节；被帮助的人的实行行为引起共同犯罪结果，这是第二个因果环节，两者之间存在协同关系。在组织犯的情况下，组织行为引起集团犯罪的组织结果，这是第一个因果环节；犯罪集团成员引起共同犯罪的结果，这是第二个因果环节，两者之间存在制约关系。这是共同犯罪因果关系的特点之二。

---

① 参见李光灿等：《论共同犯罪》，104页，北京，中国政法大学出版社，1987。

② 参见李光灿等：《刑法因果关系论》，237～238页，北京，北京大学出版社，1986。

二

共同犯罪人的分类，出于定罪的需要，可以分为共同实行犯、组织犯、教唆犯和帮助犯。下面，对这些共犯的定罪中的因果关系问题论述如下。

（一）共同实行犯的定罪与因果关系

共同实行犯的因果关系的特点是二个以上的实行犯互相配合共同实行犯罪，成为危害结果发生的总原因。这里可以分为以下两种情况：一是共同实行犯追求一个犯罪结果，各实行犯的行为与该犯罪结果之间存在多因一果的关系。二是共同实行犯追求二个以上的犯罪结果，各实行犯的行为与这些犯罪结果之间存在多因多果的关系。在这两种情况下，共同实行行为与一个或者二个以上的犯罪结果之间都存在因果关系。在此基础上考虑实行犯的定罪问题。

（二）组织犯的定罪与因果关系

组织犯是集团犯罪中的首要分子，正是在他们的组织、策划、指挥下，犯罪集团的成员才实施了犯罪。因此，组织犯尽管并不亲自实行刑法分则规定的犯罪构成客观方面的行为，但其组织行为与集团犯罪所造成的犯罪结果之间存在因果关系，应负刑事责任。在组织犯是否对犯罪集团全部犯罪活动负责以及是否对每个成员的犯罪行为都负刑事责任问题上，存在三种观点：第一种观点认为，犯罪集团也要贯彻罪责自负原则。因此，首要分子的刑事责任只限于自己本身的行为，而不能对犯罪集团中其他成员的行为负责。第二种观点认为，组织犯既然是犯罪集团的组织者，领导者或指挥者，就应毫无例外地对犯罪集团的一切犯罪活动负责，对犯罪集团成员实施的任何犯罪负责。第三种观点认为，正确地解决组织犯的刑事责任问题，应该坚持犯罪构成中主观与客观相统一原则。因此，首要分子必须对犯罪集团预谋实施的全部罪行，包括引起的严重后果负责。① 我同意上述第三种观点。在集团犯罪活动中，凡是在组织犯策划、预谋之内的犯罪活动

① 参见高铭暄主编：《刑法学》，197～198 页，北京，法律出版社，1982。

以及由此造成的犯罪结果，都与组织犯的组织行为具有因果关系，组织犯对此应承担刑事责任。凡是超出犯罪集团预谋的犯罪行为，与组织犯的组织行为没有因果关系，组织犯对此不应承担刑事责任。总之，在对组织犯定罪的时候，首先要确定某一犯罪结果与其组织行为是否存在因果关系。在此基础上，再看组织犯对于这一犯罪结果主观上是否具有组织故意。在上述主观与客观相统一的原则的指导下，正确地解决组织犯的定罪问题。

（三）教唆犯的定罪与因果关系

教唆犯的构成是否以教唆行为与被教唆的人的犯罪行为（包括犯罪的预备行为与实行行为）之间的因果关系为必要，是一个在我国刑法学界存在争论的问题。有的认为，有教唆行为和教唆故意，就可以成立教唆犯。也有的认为，在主观上有教唆故意，在客观上有教唆行为，同时有教唆行为与被教唆者的犯罪行为之间的因果关系，才能成立教唆犯。[①] 我认为，教唆行为与被教唆的人的犯罪行为之间的因果关系，是教唆犯构成的要件之一。如果被教唆的人的犯罪行为与教唆行为之间没有因果关系，就不能令教唆犯对这一结果承担刑事责任。我们说教唆行为与被教唆的人的犯罪行为之间的因果关系是构成教唆犯的要件之一，是就教唆既遂与未遂教唆（未遂犯的教唆犯）而言的。在被教唆的人没有犯被教唆的罪的情况下，教唆犯属于未遂（教唆犯的未遂犯），与被教唆的人不发生共同犯罪关系，当然也就不存在教唆行为与被教唆的人的犯罪行为之间的因果关系。但是，这并不能否认教唆行为与被教唆的人的犯罪行为之间的因果关系是构成教唆犯的要件之一。那么，在司法实践中如何正确地认定教唆犯的因果关系呢？我们认为，在认定教唆犯的因果关系的时候，首先必须注意教唆行为作为原因的特殊性。苏联刑法学家 B. H. 库德里亚夫采夫指出："原因是一种积极的现象，产生着物质、能量或者信息的传递，或者破坏（中止）这种传递"[②]。根据这一论断，原因力可以分为物质能量之原因力与信息原因力。而教唆行为唆使被教唆的人实

① 参见高格主编：《刑法教程》，2 版，47 页，长春，吉林大学出版社，1987。

② ［苏］B. H. 库德里亚夫采夫：《违法行为的原因》，17 页，北京，群众出版社，1982。

施犯罪，是通过犯罪信息的传递来实现的，这就是一种信息原因力。信息原因力不同于物质能量之原因力，物质能量之原因力往往表现为机械力的作用，而信息原因力则在很大程度上受信息内容的决定。例如，甲教唆乙杀丙，乙却放火烧了丙的房屋并趁火抢劫了丁的财物。在这种情况下，甲所传递信息的内容是杀丙，乙却放火并抢劫，乙的行为并不符合甲教唆的内容，因而不得认为甲的教唆行为与乙实施的犯罪行为之间存在因果关系。为此，当我们具体认定教唆行为与被教唆的人的犯罪行为之间有无因果关系时，必须注意被教唆的人所实行的犯罪与教唆犯给予的犯罪意图是否一致。如果被教唆的人所实行的犯罪行为未超出教唆犯所教唆的犯罪范围，那么双方就具有犯罪的因果关系。反之，就不具备犯罪的因果关系。

（四）帮助犯的定罪与因果关系

帮助犯在共同犯罪中起帮助作用，他本人并不直接参与犯罪的实行行为。因此，对于帮助行为与共同犯罪结果之间的因果关系必须要有正确的认识。我们认为，就帮助犯的帮助行业与实行犯的实行行为之间的关系而言，并不是因果关系，这一点不同于教唆犯。帮助犯实施的帮助行为只是为实行犯实施犯罪创造便利条件，但不能由此否认帮助行为与共同犯罪结果之间具有因果关系，而认为只是条件关系。因为在多因一果的情况下，各个原因之间是互相作用、互为条件的。因此，这里的条件是指原因之间的关系，这些原因互相作用成为共同犯罪结果发生的总原因。这一点显然不同于单独犯罪。在单独犯罪的情况下，犯罪行为必须具有对于犯罪结果发生的独立的原因力。例如杀人，必须要有杀人行为才能发生被害人死亡的结果。但是，在共同犯罪的情况下，并不要求共同原因中的各犯罪行为对于犯罪结果发生具有独立的原因力，而只要这些犯罪行为互相配合、互相作用能够引起共同犯罪结果发生，就应该认为这些犯罪行为与共同犯罪结果之间具有因果关系。例如甲为乙杀丙提供一把刀，乙将丙杀死。甲的帮助行为对于丙的死亡没有独立的原因力，只有当它与乙的实行行为结合在一起，才使其在杀丙中发生原因力的作用。因此，应该认为甲的帮助行为与丙的死亡之间具有因果关系。

三

共同犯罪的量刑，主要是解决共同犯罪人的刑事责任的大小问题。共同犯罪人的行为是共同犯罪结果发生的总原因。那么，这些原因对于共同犯罪结果发生的作用是否等同呢？这是一个十分重要的问题。只有解决了这个问题，才能对共同犯罪的量刑与因果关系作出正确的评价。

在因果关系理论中，条件说把凡是引起结果发生的所有条件行为，都当作刑法中的原因，并且认为凡是原因都具有同等的原因力，无所谓主次之分。根据这种观点，在对共同犯罪人量刑的时候，无论是教唆、实行和帮助，其原因力都是等同的。这种观点，我们不能接受。在共同原因中，各原因的作用力不是半斤八两、平分秋色的，而是有主要原因与次要原因之分的。在对共同犯罪人量刑的时候，就必须考察各共同犯罪人的犯罪行为原因力的大小，区分原因等级，从而为确定各共同犯罪人应当承担的刑事责任奠定基础。区分原因等级，不仅是以唯物辩证法为根据的，而且是我国刑法中罪刑相适应的基本原则的必然要求。在单独犯罪的情况下，罪刑相适应的基本原则要求罪犯受惩罚的界限应该是他的行为的界限，罪轻罪重都应以本人的行为为转移。但是，在共同犯罪的情况下，各共同犯罪人的行为是共同犯罪结果发生的总原因，而且在共同犯罪故意的范围内，各共同犯罪人互相配合、互相利用，从而导致共同犯罪结果的发生。在这种情况下，如果对各共同犯罪人实行所谓责任平等主义，处以相同之刑，就会使惩罚毫无效果。因此，在共同犯罪的量刑中贯彻罪刑相适应的基本原则，就要求根据各共同犯罪人对共同犯罪结果发生的原因力的大小，区分主要原因与次要原因，以确定主犯、从犯或者胁从犯。

那么，在司法实践中如何区分原因等级呢？我们认为，原因等级既与行为的分工相联系，又与行为的作用相关联，对此需要加以认真分析。

从行为的分工上说，组织行为在共同犯罪中都起主要作用，因此是共同犯罪结果发生的主要原因。组织行为存在于集团犯罪中，而在集团犯罪的情况下，因

果关系是极为复杂的，不仅是多因一果，更多的是多因多果，并且存在多种因果环节的交叉。但是，无论因果关系如何复杂，组织行为总是在集团犯罪的原因等级体系中居于主要原因的地位。因此，我国刑法把组织犯列为共同犯罪中的主犯。帮助犯在共同犯罪中不起主要作用，因此，我国刑法把帮助犯列为共同犯罪中的从犯。

从行为的分工上说，并不能确定实行行为与教唆行为在共同犯罪原因体系中的地位。因此，只能从行为的作用上确定其原因等级。实行行为在共同犯罪中一般是直接造成共同犯罪结果的行为，但实行行为在造成共同犯罪结果中的作用并不是等同的。有些实行行为是主要原因，有些实行行为是次要原因。因此，我国刑法根据实行犯在共同犯罪中的作用，分别区分为主犯、从犯与胁从犯。确定实行行为是共同犯罪结果发生的主要原因还是次要原因，应当根据其在共同犯罪中所处的地位、实际参加程度、对造成危害结果的作用等进行全面分析判断。教唆行为在共同犯罪中处于一种特殊的地位，他本人并不直接实行犯罪，而是唆使他人实行犯罪。因此，教唆行为与被教唆的人造成的危害结果之间具有间接因果关系。我认为，间接原因不能等同于次要原因。因此，那种认为凡是间接原因对结果发生所起的作用就一定比直接原因要小的观点是不能成立的。我国《刑法》第26条第1款规定："教唆他人犯罪的，应当按照他在共同犯罪中所起的作用处罚"。这就是说，对于教唆犯的教唆行为，既不能一概视为共同犯罪结果发生的主要原因，也不能一概视为共同犯罪结果发生的次要原因，而是要根据他在共同犯罪中的作用加以确定。

应该指出，原因等级的区分虽然是对共同犯罪人量刑应当考虑的主要因素之一，但并不是唯一的因素。在对共同犯罪量刑的时候，除考察共同犯罪人在共同犯罪结果发生中是主要原因还是次要原因这一因素以外，还应当考虑共同犯罪人的人身危险性程度、参与共同犯罪的目的与动机、犯罪以后的态度等其他因素，以便正确地确定各共同犯罪人的刑事责任。

（本文原载《法律科学》，1991（6））

论我国刑法中的间接正犯

间接正犯是一个在我国刑法学界尚未引起重视的问题。从刑法理论上探讨间接正犯，对于司法实践有着一定的指导意义。本人不揣冒昧，结合我国刑法的有关规定，谈谈间接正犯的两个问题。

一、间接正犯的概念及形式

间接正犯，即把一定的人作为中介实施其犯罪行为，其所利用的中介由于具有某些情节而不负刑事责任或不发生共犯关系，间接正犯对于其通过中介所实施的犯罪行为完全承担刑事责任。这种实施犯罪行为的间接性和承担刑事责任的直接性的统一就是间接正犯。

我国刑法虽然没有关于间接正犯的明文规定，但从刑法理论上进行分析，我国刑法中的间接正犯的形式可以分为四种。现分述如下。

（一）教唆未达到刑事责任年龄的人实施犯罪行为

我国《刑法》第26条规定：教唆他人犯罪的，应当按照他在共同犯罪中所起的作用处罚。这里所谓的“他人”是指达到刑事责任年龄的人。我国《刑法》

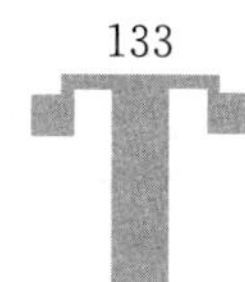

第 14 条规定：已满 16 岁的人犯罪，应当负刑事责任。已满 14 岁不满 16 岁的人，犯杀人、重伤、抢劫、放火、惯窃罪或者其他严重破坏社会秩序罪，应当负刑事责任。因此，教唆不满 14 岁的人实施任何犯罪行为，教唆犯都以间接正犯论处。教唆已满 14 岁不满 16 岁的人实施除刑法所规定的杀人、重伤、抢劫、放火、惯窃罪或者其他严重破坏社会秩序罪以外的犯罪行为，教唆犯以间接正犯论处。犯罪是人的意志行为，而人的意志能力包括辨认和控制自己行为的能力是受年龄制约的。教唆那些不具备辨认和控制自己行为的能力或这种能力薄弱的未达到刑事责任年龄的人实施犯罪行为，无异于把这些人作为犯罪工具加以利用。因此，让教唆者直接承担刑事责任是完全应该的，这也正是教唆未达到刑事责任年龄的人实施犯罪行为构成间接正犯的理论根据。

（二）教唆精神病人实施犯罪行为

我国《刑法》第 15 条规定：精神病人在不能辨认或不能控制自己行为的时候造成危害结果的，不负刑事责任。精神病人的大脑由于受到各种致病因素的影响，机能活动发生紊乱，精神活动发生不同程度的变异，造成精神病人的意识和行为的异常。犯罪分子往往利用精神病人的这种症状，教唆其实施一定的犯罪行为。在这种情况下，精神病人只不过是犯罪工具而已。精神病人由于其没有刑事责任能力，法律规定不负刑事责任。所以，教唆精神病人实施犯罪行为应以间接正犯论处。我国《刑法》第 15 条第 2 款还规定：间歇性的精神病人在精神正常的时候犯罪，应当负刑事责任。所以，教唆间歇性精神病人实施犯罪行为的，还必须查明其犯罪时是精神正常期间还是发病期间。只有在间歇性精神病人处于丧失刑事责任能力的发病期间，教唆其实施犯罪行为才构成间接正犯。否则，教唆犯和精神正常的间歇性精神病人是共同犯罪。

（三）利用他人的过失实施犯罪行为

我国《刑法》第 22 条规定：共同犯罪是指二人以上共同故意犯罪。共同故意是共同犯罪的质的规定性，没有共同犯罪的故意也就无所谓共同犯罪。因此，我国《刑法》第 22 条第 2 款明确规定：二人以上共同过失犯罪，不以共同犯罪论处；应当负刑事责任的，按照他们所犯的罪分别处罚。那么，一人故意和一人

过失的犯罪如何处罚？对此，我国刑法没有明文规定。根据我国刑法理论，该二人不构成共同犯罪，应该分别处罚。因此，如果一人利用他人的过失实施犯罪行为，前者对该犯罪行为承担故意犯罪的刑事责任，属于间接正犯；后者对该犯罪行为承担过失犯罪的刑事责任。例如，甲与乙有仇，甲意图枪杀乙。一天，丙向甲借枪，甲把装有子弹的枪交给丙，骗其枪中没有子弹，可以吓乙一下。丙信以为真，朝乙开枪，乙中弹身亡。在本案中，甲主观上具有杀人的故意，客观上虽然没有直接实施杀人行为，但他是利用丙的过失实施杀人行为的，因此构成间接正犯。丙则主观上具有疏忽大意的过失，客观上实施了杀人行为，其行为单独构成过失杀人罪。

（四）利用他人的意外事件实施犯罪行为

我国《刑法》第 13 条规定：行为在客观上虽然造成了损害结果，但不是出于故意或者过失，而是由于不能抗拒或者不能预见的原因所引起的，不认为是犯罪。这就是刑法理论上所说的意外事件。所谓利用他人的意外事件实施犯罪行为，就是指被利用的人的行为在客观上是危害社会的行为，但他在实施这一行为时主观上既没有故意也没有过失，而是由不能抗拒或者不能预见的原因所引起的。因此，对于被利用的人来说是意外事件，不认为是犯罪；对于利用的人来说则是间接正犯，对他人的意外事件所造成的损害结果承担刑事责任。例如，医生甲与病人乙有仇，一天甲在注射液内投入致命毒物，让护士丙对乙注射，结果乙被害死亡。在本案中，护士丙的行为虽然在客观上造成了乙的死亡，但丙对于死亡的原因不能抗拒和不能预见，因此，乙的死亡对于丙来说是意外事件。甲对于乙的死亡主观上具有杀人故意，客观上虽然没有直接的杀人行为，但利用他人的意外事件实施杀人行为，属于间接正犯。

二、间接正犯的刑罚

教唆未达到刑事责任年龄的人实施犯罪行为和教唆精神病人实施犯罪行为，在某种意义上说都是教唆犯。但是，它又不同于共同犯罪的教唆犯：共同犯罪的

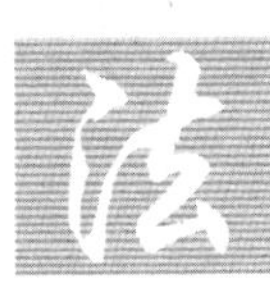

教唆犯没有自己独立的罪名和刑罚。如果教唆他人盗窃就定为教唆盗窃罪，教唆他人杀人就定为教唆杀人罪，各按其在共同犯罪中的作用处罚。而间接正犯则由于其承担刑事责任的直接性，以其教唆的犯罪定罪。如果教唆他人盗窃，就定为盗窃罪，教唆他人杀人就定为杀人罪，各按我国刑法分则所规定的盗窃罪和杀人罪的处罚标准惩处。此外，间接正犯也不同于在实行犯没有实行教唆犯所教唆的犯罪情况下的教唆犯。两者的共同之处在于都是单独犯罪，不同之处在于教唆未遂仍以教唆犯定罪，而且我国《刑法》第 26 条第 2 款明文规定可以从轻或者减轻处罚。而间接正犯则还是根据其承担刑事责任的直接性原则，以其教唆的犯罪定罪量刑。

利用他人的过失实施犯罪行为和利用他人意外事件实施犯罪行为，在形式上类似于共同犯罪的帮助犯。由于间接正犯和被利用者的行为之间没有共犯关系或者被利用者的行为不认为是犯罪，所以间接正犯对于其利用他人所实施的犯罪行为直接承担刑事责任，而根本不同于共同犯罪中的帮助犯。

对于间接正犯处罚的直接性，反映了我国刑法的罪刑相适应的原则。罪刑相适应是我国刑法的基本原则，它揭示了犯罪和刑罚之间的等价关系。间接正犯虽然没有直接实施犯罪行为，但它通过中介实施犯罪行为这一特点，表明其往往把未达到刑事责任年龄的人、精神病人、过失犯罪人和意外事件的行为人充当犯罪工具，以逃避法律制裁，主观上具有较大的恶性；客观上陷人以罪，具有较大的社会危害性。因此，由其直接承担刑事责任正是罚当其罪。

间接正犯实施犯罪行为的间接性和承担刑事责任的直接性决定了间接正犯的犯罪构成具有自己的特点。可以说，间接正犯是介乎于共同犯罪和单独犯罪之间的特殊犯罪形式。在司法实践中，间接实施犯罪行为而构成犯罪的不乏其例。因此，从理论上揭示间接正犯的犯罪形式和处罚原则，对于严厉打击那些以他人为掩护，企图逃避法律制裁的犯罪分子是完全必要的，具有现实意义。

（本文原载《法学杂志》，1984（1））

间接正犯：以中国的立法与司法为视角

一、引言：从一个基层法院的案例开始

被告人张文俊，男，51岁，系北京汇众公司下属汇众金属表面合金化工厂厂长。被告人修启新，男，52岁，系北京汇众公司下属汇众金属表面合金化工厂副厂长。1995年年底，汇众公司出资60万元设立汇众金属表面合金化工厂，该厂为独立法人实体，由张文俊任厂长、法人代表，修启新任副厂长。该厂为股份制企业，张文俊、修启新等人以技术入股，占有25%的股份。1996年，汇众公司购买了一辆切诺基汽车，配发给汇众金属表面合金化工厂使用，产权属汇众公司，购车后向中国人民保险公司海淀支公司办理保险，投保人和受益人均为汇众公司。1996年12月26日，朝阳区三建东宝建筑公司工程队负责人万雨平因汇众金属表面合金化工厂拖欠其工程费4万余元，本人到该厂将切诺基汽车强行开走。张文俊随即向青龙桥派出所报案，该所因此事属于经济纠纷，未予受理。张文俊遂伙同修启新，于当晚向海淀分局刑警队报案，谎称汽车当天放在工厂院内时丢失，后又向汇众公司谎报。汇众公司遂向中国人民保险公司海淀支公司索

赔。1997 年 6 月，保险公司向汇众公司支付理赔款 12 万元。在这个案件处理过程中，司法机关存在以下三种意见：第一种意见认为，张文俊、修启新的行为构成保险诈骗罪。理由是，张文俊、修启新以非法获取保险金为目的，利用保险进行诈骗活动，向保险人骗取保险金，数额较大，符合保险诈骗罪的特征，应认定为保险诈骗罪。第二种意见认为，张文俊、修启新的行为构成诈骗罪。理由是，保险诈骗罪的主体是特殊主体，即投保人、被保险人和受益人。本案中张文俊、修启新二人不属上述三种人的任何一种，不符合保险诈骗罪的主体要件，故不构成保险诈骗罪，而构成诈骗罪。第三种意见认为，张文俊、修启新的行为不构成犯罪，理由是，向保险公司索赔是由汇众公司进行的，张文俊、修启新并未参与，没有实施诈骗行为，从而不构成犯罪。①

以上三种意见似乎各有其理，但又都不能从根本上解决被告人张文俊、修启新的定罪根据问题。其实，在此引入间接正犯的概念，定罪问题就迎刃而解了。张文俊、修启新诈骗案，如果不借助于间接正犯的概念，就难以得出正确的定罪结论。因为就向保险公司诈骗而言，两被告人并未参与，没有保险诈骗行为。至于普通诈骗罪，两被告人只是向汇众公司谎报汽车丢失，并未诈骗汇众公司的财物。就此而言，似乎两被告人的行为不构成犯罪。但是，实际情况是，在本案中，保险公司的保险金被诈骗，其财产受到损失。两被告人是利用汇众公司诈骗保险公司，这是一种间接实行的诈骗犯罪，应以间接正犯论处。但是，该间接正犯到底是构成保险诈骗罪还是构成诈骗罪呢？保险诈骗罪虽然是身份犯，但无身份者与有身份者实施诈骗行为均可构成犯罪，只是构成不同犯罪而已。在这种情况下，我认为，利用者可以构成这种不纯正身份犯的间接正犯。因此，两被告人应定保险诈骗罪。由于中国目前司法实践中间接正犯尚是一个陌生的概念，因而北京市海淀区人民法院对于本案被告人张文俊、修启新分别以诈骗罪判处有期徒刑各 1 年，并各处罚金 1 万元。

---

① 参见陈兴良主编：《刑法疑案研究》，67 页以下，北京，法律出版社，2002。

二、间接正犯的概念

中国刑法中并无间接正犯的概念，在中国刑法理论上，间接正犯的研究也是晚近才开始的。但是，在大陆法系的刑法理论与刑事立法上，间接正犯却有着悠久的历史。

近代刑法理论中的间接正犯的概念，据说产生于主观主义未普遍发达时代的德国刑法学。一般认为，间接正犯是客观主义的共同犯罪理论为弥补其共犯从属性说之不足而推衍出来的一个范畴。正如德国学者指出：在教义学史上，间接正犯原本只扮演了“替补者”的角色。人们当时想将那些顾及共犯的严格的从属性，因教唆而不可能受处罚的案件包括进去。[①] 按照主观主义的共同犯罪理论，只要具有共同犯罪行为，即使是具有刑事责任能力的人与没有刑事责任能力的人或者达到刑事责任年龄的人与没有达到刑事责任年龄的人也可以构成共同犯罪，这就是所谓共犯独立性说。按照此说，间接正犯显系正犯，在理论上毫无承认之必要。而按照客观主义的共同犯罪理论，共犯具有从属性，即教唆犯和帮助犯系从属于正犯的犯罪，又称从属犯。在一般情况下，如果正犯不构成犯罪，就没有处罚教唆犯和帮助犯的理由。但是，具有刑事责任能力的人或者达到刑事责任年龄的人教唆或者帮助没有刑事责任能力的人或者没有达到刑事责任年龄的人实施犯罪行为，无异于利用工具犯罪。在这种情况下，如果仍然坚持以正犯构成犯罪作为教唆犯或者帮助犯承担刑事责任的前提，那么，对该教唆犯或者帮助犯就难以依法论处，这显然不合乎情理。在这种情况下，为调和客观主义共同犯罪理论的矛盾，将这种教唆犯和帮助犯名之曰间接正犯，使之对被利用者的犯罪行为承担完全的罪责。这就是大陆法系国家刑法理论中间接正犯的由来。

间接正犯的概念产生时间虽早，但在立法上承认间接正犯，却始于 1919 年

---

① 参见［德］汉斯·海因里希·耶赛克、托马斯·魏根特：《德国刑法教科书（总论）》，徐久生译，801～802 页，北京，中国法制出版社，2001。

的德国刑法草案。该草案第 26 条明文规定了间接正犯的概念，指出："对于非依犯意而行为之他人，或无责任能力之他人，以犯意教唆其为犯行之实施者，是为间接正犯。"现行的《德国刑法典》第 25 条第 1 项规定："假手他人以实行之者，依正犯处罚之。"这被认为是对间接正犯的典型规定。在意大利刑法中，第 86 条（为了让人犯罪目的而使其丧失责任能力）规定："使他人陷于无辨别及无意思能力之状况，而利用其为犯罪行为者，应负该项犯罪行为之刑事责任。"对于这一规定以及第 111 条（利用无责任能力和不可罚的人犯罪）、第 48 条（因他人欺骗而产生的错误）、第 51 条第 2 款（犯罪性命令）、第 54 条（因他人威胁而形成的紧急避险状态）、第 46 条（身体强制）等，意大利刑法学界多数人坚持认为都是有关间接正犯的规定，因为在这些情况下法律均规定应由造成他人无能力状态或实施了欺骗等行为的主体承担刑事责任。但是，也有意大利刑法学家认为，在他们的制度中，间接正犯的概念没有任何实际意义。因为这种情况，"不论从法律规定还是刑法理论的角度看，都完全应该属于中国刑法规定的共同犯罪的范畴；如果将支配犯罪实施的人称为正犯，就意味着对这种情况不能适用有关共同犯罪的规定"[①]。由此可见，在意大利刑法学界，对于间接正犯的性质还是存在严重分歧的。尽管如此，在大陆法系刑法理论中，间接正犯是一个通用的刑法概念，在共同犯罪理论中占有一席之地。

在中国刑法理论中，间接正犯是一个外来语，但正犯一词则古已有之。正犯是中国古代刑法中的一个概念，严格地说，中国古代刑法中没有共犯的概念，而只有共犯罪的概念，共犯罪就是共同正犯。因此，中国古代刑法是以正犯为基础构造的，采用的是严格意义上的犯罪共同说。清末继受外国法制以后，我国引入大陆法系的共犯概念，从而区分正犯与共犯。在这当中，由于清末刑律修订，主持人沈家本聘请日本刑法学家冈田朝太郎参与起草刑法典，因而，共犯部分，尤

① ［意］杜里奥·帕多瓦尼：《意大利刑法学原理》，陈忠林译，337～338 页，北京，法律出版社，1998。

其教唆犯、从犯之规定，从最初几乎完全仿效日本刑法典之立法例。[①] 在上述正犯与共犯相区分的立法例中，间接正犯自有其存在的余地。

中华人民共和国自1949年成立以来，直至1979年才制定第一部刑法典。此前，中华人民共和国刑法草案经历了共33稿，此间变动最大的就是关于共同犯罪人的分类问题。在最初的数稿中，都是依共同犯罪人在共同犯罪中所作的分工进行分类的，因而基本上是以正犯与共犯为线索的。但是，在用语上，到底是称正犯还是称实行犯，前后存在反复。1950年刑法大纲草案称为正犯，1954年刑法指导原则草案改称实行犯，1957年刑法草案第22稿又恢复正犯的概念，规定：直接实行犯罪的，是正犯。对于正犯，根据他在犯罪中所起的作用处罚。对此，立法者解释说：为什么在草案中用正犯这一名称而不用实行犯，是因为实行犯这一名称不科学，实际上不但实行犯去实行犯罪，其他共犯也是实行犯罪的，而用了实行犯这一名称就意味着其他的共犯好像坐在那里什么都不干，这与实际情况是不符的。同时，正犯是共犯中的主体，是共同犯罪中对犯罪起决定作用的人，因此，用正犯更能表现出他在共同犯罪中的作用。[②] 在这一说明中，将正犯界定为直接实行犯罪的人，似乎就已经在逻辑上排斥了间接正犯存在的可能性。实际上，这里的直接实行并非与间接实行相对应，而是要与共犯相区分，但将共犯也理解为是实行犯罪的，则已经在相当程度上模糊了正犯与共犯的区分。及至1963年刑法草案第33稿，其抛弃了正犯与共犯相区分的立法例，对共同犯罪人的分类改为以作用分类法为主、以分工分类法为辅，即分为主犯、从犯、胁从犯、教唆犯。这一分类法继承了中国古代刑法共犯罪分首从的精神。由于未考虑到中国古代刑法中的共犯罪只指共同正犯，不包括共犯，因而对中国刑法中的这种分类法的合理性大可质疑。[③] 1997年刑法修订当中，虽然又有学者对共同犯罪

---

① 参见陈子平：《共同正犯与共犯论：继受日本之轨迹及其变迁》，3页，台北，五南图书出版公司，2000。

② 参见李琪：《有关草拟中华人民共和国刑法草案（初稿）的若干问题》，载《中国刑法立法资料汇编》，124页，1980。

③ 关于分工分类法与作用分类法的比较，参见陈兴良：《共同犯罪论》，173页，北京，中国社会科学出版社，1992。

人的分类问题提出修改意见，但并未被采纳，仍然保留了1979年刑法关于共同犯罪人分类的规定。

之所以要对中国刑法关于共同犯罪的规定进行这样一种沿革的描述，主要是因为间接正犯概念的存在以及它的地位与一个国家关于共同犯罪的立法是有着密切联系的。从以上中国刑法关于共同犯罪人的分类来看，没有采用大陆法系的分工分类法，即正犯与共犯的区分，而是主要采用作用分类法，即分为主犯、从犯与胁从犯，教唆犯只是一种补充。在这种情况下，在中国刑法中既然没有正犯的概念，当然也就没有间接正犯的概念。不仅在立法上没有间接正犯的概念，而且在解释论上也往往否认间接正犯的概念。例如利用没有达到法定刑事责任年龄的人为工具犯罪，在大陆法系刑法理论上，这种情况是典型的间接正犯。但是，在中国刑法学界，个别学者主张，在由于被教唆者不具备犯罪主体资格而不能认为是教唆犯的共犯中，对教唆犯应单独按所教唆的罪定罪，按照刑法中的主犯从重处罚。[①] 这一观点虽然看到了在这种利用没有达到法定刑定刑事责任年龄的人为工具犯罪的情况下，利用者与被利用者不构成共同犯罪，但又认为，对于利用者应当按照独立的教唆犯以主犯从重处罚，这实际上未对间接正犯作出科学的定位。此外，中国还有学者主张对于教唆未满14周岁的无责任能力人犯罪的，可以将其从间接正犯的概念中分离出来，作为一种例外，按教唆犯从重处罚。理由在于：中国刑法有关于不满18周岁的人犯罪的，应当从重处罚的规定。如果在这里不满18周岁的人不包括不满14周岁的人，那就出现了一个矛盾：已满14周岁未满18周岁的人犯罪的，应当从重处罚；教唆14岁以下的人的犯罪比前者的更为恶劣，反倒没有从重处罚。这在理论上是难以自圆其说的，在司法实践中对于打击教唆未满14周岁的人的犯罪，也是有百害而无一利。[②] 在这种理解当中，间接正犯的概念在法理上也就没有存在的余地。由于刑法理论上对间接正犯研究的极度缺乏，在司法实践中将间接正犯按照教唆犯处理的不乏其例。例如在

① 参见石划：《刍议教唆犯成立共同犯罪的要件和单独论处》，载《法学与实践》，1985（6），44页。

② 参见吴振兴：《论教唆犯》，74～77页，长春，吉林人民出版社，1986。

20世纪80年代初，某地法院将一个教唆不满14周岁的人盗窃公私财物的被告人定为盗窃（教唆）罪，这就把间接正犯与教唆犯混为一谈了。有感于此，我在1984年年初撰写了《论我国刑法中的间接正犯》一文[①]，这是在中国1979年刑法颁行以后，第一篇论述间接正犯的论文。在论文中，我对间接正犯作出了以下界定：间接正犯，即把一定的人作为中介实施其犯罪行为，其所利用的中介由于具有某些情节而不负刑事责任或不发生共犯关系，间接正犯对于其通过中介所实施的犯罪行为完全承担刑事责任。在我看来，这种实施犯罪行为的间接性和承担刑事责任的直接性的统一就是间接正犯。

三、间接正犯的性质

间接正犯的性质是指间接正犯的正犯性问题。在间接正犯的理论中，间接正犯的正犯性是一个核心问题，即间接正犯并未亲手实行犯罪，又为什么要将其视为正犯。对此，在刑法理论上存在下述观点[②]：（1）工具说，认为间接正犯是利用他人犯罪，被利用者只不过是间接正犯的工具而已。（2）因果关系中断说。此说将间接正犯视为因果关系中断的一种排除情形，即指在因果关系进行中，介入一定的自然事实或他人的意思自由行为，而使原有的因果关系中断。而利用无责任能力人或无故意者，因果关系并不中断而成立间接正犯。（3）原因条件区分说，认为对于结果发生具有一定关系的先行行为为原因，具有原因力，利用者应负正犯之责。（4）主观说，认为间接正犯是以自己犯罪的意思而利用他人犯罪，所以，利用者虽然没有直接实施犯罪，亦应被视同正犯。（5）国民道德观念说，认为根据国民道德观念，应将利用他人犯罪者视为正犯。（6）构成要件说，认为实行符合构成要件定型性的行为均为正犯行为，间接正犯只不过是实行的方式而已。（7）行为支配说，认为间接正犯在利用他人犯罪中，起着支配作用，即间接

① 参见陈兴良：《论我国刑法中的间接正犯》，载《法学杂志》，1984（1）。

② 参见林维：《间接正犯研究》，62页以下，北京，中国政法大学出版社，1998。

正犯在整个犯罪过程中都居于支配的地位。在前述诸说中，工具说是对间接正犯性质最为有力的说明。正是通过对工具或曰道具的支配，使利用者获得了正犯的性质。正如德国学者指出：间接正犯是指，为了实施构成要件该当行为，以利用他人作为“犯罪工具”的方式来实现犯罪构成要件者。在间接正犯情况下，行为支配的先决条件是，整个事件表现为幕后操纵意志的杰作，幕后操纵者通过其影响力将行为媒介（Tatmittle）控制在手里。[①] 其他学说对于阐明间接正犯的性质也都具有一定的意义，它们或者从客观方面或者从主观方面，或者从利用者方面或者从被利用者方面，还有从社会一般违法观念方面，对间接正犯的正犯性作了论证。尤其值得注意的是，日本学者小野清一郎从伦理评价的角度论证了间接正犯的正犯性。小野指出：“所谓间接正犯，也是伦理性的，因而也成为构成要件行为的问题。这是一种自己不下手，而通过利用他人——然而并不是教唆他人去实行犯罪——来实行自己的犯罪的情形。例如，唆使精神病人去放火的行为，让不知道的护士给患者服下毒药的行为等，即可认定为等于是自己放火和杀人。这些行为的构成要件，尽管是以物理的行为（身业）为其内容的，但又是以智能地使动他人的行为（语业）为内容的，并且在具体事件中从伦理评价中认定其符合构成要件行为即为实行的。这是间接正犯的特点。”[②] 我认为，对于间接正犯的正犯性，应当坚持主观与客观相统一的原则，从利用者与被利用者两个方面予以展开。

间接正犯在主观上具有利用他人犯罪的故意，也就是指行为人明知被利用者没有刑事责任能力或者没有特定的犯罪故意而加以利用，希望或者放任通过被利用者的行为达到一定的犯罪结果。因此，间接正犯与被利用者之间不存在共同犯罪故意。这种利用他人犯罪的故意不同于直接正犯的自己犯罪的故意，因而有别于直接正犯。同时，这种利用他人犯罪的故意也不同于教唆故意与帮助故意。教

---

① 参见［德］汉斯·海因里希·耶赛克、托马斯·魏根特：《德国刑法教科书（总论）》，徐久生译，801页，北京，中国法制出版社，2001。

② ［日］小野清一郎：《犯罪构成要件理论》，王泰译，53页，北京，中国人民公安大学出版社，1991。

唆故意是唆使他人犯罪的故意，帮助故意是帮助他人犯罪的故意，这是一种共犯的故意，以明知被教唆人或被帮助人的行为构成犯罪为前提，具有主观上的犯罪联络。而在间接正犯的情况下，行为人明知被利用者的行为不构成犯罪或者与之不存在共犯关系，因而具有单独犯罪的故意，即正犯的故意。

间接正犯在客观上具有利用他人犯罪的行为，也就是指行为人不是亲自实施犯罪，而是以他人作为犯罪工具而实施犯罪。正是利用他人犯罪这一特征将间接正犯与直接正犯加以区别。直接正犯是本人亲自实施犯罪，当然，在这种实施犯罪过程中，也未必都是直接使用肢体，而是可以利用机械、自然力或者动物。由于这些被利用对象不具有人的主体性，而只是纯粹的客体——犯罪工具，因而自然属于直接正犯的范畴。这种利用他人犯罪的行为也不同于教唆行为与帮助行为，后者是一种共犯行为，存在与实行行为的客观联结，因而形成共同的犯罪行为。而间接正犯的利用行为是单独的犯罪行为，被利用者的行为只是间接正犯实行犯罪的一种中介。从因果关系上说，共同犯罪行为是犯罪结果发生的共同原因，因而教唆行为或帮助行为与犯罪结果之间存在多因一果的关系。当然，将教唆行为与帮助行为单独加以考察，一般认为教唆行为与犯罪结果之间具有间接的因果关系，而帮助行为则只是犯罪结果发生的条件而非原因。在间接正犯的情况下，行为人与犯罪结果之间具有因果关系，这种因果关系具有包容性的特征。

间接正犯的正犯性，使之区别于共犯。间接正犯与教唆犯的区别在于：间接正犯是在利用他人犯罪的故意的支配下将他人作为实现本人犯罪意图的工具，而教唆犯是在教唆他人犯罪的故意的支配下以共同犯罪的形式实现本人的犯罪意图。间接正犯与帮助犯的区别在于：由于间接正犯和被利用者的行为之间不发生共同犯罪关系，或者被利用者的行为不认为是犯罪，所以间接正犯从外表上好像是帮助他人犯罪，实质上则对于他人的行为具有支配性，是在利用他人犯罪。正是间接正犯与共犯之间形同而实异，因而使之区别于共犯而被归入正犯的范畴。正因为如此，正如日本学者所指出的，近来，间接正犯不被放在共犯论里面，而是被作为构成要件行为的解释问题在构成要件该当性中论述的，并且与利用自己

酒醉等状态完成犯意的“基于某种原因的自由行为”一起说明的人增多起来了。在区别正犯与共犯之际，曾经有过共犯概念优劣之争的试金石般的“间接正犯”概念，在刑法上的评价态度已从自然主义的考察向规范主义的考察发展，从而带来了上述那种体系的变动。[①] 我认为，正犯是与共犯相对应的概念，无正犯也就无所谓共犯。因此，作为正犯之一种特殊类型，在共同犯罪的理论中论及是恰当的，何况，像德国那样在刑法典规定间接正犯的国家，也是在共犯当中规定间接正犯的。

这里还应当指出，间接正犯与间接共犯是有区别的，间接共犯是指共犯之共犯，例如间接教唆犯与间接帮助犯等。间接教唆犯是指教唆犯的教唆犯，这是一种辗转教唆的情形。间接帮助犯是指帮助犯的帮助犯。间接共犯仍属共犯的范畴，是共犯之共犯，它不同于间接正犯。

四、间接正犯的形式

间接正犯存在各种形式，正确地理解间接正犯的形式，对于间接正犯的认定具有重要意义。间接正犯根据利用他人犯罪的情形不同，可以区分为下列形式。

（一）利用未达到刑事责任年龄的人实施犯罪

构成犯罪，对于犯罪主体具有一定年龄的规定，没有达到法定刑事责任年龄的人，依法不构成犯罪。利用这种未达到刑事责任年龄的人为工具实施犯罪的，无论其是否具有识别能力，利用者均应以间接正犯论处。在中国刑法中，利用不满 14 周岁的人为工具实施犯罪，以及利用满 14 周岁不满 16 周岁的人实施《刑法》第 17 条第 2 款规定的故意杀人、故意伤害致人重伤或者死亡、强奸、抢劫、贩卖毒品、放火、爆炸、投毒罪以外的犯罪的，构成间接正犯。

（二）利用精神病人实施犯罪

精神病人，如果根据生物学标准和心理学标准，丧失了辨认能力和控制能

---

① 参见［日］福田平、大塚仁：《日本刑法总论讲义》，李乔等译，161 页，沈阳，辽宁人民出版社，1986。

力，系刑法上的无责任能力人。利用这种无责任能力人实施犯罪，只不过是利用工具而已，利用者构成间接正犯。如果唆使限制刑事责任能力的精神病人实施犯罪，由于限制责任能力人依法应负刑事责任，只是可以从轻或者减轻而已，因而唆使者与限制责任能力人属于共同犯罪，唆使者不构成间接正犯，而应以教唆犯论处。

（三）利用他人无罪过行为实施犯罪

这里的无罪过行为是指不可抗力和意外事件。中国《刑法》第 16 条规定：行为在客观上虽然造成损害结果，但是不是出于故意或者过失，而是由于不能抗拒或者不能预见的原因所引起的，不是犯罪。在这种情况下，行为人在客观上造成了一定的法益侵害结果，但其主观上既无故意又无过失，依法不负刑事责任。因而被利用者类似于英美刑法中的无罪之代理人（innocent agent），对于利用者，则应以间接正犯论处。

（四）利用他人合法行为实施犯罪

这里的合法行为并非指通常意义上的合法行为，而是指排除犯罪性的违法阻却事由，即正当防卫和紧急避险等。这种行为依法不负刑事责任，是合法行为。但是，利用者却是非法的，其利用行为构成间接正犯。正如德国学者指出：犯罪工具在这种情况下虽然客观上和主观上都是合法的，但并不取决于他的合法行为，而是取决于幕后操纵者的行为不法性。① 因此，如果利用他人的正当防卫行为或者紧急避险行为实施犯罪，被利用者不负刑事责任，利用者应以间接正犯论处。

（五）利用他人过失行为实施犯罪

刑法中的共同犯罪是共同故意犯罪，不仅不存在共同过失犯罪，而且在故意犯罪与过失犯罪之间亦不存在共同犯罪，而应分别以犯罪论处。因此，利用他人的过失行为实施犯罪，被利用者应承担过失犯罪的刑事责任，利用者则应以间接正犯论处。

---

① 参见［德］汉斯·海因里希·耶赛克、托马斯·魏根特：《德国刑法教科书（总论）》，徐久生译，708 页，北京，中国法制出版社，2001。

（六）利用有故意的工具实施犯罪

在刑法理论上，所谓有故意的工具，是指被利用者具有刑事责任能力并且故意实施某一犯罪行为，但缺乏目的犯中的必要目的（无目的有故意的工具），或者缺乏身份犯中的特定身份（无身份有故意的工具）的情形。由此可见，利用有故意的工具可以分为两种情形：一是在目的犯的情况下，利用有故意无目的的工具。被利用者由于无特定目的而不构成法律要求特定目的之犯罪，但因有故意而构成一般故意犯罪。基于共同犯罪是共犯一罪之理念，利用者与被利用者并非共犯一罪的关系，利用者是利用他人的故意犯罪行为实施其具有特定目的才构成之犯罪，应以间接正犯论处。二是在身份犯的情况下，利用有故意无身份的工具。被利用者由于无特定身份而不构成法律要求特定身份之犯罪，但因有故意而构成一般故意犯罪。有身份者与无身份者分别构成不同犯罪，不属于共同犯罪。对于有身份者来说，是利用他人的故意犯罪行为实施其具有特定身份才能构成之犯罪，应以间接正犯论处。

五、间接正犯的认定

在认定间接正犯的时候，应当注意以下三个问题。

（一）间接正犯与亲手犯的区别

在认定间接正犯的时候，我们必须明确：间接正犯的存在不是绝对的与无条件的。当然，对于这个问题在刑法理论上尚有争论。例如，在身份犯的情况下，没有特定身份的人不可能直接实行这种犯罪，但是否可以利用具有特定身份的人而成为间接正犯呢？对此，刑法理论上存在三种观点：一是肯定说，认为一切犯罪莫不可以成立间接正犯，纵使以一定的身份为成立要件的犯罪，若没有身份的人，利用有身份而无责任能力的人实施犯罪，该无身份的人仍为间接正犯。二是否定说，认为犯罪以一定身份为成立要件的，没有这种身份就与要件不合，纵然利用有身份而无责任能力的人实施犯罪，其自身亦不能成立该罪。三是折中说，认为以一定的身份为成立要件的犯罪，无身份者对此可否成立间接正犯，应视身

份对于犯罪的性质而决定。凡依法律的精神，可推知该项处罚规定是专对具有一定身份的人而设的，则无此身份的人不能成为直接正犯，亦不得成为间接正犯。反之，以身份为要件的犯罪，其身份仅为侵害法益事项发生的要件的，则无身份的人仍可利用有身份的人以完成侵害法益的事实，而无防于犯罪的成立，应认为可以成立该罪的间接正犯。①

我认为，在上述三说中，肯定说认为一切犯罪都存在间接正犯，无疑是不适当地扩大了间接正犯的范围。例如，受贿罪的主体是国家工作人员，如果非国家工作人员在国家工作人员不知情的情况下，利用国家工作人员职务上的便利为第三者谋利益并收受财物，按照肯定说，该非国家工作人员应以受贿罪的间接正犯论处。而受贿罪是渎职犯罪，那么，该非国家工作人员无职可渎，焉能以渎职论罪？显然，在认定间接正犯的时候，如果根据肯定说，就会混淆罪与非罪的界限，因而是不妥的。否定说认为在身份作为构成要件的犯罪中一概没有间接正犯存在的余地，可以说是不适当地缩小了间接正犯的范围。例如，强奸罪的主体是男子，如果女子教唆丧失辨认和控制能力的男子强奸妇女，按照否定说，该女子不能构成强奸罪的间接正犯，因而不以犯罪论处。而这种情况下，该女子主观上具有利用他人强奸妇女的犯罪故意，客观上使被害妇女遭到强奸，其行为的社会危害性已经达到犯罪的程度，应以犯罪论处。所以，将该女子解释为强奸罪的间接正犯，使之承担强奸罪的刑事责任是合适的。显然，在认定间接正犯的时候，如果根据否定说，也会混淆罪与非罪的界限，因而是错误的。在我看来，对于以身份作为构成要件的犯罪能否成立间接正犯，应该区别对待。在身份犯之身份是法定身份的情况下，又可以分为以下两种情形：一是无身份者不仅不能构成身份犯之罪，而且不能构成其他犯罪，则无身份者不可能利用有身份者而构成身份犯的间接正犯。二是无身份者与有身份者实施相同行为均可构成犯罪，只是构成不同犯罪而已。例如，普通诈骗与保险诈骗，有特定身份者构成保险诈骗，无特定身份者构成普通诈骗。在这种情况下，无身份者利用有身份者实施犯罪的，可以

① 参见韩忠谟：《刑法原理》，14 版，295～296 页，台北，台湾大学法学院，1981。

构成身份犯的间接正犯。而在身份犯是由自然身份构成的情况下，没有特定身份的人可以利用具有特定身份的人实施这种犯罪而构成间接正犯。因此，我认为折中说是可取的。

由上观之，间接正犯的存在是有一定限制的。在刑法理论上，为了将间接正犯限制在一定范围内，而把不能构成间接正犯的各种犯罪涵括在一定的概念之内加以理解，亲手犯的概念出现了。因此，亲手犯是以承认间接正犯为前提的，所以否认间接正犯的刑法学家对亲手犯当然是持排斥态度的。同时，亲手犯还是以限制间接正犯为己任的，所以认为在一切犯罪中都存在间接正犯的刑法学家，对亲手犯也持否定的态度。我认为，亲手犯的概念还是具有一定积极意义的，在刑法理论上存在是必要的。

那么，什么是亲手犯呢？所谓亲手犯，是指以间接正犯的形式不可能犯的犯罪。换言之，为了它的实现，以由行为人亲自实行为必要，利用他人不可能实现的犯罪。亲手犯与间接正犯是互相消长的，如果扩张亲手犯的范围，必然缩小间接正犯的范围；反之亦然。在刑法理论上，一般认为亲手犯存在于下列各种犯罪之中：(1) 身份犯。身份犯有纯正身份犯与不纯正身份犯之别。在不纯正身份犯的情况下，身份是刑罚轻重的事由，因此，仍然可以成立间接正犯，而不属于亲手犯。纯正身份犯是否属于亲手犯也不能一概而论。如前所述，只有由法定身份构成的纯正身份犯才是亲手犯，由自然身份构成的纯正身份犯不是亲手犯。(2) 目的犯。目的犯是指以行为人主观上的特定目的为构成犯罪的要件的犯罪。没有这种特定目的，就不可能构成犯罪。在目的犯的情况下，具有特定目的的人可以利用没有特定目的的人实施犯罪而构成间接正犯，但如果是没有特定目的的人就不可能利用他人构成目的犯的间接正犯。因此，在这种情况下，目的犯是亲手犯。(3) 不作为犯。不作为犯是指以一定的作为义务作为构成犯罪的要件的犯罪。没有这种特定义务，就不可能构成犯罪。在不作为犯的情况下，没有特定义务的人可以利用具有特定义务的人实施不作为犯罪而构成间接正犯。例如，没有特定义务的甲利用谎言欺骗扳道工乙，使其未能履行职责，致使火车颠覆，甲就是间接正犯。但是，如果是具有特定义务的人就没有必要利用他人实施犯罪，因

为只要其本人身体状态静止，就足以构成犯罪。因此，在这种情况下，不作为犯就是亲手犯。

（二）间接实行犯的着手标准

在直接正犯的情况下，以本人的实行行为的着手为犯罪的着手，不会发生任何疑问。例如，以刀杀人，犯罪分子举刀向被害人砍去的这一时刻，就是犯罪着手。而在间接正犯的情况下，犯罪分子不是直接向被害人下手，而是利用他人加害于被害人。在这种情况下，如何认定间接正犯的着手，就成为一个值得研究的问题。

在刑法理论上，关于间接正犯的着手标准，存在以下三种观点：第一种观点认为，被利用者行为的着手就是间接正犯的着手。第二种观点认为，利用者行为的着手是间接正犯的着手，而不以被利用者的行为为转移。第三种观点认为，间接正犯的着手不可一概而论，应区别对待：在一般情况下应以利用者行为的着手为间接正犯的着手，但在利用有故意的工具的情况下，则应以被利用者的着手为间接正犯的着手。[①] 上述三说，第一种观点被认为是客观说，此说认为被利用者的行为就是间接正犯的犯罪行为，因此，间接正犯的着手标准应求诸被利用者的行为。第二种观点被认为是主观说，此说认为间接正犯在利用他人犯罪的故意的支配下开始实施利用他人的行为，是间接正犯的着手。至于第三种观点，被认为是折中说，主张以主观说为主、以客观说为辅。上述三种观点对间接正犯着手标准认识上的差别，可能导致对同一行为的截然相反的结论。例如，在利用者已经着手、被利用者尚未着手而未得逞的情况下，根据客观说，这是间接正犯的预备犯，而根据主观说，这是间接正犯的未遂犯。又如，利用有故意的工具的间接正犯，在利用者已经着手、被利用者尚未着手而未得逞的情况下，根据主观说，这是间接正犯的未遂犯，而根据折中说，这是间接正犯的预备犯。

那么，在认定间接正犯的着手时，到底以什么为标准呢？我认为，间接正犯是实行犯的特殊形态，因此，间接正犯的着手无异于实行行为的着手。由此可以

① 参见马克昌：《日、德刑法理论中的间接正犯》，载《法学评论》，1986（2），67页。

得出结论：在利用他人犯罪的故意的支配下，开始实施利用他人犯罪的行为，就是间接正犯的着手。在这个意义上说，我主张主客观统一说。间接正犯的着手应以利用者行为的着手为标准。我的结论与主观说相同，但出发点却完全不同。主观说将被利用者的行为视为间接正犯的行为，因而从利用者的主观上寻找着手的标准。在将被利用者的行为视为间接正犯的行为这一点上，主观说与客观说并无二致，而我认为这是违背间接正犯的构成原理的。间接正犯是独立的正犯，它对于被利用者没有任何从属性，只有利用行为才是间接正犯的构成要件的行为，至于被利用者的行为，正如有的刑法学家指出，不过是利用行为与结果间之中间现象而已①，简单地说，就是利用者实现犯罪结果的"中介"。所以，主观说的结论虽然正确，前提却不妥；客观说则前提与结论都错误。折中说对不同的间接实行犯的形态采取不同的着手标准，其具体理由尚未见阐述，而放弃间接正犯的着手的统一标准，虽受到一些刑法学家的非难②，但论据也不够充分。我理解，折中说之所以主张在利用有故意的工具的情况下，间接正犯的着手应以被利用者的行为为标准，就是因为被利用者的行为是故意犯罪行为，相当于共同犯罪中的正犯。而根据客观主义的共犯从属性理论，应以正犯的着手为共同犯罪的着手。我认为，根据中国刑法理论，这种观点是不能成立的。因为中国刑法摒弃了共犯从属性理论，坚持主观与客观相统一的原则。因此，即使是教唆犯，也应以教唆犯的教唆行为的着手为教唆犯着手的标准，而不以正犯的着手为转移。间接正犯与教唆犯相比，对被利用者具有完全的独立性，那就更没有理由将被利用者的行为的着手作为间接正犯着手的标准。

（三）间接正犯的认识错误

间接正犯的认识错误，主要是指对被利用者的认识错误，即以间接正犯的故意，将具有刑事责任能力的人作为没有刑事责任的人，或将达到法定刑事责任年龄的人作为没有达到法定刑事责任年龄的人予以利用。在这种情况下，发生了主

① 参见韩忠谟：《刑法原理》，增订第14版，295页，台北，台湾大学法学院，1981。

② 参见［日］大塚仁：《注解刑法》（日文版），298页，东京，青林书院新社，1977。

观与客观的矛盾：从主观上说，应属于间接正犯；从客观上说，起教唆犯的作用，应以教唆犯论处。那么，究竟应如何定性呢？关于这个问题，在刑法理论上主要存在以下三说：一是主观说，认为应以行为人的意思为准，以决定利用者究竟应负教唆罪责，抑或应负间接正犯的罪责。二是客观说，认为应以客观的事实为准，以实际上所发生的侵害事实为基准，判断行为人有无与此事相符的犯意，因而认为间接正犯的错误，应依其行为的客观意义对利用者定性。三是折中说，主张应一并考虑利用者行为之主观面与客观面，认为利用者基于间接正犯的意思，使适合于教唆犯之事态，应以教唆犯论处。[①]

我认为，在一般情况下，行为人对其行为的法律性质的认识错误并不影响其行为的社会危害性的有无以及应否对其追究刑事责任。而行为人对其行为的事实认识错误，则可能影响行为的性质。间接正犯的认识错误属于对事实的认识错误中的对象错误，或者说是一种特殊形态的对象错误。那么，这种对象错误是否影响行为的性质呢？从行为的后果上看，利用行为使他人产生了犯意而去实施了犯罪，因而这种行为还是具有社会危害性的，应以犯罪论处。但对此到底是以间接正犯论处还是以教唆犯论处，则需要根据行为的性质加以判断。我认为，在这种情况下，对行为人应以间接正犯论处，因而主观说是可取的，但在具体论证上，我们还是应该坚持主观与客观相统一的原则。也就是说，在间接正犯对被利用者发生了错误认识的情况下，利用者主观上具有利用他人犯罪的间接正犯的故意，客观上实施了利用行为，尽管其行为客观上所起的是教唆作用，也不影响行为的性质。客观说与折中说都认为应以教唆犯论处，但教唆犯的成立除未遂以外是以他与被教唆的人具有共同故意为前提的。那么，在间接正犯的认识错误的情况下，利用者与被利用者之间是否存在共同故意呢？回答是否定的。由此可以得出结论，在间接正犯的认识错误的情况下，对利用者应以间接正犯论处，被利用者构成犯罪的，依法单独论处。

① 参见陈朴生、洪福增：《刑法总则》，253页，台北，五南图书出版公司，1982。

六、结语：以一个最高人民法院的案例结束

被告人刘某因与丈夫金某不和，离家出走。一天，其女（时龄12周岁）前来刘某住处，刘某指使其女用家中的鼠药毒杀金某。其女回家后，即将鼠药拌入金某的饭碗中，金某食用后中毒死亡。因其女没有达到刑事责任年龄，对被告人刘某的行为如何定罪处罚，有不同意见：一种意见认为，被告人刘某授意本无犯意的未成年人投毒杀人，是典型的教唆杀人行为，根据《刑法》第29条“教唆不满十八周岁的人犯罪的，应当从重处罚”的规定，对被告人刘某应按教唆犯的有关规定来处理；另一种意见认为，被告人刘某授意未成年人以投毒的方法杀人，属于故意向他人传授犯罪方法，同时，由于被授意人未达到刑事责任年龄，不负刑事责任，因而对被告人刘某应单独以传播犯罪方法罪论处。这是一个刊登在最高人民法院刑一庭、刑二庭编写的《刑事审判参考》（2001年第5辑）上的案例。这个案例由于属于审判工作中遇见的典型问题，因而在审判长会议上进行了讨论。经过讨论以后，得出的结论认为：构成教唆犯必然要求教唆人和被教唆的人都达到一定的刑事责任年龄，具备刑事责任能力。达到一定的刑事责任年龄，具备刑事责任能力的人，指使、利用未达到刑事责任年龄的人（如本案刘某的女儿）或精神病人实施某种犯罪行为，是不符合共同犯罪的特征的。因为在这种情况下，就指使者而言，实质上是在利用未达到刑事责任年龄的人或精神病人作为犯罪工具实施犯罪。就被指使者而言，由于其不具有独立的意志，或者缺乏辨别能力，实际上是教唆者的犯罪工具。有刑事责任能力的人指使、利用未达到刑事责任年龄的人或者精神病人实施犯罪，在刑法理论上称为“间接正犯”或“间接的实行犯”。“间接正犯”不属于共同犯罪的范畴。因被指使、利用者不负刑事责任，其实施的犯罪行为应视为指使、利用者自己实施，故指使、利用者应对被指使、利用人所实施的犯罪承担全部责任。也就是说，对于指使、利用未达到刑事责任年龄的人或精神病人犯罪的人，应按照被指使、利用者实行的行为定罪处罚。本案被告人刘某唆使不满14周岁的人投毒杀人，由于被教唆人不具有

刑事责任能力，因此唆使人与被唆使人不能形成共犯关系，被告人刘某非教唆犯，而是“间接正犯”，故对刘某不能直接援引有关教唆犯的条款来处理，而应按其女实行的故意杀人行为定罪处刑。[①] 在最高人民法院审判长会议对这个案件的分析意见中，引入了间接正犯这一概念，从而使刘某利用其不满 14 周岁的女儿投毒杀人一案得以正确地定性。因此，尽管在目前中国的刑法和司法解释中尚未使用间接正犯这一概念，但间接正犯的理论已经进入最高人民法院法官的视野，并在司法活动中发生了实际的作用。

（本文原载《法制与社会发展》，2002（5））

① 参见中华人民共和国最高人民法院刑事审判第一庭、第二庭编：《刑事审判参考》，总第 16 辑，75 页，北京，法律出版社，2001。

论身份在共同犯罪定罪量刑中的意义

刑法中的身份是指法律明文规定的对定罪量刑具有影响的一定的个人要素。身份不仅对于单独犯罪的定罪量刑具有重要意义，对于共同犯罪的定罪量刑更具有直接的现实意义。因此，外国刑法中大都有关于共同犯罪与身份的专门规定，在刑法理论中也都有共犯与身份的一席之地。我国刑法对共同犯罪与身份未作一般规定，刑法理论上也缺乏深入研究。本文拟对身份在共同犯罪的定罪量刑中的意义加以阐述，以期深化这一理论问题的研究，并对司法实践有所裨益。

一

共同犯罪的定罪，主要是根据行为人在共同犯罪活动中的分工，解决各共同犯罪人罪责的有无问题。身份在共同犯罪的定罪中的意义，主要表现为以下内容。

共同犯罪的定罪，主要是根据行为人在共同犯罪活动中的分工解决各共同犯罪人罪责的有无问题，身份在共同犯罪的定罪中的意义，主要表现为以下内容。

（一）共同实行犯与身份

具有特定身份的人共同实施法律要求犯罪主体具有特定身份的犯罪，可以构

成共同实行犯，这是没有问题的。那么，具有特定身份的人与没有特定身份的人共同实施法律要求犯罪主体具有特定身份的犯罪，是否可以构成共同实行犯呢？例如，国家工作人员甲与非国家工作人员乙共同将甲保管的公共财物窃为己有，是否构成贪污罪的共同实行犯？关于这个问题，在刑法理论上素有争论，观点可以分为否定说与肯定说。

否定说认为，只有在二个以上具有特定身份的人、共同实施法律要求犯罪主体具有特定身份的犯罪时，才能构成共同实行犯。具有特定身份的人与没有特定身份的人则不可能构成身份罪的共同实行犯。例如苏联刑法学家 A. H. 特拉伊宁指出："问题的实质在于，非公职人员可以是渎职罪的组织犯、教唆犯或帮助犯，但是渎职罪的执行犯却只能是公职人员。所以有这个特点，是因为在实际中只有他们才能构成渎职罪。因此，职务行为的唯一执行者——公职人员，自然也就是渎职罪的唯一执行犯。由此得出结论：在渎职罪的共犯中，非公职人员只能作为组织犯，教唆犯或帮助犯负责。"① 我国刑法学界大多数人赞同否定说，例如有人指出，真正身份犯或者说特殊主体的犯罪，毕竟只有具有一定身份的特殊主体实行犯罪才可能构成，无身份者是不可能实施真正身份犯的实行行为的，例如我国刑法中规定的背叛祖国罪，只有我国公民才能构成，外国人不可能实行我国刑法中的背叛祖国罪的行为。因而除非法律特别规定无身份者与有身份者可以构成真正身份犯的共同实行犯，实际是不可能构成真正身份犯的共同实行犯的。②

肯定说认为，具有特定身份的人与没有特定身份的人可以构成身份罪的共同实行犯。例如，强奸罪的主体是男子，女子如果在男子强奸的现场，将被害妇女的手脚按住，使男子得以顺利强奸，该男女二人构成强奸罪的共同实行犯。肯定说在日本刑法学界几成通说，例如主张共同意思主体的共犯论的草野教授、主张共犯独立性说的木村教授等。当然，在具体论证上，根据未必完全相同，共同意思主体说重在共同犯罪人之间的意思联络，在此基础上，没有特定身份的人成为

---

① ［苏］A. H. 特拉伊宁：《犯罪构成的一般学说》，王作富等译，242～244 页，北京，中国人民大学出版社，1958。

② 参见马克昌：《共同犯罪与身份》，载《法学研究》，1986（5）。

同心一体而取得身份之立场，故而肯定其为共同实行犯。共犯独立性说则重在各共同犯罪人的犯罪性与可罚性的独立性，认为没有特定身份的人对于具有特定身份的人不存在从属性，因此，两者之间本无共同犯罪可言。只是因为法律的例外规定而使其成为共同犯罪。所以，共犯独立性说主要是从法律的规定上论证具有特定身份的人与没有特定身份的人可以构成身份罪的共同实行犯。在我国刑法学界，虽然没有人明确地提出，但个别人在其论述中实际上包含了这一意思。例如，我国学者在论述国家工作人员与其家属构成受贿罪的共同犯罪时指出："在共同犯罪的形式上，这种共同犯罪属于一般的共同犯罪，每个犯罪人都直接地实施了构成受贿罪所必不可少的行为之一。"既然非国家工作人员也能实施受贿罪的实行行为，当然也就是肯定其为共同实行犯。

在上述两种观点中，我认为否定说是可取的。在肯定说中，共同意思主体说仅因具有特定身份的人与没有特定身份的人之间具有犯意联系，就肯定其为身份罪的共同实行犯，而没有从客观行为上进行分析，割裂了主观与客观的联系，其不足之处是显而易见的。而共犯独立性说从法律的例外规定上来对此问题作出解释，其论证显然缺乏说服力。否定说对具有特定身份的人与没有特定身份的人不能构成身份罪的共同实行犯进行了论述。其基本观点是正确的，但尚需进一步从犯罪构成上进行深入的论证。

我认为，具有特定身份的人与没有特定身份的人之所以不能构成身份罪的共同实行犯，就在于没有特定身份的人不可能实施身份罪的实行行为。因为身份是犯罪主体的构成要素之一，身份决定着犯罪主体的性质，身份总是和犯罪主体的权利与义务相联系的，尤其是法定身份，其身份是由法律赋予而具备的，法律在赋予其一定身份的同时，必然加诸一定的权利与义务。例如我国《刑事诉讼法》第 68 条规定："询问证人，应当告知他应当如实地提供证据、证言和有意作伪证或者隐匿罪证要负的法律责任。"根据这一规定，刑事诉讼中的证人具有提供证据、证言的权利，同时有如实作证的义务。如果证人不如实作证，就违背了其因身份而产生的法律义务，因此应当承担刑事责任。我国《刑法》第 148 条规定了证人对与案件有重要关系的情节故意作虚假证明，意图陷害他人或者隐匿罪证的

刑事责任。显然，伪证的刑事责任是因证人的身份而产生的，没有证人这一特定身份的人，无论从何种意义上说，都不可能实施伪证的实行行为。而且，身份还对犯罪行为的性质具有决定的意义。我国刑法规定某些犯罪行为必须是利用职务上的便利实施的，在这些犯罪中，利用职务上的便利是其犯罪行为的一个必不可少的组成部分。因此，是否利用职务上的便利，就成为确定其犯罪性质的重要标准。而利用职务上的便利是以行为人具备一定的身份为前提的。如果没有一定的身份，就不存在利用职务上的便利的问题。因此，没有国家工作人员的身份的人，不可能实施这种犯罪的实行行为。

（二）组织犯与身份

没有特定身份的组织犯能否与具有特定身份的人构成法律要求犯罪主体具有特定身份共同犯罪的问题，在资产阶级刑法理论中并未涉及。因为，大多数资产阶级国家刑法对共同犯罪人实行三分法，即实行犯、教唆犯与帮助犯，而没有组织犯的规定。因此，也就谈不上对组织犯与身份的关系进行研究。1952 年《阿尔巴尼亚刑法典》对共同犯罪人实行四分法，即在实行犯、教唆犯与帮助犯以外，增加组织犯。在 1960 年《苏俄刑法典》也采用了共同犯罪人的四分法以后，组织犯与身份的关系问题逐渐受到重视，在刑法理论中对此展开了研究。例如，苏俄刑法学家 A. H. 特拉伊宁就明确指出："在渎职罪的共同犯罪中，非公职人员可以成为组织犯。"在我国刑法学界也有人指出，一般公民个人在职务上的共同犯罪中，可以是组织犯。我认为，这种观点是完全正确的。因为组织犯虽然没有特定身份，但他所建立的犯罪集团的成员中，某些实行犯却具有特定身份，由这些实行犯实施身份罪，没有特定身份的组织犯与具有特定身份的实行犯就构成共同犯罪。

（三）教唆犯与身份

在教唆犯与身份的关系上，可能发生复杂的情形。

1. 没有特定身份的人教唆具有特定身份的人实施法律要求犯罪主体具有特定身份犯罪。

这是否构成共同犯罪呢？我国刑法对此没有明文规定，但我国刑法学界和司

法实践一般都认为，在这种情况下，没有特定身份的人应以教唆犯论处。如果他在共同犯罪中起主要作用，可以成为主犯。例如，温某某，女，原系某合作商店出纳，1980年4月，温利用职务之便，先后四次挪用公款740元，借给恋爱对象李某。李因无钱归还，多次动员温窃取公款。李还拉拢待业青年王某一起密谋策划，由温于7月9日下午下班时，先窃走自己经营的保险箱内现金1 008.4元。后由李伙同王于当夜11时，拿了预先放在厕所间里的商店大门和保险箱的钥匙，潜入店内，伪造盗窃现场，企图转移目标，嫁祸于人。同时，李怕搜查，把温窃取的全部赃款除分赃给王120元外，其余都转移到自己寝室窝藏。对于本案的定性，一审法院存在两种意见，一种意见认为，温身为出纳，利用管理现金账目的便利，事先窃取商店公款，具备了贪污罪的特征，至于随后伪造现场，仅仅是为了逃避罪责而已，因此，本案应定为贪污罪。温是实行犯，李是教唆犯，王是帮助犯。另一种意见认为，李是首要分子，温与王的犯罪行为，都是在李的策划、指使下进行的。因此，本案应定为盗窃罪。我认为，本案的犯罪实行行为是温利用财务上的便利实施的贪污行为，因此应以贪污罪论处，至于事后李与王伪造盗窃现场的行为，并非犯罪的实行行为，而只是逃避侦察的行为。因此，将本案定为盗窃罪是错误的。因为在本案中，李与王都没有实施盗窃行为。从本案的情况来看，李是贪污罪的教唆犯，王是贪污罪的帮助犯。

2. 具有特定身份的人教唆没有特定身份的人犯罪。

刑法中的身份可以分为自然身份与法定身份。例如，强奸罪的犯罪主体是男子，犯罪主体的这种性别就是自然身份。在自然身份的情况下，具有特定身份的人不可能教唆没有特定身份的人实施身份罪，如男子不可能教唆女子去强奸妇女。但是，在法定身份的情况下则有所不同，例如邮电工作人员私拆、隐匿、毁弃邮件、电报而构成妨害邮电通讯罪，该罪的主体邮电工作人员是法定身份。在法定身份的情况下，具有特定身份的人完全可能教唆没有特定身份的人实施身份罪。例如，邮电工作人员可能教唆非邮电工作人员毁弃邮件。在这种利用无身份有故意的人的情况下，应如何论处呢？对于这个问题，我国刑法学界存在两种观点。第一种观点认为，具有特定身份的人教唆没有特定身份的人实施某一犯罪行

为，在两者可以构成不同犯罪的情况下，具有特定身份的人只能构成没有特定身份的人的犯罪的教唆犯，而不能构成身份罪的教唆犯。例如，邮电工作人员教唆非邮电工作人员毁弃邮件，对非邮电工作人员自应以破坏通信自由罪论处，对邮电工作人员则应以破坏通信自由罪的教唆犯论处，而不应视为妨害邮电通讯罪的教唆犯。[①] 第二种观点正好与上述观点相反，认为具有特定身份的人教唆没有特定身份的人实施某一犯罪行为，在两者可以构成不同犯罪的情况下，具有特定身份的人可以构成身份罪的教唆犯，而不能构成没有特定身份的人的犯罪。[②] 例如，邮电工作人员教唆非邮电工作人员毁弃邮件，对邮电工作人员应以妨害邮电通讯罪的教唆犯论处。非邮电工作人员则构成破坏通信自由罪。

我认为，上述两种观点都不妥。在具有特定身份的人教唆没有特定身份的人实施身份罪，而两者可以构成不同的犯罪的情况下，教唆犯以什么犯罪论处，可以分为两种情况：第一种情况是，具有特定身份的人利用了本人身份。例如国家工作人员教唆非国家工作人员去盗窃自己保管的公共财物。在这种情况下，非国家工作人员应以盗窃罪论处，是没有问题的。而具有身份的人既有身份罪故意，即具有贪污的犯罪故意，又与没有特定身份的人具有没有特定身份的人所实施的犯罪的共同故意，即具有盗窃的共同故意。因此，就贪污罪而言，国家工作人员具有犯罪故意，可以认为是利用无身份有故意的人作为工具的间接实行犯。就盗窃罪而言，国家工作人员与非国家工作人员具有共同故意，国家工作人员可以认为是盗窃罪的教唆犯，这种一行为触犯数罪名的情形，就是刑法理论上的想象竞合犯。对想象竞合犯应以重罪论处。显然，贪污罪是重罪，所以，对国家工作人员应视为贪污罪的间接实行犯。第二种情况是，具有特定身份的人没有利用本人身份，例如国家工作人员教唆非国家工作人员去盗窃其他国家工作人员保管的公共财物。在这种情况下，非国家工作人员当然构成盗窃罪，而国家工作人员则应以盗窃罪的教唆犯论处。

---

① 参见马克昌：《共同犯罪与身份》，载《法学研究》，1986（5）。

② 参见吴振兴：《论教唆犯》，167页，长春，吉林人民出版社，1986。

上述两种情况的区分是必要的，也是有法律依据的。因为法律规定某些犯罪主体具有特定身份才能构成犯罪，是因为这些身份对行为具有一定的意义。因此，只有在行为人具有一定身份并且利用了身份所带来的便利的情况下，才能构成这种法律要求犯罪主体具有特定身份的犯罪。如果行为人虽然具有特定身份，但在实施犯罪时并没有利用这种身份，就不能构成身份罪，而应以其他犯罪论处。关于这一点，可以在司法解释中得到印证。例如最高人民法院、最高人民检察院《关于当前办理经济犯罪案中具体应用法律的若干问题的解答（试行）》中指出，利用职务上的便利，是指国家工作人员、集体经济组织工作人员或者前述其他受委托从事公务的人员，利用其职务上主管、管理、经手公共财物的便利条件。例如，出纳员利用其职务上保管现金的便利，盗窃由其保管的公款，是贪污罪；如果出纳员仅是利用对本单位情况熟悉的条件，盗窃同其他国家工作人员保管的公共财物，则应是盗窃罪。在具有特定身份的人教唆他人犯罪的情况下，也应区分有没有利用本人的身份。而前述两种观点对此都没有加以区分。第一种观点没有注意到具有特定身份的人在教唆没有特定身份的人犯罪的时候可能利用本人的身份，对具有特定身份的人一概以没有特定身份的人构成的犯罪的教唆犯论处，因而是不妥的。第二种观点则没有注意到具有特定身份的人在教唆没有特定身份的人犯罪的时候可能不利用本人的身份，对具有特定身份的人一概以法律要求犯罪主体具有特定身份的犯罪的教唆犯论述，因而也是不妥的。

以上所说的是没有特定身份的人的行为可以构成犯罪的情况。那么，在具有特定身份的人教唆没有特定身份的人实施身份罪，而没有特定身份的人的行为依法又不构成犯罪的情况下，应如何处理呢？例如，国家工作人员教唆非国家工作人员向有关公民索取贿赂，在这种情况下，非国家工作人员不能单独构成犯罪，但又需要处罚，应如何适用法条呢？对于这个问题，在刑法理论上存在以下三种观点：第一种观点认为，具有特定身份的人教唆没有特定身份的人实施因身份而构成的犯罪，两者已结为一体而取得该种身份，因而可依共犯处理。第二种观点认为，具有特定身份的人构成教唆犯，没有特定身份的人构成帮助犯。第三种观点认为，具有特定身份的人构成间接实行犯，没有特定身份的人构成间接实行犯

的从犯。[1] 我国刑法学界，有人主张上述第三种观点，认为在这种情况下，可以把教唆者看作利用具有故意的人作为工具的间接实行犯，把被教唆者视为这种极为特殊的间接实行犯的从犯。[2]

我认为，上述第一种观点根据具有特定身份的人与没有特定身份的人之间在主观上具有同心一体的关系，因而没有特定身份的人取得了该种身份的提法没有科学根据。因为身份是客观存在的一种主体特征，它是不以人的意志为转移的，没有特定身份的人不可能因为与具有特定身份的人具有共同犯罪故意而取得该种身份。因此，第一种观点难以成立。第二种观点将具有特定身份的人与没有特定身份的人分别解释为教唆犯与帮助犯，似乎有理，但在没有实行犯的情况下，教唆犯与帮助犯的立法根据颇可责难。如果进一步问：教唆犯是对实行犯的教唆还是对帮助犯的教唆？如果是对帮助犯的教唆，那么，帮助犯又是对谁的帮助？因而，第二种观点也不能自圆其说。我认为，第三种观点对问题的解决虽然不是十分圆满，但基本上是可取的。将具有特定身份的人解释为身份罪的间接实行犯，可以直接按照刑法分则的有关规定论处，而没有特定身份的人虽然也是帮助犯，但既不是实行犯的帮助犯，也不是教唆犯的帮助犯，而是间接实行犯的帮助犯，这在理论上是说得通的。至于我国刑法学界还有人认为在这种情况下，没有特定身份的人还可能成为间接实行犯的胁从犯，这也是有道理的，例如，国家工作人员胁迫或者诱骗非国家工作人员收受贿赂，国家工作人员是受贿罪的间接实行犯，而非国家工作人员则是受贿罪的间接实行犯的胁从犯。

（四）帮助犯与身份

帮助犯与身份的关系和教唆犯与身份的关系有许多相同之处。

没有特定身份的可以帮助具有特定身份的人而成为身份罪的帮助犯，这是通说，也为我国司法实践所采纳。例如，林某某，女，1979 年 9 月外出探亲，遂与王某勾搭成奸，并一同跑买卖，二人鬼混的半年期间，林为王多次介绍对象不

① 参见马克昌：《共同犯罪与身份》，载《法学研究》，1986（5）。

② 参见吴振兴：《论教唆犯》，169 页，长春，吉林人民出版社，1986。

成，后林见王家有房屋五间，独身一人，便想将不满 13 岁的女儿刘某嫁给王，两人经过共谋，于 1980 年 2 月某日，由林将女儿带到王家，在林的帮助下，王趁刘熟睡之机进行强奸。在本案中，王构成奸淫幼女罪，而林则是奸淫幼女罪的帮助犯。

具有特定身份的人帮助没有特定身份的人实施犯罪。两者可以构成不同犯罪的，对没有特定身份的人应依法论处，对具有特定身份的人则应区分两种不同情况：第一种情况，具有特定身份的人在帮助他人犯罪时利用了本人的身份，例如，非国家工作人员想去盗窃现金，国家工作人员就让其去盗窃本人保管的现金，并为其指点方位，提供情报，在这种情况下，非国家工作人员构成盗窃罪，国家工作人员则属于想象竞合犯。就贪污罪而言，国家工作人员是利用无身份有故意的人作为工具，是间接实行犯。就盗窃罪而言，国家工作人员是帮助犯，国家工作人员一行为触犯两个罪名，应按处理想象竞合犯的原则，以其中的重罪即贪污罪的间接实行犯论处。

具有待定身份的人帮助没有特定身份的人实施某种犯罪行为，没有特定身份的人的行为依法不构成犯罪的，对于具有特定身份的人可以作为利用有故意无身份的人为工具的间接实行犯论处，而没有特定身份的人则作为间接实行犯。

二

身份不仅对共同犯罪的定罪具有意义，对于共同犯罪的量刑也具有重要意义。所谓共同犯罪的量刑与身份的关系，主要是研究具有特定身份的人与没有特定身份的人共同实施某一犯罪，而法律规定具有特定身份的人应从重或者从轻、减轻或免除处罚，在这种情况下，从重或者从轻、减轻和免除处罚的效力是否及于没有待定身份的人这一问题。关于这个问题，有些国家的刑法加以明文规定。例如，《瑞士刑法》第 26 条（身份关系）规定："因特殊身份关系、资格及情状，致刑有加重、减轻或阻却情事时，唯对具有此等身份，资格或情况之正犯、教唆犯及从犯，始得加以斟酌。"这就是说，具有影响刑罚轻重的特定身份的人与没

有这种特定身份的人共同实施某种犯罪时，对没有特定身份的人处以通常之刑，对具有特定身份的人则依法予以从重或者从轻、减轻和免除处罚，这就是处理共同犯罪的量刑与身份的关系的原则。

我国刑法对处理共同犯罪的量刑与身份的关系的原则虽然没有明文规定，但根据我国刑法理论，具有特定身份的人的从重或者从轻、减轻和免除处罚的效力当然不及于没有这种特定身份的人。因为我国刑法中的身份反映了犯罪主体的某些特殊情状，这些特殊情状对具有特定身份的人所实施的犯罪行为的社会危害程度具有一定的影响，因而影响其刑罚的轻重。而没有这种特定身份的人，虽然是和具有特定身份的人一起实施犯罪，但其犯罪行为的社会危害程度并不受他人身份的影响，这就是具有特定身份的人的从重或者从轻、减轻和免除处罚的效力不及于没有特定身份的人这一处理共同犯罪的量刑与身份的关系的原则的科学根据。

在刑法理论中，身份犯可以分为纯正身份犯与不纯正身份犯。

（一）共同犯罪的量刑与纯正身份犯

在刑法理论上，以身份作为犯罪构成要件的犯罪，称为纯正身份犯。如果具有特定身份的人与没有特定身份的人共同实施一种犯罪行为，刑法对此分别规定为不同的犯罪，在这种情况下，具有特定身份的就是纯正身份犯。这时，这种身份不仅对定罪具有影响，而且对量刑也有影响。例如，邮电工作人员与非邮电工作人员共同毁弃邮电工作人员保管的邮件，前者构成妨害邮电通讯罪，后者构成破坏通讯自由罪。我国《刑法》第 191 条规定：犯妨害邮电通讯罪的，处 2 年以下有期徒刑或者拘役。而我国《刑法》第 149 条规定：犯破坏通信自由罪的，处 1 年以下有期徒刑或者拘役。显然，妨害邮电通讯罪的刑罚重于破坏通信自由罪。

那么，身份不同的两种人实施同一种性质的犯罪行为，刑罚为什么有轻重之别呢？这主要是因为身份决定着犯罪行为所侵害的犯罪客体的性质。我国刑法中的犯罪客体是刑法所保护而为犯罪所侵害的社会主义社会关系，而身份是人在一定的社会关系中的地位，人在社会关系中的地位不同，其犯罪行为所侵害的社会关系、性质也有所不同。例如破坏通信自由罪，是由非邮电工作人员实施的，其所侵害的客体是公民的通信自由权利，而妨害邮电通讯罪，是由邮电工作人员实施的，其所侵害的客体主要是邮电部门的正常秩序。两种犯罪相比较，妨害邮电通讯罪的社会危害性显然大于破坏通信自由罪的。因此，在邮电工作人员与非邮电工作人员共同毁弃邮电工作人员保管的邮件的情况下，对具有特定身份的人处以重于没有特定身份的人的刑罚，是罪刑相适应的刑法基本原则的体现。

（二）共同犯罪的量刑与不纯正身份犯

具有特定身份的人与没有特定身份的人实施同一种犯罪行为，法律明文规定具有特定身份的人应予以从重或者从轻、减轻和免除处罚时，具有特定身份的人构成的犯罪就是不纯正身份犯。例如，我国《刑法》第119条规定："国家工作人员利用职务上的便利，犯走私、投机倒把罪的，从重处罚。"如果是非国家工作人员与国家工作人员共同犯走私、投机倒把罪，对非国家工作人员处以通常之刑，而对国家工作人员则应依法予以从重处罚。又如，我国《刑法》第16条规定："又聋又哑的人或者盲人犯罪，可以从轻、减轻或者免除处罚。"如果是又聋又哑的人或者盲人与正常的人共同犯罪，对正常的人处以通常之刑，而对又聋又哑的人或者盲人则应依法予以从轻、减轻或者免除处罚。

（本文原载《法学论丛》，1991（4））

论身份与共犯

1993年年底，被告人成克杰与李平商议各自离婚后结婚。为此，时任成克杰秘书的周宁邦向李平建议，利用成克杰在位的有利条件，二人先赚钱后结婚，为以后共同生活打好物质基础。李平将周宁邦的建议转告成克杰后，成克杰表示同意，并与李平商定，由李平联系请托人，由成克杰利用其担任中共广西壮族自治区委员会副书记、广西壮族自治区人民政府主席的职务便利，为请托人谋取利益，二人收受钱财，存放境外，以备婚后使用。此后，1994年年初至1997年年底，被告人成克杰与李平相互勾结，接受银兴公司等单位和个人的请托，利用成克杰的职务便利，为请托人谋取利益，从中收受巨额贿赂。[①] 上述案件中，被告人成克杰是国家工作人员，符合受贿罪的主体要件。而被告人李平并非国家工作人员，她能否构成受贿罪的共犯，这就涉及刑法理论中的一个重要问题：共犯与身份。

共犯与身份是共犯理论中的一个疑难问题，在大陆法系刑法中均设专条或专款规定共犯与身份。我国刑法总则并未对共犯与身份作出一般性规定，只是在分

① 参见中华人民共和国最高人民法院刑事审判第一庭、第二庭编：《刑事审判参考》，总第13辑，531页，北京，法律出版社，2001。

则中有关于共犯与身份的规定，但对于这种规定的性质，即属于特别规定还是注意规定在刑法理论上存在争议①，对此问题将在下文论及。此外，在有关司法解释中，往往对共犯问题作出规定，其中也涉及共犯与身份的关系。本文拟在对身份进行一般性论述的基础上，结合我国的刑事立法与司法解释，对共犯与身份的定罪量刑问题进行探讨。

一、身份的概念

共犯与身份这一法律问题是以身份及身份犯的存在为逻辑前提的。因此，正确地界定身份及身份犯，对于科学地揭示共犯与身份的关系具有重大意义。

身份是一个常用词，各个学科都经常使用身份这一概念。其中最为著名的当推英国学者梅因在《古代法》一书中提出的一个命题：所有进步社会的运动，到此处为止，是一个“从身份到契约”的运动。在论证这一命题时，梅因论及古代法中的身份到现代法中的身份在其内涵上的巨大转变：在古代法中，身份起源于属于家族所有的权力和特权，并且在某种程度上，到现在仍旧带有这种色彩。而在现代法中，身份这个名词用来仅仅表示这一些人格状态。② 由此可见，古代法中的身份体现了家庭中的一些特权，因为身份与特权往往是相联系的。在这个意义上说，古代法是一种身份法，也是一种特权法。而随着特权的消失，身份的含义也发生了变化，它不再是一个表示特权的概念，而仅仅是指某种人格特征。

刑法中使用身份一词，就是在行为人的人格特征意义上使用的。当然，人格特征容易引起误解，称个人特征也许更为确切。从刑法使用的概念来看，有仅称身份的。例如，日本《刑法》第 65 条第 1 款规定：“对于因犯罪人身份而构成犯罪行为进行加工者，即便不具有这种身份，也是共犯。”对于这里的身份，日本判例作了广义的理解，认为身份不仅仅局限于男女性别及本国人外国人间的差别

---

① 参见张明楷：《刑法分则的解释原理》，276 页以下，北京，中国人民大学出版社，2004。

② 参见［英］梅因：《古代法》，沈景一译，97 页，北京，商务印书馆，1959。

以及亲属关系、公务员资格等，而且是与一定犯罪行为有关的犯罪人在人的关系上的某种特殊地位或状态［最高裁昭和27（1952）年9月19日判决，刑集6卷8号1 083页］。[①] 也有的称为"特定的个人要素"或者"特定的个人特征"。上述表述不同只是译法上的差别而已。《德国刑法典》第28条第1款规定："正犯的刑罚取决于特定的个人特征（第14条第1款）。正犯（教唆犯或帮助犯）缺少此特征的，依第49条第1款规定减轻处罚。"在此，德国刑法典采用特定的个人要素或者个人特征这样一种表述方法，当然不受身份一词本身所具有的历史含义的限制，在解释上更为便利。当然，它不如身份一词简练。因此，在刑法理论上同样将特定的个人要素视为身份。当然，如何理解这里的特定的个人要素，在德国刑法理论上也是存在争议的。一般认为，这里的特定的个人要素，只涉及行为人的个人要素，而不包括行为的个人要素。[②] 我国刑法总则中对身份没有一般规定，在刑法分则中都只涉及某种特殊身份。在我国刑法理论中，对身份是在特殊主体这样一个范畴中加以讨论的。犯罪主体是我国犯罪构成理论中犯罪成立的一个要件，犯罪主体又区分为一般主体与特殊主体。由此可以引申出一般主体的犯罪与特殊主体的犯罪，基本上可以对应于大陆法系刑法理论中的身份犯与非身份犯。在我国学者的论述中，犯罪的特殊主体也称为犯罪主体的特殊身份，指出：犯罪主体不但要求行为人应是有责任能力的自然人，而且行为人还必须具备法定的特殊身份，对这类犯罪的主体，我国刑法理论称为犯罪的特殊主体或特殊犯罪主体。在中外刑法理论上，也往往称要求特殊主体即犯罪人须具备特殊身份的犯罪为身份犯。[③] 综上所述，我认为刑法中的身份，是指法律明文规定的对定罪量刑具有影响的一定的个人要素。因此，刑法中的身份具有以下特征。

（一）事实特征

刑法中的身份是一定的个人要素，这是身份的事实特征。这里的个人要素，

① 参见［日］山口厚：《日本刑法中的共犯与身份》，载马克昌、莫洪宪主编：《中日共同犯罪比较研究》，136页，武汉，武汉大学出版社，2003。

② 参见［德］汉斯·海因里希·耶赛克、托马斯·魏根特：《德国刑法教科书（总论）》，徐久生译，796页，北京，中国法制出版社，2001。

③ 参见赵秉志：《犯罪主体论》，270页，北京，中国人民大学出版社，1999。

是指依附于个人而存在的某种个人情状，例如职务、性别等。个人因具有这些要素，而在法律上发生一定的权利义务关系。当该权利义务关系涉及犯罪，应当由刑罚的手段加以调整的时候，这种个人要素就成为刑法中的身份。因此，一定的个人要素是刑法中的身份的事实特征。

（二）法律特征

刑法中的身份是由法律明文规定的，这是身份的法律特征。一定的个人要素能否对定罪量刑发生影响，从而成为刑法中的身份，当然要有其事实基础，但是否影响定罪量刑却完全取决于法律规定。因此，法律的明文规定是刑法中的身份的法律特征。

（三）功能特征

刑法中的身份必须对定罪量刑具有影响，这是身份的功能特征。身份之所以在我国刑法中加以规定，就在于它对定罪量刑能够发生一定的影响。否则，一定的个人要素就不能成为刑法中的身份。从这个意义上也可以说，对定罪量刑具有影响是刑法中的身份的本质特征。身份影响定罪量刑可以具体区分为以下两种情形：一是影响定罪。无此种身份不构成犯罪，有此种身份才构成犯罪。这种身份称为定罪身份或者构成身份，由此构成的是纯正的身份犯。二是影响量刑。此种身份对定罪没有影响，但对量刑有影响。这种身份称为量刑身份或者加减身份，由此构成的是不纯正的身份犯。

二、共犯的定罪与身份

在刑法理论上，共同正犯、组织犯、教唆犯和帮助犯都属于广义上的共犯。下面对这些共犯的定罪与身份的关系加以探讨。

（一）共同正犯的定罪与身份

共同正犯是指二人以上共同实行刑法分则规定的犯罪构成要件之人。如果刑法分则规定的是身份犯，而共同实行者都具有这种特定身份，则构成身份犯的共同正犯。对此定罪上并无疑问。但是，对于有身份的人与无身份的人是否构成共

同正犯问题，则理论上颇有歧见，实务上亦存争议。对此，可以分为以下三种情形分析。

第一种情形是有身份者与无身份者共同实行犯罪，刑法对身份犯与非身份犯各有规定。例如，我国刑法中的贪污罪和盗窃罪，贪污罪的主体是国家工作人员，因而是身份犯，盗窃罪的主体则没有特殊限制，因而是非身份犯。在国家工作人员和非国家工作人员内外勾结共同进行贪污或者盗窃的情况下，如何定罪，就是一个值得研究的问题。对于这个问题，在我国刑法理论上存在以下两种观点：第一种观点主张以身份犯的共同正犯论处，其理由是：首先，遵循了共同犯罪的原则原理。认定案件的性质是一个不可分割的整体，注意到了无身份者利用有身份者的身份和职务便利与其共同实行犯罪的主客观内容，符合共同犯罪的主客观构成要件及其对定罪的要求，不至于人为地割裂案件的整体和降低无身份者本来的罪质罪责。其次，充分承认了主体特定身份对案件整体性质的影响。特殊犯罪主体在涉及特殊主体犯罪的共同犯罪案件中，应当具有决定案件性质和全部共同犯罪人罪名的主导作用，这一点不但表现在有身份者为实行犯、无身份者为非实行犯（教唆犯、帮助犯、组织犯）的场合，在有身份者与无身份者同为实行犯的情况下也应如此。最后，这样一元化的定罪，也避免了定罪上的不统一，而且能够使对共同犯罪人的处罚首先建立在统一的共同犯罪案件危害性之基础上，在此基础上再考虑各犯罪人的作用决定对其处刑，就能使刑罚与犯罪的性质和危害程度相适应。① 第二种观点则主张分别定罪，即各以身份犯与非身份犯定罪。这种观点认为，无特定身份者与有身份者一起共同实施犯罪，应当按照无身份的犯罪和有身份的犯罪分别定罪。② 应该说，这是一个极具中国特色的问题。因为在我国刑法中，对于同一种行为根据犯罪主体身份的不同而规定为不同犯罪的情形较多，而在外国此种情形则较少。我国刑法对这一问题未作规定，但我国司法解释则规定对于这种情形按照主犯的身份定罪。

① 参见赵秉志：《犯罪主体论》，301页，北京，中国人民大学出版社，1989。

② 参见李光灿等：《论共同犯罪》，153～154页，北京，中国政法大学出版社，1987。

在1979年刑法施行以后，首次涉及内外勾结的共同犯罪如何定性问题的规定是1985年7月18日颁布的最高人民法院、最高人民检察院《关于当前办理经济犯罪案件中具体应用法律的若干问题的解答（试行）》（以下简称《解答》）。该司法解释第2条对内外勾结进行贪污或者盗窃活动的共同犯罪案件如何定罪的问题作出如下规定："内外勾结进行贪污或者盗窃活动的共同犯罪（包括一般共同犯罪和集团犯罪），应按其共同犯罪的基本特征定罪。共同犯罪的基本特征一般是由主犯犯罪的基本特征决定的。如果共同犯罪中主犯犯罪的基本特征是贪污，同案犯中不具有贪污罪主体身份的人，应以贪污罪的共犯论处。例如：国家工作人员某甲与社会上的某乙内外勾结，由甲利用职务上的便利，侵吞、盗窃或者骗取公共财物，乙在共同犯罪中起次要、辅助作用，甲定贪污罪，乙虽然不是国家工作人员，也以贪污罪的共犯论处。售货员某甲与社会上的某乙、某丙内外勾结，由甲利用职务上的便利，采取付货不收款、多付货少收款，或者伪开退货票交由乙、丙到收款台领取现金等手段，共同盗骗国家财物，三人共同分赃，甲定贪污罪，乙、丙也以贪污罪的共犯论处。如果共同犯罪中主犯犯罪的基本特征是盗窃，同案犯中的国家工作人员不论是否利用职务上的便利，应以盗窃罪的共犯论处。例如：社会上的盗窃罪犯某甲、某乙为主犯，企业内仓库保管员某丙、值夜班的工人某丁共同为某甲、某乙充当内线，于夜间引甲、乙潜入仓库盗窃国家财物，四人分赃。甲、乙、丁均定盗窃罪，丙虽是国家工作人员，在参与盗窃活动时也曾利用其仓库保管员职务上的便利，但因他在共同犯罪中起次要或辅助的作用，仍以盗窃罪的共犯论处。"

这一司法解释首次在我国刑法中确立了内外勾结共同犯罪，按照主犯的犯罪性质定罪的司法原则。这一司法原则虽然对于统一定性起到了一定的作用，但该司法原则缺乏正确的法理根据与操作可行性。从法理根据而言，该司法解释是建立在"共同犯罪的基本特征一般是由主犯犯罪的基本特征决定的"这一命题基础之上的。但这一命题显然是不能成立的。因为主犯是一个量刑的概念，是指在共同犯罪中起主要作用的犯罪分子，而共同犯罪的定性是一个定罪的概念，是指内外勾结进行贪污或者盗窃活动的共同犯罪案件，到底是定贪污罪还是定盗窃罪的

问题。以量刑的概念解决定罪的问题，完全是本末倒置，有悖于基本的逻辑关系。就操作可行性而言，按照主犯的犯罪性质定罪，是以区分主犯与从犯为前提的，但在同一个共同犯罪案件中，有身份者与无身份者在共同犯罪中的作用没有明显差别、均应认定为主犯的情况下，这种按照主犯的犯罪性质定罪的司法原则不具有可行性。

1985年《解答》规定内外勾结进行贪污或者盗窃活动的共同犯罪（包括一般共同犯罪和集团犯罪）适用按照主犯的犯罪性质定罪的司法原则，那么，这里的共同犯罪到底是指共同正犯还是也包括教唆犯和帮助犯，这是一个首先值得研究的问题，而这也恰恰是以往没有引起充分重视的一个问题。我认为，这里的内外勾结进行贪污或者盗窃活动的共同犯罪，是指共同正犯，而不包括共犯（教唆犯与帮助犯）。从《解答》中所举案例来看，有身份者与无身份者都参与了犯罪的实施。根据刑法规定，有身份者利用职务上的便利，盗取、骗取或者侵吞公共财物的，构成贪污罪。无身份者窃取、骗取或者侵吞公共财物的，分别构成盗窃罪、诈骗罪和侵占罪。在《解答》中列举的第一个案例，售货员甲与社会上的乙、丙内外勾结，由甲利用职务上的便利，采取付货不收款、多付货少收款或者伪开退货票交由乙、丙到收款台领取现金等手段，共同盗骗国家财物，三人共同分赃。在此，乙和丙实施了诈骗行为，《解答》所称盗窃一词是不确切的。第二个案例，社会上的盗窃罪犯甲、乙为主犯，企业内仓库保管员丙、值夜班的工人丁共同为甲、乙充当内线，于夜间引甲、乙潜入仓库盗窃国家财物，四人分赃。在此，甲、乙、丙、丁实施了盗窃行为。由此可见，1985年《解答》并未解决贪污罪中所有共犯问题，而只适用于共同正犯的情形。当然，这种有身份者与无身份者能否构成共同正犯，在刑法理论上是存在争议的。在这种情况下，有身份者的行为与无身份者的行为是一个不可分割的整体，他们互相分工，共同实施，对此应当从整体上加以分析。但是，在不同罪名之间简单地承认其为共犯关系，也是不正确的。对此，我的观点是，有身份者构成身份犯，无身份者的行为具有想象竞合的性质：一方面属于身份犯的帮助犯，另一方面其行为又构成非身份犯的正犯。就内外勾结进行贪污或者盗窃而言，国家工作人员构成贪污罪，无论其

为主犯或为从犯；非国家工作人员既构成贪污罪的帮助犯，又构成盗窃罪的正犯，在这种共犯与正犯竞合的情况下，根据正犯优于共犯的原则，应以盗窃罪论处。这就是分别定罪说的由来。当然，分别定罪会存在刑罚不协调的问题：贪污罪与盗窃罪之间量刑标准相差悬殊，对非国家工作人员定盗窃罪处罚重而以贪污罪的共犯论处处罚反而轻。这种现象是立法与司法本身的缺陷造成的。如果仅以刑罚轻重作为定罪之引导，那显然是本末倒置的。

在此，存在以下三个问题值得研究：第一，分别定罪是否割裂了共犯关系？在分别定罪的情况下，对有身份者以身份犯定罪，对无身份者以非身份犯定罪，似乎否认了两者之间的共犯关系。但是，实际并非如此，因为分别定罪只是最后的结论，而这一结论是以承认在一定条件下共犯关系存在为前提的。如前所述，我认为在这种情况下无身份者的行为是想象竞合，就其属于身份犯的帮助犯而言，是承认其与身份犯之间存在共犯关系的，因此根本就不存在割裂共犯关系的问题。第二，分别定罪是否否定了身份对案件定性的影响？身份只是对具有身份者的行为才有影响，不具有身份者只有在共犯（教唆或者帮助）的情况下才能以身份犯的犯罪论处。在刑法将无身份者的行为已经规定为犯罪的情况下，分别定罪应是合乎逻辑的必然结论。第三，分别定罪是否会导致处刑上的不平衡？从刑法原理上说，有身份者与无身份者的行为在法律上的评价应当是不同的。一般而言，处罚上应是身份犯重于非身份犯。但是，在我国刑法中，由于立法与司法上的偏颇，处罚上非身份犯重于身份犯的现象客观存在，例如盗窃罪在一定条件下就重于贪污罪。我认为，这一法律上的缺憾不能成为否认分别定罪的理由。因此，我还是坚持在有身份者与无身份者共同实行犯罪，刑法对身份犯与非身份犯各有规定的情况下，应当分别定罪。

第二种情形是具有不同身份的人共同实行犯罪，刑法将不同身份规定为不同犯罪。例如我国刑法中规定了贪污罪，其主体是国家工作人员，又规定了职务侵占罪，其主体是除国家工作人员以外的其他公司、企业或者其他单位的工作人员。就此而言，贪污罪和职务侵占罪都是身份犯，这种身份对于定罪具有影响。在这种情况下，对具有不同身份者应当如何定罪呢？对此，我国学者主张根据为

主的职权行为确定共犯性质，即由共犯主要利用的职权决定犯罪性质。这种观点认为，在两种纯正身份犯互相加功而实施共同犯罪的情况下，全案要反映共同犯罪的性质，确定一个合适的罪名，而不能分别定罪。[①] 对于此类问题，在日本是采取分别定罪方法的。例如在中日刑事法研讨会上，我国学者赵秉志教授问日本学者山口厚："对两种具有不同身份者分别利用自己职权共同实施犯罪的，在日本是如何处理的?"山口厚教授回答："教唆犯与帮助犯均从属于正犯之罪名，以实行行为者的身份为准；对于共同正犯，如单纯侵占罪与业务侵占罪，则适用《刑法》第 65 条第 2 款分别定罪。"[②] 当然，对于这个问题，在日本刑法理论上也存在不同见解，但通说还是分别定罪。例如日本学者大谷实指出，业务侵占罪虽然是不真正身份犯，但它是包含了侵占罪这种真正身份犯的复合身份犯（二重身份犯)，在以下场合，成为问题：关于共同占有他人财物场合下的共同正犯，在一方是业务人而另一方不是业务人的场合，有（1）主张作为真正身份犯，适用《刑法》第 65 条第 1 款，成立侵占罪的共同正犯，对业务人，根据《刑法》第 65 条第 2 款的规定，成立业务侵占罪的见解，和（2）主张成立业务侵占罪的共同正犯，对无身份的人按照侵占罪的法定刑处罚的见解，之间的对立。业务侵占罪，应当看作是侵占罪的不真正身份犯（加减的身份犯)，因此，对于无身份的人，不能成立业务侵占罪，所以，（1）说的见解妥当[③]，根据上述第一种观点，业务人与非业务人一方面成立侵占罪的共同正犯，另一方面业务人又成立业务侵占罪。因此，最终的结果是分别定罪。

我国刑法对于这种情况如何定罪没有规定，司法解释对此作了规定，而司法解释的规定仍然坚持了按照主犯的犯罪性质定罪的司法原则。自 2000 年 7 月 8 日起施行的最高人民法院《关于审理贪污、职务侵占案件如何认定共同犯罪几个问题的解释》规定："为依法审理贪污或者职务侵占犯罪案件，现就这类案件如

① 参见赵秉志：《共犯与身份问题研究——以职务犯罪为视角》，载马克昌、莫洪宪主编：《中日共同犯罪比较研究》，129 页，武汉，武汉大学出版社，2003。

② 马克昌、莫洪宪主编：《中日共同犯罪比较研究》，272 页，武汉，武汉大学出版社，2003。

③ 参见［日］大谷实：《刑法各论》，黎宏译，227 页，北京，法律出版社，2003。

何认定共同犯罪问题解释如下：第一条　行为人与国家工作人员勾结，利用国家工作人员的职务便利，共同侵吞、窃取、骗取或者以其他手段非法占有公共财物的，以贪污罪共犯论处。第二条　行为人与公司、企业或者其他单位的人员勾结，利用公司、企业或者其他单位人员的职务便利，共同将该单位财物非法占为己有，数额较大的，以职务侵占罪共犯论处。第三条　公司、企业或者其他单位中，不具有国家工作人员身份的人与国家工作人员勾结，分别利用各自的职务便利，共同将本单位财物非法占为己有的，按照主犯的犯罪性质定罪。”

上述司法解释的第 1 条与第 2 条，规定以共犯论处，与刑法规定的精神是相符合的，而且强调这种情形应以具有职务的人利用职务便利为前提，这显然是正确的。但是，第 3 条则对国家工作人员与公司、企业或者其他单位人员相勾结，分别利用各自的职务便利，共同将本单位财物非法占为己有的，按照主犯的犯罪性质定罪，即如果国家工作人员是主犯的，对于处于从犯地位的公司、企业或者其他单位中的非国家工作人员，应当以贪污罪共犯定罪处罚；反之，则应当以职务侵占罪的共犯论处。司法解释制定者在阐述上述规定的理由时指出，对这种情况如何认定，实践中有不同认识：一种意见认为，应当依照《刑法》第 382 条和第 271 条第 1 款的规定，分别以贪污罪和职务侵占罪定罪处罚。主要理由是：刑法对贪污行为和职务侵占行为分别规定了相应的处罚，明确表明了两者的区别。因此，对于公司、企业或者其他单位中，非国家工作人员与国家工作人员分别利用了各自职务上的便利，共同将本单位财物非法占为己有，依照刑法的规定分别定罪处罚，能够体现罪、责、刑相适应的原则。另一种意见认为，虽然可以依法对上述行为分别定罪处罚，但是由于贪污罪的法定刑较之职务侵占罪重，假设在这种共同犯罪中国家工作人员是从犯，非国家工作人员是主犯，如果分别定罪，就有可能出现对从犯量刑比对主犯重的情况，将会违背刑法有关共同犯罪处罚的规定，导致主、从犯的量刑失衡，甚至对整个案件从轻处罚，影响对此类犯罪行为的打击力度。根据《刑法》第 382 条第 3 款的规定，以贪污罪共犯定罪处罚既有充足的法律依据，又可避免出现上述问题。司法解释的制定者没有采纳上述两种观点，认为分别定罪的观点在有些具体案件中可能会导致出现不符合刑法有关共同犯罪的处罚

规定，导致案件处理不能收到良好的社会效果。而以贪污罪共犯论处，则缺乏对公司、企业或者其他单位中的非国家工作人员职务行为的刑罚评价，与立法本意也不完全吻合。因此司法解释的制定者主张“按照主犯的犯罪性质定”的观点。①

但这一司法解释存在无从区分主犯与从犯的情况下如何认定的问题。对于此种情况，我国学者认为，应按照就低不就高的原则解决其定罪问题。以贪污罪和职务侵占罪为例，在分不清国家工作人员与公司、企业人员的职权行为孰为主次的情况下，应认定两个行为人构成职务侵占之共同犯罪，此种定罪对公司、企业人员是“对号入座”，对国家工作人员是“就低不就高”。此种定性之所以比较恰当，是因为这样既坚持了共同犯罪的整体性，又贯彻了有利于被告的原则而注意了刑事责任的合理性。② 但在司法实践中，对于这种难以区分主从犯的情形虽然存在分别定罪、按照职务高低或者与被占有财物联系更密切的主犯定罪和统一定贪污罪三种意见，但结论性的意见是应以贪污罪论处，其理由是：既然是难以区分主、从犯，就意味着各共同贪污犯罪的行为人在共同犯罪中的地位、作用相当，不能简单地将职务高的或者与被占有财物联系更密切的人认定为主犯，而分别定罪又可能由于定罪量刑标准的不同出现处罚不公平的情况，也不符合《刑法》第382条第3款规定的与国家工作人员或者受委托管理、经营国有财产的人员勾结，伙同贪污的，以贪污共犯论处的规定。这种情况实际属于刑法理论上的想象竞合犯，即一方面，国家工作人员利用了非国家工作人员的职务便利，非法占有单位财物，成为职务侵占罪的共犯；另一方面，非国家工作人员利用了国家工作人员的职务便利，成为贪污罪的共犯。因此，应按照想象竞合犯“择一重处”的原则，选择处罚较重的犯罪即贪污罪定罪处罚。③ 根据这种意见，恰恰不

---

① 参见张军主编：《解读最高人民法院司法解释：刑事、行政卷（1997—2002）》，326～327页，北京，人民法院出版社，2003。

② 参见赵秉志：《共犯与身份问题研究——以职务犯罪为视角》，载马克昌、莫洪宪主编：《中日共同犯罪比较研究》，129页，武汉，武汉大学出版社，2003。

③ 参见《准确理解和适用刑事法律，惩治贪污贿赂和渎职犯罪——全国法院审理经济犯罪案件工作座谈会讨论办理贪污贿赂和渎职刑事案件适用法律问题意见综述》，载中华人民共和国最高人民法院刑事审判第一庭、第二庭编：《刑事审判参考》，总第27辑，217～218页，北京，法律出版社，2002。

是“就低不就高”，而是“就高不就低”。

在此，存在以下三个值得研究的问题：第一，职务侵占罪与贪污罪都是身份犯。在单独利用职务上的便利侵占或者贪污本单位财物时应各以其身份定罪，那么，在共同利用职务上的便利侵占或者贪污本单位财物时为何应以主犯的身份定罪？问题在于：这里所谓主犯的身份能否决定整个犯罪的性质。我认为，主犯身份只能决定其自身行为的性质，而不能决定整个犯罪的性质。这里应当注意，在我国台湾地区“刑法”理论中存在所谓双重身份犯的问题。我国台湾地区学者指出：刑法有极少数罪名兼具纯正身份犯及不纯正身份犯之双重性格，典型的例子是侵占罪与业务侵占罪。基于法律或事实上之原因对他人之物取得持有支配联系，是普通侵占罪成立之要件，属于纯正身份犯；但就从事业务或公务身份之人加重处罚而论，又具有不纯正身份犯之特性，故业务侵占包含纯正身份及不纯正身份之特性。① 参照这种双重身份犯的理论，我国刑法中的贪污罪相对于职务侵占罪而言，同样具有双重身份犯的性质。贪污罪本身是纯正身份犯，没有国家工作人员的身份不能构成本罪，但其处罚又重于职务侵占罪，因而又可以视为不纯正的身份犯。因此，国家工作人员这一身份不仅影响定罪，同时又影响量刑。第二，如何理解《刑法》第 382 条第 3 款的规定？该款规定：“与前两款所列人员勾结，伙同贪污的，以共犯论处。”这里的“共犯”，是仅指狭义上的共犯，即教唆犯、帮助犯，在某些情况下也可以是组织犯，还是也包括正犯？我认为，这里的共犯只能是狭义上的共犯，而不包括正犯。在刑法对无身份者的行为另有规定的情况下，对无身份者与有身份者分别定罪，与“以共犯论处”的规定并不矛盾。无身份者教唆或者帮助有身份者实施犯罪，对无身份者如果不以身份犯的共犯论处，则无以定罪。但是，在刑法对正犯也有罪名规定的情况下，按照该罪名定罪是完全符合法理的。例如无身份者教唆或者帮助国家工作人员贪污，应以共犯论处。但是，无身份者与国家工作人员内外勾结，而其行为已构成刑法规定的

① 参见高金桂：《不纯正身份犯之“身份”在刑法体系上之定位问题》，载《共犯与身份》，153 页，台北，学林文化事业有限公司，2001。

某一正犯，对此不能再以共犯论处。第三，在共犯与正犯想象竞合的情况下，是从一重处断还是以正犯论处，这也是一个值得研究的问题。我认为，在一般情况下，对于想象竞合犯应当实行从一重处断的原则，但在共犯与正犯相竞合的情况下，应以正犯论处。因为正犯是刑法分则规定的犯罪类型，而共犯是刑法总则规定的犯罪形态，刑法总则的规定是对刑法分则规定的补充，在已有分则规定的情况下，应以分则规定论处。在这个意义上说，刑法分则规定具有优于刑法总则规定的效力。因此，在共犯与正犯竞合的情况下，应以正犯论处。在双重身份犯中，职务侵占罪的主体既是贪污罪的帮助犯又是职务侵占罪的正犯，贪污罪的主体也是如此。根据正犯优于共犯的原则，分别应以职务侵占罪的正犯与贪污罪的正犯论处。

第三种情形是有身份者与无身份者共同实行犯罪，刑法只对身份犯作了规定，对无身份者的行为则未作专门规定。在这种情况下，无身份者是身份犯的共同正犯还是身份犯的共犯，也是一个值得研究的问题。例如本文引言所述成克杰与李平共同受贿案，成克杰利用职务便利为请托人谋取利益，由李平收受并保管贿赂。在这种情况下，成克杰当然是受贿罪的正犯，那么李平是与成克杰构成受贿罪的共同正犯还是受贿罪的共犯？又如，强奸罪的主体是男子，女子如果在男子强奸的现场，将被害妇女的手脚按住，使男子得以顺利强奸，该女子是与男子构成强奸罪的共同正犯还是强奸罪的共犯？对这个问题的回答，实际上涉及正犯与共犯的区分。换言之，身份者是否可能实施身份犯之实行行为？

关于正犯与共犯的区分，在刑法理论上存在以下三种理论①：第一种是客观理论，认为正犯只能是自己实施了构成要件该当行为之人，而那些仅通过非构成要件该当的行为对结果的产生起一定原因作用之人，不能构成正犯。因此客观理论主张从客观上对正犯与共犯加以区分。由于区分的具体标准不同，客观理论又分为形式—客观理论与实质—客观理论。形式—客观理论严格以构成要件对行为的描述为准，不考虑行为人在整个犯罪过程中所发挥作用的重要性如何，只将那

① 参见［德］汉斯·海因里希·耶赛克·托马斯·魏根特：《德国刑法教科书（总论）》，徐久生译，781页以下，北京，法律出版社，2001。

些完全实现构成要件中所规定的行为之人看成是正犯，而任何其他对犯罪行为的产生起到因果作用之人只能被看作是共犯。形式—客观理论有一定合理性，但在纯结果犯的情况下，行为仅存在于构成要件该当的结果的引起之中，缺乏一个为区分正犯和共犯而对行为不法的适当的描述。在这种情况下，实质—客观理论通过正犯相对于帮助犯所表现出来的较大危险性观点来予以补充。此外，以因果关系的种类和强度的表面上的区别为准。第二种是主观理论，认为正犯是以正犯意志（Taeterwillen）实施了因果行为之人，而共犯是指仅有共犯意志（Teilnehmerwiller）之人。正犯将行为视为“自己的”，他有“行为人意志”；共犯将行为视为“他人的”，他有“帮助意志”。第三种是行为支配理论。该理论认为，无论是纯客观理论还是纯主观理论，均不能令人信服地证明正犯的本质且恰当地区分正犯和共犯。因此，必须从两个理论中寻找一个综合（synthese），在这一综合中，每一个理论均能表明事物的一面，但是，如果它被割裂开来使用，就将失去完整的意义。这就是行为支配理论的目的。

上述这三种理论，对于区分正犯与共犯都具有一定的帮助。因此，在其中选择其一作为区分正犯与共犯的根据是有困难的。例如，收受财物行为，如果有身份者实施可以说是受贿行为，但无身份者实施，尽管在形式上符合收受贿赂的特征，但实质上具有代为收受的性质。就此而言，不能将无身份者的收受财物行为理解为受贿的实行行为。因此，似乎实质客观说优于形式客观说。但是，实质客观说如果脱离具体构成要件，过分强调实质上的危险性也不能从根本上区分正犯与共犯。又如，妇女在现场按住被害妇女的手脚，让男子得以顺利地进行强奸。如果从形式上看当然是强奸罪的构成要件行为，似乎应视为共同正犯。根据主观说，该妇女并非为自己犯罪而是为他人犯罪，因而视为共犯较妥。至于行为支配性说，从根本上看仍是一种实质的观点，且其又可以进一步地区分为行为支配（Handlungsherrschaft）、意思支配（Willensherrschaft）和功能性支配（funktionale Herrschaft）等标准[①]，可谓莫衷一是。

---

① 参见柯耀程：《变动中的刑法思想》，163页以下，北京，中国政法大学出版社，2003。

为此，我国学者认为，执着于此难以对无身份者是否能构成纯正身份犯的共同犯罪问题作出判断，而解决这个问题的关键是对纯正身份犯之性质的理解。在这个问题上存在着义务犯论与法益侵害犯论的对立。义务犯论认为，身份犯的本质在于规范之对象的限制。换言之，法律针对不同的人设定了一定的当为命令，只有这些命令规范和禁止的对象才能违反该法律。由于身份犯的规范对象是有身份者，所以针对身份犯的命令规范和禁止规范只有由身份犯才能违反。而法益侵害犯论则认为，违法性的本质在于对法益所产生的侵害和危险。对于纯正身份犯而言，其本质同样在于法益侵害。虽然无身份者单独不可能侵害纯正身份犯的保护法益，但是，通过参与到有身份者的法益侵害行为之中，无身份者也可以侵害真正身份犯的保护法益。同时，在无身份者事实上对纯正身份犯的法益侵害进行了重要的加功，而且在事实上分担了实行行为的情况下，可以说无身份者构成纯正身份犯的共同正犯。[①] 我认为，这一在正犯与共犯的区分中引入身份犯性质的理解，对于解决有身份者是否能与无身份者构成纯正身份犯的共同正犯的思路是正确的。但是，在上述对身份犯性质的理解中，我是赞同义务犯论的。尽管在对整个犯罪性质的理解上法益侵害说更为妥帖，但在对某些特定犯罪类型的性质理解上，义务违反说仍有其可取之处。

日本学者大塚仁曾经对义务违反说与法益侵害说作了比较，指出：义务违反的观念，乍见把握了所有犯罪共通的性质，但是，它过于模糊，与法益侵害的观念相比，缺乏具体性，不能充分发挥认识各个罪的具体性质的机能。只是，在刑法科予行为人以特别的义务，违反该义务而实施的行为受到刑法的特别评价时，我们不能不承认义务违反的观念所具有的作用。保护责任者遗弃罪、尊属遗弃罪正属于这一类犯罪。这样，关于犯罪的本质，基本上要根据法益侵害说，并且考虑到各个罪中法益侵害的样态来认识。但是，对以行为主体一定的义务违反为中心要素的犯罪，为了补充法益侵害说，有必要并用义务违反说。而且，那些只有

① 参见江溯：《共犯与身份》，载陈兴良主编：《刑事法评论》，第15卷，228～229页，北京，中国政法大学出版社，2004。

考虑到行为人的义务违反方面才能正确把握其性质的犯罪，可以称其为义务犯。[①] 因此，对于身份犯的性质应当适用义务违反说，纯正身份犯在这个意义上就是义务犯。从义务犯出发，身份犯的实行行为是以义务为前提的，具有这种义务的人才有可能实施该种行为；无此种义务的人是不可能实施该种行为的。在纯正身份犯的情况下，无论何种身份，都限定了实行行为的主体，无身份者不可能实施这种行为，因而不可能与有身份者成为共同正犯而只能成为共犯。

（二）教唆犯的定罪与身份

教唆犯是指教唆他人犯罪的人，教唆犯的特点是教唆他人而非本人实施犯罪。因此，在刑法理论上，教唆犯是典型的共犯。在教唆犯的定罪与身份的关系上，存在以下三种情形值得研究。

第一种情形是无身份者教唆有身份者犯身份犯之罪。例如，贪污罪是身份犯，没有国家工作人员身份的人不能单独构成贪污罪，但是如果没有国家工作人员身份的人教唆国家工作人员进行贪污，就应以贪污罪的教唆犯论处。对此，我国《刑法》第 382 条第 3 款规定："与前两款所列人员勾结，伙同贪污的，以共犯论处。"关于这里的"伙同贪污"，最高人民法院《关于审理贪污、职务侵占案件如何认定共同犯罪几个问题的解释》第 1 条指出："行为人与国家工作人员勾结，利用国家工作人员的职务便利，共同侵吞、窃取、骗取或者以其他手段非法占有公共财物的，以贪污罪共犯论处。"该司法解释仍然没有对"伙同"的具体行为方式加以描述，也未指明"共犯"的具体类型，但在刑法理论上一般认为，这里的"以共犯论处"，包括教唆犯，因而"伙同贪污"包含教唆国家工作人员贪污的情形。又如，强奸罪也是身份犯。强奸罪的正犯只能是男子，妇女不能单独构成强奸罪（间接正犯除外），但妇女可以成为强奸罪的教唆犯，对此以往司法解释中有明文规定。如 1984 年 4 月 26 日最高人民法院、最高人民检察院、公安部《关于当前办理强奸案件中具体应用法律的若干问题的解答》第 7 条规定：

① 参见［日］大塚仁：《犯罪论的基本问题》，冯军译，6～7 页，北京，中国政法大学出版社，1993。

“妇女教唆或帮助男子实施强奸犯罪的，是共同犯罪，应当按照她在强奸犯罪活动中所起的作用，分别定为教唆犯或从犯，依照刑法有关条款论处。”由此可见，无论是依照刑法规定还是司法解释，对于无身份者教唆有身份者实施身份犯之罪，对无身份者都应以身份犯的共犯论处。

第二种情形是有身份者教唆无身份者实施无身份者亦能构成之罪。例如，我国《刑法》第 252 条规定了侵犯通信自由罪，该罪是非身份犯，其行为是隐匿、毁弃或者非法开拆他人信件。而《刑法》第 253 条规定了私自开拆、隐匿、毁弃邮件、电报罪，该罪是身份犯，主体是邮政工作人员，其行为是私自开拆或者隐匿、毁弃邮件、电报。而这里的邮件是指通过邮政企业寄递的信件（信函、明信片）、印刷品、邮包、报刊、汇款通知等。显然，邮件是包括信件的。对于同一种非法开拆、隐匿或者毁弃信件的行为，如果是无身份者实施的，则构成侵犯通信自由罪，如果是邮政工作人员利用职务便利实施的，则构成私自开拆、隐匿、毁弃邮件罪。那么，如果邮政工作人员教唆无身份者实施非法开拆、隐匿、毁弃邮政工作人员保管的信件，又该如何处理呢？对此存在两种观点：第一种观点认为，有身份者教唆无身份者实施某一犯罪行为，在两者可以构成不同犯罪的情况下，有身份者只能构成无身份者的犯罪的教唆犯，而不能构成身份犯的教唆犯。[①] 因此，在上述案件中，对无身份者应以破坏通信自由罪论处，对邮政工作人员则应以破坏通信自由罪的教唆犯论处。第二种观点认为，有身份者教唆无身份者实施某一犯罪行为，在两者可以构成不同犯罪的情况下，有身份者构成身份犯的教唆犯，而不能构成非身份犯的教唆犯。[②] 因此，在上述案件中，对无身份者应以破坏通信自由罪论处，对邮政工作人员则应以私自开拆、隐匿、毁弃邮件罪的教唆犯论处。我认为，在上述情况下，教唆犯是非身份犯之罪的教唆犯与身份犯之罪的间接正犯的想象竞合，以身份犯之罪的间接正犯论处。

第三种情形是有身份者教唆无身份者实施无身份者不能构成之罪。例如，国

① 参见马克昌：《共同犯罪与身份》，载《法学研究》，1986（5），25 页。

② 参见吴振兴：《论教唆犯》，167 页，长春，吉林人民出版社，1986。

家工作人员教唆非国家工作人员向他人索取贿赂。对于这个问题，在刑法理论上存在以下三种观点：第一种观点认为，有身份者教唆无身份者实施因身份而构成之罪，两者已结为一体而取得该身份，因而可以共犯处理。第二种观点认为，有身份者教唆无身份者实施因身份而构成之罪，有身份者构成教唆犯，无身份者构成帮助犯。第三种观点认为，有身份者教唆无身份者实施因身份而构成之罪，有身份者构成间接正犯，无身份者构成间接正犯的帮助犯。①

我认为，上述第一种观点根据有身份者与无身份者之间在主观上具有同心一体的关系，因而认为无身份者取得了该种身份是没有科学根据的。因为身份是客观存在的一种主体特征，它是不以人的主观意志为转移的。无身份者不可能因为与有身份者具有共同犯罪故意而取得该种身份。因此，第一种观点难以成立。第二种观点将有身份者与无身份者分别解释为教唆犯与帮助犯，似乎有理。但在没有正犯的情况下，教唆犯与帮助犯的立论根据颇可责难。进一步地问：教唆犯是对正犯的教唆，还是对帮助犯的教唆？如果是对帮助犯的教唆，那么，帮助犯又是对谁的帮助？由于不存在正犯，当然也就谈不上对正犯的帮助。如果是对教唆犯的帮助，那么，就犯了逻辑学上的循环论证的错误。因而，第二种观点也是不能自圆其说的。我认为，第三种观点对问题的解决虽然不是十分圆满，但基本上还是可取的。将有身份者解释为身份犯的间接正犯，可以直接按照刑法分则的有关规定论处。而无身份者虽然也是帮助犯，但既不是正犯的帮助犯，也不是教唆犯的帮助犯，而是间接正犯的帮助犯，这在理论上是说得通的。

（三）帮助犯的定罪与身份

帮助犯是指为他人实行犯罪提供便利的人。帮助犯的定罪与身份的关系类似于教唆犯的定罪与身份的关系，以下分为三种情形略作论述。

第一种情形是无身份者帮助有身份者犯身份犯之罪。例如，妇女帮助男子强奸，对该妇女应以强奸罪的共犯论处。

第二种情形是有身份者帮助无身份者实施无身份者亦能构成之罪。例如，非

① 参见马克昌：《共同犯罪与身份》，载《法学研究》，1986（5），23页。

国家工作人员想去盗窃现金，国家工作人员就让其去盗窃本人保管的现金，并为其指点方位，提供情报。在这种情况下，非国家工作人员构成盗窃罪，国家工作人员则属于想象竞合犯。就贪污罪而言，国家工作人员是利用无身份有故意的人作为工具，是间接正犯。就盗窃罪而言，国家工作人员是帮助犯。国家工作人员一行为触犯两个罪名，应按处理想象竞合犯的原则，以其中的重罪即贪污罪的间接正犯论处。

第三种情形是有身份者帮助无身份者实施某种犯罪行为，无身份者的行为依法不构成犯罪的，对于有身份者可以作为利用有故意无身份的人为工具的间接正犯论处，而无身份者则作为间接正犯的帮助犯。

三、共犯的量刑与身份

（一）处理共犯的量刑与身份的原则

身份不仅对共犯的定罪具有意义，对于共犯的量刑亦具有重要的意义。所谓共犯的量刑与身份的关系，主要是研究有身份者与无身份者共同实施某一犯罪，而法律规定有身份者应从重或者从轻、减轻或免除处罚的情况下，从重或者从轻、减轻或免除处罚的效力是否及于无身份者这一问题。关于这个问题，有些国家的刑法加以明文规定。例如，《瑞士刑法》第 26 条（身份关系）规定：“因特殊身份关系、资格及情状，致刑有加重、减轻或阻却情事时，将对具有此等身份、资格或情状之正犯、教唆犯及从犯，始得加以斟酌。”这就是说，具有影响刑罚轻重的特定身份的人与没有这种特定身份的人共同实施某种犯罪时，对没有特定身份的人处以通常之刑，对具有特定身份的人则依法予以从重或者从轻、减轻或免除处罚。这就是处理共同犯罪的量刑与身份的原则。

我国刑法对处理共犯的量刑与身份的原则虽然没有明文规定，但根据我国刑法理论，有身份者的从重或者从轻、减轻或免除处罚的效力当然不及于无身份者。因为我国刑法中的身份反映了犯罪主体的某些特殊情状，这些特殊情状对具有特定身份的人所实施的犯罪行为的社会危害性程度具有一定的影响，因而影响其刑罚的轻重。而无身份者虽然是和有身份者一起实施犯罪，但其犯罪行为的社

会危害性程度并不受他人身份的影响。这就是有身份者的从重或者从轻、减轻或免除处罚的效力不及于无身份者这一处理共犯的量刑与身份的原则的科学根据。

（二）共同犯罪的量刑与纯正身份犯

在刑法理论上，以身份作为犯罪构成要件的犯罪，称为纯正身份犯。如果有身份者与无身份者共同实施一种犯罪行为，刑法对此分别规定为不同的犯罪。在这种情况下，具有特定身份的就是纯正身份犯。这时，这种身份不仅对定罪具有影响，而且对量刑亦有影响。例如，邮政工作人员与非邮政工作人员共同毁弃邮政工作人员保管的邮件，前者构成私自开拆、隐匿、毁弃邮件罪，后者构成侵犯通信自由罪。我国《刑法》第253条规定：犯私自开拆、隐匿、毁弃邮件罪的，处2年以下有期徒刑或者拘役；而我国《刑法》第252条规定，犯侵犯通信自由罪的，处1年以下有期徒刑或者拘役。因此，私自开拆、隐匿、毁弃邮件罪的刑罚重于侵犯通信自由罪。在这种情况下，对非邮政工作人员只能以侵犯通信自由罪论，处1年以下有期徒刑或者拘役。而邮政工作人员因其身份而被加重刑罚，应以私自开拆、隐匿、毁弃邮件罪论，处2年以下有期徒刑或者拘役。

（三）共同犯罪的量刑与不纯正身份犯

在刑法理论上，以身份作为刑罚轻重要素的犯罪，称为不纯正身份犯。有身份者与无身份者实施同一种犯罪行为，法律明文规定有身份者应从重或者从轻、减轻或免除处罚时，有身份者构成的就是不纯正身份犯。例如，我国《刑法》第243条第1款规定了诬告陷害罪，第2款规定："国家机关工作人员犯前款罪的，从重处罚。"如果非国家机关工作人员与国家机关工作人员共同犯诬告陷害罪，对非国家机关工作人员处以通常之刑，而对国家机关工作人员则应依法予以从重处罚。又如，我国《刑法》第19条规定："又聋又哑的人或者盲人犯罪，可以从轻、减轻或者免除处罚。"如果是又聋又哑的人或者盲人与正常的人共同犯罪的，对正常的人处以通常之刑，而对又聋又哑的人或者盲人则应依法予以从轻、减轻或者免除处罚。

（本文原载刘明祥主编：《马克昌教授八十华诞祝贺文集》，北京，中国方正出版社，2005）

身份犯之共犯：以比较法为视角的考察

在刑法学中，身份犯的共犯是一个共犯与身份的关系问题，它可以说是刑法共犯理论中的沼泽地，一不小心陷进去就会遭受灭顶之灾。不过，也正因该问题的复杂性，诱惑着更多的刑法学者奋不顾身地投向这片沼泽地。本文以比较法为视角，结合德国、日本以及我国台湾地区刑法典对共犯与身份的规定，以及我国关于身份犯之共犯问题的司法解释，从刑法教义学的角度进行论述，以期对共犯与身份这一重要刑法理论问题的深入探讨。

一

共犯与身份这一问题，在我国刑法总则中并无规定，但其基本原理来自对此问题有规定的德日。以下，首先列出相关刑法条文，然后在此基础上引申出关于共犯与身份的学说。

《德国刑法典》第 28 条：

第 1 款　共犯（教唆犯或帮助犯）欠缺正犯可罚性基础之特定个人要素时，依第 49 条减轻其刑。

第 2 款　法律对于特别的个人要素致刑有加重或者免除规定时，该规定仅适用于具有该要素之参与者（正犯或共犯）。

《德国刑法典》第 29 条：

数人参与一犯罪行为时，个人仅就自己之责任受处罚而不受他人责任的影响。

《日本刑法典》第 65 条：

第 1 款　对于因犯罪人身份而构成的犯罪行为进行加工的人，虽不具有这种身份的，也是共犯。

第 2 款　因身份而特别加重或者减轻刑罚时，对于没有这种身份的人，判处通常之刑。

我国台湾地区“刑法典”第 31 条：

第 1 款　因身份或其他特定关系成立之罪，其共同实行、教唆或帮助者，虽无特定关系，仍以正犯或共犯论。但得减轻其刑。

第 2 款　因身份或其他特定关系致刑有重轻或免除者，其无特定关系之人，科以通常之刑。

在以上德日两国以及我国台湾地区“刑法典”中，《德国刑法典》所称特定的个人要素，也就是《日本刑法典》所规定的身份，只是文字表述上有所不同而已。当然，特定的个人要素这个概念是十分容易引起争议的。例如，目的、信念、动机等不法的主观要素是否属于《德国刑法典》所规定的特定的个人要素就曾经产生争论。不过，通说是不法的主观要素不能视为第 28 条意义上的特定的个人要素。① 至于我国台湾地区“刑法典”除了身份以外又规定了特定关系，这里的特定关系与其说是扩张了身份犯之身份的范围，不如说是限制了身份犯之身份的范围。换言之，对于那些本来可以通过扩张身份犯之身份范围将其解释为身份的个人要素，将其概括为特定关系并使之与身份并列，从而在一定程度上限缩

① 参见［德］冈特·施特拉腾韦特，洛塔尔·库伦：《刑法总论Ⅰ——犯罪论》，杨萌译，348 页，北京，法律出版社，2006。

了身份犯之身份的范围。因此，尽管表述不同，实则并无根本区别。例如，侵占罪的主体对所侵占财物具有持有关系，我国台湾地区学者认为这不是身份而是特定关系，如甘添贵教授指出：侵占罪之行为主体，为“持有他人之物之人”，故为身份犯，且为真正身份犯。其所以持有他人之物，乃基于一定之持有关系。此项持有关系，为我国台湾地区“刑法典”第 31 条所定特定关系之一种。因此，持有人与非持有人共同施行侵占持有他人之物，仍应论以共同正犯。① 而在《日本刑法典》第 65 条只规定了身份而没有规定身份之外的特定关系的情况下，则将侵占罪的持有关系解释为身份。例如，日本学者山口厚指出：侵占委托物罪是违法身份犯，其主体必须是处于具有侵犯所有权以及委托关系之可能的地位者。② 因此，立法用语的不同也许并不意味着实质内容上的区分，而可能只影响解释策略的选择。

在一般情况下，对于《德国刑法典》第 28 条、《日本刑法典》第 65 条和我国台湾地区“刑法典”第 31 条在理解上并无问题。即第 1 款规定的是纯正身份犯，第 2 款规定的是不纯正身份犯：前者解决定罪问题，后者解决量刑问题。但是，德日及我国台湾地区学者都提出了一个问题，这就是第 1 款与第 2 款之间的矛盾。对此，我国台湾地区学者黄荣坚作了以下十分准确的概括：

> 我国台湾地区“刑法典”第 31 条第 1 项的规定是，行为人可以利用正犯或其他正犯所具备的构成要件该当性而适用正犯或其他正犯所该当的犯罪条文。此一规定所采取的立场是从属原则。而我国台湾地区“刑法典”第 31 条第 2 项的规定是，行为人不可以利用正犯或其他正犯所具备的构成要件该当性而适用正犯或其他正犯所该当的犯罪条文。此一规定所采取的立场却又否定了从属原则。其实，从两项条文文字的形式关系来看，如果对于犯罪的构成与否也可以采取从属原则，那么举重以明轻，对于刑度的轻重问题也没有理由排斥从属原则；反之，如果对于刑度的轻重必须采取独立原则的话，那么举轻以明重，对于犯罪的构成与否，更应该采取独立原则。然而，条文

① 参见甘添贵：《体系刑法各论·第二卷·侵害个人非专属法益之犯罪》，229 页，台北，自版，2004。

② 参见［日］山口厚：《刑法各论》，2 版，王昭武译，340 页，北京，中国人民大学出版社，2011。

文字本身却有如此的立场上的相互矛盾。[①]

以上论述把第1款与第2款之间的矛盾称为是从属性与独立性之间的矛盾，并以举轻以明重和举重以明轻的逻辑论证上述矛盾的存在。这一论述看似有理，实则不能成立。对此，我国台湾地区学者陈志辉教授认为，在共犯与身份问题上，共犯独立性与从属性根本就是特意制造出来的问题，是个假漩涡。[②] 我在一定程度上赞同以上评论。之所以只是一定程度上的赞同，是因为以上第1款与第2款的所谓矛盾确实是一个伪问题，但其与共犯独立性与从属性还是具有一定的关联。上述第1款与第2款的矛盾其实是建立在极端从属形态基础之上的，即如果是共犯对正犯极端从属，则作为正犯责任的身份共犯亦应从属，因此存在上述矛盾。但是，如果采用的是限制从属形态，即正犯具有违法性，共犯即可成立。在这种情况下，上述第1款与第2款之间的矛盾并不存在。然而，以上论述只是形式性地解决了第1款与第2款之间的关系，而没有实质性地解决第1款与第2款之间的关系。我认为，对于上述问题的实质性解决，还是应当建立在对违法与责任这两个犯罪成立要素的正确认识基础之上，并由此引申出以下法律格言："违法身份的连带性，责任身份的个别性。"[③]

在此，首先需要区分的是违法身份与责任身份。违法身份又称为构成的身份，属于构成要件要素，由此身份构成的身份犯称为纯正的身份犯，或者构成的身份犯。而责任身份又称为加减的身份，属于责任要素，由此构成的身份犯称为不纯正的身份犯，或者加减性身份犯。按照这一原理，一般认为，《德国刑法典》第28条第1款、《日本刑法典》第65条第1款与我国台湾地区"刑法典"第31条第1款规定的是纯正身份犯的共犯，即没有特定身份的人可以成为纯正身份犯的共犯，其法理根据就在于违法身份具有连带性。当然，对于这里的共犯，《德国刑法典》第28条第1款已经明确系狭义的共犯，即教唆犯与帮助犯。但是，

---

① 参见黄荣坚：《基础刑法学》（下），509页，北京，中国人民大学出版社，2009。

② 参见陈志辉：《共犯与身份》，载林维主编：《共犯论研究》，134页，北京，北京大学出版社，2014。

③ ［日］西田典之：《日本刑法总论》，刘明祥、王昭武译，334页，北京，中国人民大学出版社，2009。

《日本刑法典》第 65 条第 1 款并未明确，因此对其是指狭义的共犯，还是指广义的共犯，则存在争议。争议点就在于共同正犯是否包含其中。至于我国台湾地区“刑法典”第 31 条第 1 款已经明确规定没有身份的人可以成为身份犯的共同正犯，因而消解了争议。《德国刑法典》第 28 条第 2 款、《日本刑法典》第 65 条第 2 款和我国台湾地区“刑法典”第 31 条第 2 款规定的是不纯正身份犯的共犯，即加减身份的效力不及于不具有这种身份的人，其法理根据就在于责任身份具有个别性。

违法身份的连带性、责任身份的个别性这一原理，是建立在违法的连带性、责任的个别性这一前置性原理的基础之上的。在共犯与正犯的关系上，历来存在共犯从属性说与共犯独立性说之争。通说均主张共犯从属性说，唯在从属性程度上存在区分。德国学者迈耶曾经提出四个从属形态：第一是最小从属形态，即认为只要正犯符合构成要件就够了；第二是限制从属形态，即认为需要正犯符合构成要件并且是违法的；第三是极端从属形态，即认为需要正犯具有构成要件符合性、违法性和责任；第四是夸张从属形态，即认为正犯处理具有构成要件符合性、违法性和责任之外，进而必须具备一定的可罚条件。① 上述夸张从属形态使正犯的个人处罚条件之效力及于共犯，也与德日刑法典的规定相抵牾，明显不妥。而德日的通说是限制从属形态，而违反的连带性，责任的个别性正是从限制从属形态中引申出来的必然结论。例如，日本学者西田典之在论及限制从属形态时指出：其主要观点为“个别责任原则”，即在各犯罪参与者之间，“违法连带作用、责任个别作用”。这也是共犯论目的处罚根据由责任共犯论转化为违法共犯论或因果共犯论之结果。② 这里的违法的连带性，是指违法评价的对象在一般情况下是客观事实，因此违法评价具有一般性，其效力及于参与的所有人。参与者之间所共同存在的终究只是由他们的行为所引起的法益侵害这一实体。例如，在 A 杀害了 X 之时，X 的死亡这一事实（相对于违法性，这称为不法事实）对所有

① 参见［日］大塚仁：《刑法概说（总论）》，3 版，冯军译，281 页，北京，中国人民大学出版社，2007。

② 参见［日］西田典之：《日本刑法总论》，刘明祥、王昭武译，326 页，北京，中国人民大学出版社，2009。

实施了杀人行为者均通用。[①] 这种构成要件事实对于所有参与者的通用性，也就是违法的连带性。在违法的连带性的原理之下，无身份者可以成为身份犯的共犯。例如，教唆他人贪污的，应当对被教唆者以贪污罪的共犯论处。在共同正犯的情况下，部分行为之全体责任原则也是违法的连带性的体现。当然，违法的连带性也是有限度的，在此还存在一个违法评价相对性的问题。[②] 而责任的个别性，是指责任具有个别评价的性质。例如，在论及共犯从属性说时，日本学者山口厚指出：共犯也是就自己的行为被追究自己固有的责任，在此意义上，责任要件无论如何都应该按照每个人逐一个别地加以判断。这样，就不需要正犯行为具备责任要件，作为共犯的成立要件来说，极端从属性说想来是不妥当的。[③] 责任所具有的这种个别判断的性质，决定了其功能有别于违法性。

违法身份是一种构成要件要素，其对于违法性具有决定意义。即只有具有这种身份的人实施某一行为才具有违法性，没有这种身份的人单独实施相同行为则不具有可罚性或者根本不可能单独实施该行为。在违法身份犯的情况下，没有这种身份的人单独实施相同行为不具有可罚性，例如我国《刑法》第 165 条规定的非法经营同类营业罪，其主体是国有公司、企业的董事、经理。如果是非国有公司、企业的董事、经理，即使其实施了非法经营同类营业行为，也不具有刑事上的可罚性。在这种情况下，非法经营同类营业罪所要求的国有公司、企业的董事、经理这一身份对于决定行为的违法性具有意义，因而属于违法身份。在违法身份犯的情况下，没有这种身份的人不可能单独实施该行为，例如我国《刑法》第 360 条规定的传播性病罪，其主体是患有梅毒、淋病等严重性病的人。如果不是患有梅毒、淋病等严重性病的人，有可能卖淫、嫖娼，但绝不可能传播性病。因此，该罪处罚的是传播性病的行为，而不是处罚卖淫、嫖娼行为。在这种情况

---

① 参见［日］西田典之：《日本刑法总论》，刘明祥、王昭武译，326 页，北京，中国人民大学出版社，2009。

② 参见［日］西田典之：《日本刑法总论》，刘明祥、王昭武译，326 页，北京，中国人民大学出版社，2009。

③ 参见［日］山口厚：《刑法总论》，2 版，付立庆译，314 页，北京，中国人民大学出版社，2011。

下，患有梅毒、淋病等严重性病的人这一身份对于决定行为的违法性具有意义，因而属于违法身份。

值得注意的是，日本刑法学者主要是从法益侵害说出发论证违法的连带性这一原理的。例如，山口厚教授指出："由于违法身份意味着是处在能够引起作为犯罪成立之基础的法益侵害的地位，因此，如果不处于这种地位的无身份者通过有身份者而介入，则可以间接地惹起法益侵害，也便能够认定可以构成违法身份犯的共犯。由此而论，应该认为违法身份具有连带的作用。"① 这种连带作用是以与法益侵害之间的因果性为连接点的。这也为在违法身份犯的情况下，没有这种身份的人可以通过教唆或者帮助来成为身份犯的共犯提供了实体根据。与之不同，德国学者则是从义务犯的角度提供理论根据的。例如，德国学者指出："争议最大的是第 28 条包含了哪些属于犯罪不法的特征。一般认为，只有身份犯中的特殊义务才能构成特别的个人特征。这就是说，如果某一不具备资格之人参与了纯正的身份犯罪，比如教唆他人枉法（第 339 条），则可以依照第 28 条第 1 款的规定对其减轻处罚。如果他参与的是不纯正的身份犯罪，比如参与职务上的伤害（第 340 条），则只对其处以伤害罪（第 223 条）的基本构成要件里规定的刑罚。由于只有负有特定义务之人才能违反特定义务，理论上而言，这一规定有充分根据。"② 当然，这一论述还没有解析出第 1 款的义务与第 2 款的义务之间的差别。而德国学者罗克辛教授则直接指出："对于那些教唆者自己不可能成为正犯的犯罪，也可以成立教唆犯。这主要针对义务犯而言，同时也适用于亲手犯。"③ 在义务犯的情况下，特定义务之违反是可罚性的根据，因此，以义务犯说明第 1 款的身份犯是能够成立的。只是由于义务犯理论本身的复杂性，为身份犯的解释带来一定的难度。

---

① ［日］山口厚：《日本刑法中的"共犯与身份"》，载马克昌、莫洪宪主编：《中日共同犯罪比较研究》，142 页，武汉，武汉大学出版社，2003。

② ［德］冈特·施特拉腾韦特，洛塔尔·库伦：《刑法总论Ⅰ——犯罪论》，杨萌译，345 页，北京，法律出版社，2006。

③ ［德］克劳斯·罗克辛：《德国刑法中的共犯理论》，劳东燕、王钢译，载陈兴良主编：《刑事法评论》，第 27 卷，119 页，北京，北京大学出版社，2010。

责任身份是一种责任要素，其并不决定行为的违法性而是对于加重或者减轻处罚具有意义。这里的不决定行为的违法性，是指即使没有这一身份，行为仍然构成犯罪，只不过具有这一身份，使责任加重或者减轻而已。这种责任身份，通常是在没有身份的人构成基本犯的前提下，具有身份的人构成加重犯或者减轻犯。责任身份构成的加重犯，在刑法理论上称为身份加重犯。身份加重犯是指行为人实施了基本罪的犯罪行为，当他具有法律规定的特定身份时，依法加重其刑的犯罪形态。[①] 当然，责任身份除了加重或者减轻刑罚以外，也还包括从重或者从轻处罚。例如，我国《刑法》第 243 条规定的诬告陷害罪，第 1 款是基本犯的规定，对该罪的构成并无身份上的限制。第 2 款则规定："国家机关工作人员犯前款罪的，从重处罚。"这里的国家机关工作人员的身份就是一种责任身份：其只影响量刑，并不影响定罪。

二

关于违法身份犯与责任身份犯的区分，亦即纯正身份犯与不纯正身份犯的区分，在一般情况下并不存在问题。例如，纯正身份犯是以不具有身份的人不可能单独实施相同行为则不具有可罚性或者根本不可能单独实施该行为为前提的。在这种情况下，纯正身份犯不存在与其对应的基本犯；而不纯正身份犯则以没有身份的人构成基本犯为前提，具有身份的人构成的是加重犯或者减轻犯。在这种情况下，第 1 款与第 2 款分别解决共犯与身份中不同的问题。问题出在某些违法身份与责任身份竞合，亦即纯正身份犯与不纯正身份犯竞合的场合。通常所举例子就是：杀害尊亲属罪与杀人罪的关系。在甲与乙共同杀害乙的父亲丙的情况下，甲、乙是构成杀人罪的共同正犯，还是杀害尊亲属罪的共同正犯，抑或是分别构成杀人罪与杀害尊亲属罪？这取决于如何看待亲属关系在犯罪论体系中的地位。杀害尊亲属罪是身份犯，这在认识上并无分歧。但这是纯正身份犯，还是不纯正

① 参见卢宇蓉：《加重构成犯罪研究》，212 页，北京，中国人民公安大学出版社，2004。

身份犯？即这里的亲属关系这一身份是不法身份还是责任身份；换言之，是构成身份还是加减身份？从亲属关系属于杀害尊亲属罪的构成要件来说，其属于构成身份，因此杀害尊亲属罪是纯正身份犯。但是，从没有这种身份的人杀人的，可以构成杀人罪；杀害尊亲属只不过处以较之普通杀人罪更重的刑罚而言，则亲属关系又是杀害尊亲属罪的加减身份，因此杀害尊亲属罪是不纯正身份犯。在这种情况下，我认为存在纯正身份犯与不纯正身份犯的竞合。对于这种情形，日本学者称为双重身份犯，例如日本学者西田典之教授在论及业务侵占罪时，指出："本罪以基于业务而占有他人之物者为主体，属于单纯侵占罪的加重类型。在必须具有他人之物的占有者这一身份（第 65 条第 1 项）的同时，还必须具有业务人员这一身份，属于双重意义上的身份犯。"① 此外，我国台湾地区学者论及双重身份犯这一概念，也指出："刑法有极少数罪名兼具纯正身份犯及不纯正身份犯之双重性格，典型的例子是侵占罪与业务侵占罪。基于法律或事实上之原因对他人之物取得持有支配联系，是普通侵占罪成立之要件，属于纯正身份犯；但就从事业务或公务身份之人加重处罚而论，又具有不纯正身份犯之特性，故业务侵占罪包含纯正身份犯与不纯正身份犯之特性。"② 这种双重身份犯，同时兼具纯正身份犯与不纯正身份犯的性质。对其如何处理，是一个在共犯与身份中值得研究的问题。我认为，这种双重身份犯是以法条竞合为前提的，根据法条竞合原理，这是一种特别法与普通法的竞合，应当采用特别法优于普通法的原则，适用特别法。在杀人罪与杀害尊亲属罪竞合的情况下，对于正犯应当以杀害尊亲属罪论处。在这种情况下，对于纯正身份犯与不纯正身份犯的竞合，也应该以不纯正身份犯对待。因此，对于具有亲属关系与不具有亲属关系的行为人共同杀害他人的，应当分别适用《德国刑法典》第 28 条第 2 款和《日本刑法典》第 65 条第 2 款，即将亲属关系视为一种责任身份，其加重效力只及于具有这种身份的人。

---

① ［日］西田典之：《日本刑法各论》，3 版，刘明祥、王昭武译，188 页，北京，中国人民大学出版社，2007。

② 高金桂：《不纯正身份犯之"身份"在刑法体系上之定位问题》，载《共犯与身份》，153 页，台北，台湾学林文化事业有限公司，2001。

进一步讨论，甲教唆乙杀害乙的父亲，乙构成杀害尊亲属罪是没有问题的，那么，甲是构成杀害尊亲属罪的教唆犯还是杀人罪的教唆犯？对于《日本刑法典》来说，主要是适用第 65 条第 1 款还是第 2 款的问题。从形式上来看，适用第 1 款是没有问题的，因此应该以杀害尊亲属罪的教唆犯论处。但是，如果把亲属关系理解为加减的身份，适用第 2 款也是没有问题的，如此又应以杀人罪的教唆犯论处；由此形成所谓第 1 款与第 2 款之间的矛盾。在这种情况下，如果强调连带性作用，则会得出结论：在甲教唆乙杀害乙的父亲的场合，只要正犯乙属于杀害尊亲属，那么，根据第 1 款的规定，甲的罪名是杀害尊亲属罪的教唆，再根据第 2 款的规定，在单纯杀人罪的限度之内科刑。[①] 这样的话，虽然保持了正犯与教唆犯在罪名上的一致性，即罪名从属性，但定此罪而量彼刑，颇为不当。但是，如果强调个别性作用，则会得出结论：在甲教唆乙杀害乙的父亲的场合，教唆犯与正犯应该分别定罪，甲构成杀人罪的教唆犯，乙构成杀害尊亲属罪的正犯。在乙教唆甲杀害甲的父亲的场合，也同样存在上述问题。对此，我认为这不是第 1 款与第 2 款之间的矛盾，而第 1 款与第 2 款之间的竞合，也就是前面所说的违法身份与责任身份的竞合。按照竞合的原理，还是应当适用第 2 款的规定，分别定罪，使亲属关系这一身份的加重效力只及于具有这一身份的人。

这种分别定罪的观点，实际上是使具有身份的人与不具有身份的人适用不同的构成要件，因此在刑法理论上又称为构成要件移用方案。与之相反，对于具有身份的人与不具有身份的人定相同之罪的观点，虽然使具有身份的人与不具有身份的人适用相同的构成要件，但却适用不同刑罚，因此在刑法理论上又称为刑罚移用方案。上述两种方案会面对不同的批评，其中对构成要件移用方案的批评主要是如何处理不同罪名之间是否存在共犯的问题。而对刑罚移用方案的批评主要是罪刑相分离的问题。我认为，罪刑相分离的法理障碍更大一些，而不同罪名之间的共犯问题则根据部分犯罪共同说可以获得解决。

---

① 参见［日］西田典之：《日本刑法总论》，刘明祥、王昭武译，333 页，北京，中国人民大学出版社，2009。

这里涉及在共犯问题上的行为共同说与犯罪共同说之争。行为共同说与犯罪共同说主要是围绕着共同正犯的成立而展开的，但其原理对于教唆犯、帮助犯的成立同样具有参考价值。行为共同说认为共同犯罪是各人因共同的行为而实现了各自的犯罪，因此是数人犯数罪的关系。例如，甲、乙分别以伤害的故意与杀害的故意共同打击丙并致其死亡。根据行为共同说，甲、乙之间成立共同犯罪，甲定故意杀人罪，乙定故意伤害罪。而犯罪共同说则认为共同犯罪是数人共同实行某一特定的犯罪，因此是数人犯一罪的关系。上述甲、乙的例子，因为甲、乙分别犯故意杀人罪与故意伤害罪，因此并不承认甲、乙之间成立共同犯罪。由此可见，行为共同说与犯罪共同说之间的表面分歧就在于不同犯罪之间能否成立共同犯罪：行为共同说肯定不同犯罪之间可以成立共同犯罪，而犯罪共同说则否认不同犯罪之间可以成立共同犯罪。对于以上分歧，目前存在折中并趋近的观点，例如犯罪共同说从传统的完全犯罪共同说转向部分犯罪共同说；而行为共同说也出现了从自然的行为共同说到构成要件的行为共同说的转变。就部分犯罪共同说而言，是可以承认不同罪名之间成立共同犯罪的。例如，上述甲、乙的例子，就会在杀人罪与伤害罪所重合的伤害（致死）罪的限度内肯定共同正犯的成立。至于行为共同说承认甲、乙存在共同正犯的关系当然更没有问题。

基于以上理解，我认为对于具有身份的人与没有身份的人之间，无论是行为共同说还是部分犯罪共同说，只要肯定在不同罪名之间可以成立共同犯罪，则按照构成要件移用说，对其分别定罪但承认在竞合范围内发生共犯关系，并不存在法理上的障碍。

三

我国刑法对共犯与身份并无总则性的一般规定，但在身份犯的共犯问题上接受以下两条原则：(1) 没有身份的人可以成为身份犯的共犯（相当于德日刑法典第 1 款的规定），以及 (2) 身份的加减效力不及于没有这种身份的人（相当于德日刑法典第 2 款的规定)。其中，上述第 1 条原则可见我国《刑法》第 382 条第 3

款的规定："与前两款所列人员勾结，伙同贪污的，以共犯论处。"这一规定被认为是注意规定，具有提示功能。刑法教义学的解释，使这一分则性规定的效力及于没有这一规定的其他情形，从而成为事实上的总则性规定。

上述第2条原则可见我国《刑法》第177条之一第3款的规定："银行或者其他金融机构的工作人员利用职务上的便利，犯第二款罪（窃取、收买、非法提供信用卡信息罪）的，从重处罚。"根据这一规定，只有具有银行或者其他金融机构的工作人员这一特定身份的人犯本罪的，才能从重处罚。应当指出，尽管我国刑法对共犯与身份的规定是分则性的，也是较为简单的，但在司法适用中同样存在一些争议问题。

（一）关于没有身份的人与具有身份的人共同实行纯正身份犯之罪的问题

这也是涉及第1款的理解问题，即没有身份的人可以教唆或者帮助具有身份的人构成纯正身份犯的共犯，对此，在理解上都是没有问题的。问题在于，没有身份的人是否可以与具有身份的人构成纯正身份犯的共同正犯？对于这一问题，《德国刑法典》第1款是明确不可以的，只有教唆或者帮助才能成为共犯。而我国台湾地区"刑法典"第1款则明确是可以的，没有身份的人可以成为纯正身份犯的正犯、教唆犯和帮助犯。但是，《日本刑法典》第1款则较为暧昧：既未明确肯定，也未明确否定，由此导致对第1款理解上的差异。例如，日本学者山口厚教授持肯定的观点，指出："若是共同正犯属于和单独正犯同样意义上的正犯的话，那么非身份者大概就不可能成立身份犯的共同正犯。但是，共同正犯即便是属于'一次责任'类型，在共同惹起了构成要件该当事实的意义上，其也是单独正犯的扩张形态，属于是共犯的一种。在此意义上，就像欠缺身份者也可以通过参与身份者的行为而成立共同正犯的不可欠缺的要件。也就是说，尽管单独不能成为正犯，但若和身份者一起的话，就可能共同地惹起构成要件该当事实，故而非身份者亦可能成立身份犯的共同正犯。但是，这一点仅在违法身份犯来说是妥当的，对于责任身份犯则并不妥当。在此意义上，可以认为，刑法第65条第1

款也可能适用于共同正犯。”[①] 在日本刑法学界，上述观点是通说。但是，也存在否定的观点，例如日本学者大塚仁教授指出：“重视实行行为的规范意义时，在真正身份犯中，不能承认基于非身份者的实行行为。例如，非公务员与公务员一起接受了与公务员的职务相关的不正当财物时，该行为对公务员来说是‘贿赂的收受’，但是，对非公务员来说，该财物不是‘贿赂’，接受它的行为也不能说是‘收受’。即只应该对身份者承认身份犯的共同正犯，在非身份者与身份者之间不能考虑身份犯的共同正犯。”[②] 大塚仁教授在以上论述中提及的实行行为的规范意义，是一种义务犯的视角。例如，日本学者西田典之教授本人是赞同肯定说，但在论及否定说的观点时指出了其理论根基，认为纯正身份犯是一种义务犯。具体而言，纯正身份犯（例如，受贿罪）的处罚根据在于违反了身份者所具有的特别义务，因而非身份者根本不可能成为（共同）正犯。[③] 对于以上问题，我是倾向于义务犯理论的。例如，对于受贿罪来说，只有具有国家工作人员身份的人才能实施受贿行为，没有国家工作人员身份的人，则不可能实施受贿行为。因此，国家工作人员的家属在国家工作人员不在家的情况下，收受行贿者交付的财物。这一收受行为具有代为收受的性质，属于受贿罪的帮助犯，而不是与国家工作人员一起构成受贿罪的共同正犯。在这一点上，我完全赞同林维教授的以下观点：“无身份者所实施的形式上符合构成要件要素的行为（例如受贿罪中的收受财物行为），由于并不具备身份犯的构成要件行为所必须具备的、基于身份所实现的义务违反性，无身份者的类似行为在单独犯中无论如何都不可能被评价为实行行为，身份不能通过行为的分担而获得分享，义务违反性也因此不能通过行为在形式上的分担而获得共有。”[④] 就此我认为，应当坚持义务犯的立场。

在纯正身份犯中，除了义务犯以外还存在所谓能力犯。能力犯的能力是与生

① ［日］山口厚：《刑法总论》（第2版），付立庆译，335页，北京，中国人民大学出版社，2011。

② ［日］大塚仁：《刑法概说（总论）》，3版，冯军译，北京，中国人民大学出版社，2007。

③ 参见［日］西田典之：《日本刑法总论》，刘明祥、王昭武译，342页，北京，中国人民大学出版社，2009。

④ 林维：《真正身份犯之规范问题展开——实行行为决定论的贯彻》，载林维主编：《共犯论研究》，159页，北京，北京大学出版社，2014。

俱来的，因而是一种自然身份。例如，强奸罪的主体是男子，只有男子才具有强行与妇女发生性行为的能力。在这个意义上，强奸罪是能力犯。在强奸罪中，女性在现场按住被害妇女的手脚以便于男子强奸的行为，尽管在存在论意义上属于强奸罪的构成要件的暴力行为。但是，从规范论的角度来说，这种作为手段行为的暴力，只有在男子本人实施的情况下才具有实行性，而在妇女实施的情况下则具有非实行性。对此，应该以事中帮助论处。这里还应当指出，即使现场实施暴力的是男子，在其不具有发生性行为的目的的情况下，为另一男子强行与被害妇女发生性关系提供便利的，也属于事中帮助。只有两名男子基于共同的与妇女发生性行为的故意而使用暴力、胁迫手段并与该被害妇女发生性关系的，才能构成强奸罪的共同正犯，即我国刑法所规定的轮奸。

（二）关于没有身份的人与具有身份的人共同实行不纯正身份犯之罪的问题

除了必要的共犯以外，刑法分则是以单独犯罪为标本设置某一具体犯罪的构成要件的，对于不纯正身份犯的规定也是如此。例如，我国《刑法》第 243 条第 1 款规定了诬告陷害罪的基本犯，第 2 款规定了不纯正的身份犯，即国家机关工作人员犯诬告陷害罪的，从重处罚。就这一规定而言，一般是指个人单独犯罪。但是，在国家机关工作人员与非国家机关工作人员共同诬告陷害他人的情况下，对于国家机关工作人员从重处罚当然没有问题。那么，对于非国家机关工作人员是以基本犯论处，还是以不纯正身份犯的共同正犯论处？对于这个问题，在我国刑法理论上一般都认为对于非国家机关工作人员应以基本犯论处。换言之，基本犯的正犯不能成为不纯正身份犯的共同正犯。但是，如果是非国家机关工作人员教唆或者帮助国家机关工作人员进行诬告陷害的，则构成不纯正身份犯的共犯。当然，对于这种不纯正身份犯的共犯是处以基本犯之刑还是应当从重处罚，可能存在争议。但是，我的观点是：既然在不纯正身份犯的情况下，其身份属于责任身份，则其加重或者减轻的效力不及于不具有这种身份的人。因此，非国家机关工作人员教唆或者帮助国家机关工作人员进行诬告陷害的，尽管构成不纯正身份犯的共犯，但仍然应当按照基本犯量刑。在这种情况下，可能存在不合理的问题。例如，对于纯正身份犯的共犯，因为不存在基本犯，即其行为本来是不构成

犯罪的，所以应当按照纯正身份犯的刑罚处刑。但是，对于不纯正身份犯的共犯，因为存在基本犯，即其行为本来是构成犯罪的，所以，应当按照基本犯的刑罚处刑。正是为了弥补这一不合理之处，德日刑法典才规定对于纯正身份犯的共犯应当减轻处罚。由于我国刑法没有这一总则性的规定，因而对纯正身份犯的共犯就不具有刑法总则规定的法定减轻处罚事由，对于帮助犯当然可以视为从犯处以较轻的刑罚。但是，对于教唆犯如果认定为主犯就有可能处以与纯正身份犯相同实质更重的刑罚，这显然不合理。对此，应当在对纯正身份犯的共犯量刑时予以特别关切。

较为复杂的情形在于，刑法对同一行为根据其身份规定了不同罪名以及轻重不同的法定刑。例如，我国《刑法》第252条规定的侵犯通信自由罪，其行为是隐匿、毁弃或者非法开拆他人信件。而第253条规定的私自开拆、隐匿、毁弃邮件、电报罪，其行为主体是邮政工作人员，行为是私自开拆或者隐匿、毁弃邮件、电报。这里的邮件显然包含了信件，因此在实施相同的开拆、隐匿或者毁弃他人信件行为的情况下，没有身份的人以侵犯通信自由罪论处，具有邮政工作人员身份的人则以私自开拆、隐匿、毁弃邮件、电报罪论处。在没有邮政工作人员身份的人与具有邮政工作人员身份的人分别单独犯罪的情况下，应当各定其罪，这是没有问题的。但是，当没有邮政工作人员身份的人与具有邮政工作人员身份的人共同实施上述行为的情况下，则问题变得复杂了。可能应该区分以下两种情形分别考察。

一是没有邮政工作人员身份的人与具有邮政工作人员身份的人共同开拆或者隐匿、毁弃与其身份无关的他人信件。在这种情况下，具有邮政工作人员身份的人是否构成身份犯？这取决于私自开拆、隐匿、毁弃邮件、电报罪的邮件、电报是否必须与其身份相关。从刑法条文规定来看，虽然没有使用利用职务便利一语，但邮件本身是邮政工作的特定用语，我认为具有邮政工作人员身份的人开拆或者隐匿、毁弃与其身份无关的他人信件不构成身份犯，而是与没有邮政工作人员身份的人构成侵犯通信自由罪的共同正犯。当然，在我国刑法学界对此也有不同的观点，认为私自开拆、隐匿、毁弃邮件、电报罪虽属独立罪名，但实际上是侵犯通信自由罪的身份加重犯。因此，利用职务上的便利并不是本罪的构成要件，邮政工作人员没有利用职务上的便利实施本罪行为，也成立本罪，而不是侵犯通信自由罪。[①] 按照这种观点，私自开拆、隐匿、毁弃邮件、电报罪是不纯正身份犯。

二是没有邮政工作人员身份的人与具有邮政工作人员身份的人共同开拆或者隐匿、毁弃与其身份有关的他人信件。在这种情况下，没有邮政工作人员身份的人是与具有邮政工作人员身份的人构成身份犯的共同正犯还是分别定罪？在这种情况下，首先需要明确的是，私自开拆、隐匿、毁弃邮件、电报罪是纯正身份犯还是不纯正身份犯。从形式上看，私自开拆、隐匿、毁弃邮件、电报罪是一个独立罪名，并没有本身的基本犯，因此是纯正身份犯。但是，从实质上看，没有邮政工作人员身份的人隐匿、毁弃或者非法开拆他人信件，也是构成犯罪的，即存在不同罪名的基本犯。因此，私自开拆、隐匿、毁弃邮件、电报罪又似乎是不纯正身份犯。这里取决于我们采取何种立场。我个人倾向于认为，私自开拆、隐匿、毁弃邮件、电报罪是不纯正身份犯。因此，没有邮政工作人员身份的人不能与具有邮政工作人员身份的人构成私自开拆、隐匿、毁弃邮件、电报罪的身份犯。与此同时，没有邮政工作人员身份的人因为其行为本身构成犯罪，所以邮政工作人员这一身份是责任身份，其效力不能及于没有这种身份的人员。在这种情况下，没有邮政工作人员身份的人与具有邮政工作人员身份的人应当分别定罪，即没有邮政工作人员身份的人应当以侵犯通信自由罪论处，而具有邮政工作人员身份的人则应以私自开拆、隐匿、毁弃邮件、电报罪论处。那么，如何看待两者之间的共犯关系呢？我认为，在这种情况下，没有邮政工作人员身份的人的行为具有竞合的性质，即侵犯通信自由罪的正犯与私自开拆、隐匿、毁弃邮件、电报罪的帮助犯的竞合，在其所竞合的限度内成立共犯。但是，基于正犯与共犯竞合，一般应以正犯论处的原则，对于没有邮政工作人员身份的人，应当以侵犯通信自由罪论处。

值得注意的是，对于以上这种同一行为根据其身份构成不同犯罪而共同实施的情形，我国有关司法解释曾经规定按照主犯的身份处罚的原则。这一原则的完

① 参见阎二鹏：《共犯与身份》，55页，北京，中国检察出版社，2007。

整表述出自 1985 年 7 月 18 日最高人民法院、最高人民检察院《关于当前办理经济犯罪案件中具体应用法律的若干问题的解答（试行）》（以下简称《解答》）。该《解答》规定："内外勾结进行贪污或者盗窃活动的共同犯罪（包括一般共同犯罪和集团犯罪），应按其共同犯罪的基本特征定罪。共同犯罪的基本特征一般是由主犯犯罪的基本特征决定的。如果共同犯罪中主犯犯罪的基本特征是贪污，同案犯中不具有贪污罪主体身份的人，应以贪污罪的共犯论处……如果共同犯罪中主犯犯罪的基本特征是盗窃，同案犯中的国家工作人员不论是否利用职务上的便利，应以盗窃罪的共犯论处。"这一司法解释的基本出发点是认为同一个共同犯罪案件只能以一个罪名论处。但是，以上这种类似于贪污罪与盗窃罪的情况，又不是纯正身份犯，不能按照没有身份的人以身份犯的共犯论处的原则办理。在这种情况下，设计出了按照主犯犯罪的基本特征处罚的原则。这个原则受到的普遍质疑是：主犯犯罪的基本特征根本不能决定犯罪的性质。因为主犯与从犯是量刑的概念，而只有主犯与共犯才是定罪的概念。相对于这种所谓主犯决定论，我国学者提出了身份决定论，即按照身份犯的犯罪特征决定犯罪性质，没有身份的人与具有身份的人共同实行的，对没有身份的人按照身份犯的共犯论处。但是，这种身份决定论其实是把上述情况下的身份看作是违法身份，其身份犯是纯正身份犯。但如果把上述情况下的身份视为责任身份，其身份犯是不纯正身份犯，则对没有身份的人按照身份犯的共犯论处就是合适的。对于这个问题，我还是主张采用竞合的视角，把没有身份的人看作是正犯，同时是身份犯的共犯。例如，在内外勾结的情况下，国家工作人员应当认定为贪污罪，这是没有问题的，除非行为人没有利用职务上的便利，不符合贪污罪的构成要件。而非国家工作人员一方面其行为构成盗窃罪的正犯，另一方面构成贪污罪的帮助犯，两者之间存在竞合关系。按照正犯与共犯的竞合，应以正犯论处的原则，在这种情况下，非国家工作人员应认定为盗窃罪。最终的结果是国家工作人员与非国家工作人员分别定贪污罪与盗窃罪，但根据部分犯罪共同说，又不否认在竞合的限度内共犯关系的存在。

（三）关于具有不同身份的人共同实行犯罪的问题

在我国刑法中，身份关系较为复杂，存在大量不同种类的身份犯。在某些情

况下，可能出现具有不同身份的人共同实行犯罪的情形。例如，对于利用职务上的便利侵吞本单位财物的行为，我国刑法根据主体身份的不同分别设置了贪污罪与职务侵占罪。即根据我国《刑法》第 382 条的规定，国家工作人员利用职务上的便利，侵吞、窃取、骗取或者以其他手段非法占有公共财物的，是贪污罪。而根据我国《刑法》第 271 条的规定，公司、企业或者其他单位的人员，利用职务上的便利，将本单位财物非法据为己有，数额较大的是职务侵占罪。这一规定中的公司、企业或者其他单位的人员就是指非国家工作人员。因此，尽管两个条文在罪状的表述上有所不同，但除了行为主体以外，其他犯罪构成要件都是相同的。我们完全可以这样说：贪污罪是国家工作人员的职务侵占罪；职务侵占罪则是非国家工作人员的贪污罪。

在这种具有不同身份的人共同实行犯罪的情况下，如何对不同身份的人员定罪呢？关于这个问题，2000 年 6 月 30 日最高人民法院《关于审理贪污、职务侵占案件如何认定共同犯罪几个问题的解释》（以下简称《解释》）作出了以下规定："第一条　行为人与国家工作人员勾结，利用国家工作人员的职务便利，共同侵吞、窃取、骗取或者以其他手段非法占有公共财物的，以贪污罪共犯论处。第二条　行为人与公司、企业或者其他单位的人员勾结，利用公司、企业或者其他单位人员的职务便利，共同将该单位财物非法占为己有，数额较大的，以职务侵占罪论处。第三条　公司、企业或者其他单位中，不具有国家工作人员身份的人与国家工作人员勾结，分别利用各自的职务便利，共同将本单位财物非法占为己有的，按照主犯的犯罪性质定罪。"在以上规定中，第 1 条和第 2 条规定的是身份犯的共犯问题。但是，这一身份犯是纯正身份犯还是不纯正身份犯，仍然值得研究。《解释》是按照纯正身份犯看待的，对于不具有这种身份但具有另外一种身份的人，按照纯正身份犯的共犯论处。但是，正如我在前面所分析的那样，贪污罪与职务侵占罪都不能简单地认为是纯正身份犯。事实上，没有身份的人完全可以构成普通的财产犯罪，例如盗窃罪、诈骗罪或者侵占罪。这里我需要着重分析的是第 3 条的规定，这一规定涉及具有不同身份的人共同实行犯罪的问题。

《解释》第 3 条的规定，其行为是两种具有不同身份的人员，共同利用各自

的职务便利，侵吞本单位财物。对此，《解释》规定按照主犯的犯罪性质定罪。关于按照正犯的犯罪性质定罪这一原则，我认为存在明显的缺陷，对此已在前文指出。关于这个问题，我国学者周光权教授认为是一个身份犯竞合的问题，即共同犯罪的参与者都具有身份。① 我认为，身份犯的竞合这一提法是具有新意的，可以科学地概括这种身份犯的共同犯罪现象。对于这种身份犯的竞合，周光权教授采用义务犯理论，提出了义务重要者正犯说。其基本原理是：在共同犯罪中，各参与者的行为成立何种犯罪取决于各自的特殊身份，以及在定罪时这种身份的影响力、义务重要性的规范判断。对于身份犯的竞合应当按照如下的进路处理：步骤Ⅰ，就各行为人的身份所对应的犯罪而言，由于每一个身份对应于一项义务，义务具有一身专属性。因此各行为人成立身份犯的同时正犯，而非共同正犯。步骤Ⅱ，仅就义务重要者的身份所对应的犯罪而言，义务重要者成立正犯，义务相对次要者成立共犯。步骤Ⅲ，肯定成立义务次要者成立（与其身份相对应的身份犯的直接正犯和身份重要者的共犯的）想象竞合犯。② 应该说，周光权教授的以上观点是颇有想象力的，其中建立在义务犯基础之上的义务重要者的概念，在我国刑法学界还是首次提出。

关于具有不同身份的人共同实行犯罪的问题，我曾经提出对于身份犯的竞合应当按照想象竞合犯的原理处理。但是，在共犯与正犯竞合的情况下，是从一重罪处断还是以正犯处断，这是一个值得研究的问题。我认为，在一般情况下，对于想象竞合犯应当实行从一重罪处断的原则，但在共犯与正犯相竞合的情况下，应以正犯论处。因为正犯是刑法分则规定的犯罪类型，而共犯是刑法总则规定的犯罪形态，刑法总则的规定是对刑法分则规定的补充，在已有分则规定的情况下，应以分则规定论处。在这个意义上说，刑法分则规定具有优于刑法总则规定的效力。因此，在共犯与正犯竞合的情况下，应以正犯论处。在双重身份犯中，职务侵占罪的主体既是贪污罪的帮助犯又是职务侵占罪的共犯，贪污罪的主体也

① 参见周光权：《论身份犯的竞合》，载《政法论坛》，2012（5），123～132页。

② 参见周光权：《论身份犯的竞合》，载《政法论坛》，2012（5），123～132页。

是如此。根据正犯优于共犯的原则，对此分别应以职务侵占罪的正犯与贪污罪的正犯论处。[①] 我的以上观点与周光权的不同之处仅仅在于：在双重身份犯的情况下，是否双方行为人相互均为双重身份犯。我的回答是肯定的。在贪污罪与职务侵占罪的情况下，国家工作人员与非国家工作人员双方均为双重身份犯。即国家工作人员在构成贪污罪正犯的同时，又构成职务侵占罪的帮助犯；非国家工作人员也是在构成职务侵占罪的同时，又构成贪污罪的帮助犯。但是，周光权教授则根据义务重要者正犯说，认为只有义务次要者才存在身份犯的竞合，即同时构成职务侵占罪的正犯与贪污罪的帮助犯。但是，义务重要者则不存在身份犯的竞合，即如果国家工作人员的义务重要，则其只构成贪污罪的正犯，并不构成职务侵占罪的帮助犯。反之，如果是非国家工作人员的义务重要，则其只构成职务侵占罪的正犯，并不构成贪污罪的帮助犯。这里涉及需要讨论的问题是：从义务犯的原理出发，共同义务共同违反才能成立义务犯的共同正犯。在这个意义上，具有不同身份的人共同实行犯罪的，不可能构成义务犯的共同正犯。但是，具有不同身份的人在构成其自身的正犯的同时，能否构成对方的共犯呢？我的回答是肯定的。而周光权教授则认为，只有义务次要者才能同时构成对方的共犯，义务重要者则不能构成对方的共犯。我认为，义务之有无是一个决定性质的问题，而义务之大小（重要者与次要者）则是一个程度或者数量的问题。因此，按照义务是重要还是次要这个标准作为界定是否构成对方的共犯的根据，是存在疑问的。因此，我还是坚持在承认身份犯的互相竞合的基础上，对具有不同身份的人分别定罪。

（本文原载《法律科学》，2013（4））

① 参见陈兴良、周光权：《刑法学的现代展开》，339页，北京，中国人民大学出版社，2006。

论我国刑法中的片面共犯

在刑法理论上，根据共同故意的形式，可以把共同犯罪分为全面共犯和片面共犯。所谓全面共犯又称为双方的共犯，是指各共同犯罪人在客观上具有共同犯罪行为，在主观上具有全面的共同故意。而所谓片面共犯又称为一方的共犯，是指各共同犯罪人在客观上虽然存在共同的犯罪行为，但主观上只有片面的共同故意。例如，帮助犯明知实行犯在实行犯罪而故意地帮助实行犯，实行犯则并不知道帮助犯在暗中帮助自己实行犯罪。这种情况不仅发生在帮助犯和实行犯之间，还发生在教唆犯和实行犯之间。因此，可以认为：全面共犯是共同犯罪的典型形式，而片面共犯是共同犯罪的特殊形式。

那么，我国刑法中是否存在片面共犯呢？我国刑法学界对这个问题存在否定和肯定两说。否定说认为共同犯罪构成的条件是二人以上基于共同故意实施了共同犯罪，这是全面的、相互的，如果是片面的故意，与共同犯罪的含义是矛盾的。肯定说认为，根据我国刑法关于共同犯罪的有关规定和司法实践的客观要求，不能否认我国刑法上存在片面共犯。至于片面共犯的内容和形式，则还需要进一步的探讨。在我看来，否定说和肯定说之争的关键问题是如何正确理解我国刑法中的共同故意。

我国《刑法》第 22 条第 1 款规定：“共同犯罪是指二人以上共同故意犯罪。”我认为，共同故意像一般的犯罪故意一样，必须具有认识因素和意志因素。对于单独犯罪来说，犯罪故意的认识因素仅包括对于自己的行为和结果以及两者之间因果关系的认识。而对于共同犯罪来说，则犯罪故意的认识因素除对于自己的行为和结果以及两者之间因果关系的认识以外，还需要有互相的认识（全面共同故意）或单方的认识（片面共同故意）。如果各故意犯罪人之间在认识上不存在这种联系，则不构成共同犯罪，在刑法上把这种情形称为“同时犯”。例如，某处失火，甲、乙两人乘机趁火打劫，甲、乙两犯并未通谋，只是偶然在同时同地一起犯罪，这就是同时犯。由上可知，我们对共同故意持广义的理解。也就是说，共同故意可以分为两种形式：一是各共同犯罪人之间具有互相认识的全面共同故意；二是各共同犯罪人之间具有单方认识的片面共同故意。而否定片面共犯的同志则对共同故意持狭义的理解，认为共同故意只能是全面的、相互的故意。也就是说，共同犯罪人不仅认识到自己在故意地参加实施共同犯罪，而且还认识到其他共同犯罪人和他一起参加实施共同犯罪。我认为，根据各共同犯罪人的不同情况，可以而且应该对各共同犯罪人的认识因素实事求是地提出不同的要求。因此，全面共犯和片面共犯之间并不是共同故意有无的区别，而是共同故意形式的区别。或者说，全面共犯和片面共犯在共同故意的内容上只有量的差别，而没有质的差别。正如苏联著名刑法学者 A. H. 特拉伊宁在《犯罪构成的一般学说》一书中指出的：“在每个共犯对其他共犯所参加的活动缺乏互相了解的场合，也完全可能有共同犯罪。只是必须注意，只有在执行犯不了解其他参加人（教唆犯或帮助犯）的场合，缺乏相互了解才不排除共同犯罪：他（执行犯）可能不了解他是犯罪的教唆行为的牺牲品，或者不知道帮助犯提供给了他犯罪工具。相反，如果执行犯了解其他人的帮助，但其他帮助执行犯的人不了解他的计划，那末就没有也不可能有共同犯罪了。”特拉伊宁正确地指出了片面共犯的存在，并且明确地限定了片面共犯存在的一定范围：只有在实行犯不了解帮助犯的帮助行为或教唆犯的教唆行为的情况下，才成立片面共犯。

一定的刑法理论总是为司法实践服务的，并且，司法实践又是检验刑法理论

的真理性的唯一标准。在司法实践中有这样的案例：甲、乙与丙有仇，乙得知甲正寻刀杀丙，就在暗中故意地把杀人凶器放在显眼之处，甲拿到凶器后去杀丙，乙又在丙逃跑必经的路上偷偷地设置障碍，以致丙无法逃脱，被甲追上杀死。在上述案例中，虽然实行犯并不了解乙的帮助，但乙不仅主观上具有杀人的犯罪故意，而且客观上具有杀人的帮助行为，并且其行为的社会危害性已经达到应当受刑罚处罚的程度。但是，如果否认我国刑法中存在片面共犯，就失去了追究乙的刑事责任的法律依据。因为乙的帮助行为和甲的实行行为是丙死亡的共同原因。如果把乙的帮助行为和甲的实行行为割裂开来，而乙的帮助行为并不是我国刑法分则所规定的犯罪构成客观方面的行为，这样就不能根据我国刑法分则追究乙的刑事责任，这显然是放纵了犯罪分子。所以，只有把乙的帮助行为和甲的实行行为有机地结合起来，根据我国刑法总则关于共同犯罪的规定和我国刑法分则关于故意杀人罪的条文，才能使乙受到应有的刑罚处罚。总之，从司法实践的客观要求出发，应该肯定在我国刑法中存在片面共犯。

肯定在我国刑法中存在片面共犯，是否会扩大我国刑法中共同犯罪的范围？我认为，共同犯罪是犯罪的一种特殊形态，而刑法中的共同犯罪制度不过是共同犯罪现象在法律上的反映。因此，共同犯罪的范围应当决定于社会上存在的共同犯罪现象以及处理共同犯罪的司法实践的客观要求。关于共同犯罪的范围，在刑法理论上历来存在行为共同说和犯意共同说的争论。行为共同说认为共同犯罪的成立以共同行为为标志。也就是说，只要具有共同犯罪行为，不论共同犯罪人的主观上是否存在共同故意，都可以成立共同犯罪。行为共同说把共同过失行为，间接正犯等都归之于共同犯罪；这样就不适当地扩大了共同犯罪的范围。犯意共同说则认为共同犯罪的成立应以共通故意为标准。所谓共通故意，按照犯意共同说的理解，一要有自己行为之观念；二要有他人行为之观念；三要有自我行为和他人行为互相补充之观念。犯意共同说不仅把片面共犯排斥在共同犯罪之外，而且以自我行为和他人行为互相补充之观念作为成立共同犯罪的条件之一，并不符合共同犯罪的实际情况。例如，犯罪集团的各成员并非都互相了解；在一个实行犯联结两个帮助犯的场合，这两个帮助犯也不见得都互相了解。因此，犯意共同

说就不适当地缩小了共同犯罪的范围。我国刑法从共同犯罪的实际情况和司法实践的客观需要出发，既不像行为共同说那样，不适当地扩大共同犯罪的范围，也不像犯意共同说那样，不适当地缩小共同犯罪的范围，而是以主观和客观相统一为原则，认为共同犯罪是共同的犯罪故意和共同的犯罪行为的辩证统一。在这个基础上，正确地阐述片面共犯存在的特殊条件，并没有扩大共同犯罪的范围，而是对社会上的共同犯罪现象的科学反映。

为了进一步明确片面共犯的概念，让我们从刑法理论上对成立片面共犯的特殊条件进行一些初步的探讨。

如前所述，只有在帮助犯和教唆犯了解实行犯，实行犯并不了解帮助犯和教唆犯的情况下，才能成立片面共犯。在实行犯了解他人的帮助行为，或者受到他人的言论的影响，实施了一定的犯罪行为，而他人并不了解实行犯的情况下，不能成立片面共犯。因为实行犯的实行行为是我国刑法分则所规定的犯罪构成客观方面的行为，实行犯具有独立性，可以直接适用刑法的有关规定处罚。具体地说，如果实行犯故意地利用他人的行为，而他人不自觉地帮助了实行犯，在这种情况下，帮助者缺乏罪过，因此，帮助者和实行犯不发生共犯关系。对于该实行犯可以依法定罪量刑。再比如，甲在无意中提供了某仓库晚上无人值班的情况，引起乙的犯意。当晚乙窜到某仓库盗窃财物若干。在这里，甲无意地引起了乙的犯罪意图。由于甲对于乙的盗窃行为并不了解，因而甲、乙不成立共犯关系；对于乙可以直接依法处罚。片面共犯的成立之所以以帮助犯和教唆犯对于实行犯的了解为条件，就在于帮助行为和教唆行为不是我国刑法分则所规定的犯罪构成客观方面的行为，它们在一定程度上从属于实行犯的实行行为。在这种情况下，如果否认在我国刑法中存在片面共犯，把帮助行为、教唆行为和实行行为割裂开来，这些帮助犯和教唆犯就失去了定罪量刑的法律依据。

片面共犯一定要有帮助行为和教唆行为，在这一点上，片面共犯不同于无形共犯。刑法理论上的无形共犯是指甲对乙只有精神上的帮助和鼓励，而无有形的帮助行为。无形共犯在主观上具有全面的共同故意，精神上的帮助和鼓励虽然不是有形的帮助行为，但它是无形的帮助行为。因此，无形共犯仍不失为共犯。而

在具有片面的共同故意的情况下，如果没有帮助和教唆行为，就不能成立片面共犯。例如，甲、乙都和丙有仇，某日甲见乙去杀丙，甲希望乙把丙杀死，但主观上未与乙通谋，客观上并未实施任何帮助行为，在这种情况下，甲、乙不得视为片面共犯。

片面共犯是共同犯罪的特殊形式。我们绝不能因为在片面共犯的情况下，实行犯不了解帮助犯的帮助行为而使帮助犯免受刑事追究。尤其是在片面共犯中的教唆犯，往往利用未成年人认识能力和意志能力的不成熟性，以隐蔽的形式教唆其实施犯罪，致使未成年人走上犯罪道路还不知自己是教唆犯的牺牲品，教唆犯由此得以逃避刑事追究。因此，根据我国《刑法》第 26 条第 1 款规定的精神，教唆不满 18 岁的人犯罪，即使实行犯不知教唆犯的教唆行为，对于这样的教唆犯仍应从重处罚。

（本文原载《法学研究》，1985（1））

论我国刑法中的共同正犯

共同正犯是共犯理论中的一个重要范畴，它是对二人以上共同故意实施某一犯罪行为的共犯现象的科学概括。毋庸讳言，在我国刑法理论中，共同正犯的研究尚是一个薄弱领域，大多数刑法学论著都只是在共同犯罪的形式中简单地提及共同正犯（简单共犯），而未加深入研究。我认为，根据我国刑法关于共同犯罪的有关规定，对共同正犯进行探讨，不仅有助于正确地认识共同正犯这一共犯形态的本质，而且还可以把共同正犯作为标本，在刑法理论上剖析其他共犯形态。因此，研究共同正犯具有重大意义。

一

我国刑法没有关于共同正犯的明文规定，但我国刑法关于共同犯罪的概念显然涵括共同正犯。我们可以把共同正犯定义为：二人以上共同故意实施犯罪构成客观方面的行为的实行犯。

关于共同正犯，在刑法理论上存在各种学说的聚讼。概而论之，这些学说可以归结为以下三说：一是犯罪共同说，此说认为二人以上行为者对客观上特定的

犯罪有预见，并对共同实施有认识而实施的犯罪，称为共同正犯。二是行为共同说，此说认为二人以上行为者实施共同的行为而达成各自预期的犯罪，称为共同正犯。三是意思主体共同说，此说认为共同正犯是有共同目的的统一体而实施犯罪的情形。我认为，以上三说对于理解共同正犯具有不同程度的意义，但各有其不足之处。犯罪共同说在共犯一罪的基础上阐述共同正犯，认为共犯数罪，即使各犯罪分子之间具有犯意联络，亦不能成立共同正犯，这就缩小了共同正犯的范围。行为共同说以共同实施作为立论的根据，认为只要具有共同行为，即使是有责之行为人和无责之行为人，其间也可以成立共同正犯，这就扩大了共同正犯的范围。意思主体共同说以协议作为共同正犯成立的前提，认为只要共犯之间具有犯罪协议，即使其中一部分人实施构成要件的行为，亦应成立共同正犯，这无疑是不适当地扩大了共同正犯的范围。综上所述，以上三说或者扩大共同正犯的范围，或者缩小共同正犯的范围，立论根据不同，叙述内容各异，但无不以割裂共同正犯的主观和客观之间的内在联系为其共同特征。因此，上述三说无益于科学地揭示共同正犯的本质，为我国社会主义刑法理论所不取。

以马克思主义为指导的我国刑法理论坚持主观和客观相统一的原则，在共同正犯的问题上，也应该坚持主观和客观的统一。因此，我们认为共同正犯是主观上的共同实行犯罪的故意和客观上共同实施的犯罪构成客观方面的行为的统一。

共同实行犯罪的故意，是共同正犯的主观条件，它是认识因素和意志因素的统一。共同正犯的认识因素，是指犯罪分子明知自己在和其他人一起实施犯罪构成客观方面的行为。在认识因素中，包括自我行为之认识和他人行为之认识以及自我和他人行为互相补充之认识，这是一种全面和互相的认识。共同正犯主观上的这种认识因素，就是共同正犯之间犯意联系的纽带。共同正犯的意志因素，包括希望和放任两种形式。由共同协力实行犯罪的特点所决定，这里的希望和放任不仅是对本人的行为会造成危害结果而言的，而且对其他共犯的行为会造成的危害结果也持希望和放任的心理态度。共同正犯具有如上所述的共同实行犯罪的故意，因此使其犯罪行为结合为一个整体而成为共同犯罪结果的原因，在处罚上发生合一的共犯关系。

共同犯罪的实行行为，是共同正犯构成的客观条件。共同正犯的所谓共同犯罪的实行行为，是指刑法分则所规定的犯罪构成客观方面的行为，那么，如何理解这一犯罪构成客观方面的行为呢？在刑法理论上，对于这个问题存在广义和狭义二说。广义说认为，共同正犯的所谓犯罪构成客观方面的行为，除导致犯罪结果发生的原因行为以外，还包括具有帮助性质而为完成犯罪所必不可少的发生在犯罪现场的其他辅助行为。狭义说认为，共同正犯的所谓犯罪构成客观方面的行为，仅指导致犯罪结果发生的原因行为。广义和狭义两说对实行行为范围的理解不同，因此，对于同一行为可能得出相反的结论。例如杀人罪，甲按住被害人的手脚使其不能反抗，乙持刀将被害人杀死。乙持刀杀人的行为是实行行为，对此两说没有争议。而甲的行为到底是实行行为还是帮助行为，则成为两说争执之焦点。广义说认为甲的现场帮助行为，不失为实行行为，因此甲、乙应视为共同正犯。狭义说认为甲的现场帮助行为，对死亡没有原因力，应以帮助犯论，称为事中帮助。因此，甲、乙不能构成共同正犯。我认为，狭义说对实行行为的理解过于狭窄，否定了共同正犯之间的行为分担。实际上，在共同正犯中也不能排除各共犯之间实行犯罪上的分工。正如有的刑法学家形象地把共同正犯之间实行犯罪上的分工称为小分工，而把其他共犯形态中的分工称为大分工，以示两者的区别。因此，狭义说对实行行为的理解不妥。广义说对实行行为的理解也不妥。广义说对实行行为的理解则过于广泛，认为凡在犯罪现场帮助实行者一律论以实行犯，仍然可能混淆实行行为和帮助行为的界限。在犯罪现场帮助实行犯罪的行为，在一般情况下都是实行行为，但能否由此否定事中帮助犯的存在呢？不能。例如，监狱外面的人在监狱的围墙下接应越狱逃跑的犯罪分子，尽管该人亲临现场帮助使越狱脱逃得逞，该人也不能和脱逃的犯罪分子构成脱逃罪的共同正犯，而只能以帮助犯论处。所以，没有身份的人和有身份的人共犯只能由特殊主体才能构成的犯罪，即使该没有身份的人在现场帮助，也不能成为共同正犯，而只能以帮助犯论处，是为事中帮助。总之，在对共同正犯之构成要件客观方面的行为的理解上，我们要结合犯罪分子的主观犯意和客观犯行，并分析法律对其犯罪构成要件的规定，从事实和法律两个方面进行综合评价，而不可遽下断语。

以上是共同正犯构成的主观要件和客观要件，两者的统一就是共同正犯承担刑事责任的基础。

二

为了从各方面认识共同正犯的性质及其社会危害性程度，我们可以按不同标准对共同正犯的形式进行划分，以便在司法实践中正确处理共同正犯。

（一）从法律对共同正犯的构成要件的规定划分，可以分为集合的共同正犯和对合的共同正犯

集合的共同正犯是指三人以上的犯罪分子在同一目标下共同实施刑法分则所规定的犯罪构成要件的行为。例如，我国《刑法》第 95 条规定的持械聚众叛乱罪，该罪以聚众实施犯罪行为为其犯罪构成的必要条件，是集合的共同正犯的适例。

对合的共同正犯是指犯罪的实行者双方互为实现特定犯罪构成的必要条件，或者说互为实施犯罪的对象。例如，我国《刑法》第 180 条规定的重婚罪，是对合的共同正犯的适例。

（二）从共同犯罪故意形成的时间划分，可以分为预谋的共同正犯、偶然的共同正犯和继承的共同正犯

预谋的共同正犯，又称原始的共同正犯，指二人以上为实施某一犯罪事前进行了共谋，并且共同分担犯罪行为之实行。这种共同正犯由于事前进行了策划，其犯罪目的更能得逞，因而具有较大的社会危害性。

偶然的共同正犯是指二人以上的行为者以各自的犯意实现一定的犯罪构成，在着手实施之际，相互间取得共同的犯意联络，形成偶然的共同正犯。我们必须把偶然的共同正犯和同时正犯加以区别。在刑法理论上，所谓同时正犯是指二人以上没有犯意的联络，于同时或近乎同时的时间关系上，对于同一客体实行同一的犯罪行为。例如，甲、乙两人没有犯意的联络，各自前去杀丙，同时同地向丙开枪，甲射出的子弹未能射中丙，而乙射出的子弹却将丙打死。本案就是典型的同时正犯，因为甲、乙没有犯意的联络，所以不得视为共同正犯，应分别论处。

在本案中，甲未能射中丙，应负杀人未遂的刑事责任，乙开枪将丙打死，应负杀人既遂的刑事责任。如果该甲、乙二人先各以杀丙之犯意去阻击丙，在犯罪现场双方发生犯意联络，则成立偶然的共同正犯。在这种情况下，虽然甲未能射中丙，乙开枪打死丙，两人应共负杀人既遂的刑事责任，对甲不能以杀人未遂论处。所以，正确区分偶然的共同正犯和同时正犯，对于定罪量刑都具有重要意义。

继承的共同正犯，又称相续的共同正犯，是指一个行为者在一定犯意的支配下，在完成该犯罪构成的一部分以后，又取得另一个人的同意，两人一起继续把犯罪的实行行为进行到底，形成继承的共同正犯。在继承的共同正犯的前后两个行为人中，后行为人对于本人加功的行为应负共同正犯的刑事责任，这是毫无疑义的。那么，后行为人对于加功前之前行为人的犯罪行为是否也应承担共同正犯的刑事责任呢？对此，在刑法理论上存在两种观点：第一种观点主张后行为人只对本人介入之后的犯罪行为承担共同正犯的刑事责任，对于介入前的犯罪行为不负刑事责任。第二种观点主张后行为人对其介入前之先行为人的犯罪行为，应当一并承担共同正犯的刑事责任。我们认为，对于这个问题不可一概而论，应根据不同的犯罪形态加以具体分析：(1) 在单一犯的情况下，后行为人虽然是在犯罪实行过程中介入的，仍应对全部犯罪承担共同正犯的刑事责任。例如，甲以抢劫的犯意先行将事主殴伤，这时乙参加进来，甲、乙共同将事主的行李抢走。在本案中，乙虽然没有殴伤事主的行为，但甲、乙仍应构成抢劫罪的共同正犯。(2) 在继续犯的情况下，后行为人也应对全部犯罪承担共同正犯的刑事责任。在刑法理论上，继续犯又称持续犯，指犯罪行为在一定时间处于继续状态的犯罪。例如非法拘禁罪，其行为往往在时间上处于继续状态。如果甲在对他人实行非法拘禁的过程中，乙加入犯罪，甲、乙共同对他人实行非法拘禁。对此，甲、乙应成立非法拘禁罪的共同正犯。(3) 在结合犯的情况下，后行为人如果只参加一罪之实施的，对前行为人所实施的犯罪不负刑事责任。在刑法理论上，结合犯是指数个独立的犯罪行为，根据刑法的规定，结合而成为另一个独立的犯罪。例如，根据我国《刑法》第 191 条第 2 款的规定，邮电工作人员私拆邮件罪和盗窃罪结

合成为贪污罪。如果甲在私拆邮件行为实施完毕以后，乙参与窃取财物，对此，甲应构成结合犯，以贪污罪论处，乙则应以盗窃罪的共同正犯论处。(4) 在牵连犯的情况下，后行为人如果只参加一罪之实施，对前行为人所实施的犯罪不负刑事责任。在刑法理论上，牵连犯是指以实施某一犯罪为目的，而其犯罪的方法行为或者结果行为又触犯其他罪名的情形。在我国司法实践中，对牵连犯不实行数罪并罚，而是从一重罪从重处罚。例如，甲盗窃价值 2 000 元的财物，为了销赃伪造印章，构成牵连犯，甲应以重罪盗窃罪论处。如果乙没有参与盗窃，但却参加了伪造印章，对此，乙应以伪造印章罪的共同正犯论处。

(三) 从共同正犯各共犯所实施的共同实行行为的特征划分，可以分为分担的共同正犯和并进的共同正犯

分担的共同正犯是指各共犯在实行犯罪时，具有行为上的分工，其犯罪行为以共同故意为纽带，互相利用和互相补充，形成共同实行行为。在共同正犯中，就每一个共犯而言，不以实施全部犯罪构成客观方面的行为为必要，这是共同正犯区别于单独正犯的一个显著特征。以抢劫罪为例，单独正犯，行为人必须完成全部抢劫罪的犯罪构成客观方面的行为：一是要有暴力、胁迫或者其他的方法行为；二是要有抢夺财物的结果行为。而二人共同抢劫的，甲实施方法行为，以暴力威胁事主，乙实施结果行为，以强力抢夺其财物，甲、乙二人行为的有机结合是抢劫罪的共同正犯的行为。这一点在牵连犯上体现得更为明显：甲、乙共谋伪造公文诈骗公私财物，甲承担伪造公文的行为，乙承担以伪造的公文实施诈骗的行为，甲、乙构成牵连犯的共同正犯，从一重罪从重处罚，对甲、乙均应以诈骗罪论处。

并进的共同正犯是指各共犯在实行犯罪时，各自的行为均充足全部构成要件。其中又可以分为两种情况：一是各共犯基于犯意之联络而同时对同一对象实行不法侵害，例如甲、乙同时枪击丙，致丙死亡。二是各共犯基于犯意之联络，分别对不同对象实行不法侵害，例如甲、乙共谋杀害丙、丁，甲去杀丙，乙去杀丁。第一种情况，甲、乙应共同对丙的死亡承担刑事责任是没有问题的。第二种情况，虽然甲、乙各杀一人，但对丙、丁二人的死亡都应承担刑事责任。因为共

同正犯的行为是一个整体，所以各共犯对在预谋范围内的其他共犯的犯罪行为都要承担刑事责任。

三

在刑法理论上，共同正犯实行所谓部分行为之全体责任的原则。这就是说，共同正犯中的某些犯罪分子，虽然只实行了构成要件的一部分行为，但要承担全部构成要件的刑事责任，例如甲、乙共同抢劫，甲对事主施以暴力胁迫，乙夺取财物，甲、乙各实施了抢劫罪的构成要件的部分行为，但两者均应对抢劫罪承担刑事责任。那么，为什么在共同正犯中，犯罪分子只实行了部分行为，但却要对整个犯罪承担刑事责任呢？对于这个问题，可以从主观和客观两个方面进行分析。从主观上说，某一犯罪分子虽然只实行了部分行为，但却对整个犯罪具有罪过，犯罪分子明知自己是在实施某一特定的犯罪并对犯罪结果积极追求或持放任态度，因此，他人的行为是在共同故意范围以内的。对此，共同正犯具备对整个犯罪承担刑事责任的主观基础。从客观上说，共同正犯中各实行犯的行为是一个整体，互相补充、互相利用，有机结合、不可分割，这些行为是犯罪结果发生的共同原因。对此，共同正犯具备对整个犯罪承担刑事责任的客观基础。所以，共同正犯的部分行为之全体责任的原则并不违背我国刑法中刑事责任的主观和客观相统一的原则，也不违背罪责自负的原则，因而是科学的，应为我国刑法所取。

以上所说的共同正犯的部分行为之全体责任原则，从质上解决了共同正犯的罪责问题即刑事责任的有无问题。但是，仅仅如此是不够的，在此基础上，我们还必须从量上解决共同正犯的罪责问题即刑事责任的大小问题。对此，应当根据我国刑法的规定，正确地认定各共犯在共同犯罪中的作用，以便解决共同正犯中各共犯的处罚问题。我国刑法根据犯罪分子在共同犯罪中的作用，分别规定了主犯、从犯和胁从犯及其处罚原则。对于共同正犯，应当区别主从，分别论处。

我国《刑法》第 23 条规定："组织、领导犯罪集团进行犯罪活动的或者在共同犯罪中起主要作用的，是主犯。"共同正犯中的主犯，是指在共同犯罪中起主

要作用的犯罪分子。判断某一犯罪分子在共同正犯中是否起主要作用，主要应当根据其在实行共同犯罪中所处的地位、实际参加程度、对造成危害结果的作用等进行全面分析。一般来说，在实行犯罪前，拉拢、勾结他人而后又积极参加犯罪实行的，是主犯。在实行犯罪中，完成对犯罪结果的发生具有决定性意义的行为，例如在杀人罪中，在他人协助下执刀将被害人杀死的，是主犯。在实行犯罪后，策划掩盖罪行、逃避惩罚的活动的，是主犯。总之，在认定共同正犯中的主犯时，要坚持主观和客观相统一的原则，正确地判断犯罪分子在共同犯罪中所起的实际作用。根据我国《刑法》的规定，对共同正犯中的主犯应从重处罚。

我国《刑法》第24条规定："在共同犯罪中起次要或者辅助作用的，是从犯。"共同正犯中的从犯，是指在共同犯罪中起次要作用的犯罪分子。共同正犯中的从犯，虽然直接参加了犯罪的实行，但其所承担的不是主要的犯罪行为，或者其行为没有直接造成严重后果。如果说，共同正犯中主犯和从犯的行为是犯罪结果发生的共同原因，那么，主犯的行为是主要原因，从犯的行为则是次要原因。根据我国刑法的规定，对于共同正犯中的从犯应当比照主犯从轻、减轻处罚或者免除处罚。

我国《刑法》第25条规定，被胁迫、被诱骗参加犯罪的，是胁从犯。共同正犯中的胁从犯是指被胁迫、被诱骗参加犯罪的实行的犯罪分子。这些犯罪分子虽然参加了犯罪的实行，但主观上是在胁迫、诱骗下不自愿或不完全自愿地参加了某些犯罪活动，客观上在整个犯罪活动中处于被动地位，所起的作用比较小。因此，根据我国刑法的规定，对于共同正中的胁从犯，应当比照从犯减轻或者免除处罚。

在共同正犯中，比较常见的是主犯和从犯并存的情形，对此，应该分清主从，依法论处，当然，在某些共同正犯中，各共犯在共同犯罪中所起的作用基本相同，难分主从，对此不必勉强划分，应根据各自所犯的具体罪行的事实、情节和社会危害程度以及个人的具体情况，依法判处适当的刑罚。

（本文原载《法学研究》，1987（4））

论我国刑法中的连累犯

共同犯罪的范围经历了一个历史演变过程，总的趋势是逐渐限制共同犯罪的构成，从而缩小共同犯罪的范围，使共同犯罪制度科学化。连累犯，就是在共同犯罪范围的历史演变过程中，从共同犯罪中排除出来的那些与共同犯罪有一定牵连的犯罪行为。这些犯罪行为曾经纳入共同犯罪的范畴，而现在各国刑法与刑法理论一般都认为它是单独犯罪。但是，由于这种连累犯又与共同犯罪发生着一定的瓜葛，在认定共同犯罪的时候，必须把它和共同犯罪加以区别。因此，在共同犯罪理论中不能不为连累犯留下一席之地。

一

在刑法理论上，连累犯是指事前与他人没有通谋，在他人犯罪以后，明知他人的犯罪情况，而故意地以各种形式予以帮助，依法应受处罚的行为。据此，我们认为连累犯具有以下几个基本特征。

（一）主观特征

明知他人的犯罪情况而予以帮助，这是连累犯的主观特征。

连累犯必须具有帮助他人的故意，明知他人的犯罪情况而为他人逃避法律的追究提供帮助，这就严重地妨害了社会管理秩序，是具有社会危害性的行为。如果对他人的犯罪并不知情，虽然与犯罪有一定的关系或者提供了一定的帮助，也不构成连累犯。

（二）客观特征

在他人犯罪以后，基于主观上的故意而给予他人各种形式的帮助，这是连累犯的客观特征。

连累犯必须实施了一定的帮助行为。根据有些国家刑法的规定，连累犯可以由不作为构成，例如1960年《苏俄刑法典》第19条规定的不检举。而根据我国刑法的规定，连累犯一般只能由作为构成，例如《刑法》第162条规定的窝藏、包庇等行为。但是，1982年全国人大常委会《关于严惩严重破坏经济的罪犯的决定》增加了国家工作人员对经济犯罪知情不举的刑事责任，一般认为这是由不作为构成的。总之，无论是作为还是不作为，连累犯必须对犯罪者实施了一定的帮助行为，这是连累犯应受刑罚处罚的客观基础。

（三）法律特征

连累犯是由法律明文规定的，如果没有法律规定，那些与犯罪具有连累关系的行为就不能作为犯罪论处，这也是连累犯的重要特征之一。

关于法律对连累犯的规定形式，从世界各国的刑法规定来看，可以分为以下两种形式。

一是总则规范与分则规范对应规定的形式。例如，《苏俄刑法典》在刑法总则对连累犯作了概括规定，然后在刑法分则中加以具体规定。之所以这样规定，主要是为了从立法上对连累犯的范围加以限制。例如，1960年《苏俄刑法典》在总则第19条规定不检举只有在本法典分则有特别规定时才负刑事责任；在分则第190条规定了对14种犯罪不检举的，处3年以下的剥夺自由或1年以下的劳动改造。该条规定对情节严重的强奸罪不检举构成连累犯应负刑事责任。这就意味着对情节一般的强奸罪不检举不构成连累犯，因而不负刑事责任。

二是分则规范规定的形式。例如，我国刑法在分则中对几种应受刑罚处罚的连累犯加以明文规定，总则对此则未设一般之规定。例如，我国《刑法》第162条规定了窝藏、包庇罪，因为刑法总则没有对窝藏、包庇的对象加以限制，因此，从原则上说窝藏、包庇一切犯罪分子都构成本罪。但事实上，有些犯罪本身情节就很轻，窝藏、包庇这种犯罪分子，一般来说构不成犯罪。对此，可以按照《刑法》第10条但书的规定不认为是犯罪。因此，虽然总则对连累犯的范围没有限制，也并不是说窝藏、包庇犯罪分子的，毫无例外地都构成连累犯而被追究刑事责任。

在揭示连累犯的特征的基础上，我们可以进一步阐述连累犯的性质。连累犯的性质，主要是指它和共同犯罪中的帮助犯，尤其是事后帮助犯的区别问题。

连累犯与先前的犯罪者之间主观上没有共同的犯罪故意，因此，连累犯不能以共同犯罪论处。共同犯罪故意，是共同犯罪构成的重要条件之一，没有共同犯罪故意就没有共同犯罪可言。而共同犯罪，不但在客观方面表现为与他人有共同的犯罪行为，而且在主观上具有共同故意，对共同犯罪结果持希望或者放任的态度。而连累犯则不同，虽然他与先前的犯罪者之间存在互相的思想交流，但不具有共同犯罪故意。因为共同犯罪故意是以共同实施某一犯罪行为为前提的，各共同犯罪人都是置身事内。而在连累犯的情况下，先前的犯罪者已经将犯罪实施完毕，在此以后逃避法律追究的行为只是前一犯罪行为的延续，并不构成单独的犯罪，在刑法理论上称为不可罚之事后行为，而连累犯对于先前的犯罪者的前一犯罪来说，可谓置身事外，因为该犯罪已经实施完毕，他也没有参与。帮助先前的犯罪者逃避法律追究的行为依法应受处罚，这是一种独立的犯罪行为。对于这一犯罪来说，先前犯罪者也是置身事外，因为他本人对此并不构成独立的犯罪，因此，谈不上共同实施某一犯罪的问题，也就没有共同犯罪故意可言。

连累犯的帮助行为与先前的犯罪结果之间在客观上没有因果关系。因此，连累犯不能以共同犯罪论处。事前通谋的事后帮助犯，虽然物质上的帮助行为是在他人实施犯罪以后提供的，但由于在犯罪以前，就与犯罪的实行者之间存在通谋关系，而这种通谋本身就是对犯罪的实行者的一种精神上的帮助，因此，仍应认为事后帮助犯的行为与犯罪具有因果关系。但是，在连累犯的情况下，由于事前

没有通谋，帮助是在他人犯罪以后实施的，因此，连累犯的帮助行为与先前的犯罪结果之间不存在因果关系。因为因果关系具有严格的时间先后的顺序性，即原因在先，结果在后，所以，只能在结果发生以前的行为中去找原因。如果查明行为人的行为是在结果发生之后才实施的，那么就应当作出结论：该人的行为与结果之间没有因果关系。

二

以上我们分析了连累犯的主要特征，以及连累犯不是共同犯罪的理论根据。现将我国刑法中连累犯的司法适用与立法完善的几个问题探讨如下。

（一）事前通谋的窝赃、销赃应如何论处

在我国刑法学界，对于事先答应盗窃犯，事后为其窝赃、销赃应如何论处的问题，存在两种观点。第一种观点认为，对这种人只能定为窝赃、销赃罪，不能定为盗窃罪的共犯。其理由主要是：我国《刑法》第 162 条第 3 款规定，犯窝藏、包庇罪，事前通谋的，以共同犯罪论处。但是，《刑法》第 172 条对窝赃、销赃罪却未作类似的规定。可见，如果窝赃、销赃人事前没有挑唆他人去盗窃，也未与盗窃犯一起策划如何盗窃，仅仅答应为其窝赃、销赃，就不能以共同犯罪论处。第二种观点认为，对这种人应以盗窃罪的共犯论处，不必再另定窝赃、销赃罪了。其主要理由是：事前答应为盗窃犯窝赃、销赃，可以视为事前通谋。如何处理赃物是盗窃计划中一个不可缺少的有机部分。事前答应为盗窃犯窝赃、销赃，等于为处理赃物提供了担保，对盗窃犯下决心或坚定犯罪的决心具有举足轻重的作用，可视为他在共同犯罪中承担了一定的分工，因此，应以共同犯罪论处。[①] 我认为，在上述两种观点中，第二种观点是正确的，但第一种观点所提出的理由却值得我们重视。根据共同犯罪理论，事前通谋表明行为人具有共同犯罪故意。事后窝赃、销赃表明行为具有共同犯罪行为，完全符合我国《刑法》第

① 参见顾肖荣：《也谈赃物和窝赃、销赃罪》，载《法学研究》，1987（1）。

22 条关于共同犯罪的规定，应以共犯论处。而且，这种情况从立法原意上说，是属于共同犯罪的。因为在立法的时候，已经考虑到如果事先答应犯罪分子，在作案后帮助他窝赃、销售赃物，或者引诱指使青少年进行犯罪活动，坐地分赃或廉价收购其赃物从中渔利，那么这些都应以共同犯罪论处，不属于本罪的范围。[①] 因此，尽管《刑法》第 172 条没有对此作明文规定，对事前通谋的窝赃、销赃犯根据刑法总则关于共同犯罪的规定以共犯论处是理所当然的。但是，对于相同的情况，《刑法》第 162 条明文规定犯窝藏、包庇罪，事前通谋的，以共同犯罪论处；第 172 条中则未规定犯窝赃、销赃罪，事前通谋的，以共同犯罪论处，这确实容易造成误解。因此，第一种观点提出的理由虽然不能论证对于事前通谋的窝赃、销赃犯不能以共犯论处，却使我们感到刑法对这两个问题规定的不协调性。因此，我认为在将来修改刑法的时候，应该在第 172 条增设第 3 款，明文规定上述内容，以便与第 162 条相协调。

（二）知情买赃应如何论处的问题

在认定销赃罪的时候，对于知情买赃的行为应如何处理，是一个存在争议的问题。在刑法制定过程中，对于这个问题也存在一个认识过程。刑法草案第 22 稿没有明确规定窝赃、销赃罪，而是在第 201 条规定："明知是犯罪所得的赃物而收买的，处三年以下有期徒刑或者拘役，可以并处或者单处一千元以下罚金。"刑法草案第 33 稿则增加了销赃的内容，第 190 条规定："意图营利，明知是犯罪所得的赃物而收买或者代为销售的，处七年以下有期徒刑或者拘役，可以并处或者单处罚金或者没收财产。"在对刑法草案第 33 稿修订时，感到把收买赃物列为犯罪，打击面过大，也未必行得通，故将"收买"改为"予以窝藏"，相应地删去前面"意图营利"几个字。[②] 但是，近几年，知情买赃的活动日趋严重。收买的赃物也由过去一般的生活日常用品发展为生产原料、生产工具、建筑材料以至工程技术图纸等。这些物资，如果没有销路，一般不会成为盗窃对象。现在销赃

① 参见高铭暄：《中华人民共和国刑法的孕育和诞生》，233 页，北京，法律出版社，1981。

② 参见高铭暄：《中华人民共和国刑法的孕育和诞生》，232 页，北京，法律出版社，1981。

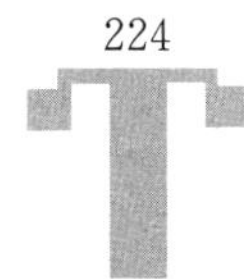

较易，直接诱发了盗窃这些物质的重大犯罪，使国家和集体利益受到严重损害。由于对收买赃物的行为法无明文规定，对于这个问题的理解在理论上和实践中都比较混乱。在刑法理论上，一般认为知情买赃不属于销赃。例如，有的学者指出，一时贪图便宜，对来路不明的物品，加以收买的人，不以刑事罪犯看待，可进行批评教育。① 有些学者则认为这种认识是片面的，指出：从行为人的主观上看，明知是赃物，因贪图便宜买来自用，对自己的行为是否妨碍司法机关侦查破案，是否起到支持犯罪的作用，采取了听之任之，漠不关心的放任态度。从客观后果来看，这种行为的社会危害性与直接帮助犯罪分子将赃物售与他人的行为，并无二致。② 因此，这些学者实际上是把知情买赃理解为代为销售的一种情况。有些学者则更加明确地指出，明知是犯罪所得的赃物而大量购进情节严重的，已在客观上替犯罪分子销赃，这种行为就应构成本罪。③ 在司法实践中，对知情买赃的，有些地区以销赃罪论处，较多的地区则无偿追回赃物以及给予行政处分。鉴于这种情况，我国刑法学界有人建议根据目前收买赃物的实际情况，有关立法机构似应对收买赃物的行为作出相应的处罚规定，或委托有关机关作出明确的司法解释，以统一司法实践的做法。④ 我认为，根据现行刑法的规定，司法解释不可能将知情买赃解释为代为销售，可行的办法还是修改刑法，在第 172 条补充规定明知是犯罪所得的赃物而收买的行为。在目前刑法没有修改以前，对社会危害性达到了应受刑罚处罚程度的知情买赃的行为，可以类推比照《刑法》第 172 条的规定予以处罚。

（三）知情不举应如何论处的问题

1982 年全国人大常委会《关于严惩严重破坏经济的罪犯的决定》（以下简称《决定》）第 1 条（四）规定："对于本条（一）、（二）、（三）所列的犯罪人员，有追究责任的国家工作人员不依法处理，或者因受阻挠而不履行法律所规定的追

① 参见何鹏主编：《刑法概论》，572 页，长春，吉林人民出版社，1981。
② 参见高志勇：《如何认定销赃犯罪?》，载《法学》，1986（2）。
③ 参见李洪海：《刑法学概论》，392 页，北京，中国展望出版社，1986。
④ 参见吴元浩：《"收买赃物"的透视》，载《法学》，1986（2）。

究职责的；对犯罪人员和犯罪事实知情的直接主管人员或者仅有的知情的工作人员不依法报案和不如实作证的，分别比照刑法第一百八十七条、第一百八十八条、第一百九十条所规定的渎职罪处罚。”一般认为，这里所谓“不依法报案和不如实作证”便是刑法理论中的知情不举。

《决定》并没有将知情不举一般地规定为犯罪，而是对知情不举的范围作了明确的限制。从主体上说，《决定》对知情不举规定的是特殊主体而不是一般主体。根据《决定》的规定，知情不举的主体限于“对犯罪人员和犯罪事实知情的直接主管人员或者仅有的知情的工作人员”。所谓直接主管人员，是指犯罪分子的直接上级负责人。所谓仅有的知情的工作人员，是指除罪犯本人之外对犯罪事实唯一知情的国家工作人员。这些人明知其亲属或者同事的经济犯罪活动，而不依法报案和不如实作证，势必使经济罪犯逍遥法外，严重危害社会主义经济秩序，并且侵害司法机关的正常工作秩序，因此，应受刑罚处罚。从对象上说，《决定》将知情不举限于几种严重的经济犯罪，主要是指：走私罪、投机倒把罪、盗窃罪、贩毒罪、盗运珍贵文物出口罪、受贿罪。只有对这些经济犯罪知情不举才能构成犯罪。从客观上看知情不举表现为不依法报案和不如实作证两种形式。不依法报案是指在确切了解犯罪事实和犯罪分子的情况下，不向有关部门告发。不如实作证是指明知犯罪真相，负有作证义务而拒绝如实作证的行为。从主观上看，知情不举都必须是故意的，即明知犯罪真相而故意地不依法报案和不如实作证。但是，在我国刑法学界，有人认为在知情不举的情况下，犯罪者的心理状态可能是故意，也可能是过失。具体地说，不如实作证，其心理状态永远只能是故意。而不依法报案则可能是故意，也可能是疏忽大意的过失，即某人虽然应该想到他有责任把自己所知道他人的犯罪行为向有关机关告发，但他却并未想到这一点，这就是疏忽大意过失的不依法报案。① 我认为，这种观点是没有法律根据的。因为我国《刑法》第12条第2款规定：“过失犯罪，法律有规定的才负刑事责任。”而《决定》并没有明确规定知情不举的过失责任，当然只能理解为只有

① 参见孙飞：《干部对经济犯罪知情不举应负刑事责任》，载《法学季刊》，1983（3）。

故意地知情不举才负刑事责任。况且，《决定》没有规定知情不举罪，而是规定比照《刑法》第188条、第190条分别情况以徇私枉法罪或者私放罪犯罪论处。而这两种犯罪都是故意犯罪，因此，不存在过失知情不举的问题。

（本文原载《法律科学》，1989（1））

论我国刑法中的实行过限

实行过限，又称为共同犯罪中的过剩行为，是指实行犯实施了超出共同犯罪故意的行为。在实行过限的情况下，实行过限行为的人当然应对其犯罪行为承担刑事责任，但是，对没有实行过限行为的其他共同犯罪人应如何处理呢？这就是本文所要研究的问题。

对于实行过限，我国《唐律》就有规定，《唐律》对实行过限虽未设一般性的规定，但对于个别罪名则特别明示其处罚原则。例如，《唐律·贼盗》规定，“其共盗，临时有杀伤者，以强盗论。同行人不知杀伤情者，止依窃盗法”。据此，参与共同盗窃而非谋议强盗者，对他人之临时起意杀人伤人知情的，应负同一责任；如不知情仅负盗窃之罪责。在英国刑法中，则有处理实行过限的一般原则。这个原则在1966年“皇家诉安徒森和莫里斯”一案的批注中有过充分的阐述：“当两个人合谋从事一项犯罪时，彼此要对为促成这项犯罪的行为负责，包括要对由此而产生的意外结果负责。但是，如果其中一人超出了彼此同意的范围，另一人不能对这种未经他同意的行为负责。至于这种行为是属于合谋的范围还是超出了这个范围，要由每个案件的陪审员具体断定。”我国刑法对实行过限没有明文规定，但根据我国刑法理论，行为人只有在对某一危害结果主观上具有

罪过的情况下才能负刑事责任。而过限行为，超出了共同故意的范围，所以应当由实行的人对过限行为单独承担刑事责任，其他共同犯罪人对过限行为不负刑事责任，这就是我国刑法处理实行过限的原则。

一、共同实行犯与实行过限

在共同实行犯的情况下，甲、乙二人共同实行犯罪，如果甲实施了超出预谋的犯罪行为，对此，乙不负刑事责任，而应由甲本人对过限行为承担刑事责任。例如，甲、乙共同入室盗窃，甲入里屋，乙在外屋，甲盗窃后见床上一个女人正在熟睡，就乘机强奸了她，在外屋盗窃的乙对甲的强奸行为全然不知，故而对甲的强奸行为不负刑事责任。

在认定共同实行犯中的实行过限的时候，要把实行过限与临时起意的共同犯罪加以区别。所谓共同犯罪中临时起意的共同犯罪行为，是指共同犯罪人预谋犯一种罪，但在实行这种罪的过程中，临时起意共犯了另一种罪。在这种情况下，当然应由各实行犯共同承担刑事责任。例如，甲、乙共同入室盗窃，甲入里屋，乙在外屋，甲见床上有一妇女，就对该妇女进行强奸。乙在外屋闻声后进入里屋，也强奸了该妇女。甲、乙共谋是犯盗窃罪，但在犯盗窃罪的过程中临时起意共犯强奸罪。该强奸罪虽然是超出原先共谋范围的，但是二人共同实行的，因此不存在实行过限问题，在这种情况下，甲、乙二人均应对临时起意的强奸行为承担刑事责任。在上述案例中，其他实行犯对临时起意的超出预谋范围的犯罪行为参与了实行，这与实行过限的区别是明显的。但是，如果共同实行犯中的某一个实行犯临时起意实施了超出共谋范围的犯罪行为，其他实行犯对此虽然知情，但并未参与，在这种情况下，是否属于实行过限呢？例如，甲、乙两人共谋强奸丙，强奸完毕后，甲临时起意杀人灭口，在没有与乙商量的情况下，当着乙的面将丙杀死。甲、乙二人构成强奸的共同实行犯是没有问题的，现在的问题是：甲应负故意杀人罪的刑事责任，乙对故意杀人罪是否也应承担刑事责任呢？我们认为，甲的杀人行为虽然是临时起意，但乙对此并非全然不知，而是明知甲会将丙

杀死，却采取了一种容忍的态度，表明甲的行为并不违背乙的意志，因此，尽管乙没有亲手实施杀人行为，也应对杀人行为承担刑事责任。由此可以得出结论：甲的杀人行为不是实行过限。

总之，在认定共同实行犯的实行过限的时候，必须注意考察实行犯对某一临时起意的犯罪行为是否知情。在一般情况下，如果根本不知情，就谈不上对该犯罪行为具有罪过。因此，该犯罪行为属于实行过限，不知情的实行犯对此不负刑事责任。如果行为人是知情的，即主观上对该犯罪行为是容忍的，尽管没有亲手实行，也应承担刑事责任，该犯罪行为就不是实行过限。

二、组织犯与实行过限

在集团犯罪的情况下，犯罪集团中的组织犯虽然只是进行组织、策划，而没有参与犯罪的实行，仍应对事前预谋的犯罪行为承担刑事责任。但是，如果犯罪集团中的个别成员实施了不是犯罪集团预谋的犯罪行为，超出了这个集团犯罪活动计划的范围，就应当由这个成员单独负责，组织犯对此不负刑事责任，因为它超出了犯罪集团的预谋，属于实行过限。

三、教唆犯与实行过限

教唆犯的犯罪意图是由被教唆的人最终实现的，被教唆的人在实现教唆犯的犯罪意图过程中，会出现“不及”与“过”的情况。所谓“不及”，就是被教唆的人只体现了教唆犯的部分犯意。例如，甲教唆乙杀害丙，乙没有杀丙，只是伤害了丙。在这种情况下，乙应负故意伤害罪的刑事责任。所谓“过”就是被教唆的人的实行过限，在这里，我们所要重点研究的就是被教唆的人的实行过限问题。

我国刑法学界有人把被教唆的人的实行过限，分为重合性过限与非重合性过限。我们认为，这种分法还是有一定道理的。因为非重合性过限比较容易认定，而重合性过限则易于混淆，这两个概念的提出有助于我们认定被教唆的人的实行

过限。在刑法理论上，所谓重合性过限，就是指被教唆的人所实行的犯罪与教唆犯所教唆的犯罪之间具有某种重合性的情况下而发生的实行过限。例如，甲教唆乙伤害丙，乙却杀害了丙。在这种情况下，甲只负教唆故意伤害罪的刑事责任，乙则负故意杀人罪的刑事责任。就教唆犯而言，应视为被教唆的人实现了其所教唆的犯罪。所谓非重合性过限，是指被教唆的人除实行了教唆犯所教唆的犯罪以外，还实施了其他犯罪。例如，甲教唆乙盗窃，乙在盗窃以后，又强奸了女事主，在这种情况下，甲、乙在盗窃罪的范围内，成立教唆与被教唆的共同犯罪关系。对于被教唆的人过限实行的强奸行为，教唆犯不负刑事责任，而由被教唆的人单独负责。

在认定被教唆的人的实行过限的时候，必须对教唆犯的教唆内容进行认真考察，确定被教唆的人是否超出了教唆的范围。在教唆内容较为确定的情况下，认定被教唆的人是否实行过限较为容易。但是，如果教唆犯的教唆内容较为概括，则就使确定被教唆的人是否实行过限发生困难。在刑法理论上，一般把这种教唆内容较为概括的教唆称为概然性教唆。在概然性教唆的情况下，由于教唆的内容不太明确，甚至毫不明确，因此，一般来说，只要由于教唆犯的概然性教唆而使被教唆的人产生了犯意，则行为人无论实施了何种犯罪，没有明显超出教唆范围的，都不应视为实行过限。例如，甲让乙不惜一切代价搞到一笔钱，则无论乙是通过盗窃还是抢夺或是抢劫搞到这笔钱，都不违反甲的本意，相应地，甲对其中任何一种犯罪都应承担教唆犯的刑事责任。因此，乙实施其中任何一种犯罪行为都不能认为是实行过限。

在刑法理论上，还存在选择性教唆的情形。所谓选择性教唆，就是教唆犯的教唆具有让被教唆的人在几种犯罪之间进行选择的性质。在选择性教唆的情况下，被教唆的人只要在供选择的范围内实施犯罪行为，就不发生实行过限的问题。例如，甲教唆乙对丙实施犯罪活动，如果只有这样一个概然性的意向，没有提示具体的手段，就是概然性教唆。如果甲明确提出伤害丙，盗窃丙的财产、放火烧毁丙的房屋这样几种犯罪行为，供被教唆的人选择，就是选择性教唆。因此，选择性教唆与概然性教唆还是有所不同的，不应将两者混淆。在选择性教唆的情况下，存在四种可能：一是被教唆的人没有犯任何罪。在这种情况下，教唆

犯应以供选择数罪中最重要的犯罪的教唆犯论处。依《刑法》第 26 条第 2 款的规定从轻或者减轻处罚。二是被教唆的人犯了供选择数罪中的一个罪，在这种情况下，教唆犯应对此罪承担教唆的刑事责任，不存在过限问题。三是被教唆的人犯了供选择数罪中的两个以上的罪，有时甚至犯了供选择的所有犯罪。在这种情况下，被教唆的人的行为没有超出教唆犯的教唆范围，教唆犯仍应对所犯数罪承担教唆的刑事责任，也不发生过限问题。四是被教唆的人除犯供选择的数罪中的犯罪以外，还犯了其他罪行，在这种情况下，教唆犯只对供选择的数罪中的犯罪承担教唆的刑事责任，对于除此以外的其他犯罪不负刑事责任。在此，被教唆的人实施的供选择的数罪以外的其他犯罪，就属于实行过限，应由被教唆的人独自负责。

四、帮助犯与实行过限

帮助犯的犯意也是通过被帮助的人实现的，如果被帮助的人实施了超出帮助故意范围的其他犯罪，就发生了实行过限的问题。被帮助的人的实行过限，具有不同于其他共同犯罪的实行过限，现分两种情况说明如下：一是被帮助的人在实施过限行为时没有利用帮助犯所提供的帮助。例如，甲为乙去丙家盗窃提供了有关情况，乙在盗窃的过程中为抗拒逮捕而将丙打伤，在这种情况下，乙打伤丙与甲的帮助无关，甲对于乙打伤丙的过限行为当然不负刑事责任。二是被帮助的人在实施过限行为时利用了帮助犯所提供的帮助。例如，甲为乙杀丙提供了一把凶器，乙在杀丙时被丁发现，乙用这把凶器将丙、丁都杀害了。又如，甲为乙伤害丙提供了一件凶器，乙却利用这件凶器将丙杀害了。在上述两种情况下，乙都实行了超出甲的帮助故意范围的犯罪行为，属于实行过限。由于在实行这种过限行为时，被帮助的人利用了帮助犯所提供的帮助，因此，帮助犯对这种行为是否承担刑事责任可能产生疑问。实际上，无论被帮助的人是否利用了帮助犯的帮助，只要超出了其帮助故意的范围，都属于实行过限，帮助犯对被帮助的人的过限行为不负刑事责任。

（本文原载《法学杂志》，1989（6））

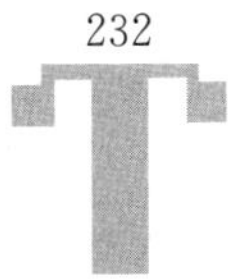

共同犯罪人分类的比较研究

一

共同犯罪人的分类是指依照一定的标准，对共同犯罪人进行适当的分类，以确定各个共同犯罪人的刑事责任。根据我国刑法的规定，共同犯罪是指二人以上共同故意犯罪。而各个共同犯罪人在共同犯罪中的地位、作用和分工是有所不同的，为了规定各个共同犯罪人的刑事责任，必须依据一定的标准，对共同犯罪人进行科学的分类，在此基础上确定共同犯罪人的处罚原则。

关于共同犯罪人的分类，古今中外存在不同的立法例。对这些立法例进行比较研究，可以为理解我国刑法中的共同犯罪人的分类提供历史背景与理论基础。

（一）以犯罪分子在共同犯罪中的分工为标准对共同犯罪人分类的立法例（以下简称分工分类法）

世界上大多数国家对共同犯罪人的分类，都是分工分类法。这种分类法始于1810年《法国刑法典》。1871年《德国刑法典》在继承《法国刑法典》关于共同犯罪人分类的立法例的基础上，又有所发展与完善。它仍然坚持以犯罪分子在共

同犯罪中的分工作为共同犯罪人的分类标准，并把共同犯罪人分为以下三类：一是正犯，二是教唆犯，三是从犯，这就是所谓三分法。这较之《法国刑法典》的二分法有所进步，而且对共同犯罪人实行区别对待，对从犯的处罚采得减主义，较之《法国刑法典》的平等主义有所进步。由于1871年《德国刑法典》具有如上的优点，其共同犯罪人的三分法至今为大多数国家刑法所沿用。社会主义国家刑法关于共同犯罪人的分类，基本上是以《德国刑法典》为蓝本的。但是，1952年《阿尔巴尼亚刑法典》在上述实行犯、教唆犯、帮助犯的基础上，明确地增加了组织犯这一类。1958年《苏联和各加盟共和国刑事立法纲要》也增加了组织犯，这就形成了共同犯罪人分类的四分法，即实行犯、组织犯、教唆犯和帮助犯。

（二）以犯罪分子在共同犯罪中的作用为标准对共同犯罪人分类的立法例（以下简称作用分类法）

中国古代刑法向来把共同犯罪人分为首犯与从犯两类，这种以犯罪分子在共同犯罪中的作用为标准对共同犯罪人的分类法发轫于《唐律》。明、清各代的律例相沿不改。中国封建刑法由于强调主观犯意在共同犯罪中的意义，因此规定造意为首。也就是说，在共同犯罪中的作用问题上，注重犯意发起，这反映了我国封建统治者诛心的思想。

在刑法理论上，一般把分工分类法与作用分类法相提并论。但是，在对这两种立法例进行比较以前，我们不能忽视一个重要的前提，这就是两种立法例是建立在两种截然不同的共同犯罪观念的基础之上的。西方各国刑法中的共同犯罪，从广义上来说，包括正犯与共犯两类。正犯在刑法分则有明文规定，而共犯则是由刑法总则加以补充规定的。这一特点决定西方国家刑法关于共同犯罪的立法的重点就不能不放在共犯的定罪上。也就是说，其刑法总则关于共同犯罪的规定，主要是为了解决共犯的定罪问题。而我国封建刑法中的共同犯罪，实际上只是指共同实行犯。因为共同实行犯的各种犯罪已在各篇明文加以规定，而教唆犯划入教令犯，对某些严重犯罪的帮助犯也在各篇加以规定。这样，西方刑法共同犯罪中的教唆犯与帮助犯这两个范畴，在中国封建刑法中，都已经通过立法而转化为

实行犯了。所以，在中国封建刑法中不存在共同犯罪的定罪问题，这个问题已经由各篇的具体规定解决了。正因为如此，中国封建刑法对共同犯罪的一般规定，主要任务只能是解决共同实行犯的量刑问题。这样，其对共同犯罪人的分类以犯罪分子在共同犯罪中的作用为标准，也就是顺理成章的了。可见，中国封建刑法对共同犯罪人的作用分类法，重点是要解决共同犯罪的量刑问题，但这是建立在已经解决了共同犯罪的定罪问题的基础之上的。如果无视这一点，以为在没有解决共同犯罪的定罪问题的情况下，就可以对共同犯罪人实行作用分类法，这无疑是一个误解。

分工分类法，是以直观的共同犯罪人的分工作法分类标准的。就此而言，分工分类法似乎是一种形式分类法。然而，这种分类法却涉及一个本质问题——这就是共同犯罪的定罪问题。刑法分则规定的是犯罪的实行行为，实施这种行为的人是正犯，对正犯可以直接按刑法分则处罚。而对教唆行为与帮助行为，刑法分则没有规定，由刑法总则加以规定，使其犯罪构成得以补充而具备。分工分类法重点是解决共犯的定罪问题，但在同时解决了共犯的量刑问题。例如，1871 年《德国刑法典》规定教唆犯之刑依被教唆的人之刑而决定。这就是说，教唆犯之刑参照正犯决定。而正犯之刑在刑法分则都有明文规定，这样教唆犯的量刑问题也就解决了。又如，1871 年《德国刑法典》规定对从犯采得减主义，这也就解决了从犯的量刑问题。当然，由分工分类法的特点所决定，它不可能十分圆满地解决共同犯罪的量刑问题。

作用分类法，从严格意义上说，是指我国《唐律》创立的共同犯罪人的分类法。它虽然圆满地解决了共同实行犯的量刑问题，但它是在把教唆犯与帮助犯排斥于共同犯罪的范畴之外的基础上确立的，这就使它带有不可避免的狭隘性。正因为如此，作用分类法在当代世界通行的共同犯罪的概念即共同犯罪人不仅指实行犯而且包括非实行犯的基础上，不可能单独地成为共同犯罪人的分类法。例如，将主犯定义为在共同犯罪中起主要作用的犯罪分子，将从犯定义为在共同犯罪中起次要作用的犯罪分子。这里的主犯与从犯只能是存在于共同实行犯中的主犯与从犯，因为这里的犯罪是以刑法分则的规定为前提的，而刑法分则只有对实

行犯的规定。因而，作用分类法的局限性是显而易见的。通过比较，我们可以看出：分工分类法虽然对解决共同犯罪的量刑问题不够圆满，但这种缺陷可以通过其他方法，如规定处罚共同犯罪的一般原则等得到一定程度的弥补，因此不失为一种较为科学的共同犯罪人分类法。如果不这样认识，就很难理解世界上绝大多数国家采分工分类法的原因之所在了。作用分类法较为理想地解决了共同犯罪的量刑问题，但这只限于共同实行犯的量刑，这就使这种分类法具有很大的局限性。

二

在革命根据地法律中，对共同犯罪人的分类，基本上是实行三分法，即实行犯、教唆犯与帮助犯。中华人民共和国成立以后，中央人民政府颁行的各种单行刑事法规虽未对共同犯罪人全面分类，但也涉及这一问题。例如，1951 年《中华人民共和国惩治反革命条例》在规定持械聚众叛乱罪和聚众劫狱或暴动越狱罪的刑事责任时，就对犯罪的组织者、主谋者、指挥者、罪恶重大者、积极参加者等不同情况加以区分。但是，这些对共同犯罪人的分类，主要是对某一个罪的具体规定，还没有上升为一般规范，没有形成一个固定的模式，因此，在立法过程中，共同犯罪人的分类就成为一个争论的热点，也是历次刑法草案修改中前后变动最大的问题之一。

在刑法制定过程中，关于共同犯罪人的分类问题，展开了热烈讨论，提出了五种分类法。如果对这五种分类法进一步加以概括，大约可以分为以下三种意见。一是根据犯罪分子在共同犯罪中所起的作用分类，将共同犯罪人分为主犯、从犯或在主犯与从犯之间增加一般犯。二是根据犯罪分子在共同犯罪中的分工分类，将共同犯罪人分为正犯、教唆犯、帮助犯或增加一类组织犯。三是折中分类法，其中又分为三种方案：第一种是以分工分类为主、以作用分类为辅的方案。按分工分类，划分为组织犯、实行犯、教唆犯和帮助犯，在这个分类的基础上再把主从的分类吸收进去，即肯定组织犯是主犯，肯定帮助犯是从犯，至于教唆

犯，就要区分是主犯或不是主犯；对于实行犯，就要区分是主犯、从犯或一般犯，认为这样就能兼有上述两种分类法的优点，既解决定罪问题，又解决量刑问题，比较全面。第二种是以作用分类为主、以分工分类为辅的方案。它基本上按作用分类，但考虑到教唆犯在定罪上有其特点，可以单独列出，故将共同犯罪人分为主犯、从犯、教唆犯等。第三种是两种分类并列的方案，即把共同犯罪分为两种类型：集团性的共同犯罪与一般的共同犯罪。对集团性的共同犯罪（如反革命集团、走私集团等）按犯罪分子在共同犯罪中的作用分类，认为过去我们政策中说的主犯、从犯，主要是指的集团性的共同犯罪。至于一般的共同犯罪，有一些很难说谁是主谁是从，勉强划分不太自然，所以应该按犯罪分子在共同犯罪中的分工分类，分为正犯、教唆犯、帮助犯。①

1963 年全国人大常委会起草的《中华人民共和国刑法草案（修正稿）》即第 33 稿，对共同犯罪人的分类基本上统一起来了，将共同犯罪人分为主犯、从犯、胁从犯、教唆犯。这是采纳了折中分类法中以作用分类为主、以分工分类为辅的方案。我国现行刑法对共同犯罪人的分类，基本上是按第 33 稿确定的，从而正式确立了我国刑法中共同犯罪人的分类法。

我国刑法对共同犯罪人的分类，是以惩办与宽大相结合的政策为根据的。这一政策的核心思想是对犯罪分子要区别对待。在这一政策的指导下，我国刑法对共同犯罪人的分类，就不能不把重点放在区别共同犯罪人的社会危害性大小上。这样，刑法确立以作用分类为主、以分工分类为辅的共同犯罪人的分类法也就是理所当然的了。因此，我认为，我国刑法对共同犯罪人的分类法虽然在一定程度上受历史传统的影响，但主要还是受惩办与宽大相结合的政策的制约。如果不从惩办与宽大相结合的政策入手，就难以揭示我国刑法关于共同犯罪人的分类法的深刻内涵。

---

① 参见高铭暄：《中华人民共和国刑法的孕育和诞生》，52～54 页，北京，法律出版社，1981。另注：上述方案中都规定有胁从犯一条，但是否列入共同犯罪人的种类尚有争论。

三

刑法颁行以后，我国刑法学界关于共同犯罪人分类的认识也大体上得到了统一，即认为我国刑法关于共同犯罪人的分类是两种分类法的统一，这种分类法既解决了共同犯罪人的量刑问题，又解决了共同犯罪人的定罪问题。按照这种分类法，将共同犯罪人分为主犯、从犯、胁从犯，使共同犯罪人的量刑问题得以圆满解决。而教唆犯单独规定一条，并对教唆犯按照他在共同犯罪中所起的作用处罚。这样就将教唆犯这一分类，纳入以在共同犯罪中所起的作用为分类标准的分类体系中，从而获得了分类的统一性。但是，我国刑法学界也还有个别学者不同意上述观点，认为我国刑法仅将共同犯罪人分为主犯、从犯和胁从犯，刑法对教唆犯作了专门规定，但教唆犯不是共同犯罪人中的独立种类。[①] 对此观点，笔者持否定的态度，理由如下。

首先，这里存在一个分工分类法与作用分类法能否结合的问题。论者认为，上述两种不同的分类方法是不能同时结合采用的。因为划分标准不同，划分出来的子项也不同。将不同标准划分出来的共同犯罪人并列在一起，必然要出现一个罪犯同时具有并列的双重身份的混乱现象。我认为，两种分类法能否结合，关键是要看两者在内容上是否互相排斥。如果内容上不是互相排斥，那么，尽管采用不同的分类标准，两者也是可以结合的。例如，对法律的分类，按照不同的标准，法律有国内法与国际法，程序法与实体法、成文法与不成文法等分法。以刑法为例，它是国内法，是实体法，又是成文法。一身而兼三任，怎么不能统一？这里根本不存在分类重叠的问题。恰恰相反，它还有助于揭示事物多方面的属性。对共同犯罪人的分类也是如此，从分工上看，有实行犯、组织犯、教唆犯、帮助犯之分；从作用上看，有主犯、从犯、胁从犯之分。任何一种共同犯罪人，都存在这种双重身份的问题。例如，我国刑法中的主犯，可以分为三种人：一是

① 参见张明楷：《教唆犯不是共犯人中的独立种类》，载《法学研究》，1986（3）。

犯罪集团中的组织犯，二是聚众犯罪中的首要分子，三是主要的实行犯。这样，主犯这个作用分类的概念却涵括了组织犯、实行犯等按分工分类的范畴。唯有如此，才能科学地解决共同犯罪人的定罪量刑问题。如果只按作用分类，而不包括分工分类的内容，那么，除非像《唐律》那样仅规定对共同实行犯的分类，不涉及定罪问题，是可行的。而在其他情况下，如果在立法上没有解决定罪问题，量刑也就是一句空话。例如，从犯的概念中如果不把帮助犯包括进去，那么，帮助犯没有定罪根据，又何谈对其量刑呢？可见，两种分类必须统一，也是可以统一的，我国刑法也确实将其统一起来了。当然，我国刑法对教唆犯采取了比较特殊的立法方式，不是像实行犯那样，将起主要作用的归入主犯，起次要作用的归入从犯，而是单列一类，这主要是考虑到教唆犯的定罪量刑的复杂性与特殊性。例如，对教唆不满 18 岁的人犯罪的规定，对教唆未遂的规定，如果教唆犯不是单列一类，也就无法规定这些内容。此外，我国刑法规定，对教唆犯按他在共同犯罪中的作用处罚。如果起主要作用，就按主犯论处，如果起次要作用，就按从犯论处。这里所谓“按……论处”，我理解，是指准用主犯或者从犯的处罚原则。具体地说，起主要作用的，从重处罚，起次要作用的，比照主犯从轻或者减轻处罚。因此，在这种情况下，教唆犯仍然是教唆犯，它并没有变成主犯或者从犯，只是分别依主犯或者从犯处罚而已。这也正是教唆犯不同于实行犯、组织犯、帮助犯的地方，组织犯包括在主犯中，成为主犯的一部分，帮助犯包括在从犯中，成为从犯的一部分，实行犯分别归入主犯与从犯。这样，在我国刑法中，组织犯、实行犯与帮助犯就不再是共同犯罪人的独立种类，这也体现了我国刑法以作用分类为主的立法思想。但是，教唆犯则是我国刑法中共同犯罪人的独立种类，它虽然按其在共同犯罪中的作用，分别按主犯或者从犯论处，但它没有被归入主犯与从犯，而是同主犯与从犯并列的共同犯罪人。从教唆犯这个局部看，可以说是以分工分类为主、以作用分类为辅。当然，这并不能否认在整体上我国刑法是以作用分类为主、以分工分类为辅。从这个意义上说，我国刑法对共同犯罪人的分类是采取了一种非常实用的做法，即接受了这样一种意见：基本上按作用分类，但考虑到教唆犯在定罪上确有其特点，可以单写一条，虽说分类标准有点不

一致，但只要符合实际需要，不算什么问题。① 因此，我们认为分工分类法与作用分类法是可以结合的，教唆犯与主犯、从犯并列并不存在犯分类重叠的逻辑错误的问题。

其次，这里还存在一个作用分类与分工分类的关系问题。论者认为，上述两种分类，实际上是在不同的层次上进行的，即实行犯、组织犯、教唆犯和帮助犯是在低层次上进行分类所得出的子项，而主犯、从犯和胁从犯则是在高层次上进行分类所得出的子项。因此，我们不能把教唆犯与主犯、从犯、胁从犯并列起来，否则就犯了超级划分的逻辑错误。并且其举例说，在我国司法实践中，司法机关在认定共同犯罪人行为的社会危害性程度大小时，一般是先看行为人是实行犯、帮助犯，还是教唆犯、组织犯，然后再分析他们在共同犯罪中所起的作用大小，即是主犯还是从犯或胁从犯。我们认为，这种关于分工分类与作用分类的关系的认识是错误的。实际上，分工分类与作用分类根本不存在层次高低的问题，更不能把司法实践中先看分工后看作用作为层次高低的理由。分工分类与作用分类，前者主要是解决定罪问题，后者主要是解决量刑问题。按照定罪与量刑的内在逻辑关系，当然是定罪在前，量刑在后。显然，这里涉及的不是分类层次的高低问题，而是定罪量刑的顺序问题。因此，将教唆犯与主犯、从犯和胁从犯并列，不存在所谓越级划分的问题。

最后，如果教唆犯不是我国刑法中共同犯罪人的独立种类，那么，教唆犯在我国刑法中的地位就难认确认。刑法对共同犯罪人的分类无非是为了解决定罪量刑问题，我国刑法规定教唆犯也是为了解决其刑事责任的问题。但是，如果不承认教唆犯是共同犯罪人的独立种类，那么它与主犯、从犯的关系到底如何呢？这个问题就不好回答。至于论者认为不能因为刑法中出现了教唆犯这一名称，就推论教唆犯是共同犯罪人中的独立种类。如果是这样，刑法中出现的首要分子也是共同犯罪人中的一个独立种类了，这是难以为人赞同的。我认为，这种诘难也是站不住脚的。因为我国刑法把教唆犯规定在共同犯罪一节中，并把它与主犯、从

① 参见高铭暄：《中华人民共和国刑法的孕育和诞生》，53页，北京，法律出版社，1981。

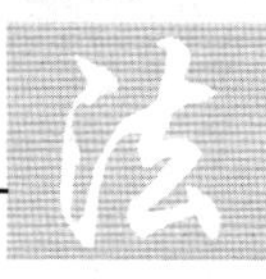

犯、胁从犯并列，而首要分子却规定在其他规定中，是以名词解释的形式出现的，所以，不能把教唆犯与首要分子相提并论。而且，刑法不把首要分子规定在共同犯罪中，也是有其明显的立法意图的。因为《刑法》第86条对首要分子的解释，主要是针对刑法分则条文中出现的首要分子而言的。这些首要分子有些是共同犯罪人，还有的不是共同犯罪人，因此，不能一律作为共同犯罪人加以规定。同时，这些首要分子在刑法分则中有明文规定，已经成为实行犯的一部分，对属于共同犯罪人的首要分子定罪是不成问题的，只要解决其量刑问题就可以了。这样，在刑法关于共同犯罪的规定中，把属于共同犯罪人的首要分子归入主犯，视为在共同犯罪中起主要作用的犯罪分子，也就是顺理成章的了。因此，肯定教唆犯是我国刑法中共同犯罪人的独立种类，并不会当然地推出首要分子也是共同犯罪人的独立种类的结论，建立在这个推论基础上的结论是没有科学根据的。

综上所述，我们认为，我国刑法对共同犯罪人的分类，采取了以作用分类为主、以分工分类为辅，两种分类法相统一的分类法，具有一定的独创性。

（本文原载《法律学习与研究》，1988（3））

从犯如何比照主犯处罚之我见

从犯的刑事责任，是同主犯的刑事责任相对而言的。因此，我国《刑法》第24条第2款规定从犯比照主犯处罚，这就为从犯从轻、减轻处罚或者免除处罚提供了参照对象。从犯如何比照主犯处罚，是一个对从犯处罚至关重要的问题，这在刑法理论上还缺乏研究。我认为，从犯在比照主犯处罚的时候，应该注意以下几点。

第一，主犯犯有数罪，从犯只参与其中一罪的，应对主犯所犯数罪分别定罪量刑，然后参照与从犯共犯之罪的刑罚，对从犯予以从轻、减轻处罚或者免除处罚，而不是比照主犯数罪并罚后的刑罚，对从犯予以从轻、减轻处罚或者免除处罚。例如，主犯甲犯有流氓罪与强奸罪，流氓罪被判处有期徒刑6年，强奸罪被判处有期徒刑10年，数罪并罚后决定执行有期徒刑15年。从犯乙与主犯甲共犯强奸罪。从犯乙应当比照主犯甲强奸罪的刑罚——有期徒刑10年从轻、减轻处罚或者免除处罚，因为从犯乙没有参与主犯甲所犯的另一流氓罪，对流氓罪当然不负刑事责任。但是，如果对从犯乙比照主犯甲数罪并罚后决定执行的刑罚——有期徒刑15年从轻、减轻处罚或者免除处罚，就意味着从犯乙对主犯甲另犯的流氓罪也承担了刑事责任，这显然是违背刑法基本原理的。由此可见，对犯有数

罪的人在分别定罪量刑的基础上实行数罪并罚，在某些情况下，对于从犯的处罚也是具有积极意义的。如果不是这样做，而是按估堆方法对数罪确定刑罚，那么，在从犯只参与主犯所犯数罪中的一罪的情况下，就不能科学地对从犯比照主犯从轻、减轻处罚或者免除处罚。

第二，主犯是连续犯，从犯只参与其中一起犯罪的情况下，不能简单地对从犯比照主犯处罚，而是要以主犯与从犯共犯的一起犯罪为根据，对从犯比照主犯对这一起犯罪应负的刑事责任从轻、减轻处罚或者免除处罚。因为根据我国刑法理论，对连续犯是以一罪从重论处，所以，主犯的刑罚包含了连续实施的数起犯罪的刑事责任。如果从犯比照主犯的这一刑罚从轻、减轻处罚或者免除处罚，就意味着从犯对他所未犯的罪承担了刑事责任。这是不合刑法原理的。主犯是连续犯，从犯只参与一起犯罪，在处罚的时候，有两种情况：一是法律只规定了一个罪刑单位。例如，《刑法》第 156 条规定："故意毁坏公私财物，情节严重的，处三年以下有期徒刑、拘役或者罚金。"在这种情况下，主犯实施数起毁坏公私财物罪，从重处罚判处 3 年有期徒刑。从犯只参与其中一起，就不能比照 3 年有期徒刑从轻、减轻处罚或者免除处罚，而是应对从犯参与的那一起犯罪，主犯应负的刑事责任进行比照，在此基础上，对从犯予以从轻、减轻处罚或者免除处罚。二是法律规定了两个罪刑单位。例如，《刑法》第 139 条规定："以暴力、胁迫或者其他手段强奸妇女的，处三年以上十年以下有期徒刑。""奸淫不满十四岁幼女的，以强奸论，从重处罚。""犯前两款罪，情节特别严重的或者致人重伤、死亡的，处十年以上有期徒刑、无期徒刑或者死刑。"如果主犯甲连续三次强奸妇女，从犯乙只参与其中一次。主犯甲因连续三次强奸妇女而属于情节特别严重，被判处有期徒刑 15 年，对从犯乙不能比照主犯有期徒刑 15 年从轻、减轻处罚或者免除处罚，而只能在 10 年以下从轻、减轻处罚或者免除处罚。我们认为，对于这一点的理解是十分重要的，否则就会在对从犯的处罚上发生错误。例如，金某，男，18 岁，系某劳保商店临时工。刘某，男，17 岁，系某厂工人。金某先后三次勾结他人诈骗所在商店劳保手套 30 000 多副，计人民币 30 000 多元。其中，刘某参与了一次，诈骗劳保手套 10 000 副，计人民币 9 000 余元。一审法院依照

《刑法》第152条判处主犯金某有期徒刑7年，依照《刑法》第151条判处从犯刘某有期徒刑4年。判决以后，被告刘某不服，提出上诉，并委托律师为其辩护。律师认为：一审法院对主犯金某适用《刑法》第152条，对从犯刘某适用《刑法》第151条是正确的。但是，刘某是未成年人，依照《刑法》第14条第3款规定应当从轻或者减轻处罚；刘某又系从犯，依照《刑法》第24条第2款规定应当比照主犯从轻、减轻处罚或者免除处罚。在刘某具有上述两个法定从轻、减轻处罚和一个免除处罚情节的情况下，判处刘某4年有期徒刑，显然畸重。一审之所以这样判决是在如何对从犯比照主犯处罚上发生了错误认识所致。因为以为主犯金某判处7年有期徒刑，从犯刘某处4年有期徒刑，对从犯刘某已经比照主犯金某从轻处罚了。但是，实际上，主犯金某作案三次，刘某仅参加一次。若对从犯刘某比照主犯金某三次犯罪判处有期徒刑7年从轻处罚，那就意味着让从犯刘某对其未参与的其他两次犯罪也承担刑事责任，这显然是不妥的。更何况刘某还有一个未成年人情节应当从轻、减轻处罚的情况。上诉以后，二审法院对刘某依法改判2年有期徒刑，我认为，改判是正确的。

第三，主犯具有其他从重或者从轻、减轻处罚和免除处罚情节的，应当比照主犯从重或者从轻、减轻处罚和免除处罚以前应当判处的刑罚，对从犯从轻、减轻处罚或者免除处罚。这里所说主犯具有的其他从重情节，是指主犯本身以外的从重情节。因为根据《刑法》第23条规定，对于主犯，除本法分则已有规定的以外，应当从重处罚。由此可见，主犯本身就是一个从重情节。那么，从犯比照主犯从轻、减轻处罚或者免除处罚，是指比照主犯从重以后还是以前的刑罚呢？我们认为是主犯从重以后的刑罚。例如，主犯甲与从犯乙共犯强奸罪。甲被判处有期徒刑8年，这8年已经将主犯这一从重情节考虑进去了。对此应当比照有期徒刑8年从轻、减轻处罚或者免除处罚。但是，如果主犯具有其他从重情节，则应当对从犯比照主犯从重以前的刑罚从轻、减轻处罚或者免除处罚。例如，主犯甲与从犯乙共同故意重伤害他人。主犯甲又系累犯，依照《刑法》第61条应当从重处罚。如果主犯甲没有累犯这一情节，应判处有期徒刑5年；因为累犯而从重，判处有期徒刑7年。在这种情况下，从犯乙是比照7年还是比照5年从轻、

减轻处罚或者免除处罚呢？我认为应当比照5年从轻、减轻处罚或者免除处罚。因为甲是累犯，这种从重处罚的效力并不及于从犯的。在主犯具有从轻、减轻处罚或者免除处罚的情节时，对从犯也应比照主犯从轻、减轻处罚或者免除处罚以前的刑罚从轻、减轻处罚或者免除处罚。例如，主犯甲与从犯乙共犯故意杀人罪。主犯甲投案自首，依照《刑法》第63条的规定，对甲从轻处罚。甲如果没有自首情节，应判处有期徒刑15年；因为自首而予以从轻处罚，判处有期徒刑12年。从犯乙只能比照15年从轻、减轻处罚或者免除处罚，而不能比照12年。

第四，从犯具有从重、从轻、减轻情节的，应在比照主犯从轻、减轻处罚或者免除处罚以后再从重、从轻、减轻处罚。例如，主犯甲与从犯乙共犯盗窃罪。从犯乙系累犯。主犯甲判处3年有期徒刑。从犯乙如果没有累犯的从重情节，应判处2年有期徒刑。乙因为累犯从重处罚，判处4年有期徒刑。这样，就出现了对从犯的处罚比主犯的还重的情形，这是合理的。在从犯具有其他从轻、减轻情节的情况下，应在比照主犯从轻、减轻的基础上进一步从轻。例如，主犯甲犯强奸罪判处有期徒刑9年，从犯乙、丙在共同强奸中的作用相当，应判处有期徒刑7年。但是，乙具有自首从轻的情节，应在7年的基础上从轻，判处5年。只有这样，才能体现罪刑相适应的刑法基本原则。我认为，司法人员在理论上明确这一点，在具体量刑的时候，按照这一思路考虑问题，是有益的。同时，在司法实践中，可以通过从重或从轻幅度的大小来解决这一问题。例如，主犯又系累犯，判处10年有期徒刑。对从犯比照主犯从轻的时候，应考虑到主犯的10年有期徒刑已经包含累犯从重的因素，对从犯从轻的幅度可以大一些。又如，从犯又系未成年人，在比照主犯从轻处罚的时候，也应将从犯从轻与未成年人从轻这两个情节一并加以考虑，从轻的幅度相应地大一些。

第五，主犯与从犯各有从重、从轻或者减轻情节的，应当在主犯从重、从犯从轻的基础上再予以从重、从轻或者减轻处罚。

（本文原载《法学》，1988（7））

论胁从犯

依据我国《刑法》第 25 条的规定，对于被胁迫、被诱骗参加犯罪的，是胁从犯。胁从犯是我国刑法中特有的共同犯罪人的种类，为加深对它的认识，我们有必要对胁从犯的有关问题进行深入研究。

一

胁从犯是共同犯罪人的种类之一。因此，它只存在于共同犯罪之中，既具有共同犯罪人的共性，又具有不同于其他共同犯罪人的个性。那么，胁从犯具有哪些个性特征呢?

（一）胁从犯是被胁迫、被诱骗参加犯罪的，这是胁从犯不同于其他共同犯罪人的特征之一，也是构成胁从犯必须具备的前提

在共同犯罪人中，主犯与从犯，虽然在共同犯罪中的作用有所不同，但从主观上来说，都是自觉自愿地参加犯罪的。至于教唆犯，他本人虽然不参加犯罪的实行，但他是犯意的发起者。因此，这些共同犯罪人在共同犯罪中都居于主动的地位。而胁从犯则有所不同，从主观上说，胁从犯不仅本来没有犯罪意图，而且

在受到胁迫的时候，他也不完全愿意犯罪，或者说，他去实施犯罪在一定程度上是违反本人意愿的，仅仅为了避免对本人的不利，而迫不得已地参加了犯罪。在这个意义上，我们可以说，胁从犯的犯罪故意是别人强加于他的，是共同犯罪中主要成员的故意的延伸或派生物。因此，胁从犯在共同犯罪中居于被动的地位，其参加犯罪具有一定的不得已性。

（二）胁从犯在共同犯罪的过程中处于从属的地位，其所起的作用在一般情况下，比从犯的还要小，在个别情况下，也可能等于从犯的

必须指出，我们说胁从犯所起的作用比较小，这是从他的行为的社会危害性程度上来说的，至于从分工上来看，胁从犯的共同犯罪行为既可能是实行行为，也可能是帮助行为，我国刑法学界存在一种观点，认为胁从犯所实施的共同犯罪行为，只能是帮助行为，而不可能是实行行为。这种观点是没有法律根据的。因为我国刑法规定被胁迫、被诱骗参加犯罪的是胁从犯。所谓参加犯罪，当然是指参加共同犯罪，而共同犯罪行为的形式包括实行行为和帮助行为，刑法并没有将胁从犯的行为局限于帮助行为。

以上两个特征必须同时具备，才能认定为胁从犯，如果仅具备其中的一个特征，就不得以胁从犯论处。一个犯罪分子，虽然在共同犯罪中起的作用很小，但他不是被胁迫、被诱骗参加犯罪，而是自觉自愿地参加犯罪的，这样的人当然不能以胁从犯论处，对于这一点恐怕不会发生疑问。一个犯罪分子，虽然是被胁迫、被诱骗参加犯罪的，但在共同犯罪中却起主要作用，那么，能否以胁从犯论处呢？对于这个问题，我国刑法学界尚无人论及。我们认为，虽然被胁迫、被诱骗参加犯罪，但在共同犯罪中起主要作用的，不能以胁从犯论处。因为我国刑法对共同犯罪人的分类是以犯罪分子在共同犯罪中的作用为主要标准的，主犯、从犯、胁从犯，其在共同犯罪中的作用呈现出一种速减的趋势。胁从犯之所以应当减轻或者免除处罚，不仅仅在于他是被胁迫、被诱骗参加犯罪的，更重要的是他在共同犯罪中的作用比较小，唯其如此，才能把他纳入作用分类法。如果胁从犯在共同犯罪中的作用不是较小，而是较大，甚至等同于主犯的作用，对这样的人仍予以减轻或者免除处罚，显然有悖于我国刑法关于共同犯罪人的分类的立法精神。

以上是说构成胁从犯必须同时具备上述两个特征。那么，这两个特征的关系如何呢？我国刑法学界有人认为，在对胁从犯进行认定的时候，主要应看他是否被胁迫、被诱骗参加犯罪的，其次才看他在共同犯罪中的作用如何。两个条件．前面一个起决定作用，后面一个则只起补充作用。我认为，这种对胁从犯的两个特征之间的关系的认识是不妥的。诚然，在认定胁从犯的时候，首先要看是否被胁迫、被诱骗，如果没有这一情节，根本就谈不上胁从犯。因此，被胁迫、被诱骗是构成胁从犯的前提条件。然而，前提条件并非就是起决定作用的条件。对于构成胁从犯来说，起决定作用的条件是他在共同犯罪中的作用比较小，这个条件虽然只有在具备前一个条件的基础上才能起作用，但它对于构成胁从犯来说却是根本的条件。我国刑法之所以规定胁从犯应当减轻或者免除处罚，不仅仅因为他是被胁迫、被诱骗参加犯罪，更主要是因为他在共同犯罪中的作用比较小，这也正是不把被胁迫、被诱骗参加犯罪作为一个从轻情节，而是作为作用分类法中共同犯罪人的独立种类的根本原因之所在。明确这一点，对于我们认识胁从犯的本质具有重要意义。

根据我国刑法的规定，胁从犯可以分为以下两种基本类型。

（一）被胁迫参加犯罪的人

这里的胁迫是指由于各种原因而在精神上受到一定程度的威逼或者强制。在这种情况下，行为人没有完全丧失意志自由，因此仍应对其犯罪行为承担刑事责任。例如，甲要抢劫枪支弹药库，用刀逼问看守乙，乙在逼迫下说出了枪支弹药存放地点，并用钥匙打开枪支弹药库，使甲的犯罪行为得以完成。在本案中，乙就是被胁迫参加犯罪的胁从犯。这种胁从犯是受共同犯罪中的主犯的威逼、恐吓而被迫参加犯罪活动的，主观上并非完全出于自愿。但是，在别人的胁迫下，他又参加了犯罪活动，并且其行为与犯罪结果之间存在因果关系，这就使其行为与主犯发生一定程度的联系，其成为共同犯罪的参与者之一。

（二）被诱骗参加犯罪的人

这里的诱骗是指由于对实际情况不了解而误信谎言，受了蒙蔽。在这种情况下，行为人对实际情况并非一无所知，有些则是开始不知，后来明白了真相，但

仍不能自拔，继续参加犯罪活动，因此，应对其犯罪行为承担刑事责任。例如，甲对乙谎称到一个朋友家去玩，到了一户人家，两人一同进去，见里面无人，甲谎称是朋友家，遂翻箱倒柜寻找钱财。这时乙已经知道这不是所谓到朋友家玩，而是入室行窃。于是乙也参与盗窃，并与甲共同挥霍赃款。在本案中，乙就是被诱骗参加犯罪的胁从犯。这种胁从犯是受共同犯罪中的主犯的欺骗、诱惑而参加犯罪活动的，并非出于自觉。但是，在别人的诱骗下，他参加了犯罪活动。因此，乙主观上仍然是有罪过的，属于共同犯罪的参与者之一。

以上两类胁从犯是根据犯罪分子主观罪过受外界作用的因素而划分的。我国刑法理论表明，行为人的主观罪过包括认识因素和意志因素。在故意犯罪的情况下，认识因素是指行为人必须明知自己的行为会造成危害社会的结果，意志因素是指对这种危害社会的结果抱着希望或者放任的心理态度。而在被胁迫参加犯罪的情况下，行为人虽然对犯罪结果具有认识，但其意志却受到他人的抑制，具有犯罪的不完全自愿性。在被诱骗参加犯罪的情况下，行为人对于犯罪结果的认识不够明确，其意识受到他人的蒙蔽，具有犯罪的不完全自觉性。因此，这两类胁从犯还是存在一定区别的。明确这一点，有益于揭示胁从犯的本质。

我国刑法之所以规定胁从犯，主要是为了对共同犯罪人进行更加细致的区分，以便更好地贯彻惩办与宽大相结合的政策。这也是首恶必办、胁从不问的政策的法律化。

胁从不问的政策，最早是毛泽东同志 1947 年在《中国人民解放军宣言》中提出来的，但胁从不问并不是对胁从分子一律不作为犯罪论处。从历史上看，革命根据地时期 1934 年的《中华苏维埃共和国惩治反革命条例》就规定对被他人胁迫非本人愿意犯法，避免其因胁迫而犯罪者，得按照各该条文的规定减轻或免其处罚。1942 年从中共中央《关于宽大政策的解释》中也谈道，我们在惩治破坏分子时，主要的应是惩治那些首要分子，其次才是惩治那些胁从分子。在胁从不问政策提出以后，1950 年《中华人民共和国惩治反革命条例》规定，对被反革命分子胁迫、欺骗，确非自愿者，得酌情从轻、减轻或免予处刑。1963 年 3 月 23 日中央政法小组关于修改《中华人民共和国刑法草案（草稿）》情况和意见

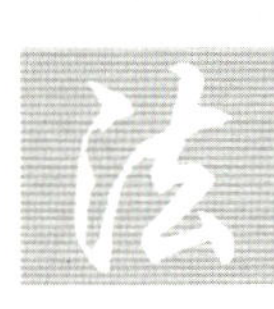

的报告中，更是明确指出，党的首恶必办、胁从不问的刑事政策是共同犯罪人分类的根据之一，此外，从刑法制定过程来看，胁从犯从一般从宽情节上升为共同犯罪人种类，经历了一个较为复杂的演变过程。1950 年《中华人民共和国刑法大纲草案》在共同犯罪中未规定胁从犯，但把犯罪的实施系受他人的强暴、胁迫作为从轻的犯罪情节之一，予以从轻。1954 年《中华人民共和国刑法指导原则草案（初稿）》对共同犯罪的条文有两种写法，在分工分类法中规定，对于确实是被胁迫或者盲目附和而参加犯罪的人，不适用共犯的规定。在作用分类法中规定，对确实是被欺骗或者被胁迫参加共同犯罪的人，应当按照情节给予适当处罚或者免予处罚。由此可见，上述两种写法对胁从犯的处理是大相径庭的。分工分类法规定胁从犯不适用共犯的规定，言下之意，就是胁从犯不属于共同犯罪人。而作用分类法则认为胁从犯属于共同犯罪人，但又不是作为与主犯、从犯并列的共同犯罪人的种类而存在的，而是视为一种从宽情节。1957 年的刑法第 22 稿仍把胁从犯作为共同犯罪处罚时的从宽情节，而不是作为共同犯罪人的独立种类。直到 1963 年刑法第 33 稿，才把胁从犯与主犯、从犯并列作为共同犯罪人的独立种类确定下来。现行刑法参照第 33 稿，确定了目前的胁从犯概念及处罚原则。总之，我国刑法对胁从犯的规定是惩办与宽大相结合的政策的体现，并且克服了主犯与从犯简单划分所带来的弊病，这正是我国刑法的科学性的生动体现。

二

在司法实践中，如何正确认定胁从犯是一个十分重要的问题。如果在这个问题上发生了错误，要么将其他共同犯罪人认定为胁从犯，从而放纵了犯罪分子；要么将无罪的人认定为胁从犯，导致刑及无辜。为此，有必要对胁从犯的认定问题加以认真研究。我国刑法中的胁从犯，可以分为被胁迫参加犯罪与被诱骗参加犯罪两种情况。现分别对这两种胁从犯的认定进行初步探讨。

（一）被胁迫参加犯罪的胁从犯的认定

在认定被胁迫参加犯罪的胁从犯的时候，首先要把它和由不能抗拒的原因所

引起的不可抗力加以区别。根据我国《刑法》第 13 条的规定，行为虽然造成了损害结果，但是不是出于故意或者过失，而是由不能抗拒的原因所引起的，不认为是犯罪。如果行为人在身体上完全受强制，丧失了意志自由，那么，尽管由此而造成了客观损害，但因主观上没有罪过，行为人不应承担刑事责任。例如，犯罪分子将铁路上的扳道员捆绑起来，火车到时，扳道员因身体受到强制而不能正常地履行本人的职责，以致发生了车毁人亡的重大事故，该扳道员是无罪的，不能认定为胁从犯。在这种情况下，车毁人亡的事故的发生，对于扳道员来说属于不可抗力，因此不负刑事责任。

在认定被胁迫参加犯罪的胁从犯的时候，还必须把它和紧急避险加以区别。如果行为人受到他人的胁迫、为保护更大的利益而屈从于他人的胁迫，应视为紧急避险，不以胁从犯论处。例如，民航客机在飞行中，劫持飞机的罪犯用枪逼迫驾驶员和乘务员把飞机开到指定的地方。这时，如果驾驶员和乘务员不怕威逼恐吓，制服了罪犯当然更好。但是，如果我们强求他们与罪犯拼个你死我活，否则，就以胁从犯论处，这显然是不合适的。因为劫持飞机的人一般都是亡命之徒，并掌握着足以造成机毁人亡的武器，如果发生了正面冲突会发生不堪设想的严重后果。因此，驾驶员为了保护全体乘客的生命和国家财产的安全，把飞机开到罪犯指定的地点，不能认为是胁从犯。一般说来，在被胁迫的情况下，只有为了保护更大的公共利益而屈从于胁迫者，实施了一定的损害行为，才不认为是胁从犯，而应以紧急避险论处。如果为了苟全本人的性命，牺牲重大的公共利益，就谈不上紧急避险。例如，一个特务潜入我部队的高级指挥机关，企图窃取我国防上的核心军事机密。他闯入机要室时，用枪逼着机要员把保险柜的钥匙交出来，或者直接把机密文件交出来，否则就打死他。在这种情况下，机要员不是为保护国家的重要军事机密和国家利益与特务搏斗，或者以身殉职，而是为了活命，听从敌人摆布，交出军事机密，该机要员能否说是紧急避险呢？显然不能。因为军事机密涉及国家军事利益和千百名战士的生命，牺牲如此重大的利益保全个人生命，不能认为是紧急避险。即使符合紧急避险的前提条件，也应该认为是超过了紧急避险的必要限度造成了不应有的危害，应当负刑事责任。我国《刑法》第 18 条第 2 款规定，避险过当的，应当酌情减轻或者免除处罚。而《刑法》第 25 条规定对胁从犯也是减轻处罚或者免除处罚，说明两者的处罚原则完全一致，对这种情况下的人以胁从犯论处是合适的。

在被胁迫参加犯罪的情况下，除上述两种情形以外，没有其他阻却行为人的刑事责任的事由。但是，在我国刑法学界，对这个问题的认识并不一致，而是存在互相对立的两种观点。第一种观点认为，在受到某些暴力侵害或以当场实施暴力相威胁的胁迫下，被强迫者具有以下心理状态：第一，意志自由被突然的侵袭所抑制，神经处于高度紧张状态之中，基本上处于不能自制和不能自由表示的境地；第二，被强迫者本无犯罪意图，此时亦不希望犯罪结果发生，同样，更没有放任的心理状态；第三，在不情愿或身不由己（即不得已）的情况下，他的行为是不自觉地实施的，完全违背其本意的，上述心理状态表明，被强迫者的意志自由基本丧失。因此，不应让其负刑事责任。[①] 第二种观点认为，被胁迫者的行为不符合紧急避险时，不可能由于受胁迫达到一定程度而阻却责任。因为，除非胁迫者诱发了被胁迫者的精神病，即使以死相逼也未必能使被胁迫者丧失意志自由而成为机械。[②] 在上述两种观点中，我们同意第二种观点，因为在精神上受到强制的情况下，行为人的意志只是受一定的抑制，但并没有完全丧失意志。被胁迫的人之所以违心地屈从胁迫而参加了犯罪，也正是经过利弊权衡以后作出的决定，这一决定本身就表明被胁迫者还是具有一定程度的意志自由的，对其以胁从犯论处是应该的。

在认定被胁迫参加犯罪的胁从犯的时候，我们还必须注意胁迫的形式是多种多样的。胁迫既包括以对人身将要实施暴力相威胁，还包括以对财产造成损失相威胁以及以揭发隐私相威胁等，使行为人迫于精神上的强制，不得不参加犯罪。但是，在我国刑法学界存在一种观点，认为如果某一种胁迫手段还没有达到足以使人去犯罪的程度，就不能定胁从犯。对于以揭露被胁迫人的隐私、劣迹，破坏

① 参见江磊：《强迫犯罪被胁迫者的责任分析》，载《法学与实践》，1986（3）。

② 参见杨诚：《论教唆犯与间接实行犯的理论区别》，载《上海法学研究生论文集》，155 页，上海市研究生法学协会、华东政法学院研究生会，1985。

其名誉人格，以及利用从属关系和求助关系进行的胁迫，原则上就不应当认定为胁从犯。因为这一类胁迫手段强度相对较弱，时间性也并不急迫，被胁迫人完全有条件采取抵制的做法。而被胁迫人没有这样做，或者是由于存在私念，或者是由于本人的性格比较软弱，这些都不能作为减轻或者免除处罚的理由，所以均不应当构成胁从犯。① 我认为这种观点不妥。因为只要行为人参加犯罪是被胁迫的，且在共同犯罪中起较小的作用，就应当认为其是胁从犯。至于胁迫的形势及其程度，只是对确定对胁从犯是减轻处罚还是免除处罚以及减轻的幅度具有意义。关于这个问题，在胁从犯的处罚中还将论及，在此不赘。因此，我认为，无论是在对人身伤亡的威胁还是对财产损害的威胁或者是其他形式的胁迫手段的作用下，都可以成立胁从犯。

（二）被诱骗参加犯罪的胁从犯的认定

我国刑法颁行以后，在刑法理论上对于胁从犯问题的争论，主要集中在被诱骗参加犯罪的问题上。这个问题的解决，对于认定这种胁从犯具有重要的意义。

在刑法理论上，一般认为被诱骗参加犯罪的胁从犯是指因为思想糊涂或愚昧无知，受骗上当而参加共同犯罪。② 但是，在如何解释被诱骗参加犯罪的人的主观认识问题上，存在两种观点：第一种观点认为在被诱骗的情况下参加犯罪活动，行为人对自己行为的危害后果是有一定预见的。③ 第二种观点认为在被诱骗的情况下，行为人对主犯的犯罪行为根本没有认识，其行为是在被诱骗的状态下实施的。④ 我同意第一种观点。第二种观点显然不妥。因为在故意犯罪中，认识因素是罪过的重要内容之一，如果对犯罪后果根本没有认识，就不可能具有犯罪故意，也就不能构成共同犯罪。因此，在认定被诱骗参加犯罪的胁从犯的时候，要考察行为人主观上对犯罪后果是否具有认识。如果没有认识，那就属于由不能预见的原因所引起的意外事件。在这种意外事件的情况下，行为人完全处于受欺

① 参见陈忠槐：《略论胁从犯》，载《法学研究》，1986（5）。

② 参见高铭暄：《中华人民共和国刑法的孕育与诞生》，56 页，北京，法律出版社，1981。

③ 参见华东政法学院刑法教研室：《刑法概论》，140 页，杭州，浙江人民出版社，1987。

④ 参见张尚鷟：《中华人民共和国刑法概论·总则部分》，196 页，北京，法律出版社，1983。

骗的状态，对实际情况一无所知或者发生了误解，所以实际上丧失了意志自由。因为意志自由是建立在对客观事实的正确认识的基础之上的，所以，对其行为的危害后果完全不能预见的人不应认为是犯罪。例如，某医生欲杀病人，把毒药掺入注射液中，让护士为该病人注射，护士对医生的犯意完全不知情，以为是履行正常的职责，结果造成病人的死亡。在本案中，护士完全是受蒙蔽的，成了他人的犯罪工具，是无罪的，不应认定为胁从犯。而根据上述第二种观点，护士对主犯的犯罪行为根本没有认识，也构成胁从犯，应以犯罪论处，这就导致刑及无辜。

由于对上述认为被诱骗的人对主犯的犯罪行为根本没有认识也能构成胁从犯的观点的矫枉过正，我国刑法学界又出现了一种否认被诱骗者可以构成胁从犯的观点，其认为从司法实践看来，被威逼或强制胁迫而参加共同犯罪的人，在主观上要具备共犯主观方面的要件是完全可能的，但被诱骗而实施犯罪的人在主观上是否也具有共犯的主观要素，值得研究。其提出，被诱骗者可以分为三种类型：一是对实际情况不了解，误信谎言；二是愚昧无知，受骗上当；三是被他人利诱而参与他人共同犯罪。其中，前两者根本不能成为共同犯罪的成员，第三者则不应视为胁从犯。[①] 对于这种观点，笔者不敢苟同。因为在司法实践中，少数人处于完全上当受骗状态，对犯罪后果根本没有认识，并不等于被诱骗参加犯罪的人对犯罪后果都不可能认识。在现实生活中，有一些人（主要是青少年）因为年幼无知，意志不坚定，辨别是非能力弱，经不起花言巧语的引诱，因而参加了犯罪。这些人对于犯罪事实并非一无所知，而是有所了解，但又不像其他共同犯罪人那样对于犯罪事实完全了解。例如，甲、乙系师徒关系，甲因赌博把500元钱输给了丙，想把钱抢回来，就对乙说：丙欠他钱长期不还，要乙帮他找丙把钱要回来，乙信以为真就同意了。甲、乙在路上截住丙，向丙要钱，丙辩解说根本不欠甲钱，甲见状将丙打倒在地，乙帮助按住丙的手脚，甲从丙身上搜出几百块钱，并给了乙几十块钱。在这个案件中，乙对甲抢劫的犯罪事实并非完全了解，因为甲没有把事实真相告诉乙，而是欺骗了乙，乙可以说是受骗上当。但是，在

① 参见徐海风、辛方玲：《被诱骗者能否成为胁从犯?》，载《法学》，1985（1）。

甲殴打丙并强行搜身的情况下，乙应该知道这是一种犯罪行为，他也跟着干了。在这种情况下，乙属于被诱骗参加犯罪的胁从犯。所以，我认为被诱骗参加犯罪而主观上具有共同犯罪故意的人是存在的，被诱骗参加犯罪的胁从犯的立法规定是有事实基础的，断然否定被诱骗可以成立胁从犯是不妥的。

如果说，在上述问题上存在这样或那样的观点分歧，那么，在以下这个问题上则是众口一致的，这就是被利诱而参加犯罪的人不能以胁从犯论处。因此，我们在认定被诱骗参加犯罪的胁从犯的时候，必须把其与受资产阶级思想的腐蚀，被他人的物质、金钱或美色的利诱而自愿参加犯罪的情况加以区别。因为这种被他人用物质、金钱或美色所引诱而参加犯罪的人，在受到资产阶级思想的腐蚀以后，因贪图享受而参与犯罪，其参加犯罪完全是主动的，而且在共同犯罪中的作用也比较大。所以，对于这种被利诱参加犯罪的人，不能以胁从犯论处，而是应按其在共同犯罪中的作用，分别认定为主犯或者从犯。

三

我国刑法规定，对胁从犯应当减轻或者免除处罚。那么，其根据何在呢？这个问题，在刑法理论上一般都只是从罪刑相当的角度进行论证，鲜有从刑罚目的的意义上加以阐发，在此，我拟从上述两个方面对胁从犯减轻或者免除处罚的根据进行论述。

罪刑相当是我国刑法的基本原则之一，它揭示了罪与刑之间的等价关系。罪刑相当的原则要求我们在对犯罪分子确定刑罚（包括立法与司法）的时候，应该从行为的社会危害性程度出发，予以相应的惩罚，惩罚的限度不能超过行为的社会危害性程度。胁从犯由于是被胁迫、被诱骗而参加犯罪的，从主观上说不是完全出于自愿或者自觉的，主观恶性比较小；从客观上说胁从犯在共同犯罪中所起的作用也比较小，是社会危害性最小的共同犯罪人，因此，我国刑法规定对胁从犯减轻或者免除处罚，正是罪刑相当的刑法基本原则的体现。

刑罚目的是我国刑法对犯罪分子量刑施罚的指南，在对犯罪分子适用刑罚的

时候，必须考虑刑罚目的的要求。对于主观恶性深，再犯可能性大的犯罪分子，予以较重的处罚；对于主观恶性浅，再犯可能性小的犯罪分子，予以较轻的处罚。而胁从犯就是属于再犯可能性小的犯罪分子，因为他是被胁迫、被诱骗参加犯罪的，只要及时予以制止，将来再犯的可能性就很小。因此，刑法规定对胁从犯减轻或者免除处罚，也体现了我国刑罚的目的。

我国刑法规定，对胁从犯应当按照他的犯罪情节，比照从犯减轻或者免除处罚。因此，在对胁从犯处罚的时候，首先要考虑其犯罪情节。那么，什么是胁从犯的犯罪情节呢？笔者认为，胁从犯的犯罪情节是被胁迫、被诱骗与在共同犯罪中的作用的统一。也就是说，在考察胁从犯的犯罪情节时，既要考察胁从犯被胁迫、被诱骗的情节，又要考察胁从犯参与犯罪的程度以及在共同犯罪中的作用。只有把上述两个方面有机地结合起来，才能正确地对胁从犯进行处罚。

被胁迫、被诱骗的程度，对于胁从犯的处罚具有重大意义。因为被胁迫、被诱骗的程度与其意志自由的程度是成反比例的，当然也与其行为的社会危害程度成反比例。被胁迫程度轻，说明他参加犯罪的自觉自愿程度大一些；相应地，其行为的社会危害性也要严重一些。反之，被胁迫、被诱骗的程度重，说明他参加犯罪的自觉自愿程度小一些；相应地，其行为的社会危害性也要小一些。那么，被胁迫、被诱骗的程度又是由什么决定的呢？笔者认为，是由胁迫与诱骗的手段决定的。胁迫手段，可以分为三类：第一类是重度胁迫，指以杀害相威胁，这里的杀害对象既可以是被胁迫者本人，也可以是被胁迫者的亲属。在这种情况下，被胁迫者如果不参与犯罪，就会当场被杀死。有时，胁迫者甚至先杀死一个人，以此来胁迫其他人参与犯罪。这种胁迫程度比较严重。如果被胁迫者违心地屈从于胁迫者的淫威而实施了犯罪，可宽恕性就大，一般可以免除处罚。在英美刑法中，以死亡为威胁，构成威逼，而威逼是重要的辩护理由。[①] 在我国刑法中，因被杀害的胁迫而参加犯罪虽然不能推却刑事责任，但在通常的情况下予以免除处罚是合适的。第二类是中度胁迫，指以伤害相威胁，包括以重伤与轻伤相威胁。

① 参见欧阳涛等：《英美刑法刑事诉讼法概论》，55页，北京，中国社会科学出版社，1984。

在这种情况下，应结合其在共同犯罪中的作用，以确定对其是减轻处罚还是免除处罚。第三类是轻度胁迫，指以损害财产或揭发隐私等相威胁。在这种情况下，被胁迫的人参加了犯罪，在共同犯罪中作用较小的，仍可以构成胁从犯。但是，一般来说，不宜免除处罚，而应该减轻处罚。至于诱骗手段，也可以分为诱惑与欺骗两类。在这两种情况下，被诱骗的人都必须对犯罪事实有所了解，主观上具有一定的意志自由才能构成胁从犯。但是，相对而言，被诱惑参加犯罪的人比被欺骗参加犯罪的人主观恶性要大一些。在其他条件相同的情况下，对前者处罚应该重于对后者的。在被欺骗参加犯罪的胁从犯中，又要看上当受骗的深浅以及对犯罪事实了解的程度，以确定处罚的轻重。

胁从犯在共同犯罪中的作用，对于胁从犯的处罚具有决定性的意义。在考察胁从犯在共同犯罪中的作用时，首先要看胁从犯所实施的是帮助行为还是实行行为。一般来说，帮助行为的危害性小一些，实行行为的危害性大一些。此外，还要看胁从犯所实施的行为对于犯罪结果的作用力的大小。总之，在考察胁从犯在共同犯罪中的作用时，要综合全部案情进行认真分析。

我国《刑法》第 25 条明确规定了胁从犯的处罚原则，但在司法实践中如何根据这一原则对胁从犯进行量刑，以及如何对胁从犯正确地适用刑罚，还存在一些值得研究的问题。

刑法规定从犯比照主犯从宽处罚，胁从犯比照从犯从宽处罚。这样，主犯、从犯与胁从犯之间，就形成一个刑罚阶梯。显然，立法者的意图是胁从犯比从犯处罚要轻。如果一案几个从犯与胁从犯并存，那么对胁从犯的处罚应当比从犯中的处罚最轻的还要轻。但是，如果一案只有一个胁迫者与一个被胁迫者，应如何对被胁迫者处罚呢？在这种情况下，胁迫者是主犯，被胁迫者是胁从犯，并无从犯。法律规定胁从犯是比照从犯处罚，在这种没有从犯的情况下实际就无从比照。那么，这是不是立法上的疏忽呢？不然。因为如果规定胁从犯比照主犯处罚，固然在任何案件中都可比照，但对胁从犯却可能发生处罚过重的情况。例如，甲、乙、丙三人共同杀人，其中甲是主犯，乙是从犯，丙是胁从犯。甲依法应处 10 年以上有期徒刑；乙情节较轻，处 3 年以上 10 年以下有期徒刑。如果比

照主犯处罚，减轻就应当在低于10年与高于3年的幅度之间确定刑罚。而比照从犯处罚，减轻就应当在低于3年的幅度内确定刑罚。显然，两者的法律效果是不同的。但是，在没有从犯的情况下，胁从犯如何处罚确实是一个值得研究的问题。笔者认为，在这种情况下，如果胁从犯的情节较轻，可以免除处罚的，当然就没有比照的问题。但是，如果应当减轻处罚的，在法律规定只有一个罪刑单位的情况下，比照就失去了意义，因为无论是比照从犯还是比照主犯都是在法定最低刑以下量刑。例如，我国《刑法》第184条规定，“拐骗不满十四岁的男、女，脱离家庭或者监护人的，处五年以下有期徒刑或者拘役”。如果甲、乙犯拐骗儿童罪，甲是胁迫者，属于主犯，乙是被胁迫者，属于胁从犯。对乙减轻处罚应处以管制，也就不存在比照的问题。但是，如果法律规定两个或两个以上罪刑单位，而主犯又属于情节加重犯或者结果加重犯，对胁从犯如何减轻处罚呢？例如，我国《刑法》第150条规定：“以暴力、胁迫或者其他方法抢劫公私财物的，处三年以上十年以下有期徒刑。”“犯前款罪，情节严重的或者致人重伤、死亡的，处十年以上有期徒刑、无期徒刑或者死刑，可以并处没收财产。”如果甲、乙犯抢劫罪，甲是主犯，乙是胁从犯。甲应处10年以上有期徒刑，乙的减轻处罚是处以3年以上10年以下有期徒刑，还是处以3年以下有期徒刑？笔者认为，在这种情况下也不能对胁从犯比照主犯减轻，而只能在法律条文规定的法定最低刑以下处罚。只有这样，才符合立法精神。

在对胁从犯适用刑罚时，还要注意对胁从犯适用缓刑。根据我国《刑法》第67条的规定，对于被判处拘役、3年以下有期徒刑的犯罪分子，根据犯罪分子的犯罪情节和悔罪表现，认为适用缓刑确实不致再危害社会的，可以宣告缓刑。由于胁从犯是被胁迫、被诱骗参加犯罪，社会危害性比较小，而且主观恶性也较浅，一般都愿意悔改，再犯的可能性较小，因而，凡是符合缓刑条件的，应当考虑适用缓刑。

（本文第一部分曾以《胁从犯初探》为题，载《浙江法学》，1989（5）；第二部分曾以《论胁从犯的认定》为题，载《河北法学》，1989（2）；第三部分曾以《论胁从犯的处罚》为题，载《政法学刊》，1989（1））

论教唆犯的未遂

在实行犯没有实行教唆犯所教唆的犯罪的情况下，教唆犯所处的犯罪阶段问题，刑法理论上存在三种观点：（1）预备说；（2）未遂说；（3）既遂说。

我同意上述三种观点中的未遂说。为了阐述我们的观点，首先，让我们回顾历史上的共犯从属性理论和共犯独立性理论对这个问题的解决。

共犯从属性理论认为犯罪之所以应当受刑罚处罚，就在于其行为破坏了一定的法律规范。共犯从属性理论把共同犯罪人分为实行犯、教唆犯和帮助犯。认为实行犯直接实施犯罪行为和破坏法律规范，是共同犯罪的主犯；其他共同犯罪人都不具有直接实施犯罪和破坏法律规范的行为，都是附属于实行犯的犯罪行为，没有其独立性，是共同犯罪的从犯。共犯从属性理论不把教唆行为视为破坏法律规范的犯罪行为，教唆犯的应受惩罚性的前提是在其教唆下，实行犯实施了破坏法律规范的犯罪行为。因此，教唆犯的刑事责任从属于实行犯，其所处的犯罪阶段完全取决于实行犯。在实行犯没有实行教唆犯所教唆的犯罪的情况下，实行犯没有着手实行犯罪，而着手是划分预备和未遂的标志；所以，在这种情况下，教唆犯处于犯罪的预备阶段。根据客观主义的犯罪阶段理论，着手实行以前的行为，属于刑法所不禁止的范围，因而犯罪的预备行为不认为是犯罪。所以，处于

预备阶段的教唆犯不构成犯罪，也不应加以处罚。

共犯独立性理论认为犯罪之所以应当受刑罚处罚，就在于其行为人具有一定的人身危险性。共同犯罪和单独犯罪一样，都是犯罪人格的客观化，每个共同犯罪人具有同等的人身危险性。教唆犯完全独立于实行犯的实行行为，教唆行为是具有社会危害性的犯罪行为。所以，教唆犯的犯罪阶段不以实行犯为转移，其教唆行为一经实施终了，无论实行犯是否实行教唆犯所教唆的犯罪，教唆犯都是犯罪既遂。

可以认为，预备说是共犯从属性理论的观点，既遂说是共犯独立性理论的观点。两者之所以不能正确地解决在实行犯没有实行教唆犯所教唆的犯罪的情况下，教唆犯所处的犯罪阶段问题，就在于共犯从属性理论和共犯独立性理论都没有科学地揭示教唆犯的本质特征。共犯从属性理论否定教唆犯的独立性，表现为客观主义；共犯独立性理论否定教唆犯的从属性，表现为主观主义。我则坚持主观和客观相统一原则，认为教唆犯是独立性和从属性的统一，由此阐发教唆犯在共同犯罪中的特殊地位。

从主观方面说，教唆犯具有教唆他人犯罪的故意。教唆犯这种对教唆他人犯罪的危害结果的积极追求并希望或者放任其发生的心理状态，正是教唆犯承担刑事责任的主观基础。从客观方面说，教唆犯具有教唆他人犯罪的行为，这一教唆行为是其主观恶性见之于客观的东西，是属于教唆犯犯罪构成的客观要件。按照共犯从属性理论，犯罪构成的客观要件只能是刑法分则所规定的实行行为。教唆犯的犯罪构成的客观要件是实行犯在其教唆下所实施的实行行为，而教唆行为和预备行为，不是直接破坏法律规范的犯罪行为，不属于犯罪构成的客观要件。根据我国刑法理论，作为犯罪构成客观要件的行为并不限于刑法分则所规定的实行行为。例如教唆行为和预备行为，在刑法总则中加以规定，从而使教唆犯和预备犯在犯罪构成客观方面得到补充。因此，我认为教唆行为之作为犯罪构成的客观要件正是教唆犯的独立性的体现。如果仅限于此，我们就会从教唆犯的独立性得出在实行犯没有实行教唆犯所教唆的犯罪的情况下，教唆犯处于既遂阶段的结论。问题在于，教唆犯不仅具有独立性，而且具有从属性。所谓教唆犯的从属性

是指教唆行为毕竟不是实行行为，教唆犯的犯罪目的的最终实现还有赖于实行犯的实行行为。因此，实行犯的实行行为对于教唆犯来说，是其教唆行为的结果。确切地说，教唆犯的教唆行为和实行行为之间存在因果关系，这正是教唆犯承担刑事责任的客观基础。应该指出，教唆行为虽然是教唆犯的犯罪构成的客观要件，但只有当它和刑法分则所规定的实行行为结合起来，才能构成犯罪。因此，教唆犯从属于教唆犯所教唆的实行行为，没有自己独立的罪名和具体的刑罚。按照共犯独立性理论，教唆犯完全独立于实行犯的实行行为，教唆犯构成独立的犯罪，不受实行犯的影响。而根据我国刑法理论，教唆犯犯罪构成的客观要件是教唆行为和实行犯的实行行为的有机结合，这正是教唆犯的从属性的体现。以上对教唆犯的主观方面和客观方面的论述，说明教唆犯的本质特征是独立性和从属性的统一。

从教唆犯是独立性和从属性的统一出发，必然得出在实行犯没有实行教唆犯所教唆的犯罪的情况下，教唆犯是犯罪未遂的结论。

我国《刑法》第 20 条第 1 款规定："已经着手实行犯罪，由于犯罪分子意志以外的原因而未得逞的，是犯罪未遂。"由此可知，我国刑法中的犯罪未遂具有三个特征：一是已经着手实行犯罪；二是犯罪没有得逞；三是犯罪没有得逞的原因在于意志以外的原因。教唆犯首先具有独立性，教唆行为是教唆犯的犯罪构成客观要件。所以，教唆犯的着手实行犯罪是指教唆犯把教唆他人犯罪的目的付诸实施，而不取决于实行犯是否着手实行教唆犯所教唆的犯罪。教唆犯不仅具有独立性，而且具有从属性，实行犯的实行行为是教唆行为的犯罪结果，只有这两者的有机结合才能成为教唆犯的犯罪构成的客观要件。在实行犯没有实行教唆犯所教唆的犯罪的情况下，教唆犯所预期的教唆结果没有发生，也就是说，教唆犯没有得逞。而且，教唆犯之所以没有得逞是由于实行犯违背教唆犯的意志而没有实行其所教唆的犯罪，这对教唆犯来说是意志以外的原因。所以，在实行犯没有实行教唆犯所教唆的犯罪的情况下，教唆犯完全符合我国刑法中的犯罪未遂的三个特征。在刑法理论上，犯罪未遂可以分为实行终了的未遂和未实行终了的未遂。所谓实行终了的未遂，是犯罪分子已将他认为实现犯罪目的所必要的全部行为都实行终了，但由于犯罪分子意志以外的原因而未得逞。所谓未实行终了的未遂，是犯罪分子由于意志以外的原因而未将他认为实现犯罪目的所必要的全部行为实行终了，因而没有得逞。显然，在实行犯没有实行教唆犯所教唆的犯罪的情况下，教唆犯是实行终了的未遂。因为在这种情况下，教唆犯已将其教唆行为实行终了，只是由于实行犯没有实行其所教唆的犯罪这一意志以外的原因，才未发生教唆犯所预期的犯罪结果。我国《刑法》第 20 条第 2 款规定："对于未遂犯，可以比照既遂犯从轻或者减轻处罚。"《刑法》第 26 条第 2 款规定："如果被教唆的人没有犯被教唆的罪，对于教唆犯，可以从轻或者减轻处罚。"两者的处罚，都是从轻或者减轻，这正是在实行犯没有实行教唆犯所教唆的犯罪的情况下，教唆犯是犯罪未遂的法律依据。

有些学者认为在实行犯没有实行教唆犯所教唆的犯罪的情况下，教唆犯成立犯罪，但并不属于犯罪发展中的任何一个阶段。我认为，在教唆犯的教唆行为实施终了的情况下，如果实行犯实行了其所教唆的犯罪，是教唆既遂。对于既遂的教唆犯，根据我国《刑法》第 26 条第 1 款的规定，应当按照他在共同犯罪中所起的作用处罚。如果实行犯没有实行教唆犯所教唆的犯罪，是教唆未遂。对于教唆的未遂犯，根据我国《刑法》第 26 条第 2 款的规定，可以从轻或者减轻处罚。如果在实行犯实行其所教唆的犯罪以前，或者在实行犯实行其所教唆的犯罪的过程中，甚至在实行犯将其所教唆的犯罪实施终了而犯罪结果未发生以前，教唆犯自动有效地防止犯罪结果的发生，是教唆中止。对于教唆的中止犯，根据我国《刑法》第 21 条第 2 款的规定，应当免除或者减轻处罚。

综上所述，在实行犯没有实行教唆犯所教唆的犯罪的情况下，教唆犯处于犯罪发展的未遂阶段，我们称之为教唆犯的未遂。

（本文原载《法学研究》，1984（2））

设定性教唆：一种教唆类型的证成

教唆犯是我国刑法中的一种共犯形态，其特征是唆使他人犯罪。在教唆犯的构造中，唆使者与被教唆者之间就是共犯与正犯的关系，即唆使者是教唆犯，而被教唆者是实行犯。正是通过被教唆者而实现教唆犯的犯罪目的。在这个意义上说，教唆犯是隐藏在被教唆者背后的主使者，应当对在其唆使下被教唆者所实施的犯罪行为承担刑事责任。在司法实践中，教唆犯与被教唆者的关系是较为复杂的，由此而形成了各种不同的教唆类型，对这些教唆类型的深入研究对于正确认定教唆犯具有重要意义。本文拟对设定性教唆这种以往刑法理论上所没有论及的教唆类型进行探讨，期望推进教唆犯的理论研究。

一、设定性教唆的特征

设定性教唆是从对某个案例的分析中引申出来的一个概念，案例内容如下。

被告人陈某在农贸市场经营香蕉批发业务，为了垄断香蕉批发市场，与他人成立了本福果品有限公司，并于2005年初以每月2 000元雇用鞠某等三人以暴力手段维护其经营。在雇用鞠某等人时，陈某明确吩咐鞠某等人，

其职责是看场子，保护公司的安全和利益，如果有人来找麻烦就出手打，出了事他自己会出来收拾场面。2005 年 5 月 20 日晚，陈某公司因接货场子与相邻公司发生纠纷，鞠某等人获知后，赶往现场，持刀将被害人华某砍成重伤。

在本案中，直接实施伤害行为的鞠某等人构成故意伤害罪是没有问题的。那么，被告人陈某是否构成故意伤害罪的教唆犯呢？从本案的情况来看，雇用鞠某等人的时候，陈某确实曾经对鞠某等人进行了教唆，但这种教唆具有工作安排性质，而不是教唆鞠某等人马上进行犯罪活动。当 2005 年 5 月 20 日鞠某等人对被害人实施伤害行为的时候，陈某不仅不在现场，而且事先也不知情，是在伤害发生以后才获悉情况，并事后资助鞠某等人 5 000 元供其逃跑。在这种情况下，陈某的辩护人提出，陈某不构成故意伤害罪，只构成窝藏罪。

在本案中，陈某能否认定为故意伤害罪的教唆犯，关键在于能否在陈某雇用鞠某时的具有犯罪教唆性质的吩咐与事后鞠某等人的故意伤害行为之间建立某种联系，使之对事后发生的故意伤害行为承担教唆的责任。本案被告人陈某的行为按照现在的教唆犯的类型化的概念难以归类，我认为，可以创设一种全新的教唆犯的类型，这就是设定性教唆。应该指出，以目前所见材料，尚未发现在德日刑法学中使用设定性教唆这个概念，但德日学者已经论及设定性教唆这种犯罪现象。例如，日本学者大塚仁教授在论述教唆行为时，认为对于教唆的手段、方法并无特别限制，进而指出："关于具体的行为（指教唆行为——引者注），没有必要——具体地指示其时间、场所、方法等。而且，例如，唆使怀孕的妇女在其分娩后杀害其出生的孩子，在教唆行为的当时，即使还不存在基于其教唆所实施的犯罪行为的客体，也可能以其客体的出现为条件进行教唆。"① 这种以将来出生的婴儿为杀人客体的教唆，就是一种设定性教唆。设定性教唆这个概念可以生动地说明这种以预定一定条件具备时实施犯罪为教唆内容的事前教唆行为，从而丰富教唆犯的理论。

① ［日］大塚仁：《刑法概说（总论）》，3 版，冯军译，309 页，北京，中国人民大学出版社，2003。

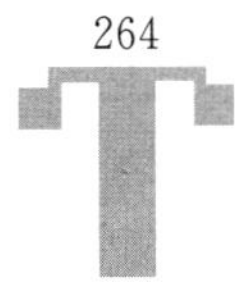

那么什么是设定性教唆呢？所谓设定性教唆是指教唆者事先设定了实施某种犯罪的具体条件，当该条件出现时，被教唆的人按照教唆的内容实施某种犯罪的情形。设定性教唆是相对于即时性教唆而言的，所谓即时性教唆是指教唆他人在一个较短的时间里实施犯罪。大部分教唆都是即时性教唆，被教唆的人在他人教唆以后立即着手实施犯罪。在这种情况下，教唆行为与被教唆的人的犯罪行为之间的因果关系表现得十分直接而且明显，因此，即时性教唆的认定是较容易的。而设定性教唆不同于即时性教唆，教唆者并不是唆使被教唆的人立即实施犯罪，而只是设定了实施犯罪的条件。在这种条件没有出现的时候，就不能实施犯罪；只有当这种条件出现的时候，才开始实施犯罪。因此，对于设定性教唆来说，被教唆的人是否实施犯罪以及何时实施犯罪，都取决于事先设定的条件。在现实生活中，设定性教唆时有发生，只不过这种教唆行为具有某种隐蔽性，较少受到刑事追究，没有进入我们的研究视野而已。例如，甲对乙怀恨在心，欲杀之而后快，但又怕累及自身。甲在医院体检时查出已经得了不治之症，将不久于人世，就叫来丙，以自己的遗产相引诱，让丙在自己死后将乙杀死。在甲死后，丙为了获得遗产，就按照甲的教唆将乙杀死。在这种情况下，甲的行为就是一种设定性教唆，即将被教唆的人实施犯罪的时间设定在其去世以后。在这种情况下，丙当然可以被追究刑事责任，而甲已经死亡也就无从获罪。但是，如果在甲去世前，丙尚未实施杀人行为，或者丙违反约定在甲去世前就对乙实施了杀人行为，在这种情况下，可以对甲追究刑事责任吗？这就是设定性教唆所要研究的问题。

设定性教唆具有以下特征。

（一）教唆内容的设定性

设定性教唆首先具有教唆内容的设定性。这里的设定性，是指预先假设，即在某一事项没有出现的情况下，预先假定其出现。其叙述句式一般是："如果……那么……"即：如果出现了预先设定的某种条件，那么就可以实施某种犯罪。教唆内容具有设定性，这是设定性教唆与即时性教唆的最根本区分之所在。

（二）设定条件的现实性

设定性教唆虽然其教唆内容具有设定性，但其所设定的教唆内容应当具有出

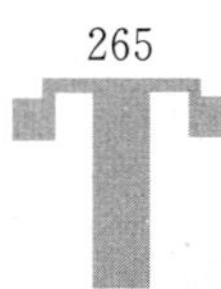

现的可能性，这就是所谓教唆内容的现实性。因为设定性教唆的设定性表明教唆内容是针对将来的，只有在设定的条件出现时，教唆内容才能付诸实施。如果某种假设的条件根本不具有出现的可能性，则不应认定为设定性教唆。

（三）实行行为的滞后性

设定性教唆中的教唆行为与实行行为之间存在较大的时间差，即被教唆的人的实行行为相对于设定性的教唆行为，具有时间上的滞后性。这也是设定性教唆与即时性教唆的区分之所在。在即时性教唆的情况下，教唆行为与被教唆的人的实行行为之间一般都是前后衔接的，不存在较大的时间间距。因此，教唆行为与被教唆人的实行行为之间的因果关系的认定也是较为容易的。但在设定性教唆的情况下，在教唆行为与被教唆的人的实行行为之间存在较大的时间间距，这对于因果关系的认定、证据的收集都带来一定的难度。

二、设定性教唆与其他教唆类型的区分

设定性教唆是教唆犯的一种特殊类型，它与其他类型的教唆犯相比，具有其独特之处。正确地区分设定性教唆与其他类型的教唆，对于设定性教唆的理解具有重要意义。

（一）设定性教唆与概然性教唆

概然性教唆是指教唆内容很不具体的情形。我国学者将概然性教唆又进一步分为半概然性教唆和全概然性教唆。所谓半概然性教唆是指教唆者在被教唆者实行何种犯罪方面是泛指的、非特定的这样一种教唆。全概然性教唆是指教唆者的教唆很不明确，不但让被教唆者犯什么罪不明确，而且犯罪对象也不明确。[①] 概然性教唆具有教唆内容的不明确性，当不明确到其内容难以使人产生具体的犯罪意图时，例如全概然性教唆，其行为是否属于犯罪的教唆之性质也就难以确定，因此不能成立教唆犯。但在半概然性教唆的情况下，如果从教唆内容还是可以确

---

① 参见吴振兴：《论教唆犯》，186页，长春，吉林人民出版社，1986。

认其唆使他人犯罪的意图，则仍然可以成立教唆犯。概然性教唆的特征在于教唆内容的概然性，这种概然性与设定性教唆的设定性还是有所不同的。设定性教唆的设定性，是指不是让被教唆的人立即实施犯罪，而是在预定的条件出现时再实施犯罪。但这种教唆他人犯罪的内容本身具有确定性，而不是概然性。例如，教唆怀孕的妇女等到婴儿出生时将其杀死。尽管婴儿何时出生是不确定的，甚至也不排除是概然的。当一个妇女已经怀孕的情况下，其婴儿出生的时间是较为确定的，但也不能排除妇女生产时婴儿死亡的情形。至于在妇女没有怀孕的情况下，就教唆妇女等到将来怀孕后生下婴儿将其杀死，则具有一定的不确定性，甚至概然性，因为此时妇女能否怀孕都还不好说。在这种情况下的教唆，仍然属于设定性教唆而不是概然性教唆。因此，不能采用概然性教唆的原理来处理设定性教唆。

（二）设定性教唆与选择性教唆

选择性教唆是指对同一被教唆的人提供了数种犯罪供其选择实施的情形。在选择性教唆中，具有让被教唆者在几种犯罪之间进行选择的性质，这种教唆犯就是选择性教唆。[①] 选择性教唆是相对于单一性教唆而言的，在单一性教唆的情况下，教唆的内容具有单一性，即直接指明了让被教唆者去实施某一具体犯罪行为。在选择性教唆的情况下，教唆的内容具有选择性，即可以在数种犯罪中进行选择。教唆内容的可选择性，对于选择性教唆的定罪带来一定的复杂性。设定性教唆在教唆内容上并没有选择性，因而和选择性教唆是不同的。设定性教唆的内容是在设定的条件出现后才开始实施犯罪，但被教唆的人对于其所实施的犯罪并没有选择性。因此，设定性教唆与选择性教唆之间存在明显区分。

（三）设定性教唆与陷害性教唆

陷害性教唆是指以陷害他人为目的的教唆，通常表现为通过教唆使他人产生犯罪意图并实施犯罪行为，在被教唆的人实施犯罪之际，通报警察而将其抓获的情形。在陷害教唆的情况下，行为人并非要使被教唆的人实施犯罪，而是意图使

① 参见吴振兴：《论教唆犯》，140页，长春，吉林人民出版社，1986。

其受到刑罚制裁。因为被教唆的人的犯罪行为一般都处于犯罪未遂阶段，所以这种陷害性教唆又称为未遂教唆。[①] 这种陷害性教唆对于其犯罪欲达致未遂，亦具有一定的设定性。但这种设定性是对被教唆的人所实施的犯罪行为处于未遂状态的设定，这与设定性教唆是对被教唆的人实施犯罪的条件的设定是不同的。

三、设定性教唆的处罚

设定性教唆是教唆犯的一种特殊类型，其承担刑事责任的根据与一般的教唆犯应当是相同的。在教唆犯承担刑事责任根据（亦称处罚根据）问题上，存在从属性说和独立性说之争，前者强调了教唆犯对于正犯的从属性，而后者则注重教唆犯自身在犯罪构成中的独立性。从德日刑法学的理论来看，更多的是主张从属性说。当然，这种从属性程度是最小限度的从属性而非严格的从属性。这种从属性程度只有在阶层式的犯罪论体系中才能体现出来，在平面式的犯罪论体系中是无从体现的。我国过去对于共犯一般都采用二重性说，只不过对于这里的二重性如何界定存在不同的观点。目前，随着我国刑法学界逐步引入德日刑法学，共犯从属性说逐渐得势，产生了较大的学术影响。[②]

我国以往没有接受从属性说，是与以下两个原因有关的：一是当时我国通行具有平面性的四要件的犯罪论体系。在这种犯罪论体系中，采用共犯从属性说存在一定的理论障碍。二是我国《刑法》第 29 条第 2 款关于在被教唆的人没有犯所教唆的罪的情况下，对教唆犯按照未遂加以处罚的规定，成为我国刑法中的教唆犯采用从属性说的法律障碍。随着从四要件的犯罪论体系向三阶层的犯罪论体系的转变，可以说，采用从属性说的理论障碍已经慢慢消除。至于对《刑法》第 29 条第 2 款的规定，尽管将其解释为对于正犯具有从属性存在一定的难度，但将其视为共犯从属性的例外，也并非不可以。在设定性教唆中，教唆行为虽然发

① 参见［日］大塚仁：《刑法概说（总论）》，3 版，冯军译，307～308 页，北京，中国人民大学出版社，2003。

② 参见张明楷：《刑法的基本立场》，294 页以下，北京，中国法制出版社，2002。

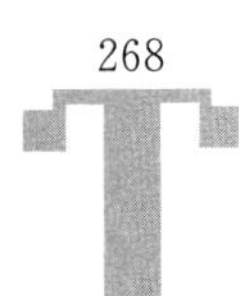

生在设定的条件出现之前，但在被教唆的人在设定的条件出现以后实施了所设定的犯罪行为的情况下，对教唆犯追究刑事责任当然是没有问题的。因为在这种情况下，已经完全满足了教唆犯的构成要件。尤其值得注意的是，对于设定性教唆来说，由于事先已经设定了实施犯罪的具体条件，在设定的条件出现的时候，即使教唆的人没有针对犯罪再次进行教唆，甚至完全不知情，也应该对被教唆的人按照设定教唆实施的具体犯罪行为承担教唆犯的刑事责任。例如在本文所述的陈某案中，鞠某等人就是被陈某雇用来护场子的，事先已经被安排在发生纠纷的情况下，对对方进行殴打。因此，即使在发生具体伤害行为时，陈某并不在现场，也应当对鞠某等人的伤害行为承担刑事责任。在追究设定性教唆的刑事责任的时候，以下三种情形需要特别关注。

（一）被教唆的人没有犯所教唆的罪

我国《刑法》第 29 条第 2 款规定，如果被教唆的人没有犯所教唆的罪，对于教唆犯，可以从轻或者减轻处罚。在即时性教唆的情况下，被教唆的人没有犯所教唆的罪，相对来说是比较容易认定的。因为对于即时性教唆，一般都是要求被教唆的人在较短的时间内实施所教唆的罪。因此，在教唆以后案发之前的这个期间没有犯所教唆的罪，一般就可以认定为被教唆的人没有犯所教唆的罪。但在设定性教唆的情况下，在所设定的条件出现以后，被教唆的人没有犯所教唆的罪，固然属于我国《刑法》第 29 条第 2 款所规定的情形。如果在案发时，所设定的条件并没有出现，因而被教唆的人虽然也是没有犯所教唆的罪，那又如何处理呢？应该说，在这种情况下，被教唆的人并不是不想犯所教唆的罪，而是因为设定的条件没有出现而没有犯所教唆的罪。对于教唆犯来说，在这种情况下，教唆行为已经实施完毕，只是由于设定条件没有出现，被教唆的人没有实施所教唆的罪。在被教唆的人没有实施所教唆的罪的原因上虽然与一般情况有所不同，但仍然属于被教唆的人没有犯所教唆的罪的情形，应当适用《刑法》第 29 条第 2 款的规定。

（二）被教唆的人实行过限

被教唆的人实行过限是指被教唆的人实施的犯罪行为超出了教唆犯所教唆的

内容。在刑法理论中一般认为，实行犯过限的前提条件，是被教唆的人所实行的犯罪有一部分属于或者基本上属于被教唆的罪。在此基础上，还有一部分超过了教唆者的教唆范围，其超过的部分就是过限部分。并且，这种过限可以分为重合性过限和非重合性过限两种情形。① 在刑法理论上，对于实行过限的处理原则是明确的，即对于超出教唆范围部分应由被教唆的人自己承担刑事责任，而教唆犯对此不承担刑事责任。在设定性教唆的情况下，同样也存在实行过限的情形，但与一般的教唆有所不同。设定性教唆的实行过限具有以下两种情形：一是在设定条件没有出现的情况下，被教唆的人基于其他原因实施了犯罪行为。例如在上述陈某案中，陈某教唆的内容是在与对方发生纠纷的情况下可以对对方进行殴打。这里的纠纷显然是指本公司与其他公司在业务上发生的纠纷，而不包括个人之间的恩怨纠纷。因此，如果该案中的鞠某因为个人恩怨而与对方发生纠纷并对对方实施了伤害行为，就应当由鞠某等人自己承担刑事责任。至于陈某则应当按照被教唆的人没有犯所教唆的罪的情形承担刑事责任。设定条件没有出现的情况下的实行过限与没有严格按照教唆犯的设定条件进行犯罪的情形是有所不同的。例如，教唆犯甲因失恋而对乙女怀恨在心，唆使被教唆的人丙在乙女另交男友时将其强奸。但丙在乙女没有另交男友时就将其强奸。显然，丙的该强奸行为是在没有出现甲所设定的条件时实施的，那么能否将这一强奸认定为丙的过限行为，甲对此不承担刑事责任呢？我的观点是否定的。在这种情况下，尽管丙的强奸行为是违反设定条件的，但这一设定条件具有相对性，即乙女是必然要与其他男人发生恋情的，因此强奸只不过是一个时间早晚的问题。这种情形与上述陈某案中所设定的条件是不同的，在陈某案中，如果与对方发生纠纷可以进行伤害，这种纠纷可能发生也可能不发生，设定条件的出现具有一定的或然性。因此，丙违反设定条件的强奸行为不能认定为实行过限。二是违反设定条件实施了其他犯罪。例如在陈某案中，陈某设定的条件是发生纠纷时进行伤害，但在发生纠纷时鞠某等

① 参见［日］大塚仁：《刑法概说（总论）》，3版，冯军译，183页，北京，中国人民大学出版社，2003。

人不仅进行了伤害，而且实施了毁坏财物、抢劫财物等其他犯罪行为，对此陈某不负刑事责任，是鞠某等人的实行过限。

（三）教唆者的中止

在设定性教唆的情况下，由于教唆的时间与被教唆的人实施犯罪的时间之间存在一个较长的时间差，因此与其他教唆犯罪相比，更有条件中止其教唆。这里的中止，是指在其所设定的条件没有出现的情况下，教唆犯明确地告知被教唆的人撤销教唆的内容，即使原先设定的条件出现也不要实施犯罪。在这种情况下，教唆犯可以作为教唆的中止。当然，如果被教唆的人没有听从教唆犯的指令，仍然实施了其所教唆的犯罪行为，则教唆犯不能成立中止。

（本文原载《国家检察官学院学报》，2012（4））

晚近刑事立法中的共同犯罪现象及其评释

共同犯罪是一种复杂的犯罪现象，因此，刑法对共同犯罪的定罪与量刑问题加以专门规定。晚近陆续颁行的有关单行刑法中，就某些犯罪的共犯问题作了特别规定，这是对我国刑法中的共同犯罪制度的重要补充，同时也还存在有待完善之处，本文对此略加评释。

一

全国人大常委会《关于严禁卖淫嫖娼的决定》第 1 条共 2 款，第 1 款规定的是组织他人卖淫罪；第 2 款规定："协助组织他人卖淫的，处三年以上十年以下有期徒刑，并处一万元以下罚金；情节严重的，处十年以上有期徒刑，并处一万元以下罚金或者没收财产。"应该说，以上两款规定的两个新罪名之间事实上具有共同犯罪关系，因而一并予以分析。

组织他人卖淫罪虽然是一个新罪名，但并不意味着在上述决定颁布以前，组织他人卖淫的行为不是犯罪。实际上，此前组织他人卖淫行为是引诱、容留妇女卖淫罪的客观表现之一。例如我国刑法学界有人在论及该决定颁布前的引诱、容

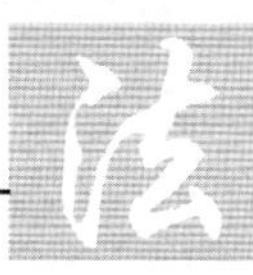

留妇女卖淫罪与强迫妇女卖淫罪的关系时指出：对于在组织妇女卖淫过程中，既有引诱、容留妇女卖淫的行为，又有强迫妇女卖淫的行为人，如两种行为没有牵连关系，应按数罪并罚处理。[①] 由此可见，当时一般都将组织妇女卖淫视为引诱、容留妇女卖淫罪。该决定颁布以后，组织妇女卖淫行为从引诱、容留妇女卖淫罪中分离出来，独立成罪；并将罪名改为组织他人卖淫罪，相应地，引诱、容留妇女卖淫罪增加了介绍行为，罪名也改为引诱、容留、介绍他人卖淫罪。组织他人卖淫罪中的组织行为和共同犯罪中组织犯的组织行为是有区别的，共同犯罪中的组织犯是指在集团犯罪中起组织、策划、指挥作用的犯罪分子，其组织活动包括建立犯罪集团、领导犯罪集团、制定犯罪活动计划、组织实施犯罪计划、策划于幕后、指挥于现实等。而组织他人卖淫罪中的组织，是指建立卖淫的集团，并在卖淫集团中起组织作用，例如分配任务、协调行动等。两者的根本区别就在于：共同犯罪中的组织犯，组织的是犯罪集团；而组织他人卖淫罪，由于一般意义上的卖淫（明知自己患有梅毒、淋病等严重性疾病卖淫的除外）并非犯罪行为，卖淫集团不是犯罪集团，因而卖淫集团的组织犯不得视为共同犯罪的组织犯。共同犯罪组织犯的组织行为，除个别的如反革命集团的组织行为在刑法分则中规定为实行行为之外，都是共犯行为，包括在刑法总则关于共同犯罪的规定之中，刑法分则并无规定。对于共同犯罪的组织犯应当按照实行犯的性质定罪并以主犯从重处罚（刑法分则另有规定的除外）。由于组织他人卖淫罪的组织犯不同于共同犯罪中的组织犯，因而它是一种实行行为，由刑法分别加以规定。

在正确界定组织他人卖淫罪的基础上，我们可以较为清楚地看出，协助组织他人卖淫实际上是组织他人卖淫罪的帮助行为，即指为他人实施组织他人卖淫犯罪提供方便、创造有利条件、排除障碍的行为。根据共同犯罪的一般理论，帮助行为作为共犯行为，应根据实行行为（即被帮助行为）定性。那么，对于协助组织他人卖淫的行为是定组织他人卖淫罪呢，还是定协助他人卖淫罪？对此，我国

① 参见赵廷光主编：《中国刑法原理（各论卷）》，290页，武汉，武汉大学出版社，1992。

刑法学界存在以下两种意见[①]：第一种意见认为，对协助组织他人卖淫的行为应当以组织他人卖淫罪论处，理由是：(1) 协助组织他人卖淫的行为，虽然是组织他人卖淫罪的帮助行为；但是，既然《关于严禁卖淫嫖娼的决定》规定了组织他人卖淫罪，那么，对协助组织他人卖淫的行为，应作为组织他人卖淫罪的共犯，以组织他人卖淫罪论处。(2)《关于严禁卖淫嫖娼的决定》第 1 条所规定的是组织他人卖淫罪，协助组织他人卖淫行为是作为该条的第 2 款。显然，应按组织他人卖淫罪处理。(3) 对协助组织他人卖淫的行为以组织他人卖淫罪论处符合共犯的理论。如果把共同犯罪中的组织犯与帮助犯分别以不同的罪名进行处罚，显然于法理上是讲不通的。(4)《关于严禁卖淫嫖娼的决定》第 1 条第 2 款之所以对协助组织他人卖淫的行为的处刑作了具体详细规定，目的在于区分组织他人卖淫的不同情节，依犯罪人在组织他人卖淫犯罪中所起的不同作用，分别规定了具体的法定刑，从而方便司法部门操作，更有利于打击组织他人卖淫的犯罪行为。第二种意见认为，对协助组织他人卖淫的行为，应当单独以协助组织他人卖淫罪论处。理由是：第一，虽然协助组织他人卖淫与组织他人卖淫规定在一个条文里，但这并不能作为协助组织他人卖淫的行为应以组织他人卖淫罪论处的理由，因为在《刑法》中，两种犯罪行为规定在一个条文里分别以不同的罪名论处的并不少见。第二，从立法技术上看，既有罪状又有法定刑，就可以成立一个独立的罪名。从《关于严禁卖淫嫖娼的决定》第 1 条第 2 款的规定看，对协助组织他人卖淫的行为既规定了明确的罪状，又规定了明确的法定刑，很显然，可以成立协助组织他人卖淫罪。第三，协助组织他人卖淫罪的成立并不违背共同犯罪的理论。在共同犯罪中，各共同犯罪人的行为虽然互有联系，但其在共同犯罪中所起的作用不同，因此，他们各自所应承担的责任也就不同。对各类犯罪人的行为以不同的罪名进行处罚，并没有违背共同犯罪的理论。在以上两种观点中，从立法本意来看，显然第二种观点是正确的。因为确定一种行为是否为刑法上的一个独立罪名，主要看刑法对这一行为是否作了罪刑式规定，即规定了罪状并规定了相应的

① 参见李黎明主编：《新罪行各论》，269～270 页，北京，群众出版社，1992。

法定刑。从上述决定对协助组织他人卖淫罪的规定来看，既有明确的罪状，又有法定刑，毫无疑问是一个独立的罪名。因此，那种认为协助组织他人卖淫并不是一个独立的罪名的观点是没有根据的。[①]

问题在于，这种将共同犯罪中的实行犯与帮助犯分别规定为独立犯罪的立法本身是否科学？对于这个问题，立法部门有关同志指出：无论在我国以往的立法，还是司法实践中，都是将协助犯（应为帮助犯——引者注）作为共同犯罪人，依照主犯所犯的共同罪行定罪，比照主犯从轻、减轻或者免除处罚，而不是单独规定刑罚。上述决定第 1 条第 2 款突破了刑法总则的规定，对协助组织他人卖淫的行为单独规定了刑罚。可以说，该款是对协助组织他人卖淫的特别规定，也是对刑法的修改、补充。这样规定主要考虑以下几点：第一，协助组织他人卖淫的社会危害性较大，特别是有些犯罪分子虽然不是组织、领导者，但其协助组织他人卖淫的手段特别恶劣，后果很严重，如果都按刑法对从犯的一般处罚原则处理，不利于打击这类犯罪活动。第二，协助组织他人卖淫的行为，尽管表现形式多样，但毕竟不同于组织他人卖淫，在一些卖淫嫖娼比较严重的地区，在一些不法人员中，协助组织他人卖淫已具有一定的职业性，这种犯罪活动有其自身的行为特征，所以有必要对这种行为单独规定刑罚。第三，这样规定，有利于震慑和惩戒这类犯罪分子，有利于广大人民群众同这类犯罪行为作斗争。[②] 我认为，以上理由难以成立。首先，对协助组织他人卖淫的犯罪分子按照组织他人卖淫罪的从犯处罚，并不会放纵这种犯罪行为。我国《刑法》第 24 条第 2 款规定：“对于从犯，应当比照主犯从轻、减轻处罚或者免除处罚。”根据上述决定的规定，组织他人卖淫罪分为两个罪刑单位：第一个罪刑单位是基本犯，处 10 年以上有期徒刑或者无期徒刑，并处 1 万元以下罚金或者没收财产。第二个罪刑单位是情节加重犯，处死刑，并处没收财产。按照从犯的处罚原则，对于协助组织他人卖

① 参见肖常伦：《打击卖淫嫖娼的有力的法律武器》，载杨敦先主编：《刑法运用问题探讨》，425 页，北京，法律出版社，1992。

② 参见全国人大常委会法制工作委员会刑法室编著：《〈关于严禁卖淫嫖娼的决定〉和〈关于严惩拐卖、绑架妇女、儿童的犯罪分子的决定〉释义》，23 页，北京，中国检察出版社，1991。

淫情节严重的，可比照主犯从轻处罚，即在10年以上处刑，这与上述决定规定的法定刑基本上吻合；对于情节较轻的犯罪分子，可比照主犯减轻处罚，即在10年以下处罚；对于少数情节轻微的犯罪分子，可比照主犯免除处罚。显然，上述决定规定协助组织他人卖淫罪的法定最低刑是3年，因此其处刑重于作为组织他人卖淫罪的从犯。由此可见，两者相比，情节严重的协助组织他人卖淫罪处刑并不重于对作为组织他人卖淫罪的从犯的同种行为的处罚，因而不存在不利于打击这类犯罪活动的问题。其次，协助组织他人卖淫的犯罪活动具有自身的行为特征，并不能成为独立成罪的理由。因为任何行为都有一定的特征，即使帮助行为也不例外。况且，协助组织他人卖淫行为与组织他人卖淫行为的界限并不易区分。例如，有些论著认为协助组织妇女卖淫表现之一是：为组织卖淫者充当账房先生，为其收钱管账，或者充当打手，协助组织他人卖淫的犯罪分子强迫妇女卖淫、逼良为娼，对不顺从的大打出手。[①] 这些行为实际上已经超出协助的范畴，其本身就是一种组织行为，是组织他人卖淫活动中的不同分工而已。还有些论著认为协助组织妇女卖淫行为表现为：为组织他人卖淫者物色、介绍卖淫的对象，提供辅助性的劳役或卖淫的场所。[②] 这里所说的物色、介绍卖淫对象与提供卖淫场所，实际上是一种容留、介绍他人卖淫的行为。根据立法原意，组织他人卖淫罪是一比较概括的罪名，包含或者说结合了其他与本罪相关联的一些犯罪行为，例如强迫或者引诱、容留、介绍他人卖淫罪等。[③] 由此可见，卖淫集团中的强迫或者引诱、容留、介绍他人卖淫行为正是组织他人卖淫的表现之一。若将这种行为以协助组织他人卖淫罪论处，恰恰难以与组织他人卖淫罪相区别。如果不单设协助组织他人卖淫罪，则对这些行为都可作为组织他人卖淫罪的从犯（包括帮助犯与次要的实行犯）处理。最后，由于将组织他人卖淫罪的从犯另立罪名，因而

① 参见全国人大常委会法制工作委员会刑法室编著：《〈关于严禁卖淫嫖娼的决定〉和〈关于严惩拐卖、绑架妇女、儿童的犯罪分子的决定〉释义》，22页，北京，中国检察出版社，1991。

② 参见周柏森、张瑞幸：《论〈关于严禁卖淫嫖娼的决定〉的法律适用问题》，载杨敦先主编：《刑法运用问题探讨》，417页，北京，法律出版社，1992。

③ 参见全国人大常委会法制工作委员会刑法室编著：《〈关于严禁卖淫嫖娼的决定〉和〈关于严惩拐卖、绑架妇女、儿童的犯罪分子的决定〉释义》，21页，北京，中国检察出版社，1991。

使组织他人卖淫罪的法定最低刑为10年，远远高于故意杀人罪、抢劫罪、强奸罪（这些犯罪的法定最低刑均为3年），形成严重的不协调。而且，在司法实践中，对协助组织他人卖淫罪单独处理，割裂了与组织他人卖淫罪的联系，从而失去了处罚上的比照对象，难免产生量刑失衡的后果。综上所述，上述决定将组织他人卖淫罪的帮助犯从中分离出来另立罪名的立法是不可取的，违反共同犯罪立法的一般原理，在司法实践上也无法适用，在今后的立法中应当引以为戒。

二

全国人大常委会《关于严惩拐卖、绑架妇女、儿童的犯罪分子的决定》（以下简称《决定》）第4条是关于阻碍对被拐卖、绑架的妇女、儿童的解救行为的规定，其中第2款指出：以暴力、威胁方法阻碍国家工作人员解救被收买的妇女、儿童的，依照《刑法》第157条的规定处罚；协助转移、隐藏或者以其他方法阻碍国家工作人员解救被收买的妇女、儿童，未使用暴力、威胁方法的，依照治安管理处罚条例的规定处罚。第5款设立了聚众阻碍解救被收买的妇女、儿童罪，指出：聚众阻碍国家工作人员解救被收买的妇女、儿童的首要分子，处5年以下有期徒刑或者拘役；其他参与者，依照该条第2款的规定处罚。这是以聚众为形式的犯罪，因而与共同犯罪有一定的关联。

我国刑法中的聚众犯罪从性质上说，可以分为两种：一种是属于共同犯罪的聚众犯罪，例如《刑法》第95条规定的持械聚众叛乱罪、第96条规定的聚众劫狱罪。另一种是属于单独犯罪的聚众犯罪，例如《刑法》第158条规定的扰乱社会秩序罪，这些犯罪以首要分子为构成犯罪的必要条件。以上两种聚众犯罪，意义有所不同：前者是将首要分子作为区分重罪与轻罪的界限，聚众的含义是聚集三人以上进行共同犯罪，在这种情况下，法律将共同犯罪人分为首要分子、其他罪恶重大的，以及其他积极参加的三种。其中，首要分子是危害性最大的共同犯罪人。后者是将首要分子作为区分罪与非罪的界限，聚众的含义是聚集三人以上进行犯罪。在这种情况下，根据刑法的规定，参与者并非都构成犯罪，只有首要

分子才构成犯罪，那么，《决定》关于阻碍国家工作人员解救被收买的妇女、儿童行为的规定属于哪一种情况呢？我国刑法学界一般认为，对首要分子应依照《决定》第4条第3款的规定，以聚众阻碍解救妇女、儿童罪处罚；对其他以暴力、威胁方法参与阻碍解救被收买的妇女、儿童的，根据《决定》第4条第2款的规定，应当依照《刑法》第157条，以妨害公务罪处罚，但仅协助转移、隐藏或者以其他方法阻碍国家工作人员解救被收买的妇女、儿童，而未使用暴力、威胁方法的，则属于违法行为，应依照治安管理处罚条例的有关规定处罚。① 由此可见，阻碍国家工作人员解救被收买的妇女、儿童行为不同于只有首要分子构成犯罪的情况，其他参与者中也有构成犯罪的，只不过根据《决定》，以不同的犯罪论处而已。

现在的问题是：同是一种阻碍国家工作人员解救被收买的妇女、儿童的行为，对首要分子与其他重要参与者分别定罪是否科学？应该说，在《决定》颁行以前，对以暴力、威胁方法阻碍国家工作人员解救被收买的妇女、儿童行为以妨害公务罪处理是可以的。那么，为什么要对聚众阻碍解救妇女、儿童行为新设罪名呢？立法理由是：近年来，阻碍解救的犯罪行为中出现了一些新的特点、新的行为，这些在法律中没有明确规定，在执行中缺少必要的法律依据。比如，关于聚众阻碍解救的行为。阻碍国家工作人员解救的人往往成十上百，对使用暴力、威胁方法的是否都以妨害公务罪处罚，各地司法机关普遍感到难办。另外，聚众阻碍解救的危害很大，但有的在行为中又未使用暴力威胁方法，难以妨害公务罪处罚，而只能依照治安管理处罚条例给予治安处罚，对于首要分子，治安处罚太轻，难以起到惩戒作用。应当依据解救工作的需要，对法律作出必要的修改。还有，在执行法中也发现一些公、检、法机关对阻碍解救工作的危害性重视不够，没有能够正确运用法律对阻碍解救的违法犯罪分子给予必要的打击，在执法中手软。也要通过法律的规定进一步强调依法惩处阻碍解救的犯罪分子的重要性和必

① 参见周道鸾：《试论〈关于严惩拐卖、绑架妇女、儿童的犯罪分子的决定〉的法律适用》，载《中国法学》，1992（4）。

要性。[①] 以上理由可以归纳为两条：一是对未使用暴力、威胁的首要分子加以补充规定；二是给执法机关更为明确具体的法律规定。在第1点上刑法学界还存在对法律的不同理解，即有人认为聚众阻碍解救妇女、儿童罪是指为首纠集多人，以暴力、威胁方法，阻碍国家工作人员解救被收买的妇女、儿童的行为。[②] 根据这种观点，聚众阻碍解救妇女、儿童罪在客观上只能是采取暴力、威胁的方法。我认为，从立法精神来看，对于聚众阻碍解救妇女、儿童罪的客观行为不能限于暴力、威胁方法。因此，该罪的规定确实使处罚范围有所扩大，这也是完全必要的。但是，在新设聚众阻碍解救妇女、儿童罪的同时，对其他参与者都以妨害公务罪论处则有所不妥。因为在聚众犯罪的情况下，无论是首要分子还是其他重要参与者，主观上具有共同犯罪的故意，客观上具有共同犯罪的行为。因此，对实施聚众犯罪的共同犯罪人，理应以同一犯罪处理，以便区分主犯与从犯，科学地处罚。如果分别以不同的犯罪论处，则容易造成量刑上的偏颇。所以，我认为应当将聚众阻碍解救妇女、儿童罪改为阻碍解救妇女、儿童罪，并将聚众阻碍解救妇女、儿童的首要分子和以暴力、威胁方法阻碍解救妇女、儿童的，作为从重处罚的情节。

三

全国人大常委会《关于严禁卖淫嫖娼的决定》第8条规定："旅馆业、饮食服务业、文化娱乐业、出租汽车业等单位的负责人和职工，在公安机关查处卖淫、嫖娼活动时，隐瞒情况或者为违法犯罪分子通风报信的，依照刑法第一百六十二条的规定处罚。"这里的《刑法》第162条的规定是指包庇罪，这在刑法理论上称为连累犯，是与共同犯罪相关的一种特殊犯罪形态，在此一并加以论述。

---

① 参见全国人大常委会法制工作委员会刑法室编著：《〈关于严禁卖淫嫖娼的决定〉和〈关于严惩拐卖、绑架妇女、儿童的犯罪分子的决定〉释义》，133～134页，北京，中国检察出版社，1991。

② 参见周道鸾：《试论〈关于严惩拐卖、绑架妇女、儿童的犯罪分子的决定〉的法律适用》，载《中国法学》，1992（4）。

在共犯理论中，连累犯是指事前与他人没有通谋，在他人犯罪以后，明知他人的犯罪情况，而故意地以各种形式予以帮助，依法应受处罚的行为。连累犯在某种意义上说，是犯罪的帮助行为。但它与共同犯罪中的帮助犯又有根本区别，区别就在于：在主观上，连累犯事前没有与他人通谋。在客观上，必须是在他人犯罪以后基于主观上的故意而给予他人各种形式的帮助。根据连累犯的特征，《关于严禁卖淫嫖娼的决定》的上述规定有以下两点值得推敲。

第一，对违法行为的事后帮助能否构成连累犯？关于这个问题，在立法过程中就存在争议。一种意见认为，对这些行为追究法律责任是必要的，但可以考虑给予治安处罚，不应追究刑事责任，因为《刑法》第162条规定的包庇罪是指包庇反革命犯罪分子和其他犯罪分子，而卖淫、嫖娼活动除《关于严禁卖淫嫖娼的决定》第5条规定的“明知自己患有梅毒、淋病等严重性病卖淫、嫖娼的”或者“嫖宿不满十四岁的幼女的”构成犯罪外，其他一般的卖淫、嫖娼活动不构成犯罪，只属于违法行为，对违法行为的包庇者，定为犯罪不平衡。另一种意见则认为，根据国家有关的法律、法规以及各行业内部的管理办法，旅馆业、饮食服务业、文化娱乐业、出租汽车业等企业单位的人员，不仅有责任采取措施制止本单位发生的卖淫、嫖娼活动，还有义务协助公安机关进行查禁。如果这些单位的工作人员在明知有卖淫、嫖娼活动的情况下，不仅不履行职责协助公安机关查禁，反而在公安机关查处卖淫、嫖娼活动时，还为卖淫、嫖娼人员通风报信或者有意隐瞒情况，性质特别恶劣。那么，这些行为严重破坏了企业、事业单位的社会主义精神文明建设，助长、包庇了违法犯罪活动，干扰了公安机关的正常工作，应当予以惩处。[①]《关于严禁卖淫嫖娼的决定》采纳了后一种意见，将包庇卖淫、嫖娼的活动规定为犯罪从而扩大了包庇对象的范围，使之不限于犯罪分子，而且包括违法人员。我认为，这一规定扩大了打击面，在刑法理论上也是很难站住脚的。如前所述，包庇罪的对象只能是犯罪分子，因而它是一种连累性的犯罪，在

① 参见全国人大常委会法制工作委员会刑法室编著：《〈关于严禁卖淫嫖娼的决定〉和〈关于严惩拐卖、绑架妇女、儿童的犯罪分子的决定〉释义》，83～84页，北京，中国检察出版社，1991。

古今中外的刑事立法中，连累犯的构成无不以他人的犯罪为前提。例如《唐律》规定："诸知情藏匿罪人，若过致资给，令得隐避者，各减罪人罪一等。"又如，1871年《德国刑法典》规定："在正犯或从犯实施重罪或轻罪后，为使其避免刑罚，或为确保其因犯罪所得的利益，而故意帮助之者，为庇护罪。"如果说，包庇违法人员可以构成犯罪，而包庇实际上只是一种事后的帮助行为，这岂不是轻重颠倒？

第二，如何理解包庇卖淫嫖娼违法犯罪人员犯罪的客观表现？在刑法理论上，一般认为《刑法》第162条规定的包庇罪的所谓包庇是指向司法机关提供不真实的证明，为犯罪分子掩盖罪行，或者帮助其湮灭罪迹和毁灭罪证等。① 但《关于严禁卖淫嫖娼的决定》规定的是隐瞒情况和为违法犯罪分子通风报信。所谓隐瞒情况是指在公安机关依法查处卖淫、嫖娼活动时，有意隐瞒在本单位发生的卖淫、嫖娼的人员和卖淫、嫖娼者的姓名、住所、所进行的违法犯罪活动事实以及与这些人员、活动有关的物品、能证明这些犯罪活动的证据等各方面的情况。② 质言之，这种所谓隐瞒情况的行为实际上就是知情不举。我国刑法学界有人认为，我国刑法对"知情不举"并未规定为犯罪，但是《关于严禁卖淫嫖娼的决定》以及其他法律、法规已将"隐瞒""掩饰""隐瞒不报""虚报""谎报""拖延不报"等"知情不举"的行为规定为犯罪。由于上述"知情不举"行为都是为犯罪分子开脱罪责，使之逃避法律制裁，因此，除了法律另有规定的，一般都按包庇罪追究其刑事责任。③ 根据有关法律规定，知情不举除以包庇罪论处以外，还有的规定以渎职罪论处。例如全国人大常委会《关于严惩严重破坏经济的罪犯的决定》第1条第4项规定："对于本条（一）、（二）、（三）所列的犯罪人员，有追究责任的国家工作人员不依法处理，或者因受阻挠而不履行法律所规定的追究职责的；对犯罪人员和犯罪事实知情的直接主管人员或者仅有的知情的工

① 参见高铭暄主编：《中国刑法学》，551页，北京，中国人民大学出版社，1989。

② 参见全国人大常委会法制工作委员会刑法室编著：《〈关于严禁卖淫嫖娼的决定〉和〈关于严惩拐卖、绑架妇女、儿童的犯罪分子的决定〉释义》，84页，北京，中国检察出版社，1991。

③ 参见周其华主编：《全国人大常委会修改和补充的犯罪》，66页，北京，中国检察出版社，1992。

作人员不依法报案和不如实作证的，分别比照刑法第一百八十七条、第一百八十八条、第一百九十条所规定的渎职罪处罚。”这里的“不依法报案和不如实作证”就是知情不举。对同一种知情不举在不同的法律中以不同的犯罪论处，这是法律不协调的表现。况且，知情不举是一种不作为，而包庇则是一种作为，因而对知情不举以包庇论处难以自圆其说。包庇卖淫嫖娼违法犯罪人员犯罪的另一客观表现是为违法犯罪分子通风报信。所谓为违法犯罪分子通风报信是指在公安机关依法查处卖淫、嫖娼活动时，将公安机关查处的部署、行动的地点、时间、对象以及其他有关消息告知组织、强迫、引诱、容留、介绍他人卖淫、嫖娼的违法犯罪分子。[①] 这就产生了一个问题，如何将这种包庇行为与有关犯罪的帮助犯加以区分？包庇行为只能发生在他人犯罪之后，而按照法律规定，这种包庇行为发生在“公安机关查处卖淫、嫖娼活动时”。而公安机关查处之时，也正是犯罪活动发生之际。所谓通风报信也正好说明了这一点，只能是在犯罪之前或过程之中。这种行为与包庇行为的特征是不相吻合的，倒恰恰符合帮助犯的特征。

四

通过以上分析，我们可以看到晚近的刑事立法中在处理共同犯罪问题上存在一些值得斟酌的地方。这些问题的存在，在一定程度上降低了法律的科学性，同时还会影响法律的可操作性。这就引申出一个值得注意的问题，就是在单行刑法中如何处理共同犯罪的规定。

共同犯罪是刑法总则的一种法律制度，属于总则性规范。共同犯罪从分散性与个别性的规定上升为总则性规定，正是刑事立法进化的表现之一。当然，在刑法总则中集中规定共同犯罪，并不意味着刑法分则与共同犯罪毫无瓜葛。例如，我国刑法分则中对某些犯罪的首要分子或者罪恶重大的主犯，根据其在共同犯罪

① 参见全国人大常委会法制工作委员会刑法室编著：《〈关于严禁卖淫嫖娼的决定〉和〈关于严惩拐卖、绑架妇女、儿童的犯罪分子的决定〉释义》，84～85页，北京，中国检察出版社，1991。

中所占的地位与所起的作用专门规定了法定刑，《刑法》第 160 条关于流氓犯罪集团的首要分子的规定，就是典型的例证。因而《刑法》第 23 条第 2 款规定："对于主犯，除本法分则已有规定的以外，应当从重处罚。"因此，一般来说，刑法分则对共同犯罪的规定限于有关量刑问题。单行刑法，在刑法理论上是指立法机关为应付某种特殊情况而专门颁布的、仅限于单纯地规定犯罪与刑罚的规范性文件。在单行刑法中，除个别总则性规范以外，大部分都是分则性规范。由于单行刑法是对某种特定事项所作的规定，所以除少数规定，例如《关于惩治泄露国家秘密犯罪的补充规定》具有刑法修正案的性质，因而比较单纯简明以外，大多数单行刑法都较为详尽具体。在这种情况下，往往涉及总则性问题。我认为，在单行刑法中，涉及共同犯罪的时候，以下两种规定是可取的。

第一，对有关共同犯罪的量刑问题作出规定，使刑法总则关于共同犯罪的量刑原则具体化。例如，我国《刑法》第 26 条第 1 款规定："教唆不满十八岁的人犯罪的，应当从重处罚。"这是我国刑法关于教唆犯处罚的一个重要原则，适用于所有犯罪的教唆犯。由于刑法总则作了这样一般性的规定，在刑法分则中无须再对具体犯罪的教唆犯作重复性规定。即使是单行刑法，由于《刑法》第 89 条规定"本法总则适用于其他有刑罚规定的法律、法令"，因而即使不再作具体规定，也同样可以对教唆不满 18 岁的人犯罪的教唆犯予以从重处罚。但由于立法者出于对特定事项的强调，突出立法精神，再次予以强调也不是毫无意义的重复。在这方面，我国晚近的单行刑法中可以找出例证。例如全国人大常委会《关于禁毒的决定》第 2 条第 4 款规定："利用、教唆未成年人走私、贩卖、运输、制造毒品的，从重处罚。"又如，全国人大常委会《关于惩治走私、制作、贩卖、传播淫秽物品的犯罪分子的决定》第 6 条规定：成年人教唆不满 18 岁的未成年人走私、制作、复制、贩卖、传播淫秽物品的，依照该决定有关规定从重处罚。这些规定，虽然在具体表述上还存在一些问题，例如利用与教唆并列，利用是教唆的表现方式还是指间接正犯？又如同一天通过的两个决定，前一决定在未成年人前未加"不满 18 岁"的修饰词，后一决定则有这一修饰词等；但总的来说，这种照应性规定使教唆未成年人犯罪的教唆犯从重处罚的原则具体化，因而具有

一定的意义。

第二，对具体犯罪的首要分子作为加重构成的条件，作出特别规定。首要分子属于主犯，一般来说，对于共同犯罪的主犯应当按照刑法总则的规定予以从重处罚，但刑法已有规定的除外。这里所谓已有规定，就是在刑法分则中已经把某些犯罪的首要分子作为加重构成的条件规定了较重的法定刑。因此，在单行刑法中，为了严厉惩治某些犯罪，也可以照此规定。我国晚近刑事立法中也有这样的例证。例如《关于禁毒的决定》第 2 条规定：走私、贩卖、运输、制造毒品，有下列情形之一的，处 15 年有期徒刑、无期徒刑或者死刑，并处没收财产。走私、贩卖、运输、制造毒品集团的首要分子就是这种情形之一，由此体现对这类首要分子从严惩治的精神。

除此之外，单行刑法应当避免对共同犯罪作总则性的规定，尤其是不应与刑法总则关于共同犯罪的一般规定相冲突。在具体犯罪的设置上，也应充分考虑到共同犯罪的问题，以便使犯罪的设置具有科学性与可行性。

（本文原载《法学》，1993（1），刊载时略有删节）

历史的误读与逻辑的误导

——评关于共同犯罪的修订

共犯是刑法理论中一个十分复杂的问题，日本学者中义胜语出惊人地以“绝望之章”形容共犯研究的困境，确实不足为怪。共犯理论是以共犯立法为依托的，因而共犯立法对于共犯理论具有重要意义。修订后的刑法对 1979 年刑法关于共犯的规定在维持的基础上略有改动。遗憾的是，由于历史的误读与逻辑的误导，尽管在增补犯罪集团的概念与缩小胁从犯的范围上颇有可圈可点之处，但在承袭共同犯罪人的分类、修改主犯处罚原则上，大有可以非难之处。不客气地说，修订后的刑法总则第二章第三节，几乎成为“绝望之节”。本文在设定一种共许的共犯观念的基础上，对共同犯罪的修订进行理论的评说。

一、共犯观念：比较与建构

我们应当具有一种什么样的共犯观念，这是共犯立法首先需要解决的一个问题。我国关于共同犯罪的立法之所以疵误迭出，根本原因在于没有建立一种正确的共犯观念。

正确的共犯观念始于正犯与共犯的区分。换言之，正犯与共犯的区分是共犯

观念成熟的标志。中国古代的共同犯罪制度，不存在正犯与共犯之分。晋人张斐曾经对共同犯罪现象进行了理论上的概括，指出："唱首先言谓之造意，二人对议谓之谋，制众建计谓之率，……三人谓之群。"[①] 在此，张斐论及造意、谋、率、群这样一些与共犯相关的概念，但都仅限于对共同犯罪的主观罪过与客观行为的描述，未能从构成要件上引导出正犯与共犯的关系。

及至《唐律》，形成了此后主导中国古代刑法的共犯观念，其利弊得失，尽在其中。《唐律》指出："诸共犯罪者，以造意为首，随从者减一等。"根据《唐律疏议》的解释，共犯罪者，谓二人以上共犯，以先造意者为首，余并为从。[②] 这是中国古代刑法关于共同犯罪的经典式立法模式。在此，出现了"共犯罪"一词。根据词义，乃指"犯罪"之"共"也。但如何共犯，在法律上并未规定。从法律表达上看，"共犯罪"似乎是一个已经解决了的问题，剩下的只是如何分首从，即解决共同犯罪人的量刑问题。从现代共犯观念考察，"共犯罪"是正犯之共，即所谓共同正犯（亦称为共同实行犯）。那么，共犯何在？仔细分析《唐律》，共犯没有规定在相当于现代刑法总则的名例一篇，而是规定在具体罪名之中，相当于现代刑法分则的规定。《唐律》中没有教唆犯的规定，但却有教令犯之设。《唐律》中规定的教令犯，是指非身自行，即唆使他人犯罪的人，它不包括于所谓共犯罪之内。根据《唐律》，教令人虽非与被教令人共同加功，但在法律上，被教令人的行为视同教令人的行为。教令犯的成立，系于被教令人的实行行为，如其系既遂或未遂，教令犯亦同。至于被教令人有无责任能力、其责任形式、违法性及身份等，与教令人无关。因此，所谓间接正犯仍为教令犯。[③] 由此可见，在某种意义上说，现代刑法中的教唆犯与间接正犯都包括在教令犯这个概念之中。《唐律》没有独立的教唆犯的概念，帮助犯也是如此。在《唐律》的名例律中没有帮助犯的规定，但在具体罪名中存在类似帮助犯的规定。这里所谓类似，是指对于这种情形到底是帮助犯还是正犯在理论上存在争论。例如，《唐律》

① 《晋书·刑法志》。

② 参见《唐律疏议》，116 页，北京，中华书局，1983。

③ 参见戴炎辉：《中国法制史》，3 版，81 页，台北，三民书局，1979。

规定："诸谋杀人者，徒三年；已伤者，绞；已杀者，斩。从而加功者，绞；不加功者，流三千里。造意者，虽不行仍为首。即从者不行，减行者一等。"这是关于谋杀罪的一般规定。这里所谓谋杀，根据《唐律疏议》的解释，是指二人以上，若事已彰露，欲杀不虚，虽独一人，亦同二人谋法。[①] 这就是说，杀人可能是一人所为，但事先有二人以上谋议的，仍以谋杀论处。如果造意的人没有亲自杀人，仍为首犯。这里的造意者，就相当于现代刑法中的教唆犯。所谓加功，根据《唐律疏议》的解释，是指同谋共杀，杀时加功，虽不下手杀人，当时共相拥迫，由其遮遏，逃窜无所，既相因藉，始得杀之，如此经营，皆是加功之类。[②] 这里的加功，就有帮助之意蕴。因此，正如日本刑法学家西村克彦指出：在《唐律》里，除了"共（共同）犯罪者（正犯）"之外，并没有设立像人们所说的教唆或是帮助这样的与共犯罪者（正犯）相对立存在的概念，来作为一般的共犯类型。其原因，使用滋贺教授的话来说，就是："并不是嫌区别它们麻烦，而是在于要把更为广泛的犯罪的协力行为认定为犯罪行为。"[③] 因而，中国古代刑法中只有正犯的概念而没有共犯的观念。

西方刑法中的共犯观念可以追溯到古罗马。古罗马法视每一犯罪之参与人为构成犯罪之行为人而加以处罚，尤其在多数之犯罪，起因者与共犯均具有同一之可罚性，亦即不问其协力行为如何，皆科以同等及全部之刑罚。在罗马法中，数人共犯中负同一责任之人称为 Socii，领导者称为 princeps，soeleris，reus principalis，从属者称为 factores，qui fecit 或 qui suis manibus 或 pecator reus，从犯称为 minister，教唆犯称为 actor，所有参与人概括称为 consortes 或 participes。[④] 尽管当时对各共同犯罪人处以同一之刑，但从形式上对共同犯罪人加以区分，仍具有积极意义。及至中世纪后期，意大利刑法学家将罗马法注释的研究成果运用于刑法研究，从犯罪构成要件的解释着手开始区分正犯与共犯的概念。除正犯之

① 参见《唐律疏议》，329 页，北京，中华书局，1983。

② 参见《唐律疏议》，329 页，北京，中华书局，1983。

③ ［日］西村克彦：《东西方的共犯论》，载《国外法学资料》，1982（1），21 页。

④ 参见蔡墩铭：《唐律与近世刑事立法之比较研究》，200 页，台北，汉苑出版社，1976。

外，中世纪意大利刑法学家将共犯分为三种：一是教唆犯，二是单纯的精神帮助犯，三是行为帮助犯。[①] 此后，1532 年德意志《加洛林纳刑法典》第 177 条规定："明知系犯罪行为而帮助犯罪行为者，则无论用何方式，均应受刑事处分，其处分按行为者之刑减轻之。"该刑法典虽然没有全面地规定共同犯罪，但从该规定我们可以看出，《加洛林纳刑法典》将正犯与帮助犯加以区分，这是刑事立法上区分所谓正犯与共犯的肇始。虽然《加洛林纳刑法典》仅规定了帮助犯，但法律对帮助的方式没有限制（无论用何种方式），因此有些刑法学家认为《加洛林纳刑法典》是继承了意大利刑法学家关于教唆犯、精神帮助犯与行为帮助犯的理论而加以概括的规定。[②] 1810 年《法国刑法典》是近代刑法典的模本，也是大陆法系共犯立法例的典范。1810 年《法国刑法典》明确地将共同犯罪人分为正犯与从犯，从犯包括帮助从犯与教唆从犯。因此，从犯即是我们现在所说的共犯。

通观大陆法系各国的共犯理论，基本上是沿着正犯与共犯两条线索建立起来的，实际上也就是以定罪为中心的。因此，理解正犯与共犯的关系，就成为揭示共同犯罪性质的关键。关于正犯与共犯的关系，在刑法理论上出现过五花八门的学说，主要是共犯从属性说与共犯独立性说的聚讼。共犯从属性说是一种客观主义的共同犯罪理论，认为共犯对于正犯具有从属性，共犯之成立及可罚性，以存在一定的实行行为为必要前提。因此，只有在正犯已构成犯罪并具有可罚性的情况下，共犯才从属于正犯而成立并具有可罚性。共犯从属性说以正犯的行为为中心，使教唆犯与帮助犯依附于正犯而存在，这就严格地限制了共犯的构成条件，在一定程度上正确地揭示了正犯与共犯的关系。共犯独立性说是一种主观主义的共同犯罪理论，认为犯罪是行为人恶性的表现，共犯的教唆行为或帮助行为，表现了行为人所固有的人身危险性，并对结果具有原因力，即为独立实现自己的犯罪，并非从属于正犯的犯罪，应依据本人的行为而受处罚。换言之，其教唆或帮

① 参见蔡墩铭：《唐律与近世刑事立法之比较研究》，203 页，台北，汉苑出版社，1976。

② 参见蔡墩铭：《唐律与近世刑事立法之比较研究》，203 页，台北，汉苑出版社，1976。

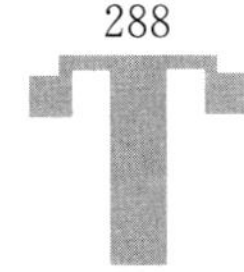

助不过是利用他人的行为以实现自己的犯意的方法而已，无异于实行行为。因此，在二人以上参与共同犯罪的场合，不应认为存在从属于他人犯罪的情形。教唆与帮助行为本身应认为独立地构成犯罪，均可独立予以处罚。共犯独立性说将共犯的可罚性建立在本人行为的基础之上，具有一定的可取之处。但共犯独立性说断然否定共犯对于正犯的从属性，因而无助于正确地揭示正犯与共犯的关系。共犯独立性说认为教唆犯或帮助犯可以脱离正犯而独立构成犯罪，完全忽视了共同犯罪立法的前提，即从分则性规定上升为总则性规定。尤其是个别学者鼓吹的“包括正犯者的概念”，认为应该取消正犯与共犯的区分，将共犯包括在正犯的概念之内。这种否定正犯与共犯区分的学说，在刑法理论上又称为共犯独立犯说。例如，共犯独立犯说的倡导者弗尼茨库主张，国家刑罚权的对象不是行为而是行为者，对行为者适用刑罚，当然也要考虑行为，因为行为是行为者性格的外部表现。由于各个行为者的行为各有不同的特征，无论单独犯或共犯都是独立的，因此，不论教唆犯或正犯都是共同惹起结果的行为者，自应受同样的处理。加功于实行行为本身的从犯，应与正犯相同，但未直接或间接加功于实行行为的从犯，由于其行为只不过部分地惹起结果，其责任与正犯的责任就不能相同。对这样的帮助者必须作为特别的犯罪加以处罚。从而帮助，不可在刑法总则中一般地加以规定，而应依各犯罪的性质和特点在刑法分则中规定其刑事责任。这样，在弗氏看来，共犯可有两种处理办法：(1) 所有的共同实行犯、教唆犯及主要的从犯，都是相互协力的犯罪的独立正犯。(2) 单独帮助则是特别罪的独立正犯。这样，就可以完全取消共犯的规定，使共犯直接适用刑法分则条文。在这种情况下，刑法总则中的共犯制度也就取消了。在某种意义上说，这种共犯独立犯说的共犯观念与我国《唐律》中的共犯观念存在某种相通之处。

共犯观念的前提问题是：刑法分则规定的犯罪行为是否包括犯罪的教唆行为或者帮助行为？关于这个问题，在刑法理论上存在限制正犯论与扩张正犯论之争。限制正犯论认为，行为人自行实施犯罪行为，实现构成要件者为正犯，非亲自实现构成要件者，则非正犯。此说将正犯之观念，限制于自己亲自实施犯罪构成要件之人始为正犯，故谓之限制正犯论。依此说，刑罚法令各本条，仅就正犯

之既遂行为设其处罚之规定，并未包括未遂及教唆、帮助等行为。因此，这些行为是非实行行为，没有法律特别规定，不得加以处罚。刑法总则上之教唆犯、帮助犯等共犯规定，系欲使正犯之刑罚，扩张于正犯以外之人。所以，共犯规定实为刑罚扩张事由，或刑罚扩张原因。扩张正犯论主张，正犯之范围不应局限于实行构成要件之行为人，凡对实现犯罪构成要件之结果，赋予任何因果条件之关系者，皆为正犯，不分其为亲自实施，或利用教唆、帮助他人实行。因这种学说强调共犯之独立性，扩张了正犯的概念，故谓之扩张正犯论。依此说，刑法分则及刑罚法令各本条所规定的构成要件，并非仅限于正犯有其适用，即教唆及帮助者，亦皆有其适用。教唆及帮助行为，均应依正犯之规定加以处罚。因此，如果没有刑法总则有关共犯的规定，所有对构成要件结果之实现，具有条件关系之行为人，将皆按正犯处罚，故设此共犯规定，将正犯刑罚加以缩小适用，以限制或缩小教唆犯与帮助犯之处罚，本质上一切共犯，仍不失为正犯，故又称为刑罚缩小原因说。[①] 以上两说，扩张正犯论将共犯行为说成是符合刑法分则规定的构成要件，仅因为缩小刑罚范围而在刑法总则规定的观点是没有根据的。显然，杀人与教唆杀人或者帮助杀人在观念上是有所区别的，刑法分则仅规定了杀人罪的刑事责任，如果没有刑法总则关于共同犯罪的规定，对教唆杀人或者帮助杀人的行为就不能理所当然地适用刑法分则的条文追究刑事责任。因此，主张刑法总则关于共同犯罪的规定是刑罚扩张事由的限制正犯论是有一定道理的。但限制正犯论没有揭示共犯行为之所以应当承担刑事责任的原因，也没有从构成要件上对共犯承担责任的根据加以进一步的说明。

我们认为，共犯行为之所以应当承担刑事责任，归根到底还是由行为的社会危害性所决定的。教唆与帮助等行为，虽然不是刑法分则规定的犯罪实行行为，但它们在共同犯罪中对于犯罪结果的发生起着大小不等的作用。因此，教唆与帮助等行为也是具有社会危害性的，这就是共犯应受刑罚处罚的根本原因之所在。那么，现代刑法又为什么不在刑法分则中将教唆与帮助等行为直接规定为犯罪行

---

① 参见郭君勋：《案例刑法总论》，2版，392～393页，台北，三民书局，1983。

为呢？这主要是从立法技术上考虑。因为每一种犯罪都有成立共同犯罪的可能，如果对此在刑法分则中逐一加以规定，势必使刑法条文冗长烦琐，出现不必要的重复。而且，从对个别共同犯罪加以惩罚，到共同犯罪发展为一种刑法制度，正是刑法进化的结果，有其历史必然性。所以，在刑法总则中对共同犯罪加以规定，使其适用于刑法分则规定的各种犯罪，不仅减轻了刑法条文的繁缛，而且便利司法实践。

在论及共犯时，不能不涉及犯罪构成要件的理论。犯罪构成是以一人犯一罪为标本的，因此，根据一般的犯罪构成不能解决共同犯罪的构成问题。共同犯罪的构成不同于单独犯罪的构成，为使共犯承担刑事责任，需要对单独犯罪的构成加以修正。对此，日本刑法学家小野清一郎指出：共犯也和未遂犯一样，是构成要件的修正形式。共犯的各种问题全都应当从这一构成要件修正形式的角度去思考和解决。小野指出：刑法上的责任，是道义的责任，因此原则上必须是个人的责任。各人只对各自的行为负责任，这是道义责任的基本要求。在这个意义上，否定犯罪共同说、主张行为共同说的牧野博士的见解是正确的。然而在这种场合，"犯罪"的含义必须要加以反省。作为个人刑事责任根据的犯罪本身与犯罪构成要件的事实，必须予以区别。依据单一的犯罪而产生的数人的责任，这在原理上是不允许的。但是，对与同一个犯罪构成要件事实有关系，为了它的实现而共同行动的数个人的行为分别评价，分别作为犯罪来处罚，至少是不悖理的。正是在这种数人的行为实现一个构成要件事实之上，成立了刑法总则中的共犯概念。换句话说，共犯是在数人的行为实现一个构成要件的场合，对其共同行动的数人的行为分别评价，以各自的行为作为犯罪而令行为人负责任的。因为是以一个构成要件事实为前提来讨论责任的，所以外观上是共同责任，但最终要依据道义责任的观念使之个别化，因此其归宿仍是个人责任。① 在此，小野提出了追究共犯刑事责任中的一个难题，这就是个人责任与共同责任的问题。刑事古典学派

① 参见［日］小野清一郎：《犯罪构成要件理论》，王泰译，82、86页，北京，中国人民公安大学出版社，1991。

力主个人责任，因而以共犯从属性说解释共犯责任。但刑事实证学派则力主团体责任，以此与个人责任相抗衡，由此引起共犯观念的变化。我国台湾地区学者蔡墩铭对这种变化作了以下描述：从刑法发展之过程以观，个人对违法之行为所负之责任应限于自己的责任，而不宜扩及于他人的责任。主张共犯从属性者，使共犯均负他人的责任，其见解过于消极，且与法律思想不尽相符，有待修正，以期允当。盖自近世一般平民完成政府解组以后，法学思想再经一次之变迁，在此时期各国所施行者无非平民政治，故从前之个人主义及自由主义之思想，乃成为理所当然之观念，渐趋于伦理化，不易之论。唯社会除个人之处，尚有团体之存在，个人与团体之关系，比诸个人相互关系，亦判然有别，是以觉识团体应先于个人，而有所谓团体主义之产生。其影响于法律学方面，有诚实信用原则之订立，及公序良俗之保护，且为防卫社会及维护团体之必要，对于犯罪现象亦从事社会学的研究，遂认为刑罚对象罪犯人之行为，厥其主观的危险性。于是共犯概念随同亦自法律学的现象，而展开为社会学的现象，重视共犯各自之个人之责任，及社会危险性。在此情形之下，共犯之责任无法再认为依存于实行正犯而成立，并进而否定其从属性，强调各自独有之犯罪性与可罚性。受此思想之影响，传统共犯理论自难免面临考验，尤其该项理论所系客观说之诸原则，更受新派学者大肆攻讦，其所维持之正犯与共犯并其形态之观念，又被学者重新加以检讨，而其结果认为正犯与共犯之罪责无显然之分别，大有废止正犯与共犯的区别之趋势，于是共犯理论步入一崭新之境界，其变迁之剧，绝非始料所及。[①] 在此，刑事古典学派是价值上的个体主义而方法论上的整体主义，即为维护个人自由与权利，主张限制共犯范围，防止刑及无辜。为此，使共犯依附于正犯，将共犯与正犯视为一个共同的刑事责任承担者。而刑事实证学派是价值上的整体主义而方法论上的个体主义，即为维护社会整体利益，需要对共犯加以处罚，共犯行为具有独立的社会危险性。因而，注重各共犯的个别责任，将刑罚个别化原则贯彻于共犯责任之中。

① 参见蔡墩铭：《现代刑法思潮与刑事立法》，301～302 页，台北，汉林出版社，1977。

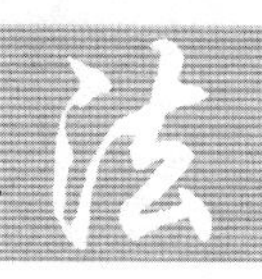

但从构成要件理论来看，正犯与共犯之分别是不可取消的，否则势必导致对共同犯罪制度的否定。对此，日本刑法学家大塚仁曾经从实质与形式两个方面，对正犯与共犯的关系作了精辟的论述，指出：从实质的观点来看，教唆犯、从犯不是直接地实现某犯罪本身，而是与直接实现犯罪的正犯发生联系，促成或者协助正犯实现犯罪。正犯是亲自使某犯罪表现于社会，因而，正犯行为本身就具有实现犯罪的现实危险性、侵害性，但是教唆犯、从犯（指帮助犯——引者注）则处在正犯的背后，对某犯罪的实现来说，其地位是第二性的，因而，教唆行为、帮助行为所具有的实现其犯罪的危险性、侵害性，也是以正犯的行为为介体，具有间接性。即，教唆犯、从犯的现实的犯罪性只有以正犯的存在为介体才表现出来。在强调罪刑法定主义，要求对犯罪的成否进行慎重考虑的今日，共犯独立性说的主张具有不能符合社会要求的一面。大塚仁还指出：从属性共犯的观念与以犯罪共同说和构成要件理论为基础的共犯理论具有紧密联系，无论是正犯的性质还是从属性共犯本身的性质，都只有根据这种共犯理论来认识才是妥当的。即，所谓正犯是符合基本构成要件的犯罪，是以实行行为为其中心要素的，而从属性共犯则是符合以正犯的基本构成要件为基础，并根据刑法总则对教唆犯、从犯规定的一般要件进行修正后得出的教唆犯、从犯的构成要件的犯罪，作为其中心要素的教唆行为、帮助行为与正犯的实行行为不同，只有以正犯的实行行为为介体，才可能具有现实的犯罪性即可罚性。① 我认为，大塚仁的这一论述是极有见地的。共犯的一定意义上的从属性，是一个不可否认的客观事实。只有从构成要件的类型化上，正确地处理正犯与共犯的关系，才能为共犯的定罪处刑提供科学根据。

在我国刑法中，共同犯罪之“犯罪”的界定是不明确的。1979 年《刑法》第 22 条第 1 款和修订后的《刑法》第 25 条第 1 款规定：“共同犯罪是指二人以上共同故意犯罪。”从表面上看，似乎刑法中存在一个关于共同犯罪的法定概念，为共同犯罪的定罪处刑提供了法律根据。但由于这个关于共同犯罪的概念，只解

---

① 参见［日］大塚仁：《犯罪论的基本问题》，冯军译，279～280 页，北京，中国政法大学出版社，1993。

决了主体（二人以上）和主观罪过（故意）的问题，对于何谓共同犯罪之“犯罪”，却不甚了然。如果共同犯罪之“犯罪”沿用一般犯罪之定义，那么，也只是解决了实行犯，也即正犯的定罪问题，而没有涉及共犯的定罪问题。但在刑法总则的共同犯罪规定中，迫切需要解决的恰恰是共犯的定罪问题。考之大陆法系各国刑法典，大多没有关于共同犯罪的一般性概念的规定。例如1994年《法国刑法典》第1216条规定：“第1217条意义上的共犯，按正犯论处。”第1217条是关于帮助犯与教唆犯的规定，而没有规定共同犯罪的概念。据我所知，在刑法典中规定共同犯罪概念始于苏俄刑法典。例如原《苏俄刑法典》（现《俄罗斯联邦刑法典》）第17条第1款规定：“二人或二人以上故意共同参加实施某项犯罪，是共同犯罪。”在此，虽然也未明确“犯罪”的内容，但第2款补充规定：“组织犯、教唆犯和帮助犯，与实行犯一样都是共犯。”在这种情况下，共同犯罪之犯罪行为就扩张到组织行为、教唆行为与帮助行为，由此形成不同于单独犯罪的共同犯罪概念。但我国刑法却没有很好地解决这个问题，为此，我们曾经提出将共同犯罪的概念修改为：“共同犯罪是指二人以上共同故意犯罪（包括实行、组织、教唆和帮助）。”① 在这个概念中，指明了共同犯罪行为包括实行、组织、教唆和帮助，即涵括正犯与共犯，从而更为确切。但在刑法修订中，这个问题并未引起立法机关的重视，因此关于共同犯罪的概念依然如故，未作修改。在这种情况下，我国刑法中关于共同犯罪的规定，未明确正犯与共犯的关系，由此造成共犯观念上的失误，引起共同犯罪理论上与实践中的混乱。凡此种种，不一而足。

二、共犯分类：该改而不改

共同犯罪人是共同犯罪的实施者，也是共同犯罪的刑事责任的承担者。因此，共同犯罪人成为各国刑法关于共同犯罪的立法的主要内容，我国刑法也是如此。我国1979年《刑法》除第22条是关于共同犯罪的一般规定以外，从第23

① 陈兴良：《共同犯罪论》，537页，北京，中国社会科学出版社，1992。

条至第 26 条，全部是关于共同犯罪人的规定。刑法对共同犯罪人的规定，从宏观上来说，首先是共同犯罪人的分类问题。

共同犯罪人的分类，又称共犯的种类或共犯者的种类，是依照一定的标准，对共同犯罪人所进行的适当分类，其目的在于确定各个共同犯罪人的刑事责任。根据我国刑法的规定，共同犯罪是指二人以上共同故意犯罪。而各个共同犯罪人在共同犯罪中的地位、作用和分工是有所不同的，为了规定各个共同犯罪人的刑事责任，必须依据一定的标准，对共同犯罪人进行科学的分类，在此基础上确定共同犯罪人的处罚原则。

共同犯罪人的分类具有重大的实际意义与理论意义，这可以从下述两个方面充分说明。

首先，共同犯罪人的分类对于共同犯罪的定罪具有重大意义。在共同犯罪人中，从构成特点上分析，可以分为实行犯与非实行犯这两大类。刑法分则对实行犯的构成已有明文规定，其定罪已经不成问题。而非实行犯在刑法分则中则没有明文规定，其定罪有赖于刑法总则的规定。而刑法总则对非实行犯的构成的规定，主要就是通过对共同犯罪人的分类而实现的。以我国 1979 年刑法为例，第 22 条虽然明确规定二人以上共同故意犯罪的是共同犯罪，从而限定了共同犯罪的范围，但共同犯罪的具体构成还不够明确。而第 26 条对教唆犯的规定，则使我们明确了教唆犯罪属于共同犯罪的范畴，并为教唆犯的定罪提供了法律根据。帮助犯也是如此，它虽然归入从犯，但因法律的规定而使我们明确帮助犯罪属于共同犯罪的范畴，从而使帮助犯的定罪有法可依。我们可以肯定地说，共同犯罪人分类的首要意义就在于共同犯罪的定罪。

其次，共同犯罪人的分类对于共同犯罪的量刑具有重大意义。由于共同犯罪是二人以上实施犯罪，这里就存在一个罪责的大小区分问题，因此，共同犯罪的量刑具有不同于单独犯罪的特点。共同犯罪人的分类，无论是按分工分类，还是按作用分类，都是直接或者间接地为了解决共同犯罪的量刑问题。例如，按犯罪分子在共同犯罪中的分工分类，将共同犯罪人分为正犯、从犯、教唆犯，并且刑法也明文规定了各种共同犯罪人的处罚原则，这就不仅为共同犯罪的定罪提供了

法律根据，而且为共同犯罪的量刑提供了一般原则。

关于共同犯罪人的分类，古今中外存在不同的立法例，对这些立法例的比较研究，可以为理解我国刑法中的共同犯罪人的分类提供历史背景与理论基础。

1. 以犯罪分子在共同犯罪中的分工为标准对共同犯罪人分类的立法例（以下简称“分工分类法”）

世界上大多数国家对共同犯罪人的分类，都是分工分类法。这种分类法始于1810年《法国刑法典》。《法国刑法典》把共同犯罪人分为正犯与从犯二类，从犯又包括教唆犯与帮助犯，并对从犯处以与正犯相同之刑。这种分类虽然过于简单化，而且对正犯与从犯采取所谓责任平等主义，使这种共同犯罪人的分类的意义大为逊色，但它毕竟开启了以共同犯罪中的分工作为共同犯罪人分类标准的先河，具有一定的历史意义。

1871年《德国刑法典》在继承1810年《法国刑法典》关于共同犯罪人分类的立法例的基础上，又有所发展与完善。1871年《德国刑法典》仍然坚持以犯罪分子在共同犯罪中的分工作为共同犯罪人的分类标准，并把共同犯罪人分为以下三类：一是正犯，二是教唆犯，三是从犯。这就是所谓三分法。1871年《德国刑法典》不仅在共同犯罪人的分类上实行三分法，较之《法国刑法典》的二分法有所进步；而且对共同犯罪人实行区别对待，对从犯的处罚采得减主义，较之《法国刑法典》的平等主义有所前进。由于1871年《德国刑法典》具有如上的优点，其共同犯罪人的三分法至今为大多数国家刑法所沿用。

社会主义国家刑法关于共同犯罪人的分类基本上是以《德国刑法典》为蓝本的，例如1919年《苏俄刑法指导原则》将共同犯罪人分三类：一是实行犯，二是教唆犯，三是帮助犯。[①] 1926年《苏俄刑法典》仍对共同犯罪人实行三分法。但1952年《阿尔巴尼亚刑法典》在上述实行犯、教唆犯、帮助犯的基础上，明确地增加了组织犯这一类。1958年《苏联和各加盟共和国刑事立法纲要》也增加了组织犯，这就形成了共同犯罪人分类的四分法，即实行犯、组织犯、教唆犯

---

① 实行犯又译为执行犯，即正犯，帮助犯即从犯。这是翻译上的问题。

和帮助犯。1960年《苏俄刑法典》及其他各加盟共和国刑法典，都接受了这种分类。

2. 以犯罪分子在共同犯罪中的作用为标准对共同犯罪人分类的立法例（以下简称“作用分类法”）

中国古代刑法向来把共同犯罪人分为首犯与从犯两类，这种以犯罪分子在共同犯罪中的作用为标准对共同犯罪人的分类法发轫于《唐律》。《唐律》确立了首犯与从犯的二分法以后，明、清各代的律例相沿不改。由于中国封建刑法强调主观犯意在共同犯罪中的意义，因此规定造意为首。也就是说，在共同犯罪中的作用问题上，更注重犯意发起，这反映了我国封建统治者诛心的思想。

在刑法理论上，一般把分工分类法与作用分类法相提并论。但在对这两种立法例进行比较以前，我们不能忽视一个重要的前提，这就是两种立法例是建立在两种截然不同的共同犯罪观念的基础之上的。

如前所述，在西方各国刑法中的共同犯罪，从广义上来说，包括正犯与共犯两类。正犯在刑法分则有明文规定，而共犯则是由刑法总则加以补充规定的。由这一特点所决定，西方国家刑法关于共同犯罪的立法的重点就不能不放在共犯的定罪上。也就是说，刑法总则关于共同犯罪的规定，主要是为了解决共犯的定罪问题。而我国封建刑法中的共同犯罪，实际上只是指共同实行犯。因为共同实行犯的各种犯罪已在各篇明文加以规定，而教唆犯划入教令犯，对某些严重犯罪的帮助犯也在各篇加以规定。这样，西方刑法共同犯罪中的教唆犯与帮助犯这两个范畴，在中国封建刑法中，都已经通过立法而转化为实行犯了。所以，在中国封建刑法中不存在共同犯罪的定罪问题，这个问题已经由各篇的具体规定解决了。正因为如此，中国封建刑法对共同犯罪的一般规定，主要任务只能是解决共同实行犯的量刑问题。由这一任务所决定，对共同犯罪人的分类以犯罪分子在共同犯罪中的作用为标准，也就是顺理成章的了。由上分析可知，中国封建刑法对共同犯罪人的作用分类法，重点是要解决共同犯罪的量刑问题，这无疑是正确的。但这是建立在已经解决了共同犯罪的定罪问题的基础之上的。如果无视这一点，以为在没有解决共同犯罪的定罪问题的情况下，就可以对共同犯罪人实行作用分类

法，这无疑是一个误解。

分工分类法，是以直观的共同犯罪人的分工作为分类标准的。就此而言，分工分类法似乎是一种形式分类法。然而，这种分类法却涉及一个本质问题，这就是共同犯罪的定罪问题。刑法分则规定的是犯罪的实行行为，实施这种行为的人是正犯，对正犯可以直接依刑法分则处罚。而教唆行为与帮助行为，刑法分则没有规定，由刑法总则加以规定，使其犯罪构成得以补充而具备。分工分类法重点是解决了共犯的定罪问题，但在同时也解决了共犯的量刑问题。例如，1871 年《德国刑法典》规定教唆犯之刑依被教唆的人之刑而决定；1908 年《日本刑法》规定教唆犯按照关于正犯的规定处断。这就是说，教唆犯之刑参照正犯决定，而正犯之刑在刑法分则都有明文规定，这样教唆犯的量刑问题也就解决了。又如，1871 年《德国刑法典》规定从犯采得减主义，这也就解决了从犯的量刑问题。一般说来，分工分类法对从犯的定罪量刑问题的解决是比较圆满的。但对正犯的量刑问题解决得则不够圆满，而教唆犯是按正犯处罚，所以教唆犯的量刑问题同样不够圆满。因为在共同实行犯的情况下，各实行犯在共同犯罪中的作用是有所不同的，教唆犯在共同犯罪中的作用也存在这种差别，而刑法总则关于共同犯罪的规定却未能加以区别，这是一大缺陷。当然，1952 年《阿尔巴尼亚刑法典》和 1960 年《苏俄刑法典》采四分法，增加了组织犯这一类，并规定对组织犯从重处罚，这在一定程度上弥补了分工分类法的缺陷。此外，有些国家的刑法还明文规定共同犯罪的一般处罚原则。例如，1960 年《苏俄刑法典》规定："法院在处刑时，应当考虑每一个共犯参加犯罪的程度和性质。"这些规定都有助于解决共同犯罪的量刑问题。当然，由分工分类法的特点所决定，它不可能圆满地解决共同犯罪的量刑问题。

作用分类法，从严格意义上说，是指我国《唐律》创立的共同犯罪人的分类法。它虽然圆满地解决了共同实行犯的量刑问题，但它是在把教唆犯与帮助犯排斥于共同犯罪的范畴之外的基础上确立的，这就使它带有不可避免的狭隘性。正因为如此，作用分类法在当代世界上通行的共同犯罪的概念，即共同犯罪人不仅指实行犯而且包括非实行犯的前提下，不可能**单独地**成为共同犯罪人的分类法。

例如，将主犯定义为在共同犯罪中起主要作用的犯罪分子，将从犯定义为在共同犯罪中起次要作用的犯罪分子。这里的犯罪是以刑法分则的规定为前提的，而刑法分则只有对实行犯的规定。因而，作用分类法的局限性是显而易见的。

以上我对分工分类法与作用分类法的优劣分别作了考察。在此基础上，对两种分类法作一比较可以看出：分工分类法虽然对共同犯罪的量刑问题的解决不够圆满，但这种缺陷可以通过其他方法——例如规定处罚共同犯罪的一般原则等——得到一定程度的弥补，因此不失为一种较为科学的共同犯罪人分类法。如果不是这样认识，就很难理解世界上绝大多数国家采分工分类法的原因之所在了。作用分类法较为理想地解决了共同犯罪的量刑问题，但这只限于共同实行犯的量刑，这就使这种分类法具有很大的局限性。

我国在根据地时期的法律中，对共同犯罪人的分类，基本上是实行三分法，即实行犯、教唆犯与帮助犯。中华人民共和国成立以后，中央人民政府颁行的各种单行刑事法规中，虽然没有对共同犯罪人的全面分类，但也有涉及共同犯罪人分类的地方。例如，1951 年《中华人民共和国惩治反革命条例》在规定持械聚众叛乱罪和聚众劫狱或暴动越狱罪的刑事责任时，就对犯罪的组织者、主谋者、指挥者、罪恶重大者、积极参加者等不同情况加以区分。但这些对共同犯罪人的分类，主要是对某一个罪的具体规定，还没有上升为一般规范。而且各个单行刑事法规所使用的概念也比较混杂，并没有形成一个固定的模式，为以后的刑事立法奠定基础。因此，在 1979 年刑法的制定过程中，共同犯罪人的分类就成为一个争论的热点，也是历次刑法草案修改中前后变动最大的问题之一。

1950 年中央人民政府法制委员会制定的《中华人民共和国刑法大纲草案》将共同犯罪人分为正犯、组织犯、教唆犯与帮助犯四类。该刑法草案规定：二人以上共同犯罪，而有下列情形之一者，皆为正犯，各按其社会危害性之轻重处罚之：（1）事前同谋，临事共同实施犯罪行为者；（2）事前同谋，临事未共同实施犯罪行为，而同意共谋人实施犯罪行为者；（3）事前主谋，临事未共同实施犯罪行为，而仅雇佣或派遣他人，实施犯罪行为者；（4）事前无预谋，临事同情，共同或分担实施犯罪行为者。建立犯罪组织，指导犯罪组织，制订实施犯罪计划或

指导执行计划者，皆为组织犯，按其所组织的犯罪及犯人的社会危险性之重轻处罚之。教唆他人犯罪者为教唆犯，按其所教唆之罪处罚。提示方法、供给工具，以及用其他方法便利他人遂行其犯罪者，为帮助犯，得从轻处罚；决定从轻与否，及从轻程度，应审查帮助行为对于犯罪所生之作用及犯罪人之社会危险性。上述对共同犯罪人的分类法，正犯、教唆犯与帮助犯的区分显然是受世界上流行的三分法的影响。当然，将未共同实施犯罪行为，而仅同意实施或雇佣、派遣他人实施的人也视为正犯，是扩大了正犯的范围，在一定程度上体现了共谋共同正犯说的影响。然而，引人注目的是在共同犯罪人中增加组织犯一类，就当时来说，属于首创。因为《阿尔巴尼亚刑法典》是 1952 年才颁行，它是世界上第一个规定组织犯从而创立四分法的国家。而我国在 1950 年刑法草案中就已规定共同犯罪人的四分法，这是难能可贵的。

1954 年中央人民政府法制委员会制定的《中华人民共和国刑法指导原则草案（初稿）》仍把共同犯罪人分为四类，即组织犯、实行犯、教唆犯与帮助犯。但是，明确指出组织犯是共同犯罪中的首要分子，并将实行犯定义为共同犯罪中直接实行犯罪的人，较之 1950 年刑法草案中正犯的范围有所缩小，也较为科学合理。该刑法草案还将实行犯分为罪恶重大的与罪行轻微的两类，对前者应当从重处罚，对后者可以从轻或者减轻处罚，体现了区别对待的原则。该刑法草案还列出了另一种写法，以犯罪分子在共同犯罪中的作用为主要标准，将共同犯罪人分为主犯、从犯与胁从犯，指出：组织、计划、指挥犯罪的人和实行犯罪的主要分子是主犯，对主犯应当比其他参加共同犯罪的罪犯，从重处罚；帮助犯罪和其他参加实行犯罪的人是从犯，对从犯应当比主犯从轻或者减轻处罚。对确实是被欺骗、被胁迫参加共同犯罪的人，应当按照情节给予适当处罚或者免予处罚。在上述分类中，虽然以作用分类法为基本框架，但还是涵括了分工分类法的内容，例如组织犯与主要的实行犯归入主犯，帮助犯与次要的实行犯归入从犯①，另立

① 为与历史上的作用分类法相区别，我们将这种涵括分工分类法的内容的作用分类法称为修正的作用分类法。

一类胁从犯。但因为没有给教唆犯留下恰当的位置，所以这种分类还是有缺陷的。以上这种两种写法并列在刑法草案中（该刑法草案共有四处两种写法并列，共同犯罪是其中一处）的情况表明，立法者对于是采分工分类法还是采修正的作用分类法是有争论的，存在势均力敌的两种方案。但分工分类法似乎稍占上风，因为修正的作用分类法是以另一种写法的形式出现的。

1957 年全国人大常委会法律室草拟的《中华人民共和国刑法草案（初稿）》即第 22 稿，对共同犯罪人实行三分法，即分为正犯、教唆犯和帮助犯。第 22 稿规定：直接实行犯罪的，是正犯。对于正犯，根据他在犯罪中所起的作用处罚。教唆他人犯罪的，是教唆犯。对于教唆犯，根据他所教唆的罪处罚；如果被教唆的人，没有犯被教唆的罪，对于教唆犯可以减轻或者免除处罚。教唆不满 18 岁的人犯罪的，从重处罚。用供给工具或者用其他方法帮助他人犯罪的，是帮助犯。事前通谋隐藏犯罪分子或者为犯罪分子毁灭、隐藏犯罪证据的，也是帮助犯。对于帮助犯，应当比正犯从轻或者减轻处罚。此外，第 22 稿还规定对于被胁迫、被欺骗参加犯罪的，应当按照他的犯罪情节，减轻或者免除处罚。相对于 1954 年刑法草案而言，第 22 稿具有以下几个特点：一是删除了对组织犯的规定。对此，立法者主要是考虑到在总则中规定组织犯，容易扩大组织犯的范围，倒不如只在分则的有关条文中对其规定较重的法定刑，这样既能使组织犯受到相应的刑罚，又能避免扩大组织犯的范围。① 但法律上没有明文规定组织犯，并不等于在理论研究和教导工作中就不可以讲组织犯，因为组织犯不仅在实际上是存在的，而且我们的刑法草案中也是包含了的（如分则中的首要分子）。② 由此可见，组织犯作为共同犯罪人的种类不复存在，但其内容仍涵括在刑法草案中。二是将 1954 年刑法草案中的实行犯改称正犯，恢复了 1950 年刑法草案的称法。对此，立法者解释说：为什么在草案中用“正犯”这一名词，而不用“实行犯”？因为“实行犯”这一名称不科学，实际上不但实行犯去实行犯罪，其他共犯也是

① 参见高铭暄：《中华人民共和国刑法的孕育和诞生》，51 页，北京，法律出版社，1981。

② 参见李琪：《有关草拟中华人民共和国刑法草案（初稿）的若干问题》，载《我国刑法立法资料汇编》，124 页，北京，北京政法学院刑法研究室印行，1980。

实行犯罪的，而用了“实行犯”这一名词就意味着其他的共犯好像坐在那里什么都不干，这与实际情况是不符的。同时正犯是共犯中的主体，是共同犯罪中对犯罪起决定作用的人，因此用“正犯”更能表现出他在共犯中的作用。[①] 从这种法律术语的变动可以看出，第22稿虽然采分工分类法，但仍力图体现犯罪分子在共同犯罪中的作用对共同犯罪人分类的影响，因此用更能表现在共同犯罪中的作用的正犯一词取代不能体现这种作用的实行犯一词。三是第22稿虽然规定了胁从犯，并删去了1954年刑法草案有关胁从犯的条文中的“不以共犯论处”的字样，但共同犯罪人的分类并不包括胁从犯。

1963年刑法草案是在1962年对第22稿进行讨论修改的基础上产生的。关于共同犯罪人的分类问题，在此期间也展开了热烈讨论，提出了五种分类法，如果对这五种分类法进一步加以概括，大约可以分为以下三种意见。

一是根据犯罪分子在共同犯罪中所起的作用分类，将共同犯罪人分为主犯、从犯或在主犯与从犯之间增加一般犯。其主要理由在于：第一，这样分类符合我国的历史传统和司法习惯。自解放区时代到现在，审判实践中主要是根据犯罪分子在共同犯罪中所起的作用确定各个犯罪分子的刑事责任的。第二，这样分类明确地体现出党和国家对犯罪分子区别对待的政策和原则，根据犯罪分子在共同犯罪中所起作用的大小，确定刑事责任和惩罚的轻重，策略性比较强。第三，对犯罪分子分清主次首从，便于分化瓦解犯罪集团，而犯罪集团是最危险的犯罪形式，是我们打击的重点。第四，共同犯罪人分类的主要目的是区分共同犯罪人各自的刑事责任，便于分别量刑，而社会危害性的大小就是确定他们各自刑事责任、对他们分别量刑的重要根据。[②]

二是根据犯罪分子在共同犯罪中的分工分类，将共同犯罪人分为正犯、教唆犯、帮助犯或增加一类组织犯。其主要理由在于：第一，犯罪分子在共同犯罪中的分工，明确地显示出每类共同犯罪人在共同犯罪中的地位和所从事的活动，也

---

① 参见李琪：《有关草拟中华人民共和国刑法草案（初稿）的若干问题》，载《我国刑法立法资料汇编》，124页，北京，北京政法学院刑法研究室印行，1980。

② 参见高铭暄：《中华人民共和国刑法的孕育和诞生》，52页，北京，法律出版社，1981。

就是说明了他们各自的犯罪事实，而确定每一犯罪分子所起作用的大小，是不能脱离分工的犯罪事实的。第二，根据犯罪分子的分工行为，可以较好地解决定罪问题，例如教唆他人杀人与本人实行杀人，行为是不同的，因而罪名也应有所不同：一个是故意杀人罪，另一个是教唆杀人罪。单纯按作用分类，就显示不出这种区别。又如教唆他人犯罪，当被教唆的人没有犯他教唆的罪时，教唆犯应该对他教唆的罪独立负责。单纯按作用分类，解决不了这样的定罪问题。定罪问题是非常重要的，"共同犯罪"之所以列入"犯罪"一章，而不列入"刑罚的具体运用"一章，首先就是要解决定罪问题。第三，按分工分类，可以较好地反映共同犯罪中的复杂情况，避免非主犯即从犯的较粗略的划分方法，而且分类标准是一致的。[①]

三是折中分类法，其中又分为三种方案：第一是以分工分类为主、以作用分类为辅的方案。以按分工分类为主，划分为组织犯、实行犯、教唆犯和帮助犯，在这个分类的基础上再把主从的分类吸收进去，即肯定组织犯是主犯，肯定帮助犯是从犯，至于教唆犯就要区分是主犯或不是主犯，对于实行犯，就要区分是主犯、从犯或一般犯。认为这样就能兼有上述两种分类法的优点，既解决定罪问题，又解决量刑问题，比较全面。第二是以作用分类为主、以分工分类为辅的方案，基本上按作用分类，但考虑到教唆犯在定罪上确有其特点，可以单写一条，将共同犯罪人分为主犯、从犯、教唆犯等。第三是两种分类并列的方案，即把共同犯罪分为两种类型：集团性的共同犯罪与一般的共同犯罪。对集团性的共同犯罪（如反革命集团、走私集团等）按犯罪分子在共同犯罪中的作用分类，认为过去我们政策中说的主犯、从犯，主要是指的集团性的共同犯罪。至于一般的共同犯罪，有一些很难说谁是主谁是从，勉强划分不太自然，所以应该按犯罪分子在共同犯罪中的分工分类，分为正犯、教唆犯、帮助犯。[②]

1962 年 7 月 16 日关于《对中华人民共和国刑法草案（初稿）的修改意见

① 参见高铭暄：《中华人民共和国刑法的孕育和诞生》，52～53 页，北京，法律出版社，1981。

② 参见高铭暄主编：《刑法学》，195 页，北京，法律出版社，1982。

(1962 年 6 月 7 日)》的修改意见报告在谈到共同犯罪时指出，这是争论比较多的一个问题，争论的焦点是究竟如何对共同犯罪人进行分类；并列举了上述三种意见；最后指出：目前这几种意见还没有统一起来。

1963 年全国人大常委会起草的《中华人民共和国刑法草案》(修正稿）即第 33 稿，对共同犯罪人的分类基本上统一起来了，将共同犯罪人分为主犯、从犯、胁从犯、教唆犯。这是采纳了折中分类法中以作用为主、以分工为辅的分类方案。我国 1979 年刑法对共同犯罪人的分类，基本上是吸收了第 33 稿，从而正式确立了我国刑法中共同犯罪人的分类法。

1979 年刑法确定的这种共犯分类法，在世界各国立法中可以说是独树一帜的。在 1979 年刑法颁行以后，我国刑法学界关于共同犯罪人分类的认识也大体上得到了统一，即认为我国刑法关于共同犯罪人的分类是两种分类法的统一，这种分类法既解决了共同犯罪人的量刑问题，又解决了共同犯罪人的定罪问题。按照这种分类法，将共同犯罪人分为主犯、从犯、胁从犯，使共同犯罪人的量刑问题得以圆满解决。而教唆犯单独规定一条，组织犯、实行犯、帮助犯在条文中已涵括了，也解决了共同犯罪人的定罪问题。因此，从刑法理论上分析，这种分类法主要是以共同犯罪人在共同犯罪中所起的作用为分类标准，同时也照顾到共同犯罪人的分工情况，特别是第 26 条划分出教唆犯这一类，有利于正确地定罪。而且该条又明确规定，对教唆犯应当按照他在共同犯罪中所起的作用处罚。这样就将教唆犯这一分类，纳入以在共同犯罪中所起的作用为分类标准的分类体系中，从而获得了分类的统一性。毫无疑问，我国 1979 年刑法中的共犯分类法受到了中国古代关于共同犯罪分首从的立法传统的影响。但前者与现代的共犯观念上的差别，使得这一共犯分类法在司法适用中出现了一些难以克服的缺陷，主要是它不能很好地解决共犯的定罪问题，甚至出现了共同犯罪的定罪与量刑倒置的司法解释。最高人民法院、最高人民检察院在 1985 年《关于当前办理经济犯罪案件中具体应用法律的若干问题的解答（试行)》中指出："内外勾结进行贪污或者盗窃活动的共同犯罪（包括一般共同犯罪和集团犯罪)，应按其共同犯罪的基本特征定罪。共同犯罪的基本特征一般是由主犯犯罪的基本特征决定的。如果共

同犯罪中主犯犯罪的基本特征是贪污，同案犯中不具有贪污罪主体身份的人，应以贪污罪的共犯论处。例如：国家工作人员某甲与社会上的某乙内外勾结，由甲利用职务上的便利，侵吞、盗窃或者骗取公共财物，乙在共同犯罪中起次要、辅助作用，甲定贪污罪，乙虽然不是国家工作人员，也以贪污罪的共犯论处。售货员某甲与社会上的某乙、某丙内外勾结，由甲利用职务上的便利，采取付货不收款、多付货少收款，或者伪开退货票交由乙、丙到收款台领取现金等手段，共同盗骗国家财物，三人共同分赃，甲定贪污罪，乙、丙也以贪污罪的共犯论处。如果共同犯罪中主犯犯罪的基本特征是盗窃，同案犯中的国家工作人员不论是否利用职务上的便利，应以盗窃罪的共犯论处。例如：社会上的盗窃罪犯某甲、某乙为主犯，企业内仓库保管员某丙、值夜班的工人某丁共同为某甲、某乙充当内线，于夜间引甲、乙潜入仓库盗窃国家财物，四人分赃。甲、乙、丁均定盗窃罪，丙虽是国家工作人员，在参与盗窃活动时也曾利用其仓库保管员职务上的便利，但因他在共同犯罪中起次要或辅助作用，仍以盗窃罪的共犯论处。”[①] 我们认为，上述司法解释中主犯犯罪的基本特征决定共同犯罪的基本特征的观点显然有悖于法理。因为，主犯与从犯，是按行为人在共同犯罪中的作用对共同犯罪人的分类，它主要是解决共同犯罪的量刑问题。而共同犯罪的基本特征是指共同犯罪的性质，也就是共同犯罪的定罪问题。显然，这是两个性质完全不同的问题。按照为解决共同犯罪的量刑问题而划分的主犯与从犯来解决共同犯罪的定罪问题，当然不可能得出正确的结论。及至 1988 年《关于惩治贪污罪、贿赂罪的补充规定》，明确规定：“与国家工作人员、集体经济组织工作人员或者其他经手、管理公共财物的人员勾结，伙同贪污的，以共犯论处。”至此，才从法律上解决了内外勾结贪污或者盗窃的定罪原则问题。尽管如此，共犯分类法不从根本上加以修改，仍然会造成共同犯罪定罪上的法律短缺或者法律障碍。

在这次刑法修改中，在共犯分类问题上进行了广泛的讨论，我国刑法学界较为一致的观点是改作用分类法为分工分类法。这种观点以为，我国刑法对共同犯

① 《中华人民共和国最高人民法院公报》，1985（3），12～13 页。

罪人进行分类，宜采用以分工为标准的分类法，即将共同犯罪人分为组织犯、实行犯、帮助犯和教唆犯。[①] 这种观点彻底否定了作用分类法，完全采分工分类法，能够较好地解决共犯的定罪问题，但共犯的量刑问题则难以得到圆满的解决。在我们看来，作用分类法与分工分类法不是截然对立的，而是可以统一的。共同犯罪的定罪，是按分工分类法，对实行犯、组织犯、教唆犯和帮助犯的定罪问题分别加以明确，解决其定罪根据问题。共同犯罪的量刑，是按作用分类法，将共同犯罪人分为主犯、从犯，分别解决其量刑问题。至于胁从犯，我不是把它作为一种独立的共同犯罪人，而是作为共同犯罪量刑中的一个法定减轻或者免除处罚的情节。为此，我提出以下关于共同犯罪人分类的立法方案[②]：

> 第××条（共同犯罪的定罪）
>
> 实行本法分则所规定的犯罪行为的，是实行犯；对于实行犯，应当按照本法分则有关条文定罪。
>
> 在犯罪集团中起组织、策划和指挥作用的，是组织犯；对于组织犯，应当按照其所组织的犯罪定罪。
>
> 教唆他人犯罪的，是教唆犯；对于教唆犯，应当按照其所教唆的犯罪定罪。
>
> 明知他人犯罪之情而予以各种形式的帮助的，是帮助犯，对于帮助犯，应当按照其所帮助的犯罪定罪。
>
> 第××条（共同犯罪的量刑）
>
> 在共同犯罪中起主要作用的，是主犯；对于主犯，除本法分则已有规定的以外，应当从重处罚。
>
> 在共同犯罪中起次要作用的，是从犯；对于从犯，应当比照主犯从轻、减轻或者免除处罚。

在以上方案中，分工分类法与作用分类法并存，同一个共同犯罪人具有双重

① 参见赵秉志主编：《刑法修改研究综述》，156页，北京，中国人民公安大学出版社，1990。

② 参见陈兴良：《共同犯罪论》，538～539页，北京，中国社会科学出版社，1992。

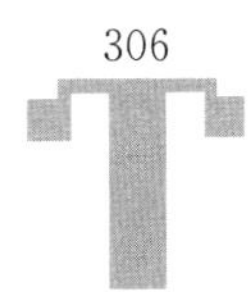

身份。在定罪的时候，考察其在共同犯罪中的分工；在量刑的时候，考察其在共同犯罪中的作用。我认为，在同一部刑法中，同时采用上述两种分类法，只要处理得当，并不会发生矛盾。

修订后的刑法没有对共同犯罪人的分类进行修改，而是保留了原有的分类法，共同犯罪人仍然分为主犯、从犯、胁从犯和教唆犯。对这种经过司法实践证明存在明显缺陷的法律规定未作修改，因而使这种缺陷在修订后的刑法中得以延续。

三、主犯处罚：不该改而改

我国 1979 年《刑法》第 23 条第 2 款规定："对于主犯，除本法分则已有规定的以外，应当从重处罚。"这是 1979 年刑法关于主犯处罚的一般原则。我国刑法之所以规定对主犯从重处罚，主要是因为主犯具有其他共同犯罪人不可比拟的社会危害性。从主观上说，主犯往往是犯意的发起者，具有较深的主观恶性。从客观上说，主犯在共同犯罪中起着核心的主导作用，尤其是集团犯罪或者聚众犯罪中的首要分子，在共同犯罪中起组织、策划、指挥作用，情节特别严重。所以对于主犯应当从重处罚。并且，共同犯罪中的主犯不仅罪行重大，而且往往是累犯、惯犯，这些人恶习难改，对其他不稳定分子也具有感染性。因此，刑罚的特殊预防与一般预防的目的，也要求对这些主犯从重处罚。

在刑法修改中，对 1979 年刑法关于主犯处罚的规定作了修改。修订后的《刑法》第 26 条第 3 款规定："对组织、领导犯罪集团的首要分子，按照集团所犯的全部罪行处罚。"第 4 款规定："对于第三款规定以外的主犯，应当按照其所参与的或者组织、指挥的全部犯罪处罚。"由此可见，修订后的刑法以按照参与或者组织、指挥的全部犯罪处罚的原则取代了对主犯的从重处罚的原则。那么，这一修改的立法意图是什么呢？毫无疑问，立法意图在于进一步加重对于主犯的处罚。但是，这一修改是否体现了这一立法意图呢？对此，存在两种不同的观点。第一种观点认为，对犯罪集团的首要分子，按照集团所犯的全部罪行处罚，

可以说是一种从重处罚，只是“从”到了极限的程度。这种观点在论述时指出：在讨论刑法（修订草案）过程中，曾有人认为，对“犯罪集团的首要分子，按照集团所犯的全部罪行处罚”，还不够重，建议修改为“按照集团所犯的全部罪行，从重处罚”。对于其他主犯，“应当按照其所参与的全部犯罪处罚”也修改为“从重处罚”。其实，这里的“按照集团所犯的全部罪行处罚”，或者“按照其所参与的全部犯罪处罚”，已经不限于追究他个人直接所犯的罪行的责任，而是扩及追究他能左右的集团其他成员所犯的全部罪行的责任，或者他所参与的犯罪中其他成员的全部犯罪的责任，应当说这从重处罚已到极限了，不必也无法再从重处罚了。所以，修订的刑法没有采纳这种建议。[①] 第二种观点认为，1997 年修订刑法从表面上看，对主犯以全部组织、指挥、参与的犯罪负责的处罚原则对主犯处罚是重了，而结论都适得其反。之所以造成这样的误差，根本原因在于混淆了共同犯罪的定罪与共同犯罪的量刑这两个不同性质的问题，从而导致以下后果：其一，使得除贪污、受贿等少数犯罪以外的绝大多数共同犯罪的主犯从重处罚，于法无据。其二，由于对主犯不再从重处罚，导致对整个共同犯罪的量刑基点下降到与单独犯罪持平，从而无法体现出刑法对共同犯罪应比单个人犯罪打击为重的原则。[②] 在以上两种观点中，我同意第二种观点，认为立法机关为了加重对主犯，尤其是犯罪集团中的首要分子的处罚，以按照参与或者组织、指挥的全部罪行处罚的原则取代主犯从重处罚的原则，其结果是意与愿违，言与意悖。主要理由如下。

第一，按照参与或者组织、指挥的全部罪行处罚的原则来自 1988 年 2 月 21 日全国人大常委会的以下规定：“二人以上共同贪污的，按照个人所得数额及其在犯罪中的作用，分别处罚，对贪污集团的首要分子，按照集团贪污的总数额处罚；对其他共同贪污犯罪中的主犯，情节严重的，按照共同贪污的总数额处罚。”这一规定体现了对贪污集团的首要分子和情节严重的主犯从重处罚的精神，但这

① 参见周道鸾等主编：《刑法的修改与适用》，111 页，北京，人民法院出版社，1997。

② 参见蒋莺：《新旧刑法关于主犯处罚原则之比较》，载《法学》，1997（6），45 页。

是存在一个前提的，即法律规定对二人以上共同贪污的，按照个人所得数额处罚。也就是说，贪污犯罪中的一般共同犯罪人是按照个人贪污所得处罚，而贪污集团的首要分子和情节严重的主犯则按照总数额处罚，相比较而言，对后者的处罚重于前者。但当将这一原则提升为对主犯处罚的一般原则的时候，由于其他共同犯罪中不存在上述前提，因而按照参与或者组织、指挥的全部罪行处罚的原则也就丧失了从重处罚的意蕴。例如，在其他经济犯罪和财产犯罪中，无论是主犯还是从犯都是按照总数额处罚的。以盗窃罪为例，1991 年 4 月 12 日最高人民法院《关于办理共同盗窃犯罪案件如何适用法律问题的意见》指出：在共同盗窃犯罪中，各共犯基于共同的犯罪故意，实施共同的犯罪行为，应对共同盗窃犯罪行为所造成的危害后果负责。(1) 对盗窃集团的首要分子，应按照集团盗窃的总数额依法处罚。(2) 对其他共同盗窃犯罪中的主犯，应按照参与共同盗窃的总数额依法处罚。(3) 对共同盗窃犯罪中的从犯，应按照参与共同盗窃的总数额，适用《刑法》(指 1979 年《刑法》，下同) 第 151 条或者第 152 条；具体量刑时，应根据犯罪分子在共同盗窃中的地位、作用和非法所得数额等情节，根据《刑法》第 24 条第 2 款的规定，比照主犯从轻、减轻处罚或者免除处罚。根据这一司法解释的规定，盗窃集团的首要分子、其他共同盗窃犯罪中的主犯和共同盗窃犯罪中的从犯，都是按照盗窃总数额处罚的。因而，在这种情况下，对主犯按照参与的或者组织、指挥的全部罪行，在财产犯罪中就是按照总数额处罚，也就根本没有反映出比从犯更重的处罚。至于在其他刑事犯罪中，根据共同犯罪的一般原理，只要主观上具有共同犯罪故意，客观上具有共同犯罪行为，就应当对共同犯罪的结果承担刑事责任。例如，甲乙二人共同将丙杀害，尽管甲是主犯，乙是从犯，但二人都应对丙的死亡结果承担刑事责任，即定故意杀人罪。在按照参与的犯罪处罚上，根本体现不出对主犯的从重处罚。

第二，修订后的刑法关于主犯处罚原则的规定之所以未能解决主犯从重处罚的根据问题，是混淆了定罪与量刑的界限，以定罪原则代替了量刑原则。定罪是解决罪与非罪问题，即解决刑事责任的质（范围与根据）的问题；量刑是解决轻罪与重罪问题，即解决刑事责任的量（程度）的问题。从逻辑上来说，量刑是以

定罪为前提的，只有解决了刑事责任的质（范围与根据）的问题才能圆满地解决刑事责任的量（程度）的问题。当然，定罪范围的扩大也可能加重对行为人的处罚，在1988年《关于惩治贪污罪、贿赂罪的补充规定》中关于贪污集团的首要分子按照集团贪污的总数额处罚就是如此。但这又是以首要分子与其他共同犯罪人定罪范围上的差别为前提的。修订后的《刑法》第26条第3、4款对主犯处罚原则的规定中“按照……处罚”与1979年《刑法》第23条第2款中“……从重处罚”，虽然都采用了处罚一词，但含义有所不同。在我国刑法中，处罚是个多义词，当它单独使用时，是指应当受到的刑罚处罚。在此，仍然没有解决处罚的轻重问题，只是解决要不要处罚的问题。而要不要处罚又是与定罪紧密联系的，因此处罚内含定罪的意蕴。当说“从重处罚”的时候，处罚指量刑，即指应当受到较重的处罚。但在处罚前没有这种程度限定词的情况，处罚一般来说不是指如何量刑，而只是指定罪的法律后果——应当受到刑罚处罚。在援引式法定刑中，依（按）照……处罚，指的是采用被援引的法定刑适用刑罚。在这些场合，都不反映处罚的轻重。因此，按照组织、指挥的全部罪行处罚，实际上是指首要分子要对他所组织、领导的犯罪集团进行犯罪活动的全部罪行承担刑事责任。① 显然，这是对集团犯罪首要分子的定罪原则而非量刑原则。

这一原则，并非修订后的刑法的首创，实际上在刑法修改之前，对集团犯罪的首要分子定罪从来就是以此为原则的。例如刑法修改以前的权威教科书指出：犯罪集团或聚众犯罪的首要分子，应对共同犯罪预谋实施的全部犯罪行为和后果负刑事责任，不管他是否直接参与实施某项犯罪。如果集团成员或参与聚众犯罪者实施了预谋犯罪之外的犯罪，自然只能由实施该种犯罪的人自己负责。侵犯财产罪集团的首要分子，应按照该集团侵犯财产的总价额处罚。② 因此，按照参与或者组织、指挥的全部罪行处罚这一主犯定罪的原则不能取代主犯从重处罚的量刑原则。否则，主犯从重处罚就将于法无据。

---

① 参见胡康生、李福成主编：《中华人民共和国刑法释义》，37页，北京，法律出版社，1997。

② 参见高铭暄主编：《中国刑法学》，198页，北京，中国人民大学出版社，1989。

第三，根据共同犯罪一般原理，犯罪集团的首要分子本来就应当对财产犯罪的总数额承担刑事责任。不仅如此，其他共同犯罪人，无论是主犯还是从犯，都应当对共同实施的财产犯罪总数额承担刑事责任。在共同犯罪中，共同犯罪人根据什么数额定罪，是我国刑法学界存在过争论的一个问题。主要存在以下几种观点的分歧：(1) 分赃数额说，认为各共同犯罪人只对自己实际分得赃物的数额承担刑事责任。(2) 参与数额说，认为各共同犯罪人应对本人实际参与的经济犯罪数额承担刑事责任。(3) 犯罪总额说，认为应以共同犯罪的财物总数额作为确定各共同犯罪人的刑事责任的标准。(4) 分担数额说，认为各共同犯罪人应对本人应当分担的数额负责。(5) 综合数额说，认为应当综合考虑全案因素，确定各共同犯罪行为的大小，然后据此定罪量刑。[①] 我认为，关于共同犯罪的定罪与数额问题之所以存在各种观点分歧，最根本的一点就是把共同犯罪的定罪量刑与数额的关系混为一谈。其实，犯罪的定罪与数额，是要解决共同犯罪人对什么数额承担刑事责任的问题。而共同犯罪的量刑与数额，是要解决共同犯罪人对一定的数额承担多少刑事责任的问题。正因为没有很好地区分这个问题，以至于造成了理论上的混乱。

我认为：根据共同犯罪的基本原理，各共同犯罪人，在共同犯罪故意和共同犯罪行为的范围内，应对共同犯罪结果承担刑事责任，经济犯罪则要对犯罪总数额承担刑事责任。这是一个定罪原则，与量刑无关。不能因为是从犯就只对个人所得数额承担刑事责任。而我国刑法对绝大多数共同犯罪，包括盗窃、诈骗等财产犯罪都采用犯罪总额说，唯独对于贪污、受贿犯罪采取个人所得说。为了体现对主犯与从犯的区别，又进而对主犯采取犯罪总额说，对从犯采取个人所得说。应该说，这种区分本身就缺乏科学性。尽管如此，在贪污罪中，对主犯采取犯罪总额说，相对于从犯是采取个人所得说而言，尚能体现从重处罚的精神。那么，现在上升为对主犯处罚的一般原则，缺少了这一前提，因而也就不能体现对主犯、从犯处罚的精神。由此可见，以按照参与的或者组织、指挥的全部罪行处罚

① 参见陈兴良主编：《刑法各论的一般理论》，302～304页，呼和浩特，内蒙古大学出版社，1992。

取代主犯从重处罚的原则的立法失误的逻辑演变，最初可以追溯到对共同犯罪人究竟应以什么数额作为定罪标准的认识上的误区。

根据以上论证，我认为修订后的刑法由于取消了对主犯应当从重处罚的规定，进而从整体上取消了对共同犯罪应较之单独犯罪处罚为重的原则。在这种情况下，主犯从重处罚不再是法定情节，而只是酌定情节。

我认为，1979 年刑法关于主犯从重处罚的规定是科学合理的。立法只是确定主犯从重处罚的一般性原则，如何从重处罚则由司法机关根据案情加以确定。共同犯罪中的主犯从重处罚，从犯又比照主犯从轻、减轻或者免除处罚，胁从犯则比照从犯减轻或者免除处罚，由此形成一个共同犯罪人的处罚轻重阶梯，体现了从总体上对共同犯罪的处罚重于对单独犯罪的处罚的立法精神。但修订后的刑法以按照参与的犯罪或者组织、指挥的全部犯罪处罚这样一个不科学的规定，取代 1979 年刑法关于主犯从重处罚的科学规定，完全是由于在定罪与量刑的关系上出现了错误的逻辑推演所致。

法律的修改应当是十分慎重的，首先应当明确要想表达一种什么样的立法意图，然后考察采取一种什么样的方法将立法意图准确地表达出来。这里，涉及对历史上的法律规定的正确理解，对法律条文的逻辑结构的准确分析。唯有如此，才能制定出科学的法律规范。共同犯罪的修订恰恰缺乏这种理性的态度，表现出对历史的误读与对逻辑的误导，在修改上存在一种任意性、仓促性，因而造成立法上的重大失误。由此可见，立法也是一门遗憾的艺术，失误总是难免的。只是希望今后的立法中杜绝低级的、简单的错误，使法典力求完美、圆满，并且垂范永久。

（本文原载陈兴良主编：《刑事法评论》，第 2 卷，北京，中国政法大学出版社，1998）

论共同犯罪立法与司法的完善

共同犯罪是刑法中的一个重要问题。自从刑法颁行以来，我国刑法学界对共同犯罪进行了深入细致的研究，发表了一批论文，还出版了若干专著，成为刑法理论中研究得比较充分的一个学术领域。但是，刑法理论的任务既不是简单地对法条进行注疏，也不是客观地对司法实践加以描述；而是要对法条的优劣作出评判，对司法实践的得失作出估价，以便完善我国的刑事立法与司法。按照这一标准来衡量，共同犯罪研究还有待于进一步深入。本着这一思路，本文拟对共同犯罪的立法与司法的发展完善问题进行初步探讨，就正于刑法学界。

一

我国现行刑法对共同犯罪的规定，总的说来是适应司法实践的客观需要的，在理论上也是科学的。尤其是不少具有中国特色的内容，使整部刑法为之增色，值得我们骄傲。但是，绝不能由此得出我国关于共同犯罪的立法已经完美无缺的结论。从刑法颁行将近十年来的司法实践看，现行刑法关于共同犯罪的规定还存在以下缺陷。

第一，我国刑法对共同犯罪人采取以作用分类法为主、以分工分类法为辅，将两种分类法统一起来的立法方式，虽然克服了专采某一种分类法的弊病，有利于解决共同犯罪人的量刑问题，同时也适当地解决了共同犯罪人的定罪问题；但对共同犯罪人的定罪与量刑两者比较而言，对于量刑问题解决得比定罪问题要好一些。例如，我国刑法将教唆犯单列一条，规定得比较详细，《刑法》第 26 条第 2 款规定："如果被教唆的人没有犯被教唆的罪，对于教唆犯，可以从轻或者减轻处罚。"这是对教唆未遂的规定。但如果是组织犯或者帮助犯，在被组织或者被帮助的人没有犯被组织或者被帮助的罪的情况下，组织犯或者帮助犯是否构成犯罪？如果构成犯罪应该如何处罚？这些问题在法律上没有明文规定，司法机关无法可依。因此，在立法上进一步明确组织犯与帮助犯的法律地位，以便科学地解决其定罪问题，是十分必要的。

第二，有些条文的表达不够明晰，影响条文之间的互相协调。例如《刑法》第 23 条第 1 款规定："组织、领导犯罪集团进行犯罪活动的或者在共同犯罪中起主要作用的，是主犯。"由此可以认为，主犯包括两种人：一是犯罪集团中的首要分子；二是其他在共同犯罪中起主要作用的犯罪分子。但《刑法》第 86 条指出："本法所说的首要分子是指在犯罪集团或者聚众犯罪中起组织、策划、指挥作用的犯罪分子。"结合上述两个条文又可以得出结论，主犯包括三种人：除第 23 条所说的两种人以外，还包括聚众犯罪的首要分子。由于刑法条文之间的这种不协调，造成刑法理论上的混乱。

第三，我国刑法对共同犯罪的规定过于简单，有些应该规定的内容未加规定，影响共同犯罪立法的完整性。例如关于共同犯罪与身份的关系，各国刑法基本上都有规定，我国刑法则付阙如。又如，关于连累犯，我国刑法分则对几种具体犯罪作了规定，在刑法总则中却没有一般性的规定，影响刑法总则与分则之间的互相协调。当然，我们并不是说共同犯罪立法越详细越好，有些问题可以留给刑法理论解决，例如片面共犯、间接正犯等。但那些与共同犯罪的定罪量刑密切相关的内容在刑法上得不到体现，就不能不说是一种缺憾。

第四，我国刑法颁行以后，立法机关又陆续颁布了一些单行刑事法律，对刑

法的有关条文进行了修改、补充，其中有不少条文涉及共同犯罪。这些内容充实了我国共同犯罪的立法，但也出现了一些问题。例如1982年全国人大常委会《关于严惩严重破坏经济的罪犯的决定》，补充规定了对某些严重经济犯罪知情不举的刑事责任，但又比照渎职罪处罚。而且，这样一来，对反革命罪、危害公共安全罪以及其他严重刑事犯罪知情不举的，都不能构成犯罪，从而影响了刑法的协调统一。又如，对于共同犯罪的数额的规定，各个犯罪之间没有统一的标准，影响执法效果。

针对上述情况，我认为有必要对我国现行的共同犯罪的立法规定作较大幅度的修改，使之更加完善。在此，本人不揣冒昧，试拟有关共同犯罪的条文如下，供立法机关在将来修改刑法时参考：

第×节　共同犯罪

第×条（共同犯罪概念）

共同犯罪是指二人以上共同故意犯罪（包括实行、组织、教唆、帮助）。

第×条（共同过失犯罪）

二人以上共同过失犯罪，不以共同犯罪论处；应当负刑事责任的，按照他们所犯的罪行分别处罚。

第×条（连累犯）

在他人犯罪以后，明知他人的犯罪情况，而故意地以各种形式予以帮助的，是连累犯；对于连累犯，不以共同犯罪论处，按照本法分则的规定处罚。

第×条（共同犯罪的定罪）

实行本法分则所规定的犯罪行为的，是实行犯；对于实行犯，应当按照本法分则有关条文定罪。

在犯罪集团或者聚众犯罪中起组织、策划、指挥作用的，是组织犯；对于组织犯，应当按照其所组织的犯罪定罪。

教唆他人犯罪的，是教唆犯；对于教唆犯，应当按照其所教唆的犯罪定罪。

帮助他人犯罪的，是帮助犯；对于帮助犯，应当按照其所帮助的犯罪定罪。

第×条（组织犯、教唆犯、帮助犯的未遂）

如果被组织、教唆和帮助的人没有犯被组织、教唆、帮助的罪的，对于组织犯、教唆犯、帮助犯，可以从轻或者减轻处罚。

第×条（共同犯罪与身份）

没有特定身份的人组织、教唆、帮助有特定身份的人犯法律要求特定身份的罪的，没有特定身份的人应当以该罪论处。

因特定身份而致刑有轻重或者免除的，没有这种特定身份的人不受影响。

第×条（共同犯罪与数额）

共同犯罪人应当对犯罪总额承担刑事责任。

第×条（共同犯罪的量刑）

在共同犯罪中起主要作用的，是主犯；对于主犯，除本法分则已有规定的以外，应当从重处罚。

在共同犯罪中起次要作用的，是从犯；对于从犯，应当比照主犯从轻、减轻或者免除处罚。

被胁迫参加犯罪且在共同犯罪中起次要作用的，是胁从犯；对于胁从犯，应当比照从犯减轻或者免除处罚。

为了进一步理解上述试拟的条文的含义，下面我对这些条文加以必要的说明。

我试拟的共同犯罪条文，从结构上来说，可以分为共同犯罪的概念、共同犯罪的定罪和共同犯罪的量刑这三个有机的组成部分。共同犯罪的概念主要是解决共同犯罪与单独犯罪以及其他类似于共同犯罪的行为的区分问题。关于共同犯罪与单独犯罪的区分，不言自明，无须规定。其他类似于共同犯罪的行为，主要是共同过失犯罪和连累犯，需要特设两个条文加以规定，并且指明这两种情况应该如何论处。共同犯罪的定罪，是按分工分类法，对实行犯、组织犯、教唆犯和帮助犯的定罪问题分别加以明确，解决其定罪根据问题。其他三个条文规定的组织犯、教唆犯、帮助犯的未遂，共同犯罪与身份，共同犯罪与数额问题，都与共同犯罪的定罪有关，有必要在法条上予以界定。共同犯罪的量刑，是按作用分类法，将共同犯罪人分为主犯、从犯和胁从犯，分别解决其量刑问题。这样，在我

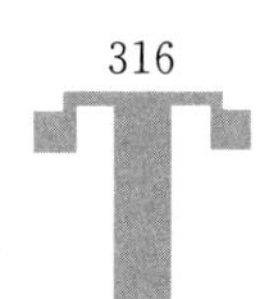

试拟的共同犯罪条文中，分工分类法与作用分类法并存：同一个共同犯罪人具有双重身份。在定罪的时候，考察其在共同犯罪中的分工；在量刑的时候，考察其在共同犯罪中的作用。我认为，在同一部刑法中，同时采用上述两种分类法，只要处理得当，并不会发生矛盾。

二

共同犯罪是司法实践中经常发生的犯罪形态之一。共同犯罪案件，在整个刑事案件中占有相当的比例。根据本人对某基层人民法院 1985 年度共同犯罪发案情况的统计，该法院全年共审理刑事案件 120 个，案犯 160 人，其中共同犯罪案件共 26 个，占案件总数的 21.7%，共同犯罪人 60 个，占案犯总数的 37.5%。这个数字大体上准确地反映了共同犯罪案件在全部刑事案件中所占的比例。而且，共同犯罪案件的复杂程度往往超过其他犯罪案件。因此，正确处理共同犯罪案件，是司法机关的一项艰巨任务。刑法颁行以来，我国司法机关在处理共同犯罪案件的司法实践中，积累了大量的经验，值得我们概括与总结。但在共同犯罪司法中，也还存在一些亟待解决的问题，主要如下。

第一，在共同犯罪的认定上，有时还会发生一些失误。共同犯罪的认定，主要是解决共同犯罪的规格问题，这个问题的正确解决，是依法处理共同犯罪案件的前提。但在司法实践中，关于共同犯罪的认定，尤其是在犯罪集团的认定上，有时还不够准确。例如 1983 年严厉打击严重破坏社会治安的刑事犯罪活动中，犯罪团伙问题曾经一度困扰着我国的司法机关。由于对犯罪团伙性质的认识模糊，对犯罪集团规格的把握不严，一度曾经出现过扩大犯罪集团的范围、把一般的犯罪结伙作为犯罪集团处理的问题，扩大了打击面，造成了不良的社会影响。

第二，在共同犯罪人的认定上，也还存在一些差错。我国刑法主要是按照犯罪分子在共同犯罪中的作用，将共同犯罪人分为主犯、从犯、胁从犯和教唆犯，其中主犯中的首要分子和教唆犯更是我国刑法的打击重点。但如何认定首要分子，在司法实践中往往是一个比较复杂的问题。由于我们有些司法工作人员政策水平不高、业务素质较差，就容易把一般主犯认定为首要分子，或者把首要分子认定为一般主犯。此外，主犯与从犯的区别，也是在司法实践中容易发生混淆的问题。

第三，在共同犯罪与经济犯罪数额的关系上，目前在司法实践中也比较混乱。这个问题与立法当然有关，但主要还在于司法实践中没有一个统一的标准。例如，根据有关司法解释，贪污的共同犯罪，按照各人所得处罚；而诈骗、盗窃的共同犯罪，又往往是按照共同犯罪的总额承担刑事责任，结果造成罪与罪之间的不相协调，有失公正。

第四，在共同犯罪的量刑上，有时还会出现畸轻畸重的现象。共同犯罪的量刑，由于各共同犯罪人对同一犯罪承担刑事责任，因此，存在一个罪责的比较问题。我国刑法规定主犯从重处罚，从犯比照主犯从轻处罚，胁从犯又比照从犯从轻处罚，三者形成一个从重到轻的罪责阶梯。因此，如何正确地比照，是对共同犯罪人量刑准确的前提。但有些司法工作人员对于如何比照的错误理解，导致对共同犯罪人量刑的失当。

第五，在共同犯罪案件的审判中，为图方便省事，随意地分案审理现象十分严重。共同犯罪案件应该坚持全案审理，这是共同犯罪案件审理的一条原则。无论是从实体法的意义还是从程序法的意义上说，对共同犯罪案件坚持全案审理，都是有百利而无一弊的。但在司法实践中，往往人为地分割共同犯罪案件，在判决书中随处可见另案处理的字样，严重地影响了共同犯罪案件的正确审理。

以上现象，虽然是局部的，有些是个别的，但它们的存在，影响了共同犯罪司法社会效果，应当避免。

共同犯罪的司法是整个刑事司法工作的一个重要组成部分。因此，共同犯罪司法的改进有赖于整个刑事司法工作水平的提高。在此，我对如何改进共同犯罪司法提出下述建议。

第一，加强共同犯罪的司法解释。共同犯罪是一种十分复杂的社会现象，法律对共同犯罪的规定是抽象与概括的，为了正确地适用法律，就需要对法律进行必要的解释，以弥补立法的不足。刑法颁行以来，我国最高司法机关针对共同犯

罪司法中出现的问题，已经作了一些司法解释，例如 1984 年 6 月 15 日最高人民法院、最高人民检察院、公安部《关于当前办理集团犯罪案件中具体应用法律的若干问题的解答》，对刑事犯罪集团的基本特征作了说明，并对犯罪团伙和犯罪集团的关系作了解释，对于司法机关正确处理集团犯罪案件起到了强有力的指导作用。此外，对于共同犯罪司法程序方面的问题，也作了许多司法解释。但是，我认为，在这些司法解释中还存在一些不够明确的问题。例如 1984 年 11 月 2 日最高人民法院、最高人民检察院《关于当前办理盗窃案件中具体应用法律的若干问题的解答》指出："对于共同盗窃犯，应按照个人参与盗窃和分赃数额，及其在犯罪中的地位与作用，依法分别处罚。"这里的参与盗窃数额与分赃数额是两个不同的概念，在涉及适用《刑法》第 151 条还是第 152 条时，到底是以参与数额为准还是以分赃数额为准？该司法解释没有明确界定，因而影响适用效果。同时，在共同犯罪中，还有些问题需要作出司法解释，例如教唆犯等问题就比较复杂，有必要进行司法解释，这些以后应该加强。

第二，适当颁布一些共同犯罪的判例，以指导司法实践。我国虽然是一个成文法国家，但判例的作用为越来越多的人所认识。在共同犯罪的司法中，判例的作用也是不容忽视的。例如，自 1985 年起，《最高人民法院公报》公开发行，其中就刊登了一些案例，这些案例并不是最高人民法院本身的判决，而是最高人民法院从各地法院的判决中精选出来的某些具有典型意义或者疑难的判例。其中，在刑事案例中共同犯罪案例的比例相当大。例如，1985 年至 1987 年共刊登刑事案例 22 个，其中共同犯罪案例为 12 个，将近占 60%。这些案例，被我国有些法学家称为判例。[①] 我认为，这些案例与一般案例有所不同，但又不能认为是判例法意义上的判例，因为这些案例只对下级法院处理同类案例时具有参考价值，而没有法律约束力。因此，可以把这些案例称为准判例。我认为，今后应当建立判例制度，颁发一些具有法律效力的判例，以弥补成文法过于概括与抽象之不足。这对于共同犯罪的司法也将具有十分重要的意义。

① 参见沈宗灵：《比较法总论》，467 页，北京，北京大学出版社，1989。

第三，统一共同犯罪判决书中的罪名。目前在我国司法实践中，共同犯罪的罪名比较混乱。例如教唆犯，有些直接把被教唆之罪作为罪名，例如教唆杀人的，定为故意杀人罪；有些则把教唆和被教唆之罪结合起来确定为罪名，例如教唆杀人的，定为教唆杀人罪；更有个别的，直接定教唆罪。我认为，上述第一种罪名虽然明确了教唆犯所犯之罪的性质，但没有表明在共同犯罪中分工情况，因而不够确切。第三种罪名则是完全错误的，因为教唆并不是一个罪名，而只是共同犯罪的一种情况。第二种罪名比较科学：它既明确了所犯之罪的性质，又表明了共同犯罪中的分工。但在具体表述上，不无推敲的余地。我认为，共同犯罪中组织犯、教唆犯、帮助犯的罪名属于修正罪名。根据罪名是否为刑法总则的其他规定所修正，可以把罪名分为基本罪名和修正罪名。根据刑法分则的条文所确定的罪名就是基本罪名，例如共同犯罪中的实行犯，故意杀人的，定故意杀人罪，就属于基本罪名。修正罪名是指在刑法分则条文的基础上，根据刑法总则的修正所确定的罪名，例如共同犯罪中的组织犯、教唆犯、帮助犯的罪名。① 因此，共同犯罪中组织犯、教唆犯、帮助犯，如果是犯故意杀人罪的，表述为故意杀人（组织）罪、故意杀人（教唆）罪、故意杀人（帮助）罪较妥。在上述罪名中，故意杀人罪是其犯罪的性质之所在，也是基本罪名。括弧中的组织、教唆、帮助指在共同犯罪中的分工，是刑法总则所作的修正。把基本罪名与修正的内容加以区别，表明它们之间具有主从关系，使人一目了然，被告人也容易接受。

（本文原载《法学研究》，1989（6））

① 参见王勇：《论罪名》，载《中国法学》，1988（3）。

共同正犯：承继性与重合性

——高海明绑架、郭永杭非法拘禁案的法理分析

共同犯罪是刑法中的一种特殊形态，大陆法系已经形成完整的共同犯罪理论，并且存在各种学说的激烈争论。在我国司法实践中，对共同犯罪案件的处理，往往涉及一些较为疑难的法律问题。这些疑难案件的解决不能不借助于共同犯罪的理论，但由于大陆法系的共同犯罪理论在我国司法实践中尚未普及，因而司法人员往往只是根据对法律的理解去解决这些疑难案件。作为刑法理论工作者，我们有必要从法理上对裁判理由进行分析，从而为在司法实践中贯彻共同犯罪理论奠定基础。本文以高海明绑架、郭永杭非法拘禁案为例①，对共同正犯的承继性与重合性问题进行法理研究。

一、案情及诉讼过程

被告人高海明，男，1966 年 2 月 15 日出生，汉族，浙江省绍兴市人，个体经商户。因本案于 2000 年 6 月 16 日被逮捕。

---

① 本案载国家法官学院、中国人民大学法学院编：《中国审判案例要览》（2001 年刑事审判案例卷），57～61 页，北京，中国人民大学出版社，2002。

被告人郭永杭，男，1971 年 12 月 15 日出生，汉族，浙江省诸暨市人，农民。因本案于 2000 年 6 月 16 日被逮捕。

（一）一审情况

1. 浙江省绍兴市越城区人民检察院指控

被告人高海明与方韩通、方韩均、赵建荣、赵全康等人（均另案处理），经事先商量，于 2000 年 4 月 17 日中午，由高海明出面，以做生意为名，将被害人沈国良、史文明、高兴来骗至诸暨后，由方韩通、方韩均、赵全康、赵建荣等人出面将史、高、沈三人强行带至三都镇山上一小屋关押，后又转移至诸暨市五泄风景区的一间小木屋等地，采用暴力胁迫的方法共向三被害人勒索人民币 20.03 万元。沈国良等三人被关押后，被告人郭永杭一直为高海明等人送饭或负责看管三被害人。2000 年 4 月 19 日和 5 月 16 日，被告人郭永杭和高海明先后被公安人员抓获归案。案发后，19 万元赃款已被依法冻结，其余赃款被追回发还被害人。依照《中华人民共和国刑法》第二百三十九条，第二十五条，第二十六条第一款、第三款，第二十七条之规定，被告人高海明、郭永杭之行为均已构成绑架罪。被告人高海明系主犯，被告人郭永杭系从犯。

2. 被告人的答辩及其辩护人的辩护意见

被告人高海明辩解其是为索要与三被害人合伙做生意期间产生的损失费而实施了上述行为。被告人高海明之辩护人辩称被告人高海明是以索债为目的而实施的犯罪行为，公诉机关指控被告人高海明构成绑架罪有误，应定非法拘禁罪。且被告人高海明在共同犯罪中并非起主要作用，不应定主犯。

被告人郭永杭辩解其事前并不知方韩均等人让其找山上的房子作何用，后在知道高海明等人是在讨回生意上的损失费的情况下，也跟着别人参与了此事。被告人郭永杭之辩护人辩称本案被告人为索取债务而采用了非法拘禁的手段，故本案应定非法拘禁，而非绑架。且被告人郭永杭与高海明事前既无通谋，事后又无共同犯罪的事实，不能认定郭永杭与高海明系共同犯罪。郭在犯罪中作用极为次要，要求对被告人郭永杭从轻处罚。

3. 一审事实

浙江省绍兴市越城区人民法院经公开开庭审理查明：

被告人高海明于2000年3月下旬的一天，经人介绍认识了方韩通、方韩均、赵建荣、赵全康等人（均另案处理），提出让方韩通等人帮助其向沈国良、史文明、高兴来追讨“损失费”，并商定以关押沈国良等三人的方法索讨。同年4月16日晚，被告人高海明与上述人员在绍兴市区一饭店再次商定作案计划。次日中午，被告人高海明按计划以做生意为名，将与其并无经济纠纷的沈国良、史文明、高兴来三人骗至诸暨市，后伙同方韩通等人强行将沈国良、史文明、高兴来三人带至由被告人郭永杭事先找好的三都镇山上的一小屋内，后又转移至诸暨市五泄风景区及萧山市临浦镇等地关押。在此期间，高海明及赵建荣等人采用暴力、胁迫的方法，向三被害人共索得人民币20.03万元。在沈国良等三人被关押期间，而被告人郭永杭明知方韩通等人在为高海明追讨生意上的损失费，仍为高海明等人送饭或负责看管三被害人。案发后，19万元赃款已被依法冻结，其余赃款被追回发还被害人。

4. 一审判案理由

浙江省绍兴市越城区人民法院根据上述事实和证据认为：

被告人高海明以勒索钱财为目的，伙同他人使用暴力、胁迫方法绑架他人，其行为已构成绑架罪。被告人郭永杭在事前与高海明并不相识，事中在得知被告人高海明等人在追讨债务的情况下，仍对高所关押的人员实施看管，其行为已构成非法拘禁罪。因被告人郭永杭主观上以帮他人索取债务为目的，而不明知被告人高海明是以勒索钱财为目的，其与高海明没有共同的犯罪故意，故两被告人不属共同犯罪。公诉机关指控被告人高海明犯绑架罪罪名成立，予以支持；指控被告人郭永杭犯绑架罪罪名及指控两被告人系共同犯罪有误，应予纠正。被告人高海明之辩护人提出被告人高海明之罪名应主定为非法拘禁罪的意见，不予采纳。被告人郭永杭之辩护人提出郭永杭系犯非法拘禁罪的意见及两被告人不属共同犯罪的意见，予以采纳。

5. 一审定案结论

浙江省绍兴市越城区人民法院根据《中华人民共和国刑法》第二百三十九条第一款，第二百三十八条第一款、第三款，第五十六条第一款，第五十五条第一款，第六十四条之规定，于2000年10月23日作出如下判决：

(1) 高海明犯绑架罪，判处有期徒刑十二年，并处罚金人民币5万元，剥夺政治权利二年（刑期从判决执行之日起计算，判决执行以前先行羁押的，羁押一日，折抵刑期一日，即2000年5月17日起至2012年5月16日止；罚金款限在判决生效后十日内缴清）。

(2) 郭永杭犯非法拘禁罪，判处有期徒刑一年六个月（刑期从判决执行之日起计算，判决执行以前先行羁押的，羁押一日折抵刑期一日，即自2000年4月21日起至2001年10月20日止）。

(3) 侦查机关冻结的人民币19万元，分别发还给各被害人，公诉机关移送的墨镜2副系作案工具，依法予以没收。

（二）二审情况

1. 二审诉辩主张

一审法院判决后，高海明不服，提出上诉，上诉理由是：原判定罪错误，其所犯的是非法拘禁罪，并非绑架罪；原判未认定其系从犯和犯罪未遂。其辩护人以同样理由进行辩护。

2. 二审事实和证据

浙江省绍兴市中级人民法院经二审审理查明：

原判认定被告人高海明、郭永杭分别实施绑架、非法拘禁的时间、地点、对象及被告人高海明勒索人民币的数额等基本事实清楚，有被害人沈国良、史文明、高兴来的陈述，证人赵全江、张秀凤、高金林、钱春娥、黄国章、丁中水、陈左、王玮明的证言及作案工具墨镜两副，书证公安机关出具的情况说明、农行存款凭证、金稳理财卡、取款凭条、存款冻结通知书、扣押清单、领条及被告人高海明、郭永杭的供述和辩解等证据证实。

3. 二审判案理由

浙江省绍兴市中级人民法院认为：

上诉人高海明以勒索钱财为目的，伙同他人使用暴力、胁迫方法绑架他人，其行为构成绑架罪；原审被告人郭永杭在事前与高海明并不相识，事中在得知高海明等人在追讨债务的情况下，仍对高海明所关押的人员实施看管，其行为已构成非法拘禁罪。上诉人高海明与原审被告人郭永杭虽对同一对象共同实施了犯罪行为，但其二人的犯罪故意和目的不同，故不属共同犯罪。高海明及其辩护人对本案定性提出的异议及高系本案从犯与未遂犯的上诉理由和辩护意见，与本案事实和法律规定不符，不予采纳。原审判决定罪及适用法律准确，量刑得当，审判程序合法。

4. 二审定案结论

浙江省绍兴市中级人民法院根据《中华人民共和国刑事诉讼法》第一百八十九条第（一）项之规定，于 2000 年 12 月 13 日作出如下裁定：

驳回上诉，维持原判。

二、罪名分析

本案涉及我国刑法中的两个罪名，这就是绑架罪与非法拘禁罪。现分别对这两个罪名的构成要件以及两个罪名之间的逻辑关系分析如下。

根据《刑法》第 239 条的规定，绑架罪是指以勒索财物为目的绑架他人的，或者出于政治性和其他目的绑架他人作为人质，或者以勒索财物为目的偷盗婴幼儿的行为。根据上述规定，我国刑法中的绑架罪可以分为以下三种情形：一是以勒索财物为目的绑架他人；二是出于政治性和其他目的绑架他人作为人质；三是以勒索财物为目的偷盗婴幼儿。在这三种行为中，除第三种情形以外，前两种情形都包含绑架行为。那么，如何理解这里的绑架呢？在刑法理论上，一般认为这里的绑架，是指使用暴力、胁迫或者其他方法，劫持他人，使其置于本人的控制之下，限制或剥夺其人身自由的行为。因此，绑架行为可以分为前后相续的两个阶段，这就是劫持与扣押。从通常的绑架案件来看，行为人往往采取暴力、胁迫或者其他方法将他人予以劫持，然后作为人质加以扣押。这里的扣押，就是对他人的人身自由加以限制或者剥夺。

根据《刑法》第238条的规定，非法拘禁罪是指采用扣押或者其他方法，非法剥夺他人人身自由的行为。非法拘禁罪的拘禁行为，并不仅仅指使他人丧失人身自由的原因行为，这就是对他人予以扣押，将他人予以控制，使他人从自由状态进入不自由的状态，并且在相当长的时间内使他人处于丧失人身自由的状态。因此，在刑法理论上，都认为非法拘禁罪是继续犯。在被害人丧失人身自由期间，非法拘禁行为始终处于持续状态。

通过对比绑架行为与非法拘禁行为，我们可以看到，虽然在刑法上使用的是绑架和拘禁这两个完全不同的用语，但在这两种行为之间存在实质上的相同性。换言之，绑架行为与拘禁行为在客观上具有内容的同一性，两者之所以区分为不同之罪，完全在于绑架罪的主观超过要素——勒索财物的目的。如果以勒索财物为目的而拘禁他人，则其行为构成绑架罪，否则只构成非法拘禁罪。至于绑架罪与非法拘禁罪之间的关系①，这是一个值得研究的问题，以往在我国刑法论著中往往语焉不详。例如我国学者在论及绑架罪与非法拘禁罪的关系时作出以下界定：在绑架行为实施过程中，对他人人身自由的非法剥夺，是绑架的当然结果；而非法拘禁也可以绑架的手段实施。② 根据这种理解，绑架与非法拘禁是手段与结果之间的关系。但拘禁行为并非仅对丧失人身自由状态的描述，其本身也包括了致使他人人身自由丧失的原因行为，因而这一论述不太确切。类似的论述认为，非法拘禁行为与结果又能犯其他罪名的，应根据其情节与有关规定处理。例如，以非法绑架、扣留他人的方法勒索财物的，成立绑架罪。③ 较为明确的论述则认为绑架行为与非法拘禁行为之间存在相似、竞合之处。例如我国学者指出：绑架、扣押人质的行为是将他人劫持或者控制在行为人能够支配的范围内，在此

① 本文主要是指以勒索财物为目的的绑架罪与非法拘禁罪之间的关系。

② 参见高铭暄、马克昌主编：《刑法学》，485页，北京，北京大学出版社、高等教育出版社，2000。

③ 参见张明楷：《刑法学》，2版，703页，北京，法律出版社，2003。

过程中可能要使用暴力、胁迫、麻醉等方法，也可能使用其他平和的方法来实施，在这一点上，其和非法拘禁罪的实行行为有很多相似、竞合之处。绑架罪中扣押人质的行为并不都比非法拘禁罪中的实行行为强度大，使人丧失自由的一切方法都包含在绑架手段之中。[①] 事实上，非法拘禁行为与绑架行为不仅相似，而是相同，正是在这个意义上，我认为绑架罪与非法拘禁罪之间存在法条竞合关系。正如我国学者指出：从犯罪构成来说，绑架罪的客观要件包含非法控制人质自由的要素，因而在某种意义上可以说与非法拘禁罪存在特别法与普通法的竞合关系。[②] 质言之，非法拘禁罪是普通法的规定，而绑架罪是特别法的规定，在以勒索财物为目的绑架他人的情况下，客观行为完全符合非法拘禁罪的构成要件，但由于行为人主观上具有勒索财物的目的，因而应以绑架罪论处。

值得指出的是，我国《刑法》第 238 条第 3 款规定："为索取债务非法扣押、拘禁他人的，依照前两款的规定处罚。"这一规定在一定程度上限制了绑架罪的范围，因为为索取债务而非法拘禁他人要比绑架的性质轻一些，我国刑法学界将这种为索取债务的非法拘禁行为称为"人质型"非法拘禁罪，它通常也表现为"以钱换人"，因而与以勒索财物为目的的绑架极为相似，但两者之间仍然存在实质上的区分，尤其是 2000 年 7 月 13 日最高人民法院作出《关于对为索取法律不予保护的债务，非法拘禁他人行为如何定罪问题的解释》，规定："行为人为索取高利贷、赌债等法律不予保护的债务，非法拘押、拘禁他人的，依照刑法第二百三十八条的规定定罪处罚。"这就进一步扩大了非法拘禁罪的范围，这一解释是有利于被告人的，也进一步厘清了绑架罪与非法拘禁罪之间的关系。

三、共犯关系：承继性

无论是绑架罪还是非法拘禁罪，都存在共犯形态：既可以由一人实施又可以

---

① 参见周光权：《刑法各论讲义》，35 页，北京，清华大学出版社，2003。

② 参见刘树德：《绑架罪案解》，202 页，北京，法律出版社，2003。

由二人以上共同实施。在二人以上共同实施的情况下，共同正犯是最为常见的一种共犯形态，参与劫持、看管的人均为正犯。我国台湾地区学者林山田在论及掳人勒赎罪的共同正犯时指出：掳人勒赎行为常多数人共同实施，或数人分担掳人、看守人质、取赎等工作，而构成共同正犯。判例肯定本罪可能成立相续之共同正犯，而认为掳人勒赎罪固以意图勒赎而为掳人之行为时，即属成立，但在被掳人未经放以前，其犯罪行为仍在继续进行中，行为人对于被害人被掳时，虽未参与实施，而其出面勒赎，系在掳人勒赎之继续进行中，参与该罪之勒取赎款之目的行为，自应认为共同正犯。[①] 我国台湾地区“刑法”中的掳人勒赎罪，相当于我国大陆刑法中以勒索财物为目的的绑架罪，因而在绑架罪中同样也存在这种相续的共同正犯或曰承继的共同正犯。在本案中，从整个犯罪过程分析，高海明与郭永杭之间的行为存在承继性。从案情来看，劫掳被害人的行为是被告人高海明与方韩通、方韩均、赵建荣、赵全康等人策划并实施的，这些被告人成立先行的或曰原始的共同正犯，而郭永杭是在被害人被劫持以后参与进来的，具体实施的是帮助找房并看管被害人的行为，因而其与高海明之间构成承继的共同正犯。

在刑法理论上，承继的共同正犯是指行为人已经开始实施犯罪实行行为，而在整个犯罪没有结束的状态下，又有他人通过意思联络与之形成共同行为决意，实施行为继续犯罪的形态。[②] 从这一定义中可以看出，承继的正犯是在犯罪的实行行为已经开始但尚未结束之前加入犯罪的实行当中来，由此而与先行的正犯构成承继的共同正犯。我认为，在这里应当厘清一些概念：承继犯、承继的正犯以及承继的共同正犯。承继犯是一个大的概念，包括承继的教唆犯、承继的帮助犯与承继的正犯。而承继的正犯也不能等同于承继的共同正犯。承继的正犯是指后参与到犯罪的实行过程中来的正犯，以区别于先行的正犯。而承继的共同正犯，是指承继的正犯与先行的正犯构成的共同犯罪，是就共同犯罪整体而言的。承继的正犯必须是在犯罪实行过程中参与到犯罪中来，因此如果在他人完成犯罪实行

---

① 参见林山田：《刑法各罪论》，813～814 页，台北，1996。

② 参见张森、杨佩正：《承继犯研究》，载吴振兴主编：《犯罪形态研究精要（Ⅱ）》，486 页，北京，法律出版社，2005。

以后再参与进来，则不存在承继的正犯，而可能构成连累犯，例如窝藏罪与包庇罪。但如何理解实行行为的完成，这是一个值得研究的问题，我认为，对此应当根据犯罪形态加以具体分析，不能一概而论。

首先应当对犯罪区分为单一犯与复合犯。单一犯是指由单一实行行为而构成的犯罪，复合犯则是指由复合行为而构成的犯罪。在单一犯中，根据实行行为的特点又可以分为即成犯与继续犯。一般来说，即成犯的犯罪实行行为持续的时间较短，因而成立承继的共同正犯的可能性亦较小，但同样不能排除承继的共同正犯。例如在故意杀人的场合，在甲已经开始实施杀人行为以后但未将被害人杀死之前，乙又以杀人的故意而参加进来，甲乙之间完全可以构成故意杀人罪的共同正犯。在继续犯的情况下，由于犯罪的实行行为本身存在一个持续的过程，因而承继的正犯在犯罪实行行为存续过程中参加进来，与先行的正犯构成共同正犯，是较为常见的情形。在复合犯的情况下，由于存在双重实行行为，例如抢劫罪，其方法行为是暴力、胁迫或者其他方法，其目的行为是劫取财物。在甲使用暴力将被害人控制以后，乙参加进来实施劫取财物行为，甲乙之间也可以构成承继的共同正犯。这里存在争议的是，承继的正犯对于先行的正犯造成的加重结果是否承担共同正犯的刑事责任。例如，甲使用暴力将被害人致伤甚至致死，在此基础上，乙参与劫取被害人的财物。甲符合抢劫罪的加重构成，应以抢劫致伤、致死承担刑事责任。那么，乙是否也应对此承担刑事责任呢？换言之，甲乙是否构成抢劫罪的加重犯的共同正犯？对此，日本学者大塚仁认为，甲乙应构成抢劫罪的共同正犯，而不能成为抢劫（致伤）罪的共同正犯。大塚仁把抢劫中的致伤称为“在法律上过剩的事实”，仅仅因为认识到这些事实的存在，尚不能归责于承继的正犯。[①] 这里主要涉及承继的正犯对于先行的正犯的先行行为是否承担刑事责任以及承担何种程度的刑事责任的问题，关键在于是否承认承继的正犯对于先行的正犯的犯罪行为的“追认”。我认为，应当承认有限度的追认，否则承继的正犯就难以与先行的正犯构成共同正犯。例如，甲以杀人的故意在被害人的食物中投

① 参见［日］大塚仁：《犯罪论的基本问题》，冯军译，269页，北京，中国政法大学出版社，1993。

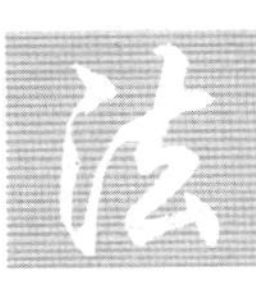

下 5 分毒物，后乙在明知甲已投毒的情况下，与甲通谋又投入 5 分毒物，因而将被害人毒死。经过药理分析，5 分毒物不足以将人毒死，10 分毒物正好能把一个人毒死。如果不将先行的正犯的投毒行为追认为是整个犯罪实行行为的一部分，承继的正犯的行为就难以构成故意杀人罪的既遂。在这种情况下，应将甲乙两者的行为作为整体予以考量。当然，这种追认只是构成犯罪的最低限度构成要素的追认，超出这一限制，构成加重犯的犯罪事实，承继的正犯不应承担刑事责任。在复合犯的情况下，也应遵循这一原理。在牵连犯、结合犯等更为复杂的犯罪形态中，如果承继的正犯是在所牵连之罪或者所结合之罪实施完毕后介入的，则承继的正犯只对其所介入之罪承担共同正犯的刑事责任。

在本案当中，论及高海明与郭永杭之间是否构成承继的共同正犯，还涉及一个问题，这就是以勒索财物为目的的绑架罪与非法拘禁罪是即成犯还是继续犯以及与之相关的问题；绑架罪是属于单一犯还是复合犯。如前所述，对于非法拘禁罪属于继续犯，在我国刑法理论上不存在争议，但对于绑架罪是否属于继续犯，则是一个尚未展开讨论的问题，而这个问题的解决又与绑架罪是属于单一犯还是复合犯的问题相关。单一犯说认为绑架罪只有一个绑架行为，而复合犯说则认为绑架罪具有复合行为，这就是绑架人质的行为和勒索财物的行为。[①] 我认为，上述复合犯说显然不妥，因为我国刑法规定的绑架罪是目的犯，勒索财物只是绑架他人的目的，它对于绑架行为来说，是一种超过的主观要素。在主张绑架罪是复合犯的观点中，理由之一是：《刑法》第 239 条将“以勒索财物为目的”，明确规定为绑架罪的主观目的，并不排除有与之对应的勒索财物之实行行为存在，事实上，实践中绑架罪的犯罪分子在绑架他人或偷盗婴幼儿后，都往往有勒索财物的实行行为。[②] 我认为，这一观点是混淆了规范与事实的关系。在司法实践中，绑架罪的犯罪分子是否会实施勒索财物的行为是一个实然的事实问题，而刑法是否将这一行为规定为构成要件——实行行为是一个规范的问题，从我国刑法关于绑

① 有关争议，参见王作富主编：《刑法分则实务研究》（上），941 页，北京，中国方正出版社，2001。

② 参见肖中华：《侵犯公民人身权利罪》，226 页，北京，中国人民公安大学出版社，1998。

架罪的规定来看，勒索财物只是绑架的目的，刑法并未将其规定为绑架罪的实行行为。关于这个问题，我们也可以从日本刑法中找到佐证。日本刑法中有略取、诱拐的犯罪，略取、诱拐相当于我国刑法中的绑架，是指不法地使他人脱离其受保护的生活环境、将其置于行为人或者第三者的实力支配内的行为。日本刑法在略取、诱拐犯罪中，设立了赎金目的略取、诱拐罪，略取、诱拐者赎金要求罪和基于赎金取得目的的收受罪。这三个罪名之间存在递进关系：赎金目的略取、诱拐罪是低度犯罪，行为人只要在获取赎金目的的支配下，进行了略取、诱拐，就构成本罪。至于是否实际上存在对被拐取者的安全与否表示忧虑的人，是否使该人交付了财物，都不影响本罪的成立。略取、诱拐者赎金要求罪是中度犯罪，是指利用近亲属和其他对被拐取者的安全与否表示忧虑的人的忧虑，使其交付财物或者要求财物的行为。基于赎金取得目的的收受罪是高度犯罪，是指利用近亲属和其他对被拐取者的安全与否表示忧虑的人的忧虑，以使其交付财物为目的而进行收受的行为。[①] 以上三罪，既可由一人依次实施，也可由数人分别实施，可见日本刑法规定之细。我国刑法对绑架罪未作如此细致的区分，因此，我国刑法中的以勒索财物为目的的绑架罪只相当于日本刑法中的赎金目的略取、诱拐罪，在实施这一犯罪以后又实施勒索财物和收受财物行为的，都定绑架罪，甚至规定杀害被绑架人也定绑架罪，这与我国刑法对绑架罪规定了较高的法定刑有关。但从刑法关于绑架罪的规定来看，显然不应将勒索财物行为看作与绑架行为并列的实行行为。就此而言，绑架行为只是单一行为。

在如何理解绑架行为上，又存在绑架行为本身是否单一性的问题。我国《刑法》第 239 条对绑架罪行为的描述使用的是“绑架”一词，但在刑法理论上，又将绑架行为进一步界定为：使用暴力、胁迫或者其他方法，绑架他人的行为。[②] 这里存在一个问题，即暴力、胁迫或者其他方法与绑架之间到底是一种什么关系？这一表述与抢劫行为极为相似：以暴力、胁迫或者其他方法，强行劫取公私

① 参见［日］大塚仁：《刑法概说（各论）》，3 版，冯军译，93 页以下，北京，中国人民大学出版社，2003。

② 参见周道鸾、张军主编：《刑法罪名精释》，2 版，375 页，北京，人民法院出版社，2003。

财物的行为。而抢劫罪被认为是复行为犯：手段行为是暴力、胁迫或者其他方法，目的行为是强行劫取财物。那么，绑架行为是否也作如此解释呢？我认为，绑架罪与抢劫罪有所不同：抢劫罪的方法是法定的、特定的方法，正是这一方法将抢劫罪与抢夺等其他财产犯罪相区分。但绑架罪的方法是非法定、非特定的，无论采取何种方法，只要使被害人处于行为人或第三者的实力控制下，就可以构成绑架罪。对此，我国学者正确地指出：通说将绑架界定为使用暴力、胁迫或者麻醉方法劫持或以实力控制他人。但是，这一主张是否过于狭隘，还值得进一步讨论。事实上，绑架应当界定为违反他人的意思，将他人置于自己的实力支配之下，使其丧失人身自由的一切行为。绑架的手段，并无限制，可以是秘密或公开的，通常行为人要使用程度较高的暴力，但也包括使用轻微暴力以及胁迫、欺骗以及其他方法。[①] 例如，在本案中，被告人高海明就是伙同他人，以做生意为名，将被告人骗至诸暨，然后强行予以扣押。

绑架必然采用一定的方法，但这一方法未必都是暴力的，也可以是非暴力的。那么，这一方法与被告人处于丧失人身自由的被拘禁状态之间是一种什么关系呢？我认为两者之间是一种原因与结果的关系。被拘禁状态是绑架行为所造成的结果，但这结果本身不是行为，为维系这一结果又要继续地实施拘禁行为。因此，绑架行为本身包含拘禁的内容。正是在这个意义上，绑架罪与非法拘禁罪一样都属于继续犯。换言之，被害人在丧失人身自由以后所处的被拘禁状态，不仅是不法状态的继续，而且是不法行为的继续。对此，我国学者指出：绑架罪是继续犯，其继续状态包括绑架行为实施后持续控制被绑架人、实施勒索财物行为等，直至结束对被绑架人的控制。[②] 正因为绑架罪和非法拘禁罪一样，都属于继续犯。对于绑架罪来说，并非将被害人控制使其丧失人身自由以后，犯罪行为就结束了。尽管将被害人劫持，绑架罪已经既遂，但既遂以后实行行为仍在持续之中，一直到被害人恢复人身自由，或者被杀害为止，绑架犯罪才最终结束。因此，行为人虽未参与劫持被害人，但在他人劫持被害人以后，参与看管人质的，

① 参见周光权：《刑法各论讲义》，34 页，北京，清华大学出版社，2003。

② 参见刘树德：《绑架罪案解》，176 页，北京，法律出版社，2003。

或者实施勒索财物或收受被勒索财物行为的，应当视为绑架罪的共犯，并且是承继的共同正犯。

在本案中，控方是以被告人高海明、郭永杭构成绑架罪指控的，其中高海明为首策划绑架被害人，在这一环节郭永杭并未参与。在被害人被绑架后，郭永杭才介入，参与对被害人的看管。因此，控方认为被告人高海明与郭永杭构成共同犯罪，从刑法理论上分析，这种共同犯罪属于承继的共同正犯。

四、共犯关系：重合性

尽管控方以绑架罪的共同犯罪起诉被告人高海明和郭永杭，但一审法院判决认为，被告人高海明以做生意为名，将与其并无经济纠纷的三个被害人骗至诸暨市并加以劫持，其行为构成绑架罪。但被告人郭永杭以为高海明是在追讨生意上的损失费而为其看管被绑架的被害人，属于《刑法》第238条第3款规定的“为索取债务非法拘押、拘禁他人”的情形，不构成绑架罪而应以非法拘禁罪论处。二审法院维持了一审法院的判决。那么，被告人高海明与郭永杭之间是否还存在共犯关系呢？对此，一审判决以“没有共同的犯罪故意”为由认为两被告人不属共同犯罪。在本案的解说中，作者对此作了以下分析：

> 高海明和郭永杭共同实施绑架他人的行为是否构成共同犯罪，是本案定性的关键问题。根据我国《刑法》的规定和刑法理论，共同犯罪的成立，必须具备一定的条件。其中，共同的犯罪故意是重要的条件之一。如果二人以上仅在客观上共同实施了某种危害行为，但缺乏共同的犯罪故意内容，亦不构成共同犯罪。本案涉及绑架罪和非法拘禁罪的界限。该两罪在客观方面都可以表现为绑架他人行为，但是，绑架罪在主观方面要求行为人勒索财物的目的或者提出其他不法要求的目的，而非法拘禁罪无此要求。根据《刑法》第二百三十八条第三款的规定，为索取财物非法拘禁他人的，应认定为非法拘禁罪而非绑架罪。本案中，郭永杭虽与被告人高海明对同一对象实施了犯罪行为，但两人在客观行为与主观故意方面均有一定区别。高海明出于勒索钱财的目的，伙同他

> 人使用暴力、胁迫手段，绑架了三被害人，其行为构成绑架罪无疑。而郭永杭与高海明事先无犯意的联络和沟通，其对高海明犯罪目的和意图并不明知。郭永杭在得知高海明等人在追讨债务的情况下，出于帮助高海明追讨债务而非向三被害人勒索钱财的目的，仍对高所关押的人员实施看管，其行为应属非法拘禁罪，而不构成与高海明间的共同犯罪。本案二审法院认定高海明构成绑架罪，郭永杭构成非法拘禁罪，是十分正确的。①

在上述解说中，作者以被告人高海明、郭永杭不存在共同犯罪故意为由，否认两者之间的共犯关系。我国《刑法》第25条第1款规定："共同犯罪是指二人以上共同故意犯罪。"这是共同犯罪的法定概念，我国学者在此基础上，将共同犯罪故意与共同犯罪行为两个方面作为共同犯罪的构成案件，以此作为认定共同犯罪的标准。但共同犯罪中存在一些复杂情形，简单地套用共同犯罪故意与共同犯罪行为并不能解决。由此可见，情况并非如此简单，这里涉及共同犯罪的共同性的理解，在这一问题上存在犯罪共同说与行为共同说的理论争论，并且关系到我国共同犯罪理论的基本构造，因而有必要加以深入探究。

在共同犯罪成立的范围上，历来存在犯罪共同说与行为共同说之争。日本学者大塚仁指出：共犯以什么为共同？关于这一共犯的根本问题，犯罪共同说与行为共同说是对立的。犯罪共同说认为，数人共同进行特定的犯罪是共犯，客观地解释了构成要件上特定的犯罪，由数人共同实行它时是共犯，这种学说与古典学说的立场相适应。相对于此，行为共同说（事实共同说）认为，共犯是数人用共同的行为实行各自企图的犯罪，这是在近代学派的立场上采用的观点，因为在把犯罪看成是行为人社会危险性的征表的立场上，本来可以考虑脱离了构成要件的自然性行为本身的共同，认为可以在共同者共同的范围内跨越数个构成要件（例如，杀人罪和伤害罪）而存在共同关系。② 在这个意义上的犯罪共同说与行为共

---

① 参见国家法官学院、中国人民大学法学院编：《中国审判案例要览》（2001年刑事审判案例卷），61页，北京，中国人民大学出版社，2002。

② 参见［日］大塚仁：《刑法概说（总论）》，3版，冯军译，240～241页，北京，中国人民大学出版社，2003。

同说，被认为是刑法客观主义与刑法主观主义的对立。但现在犯罪共同说与行为共同说都已经发生了重大的变化，我国学者认为，犯罪共同说从严格的犯罪共同说到完全的犯罪共同说，再到部分的犯罪共同说，从严格意义上的在一个罪名范围内成立共犯，逐渐转变为在不同罪名之间也可成立共犯，从而向行为共同说靠拢。而行为共同说也从主观主义的行为共同说转变为客观主义的行为共同说，主要标志就是对行为共同说的行为在理解上发生了变化，建立在主观主义基础之上的行为共同说，其行为是自然行为，而建立在客观主义基础之上的行为共同说，其行为是构成要件的行为，已经是构成要件的行为而非自然行为，在这种情况下，犯罪共同说与行为共同说具有互相接近的趋势。① 基于以上对犯罪共同说与行为共同说的界定，现在需要分析的是：部分的犯罪共同说与构成要件的行为共同说之间到底存在何种差异？部分的犯罪共同说认为，如果数个犯罪的构成要件之间存在重合部分，那么在重合的限度内成立较轻之罪的共同正犯。例如甲以杀人故意乙以伤害故意共同对丙进行侵害并致其死亡的，甲的杀人行为与乙的伤害行为之间具有重合，但甲的杀人行为已经超出重合部分具备了故意杀人罪的构成要件，在这种情况下，甲的行为在伤害的限度内与乙是共同正犯，但甲的伤害行为被其杀人行为所吸收，因而最终应以故意杀人罪论处。部分的犯罪共同说坚持了只有在同一犯罪的范围内承认共犯关系的犯罪共同说的立场，但对同一犯罪又不像严格的或者完全的犯罪共同说那样机械地以最终认定为同一罪名为必要，因而有其可取之处。构成要件的行为共同说认为，只要行为人实施了共同的行为，就可以成立共同正犯，并不要求必须是同一或者特定的犯罪，根据这种观点，甲以杀人的故意、乙以伤害的故意共同对丙进行侵害并致其死亡的，由于甲与乙存在共同行为，尽管甲是杀人行为，乙是伤害行为，同样也构成共同正犯。从这里可以看出，尽管部分的犯罪共同说与构成要件的行为共同说都承认在上述案件中，甲和乙之间成立共同正犯，并且结论都是甲定故意杀人罪，乙定故意伤害罪，但共同犯罪的内容是有所不同的。部分的犯罪共同说认为，甲乙是成立故意

① 参见陈家林：《共同正犯研究》，60 页以下，武汉，武汉大学出版社，2004。

伤害罪的共同正犯，甲之所以定故意杀人罪而不定故意伤害罪，是因为其行为超出了伤害的性质。但构成要件的行为共同说则完全承认在不同犯罪之间可以成立共同正犯，而这一点恰恰与部分的犯罪共同说不同：部分的犯罪共同说并不承认不同犯罪之间的共同正犯。

共同犯罪应该是共犯一罪的关系，在这个意义上我是赞同犯罪共同说的，因为只有在同一犯罪之内，才存在责任的分担问题。共同犯罪，主要是在否认过失共同犯罪的立法例中，其承担刑事责任的方式与单独犯罪的根本区别在于：单独犯罪只对本人行为承担责任，而共同犯罪则在共同故意范围内不仅对本人行为承担责任而且对他人行为承担责任。在共同正犯中，大陆法系刑法理论通行“部分行为之全体责任”的原则。这里涉及对共同犯罪本质的理解：到底是应从整体上理解还是从部分上理解，如何处理共同犯罪的整体与部分的关系。从哲学上说，整体是由部分构成的，没有部分也就没有整体，因而部分应当优于整体。但在共同犯罪中，其整体性与部分性都是不容忽略的。犯罪共同说更强调的是从整体上理解共同犯罪，这里的整体是指同一犯罪，部分只是同一犯罪的部分。而行为共同说则更强调从部分上理解共同犯罪，认为共同犯罪是基于各自的犯意各自遂行其犯罪。由此可见，犯罪共同说的共犯关系，是一种内部关系，即同一犯罪之内的关系。而行为共同说的共犯关系，不仅可以是同一犯罪的内部关系，而且可以是一种外部关系，即不同犯罪之间的关系。可以说，尽管部分的犯罪共同说与构成要件的行为共同说有所接近，但各自的根本立场仍然是对立的。考虑到共同犯罪主要解决定罪与量刑这两个问题，因而犯罪共同说是更为可取的。就定罪而言，共同正犯并非单独正犯的简单相加，而是正犯性与共犯性的统一，共同正犯之间具有行为的依存性，这种依存关系只有在同一犯罪之内才具有意义，超出了同一犯罪的范围，不同犯罪之间的依存性，在犯罪构成理论上是难以成立的。正如日本学者小野清一郎指出：正是在这种数人的行为实现一个构成事实之上，成立了刑法总则中的共犯概念。换句话说，共犯是在数人的行为实现一个构成要件的场合，对其共同行动的数人的行为分别评价，以各自的行为作为犯罪而令行为

人负责任的。[①] 就量刑而言，共同正犯是数人分担一个犯罪的责任。只有在同一犯罪之内，各个共犯的责任才是可以比较的，主犯与从犯的划分才是可能的。如果是在不同的犯罪之间，各自承担其所犯之罪的刑事责任，从而并不存在共犯中刑事责任的分担问题。根据以上理解，我认为，在完全不同的犯罪之间尽管共同实施，因而存在共同行为，但各自定罪，并不存在共犯关系。只有在同一犯罪之内，共同实行犯罪的才构成共同正犯，各犯罪人之间存在共犯关系。

现在重要的问题是如何确定这里所谓同一犯罪。同一犯罪是指同一犯罪构成之罪，这是容易理解的。在通常情况下，我国传统观点都是主张犯罪共同说的，只承认同一犯罪之内存在共同犯罪，又将同一犯罪理解为同一罪名。但近年来随着部分的犯罪共同说传入我国刑法学界，这一观点获得了肯定。例如张明楷教授就是部分的犯罪共同说的积极主张者，并根据我国刑法理论与司法实践，认为在下述四种情形下应当承认犯罪之间具有重合的性质因而可以成立共同正犯：(1) 当两个条文之间存在法条竞合的关系时，其条文所规定的犯罪一般存在重合的性质。(2) 当两种犯罪所侵犯的同类法益相同，其中一种犯罪比另一种犯罪更为严重，从规范意义上说，严重犯罪包含了非严重犯罪的内容时，也存在重合性质。(3) 一种犯罪所侵犯的法益包含了另一犯罪所侵犯的法益，因而存在重合性质。(4) 在法定转化犯的情况下，如果数人共同实施了转化前的犯罪行为，而部分人实施了转化行为，但他人不知情的，应就转化前的犯罪成立共同犯罪。[②] 我认为，在上述四种情况中，第一种情形与第三种情形属于法条竞合。[③] 第一种是从属关系的法条竞合，第三种是交叉关系的法条竞合。第二种情形所谓严重犯罪包含非严重犯罪的内容时出现的重合性质，情况较为复杂。在我看来其中大部分仍然属于法条竞合，例如强奸罪往往包含强制猥亵罪的内容、抢劫罪往往包含抢夺罪的内容等。但也存在想象竞合的情形，例如故意杀人罪与故意伤害罪。至于

① 参见［日］小野清一郎：《犯罪构成要件理论》，王泰译，151页，北京，中国人民公安大学出版社，2004。

② 参见张明楷：《刑法的基本立场》，273～276页，北京，中国法制出版社，2002。

③ 参见陈家林：《共同正犯研究》，79页，武汉，武汉大学出版社，2004。

第四种情况，是在共同犯罪中，部分共同犯罪人发生转化而另定他罪。此种情形还出现在实行过限的场合。在共同犯罪中，部分共同犯罪人实行过限，如果这种过限是一种重合性的过限，在重合部分也存在是否构成共同正犯的问题。因此，我认为犯罪的重合主要有以下四种情形，现在分别加以论述。

（一）法条竞合情形下的共同正犯

法条竞合实质上是犯罪构成要件的重合。而犯罪构成要件的重合性是以犯罪构成要件的类型性为前提的。犯罪构成要件的类型性意味着每一种犯罪都是被法律，确切地说是指刑法分别定型化了的特殊的犯罪概念，因而各种犯罪之间具有互异性，是不同的犯罪类型。但是，犯罪现象是复杂的，犯罪构成要件之间往往存在某种竞合关系。例如日本刑法学家小野清一郎在论及构成要件的类型性时指出：对一个行为在形态上符合了类型相同的两种构成要件，这是所谓的“法条竞合”，这多出现在与一种构成要件对应，同时又涉及修正构成要件特别是加重构成要件的场合。例如杀人罪（《刑法》第 199 条）和杀害尊亲属罪（《刑法》第 200 条）、侵占罪（《刑法》第 252 条）和侵占业务上的占有物罪（《刑法》第 253 条）——身份加重犯；伤害罪（《刑法》第 204 条）和伤害致死罪（《刑法》第 205 条）——结果加重犯；单纯脱逃罪（《刑法》第 97 条）和加重脱逃罪（《刑法》第 98 条）——态样加重犯；等等。它们之间就是这样。这些场合只成立其中较重的一罪。一方虽与他方的加重无关，但构成要件的类型相同。当概念定型是两个时，也可以认为是法条竞合。例如，成立侵占罪（《刑法》第 252 条）时，就可以不追究其违背任务罪（《刑法》第 247 条），成立《刑法》第 246 条第 1 款的诈骗罪时，就不追究其第 2 款的诈骗罪。有时，行为不一定完全竞合，但也不是完全各自独立，行为的发展过程中有几个阶段被构成要件类型化了，后一阶段的行为吸收了前一段的行为。例如，要求、约定、接受贿赂（《刑法》第 197 条）时，或提议、约定、提供贿赂（《刑法》第 198 条），聚众不解散（《刑法》第 107 条）又进行骚扰（《刑法》第 106 条）等。[①] 在上述情况下，犯罪存在一定的重合

① 参见［日］小野清一郎：《犯罪构成要件理论》，王泰译，195～197 页，北京，中国人民公安大学出版社，2004。

性，这种重合也可以称为竞合，也就是法条竞合。

我们过去讨论法条竞合，都是以单独犯罪为标本的，而没有涉及在共同犯罪下的竞合问题，即法条竞合的共同犯罪，包括法条竞合的共同正犯，所谓法条竞合的共同正犯，是指二人以上共同实行某一构成要件行为，由于二人之间存在身份、目的、客体等方面的差异，刑法对同一行为规定为两种不同犯罪。在这种情况下，二人以上在基本犯罪的意义上成立的共同正犯。根据我的观点，我国刑法中的法条竞合可以分为以下四种形态，现对其构成的共同正犯分别论述如下。

1. 特别法与普通法的竞合

在特别法与普通法竞合的情况下，特别法规定之罪与普通法规定之罪存在外延上的从属关系。例如小野清一郎所说在日本刑法上的杀人罪与杀害尊亲属罪之间的关系，例如，甲是被害人的儿子，乙是外人，在乙不知被害人是甲父的情况下，甲乙共同将甲父杀死。在这种情况下，甲成立杀害尊亲属罪，乙成立杀人罪。但在杀人罪上，甲乙是共同正犯。当然，如果乙明知被害人是甲父而与甲一起将其杀死，则乙的行为是杀人罪正犯与杀害尊亲属罪的想象竞合。在杀人罪上，甲乙仍然成立共同正犯。在我国刑法中，特别法与普通法的竞合也是常见的，例如《刑法》第 252 条规定了侵犯通信自由罪，其主体是一般主体，而《刑法》第 253 条规定了私自开拆、隐匿、毁弃邮件、电报罪，其主体是邮政工作人员，两种犯罪的构成要件行为是相同的，都是开拆、隐匿、毁弃他人信件或其他邮件。在某种意义上说，私自开拆、隐匿、毁弃邮件、电报罪是破坏通信自由的身份加重犯。因此，当作为普通公民的甲与邮政工作人员乙共同开拆、隐匿、毁弃他人信件时，甲定破坏通信自由罪，乙定私自开拆、隐匿、毁弃邮件、电报罪。但由于两罪之间存在特别法与普通法的竞合，因而在破坏通信自由罪上甲乙成立共同正犯，只不过由于乙的邮政工作人员的身份而另定私自开拆、隐匿、毁弃邮件、电报罪。

2. 整体法与部分法的竞合

在整体法与部分法的竞合的情况下，整体法规定之罪与部分法规定之罪存在内涵上的从属关系。整体法与部分法的竞合在我国刑法中也较为常见，例如《刑

法》第239条规定的绑架罪与《刑法》第232条规定的故意杀人罪之间还存在整体法与部分法的关系。因为《刑法》第239条明确将杀害被绑架人规定为绑架罪的加重构成。甲在绑架他人以后，又与乙共谋将他人杀害，甲成立绑架罪无疑，那么乙能否作为承继的正犯与甲成立绑架罪的共同正犯呢？我认为，无论乙是否明知他人是被绑架人，乙都不成立绑架罪，而构成故意杀人罪。甲虽然成立绑架罪，但在故意杀人罪上，与乙成立共同正犯。

3. 重法与轻法的竞合

重法与轻法的竞合是指交互竞合，即两罪各有一部分内容重合，就重合部分而言属于法条竞合。例如我国《刑法》第266条规定了诈骗罪，《刑法》第279条规定了招摇撞骗罪。这里的招摇撞骗罪是指行为人以假冒的国家机关工作人员的身份进行炫耀，利用人们对国家工作人员的信任，以骗取非法利益。这里的非法利益，是指荣誉称号、政治待遇、职位、学位、经济待遇、城市户口以及钱财。在行为人冒充国家机关工作人员领取财物的情况下，既符合诈骗罪的构成，又符合招摇撞骗罪的构成。由此可见，诈骗罪与招摇撞骗罪在内容上存在交叉，属于法条竞合，应当以重法论处。当冒充国家机关工作人员的甲与没有冒充国家机关工作人员的乙共同实施诈骗行为，甲应定招摇撞骗罪，乙定诈骗罪，但在诈骗上，甲乙成立共同正犯。当然，对于诈骗罪与招摇撞骗罪之间的关系，在我国刑法学界是存在较大分歧的。首先是招摇撞骗罪是否包括骗取财物，对此张明楷教授认为，冒充国家机关工作人员招摇撞骗，原则上不包括骗取财物的现象，即使认为可以包括骗取财物，但也不包括骗取数额巨大财物的情况。[①] 按照这一解释，招摇撞骗罪与诈骗罪之间就不存在法条竞合关系，而是两种互相完全独立的犯罪。我认为，如果刑法关于招摇撞骗罪规定增加一款，明文规定："冒充国家机关工作人员骗取公私财物的，以刑法第二百六十六条（诈骗罪）定罪从重处罚。"则能够较好地解决这个问题，即冒充国家机关工作人员骗取财物数额没有达到较大标准，其诈骗行为不构成诈骗罪时，以招摇撞骗罪论处。如果冒充国家

① 参见张明楷：《刑法学》，2版，800页，北京，法律出版社，2003。

机关工作人员骗取财物数额达到较大标准的，以诈骗罪从重处罚。但在刑法未作明文规定的情况下，我国刑法学界的通说是认为招摇撞骗罪包括骗取财物而且没有数额上的限制。在这种情况下，招摇撞骗罪与诈骗罪之间就存在某种竞合关系。但这种竞合到底是想象竞合还是法条竞合，在我国刑法学界又存在不同观点：一种观点认为，如果行为人冒充国家机关工作人员是为了骗取财物，属于一行为触犯数罪名，应适用想象竞合犯的处罚原则，择一重罪处罚，即按诈骗罪处罚重时定诈骗罪，如果按招摇撞骗罪处罚重时就定招摇撞骗罪。[①] 另一种观点认为，招摇撞骗罪和诈骗罪之间有法条竞合关系，如果冒充国家机关工作人员主要是为了骗取财物，而且数额特别巨大的，则其侵犯的客体已主要不是国家机关的威信，而是财产权利，而且对这种行为，按照招摇撞骗罪处罚会失之过轻，所以应依照诈骗罪论处。[②] 我认为，招摇撞骗罪与诈骗罪之间在外延上存在交叉关系，这是两罪之竞合的基础。区分到底是想象竞合还是法条竞合，关键要看这种犯罪外延的交叉是否能够脱离行为事实而独立存在。从招摇撞骗罪与诈骗罪的关系来看，其外延的交互重合是可以脱离具体行为而存在的，因而是一种法条竞合而非想象竞合。但这种法条竞合既非特别法与普通法的竞合，也不是简单法与复杂法的竞合。按照特别法与普通法竞合的观点，招摇撞骗罪与诈骗罪的法条竞合只能定诈骗罪。而按照简单法与复杂法竞合的观点，招摇撞骗罪与诈骗罪的法条竞合只能定招摇撞骗罪。我认为，一行为同时能犯招摇撞骗罪与诈骗罪，具有想象竞合的性质，但由于这种情形在构成要件上存在重合，因而是一种法条竞合化了的想象竞合。对此，立法者并未明示或暗示以何罪论处，因而应当按照重法优于轻法的原则论处。在甲乙共同骗取财物时，甲冒充国家机关工作人员，乙则没有冒充国家机关工作人员，但乙明知甲在冒充国家机关工作人员进行诈骗。在这种情况下，乙的行为是诈骗罪的正犯与招摇撞骗罪的帮助犯的想象竞合，应定诈骗罪。但甲的招摇撞骗行为与诈骗行为之间存在法条竞合关系，在招摇撞骗罪重

---

① 参见周道鸾、张军主编：《刑法罪名精释》，2版，469页，北京，人民法院出版社，2003。

② 参见周光权：《刑法各论讲义》，377页，北京，清华大学出版社，2003。

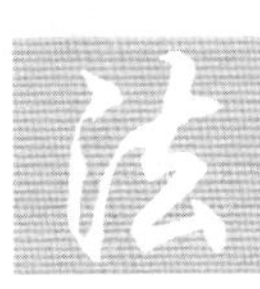

而诈骗罪轻的情况下，按照重法优于轻法的原则，甲的行为应定招摇撞骗罪。但在诈骗罪上，甲乙成立共同正犯。

4. 基本法与补充法的竞合

基本法与补充法的竞合是一种偏一竞合，指两个罪名概念的内容交叉重合，但实际竞合的内容已经超出所重合范围的情形。例如我国《刑法》第 240 条规定了拐卖儿童罪，《刑法》第 262 条规定了拐骗儿童罪。其中，拐卖儿童罪是基本法的规定，而拐骗儿童罪是补充法的规定，两者之间存在基本法与补充法的竞合关系。当一个行为人将儿童拐骗以后又将其出卖，则按照基本法优于补充法的原则，应定拐卖儿童罪。但甲乙二人，甲实施拐骗行为，乙实施出卖行为，如果甲乙二人事先有通谋，则成立拐卖儿童罪的共同正犯，因为《刑法》第 240 条第 2 款的规定："拐卖妇女、儿童是指以出卖为目的，有拐骗、绑架、收买、贩卖、接送、中转妇女、儿童的行为之一的。"因此，以出卖为目的拐骗儿童，就是拐卖儿童罪的正犯。但如果甲以拐卖儿童的故意，乙以拐骗儿童的故意，共同实施拐骗儿童的行为，在拐骗以后，甲将儿童予以出卖。在这种情况下，甲按照基本法优于补充法的原则，应定拐卖儿童罪。而乙并无出卖的目的，因而其拐骗儿童的行为只构成拐骗儿童罪。但在拐骗儿童罪上，甲乙成立共同正犯。

根据以上分析，我认为在法条竞合的情况下，甲乙二人共犯此罪，其中甲因法条竞合而另定彼罪，但在此罪上，甲乙二人应成立共同正犯。最终结论虽然也是甲乙各定此罪与彼罪，但在此罪与彼罪存在重合的范围内，共同正犯是成立的。在这种情况下，之所以应当承认在重合范围内共同正犯的成立，具有定罪量刑两个方面的意义：从定罪上来说，如果不承认共同正犯，就不能适用"部分行为之全体责任"的原则，因而难以正确地解决定罪问题。例如，甲勾结乙杀害甲父，乙并不知情。在这种情况下，甲乙各砍 3 刀共计 6 刀将甲父砍死。单独地看，3 刀并不能将人砍死，合起来 6 刀正好把人砍死。如果甲乙是同时犯，各应对本人行为负责，就属于杀人未遂。但如果是杀人罪的共同正犯，甲乙不仅要对本人行为负责，而且要对他人行为负责，由此才能认定为杀人既遂。因此，如果不承认甲乙是杀人罪的共同正犯，就不能认定甲乙的杀人行为是既遂。又如，甲

是邮政工作人员，乙是非邮政工作人员，二人共谋非法开拆他人信件，甲和乙各开拆100封信。如果不承认在破坏通信自由罪上甲乙是共同正犯，对甲乙就只能以本人非法开拆的信件论罪。只有将甲乙认定为破坏通信自由罪的共同正犯，尽管甲因法条竞合而另定私自开拆邮件罪，但甲乙仍然应对开拆200封信承担刑事责任。

法条竞合的共同正犯表明在犯罪构成要件具有重合性的情况下，共同正犯具有竞合性，这种竞合的共同正犯与刑法上共犯的竞合是两个不同的概念。共犯竞合，是指实施一个基本的构成要件行为，同时出现了共同正犯、教唆犯、帮助犯这样三种共犯形式。在共犯竞合的场合，上述共犯形式作为实现一个基本的构成要件而实施的行为，具有共同性。因此，较轻的共犯形式被较重的共犯形式所吸收，只成立较重的共犯形式。而且，教唆人、帮助人进而分担了实行行为的时候，就只负担共同正犯的罪责，教唆犯帮助正犯的时候，作为教唆犯，从重处罚。[①] 由此可见，共犯竞合是以一人实施数个共犯行为为前提的，在我国刑法学界，一般认为共犯竞合是一个吸收犯的问题，正如我国学者指出：所谓共犯竞合不过是同一共同犯罪人由于实施了不同形态的共犯行为，而同时属于不同的共犯类型，本质上是一种共同犯罪人类型的重叠。共犯竞合在犯罪形态上完全是一种吸收犯，应当按照重度行为吸收轻度行为的原则确定犯罪人的刑事责任。[②] 但法条竞合情形下的共同正犯是共同正犯的一种特殊形式，是在实行同一之罪的情况下，由于该罪与他罪之间存在法条竞合，因而共同正犯的行为人分别以不同犯罪论处的情形。

（二）想象竞合情形下的共同正犯

如果说，法条竞合是一种法律的竞合，这种竞合是不以具体犯罪的发生为转移的。那么，想象竞合就是行为的竞合——一种事实性竞合而非评价性竞合。在想象竞合的情况下，发生竞合的两个犯罪在犯罪的构成事实上存在一定的重合

① 参见［日］大谷实：《刑法总论》，黎宏译，353页，北京，法律出版社，2003。
② 参见刘士心：《竞合犯研究》，20页，北京，中国检察出版社，2005。

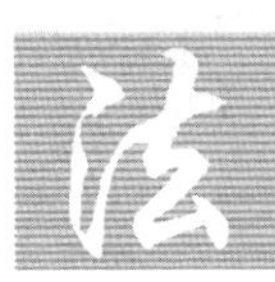

性，在重合范围内可以成立共同正犯。例如在故意杀人罪与故意伤害罪之间，到底是想象竞合、法条竞合还是包括的一罪，在刑法理论上存在争议。[①] 在故意杀人罪与故意伤害罪之间的关系问题上，存在对立理论与单一理论之争。根据对立理论，杀人故意在概念上已经排斥伤害故意的同时存在，换言之，两个概念之间有排斥的关系，所以不能成立法条竞合。但根据单一理论，杀人故意始终包含伤害故意，所以伤害罪退居补充地位，伤害罪是杀人罪的过程犯，伤害罪的不法内涵已经包含在杀人罪的不法内涵中。在这种情况下，实质上存在逻辑结构上的隶属关系，因此应该是特别关系。[②] 我认为，在犯罪构成要件上，杀与伤是相互排斥的，因而不能承认两罪之间存在法条竞合关系。但杀和伤之间又的确在一定程度上存在某种事实的重合，即通过伤害而达致杀害。在这种想象竞合的情况下，故意杀人罪与故意伤害罪之间存在着局部犯罪事实的重合。在这一重合限度内，可以成立共同正犯。因此，甲以杀人的故意、乙以伤害的故意共同侵害丙，致丙死亡。在这种情况下，尽管甲成立故意杀人罪，但在其所重合的故意伤害罪的范围内，甲乙成立共同正犯。

（三）转化犯情形下的共同正犯

转化犯是我国刑法规定的一种特殊犯罪类型，是指行为人在实施某一较轻的犯罪时，由于连带的行为又触犯了另一较重的犯罪，因而法律规定以较重的犯罪论处的情形。在转化犯中，存在时间上具有先后衔接关系的两个犯罪：本罪与他罪。本罪是指转化以前的犯罪，他罪是指转化以后的犯罪。例如我国《刑法》第292条第1款规定了聚众斗殴罪，第2款规定：聚众斗殴，致人重伤、死亡的，依照故意伤害罪、故意杀人罪定罪处罚。甲乙丙在聚众斗殴共同犯罪过程中，甲突然将他人捅死，转化为故意杀人罪。乙丙对故意杀人既无故意又无行为，不符合转化条件。在这种情况下，甲应定故意杀人罪。但在聚众斗殴罪范围内，甲乙丙三人仍然成立共同正犯。如果不包括甲在内，乙丙二人就不能构成聚众斗殴

① 参见陈家林：《共同正犯研究》，71页，武汉，武汉大学出版社，2004。

② 参见陈志辉：《刑法上的法条竞合》，74～75页，台北，自版，1998。

罪，因为聚众必须有三人以上共同参与。因此，在转化犯的情况下，符合转化条件的行为人按照他罪定罪，但在本罪范围内仍然成立共同正犯。广义上的转化犯还包括我国《刑法》的第267条第2款和第269条规定的转化型抢劫罪。前者是指携带凶器抢夺的，法律规定依照抢劫罪定罪处罚。后者是犯盗窃、诈骗、抢夺罪，为窝藏赃物、抗拒抓捕或者毁灭罪证而当场使用暴力或者以暴力相威胁的，以抢劫罪定罪处罚。在上述两种转化型抢劫的共同犯罪中，都有可能发生部分行为人转化而定抢劫罪，部分人未转化而定盗窃、抢夺、诈骗罪。在这种情况下，转化的行为人虽然应定抢劫罪，但在未转化的犯罪范围内，成立共同正犯。例如甲乙共同到丙家盗窃，甲进入室内行窃，乙在室外望风。甲行窃时遇丙抓捕，遂将丙打成重伤。在这种情况下，甲构成抢劫罪，符合转化型抢劫的条件。但在盗窃罪上，甲乙成立共同正犯。

（四）实行过限情形下的共同正犯

实行过限是指实行犯实施了超过共同犯罪故意的行为。在某种意义上说，前述共同犯罪中的转化犯，也往往是实行过限。但由于转化犯是刑法有明文规定的，可以单独归类。而这里的实行过限，则是刑法没有规定为转化犯的情形。实行过限可以分为重合性过限与非重合性过限。① 重合性过限是指预谋的犯罪与过限行为构成的犯罪之间具有重合性。例如甲乙共谋伤害丙，在伤害过程中甲起意杀害丙，甲的实行过限就是一种重合性过限。因为故意杀人罪与故意伤害罪之间存在一种事实上的重合性。非重合性过限则是指预谋的犯罪与过限行为构成的犯罪之间不具有重合性。例如甲乙共同盗窃，甲在盗窃过程中又临时起意强奸了女事主。但在重合性过限的情况下，尽管过限的行为人应以更重的犯罪论处，但在轻罪上成立共同正犯。例如，甲乙共谋伤害丙，在实施伤害的过程中甲临时起意将丙杀死。甲应定故意杀人罪，但在故意伤害（致死）罪上，甲乙成立共同正犯。

① 参见吴振兴：《论教唆犯》，183～184页，长春，吉林人民出版社，1986。

五、结语

基于以上分析，我们再来看高海明绑架、郭永杭非法拘禁案，法院简单地得出“高海明、郭永杭在对同一对象共同实施了犯罪行为，但其二人的犯罪故意和目的不同，故不属共同犯罪”的裁判结论，其根据明显不足。实际上，绑架罪与非法拘禁罪之间存在法条竞合关系，绑架罪属于特别法，非法拘禁罪属于普通法。高海明出于勒索财物的目的与没有勒索财物目的的郭永杭共同对被害人进行扣押、监禁。在非法拘禁罪上，高海明与郭永杭之间成立共同正犯，因此，对高海明定绑架罪，对郭永杭定非法拘禁罪，这一最终的定罪结果是正确的。但如果不承认高海明与郭永杭在非法拘禁罪上存在共同正犯的关系，则不利于解决高海明、郭永杭的定罪量刑问题。因为郭永杭是在高海明伙同他人将被害人劫持以后才对被害人看管的。如果郭永杭是非法拘禁的单独正犯，则其非法拘禁的实行行为是不完整的，令其对高海明的劫持被害人的行为承担刑事责任，就缺乏足够的法理根据。此外，就量刑而言，如果不把高海明的行为与郭永杭的行为视为一个整体，难以区分各自在共同犯罪中的作用，无法区分主犯与从犯，这也不利于公正地解决刑事责任的分担问题。因此，我们应当在承认高海明与郭永杭之间成立非法拘禁罪的共同正犯的基础上，根据特别法优于普通法的原则，对高海明以绑架罪论处。

高海明绑架、郭永杭非法拘禁案，是一个并非特别复杂的案件，在我国司法实践中只是根据对共同犯罪法律规定的简单理解进行了处理，但实际上涉及共同犯罪，主要是共同正犯中的一些重大理论问题，包括承继的共同正犯与重合的共同正犯。关于承继的共同正犯，我们的理论以往关注的是承继的正犯是否对其介入前先行的正犯的行为承担刑事责任的问题。实际上，在承继的共同正犯中，存在着承继的正犯独自完成其介入以后的行为的情形，那么，先行的正犯对承继的正犯的行为是否承担刑事责任呢？这个问题，是值得我们研究的。例如，在本案中假如后加入的被告人郭永杭在拘禁过程中将被害人杀死，在这种情况下，被告

人高海明是否对此承担杀人的刑事责任，是值得研究的问题。关于重合的共同正犯，更是一个重要的理论问题，它涉及不同犯罪之间能否成立共同正犯的问题。以往的行为共同说是承认不同犯罪之间存在共同正犯的，而犯罪共同说则往往不承认。但如果不承认存在重合关系的不同犯罪之间的共犯关系，则显然不合理。为此，在犯罪共同说中出现了部分的犯罪共同说，试图解决这个问题。部分的犯罪共同说承认在犯罪之间存在重合的情况下，在重合的限度内可以成立共同正犯。但我并不认为部分的犯罪共同说是对犯罪共同说的否定或者是为弥补犯罪共同说的不足而出现的理论。毋宁说，部分的犯罪共同说是在犯罪重合的情况下犯罪共同说的一种实际适用。因此，这不是一个在共同正犯的性质上是坚持犯罪共同说还是行为共同说的问题，而是一个在犯罪重合情形下共同正犯的认定问题。

（本文原载陈兴良主编：《刑事法评论》，第21卷，北京，北京大学出版社，2007）

八、单位犯罪

法人犯罪的法理分析

法人犯罪，在我国刑法中称单位犯罪①，是犯罪的一种特殊形态。法人犯罪与自然人犯罪在构成特征与处罚原则上均有重大差别，因而需要从理论上加以研究。

一

法人犯罪，其犯罪主体是法人，如果说自然人是生物意义上的人，那么法人就是法律意义上的人。法律意义上的人为什么可以成为犯罪主体？这是一个需要论证的问题。

① 法人犯罪是国际上对于合法的社会组织实施的犯罪的通称。我国刑法没有采用这一概念，而是称为单位犯罪，其基本考虑是：法人是民法上的一个特定概念，在现实生活中，除法人犯罪以外，还存在非法人团体的犯罪。法人犯罪的名称过于狭窄，不能把不具有法人资格的合法的社会组织包括在内，因而采用单位犯罪的概念。单位一词可以包括法人和非法人团体。对于刑法中采用单位犯罪这一称谓，我国学者持否定态度，主要批评意见有以下三点：(1) 单位概念模糊，是一个非法律用语；(2) 单位这个用语与民法不协调；(3) 单位犯罪与国际上通行的法人犯罪概念不衔接。参见陈泽宪主编：《新刑法单位犯罪的认定与处罚——法人犯罪新论》，11 页，北京，中国检察出版社，1997；何秉松主编：《刑法教科书》（据 1997 年刑法修订），148 页以下，北京，中国法制出版社，1997。

（一）法人犯罪的历史考察

刑法中的犯罪，历来是以自然人为主体的。从自然人刑事责任到自然人与法人的刑事责任一体化，是近现代刑法为适应法人社会而作出的重大让步。[①] 法人不能成为犯罪主体，本来是一个刑法学中的定论。“社团不能犯罪”（Societas delirquere nor potest）乃是古罗马法所奉行的一个原则，这个原则一直延续到19世纪上半叶，沿袭长达千年。1810年《法国刑法典》是近代刑事立法的典范，该法典未涉及法人犯罪问题，但在法院的判例中明确规定法人不负刑事责任。[②] 随着市场经济的发展，法人组织日益发达，数量与日俱增，社会地位日趋重要。同时，在法人决策机构和决策人物的操纵指挥下，以法人名义和凭借法人力量实施的危害社会的行为也不断出现，并且大有愈演愈烈之势，尤其是在新技术革命的条件下，法人犯罪问题更加突出。[③] 在这种情况下，到19世纪后半叶，“社团不能犯罪”的古老原则终于受到了时代的挑战。

在大陆法系国家，对于法人犯罪在立法上的确认是从单行刑法与附属刑法开始的。德国于1919年颁布的《帝国税法》第393条明确规定法人或其他人合团体的企业违反税法规定构成犯罪的，无论自然人是否有罪责，都可以对该法人或其他人合团体判处刑事罚。由此成为最早的法人刑法，也称团体刑法（Verbandsstrafe），直接确认了法人的刑事责任。然而，这一规定在司法实践中受到

① 之所以说是让步，是因为在刑法中确认法人犯罪的过程是极为漫长而且是极不情愿的。在法人社会已经成为现实的情况下，刑法才羞羞答答地确认法人的刑事责任。关于从个人社会向法人社会的转变，参见谢勇：《法人犯罪学——现代企业制度下的经济犯罪和超经济犯罪》，3页以下，长沙，湖南出版社，1995。

② 在1810年的《法国刑法典》对法人犯罪并无规定的情况下，法院判例作为一项规则提出：法人不能负刑事责任，甚至不负金钱性质刑事责任。因为罚金是一种刑罚，对作为法人的商事公司不能宣告罚金刑，商事公司仅承担民事责任。依照这一原则，在某一犯罪表面上是由法人实行的时候，应当受到追诉的是该法人的领导人。法人的领导人是以其个人名义受到追诉，并在刑事上受到判决，这一原则既适用于私法法人，也适用于公法法人。参见［法］卡斯东·斯特法尼等：《法国刑法总论精义》，罗结珍译，289页，北京，中国政法大学出版社，1998。

③ 参见李贵方：《新技术革命与法人犯罪问题》，载《吉林大学社会科学学报》，1986（6），69页。

德国帝国法院的抵制。[①] 此后，在德国的刑事立法中，罪责刑法原则的维持与遏制法人犯罪的需要之间始终存在严重的冲突。折中的产物是司法刑法与行政刑法、司法罚与行政罚的分立：在司法刑法中坚持罪责刑法原则，不得规定对法人处以司法罚；而在行政刑法中对法人的秩序违反行为处以行政罚，即秩序罚。[②] 实际上，这里的秩序罚（罚款）与刑事罚（罚金）并无本质区别，只是为恪守罪责刑法原则而采取的一种策略。因此，在德国刑法中，法人犯罪限于经济刑法，而未能在其刑法典中正式确认。日本在刑法中同样不承认法人犯罪，出于惩治现实生活中法人犯罪的需要，在附属刑法中规定了法人犯罪。因此，在法人犯罪问题上，出现了司法刑法与行政刑法的对立。这种对立同样反映为刑法理论中对于法人犯罪的肯定说与否定说之争，引人注目的见解是向着确认法人刑事责任的方向转变。[③] 尤其值得注意的是《法国刑法典》的重大变化。1810 年《法国刑法

---

① 帝国法院曾经决定：对涉及法人的案件，不得同时处罚法人及其代理人，应当以追究自然人责任的方式来处理案件。德国的刑事追诉机关也不愿意接受法人刑罚这种不符合传统的刑事责任方式，因而只把精力全部放在追究自然人的责任方面。参见王世洲：《德国经济犯罪与经济刑法研究》，100～101 页，北京，北京大学出版社，1999。

② 早在 20 世纪 40 年代，一些刑法学者就致力于将司法犯罪（Juristisches Delikt）或刑事犯罪（Kriminaldelikt）和单独的违反秩序加以区分。根据德国刑法学者艾伯哈特·舒密特（Eberhard Schmidt）的见解，违反秩序即行政犯罪（Verwaltungsdelikt）与司法犯罪，从它们都必须具备构成要件的违法性和有责性等形式要素来说，并没有区别。但实质上，在违反秩序方面，却缺少刑事不法所特有的“法益的侵害”以及以伦理为基础的刑事责任。违反秩序是伦理上无非难可能的“行政抗命”（Verwaltung Sungehoram）。在这种行政刑法理论的基础上产生的著名的舒密特公式（Schmidtsche Formel），是立法者在 1949 年制定的《经济刑法》第 6 条中区分刑事法（Kriminalrecht）和秩序法（Ordnungsrecht）的理论依据。立法者认为，犯罪行为与违反秩序行为及其法律后果之间具有本质上的差别。犯罪行为的法律后果是刑罚（Strafe），而违反秩序的法律后果是罚款（Geldbusses），由于把这两者作了严格区别，就可以把罚款作为对法人的制裁，而没有任何法理上的障碍。参见何秉松主编：《法人犯罪与刑事责任》，129 页，北京，中国法制出版社，1991。

③ 日本学者指出：值得注意的见解是，刑法一方面站在否定法人犯罪能力的立场上，另一方面它又着眼于行政刑法的特殊性。法人被视为是行政法上的权利义务的归属主体，就应当承担由于机关自然人的行为所产生的行政法上的法律后果。既然如此，对于作为机关的自然人所做的违反行政法应受社会谴责的行为，从法人和机关的关系来看，法人应负其责，允许科以一般预防因素很强的刑罚，这种见解值得注目。就是说，这种见解所主张的是行政法规上法人处罚的规定，不仅是出于政策的需要，而且承认因他人的行为处罚法人，乃是着眼于行政刑法的特殊性，进行刑事责任的修改，这种被修改了的刑事责任，可以由法人承担。参见［日］福田平、大塚仁：《日本刑法总论讲义》，李乔等译，45～46 页，沈阳，辽宁人民出版社，1986。

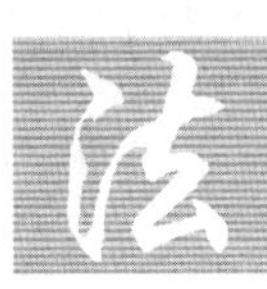

典》是在拿破仑主持下制定实施的，在其后的一百八十多年间，对该法典进行了重大修改，以适应惩治犯罪的实际需要，但刑法典的基本结构没有改变，该刑法典仍然是以自然人为刑事责任主体的一部传统刑法典。但从 20 世纪 30 年代开始连续颁布了一些附属刑法，在有限的范围内承认了法人的刑事责任。[①] 及至 1994 年对刑法典修改以后，《法国刑法典》俨然已经成为一部以自然人与法人作为双重刑事责任主体的刑法典。在修改后的《法国刑法典》中，法人与自然人受到相同的对待。这一修改，被法国学者认为是新、旧法典之间的"断裂"[②]。可以说，《法国刑法典》是大陆法系国家中第一部确认法人犯罪的刑法典。

在英美法系国家，法人具有犯罪能力的原则在立法上是逐渐得到承认的，1889 年英国颁布的解释法（The Interpretation Act）第 2 条明确规定，在本法生效前或生效后颁布的任何关于可诉罪或简易罪的法律中所讲的"人"，除非有相反的规定，均包括法人团体。通过对刑法中的"人"的解释，将法人包括在犯罪主体之内，英国刑法从 19 世纪末开始就在惩治法人犯罪的立法上走在了各国的前面。此后，又通过判例促进了法人刑事责任的发展。[③] 美国刑法对法人犯罪的规定，同样始于附属刑法。其中，在 19 世纪末 20 世纪初，美国颁布了三个涉及惩治法人犯罪的重要联邦法律，即 1887 年的《州际贸易法》（The Interstate Commerce Act）、1890 年的《谢尔曼反托拉斯法》（The Sherman Act）和 1906 年的《纯净食品和药物法》（The Pure Food and Drug Act）。这三个法律在刑事立法上为广泛追究法人刑事责任开辟了道路。由于美国是判例法国家，立法规定

---

① 参见何秉松主编：《法人犯罪与刑事责任》，136 页以下，北京，中国法制出版社，1991。

② 法国学者指出：除"一贯性"和"演变中的连续性"以外，新、旧法典之间也有"断裂"。其中，最引人注目的是有关法人刑事责任的规定。这一规定排除了一个传统障碍，也是至今许多欧洲国家仍然实行的法人不负任何刑事责任的传统障碍。参见［法］皮埃尔·特律什、海依尔·戴尔玛斯—马蒂为《法国刑法典》在中国出版而作的序，载罗结珍译：《法国刑法典》，7～8 页，北京，中国人民公安大学出版社，1995。

③ 在这些判例中，具有里程碑意义的是 1917 年穆塞尔兄弟有限公司对伦敦和西北铁路公司的讼案，该案判决明确指出，应当根据具体情况严格区分法人的替代责任和法人自身的责任，这就为后来法院运用"法人代表的另一个我"的学说（The Alter ego doctrine of corporate representation）追究法人自身的刑事责任奠定了基础。参见何秉松主编：《法人犯罪与刑事责任》，108 页，北京，中国法制出版社，1991。

还需要得到判例的认同并加以发展，在这方面，美国法院采取了积极的态度和坚定的立场，在最高法院的判例中确认了关于法人犯罪立法的合宪性。[①] 美国《模范刑法典》在总结半个多世纪以来的立法和司法经验的基础上，把法人犯罪分为三类：一是刑法分则中的多数罪都可以附加如下三个条件而构成法人犯罪：第一，法人代理人的犯罪行为是以法人的名义进行的；第二，法人代理人的犯罪活动是在其业务范围之内的；第三，法人代理人的犯罪活动得到法人最高决策机构的批准或者默许。二是这样一类犯罪，即前两个附加条件和第一类法人犯罪相同，不同的是第三个条件是触犯了明显地可以追究法人责任的刑法规范。三是没有履行法律规定法人团体应当履行的义务（不作为）而构成的法人犯罪。[②]

我国1979年《刑法》没有规定法人犯罪，当时的刑法基本是一部以自然人为处罚对象的刑法。随着我国经济改革的启动，尤其是企业成为独立的法人进入

---

① 1909年美国最高法院对纽约中心及赫德森河铁路公司诉美国讼案的判决，被认为是美国判例上的一个里程碑。在该案中，铁路公司及其运输副经理在为美国制糖厂承运货物时，为了加强本公司的竞争地位，给予糖厂和其他人回扣而被巡回法院判决有罪。上诉人提出上诉的主要理由是该法院定罪时所援引的1903年颁布的《埃尔金斯法》(The Elkins Act) 违宪。该法规定，任何人或法人故意准许或接受价格歧视或者准许或接受回扣的，可以科处1 000美元以上，2万美元以下的罚金。《埃尔金斯法》还规定，法人职员在其职务范围内行使职责时的作为或不作为，均视为该法人的作为或不作为，因此，应追究法人的刑事责任。上诉人认为，国会无权把犯罪的实施归罪于法人，也无权以法人被指控的事情而使法人受到刑事诉讼。理由是如果惩罚法人实际上是惩罚无辜的股东，而且是在他们未经审理的情况下剥夺其财产，因而是缺乏正当程序的，是违宪的。它还认为，董事会不能合法地批准犯罪，而且事实上股东也不能这样做。法人组织的性质和特点以及它的权力和权限，决定法人不可能实施本案所控告的那种性质的犯罪。但是，最高法院的判决坚持1903年《埃尔金斯法》关于法人犯罪的规定的合宪性，指出："确实有些犯罪按其性质是不能由法人实施的，但是也有许多犯罪，其中包括联邦法律规定的回扣，其所以犯罪就在于故意做法律所禁止的事情。对于这些犯罪我看没有什么理由说法人就不应当为其代理人在其授权范围内的故意和行动负责任和被指控。"最高法院不仅承认法人对那些要求明确的故意的犯罪负刑事责任的可能性，而且强调指出它的必要性。在这一判例中，最高法院利用民事侵权法关于"仆人过错主人负责"(Respondent Superior) 的理论来论证追究法人刑事责任的合理性和正当性，对后来美国法院追究法人刑事责任产生了重要的影响。参见何秉松主编：《法人犯罪与刑事责任》，170～171页，北京，中国法制出版社，1991。

② 参见储槐植：《两大法系关于犯罪构成理论和实践方面的主要差异——层次结构、法人犯罪和绝对责任》，载《国外法学》，1985 (3)，62～63页。

市场以后，法人犯罪开始出现并日益严重。在这种情况下，立法机关在对于法人犯罪理论上争论十分激烈的情况下[①]，于 1987 年在《海关法》中首次确认了法人犯罪，此后单行刑法与附属刑法关于法人犯罪的规定大量出台。在 1997 年刑法修订之前，法人犯罪的罪名已达 497 个之多。在刑法修订中，除吸纳单行刑法和附属刑法关于法人犯罪的规定以外[②]，还在刑法总则设专节规定了单位犯罪的定罪与处罚的一般原则。由此，在相当短的时间内，我国刑法完成了从自然人一元主体到自然人与法人二元主体的刑法的嬗变，是继 1994 年《法国刑法典》之后，世界上第二部自然人与法人刑事责任一体化的刑法典。

（二）法人犯罪的社会基础

法人犯罪的出现及立法化，并不是一种简单的法律现象，而是社会结构变化在法律上的必然反映。因此，分析法人犯罪的社会基础对于理解法人犯罪现象具有重要意义。

社会结构经历了一个从团体社会到个人社会，然后再到法人社会的演进过程。古代社会是一个团体社会，这里的团体在古希腊是指城邦。城邦是以一个城市为中心的独立主权国家，城邦对于公民来说就是一切，离开城邦公民就没有任何个人自由可言。[③] 在这个意义上说，个人是不独立的，不是组成社会的基本元素，是依附于城邦存在而已。因此，在古希腊还没有法人概念。法人源自古罗马社会，始于承认国家和地方政府具有独立的人格，与其成员相分立，由此产生社

① 我国刑法学界关于法人能否成为犯罪主体的争论，主要集中在以下五个方面：（1）法人的性质；（2）法人的刑事责任能力；（3）罪责自负原则；（4）刑罚适用；（5）国外立法例的借鉴。参见高铭暄主编：《新中国刑法学研究综述（1949—1985）》，199～215 页，郑州，河南人民出版社，1986。

② 刑法修订以后，法人犯罪的罪名达一百多个，约占总罪名的 1/4。法人犯罪的具体罪名列举，参见陈兴良：《刑法适用总论》，上卷，578 页以下，北京，法律出版社，1999。

③ 我国学者指出：城邦与近代的国家不同，近代国家是与社会相区别的概念，国家仅仅是社会生活的一部分，尽管是重要部分。但城邦在希腊人看来，就是人的社会生活的全体，它一方面等同于社会，另一方面只局限于某一部分人，即公民。故而，城邦概念指的是公民共同体，而不是一个地域概念，不是指在一个地域范围中的人的集合。参见洪涛：《逻各斯与空间——古代希腊政治哲学研究》，15 页，上海，上海人民出版社，1998。

团的概念。[①] 社团具有超越个人的性质，但罗马法采用的是一种拟人化的方法，使之成为法律所拟制的人，成为法律上的人格体。[②] 尽管罗马法律的法人制度尚不完善，例如只赋予法人权利能力，否认法人的行为能力，由此形成“社团不能犯罪”的原则[③]；但罗马法关于法人的理论为近代法人制度的发展奠定了基础。在中世纪的欧洲，随着社会生活的发展，出现了大量地域性团体，并在此基础上产生了城市，这些城市正是社会生活的基本形式，并为市民社会的形成奠定了基础。[④] 在中世纪城市中，存在各种社团组织，成为社会构成因素[⑤]，这种社团在中世纪的城市生活中起着重要的作用，尤其是以经济为纽带形成的行业性的团

---

① 罗马法上“Universitas”一词具有团体的含义，可指宗教团体、士兵团体、丧葬团体等。古罗马法学家从客观需要出发，提出抽象人格的理论，扩大了人格的概念，把权利直接赋予法律所拟制的人(Persona Ficta)，从而简化了自然人的法律关系，适应了社会经济发展的需要，这是罗马法的一大创造，参见周枏：《罗马法原论》，上册，268～269页，北京，商务印书馆，1994。

② 在罗马法中，法人观念也是逐步演进的。最古老和最自然的法人制度是由数人组成的社团（Associazione)，这种社团有着一个宗旨，而且其总体被承认为权利义务的主体，而不依单个人及其更替变化为转移。这样的主体用我们的术语一般被称为“团体”（Corporazione)，由于它是结伙成员的集合体，因而人们可以说它是一个真正的现实存在体；罗马人把它等同于人，赋予它以人的资格，如“市镇人”（persona municipii)、“移民区人”（persona coloniae）等；至于权利能力——“人”这一术语并不意味着它——则只是逐渐地被承认的。参见［意］彼德罗·彭梵得：《罗马法教科书》，黄风译，50页，北京，中国政法大学出版社，1992。

③ 罗马法既认为法人是法律拟制的，所以它自身并无意思表示的能力，如同婴儿、痴癫人一样，不能为法律行为，须由自由人或奴隶代为进行。他们在职权范围内所为的法律行为，即为法人的法律行为，在职权范围内所为的一般侵权行为，即属法人的侵权行为；但罗马法不承认法人的犯罪行为，认为这不属于职权范围内的活动，应由行为人自己负责。参见周枏：《罗马法原论》，上册，272页，北京，商务印书馆，1994。

④ 法国学者基佐对12世纪法国的城市作了如下生动的描述：让我们进入城市，看看那里是什么光景。我们是在一个由武装市民防守的有防御设施的地方。这里的市民自定税赋，自选行政官，自行审判和惩罚，并召开大会商讨自己的事务。全体市民出席大会，他们为了自己的利益向他们的领主宣战，他们有民兵组织。总而言之，他们自我管理，自为主宰。参见［法］基佐：《欧洲文明史——自罗马帝国败落起到法国革命》，程洪逵、沅芷译，118页，北京，商务印书馆，1998。

⑤ 比利时学者亨利·皮雷纳指出：事实上在所有的城市中市民都组成一个社团——全城公会（universitas)、共同体（communitas)、公社，其全体成员相互依赖，构成一个整体中不可分离的各个部分。所有中世纪的城市，无论解放如何得来，都不是由一群乌合之众所组成。中世纪的城市本身是一个个体，但是一个集体的个体，即一个法人。参见［比］亨利·皮雷纳：《中世纪的城市》，111页，北京，商务印书馆，1985。

体，成为现代法人制度的雏形。

及至18世纪，在自由主义思想的感召下，西方社会盛行个人主义的法律思想，将国家存在的根据归之于公民之间订立社会契约的结果，认为法人制度足以约束个人自由，妨害社会进步。于是这一时期的法律思想，除了个人之外，只承认国家的存在，甚至国家也是由于个人的契约而成立的，所以，介于个人与国家之间的团体，不问其目的如何，应予禁止。[①] 根据这种社会设计，个人与国家直接发生联系，公民个人之间通过订立社会契约建立国家，国家根据社会契约行使对社会的管理职能。[②] 而法人团体的存在，割断了个人与国家的这种直接联系，既妨害了个人自由，又影响了国家权力对公民的直接作用力，因而法人团体的社会存在价值曾一度遭到否定。在这种情况下，形成个人主义社会。应该说，这种个人主义社会是以自由竞争的资本主义为其经济根源的，随着资本主义从自由向垄断的发展，出现了个人主义社会的危机。[③] 为调整国家与个人之间的关系，适

① 法国启蒙学者卢梭认为，当自然状态下的孤立的个人签订了社会契约以后，产生了一个道德的与集体的共同体，它以前称为城邦，现在则称为共和国或政治体。在这一政治体之中，个人一方面是独立的，他除了依赖于该政治体之外，再也不依附于其他任何血缘的、地缘的或宗教的群体，故称公民；但另一方面，个人又都可以做到以其自身及其全部的力量共同置于公意的最高指导之下，成为共同体不可分割的一部分。这样，个人直接与国家发生联系，排除了社会中间组织的存在。参见［法］卢梭：《社会契约论》，何兆武译，24页以下，北京，商务印书馆，1962。

② 美国学者考察了美国联邦党人政治思想，认为其根本出发点之一，就是在政治制度设计中，个人是最基本的考虑单位。政府的行为派生于个人的利益；如果要有效果，政府行为必须与个人的行为相联系；这样，政府的运作就能够与具有特殊行为能力的个人行为相协调。汉密尔顿和麦迪逊都认为，以治理体（governing corporate）或集体性实体（collective entities）概念为基础的政治体制截然不同于单个的人，它是一个根本性的谬误。参见［美］文森特·奥斯特罗姆：《复合共和制的政治理论》，毛寿龙译，32～33页，上海，上海三联书店，1999。

③ 我国学者谢勇对个人主义社会的危机作出这样的描述，在当代个人主义社会我们看到了这样一幅矛盾的画面：一方面个人挣脱了传统的人身依附关系，成了独立自主的行动主体；但另一方面，摆脱了人身依附关系的个人现在却又因为孤独而陷入了一种更可怕的恐惧之中。一方面国家鼓励和帮助个人冲决了旧式的社会关系罗网，由独立自主的个人组成的公民社会由此得以产生；但另一方面，出于维持和组织社会化大生产的需要，国家又在利用市场的计划的手段把个人牢牢地捆绑在自己的目标上，在这种矛盾中，在内在恐惧和外在压力共同支配下，个人正一步步让出自己传统的自由领地，而获得新的依附身份。在社会与国家的关系中，个人倾向于放弃自己的社会责任，被动地听凭国家和盲目的经济力量的支配，这就是个人主义社会在当代的危机的突出表现。参见谢勇：《法人犯罪学——现代企业制度下的经济犯罪和超经济犯罪》，38页，长沙，湖南出版社，1995。

应社会化大生产的需要，出现了大量社会中间组织[①]，包括各种法人团体。由此，个人主义的社会逐渐演变为法人社会。这种法人社会，基本特征之一就是法人团体日益成为社会的基础。[②] 在这种情况下，团体主义的法律思想开始流行，法人作为个人之间的联合体，成为联结个人与国家的中介。在经济生活甚至社会生活中，国家面临的不再仅仅是以个体为单位的自然人，而是大量的法人。法人的迅速发展造成了对社会市场的垄断，如果法人对自己的力量滥加使用，则不可避免地对社会产生消极的破坏作用。因而，国家对法人行为的刑事干预就成为必要。只有从法人社会的这一背景出发，我们才能理性地把握法人在现代社会生活中的意义，并为分析法人犯罪现象奠定基础。

中国法人犯罪现象以及法人犯罪立法规定的社会背景具有特殊性。在中国传统社会，家国一体，血缘宗法关系成为社会关系的纽带，家族曾经在社会生活中发挥重大的作用。近代以来，中国从传统社会向现代社会的逐渐转型，并没有经历过类似于西方的个人主义社会这样一个阶段，而是形成城乡的二元社会结构。[③] 在这种城乡二元社会结构中，出现了中国社会基本单元的两种形态：村落家族与城市单位。村落家族是乡土文明的载体，单位是城市文明的载体。从法人犯罪的视角来看，与之相关的是“单位”这一中国特殊的社会组织，这也可以解读我国

---

① 法国学者迪尔凯姆将这种社会中间组织理解为职业团体，认为职业团体与其他团体相比有如下三个优点：第一，职业团体到处都存在；第二，职业团体无论在什么地方都能起作用；第三，职业团体的力量渗透到生活的每一部分。参见［法］迪尔凯姆：《自杀论》，钟旭辉等译，331页，杭州，浙江人民出版社，1988。

② 法国学者迪尔凯姆指出：我们甚至可以合理地假定，法人团体将来会变成一种基础，一种政治组织的本质基础。我们已经看到，尽管法人团体最早是存在于社会体系之外的，但后来随着经济生活的不断发展，它与经济生活的联系也越来越密切。我们完全有理由期待，如果法人团体依此途径发展下去，它将来注定要在社会中占据更中心、更显著的位置。参见［法］迪尔凯姆：《社会分工论》，渠东译，39页，北京，生活·读书·新知三联书店，2000。迪尔凯姆的这一预言很快成为现实。

③ 对这种城乡的二元社会结构，我国学者称为“城乡分治，一国两策”的格局。参见陆学艺：《走出“城乡分治，一国两策”的困境》，载《读书》，2000（5），4页。关于我国城乡结构的变迁及城市化问题，参见陆学艺等：《社会结构的变迁》，177页以下，北京，中国社会科学出版社，1997。

刑法为什么将法人犯罪称为单位犯罪。在某种意义上说，中国是一个单位社会[①]，正是在这一点上几乎可以类比于西方的法人社会。单位在我国是作为社会基本组织而存在的[②]，当然这一命题应当限于城市。单位具有政治、经济和社会的各种职能，尤其成为国家控制个人的一种有效方法。在这种单位体制下，个人不是自由的主体，而是生存在单位中，成为单位人。在城市社会中，一个没有单位隶属的人，是难以生存在以往的计划经济体制下的，单位具有对国家的依附性，成为国家政治制度的基本构成要素。因此，单位具有明显的行政化倾向。同时，个人又具有对单位的依附性，丧失了独立的品格。单位对国家的依附性引发个人对单位的依附性，前者可称为"一级依附"，后者可称为"二级依附"，由此构成"个人一单位一国家"三位一体的社会格局。[③] 在计划经济体制之下，由于单位与国家在职能与利益上的绝对同一性，因而单位只是绝对贯彻国家意志的工具，不存在单位犯罪的可能性。在从计划经济向市场经济转轨的过程中，单位社会出现了危机，面临着改造的命运。因为随着市场经济的发展，逐渐出现政治国家与市民社会的二元结构，单位在这种二元社会中需要重新定位。除行政单位以外，其他以承担经济职能为主的单位，主要是指企业，将割断与国家的职能上的联系，使其成为

---

① 我国学者认为，单位社会是一个被制度锁定的社会。因为单位占据了社会资源的主体，人们被迫通过遵守既定的单位法则来建构社会的公共秩序，单位化的学校、娱乐场所、工厂等一整套组织全面地对社会成员进行当局所需要的社会化。单位是中国公有制的细胞。政权依靠单位这种基层整合方式，将中国人口特别是城市人口纳入一个清晰可视的体系中去。参见杨晓民、周翼虎：《中国单位制度》，343页，北京，中国经济出版社，1999。

② 我国学者指出：单位是我国各种社会组织所普遍采取的一种特殊的组织形式，是我国政治、经济和社会体制的基础。参见路风：《单位：一种特殊的社会组织形式》，载《中国社会科学》，1989（1）。

③ 我国学者认为，中国传统社会"个人一家庭一国家"的联系在当代中国被"个人一单位一国家"所取代。单位制度在计划经济体制下具有其现实基础。但是，单位在其生长的过程中，滋生出了阻碍现代化的因素，从扩充社会资源总量的组织形式演化为单一社会调控单元，所以才显示了单位体制的困境和缺陷。参见刘建军：《单位中国——社会调控体系重构中的个人、组织与国家》，108、112页，天津，天津人民出版社，2000。

独立的市场主体。[①] 此外，在市场经济中还成长起来大量经济组织，这些经济组织从一开始就具有“经济人”的性质。上述传统单位的市场化与新生组织共同成为市场主体，以经济冲动为其发展动力。[②] 在这种情况下，单位具有了特殊的经济利益，为满足这种利益冲动，单位就有可能超越法律的界限，实施违法犯罪行为。基于这样一种作为“行政人”的单位向作为“经济人”的单位的社会结构性变动，单位犯罪在我国的存在具有了客观可能性；而处于社会转型时期，我国规范单位行为的法律之失范，又使单位犯罪从可能性转化为现实性。只有从这一社会结构的转变出发，我们才能正确地解读我国自 20 世纪 80 年代初开始的法人犯罪浪潮，并且深刻地把握我国法人犯罪的立法背景。在某种意义上可以说，我国对法人犯罪的惩治是在单位的性质发生变化以后，为适应社会控制而作出的一种本能的反应。

（三）法人犯罪的理论根据

法人犯罪在刑法中的确认，是一个漫长的演变过程，这是一个法人犯罪逐渐地排除理论障碍的过程。

如前所述，法人概念可以追溯到罗马法。罗马法关于法人的性质，采拟制说

---

① 我国学者描述了单位面对市场化的冲击，从“行政人”到“经济人”的转变机理：在传统体制中，单位由于它在社会调控体系中特定的制度化定位，导致了单位实际上是作为国家政治组织和政治组织延伸体存在的。如果沿着这一思想推演下去，就会发现单位实质上扮演着一种具有特定中国内涵的“行政人”的角色，行政人的基本特点是通过来自上级的命令信号确立其行为的合法性基础。当中国步入改革时代以后，一个重大的变化就是所有单位都被纳入市场化的洪流之中，这自然促发了单位“经济人”特征的显露。参见刘建军：《单位中国——社会调控体系重构中的个人、组织与国家》，415 页以上，天津，天津人民出版社，2000。

② 我国学者对经济人的特征作了描述，认为经济人包含着三个基本命题：一是自利，亦即追求自身利益是经济人的经济行为的根本动机。二是理性行为，经济人是理性的，他能根据市场情况、自身处境和自身利益之所在作出判断，并使自己的经济行为适应于从经济中学到的东西，从而使所追求的利益尽可能最大化。三是只要有良好的法律和制度的体认，经济人追求个人利益最大化的自由行动会无意识地、卓有成效地促进社会的公共利益。参见杨春学：《经济人与社会秩序分析》，11～12 页，上海，上海三联书店、上海人民出版社，1998。

(the fiction theory)[①]，即将法人比拟为自然人，从而获得了自然人的某些法律上的能力。在罗马法中，法人有权利能力而无行为能力。法人的权利能力是指在完成其目的事业的范围内具有享受权利负担义务的能力。由于法人无行为能力，因而必然得出结论：法人不能犯罪。这种法人拟制说，体现出罗马法中自然人独立的观念，实际上并没有从法律上真正承认法人的独立地位。当然，我们也应当客观地看到，法人拟制说毕竟赋予了法人以权利能力，从而为法人参与经济活动提供了法律根据，这也为此后法人的发展奠定了基础。在相当长的时间里，法人拟制说成为一种禁锢，为法人犯罪化设置了理论上的障碍，尤其在大陆法系国家，这种影响更大。及至 19 世纪，萨维尼根据当时个人主义社会的背景，对法人拟制说作了进一步的阐述，认为法人团体之所以是拟制的权利义务主体而非实在的主体，原因在于它具有自然人个体的某些特征。[②] 法人拟制说虽然是关于法人性质的一种理论说明，但它反映了这种理论所依存的社会现实。

随着法人社会的到来，法人拟制说所确认的法人性质不能适应社会需要。在这种情况下，法人拟制说衰落，法人实在说（the realist theory）崛起。[③] 根据法人实在说，法人与自然人一样，属于现实的社会实在，法人机构及其代表人以法人名义实施的行为应视同法人的直接行为。这样，法人不仅具有权力能力，而且具有行为能力，由此直接引导出法人可以成为犯罪主体的结论。显然，法人实在说不像

---

① 法人拟制说，由罗马教皇英诺肯季四世首创于 14 世纪。英诺肯季四世在解释教会团体的性质时明确指出：法人的人格是基于法之拟制，法人纯为观念的存在。参见李宜琛：《日耳曼法》，29 页，上海，商务印书馆，1922。

② 我国学者谢勇对萨维尼的法人拟制说与罗马法中的法人拟制说做了比较，认为生活在 19 世纪的萨维尼所要代表的不再是上帝的统一意志，而是新生的民族国家的统一意志。民族国家也跟教廷一样，不允许在个人与国家之间再投入任何一种可能会损害国家权威的团体权力。无论这种团体权力是什么，无论它是宗教的还是世俗的，都不允许它代替国家控制个人，不允许它把公民锁入团体之内变成“私民”。参见谢勇：《法人犯罪学——现代企业制度下的经济犯罪和超经济犯罪》，85 页，长沙，湖南出版社，1995。

③ 在法人实在说中，因对社会实在的理解不同，细分为三种见解：(1) 有机体说，为德国日耳曼法学家吉克尔所倡导；(2) 组织体说，为法国学者米休、撒莱等人提出；(3) 作用说，为日本学者我妻荣所主张。参见朱慈蕴：《法人人格否认法理研究》，24 页以下，北京，法律出版社，1998。

法人拟制说那样，把法人视为一种法律的虚构，而是一种现实的存在物，这种存在物在吉克尔那里被认为是“有机体”[①]。在有机体这一概念中，同样也具有拟人性，并且是和当时在欧洲大陆流行的社会有机体论存在理论上的渊源关系。[②] 法人实在说为追究法人的刑事责任提供了理论根据，因而被刑法理论广泛认同，其中日本学者坂仓宏的企业组织体责任说，进一步将法人与法人成员加以区分，确定了追究法人组织刑事责任的根据。[③] 我认为，法人实在说与法人拟制说相比，在法人性质的认识上有所深化与拓展。当然，法人实在说在关于法人整体与法人成员之间关系的界定上也并非无懈可击。按照法人实在说，将法人成员的行为都视为法人行为，两者之间具有从属关系，这在两者利益一致的情况下是可以成立的，当两者利益相悖时，如何理解这里的从属关系？而且，如果把法人成员的行为都视

---

① 德国学者吉克尔在《德意志合作社法》一书中，宣称要以德意志合作社法的团体本位精神来弥补罗马法的个人本位观念之不足，指出：存在于社会的人类的结合体，在各个所结合形成的整体中，存在着内在的统一性。所谓统一性，一方面是指与构成整体的各个个人的多数性相分离，而保持其单一性；另一方面它又必须以其多数性为基础，依赖于内在的多数性而存在。这种统一体由于实际存在于人类结合的内部而具有统一体固有的生命，它与自然的有机个人一样，以个人为其组成部分而形成社会的有机体。参见何秉松主编：《法人犯罪与刑事责任》，487页，北京，中国法制出版社，1991。

② 英国学者斯宾塞是社会有机体论的倡导者，斯宾塞指出：我们通常把一个国家比作一个活的有机体。我们谈到“政治体”，谈到它各部分的功能、它的成长和它的疾病，似乎它是一个人，但是我们通常使用这些表述方式作为比喻，很少想到这种类似有多么接近，可以贯彻到什么程度。然而，一个社会与一个个别人一样，是完全按照相同的体系组织起来的，以致我们可以感到他们之间有着超过类似的某种东西。参见［英］赫伯特·斯宾塞：《社会静力学》，张雄武译，257页，北京，商务印书馆，1996。

③ 坂仓宏认为，法人是超越于各个法人成员而实际存在于社会的企业组织体。它不仅具有通过法人机关形成的组织体意思，而且组织体的任何成员的行为，只要有业务关联性，只要是作为组织体活动的一环来进行的，都应当是企业组织体的行为即法人行为。因此，不应当把它们视为分散的个人行为，更不应把它们与组织体的行为加以割裂，而应当把它们整体性地作为法人统一体的行为来把握。这样才能清楚地看到法人的责任。法人自身是承受刑事责任非难的主体，是刑法上可罚的违法行为的主体，只有如此确立的法人的犯罪能力和法人犯罪的主体性，才有实际意义。参见何秉松主编：《法人犯罪与刑事责任》，94～95页，北京，中国法制出版社，1991。

为是法人行为，那么对法人成员的处罚根据何在？[①] 这些问题都有待解决。

美国学者科尔曼对现代法人团体的本质从社会学视角进行了深入研究，认为法人概念的本质在于：存在着一组独立的权利和义务以及一组资源和利益，既不能将其分配给单个的自然人，也不能在一批人中间进行分配。法人行动者的这些特征对于社会组织的活动至关重要，当法律系统已确认这些特征之后，它们对于社会组织理论中提出法人行动者这一概念具有决定性作用。[②] 在此，科尔曼提出了法人行动者这个概念，尤其是在单一法人（由一个人组成的法人实体）的情况下，法人作为行动者与自然人作为行动者，它们之间仍然存在区分。科尔曼关于法人团体的本质的观点在一定程度上超越了法人拟制说与法人实在说。[③] 换言之，其在某种意义上将法人拟制说与法人实在说统一起来。因为法人拟制说只是在权利能力上赋予法人以独立地位，将法人成员的活动与法人相分离。在这种情形下的法人，是没有独立人格的；而法人实在说则将法人视为有机体，甚至是一个“全人”(Gesamtperson)。法人在法律上和在实际社会生活中都是一个独成系统的意志——行为单元。这样，法人实在说强调了法人的自在独立性，但却把法人成员看作是法人团体的附属物，忽视了法人成员对于法人行动的重要意义。科尔曼则将法人团体与法人成员作为两个行动者加以讨论：一方面将法人视为一个由职位（而不是个人）组成的行动系统，因而法人团体是法律上拟制的人，只有权利能力而无行为能力；另一方面将法人成员视为法人的代理人，法人对其权利

① 我国学者谢勇对法人实在说的缺陷作了分析，认为法人实在说由于要论证法人团体作为一个独立的责任主体不是法律上的虚拟，而是现实中的实在，因而实在说不得不偏重于强调作为法人成员的自然人对于法人团体的从属关系。这种从属关系就是指整体与部分的关系，法人团体与作为其成员的自然人各自拥有自己的利益，当两种利益趋近甚至完全重合时，整体与部分的关系成立，法人团体可以作为一个包含了多样性的实在的单一体存在；然而，一旦两种利益趋于分离甚至根本对立，则整体与部分的关系实际上不复存在，法人团体作为一个复合的意志——行为系统也名存实亡。参见谢勇：《法人犯罪学——现代企业制度下的经济犯罪和超经济犯罪》，94 页，长沙，湖南出版社，1995。

② 参见［美］科尔曼：《社会理论的基础》（中），邓方译，593～594 页，北京，社会科学文献出版社，1992。

③ 我国学者谢勇对科尔曼如何超越法人拟制说与法人实在说作过精辟的论述。参见谢勇：《法人犯罪学——现代企业制度下的经济犯罪和超经济犯罪》，95 页以下，长沙，湖南出版社，1995。

的行使或对义务的履行必须通过代理人的行为。在这个意义上，法人成员作为自然人的变动并不影响法人行动的一致性，从而使法人具有实在性。[①] 应当说，科尔曼关于法人本质的陈述，更符合现代社会中的法人团体，例如股份有限公司等。在这种股份有限公司中，股东作为出资人是可以进出变动的，因此不能把公司视为是股东的结合体，而只能视为是一种资本的结合体。公司管理人作为公司代理人，他们在职责范围内从事活动，并将其职务行为视为公司行为。我认为，科尔曼对法人团体本质的这种描述，对于我们认识现代企业制度下的法人犯罪更具有指导意义。

我国刑法学界关于法人犯罪，曾经引发了一场声势颇为浩大的争论，形成了对法人犯罪肯定说和否定说两种截然对立的观点。[②] 法人犯罪争论的主要观点集中在以下三个问题上：（1）法人有无行为能力？否定说认为，法人本身是没有意识和意志的，法人仅仅是一种法律上人格化的组织，法人的一切活动都受法人组织中的成员的控制。肯定说则认为，法人是有意识和有意志的，法人的决策机构是法人产生意识、表示意志的中枢神经，法人决策机构作出的一切决定，都是法人的意志。在这一问题上，主要是法人拟制说与法人实在说之争。我认为，法人是社会属性与自然属性的统一：法人具有独立的意志，法定代表的行为在符合法人的意志时，就是法人的行为，由此引起的后果应由法人承担。同时，法人的意志又是通过其法定代表人来实现的，离开了法定代表人的行为，法人只不过是一具法律僵尸而已。由此可见，法人是具有行为能力的，否定说不能成立。（2）法人成员的行为是否是越权行为？否定说虽然承认法人成员有可能实施犯罪，但又

① 我国学者谢勇对科尔曼关于法人本质的论证逻辑作了如下描述：正是为了确立法人团体的实在地位，为了使我们对法人实在性的确信不致因自然人在其间自由进出而受动摇，所以我们才有必要把法人团体视作职位的结合而非人的结合，才有必要在法律上将法人团体视为拟制的自然人。在这里，原本势不两立的法人实在论和法人拟制论，竟出乎意料地相互部分融合于同一个条件陈述之中。参见谢勇：《法人犯罪学——现代企业制度下的经济犯罪和超经济犯罪》，97页，长沙，湖南出版社，1995。

② 关于这些争论的观点综述材料，可参见高铭暄主编：《新中国刑法学研究综述（1949—1985)》，郑州，河南人民出版社，1986；高铭暄主编：《新中国刑法科学简史》，北京，中国人民公安大学出版社，1993；等等。

把这种犯罪视为是法人成员的越权行为，是以法人为名义的犯罪而非法人犯罪，因此应当追究法人成员的刑事责任而非法人的刑事责任。这里关系到法人团体与法人成员之间的关系。关于这种关系，法人拟制说与法人实在说存在完全不同的认识：按照法人拟制说，这是一种代理关系；而按照法人实在说，这是一种代表关系。[①] 由于是代理关系，当然存在越权之说，因而否定说实际上还是从法人拟制说中引申出来的；而代表关系，则可以将法人成员的行为完全归之于法人团体。我认为，法人成员的行为在何种意义上归属于法人团体，不能用代理关系与代表关系这样一对简单的概念加以界定。法人成员的行为只要是为法人利益实施的职务行为，均应视为法人行为；只有并非为法人利益而是为其个人谋取私利的行为，才视为法人成员的个人行为。这种行为，即使以法人名义实施，也不得视为法人犯罪。(3) 法人承担刑事责任是否违反罪责自负原则？否定说认为，所谓法人犯罪是法人内部成员操纵的结果，理应追究操纵者的刑事责任。若处罚法人，无异于让全体法人成员分担罪责，因而株连无辜。而肯定说则将法人视为一种整体，在法人犯罪的情况下由法人与法人成员共同承担刑事责任，并不存在违反罪责自负原则的问题。这里争论的焦点仍然是如何看待法人团体与法人成员的关系问题。我认为，法人作为一个独立实体，具有其利益追求与行动目的，法人成员在这一范围之内的活动应视为法人行为，因而对法人犯罪追究刑事责任是理所当然的，符合刑法原理。在关于法人犯罪的争论中，我国学者也提出了颇具说服力的人格化社会系统责任论，认为法人是人格化的社会系统，法人的刑事责任就是人格化社会系统的刑事责任。[②] 我国关于法人犯罪的否定说与肯定说之争，

---

① 公司作为一个不同于自然人的主体，无论持法人实在说还是法人拟制说，都认为公司之权利享受与义务履行必须由特定机关来实现，而公司机关在实现公司目的时，仍要依赖于自然人，这几乎是共识。但因对法人本质持不同观点，又有代表说和代理说之分。代表说是基于法人实在说理论，认为公司机关是作为公司的代表人来行为的，因而公司机关与公司不是两个主体，而是同一人格，所以其行为当属公司法人自身的行为，其行为的后果当归属于公司。代理说则是站在法人拟制说的立场上，认为公司的董事执行公司职务是以公司代理人的身份出现，当然代理人与公司是不同的主体，但结果仍然是代理人的行为后果归属于公司。参见朱慈蕴：《公司法人人格否认法理研究》，45页，北京，法律出版社，1998。

② 我国学者何秉松教授主倡人格化社会系统责任论，其基本观点的陈述，参见何秉松主编：《法人犯罪与刑事责任》，485页以下，北京，中国法制出版社，1991。

以立法上确认法人犯罪而告平息。尽管立法规定并非评价理论正确与否的标准，但在立法上对于法人犯罪的确认，表明法人犯罪肯定说更接近于立法实际。

二

法人犯罪作为一种特殊的犯罪形态，具有不同于自然人犯罪的特征。

（一）法人犯罪的主体特征

法人犯罪的主体是法人，这似乎是不言而喻的，但对法人的理解上，不能采取民法上的法人概念，除法人以外，还包括各种非法人团体。从法人犯罪的主体范围来看，是相当广泛的，《法国刑法典》规定除国家以外[①]的公法法人与私法法人都包括在内。[②] 我国刑法规定的法人犯罪主体，如前所述称为单位，也是为了在更广泛意义上包括各种组织体。根据我国刑法规定，单位是指公司、企业、事业单位、机关和团体，其中，公司、企业可以说是私法人，事业单位、机关和团体可以说是公法人。

我国在所有制上存在公有制与私有制之分，因而公司、企业作为法人犯罪的主体，是否包括私营的公司、企业，在刑法理论上存在肯定说与否定说的争论。[③] 在我看来，这是一个极其中国化的论题，只有在公有制与私有制长期对峙的特定语

① 《法国刑法典》排除国家的刑事责任，至于地方行政部门与它们的团体（地区、省、市镇行政区），则不能完全排除在法律的适用范围之外。但是，对这些地方行政部门，只有在公共服务方面可以进行委托授权的协议有关的活动中，才可能被追究刑事责任。也就是说，只有在地方行政部门可以委托其他人（公法上的人或私法的人）负责任完成的活动中，才会引起刑事责任。参见［法］卡斯东·斯特法尼等：《法国刑法总论精义》，罗结珍译，293～294页，北京，中国政法大学出版社，1998。

② 这里的公法法人，除法律保留性质的规定之外，无论它们的法律结构如何，是股份有限公司、混合经济公司，还是公共机构，都在法律所指范围之内。至于私法法人，不论其是否以营利为目的，也都属于法律规定的适用范围。因此，协会，不论其是否以营利为目的，以及工会、有代表性的人员机构、所有的“人合商事公司”与“资合商事公司”当然毫无例外；“共同经济利益组合”与“民事公司”（民事合伙），不论其是资合性质的民事公司，还是职业性质的民事公司或“不动产事务民事公司”，都是这些法律规定的适用范围。参见［法］卡斯东·斯特法尼：《法国刑法总论精义》，罗结珍译，294页，北京，中国政法大学出版社，1998。

③ 参见陈兴良：《刑法适用总论》，上卷，593页以下，北京，法律出版社，1999。

境中才会产生。这一争论的背后是公私是否平等的问题，以及对法人本质的认识问题。由于市场经济的发展，公私平等这个问题在宪法上已经得到解决，因而不能再以此为理由否认私有制企业可以成为法人犯罪的主体。① 值得注意的是，我国学者还将私有制企业区分为两种类型：一类是由企业投资者承担无限责任的独资企业和合伙企业；另一类是由企业承担有限责任的有限责任公司。在此基础上得出结论：前者不能成为法人犯罪的主体，后者可以成为法人犯罪的主体。② 我认为，企业的有限责任与无限责任在民商法上是存在明显区分的，这种区分是否足以影响刑法上之法人犯罪的成立，是一个值得研究的问题。否认无限责任的企业可以成为法人犯罪主体，其主要理由在于：在这种情况下，法人的人格与自然人的人格是同一的，因此，法人犯罪实际上意味着自然人犯罪，应以自然人犯罪论处。在我看来，无论是有限责任的企业还是无限责任的企业，企业作为一个主体是客观存在着的。尽管在无限责任的情况下，企业的财产与自然人的财产不可分离，但企业与自然人毕竟是两个主体。否则成立企业也就没有任何法律意义。在这种无限责任的企业实施犯罪的情况下，我个人以为，仍应成立法人犯罪。更何况，在这种无限责任的企业中完全可能出现股东与经理分立的情况，如果经理为本企业利益实施犯罪，对此只能按照法人犯罪追究经理的刑事责任，同时对企业予以处罚。在这种情况下，如果对经理按照自然人犯罪追究刑事责任而不处罚企业，

---

① 我国学者指出：这两类企业在是否完全由自己承担法律责任的要求上是不同的。有限责任公司类型的私营企业是能够由自己承担有限法律责任的，其投资人无须为公司承担无限责任。它能够成为单位犯罪主体。而独资企业与合伙企业类型的私营企业不能够由企业承担有限法律责任，而必须由其投资者承担无限法律责任，它不能成为单位犯罪主体。参见阮方民：《论单位犯罪的概念与构成》，载《刑法论丛》，第3卷，58页，北京，法律出版社，1999。

② 司法解释已经确认私有制企业可以成为法人犯罪主体。1999年6月18日最高人民法院《关于审理单位犯罪案件具体应用法律有关问题的解释》第1条规定：《刑法》第30条规定的“公司、企业、事业单位”，既包括国有、集体所有的公司、企业、事业单位，也包括依法设立的合资经营、合作经营企业和具有法人资格的独资、私营等公司、企业、事业单位。参见中华人民共和国最高人民法院刑事审判第一庭编：《刑事审判参考》，总第3辑，77页，北京，法律出版社，1999。

显然不妥。此外，在一人公司[①]的情况下，由于承担有限责任，法人人格与自然人人格是分离的。在这种情况下，一人公司可以成为法人犯罪主体，自不待言。

在法人犯罪主体中，还有一个法人的组成部分是否可以单独成为法人犯罪主体的问题同样值得研究。法人的组成部分也可以称为法人的附属机构，又可以分为两种情形：一是法人的分支机构，二是法人的职能部门。我国刑法学界存在一种观点，认为前者可以成为法人犯罪主体，后者不能成为法人犯罪主体。[②] 法人的分支机构是法人在某一区域设置的完成法人部分职能的业务活动机构。在民法上，法人分支机构不是法定民事主体而是具体民事主体，能够成为其所参与的民事法律关系的当事人。[③] 因此，在刑法上成为法人犯罪主体，亦无问题。法人的职能部门是指法人内部的科室、车间等，相对于法人的分支机构，它对于法人具有更大的附属性。在一般情况下，法人的这些职能部门是不能以法人名义或者自己名义对外从事活动的，但在现实生活中，应然与实然往往存在一定的分离，法人职能部门单独对外从事活动也是十分常见的，在这种活动中，民事责任应由法人承担是没有问题的，一如法人的分支机构。那么，刑事责任呢？我认为，无论由法人还是由自然人承担均不妥，将法人的职能部门作为法人犯罪的主体，分别追究单位与自然人的刑事责任是合乎情理与法理的。

（二）法人犯罪的主观特征

法人是超个人的社会人格化的主体，法人具有其独立的认识能力和意志能

---

① 一人公司（one-man company or one-member company），顾名思义，系指股东（自然人或法人）仅为一人，并由该股东持有公司的全部出资或所有股份的有限公司（包括有限责任公司和股份有限公司）。参见朱慈蕴：《公司法人人格否认法理研究》，184 页，北京，法律出版社，1998。

② 我国学者指出，企业法人的分支机构虽然隶属于法人，但它有固定的名称、场所、设施、机构、资金和从业人员，并经所在地注册登记，可以直接经营活动，所以企业法人的分支机构属于法人犯罪的主体。但是，企业法人下属的职能部门与企业法人的分支机构不同，它不具有独立的人格，所从事的一切活动均受命于法人，因此不是法人犯罪的主体。参见李僚义、李恩民：《中国法人犯罪的罪与罚》，74 页，北京，中国检察出版社，1996。应该指出，法人的分支机构不限于企业法人，机关、团体、事业单位同样存在，因此有一个是否可以成为法人犯罪主体的问题。

③ 法人分支机构与法人作为民事法律关系当事人不同的是，法人分支机构取得的权利和承受的义务最终要归于其所属的法人，尤其是当分支机构无力履行或清偿其债务时，其所属法人当然要对其负责。参见江平主编：《法人制度论》，108 页，北京，中国政法大学出版社，1994。

力，尽管这种认识与意志的实现有赖于法人内部的自然人，但我们仍然可以将法人的认识与意志和自然人的认识与意志相区分，这种区分是建立在法人的人格之上的，因此不能否认法人的认识能力和意志能力。① 在这个意义上，法人完全具备犯罪的主观特征。

在法人犯罪的主观特征中，存在一个重大的理论问题，就是法人犯罪的罪过形式，即法人犯罪只能由故意构成，还是既可以是故意也可以是过失？对此，我国刑法学界一般认为法人犯罪可以分为法人故意犯罪与法人过失犯罪②，并且在立法上也确认了法人过失犯罪。③ 法人犯罪可以由故意构成是没有问题的，那么能否由过失构成呢？在民法上，法人故意行为与法人过失行为都是可以成立的。法人过失行为，例如法人决策失误与管理不善造成经济损失等。那么，在刑法上是否存在法人过失犯罪呢？在我看来，过失能否成为法人犯罪的罪过形式，关键

① 关于法人的犯罪意思与自然人的犯罪意思之关系，美国传统上采上级责任原理和同一化原理，即首先确定法人中的特定的自然人的行为和意思，然后考虑将此行为和意思视为法人自身的行为和意思并以此为基础追究法人的刑事责任，即让法人对其成员的犯罪负替代责任。现在，对于如何判断法人自身的意思，美国学者提出了以下三种见解：（1）法人反应责任论（reactive corporate fault），认为法人的明示或暗示的政策可以表示法人的意思乃至犯罪意图。因此，由法人组织的政策所体现出来的犯罪意思就是法人的策略性的犯罪意思。它是不能被还原为法人董事会成员、管理人员及一般从业人员的个人意志行为和表示法人自身精神状态的东西的。（2）法人文化论（corporate ethos theory），认为在能够确认法人中存在促进法人成员的犯罪行为的法人文化时，便可认定法人的犯罪意图。（3）构成的法人责任论（constructive corporate culpability），认为法人的刑事责任，只有在法人的构成的违法行为，并且同该违法行为相对应的法人的构成的犯罪意图同时存在的情况下，才能认定。我国学者指出，上述见解虽然尚有这样或那样的欠缺，但它们所提出的基本观念不仅可以消除上级责任原理和同一化原理所具有的不当地扩大或缩小法人刑事责任范围的弊端，更重要的是，它还可以使对法人刑事责任的追究也同近代刑法中所强调的自己责任（而不是替代责任）的基本理念相一致。参见黎宏：《美国近年来的法人刑事责任理论述评》，载《法商研究》，1999（1），88页以下。

② 我国学者指出：法人代表、主管人员、直接责任人员和其他法人成员，在法人意志支配下，以法人名义和为了法人利益，故意实施犯罪行为，是法人故意犯罪。法人在业务活动中，其代表人、主管人员、直接责任人员和其他法人成员，违反法律对法人的规定或不履行法人应尽的义务，过失造成危害社会的结果的，是法人过失犯罪。参见何秉松主编：《刑法教科书》（据1997年刑法修订），272、274页，北京，中国法制出版社，1997。

③ 我国《刑法》第137条规定的工程重大安全事故罪，主体为建设单位、设计单位、施工单位、工程监理单位，主观罪过为过失，是典型的单位过失犯罪。参见周道鸾、张军主编：《刑法罪名精释》，143页以下，北京，人民法院出版社，1998。

在于过失行为是否可以由刑法评价为法人行为并由法人承担刑事责任。在法人犯罪中，其行为都是由自然人实施的，之所以能够将这种自然人的行为归咎于法人，主要是因为这种行为是为法人牟取利益并且以法人名义实施的。在这种情况下，个人行为才能在刑法上被评价为法人行为。在过失的情况下，过失行为一般都具有个人行为的特征，难以转化为法人行为。过失除普通过失以外，主要是职务过失与业务过失。法人构成的过失犯罪，应该是职务过失犯罪与业务过失犯罪。那么，在这种职务过失或者业务过失的场合，能否将责任转嫁给法人呢？我的回答是否定的。法人的决策失误与管理不善造成的损害结果，我认为应由自然人承担。在这种情况下，不仅国家要追究责任人员的刑事责任，法人组织也要追究其行政责任，因而一般不能把法人作为这种过失犯罪的主体。当然在个别情况下，法人过失侵害社会利益，例如重大环境污染，造成人身和财产损失的，可以认定为法人犯罪。[①]

（三）法人犯罪的客观特征

法人犯罪的范围，以法律有明文规定者为限。[②] 因此，这种犯罪的客观要件应以刑法规定为根据加以认定，对此并无疑问。法人犯罪的客观特征在于：除法人中直接负责的主管人员和直接责任人员实施刑法分则所规定的某一犯罪行为以外，还要求具有表明该行为系法人行为的特定客观要件，这就是法人犯罪行为必须是集体研究决定或者负责人员决定实施。

法人是一个有机的社会组织体，具有其组织机构。这种法人的组织机构是法人组织机能的外部表现，是法人组织机能的组织形式。[③] 法人犯罪正是通过法人组织机构作出决策并付诸实施的，这种决策表现为以下两种形式。

---

① 关于法人过失犯罪能否成立，我过去持否定的观点。参见陈兴良：《刑法适用总论》，上卷，605页，北京，法律出版社，1999。现思虑再三，觉得断然否认法人过失犯罪不妥，故而承认在个别情况下法人过失可以构成犯罪。当然，须有法律明文规定。

② 在刑法没有明文规定为法人犯罪的情况下，能否追究自然人的刑事责任，存在争论。我认为，对法人成员追究刑事责任是以法人构成犯罪为前提的，在刑法未将法人行为规定为犯罪的情况下，不宜追究法人成员的刑事责任。

③ 我国学者指出：法人的组织机构是法人生命机制的基本框架，法人组织各个机能的内部循环，以及法人对外的各种联系，都是靠其组织机构的活动实现的。参见江平主编：《法人制度论》，291页，北京，中国政法大学出版社，1994。

1. 法人决策机构决定

决策机构是法人的最高权力机构，其基本职能是行使决策权。法人决策机构一般采取集体决策，即集体研究决定。法人决策机构经集体研究决定实施犯罪，这一犯罪行为应视为法人犯罪行为。

2. 法人负责人员决定

法人负责人员是根据法律或者法人章程规定，有权对法人事务作出决定的人员。法人负责人员决定实施犯罪，这一犯罪行为之所以能够归之于法人，就是因为这种行为是以法人名义实施，并且是为法人牟取非法利益。如果法人负责人员个人作出决定实施某一犯罪行为，但并非为法人牟取非法利益，而是为个人谋取非法利益，在这种情况下，就不能认为是法人犯罪而仍然视为法人负责人员的个人犯罪。

三

法人犯罪如何处罚，是法人犯罪中的一个重要问题。

（一）法人犯罪的处罚根据

关于法人犯罪的处罚根据，涉及的法理问题是，在法人犯罪的情况下对法人予以处罚，这里的处罚是指罚金，是否会株连所有法人成员？关于这个问题，我认为可以援引公司法上的人格否认法理作为根据。在公司法上，公司与股东是分离的，公司具有独立人格，由此形成公司法人人格制度。[①] 然而，当出现滥用公司法人人格但又不必要全面否定公司法人人格的场合时，在公司法上创制了一种保持公司法人人格制度的本质而又突破该制度限制的措施——公司法人人格否认，即在承认公司具有法人人格的前提下，对特定法律关系中的公司人格及股东

① 公司的独立人格与股东的有限责任原则是公司人格制度最基本的特征。因为公司作为法人，其独立人格不仅表现为公司人格与组成公司的成员人格相互独立，而且表现为公司财产与公司成员财产相分离，由此形成归公司独立拥有和支配的财产。与此同时，公司成员（股东）放弃对其出资的直接支配权，换取仅以其出资对公司负责的有限责任特权。这就是公司的法人人格性质和股东的有限责任原则。参见周友苏：《公司法律制度研究》，128 页，成都，四川人民出版社，1991。

有限责任加以否认，直接追索公司背后成员的责任，以规制滥用公司人格及股东有限责任的行为。[①] 由此可见，法人的人格独立性是有限的，当这种法人人格被滥用时，就应当予以否认，因法人的犯罪行为同样可以被视为是法人人格的一种滥用。因此，不仅要追究法人中责任人员的刑事责任，而且还要追究法人的刑事责任。这种对法人刑事责任的追究，实际上就是对法人人格的一种否认，因而必然使处罚效果及于法人的利益相关者，包括股东等。这种对法人处罚并不是一种株连，而是刑罚对法人处罚的特殊效应。

（二）法人犯罪的处罚原则

关于法人犯罪的处罚，在刑法理论上存在单罚制与双罚制之分。单罚制，又称代罚制或者转嫁制[②]，指在法人犯罪中只处罚法人成员或者只处罚法人本身。总之，在法人与个人之间只处罚其中之一。在单罚制中，根据受处罚的是法人还是个人，又可以分为单罚法人制与单罚个人制。双罚制，又称两罚制，指在法人犯罪中，既处罚法人又处罚个人。我认为，对法人犯罪应当采用双罚制。[③] 因为法人是一个具有整体性和组织性的主体，所以它应当对其意志支配下的犯罪活动承担刑事责任，而不能将这种刑事责任推卸或者转嫁给他人。因此，作为刑事责任必然后果的刑罚，也就应当加诸法人本身。与此同时，法人毕竟是自然人的组合体，自然人是法人存在的基础，因而，既然我们把作为自然人的直接负责的主

① 公司法人人格否认（disregard of corporate personality），又称“刺破公司面纱”（piercing the corporation's veil）或“揭开公司面纱”（lifting the veil of the corporation），指为阻止公司独立人格的滥用和保护公司债权人利益及社会公共利益，就具体法律关系中的特定事实，否认公司与其背后的股东各自独立的人格及股东的有限责任，责令公司的股东（包括自然人股东和法人股东）对公司债权人或公共利益负直接责任，以实现公平、正义目标之要求而设置的一种法律措施。参见朱慈蕴：《公司法人人格否认法理研究》，75页，北京，法律出版社，1998。

② 我国学者认为，在法人犯罪中，使用“代罚”或“转嫁”这两个用语来说明法人或法人成员的刑事责任是不正确的。这里不存在任何替代他人受罚或把刑罚转移到他人身上的情况。因此，应取消这两个概念，一律称之为单罚制。参见何秉松主编：《法人犯罪与刑事责任》，488～489页，北京，中国法制出版社，1991。

③ 我国刑法对法人犯罪采用以双罚制为主、以单罚制为辅的原则。单罚制的法人犯罪大多是法人过失犯罪，非科学意义上的法人犯罪。由此可见，我国刑法对法人犯罪单罚制之采用，与未能正确地界定法人犯罪的范围有关。参见陈兴良：《刑法适用总论》，上卷，625页，北京，法律出版社，1999。

管人员和直接责任人员的行为认定为法人的整体行为，把他们的决定视为法人意志的表现，并且这些人也是有权代表法人作出各种决定并实施犯罪行为者，那么，他们就应该对由自己决定实施的法人的犯罪活动承担刑事责任，而不能将这种刑事责任全部推脱或转嫁到法人身上。因此，也就应当对法人犯罪活动负有责任的人员进行处罚，这实际上还是由自然人承担法人犯罪的刑事责任，处罚的主体还是一个，即法人，只不过刑事责任的承担者有别罢了。由此可见，双罚制不是对两个主体，而是对一个主体即法人的整体处罚，是同一刑事责任根据法人成员在犯罪中所处的地位和作用不同而做的不同分担，是对法人的犯罪行为的综合性的处罚。① 因此，对法人犯罪实行双罚制，既处罚法人又处罚法人成员，体现了刑法对法人犯罪的全面的否定评价。

（本文原载《中山大学法律评论》，2000 年第 1 卷，北京，法律出版社，2000）

① 我国学者认为，在双罚制的场合，是两个刑罚主体。参见何秉松主编：《法人犯罪与刑事责任》，488 页，北京，中国法制出版社，1991。我认为，在对法人犯罪实行双罚制的情况下，刑罚主体只有一个，即法人，只是刑事责任在法人与法人成员之间加以分担而已。

单位犯罪：以规范为视野的分析

单位犯罪，在刑法理论上一般称为法人犯罪。我国刑法对单位犯罪的定罪与处罚原则作了规定，从而为司法机关整治单位犯罪提供了此种根据。

一、单位犯罪概述

（一）单位犯罪的概念

单位犯罪是指公司、企业、事业单位、机关、团体为单位谋取非法利益或者以单位名义，经单位集体研究决定或者由负责人员决定，故意或者过失实施的犯罪。

单位犯罪是个人犯罪的对称。个人犯罪，是指以自然人为主体的犯罪。而单位犯罪，是指以单位为主体的犯罪。我国 1979 年刑法没有涉及单位犯罪问题，因为当时在现实生活中还不存在单位犯罪这种社会现象，在以往的计划经济体制下，单位尤其是企业、事业单位没有完全的权利能力和行为能力，缺乏应有的独立性，只不过是行政的附庸。正是由于这种单位与国家在职能与利益上的绝对同一性，单位只是贯彻国家意志的工具，不存在单位犯罪的可能性。在经济体制改革以后，实行市场经济，国家开始简政放权，赋予企业、事业单位更大的自主

权，并使其成为自负盈亏的经济实体，直接面对市场。在这种情况下，企业、事业单位，甚至国家机关以及有关团体也摆脱了以往完全吃大锅饭的状况，实行财政包干。除基本经费由国家下拨以外，往往还需要自筹资金。尤其是本单位工作人员福利待遇的改善，在很大程度上依赖单位的创收。在这种情况下，有些企业、事业单位、机关、团体为追求自身的特殊利益而进行违法犯罪活动。因此，单位犯罪的现象之所以存在，究其实质即在于现阶段社会生活中局部利益之间的冲突，正日益超出原有的个人利益与社会利益直接冲突的模式，而更多地代之以特定团体与社会整体的利益矛盾。在这个意义上说，单位犯罪的大量出现是我国社会利益调整的必然产物。例如，进入 20 世纪 80 年代以后，走私犯罪活动法人化，形成了我国走私活动最突出的特点。所谓走私犯罪活动法人化，是指全民所有制、集体所有制（包括设在境外的中资机构等）的单位走私犯罪活动日益严重。在这种情况下，1987 年颁布的《海关法》首次将单位规定为走私罪的主体。1987 年《海关法》第 47 条第 4 款规定：企业事业单位、国家机关、社会团体犯走私罪的，由司法机关对其主管人员和直接责任人员依法追究刑事责任；对该单位判处罚金，判处没收走私货物、物品、走私运输工具和违法所得。这一规定虽然很快就被 1988 年《关于惩治走私罪的补充规定》取代，但由于它开启了我国刑事立法规定的单位犯罪之先河，因而具有重要意义。此后，随着单位犯罪的蔓延，我国刑事立法中规定的单位犯罪的罪名也急剧增加。根据我国学者的保守统计，在 1997 年刑法修改之前，单行刑法规定的单位犯罪的罪名已达到 49 个之多，几乎占到全部罪名五分之一。因此，在刑法修改中，增加关于单位犯罪的规定已是势所必然。我国 1997 年《刑法》第 30 条规定："公司、企业、事业单位、机关、团体实施的危害社会的行为，法律规定为单位犯罪的，应当负刑事责任。"这一规定虽然不是单位犯罪的概念，但它规定了单位犯罪的定罪原则。由此，在相当短的时间内，我国刑法完成了从个人一元主体到自然人与法人二元主体的刑法嬗变，使我国刑法成为个人与法人刑事责任一体化的刑法。

我国刑法关于单位犯罪定罪原则的规定，确立了法定原则，即只有法律规定为单位犯罪的才能负刑事责任。我国刑法分则中，对于哪些犯罪可以由单位构成

都作了明文规定，对此可以依法予以认定。这里存在一个值得研究的问题：某些犯罪并未被刑法规定为单位犯罪，但在现实生活中存在着因为谋取非法利益，经单位决策机构集体研究或由负责人员决定实施这些犯罪的现象，例如单位实施贷款诈骗罪、盗窃罪等。在这种情况下，由于刑法未规定单位可以构成这些犯罪，当然不能追究单位的刑事责任，但是否可以追究单位中直接负责的主管人员和其他直接责任人员的刑事责任呢？对此，我国刑法理论上存在否定说与肯定说之争。否定说认为，单位中直接负责的主管人员和其他直接责任人员的刑事责任是以单位构成犯罪为前提的。既然单位不构成犯罪，对上述人员也不能追究刑事责任。肯定说则认为，在刑法没有规定单位构成犯罪的情况下，对单位不能追究刑事责任，但这不妨害对单位中直接负责的主管人员和其他直接责任人员以个人犯罪追究刑事责任。对于上述两种观点，我主张否定说，这里主要涉及单位和单位中的直接负责的主管人员与其他直接责任人员之间的关系。我认为，单位犯罪的主体只能是单位，单位中的直接负责的主管人员和其他直接责任人员对于单位的刑事责任具有某种依附性。在单位不构成犯罪的情况下，对单位中直接负责的主管人员和其他直接责任人员以个人犯罪论处，我认为缺乏法理根据。

对此，2001年1月21日《全国法院审理金融犯罪案件工作座谈会纪要》作出规定："根据《刑法》第三十条和第一百九十三条的规定，单位不构成贷款诈骗罪。对于单位实施的贷款诈骗行为，不能以贷款诈骗罪定罪处罚，也不能以贷款诈骗罪追究直接负责的主管人员和其他直接责任人员的刑事责任。但是，在司法实践中，对于单位十分明显地以非法占有为目的，利用签订、履行借款合同诈骗银行或其他金融机构贷款，符合《刑法》第二百二十四条规定的合同诈骗罪构成要件的，应当以合同诈骗罪定罪处罚。"这一规定对于解决上述问题具有一定的参考价值。然而，2002年7月8日最高人民检察院《关于单位有关人员组织实施盗窃行为如何适用法律问题的批复》明确规定："单位有关人员为谋取单位利益组织实施盗窃行为，情节严重的，应当依照《刑法》第二百六十四条的规定以盗窃罪追究直接责任人员的刑事责任。"这一规定与最高人民法院的规定之间存在一定矛盾。从法理上来说，我赞同最高人民法院的规定。对此，由立法机关作

出规定是一种较为妥当的办法。

（二）单位犯罪的性质

法人不能成为犯罪主体，本来是刑法学中的定论。“社团不能犯罪”乃是古罗马法所奉行的一个原则。罗马法对于法人的本质采拟制说，将法人比拟为自然人，从而使其获得了自然人的某些法律上的能力。在罗马法中，法人有权利能力而无行为能力。法人的权利能力是指在完成其目的事业的范围内具有享受权利、负担义务的能力。由于法人无行为能力，因而必然得出结论：法人不能犯罪。这种法人拟制说，体现出罗马法中自然人本位的观念，实际上并没有从法律上真正承认法人的独立地位。当然，我们也应当客观地看到，法人拟制说毕竟赋予法人以权利能力，从而为法人参与社会经济活动提供了法律根据，这也为此后的法人的发展奠定了基础。在相当长的时间里，法人拟制说成为一种禁锢，为法人犯罪化设置了理论上的障碍。

随着近代资本主义的发展，个人主义社会向法人社会演变。在法人社会，法人团体取代个人日益成为社会的基础。在这种情况下，团体主义的法律思想开始流行，法人作为个人之间的联合体，成为联结个人与国家的中介。在经济生活甚至社会生活中，国家面临的不再仅仅是以个体为单位的自然人，而是大量的法人。随着法人社会的到来，法人拟制说所确认的法人性质不能适应社会需要，因而法人拟制说衰落，法人实在说崛起。依据法人实在说，法人与自然人一样，属于现实的社会实体，法人机构及其代表人以法人名义实施的行为应视同法人的直接行为。这样，法人不仅具有权利能力，而且具有行为能力，由此直接引导出法人可以成为犯罪主体的结论。法人实在说为追究法人的刑事责任提供了理论根据，因而被刑法理论广泛认同，其中日本学者板仓宏的企业组织体责任说，进一步将法人与法人成员加以区分，确定了追究法人组织刑事责任的根据。板仓宏认为，法人是超越于各个法人成员而实际存在于社会的企业组织体。它不仅具有通过法人机关形成的组织体意思，而且组织体任何成员的行为，只要有业务相关性，只要是作为组织体活动的一环来进行的，都应当是企业组织体的行为即法人行为。因此，不应当把它们视为分散的个人行为，更不应把它们与组织体的行为

加以割裂，而应当把它们整体性地作为法人统一体的行为来把握。这样才能清楚地看到法人的责任。法人自身是承受刑事责任非难的主体，是刑法上可罚的违法行为的主体，只有如此确立法人的犯罪能力和法人犯罪的主体性，才有实际意义。[①] 随着理论的发展，法人犯罪逐渐立法化。在英美法系国家通过判例和对制定法的解释，确认了法人犯罪的处罚原则。在大陆法系国家则开始在附属刑法中设置了法人犯罪的处罚规定。于1994年生效的《法国刑法典》在总则中明确规定了法人犯罪，使之成为世界上第一部以个人与法人作为双重刑事责任主体的刑法典。

在刑法中确立法人犯罪的情况下，法人犯罪的性质仍然是刑法理论上值得研究的问题。关于这个问题，在刑法理论上存在以下各种学说：(1) 同一理论，认为法人刑事责任的基础，是一定自然人的行为，实际上就是法人的行为。法人刑事责任的范围，限制在那些法人代表人范围内，包括法人的董事会和高级职员。这些人的行为就是法人的行为，这些人为法人而实施犯罪，法人的刑事责任的法律后果也就理所当然地要落到法人头上。因此，同一理论强调，只有那些法人代表人的行为才能为法人带来刑事责任。(2) 归罪理论。这一理论的实质是替代责任，其渊源是17世纪产生的“仆人有过，主人负责”这一民事侵权行为的原则。归罪原则引入刑法领域，最初只是在严格责任犯罪的场合才准许把行为归属于法人，后来才允许将雇员的特定犯意归属于法人。(3) 许可和容认理论，认为法人对犯罪行为的反应是法人承担刑事责任的基础。这种反应分为认可与容许两种方式：认可，通常是指对代理人的行为的事后同意。容许，则是指明知雇员的活动性质类型并默许其继续进行，但并未明确同意。这种理论认为，法人最高管理机构对雇员的犯罪行为作出这种许可或者容许表示，就应当对这一犯罪行为承担刑事责任。(4) 证实理论，认为被视为体现某一机构的人格的某些职务较高人员的意志和行为，就是法人的意志和行为。因此，法人的刑事责任不是替代责任，即不是代替承担由它的成员行为所引起的责任，而是视为法人直接违反了法定义务，亲自在实施犯罪。某人实施的特定行为是应视为法人的行为，还是应视为法

---

① 参见何秉松主编：《法人犯罪与刑事责任》，2版，94～95页，北京，中国法制出版社，2000。

人成员的个人行为，这要在法庭审理中根据证据加以认定。

上述这些学说都对法人犯罪的性质及刑事责任根据作了论证。我认为，在论及法人犯罪性质的时候，首先应当明确法人犯罪与个人犯罪的区分。个人犯罪由于犯罪主体是自然人，而自然人具有刑事责任能力，因而应对本人所实施的犯罪行为承担刑事责任。但法人不同于个人，法人是一个组织体，它通过法人组织中的自然人实施某种行为。这种行为虽然是由自然人实施的，之所以能够视为法人的行为，主要是因为它符合法人意志，因而这种行为的法律后果也应当由法人承担。我认为，法人犯罪具有双层机制：表层是法人代表人的犯罪行为，当这一犯罪行为是由法人作出的决策或者获得法人认可时，就触及了深层的法人的犯罪行为。正是在这个意义上，法人代表人的行为具有双层属性：既作为个人犯罪的行为，又作为法人犯罪的行为。

（三）单位犯罪的类型

我国刑法分则对单位犯罪作了具体规定，根据我国刑法的规定，单位犯罪可以分为以下两种类型。

1. 纯正的单位犯罪

纯正的单位犯罪是指只能由单位构成而不能由个人构成的情形。例如，我国《刑法》第 327 条规定："违反文物保护法规，国有博物馆、图书馆等单位将国家保护的文物藏品出售或者私自送给非国有单位或者个人的，对单位判处罚金，并对其直接负责的主管人员和其他直接责任人员，处三年以下有期徒刑或者拘役。"这是关于非法出售、私赠文物藏品罪的规定，这一犯罪只能由特定的单位构成而不能由个人构成。除此以外，还有单位受贿罪与单位行贿罪，这些犯罪从罪名上就可以看出是纯正的单位犯罪。受贿罪与行贿罪无论个人还是单位都可以构成，但我国刑法考虑到单位受贿与单位行贿的特殊性，设置为独立的罪名，使其成为纯正的单位犯罪。在纯正的单位犯罪中，由于立法者为其设置了独立的犯罪构成，因而更加便利司法机关认定。

2. 不纯正的单位犯罪

不纯正的单位犯罪是指既可以由单位构成又可以由个人构成的情形。绝大多

数单位犯罪都是不纯正的单位犯罪。不纯正的单位犯罪，有些是在本条之后规定，并对单位中的直接负责的主管人员和其他直接责任人员处以与个人相同之刑。例如《刑法》第 187 条第 1 款是关于个人犯用账外客户资金非法拆借、发放贷款罪的规定，第 2 款则规定："单位犯前款罪的，对单位判处罚金，并对其直接负责的主管人员和其他直接责任人员，依照前款的规定处罚。"还有一种情况，也是在本条之后规定不纯正的单位犯罪，但对单位中的直接负责的主管人员和其他直接责任人员处以较个人为轻之刑。例如《刑法》第 191 条是关于个人犯洗钱罪的规定，对个人犯洗钱罪的，刑法规定处 5 年以下有期徒刑或者拘役，并处或者单处洗钱数额 5％以上 20％以下罚金；情节严重的，处 5 年以上 10 年以下有期徒刑，并处洗钱数额 5％以上 20％以下罚金。该条第 2 款则规定："单位犯前款罪的，对单位判处罚金，并对其直接负责的主管人员和其他直接责任人员，处五年以下有期徒刑或者拘役。"除在本条规定不纯正的单位犯罪以外，还有的在本节之末设专条规定了本节的单位犯罪。例如《刑法》第 220 条规定："单位犯本节第二百一十三条至二百一十九条规定之罪的，对单位判处罚金，并对其直接负责的主管人员和其他直接责任人员，依照本节各该条的规定处罚。"在不纯正的单位犯罪中，由于单位与个人共用一个犯罪构成，因而在司法认定中应当加以注意。

二、单位犯罪的定罪

单位犯罪之区别于个人犯罪，不仅仅是一个主体的问题，而且在整个犯罪构成上，都具有不同于个人犯罪的特征，因而单位犯罪是一种特殊的犯罪形态。对单位犯罪的定罪，主要应当从以下三个方面加以认定。

（一）主体

1. 主体的种类

单位犯罪的主体是公司、企业、事业单位、机关、团体。如前所述，单位这个概念比法人更为广泛，除法人以外还包括非法人团体。虽然单位一词在以往我

国社会生活中曾经被广泛使用，甚至是一个使用率极高的法律用语，但严格地说它不是一个法律用语。也就是说，单位一词并无确切的法律含义。根据《刑法》第30条之规定，单位犯罪这一概念中的单位，是指公司、企业、事业单位、机关、团体，这也就是单位犯罪的主体。

（1）公司

公司是指依法定程序设立，以营利为目的的法人组织，它包括股份有限公司和有限责任公司。有限责任公司是指全体股东以各自的出资额为限对公司债务负清偿责任的公司。股份有限公司是指由一定人数的股东发起设立的，全部资本划分为股份，股东以所购的股份承担财产责任的公司。公司是常见的单位犯罪的主体。

（2）企业

企业是指依法成立并具备一定的组织形式，以营利为目的独立从事商品生产经营活动和商业服务的经济组织。企业具有以下特征：1）从企业存在的社会性质来看，企业是独立从事商品生产经营活动和商业服务的经济组织。2）从企业生存和发展的目的来看，企业是营利性的经济组织。所谓营利性是指主体通过自己的活动追求超额利润，它是企业最重要的特征之一。3）从企业存在的法律条件来看，企业必须依法成立且要具备一定的法律形式，这是企业的法律特征。作为单位犯罪主体的企业，也必须具备企业的特征。

（3）事业单位

事业单位是指依照法律或者行政命令成立，从事各种社会公益活动的组织。事业单位可以分两种：1）国家事业单位。这种事业单位依靠国家预算从事活动，领导人有权独立处理经费，能够直接参加与自己业务和权益有关的民事活动，并享有民事权利和承担经济责任。因此，在理论上，这种国家事业单位称为国家事业法人。2）集体事业单位。这种事业单位可以分为两种：一是由劳动群众集体筹资、独立经营、自负盈亏的事业单位。二是由集体企业预算出资，能够独立处理经费，不自负盈亏的事业单位。在理论上，这种集体事业单位又称为集体事业法人。由此可见，事业单位属于法人的范畴，可以成为单位犯罪的主体。

(4) 机关

机关作为单位犯罪的主体有广义和狭义之分。广义地理解，这里的机关包括国家行政机关、立法机关、司法机关、军队、政党等有关机关。狭义地理解，这里的机关主要是指行政机关，一般是地方国家行政机关。根据我国刑法的规定，机关可以成为单位犯罪的主体。

(5) 团体

团体，又称社会团体，是指各种群众团体组织，例如人民群众团体（工会、共青团、妇联等）、社会公益团体、学术研究团体、文化艺术团体、宗教团体等。这些团体的共同特点是：1）在符合我国宪法精神的原则下，为达到一定的目的，由公民或法人自愿结合而成；2）由参加成员出资或以国家资助的办法设立财产和活动基金，这些基金属于社会团体自己所有（除依法规定的特别基金外），并以此担负其债务责任；3）各成员参加本组织事务的管理工作；4）均须制定章程，并经国家主管部门审核批准予以登记后才能进行活动。社会团体因为拥有自己的独立的财产，并且在完成自己任务的过程中，能够享有财产方面的权利能力，所以它们都是法人。因此，团体也可以作为单位犯罪的主体。

2. 主体的认定

刑法虽然对单位犯罪的主体作了明确规定，但在司法实践中如何认定单位犯罪的主体仍然存在一些值得研究的问题。

(1) 私营公司、企业能否成单位犯罪的主体

关于私营公司、企业能否成为单位犯罪的主体，在1997年刑法修订时，我国刑法学界存在两种对立的观点①：一是否定说，认为在我国，个体企业、外商独资企业等，其所有制性质是一样的，都是私人所有。无论何种形式的私营企业，都不可能被视为我国单位犯罪的主体。一旦这些企业有犯罪行为，应追究企业所有者的刑事责任。主要理由在于：1）无论是个体所有制企业还是外商独资企业，企业成立的宗旨和一切企业行为的最终目的，都是为企业所有者营利。因

① 参见娄云生：《法人犯罪》，67页以下，北京，中国政法大学出版社，1996。

此，企业如果实施了犯罪行为，其目的，也必然是为企业所有者牟利。这与“必须是为单位牟利”这一单位犯罪的特征是不相符合的。这同对于国家、集体企业当中的个人，以单位的名义犯罪，个人捞取好处的应按自然人犯罪处理的道理是一样的。总之，私营企业代表的是个人利益，这是使其不能成为单位犯罪主体的关键原因。2）私营企业的一切行为与活动都由个人决定与支配，这与其说是企业行为，还不如说是个人行为。因此，对于私有企业的违法犯罪行为，应视为是个人通过企业实施的，仍然符合自然人犯罪的特征。3）从我国目前的立法现状看，就同等严重程度的犯罪而言，对单位的处罚要比对自然人的处罚轻得多。因此，假如我们对个体或其他私营企业的犯罪按单位犯罪处理，很可能就会造成这样一种结果，即如果某个人以个人名义实施了某种犯罪，那么将要受到刑法规定的某种处罚，但是如果他以自己企业的名义实施了同样的犯罪，他所受到的处罚则要轻得多。这显然是与罪刑均衡原则不相符合的。

二是肯定说，认为所有制形式不能作为单位犯罪主体的标准。个体企业、外资独资企业等私营企业，在我国刑法面前，与其他所有制形式的企业相比较，具有平等主体的资格，因而不存在不能成为单位犯罪主体的问题。主要理由在于：1）目前我国关于单位犯罪的刑事法律规定在涉及单位犯罪主体时，除个别犯罪要求特殊主体以外，所有概念都是“企业事业单位、机关、社会团体”。在这里，对于企业单位，并没有特别限定为全民所有制企业或集体所有制企业。而且到目前为止，法律还没一处明确规定过私营企业不能作为我国单位犯罪的主体。因此，法律未排除私营企业成为单位犯罪主体的可能性。单位犯罪主体不包括私营企业的观点，缺乏法律依据。2）用所有制形式作为认定犯罪主体的标准，不符合法律面前人人平等的基本原则。私营企业与全民所有制企业以及集体所有制企业在民事法律关系当中都是平等的主体，它们不因财产的多少和财产所有权的性质而在民事责任能力上有任何差异，这是我国民事法律所明确规定的。与民事法律同理，私营企业与其他所有制形式的企业在刑事法律面前也应当是平等的，它们一旦被刑法调整的时候，不应因为所有权的性质问题而获得某些特权或受到某种歧视。3）随着私营企业的发展，出现了由多人合股，有相当的资金规模，有

自己的组织机构的比较现代化的私营企业。在这种情况下，有些私营企业犯罪已经超出了个人犯罪的范畴而成为名副其实的实体组织的犯罪。对于这种犯罪，只能按单位犯罪处理才更为客观、科学与实际。4）在新的形势下，继续对企业作全民所有制、劳动群众集体所有制和私人所有制这种简单分类已不甚科学。因此，不能再用所有制标准作为认定单位犯罪的标准。5）认为私营企业不能作为我国单位犯罪的主体，会给司法实践带来诸多不便，而且不利于打击犯罪。

我认为，私营企业在我国有一个发展过程。1987 年刑事立法刚开始确认单位犯罪的时候，私营企业还比较少，私营企业犯罪的情况也比较少。因此，《海关法》规定单位可以成为走私罪的主体，但对直接责任人员和直接负责的主管人员处刑远低于对自然人犯罪的处刑，因此，当时法律将单位限定为全民所有制、集体所有制的企业，而不包括私营企业。并且，1988 年全国人大常委会《关于惩治走私罪的补充规定》还明确规定："企业事业单位、机关、团体走私，违法所得归私人所有的，或者以企业事业单位、机关、团体的名义进行走私，共同分取违法所得，依照本规定对个人犯走私罪的规定处罚。"此后，随着对单位犯罪中的直接责任人员和直接负责的主管人员处以与自然人犯罪相同之刑，再将私营企业排除在单位犯罪主体之外就没有意义了。因此，从单位犯罪立法演变的过程来看，私营企业逐渐被纳入了单位犯罪主体的范围。1999 年 6 月 18 日最高人民法院审判委员会通过了《关于审理单位犯罪案件具体应用法律有关问题的解释》，该解释明确指出："《刑法》第三十条规定的公司、企业、事业单位，既包括国有、集体所有的公司、企业、事业单位，也包括依法设立的合资经营、合作经营企业和具有法人资格的独资、私营等公司、企业、事业单位。"根据这一规定，私营公司、企业、事业单位只要是具有法人资格的，都可以成为单位犯罪的主体。当然，该解释还规定："个人为进行违法犯罪活动而设立的公司、企业、事业单位实施犯罪的，或者公司、企业、事业单位设立后，以实施犯罪为主要活动的，不以单位犯罪论处。"这是一个排除性规定，由于这些公司、企业为实施犯罪而设立或者以实施犯罪为主要活动，因而对其不再以单位犯罪论处。

(2) 国家机关能否成为单位犯罪的主体

在单位犯罪中，国家机关能否成为单位犯罪的主体，也是一个存在较大争议的问题。在刑法修订中，关于国家机关能否成为单位犯罪的主体，存在两种观点[①]：第一种观点为肯定说，该说认为，单位犯罪的主体应当包括国家机关。理由在于：无论从哪种意义上说，单位都包括机关，而且从目前已经审结的单位犯罪案件来看，国家机关参与犯罪的案件屡有发生。第二种观点认为，机关不能成为单位犯罪的主体，因为国家机关代表国家对社会进行管理，经费由国家财政拨款。如果将其作为犯罪主体，无论采取何种刑罚措施，都必将影响其正常职能的发挥，影响其对社会的正常管理。我认为，国家机关作为单位犯罪的主体，确实是我国特有的现象。这主要是因为在以往计划经济体制下，政企不分，国家机关直接介入经济活动的情况较为普遍。在这种情况下，将国家机关作为单位犯罪的主体加以处罚，当然是有意义的。但是，随着经济体制改革的深入发展，政企逐渐分开，国家对经济活动实行宏观调控，不再直接介入经济活动。在这种情况下，国家机关实施的单位犯罪将会随之而减少，乃至于最后消亡。当然，这只是一种发展趋势。至于目前，以国家机关为主体的单位犯罪依然存在，因此在刑法中将国家机关规定为单位犯罪的主体仍是必要的。至于国家机关主要是靠行政经费的拨款维持其运转的，因而将国家机关纳入单位犯罪的主体，对其判处罚金，按照某些学者的说法，是将国家的钱从这个口袋掏到另一个口袋，是国家的自我惩罚。这个问题确实在一定程度上存在。因而在刑法修改中立法机关曾经考虑虽然将国家机关规定为单位犯罪的主体，但又规定对国家机关构成的单位犯罪实行单罚制，即只处罚国家机关中的直接负责的主管人员和直接责任人员而不处罚国家机关。依此，可以免除国家自我惩罚之虞。但考虑到这种规定体现了对国家机关的格外照顾，有悖于法律面前人人平等的原则，尤其是考虑到我国刑法对单位犯罪的罚金刑一般没有规定具体数额，可以根据单位的具体情况适用。因此，立法机关对国家机关构成单位犯罪以及判处罚金的问题，都作出了肯定性的规定。

---

① 参见周道鸾等主编：《刑法的修改与适用》，121～122 页，北京，人民法院出版社，1997。

而且，我注意到在刑法中规定某些单位犯罪的主体只能是公司、企业、事业单位，而将机关排除在外，这种规定有利于单位犯罪主体的更为准确的认定，也说明并非任何单位犯罪都可以由机关构成。

（3）单位的附属机构能否成为单位犯罪的主体

单位犯罪的单位，在一般情况下都是一个独立的实体。例如一个国家机关或者一个企业，因其实施了犯罪行为而构成单位犯罪。那么，单位的附属机构能否成为单位犯罪的主体呢？这里所谓单位的附属机构包括单位的分支机构和内设机构。我认为，企业法人的分支机构是独立的单位，其成为单位犯罪的主体没有疑问。但单位的内设机构能否成为单位犯罪的主体，尚可研究。在一般情况下，单位的内设机构不是独立地进行活动，而是以单位名义进行活动，因而其行为应当视为所在单位的行为。但在当前的社会生活中，单位的内设机构也有独立对外活动的，在这种情况下，如果不将其视为单位犯罪的主体，无论是将其作为所在单位的犯罪还是个人犯罪，都有不妥之处。在这种情况下，我主张单位的内设机构可以成为单位犯罪的主体。对此，2001 年 1 月 21 日《全国法院审理金融犯罪案件工作座谈会纪要》明确规定："以单位的分支机构或者内设机构、部门的名义实施犯罪，违法所得亦归分支机构或者内设机构、部门所有的，应认定为单位犯罪。"根据这一规定，以单位的分支机构、内设机构、部门的名义实施犯罪，但违法所得归个人所有的，则应以个人犯罪论处。

（二）罪过

关于单位犯罪的主观罪过形式，在刑法总则中没有明文规定，因此对此在刑法理论上存在争议。单位犯罪可以由故意构成，这是没有疑问的。关键在于单位犯罪是否可由过失构成，对此存在否定说。从刑法分则关于单位犯罪的具体规定来看，虽然大多数是故意的单位犯罪，但也不可否认存在少数过失的单位犯罪。

1. 故意的单位犯罪

故意的单位犯罪是指主观罪过由故意构成的单位犯罪。单位犯罪的故意具有不同于个人犯罪故意的特征，主要表现为在单位犯罪中，这种犯罪意志是单位的整体意志。正是这种单位的犯罪意志，为故意的单位犯罪承担刑事责任提供了主

观根据。

故意的单位犯罪大多数是经济犯罪，因而往往具有为本单位牟取非法利益的动机。对于这些犯罪来说，是否为本单位牟取非法利益，是单位犯罪的罪与非罪区分的标志。如果单位虽然实施了某一违法行为，但并未为本单位牟取非法利益，就不构成单位犯罪。同时，为本单位牟取非法利益还是单位犯罪与个人犯罪相区分的标志。如果单位内部人员假借单位名义实施犯罪为个人牟取私利，那就不是单位犯罪而只能是单位内部人员的个人犯罪。还有个别故意的单位犯罪，虽然不具有为单位牟取非法利益的动机，但往往也是以单位名义实施。例如《刑法》第 396 条第 1 款“私分国有资产罪”，刑法规定为是单位犯罪，这种犯罪不仅没有为单位牟取利益，而且恰恰是损害单位利益。但这种犯罪之所以是单位犯罪，就是因为它是以单位名义实施的。

2. 过失的单位犯罪

过失的单位犯罪是指主观罪过由过失构成的单位犯罪。过失行为一般来说具有个人性，个人行为往往是职务行为。在一般情况下，我国刑法规定的过失的单位犯罪都只处罚单位中的直接责任人员，而未处罚单位。例如《刑法》第 137 条规定的工程重大安全事故罪，该罪的主体是建设单位、设计单位、施工单位、工程监理单位，但刑法并未规定处罚上述单位，而只是处罚单位的直接责任人员。当然，我国刑法中规定的过失的单位犯罪，也有实行双罚制的。例如《刑法》第 229 条规定了出具证明文件重大失实罪，本罪自然人犯罪的主体是指承担资产评估、验资、验证、会计、审计、法律服务等职责的中介组织中的人员，这些中介组织中的人员出具证明文件重大失实的，单位也构成犯罪，并判处罚金。在这种情况下，单位之所以构成犯罪是因为中介组织对其人员的职务行为具有监督职责。没有履行这种职责的，应构成犯罪。

（三）行为

单位犯罪在客观上必须是经单位决策机构决定或者由负责人员决定实施犯罪。单位犯罪，其犯罪行为本身是由刑法分则规定的，应根据刑法分则条文的规定予以认定。单位犯罪的特点在于：这种犯罪行为是经单位决策机构决定或者负

责人员决定实施的。这是单位犯罪与个人犯罪在客观上的重要区别。由此可见，单位犯罪在客观上具有以下两种情况。

1. 经单位决策机构决定

这里的单位决策机构，是指单位有权作出决定的机构，例如公司的董事会等。董事会是股份有限公司必要的常设机构，它对公司整个生产经营活动和行政管理负责。在其他企业、团体和机关，决策机构决定一般是指有关行政组织的领导人员经过集体研究决定。

2. 经负责人员决定

这里的负责人员一般是指企业的法定代表人或者有关机关、团体的首长与领导，这些人有权就这些单位的事项作出决定，因而其个人决定代表单位。

三、单位犯罪的处罚

（一）单位犯罪处罚的根据

关于单位犯罪的处罚，在刑法理论上存在单罚制与两罚制之分。单罚制，又称代罚制或者转嫁制，指在单位犯罪中只处罚单位中的个人或者只处罚单位本身。总之，在单位与个人之间只处罚其中之一。两罚制，又称双罚制，指在单位犯罪中，既处罚单位，又处罚单位中的个人。在刑法修订以前，1979 年刑法中有单罚制的规定，例如 1979 年《刑法》第 127 条规定："违反商标管理法规，工商企业假冒其他企业已经注册的商标的，对直接责任人员，处三年以下有期徒刑、拘役或者罚金。"这一规定，实际上是对单位犯罪采取单罚制，即只处罚单位中的直接责任人员。由于当时并不承认单位犯罪，因此刑法理论上没有从单位犯罪的角度对此加以理解。1987 年，我国《海关法》首次规定了单位犯罪，并确立了两罚制。1987 年《海关法》第 47 条规定："企业事业单位、国家机关、社会团体犯走私罪的，由司法机关对其主管人员和直接责任人员依法追究刑事责任；对该单位判处罚金，判处没收走私货物、物品、走私运输工具和违法所得。"此后，我国刑事立法对单位犯罪大多规定了两罚制。应该说，单罚制与两罚制相比较，两罚制更为科学。这是因为，单位是一个具有整体性和组织性的主体，因而它应当对其意志支配下的犯罪活动承担刑事责任，而不能将这个责任推卸或转嫁给他人。因此，作为刑事责任必然后果的刑罚，也就应当加诸单位本身。同时，单位毕竟是自然人的组合体，自然人是单位存在的基础。因而，既然我们把作为自然人的直接负责的主管人员和直接责任人员的行为认定为单位的整体行为，把他们的决定、决策视为单位意志的表现，并且这些人也是有权代表单位作出各种决定和决策并具体地实施犯罪行为，那么，他们就应该对由自己决定实施的单位的犯罪行为承担刑事责任，而不能将这种刑事责任全部推脱或转嫁到单位身上。因此，也就应当对对单位犯罪活动负有责任的直接负责的主管人员和直接责任人员进行处罚。这实际上还是由自然人承担单位的刑事责任，处罚的主体还是一个，即单位，只不过刑事责任的承担者有别罢了。由此可见，两罚制不是对两个主体，而是对一个主体即单位的整体处罚，是同一刑事责任根据单位成员在犯罪中所处的地位和作用的不同而作的不同分担，是对单位的犯罪行为的综合性的全面处罚。因此，对单位犯罪实行两罚制，既处罚单位，又处罚单位中的直接负责的主管人员和直接责任人员，能够反映对单位犯罪的全面的刑法的否定评价，有利于遏制单位犯罪。当然，在某些情况下，犯罪虽然是以单位形式实施的，但实际上社会危害性主要反映在个人的行为上，因而没有必要对单位进行处罚，只需处罚单位中的直接负责的主管人员和直接责任人员。在这种情况下，实行只处罚个人的单罚制也是必要的。根据以上情况，《刑法》第 31 条对单位犯罪的处罚作出以下规定："单位犯罪的，对单位判处罚金，并对其直接负责的主管人员和其他直接责任人员判处刑罚。本法分则和其他法律另有规定的，依照规定。"由此可见，我国刑法对单位犯罪实行以两罚制为主、以单罚制为辅的处罚原则。

（二）单位犯罪处罚的原则

1. 单位犯罪的两罚制

刑法对单位犯罪在绝大部分情况下采取两罚制。在两罚制中，对单位是判处罚金，判处罚金采取无限额罚金制，即对罚金的数额未作规定。

在两罚制中，对直接负责的主管人员和直接责任人员判处刑罚。这里的刑罚包括自由刑与罚金，主要是自由刑。对个人判处自由刑的，又有以下两种情况：(1) 在绝大多数情况下，判处与个人犯罪相同的刑罚。例如《刑法》第220条规定："单位犯本节第二百一十三条至第二百一十九条规定之罪（侵犯知识产权罪——引者注）的，对单位判处罚金，并对其直接负责的主管人员和其他直接责任人员，依照本节各该条的规定处罚。"这里所谓"依照本节各该条的规定处罚"，就是指依照对个人犯罪的规定处罚。(2) 在少数情况下，判处低于个人犯罪的刑罚。例如个人犯受贿罪的，最重可以判处死刑，但《刑法》第387条规定："国家机关、国有公司、企业、事业单位、人民团体，索取、非法收受他人财物，为他人谋取利益，情节严重的，对单位判处罚金，并对其直接负责的主管人员和其他直接责任人员，处五年以下有期徒刑或者拘役。"由此可见，在单位犯受贿罪的情况下，对直接负责的主管人员和其他直接责任人员判处的刑罚远轻于个人犯受贿罪的情况。

2. 单位犯罪的单罚制

刑法在某些情况下规定了单位犯罪的单罚制，即只处罚自然人而不处罚单位。例如《刑法》第396条规定："国家机关、国有公司、企业、事业单位、人民团体，违反国家规定，以单位名义将国有资产集体私分给个人，数额较大的，对其直接负责的主管人员和其他直接责任人员，处三年以下有期徒刑或者拘役，并处或者单处罚金；数额巨大的，处三年以上七年以下有期徒刑，并处罚金。"这里刑法规定的犯罪主体是国家机关、国有公司、企业、事业单位、人民团体，但只处罚直接负责的主管人员和其他直接责任人员，而不处罚单位。

（三）单位犯罪处罚的适用

我国刑法关于单位犯罪的规定，在多数情况下，对直接负责的主管人员和其他直接责任人员都要追究刑事责任；在少数情况下，只追究直接责任人员的刑事责任。那么，如何认定单位中的直接负责的主管人员和其他直接责任人员呢？对此，2001年1月21日《全国法院审理金融犯罪案件工作座谈会纪要》明确规定："直接负责的主管人员，是在单位实施的犯罪中起决定、批准、授意、纵容、指

挥等作用的人员，一般是单位的主管负责人，包括法定代表人。其他直接责任人员，是在单位犯罪中具体实施犯罪并起较大作用的人员，既可以是单位的经营管理人员，也可以是单位的职工，包括聘任、雇佣的人员。应当注意的是，在单位犯罪中，对于受单位领导指派或奉命而参与实施了一定犯罪行为的人员，一般不宜作为直接责任人员追究刑事责任。”这一规定，对于司法机关在审理单位犯罪案件中正确地认定直接负责的主管人员和其他直接责任人员具有重要指导意义。

在对单位犯罪的处罚中，还存在一个直接负责的主管人员和其他直接责任人员是否区分主犯、从犯的问题。在一个单位犯罪案件中，如果同时存在直接负责的主管人员和其他直接责任人员，在一般情况下前者比后者的作用大，前者可以认定为主犯，后者可以认定为从犯。但直接负责的主管人员和其他直接责任人员不是当然的主犯与从犯关系。有时不同职责的人对单位犯罪负有不同的责任，如果一定要区分主犯与从犯，则显得十分勉强。对于这种情况，2000 年 9 月 28 日最高人民法院《关于审理单位犯罪案件对其直接负责的主管人员和其他直接责任人员是否区分主犯、从犯问题的批复》规定：“在审理单位故意犯罪案件时，对其直接负责的主管人员和其他直接责任人员，可不区分主犯、从犯，按照其在单位犯罪中所起的作用判处刑罚。”根据这一规定，对于主从关系不明显的，可以不予区分。当然，如果主从关系明显的，仍应区分。

（本文原载《河南省政法管理干部学院学报》，2003（1））

论法人共同犯罪

一

法人共同犯罪，是法人犯罪中涉及共同犯罪的一种情况，它是指在法人犯罪的情况下，由法人组织中的自然人构成的共同犯罪。在这种情况下，法人是单独犯罪，而法人组织中的自然人则是共同犯罪。在法人犯罪中，自然人可能是单独犯罪。例如，在实行一长制的情况下，该法人代表人决定为法人的利益实施某一法人犯罪行为，构成法人犯罪。从自然人犯罪的角度来说，法人代表人是单独犯罪。但在大多数情况下，法人组织的代表人不止一人，有的甚至是一个决策机构，涉及数十人。在这种情况下，构成法人犯罪的法人组织中的自然人犯罪就是共同犯罪。对此，我们称之为法人共同犯罪，确切地说，应该是法人组织中自然人的共同犯罪。

法人犯罪正因为与共同犯罪具有如此密切的联系，所以，有些刑法将法人犯罪和共同犯罪归在一起，实际上，法人犯罪，就法人个数来说，只是一个，因而并非法人犯罪都是共同犯罪。只有在数个法人共同犯罪的情况下，才是名副其实的共同法人犯罪。但这种情况显然不是法人犯罪的一般形态，而是法人犯罪的特殊形态。所以，我认为法人犯罪首先是一个犯罪主体问题，它和自然人犯罪是相对应的。法人组织中的自然人共同犯罪，属于特殊的自然人共同犯罪。这种共同犯罪与一般共同犯罪，尤其是犯罪集团相比，具有以下特点：第一，犯罪集团是为实行犯罪而建立起来的非法组织，这个组织建立本身就是非法的，在某些情况下，例如建立反革命集团，该行为本身就构成犯罪。在大多数情况下，建立犯罪集团本身是犯罪的预备行为。而在法人犯罪的情况下，除非为实施犯罪而组建法人（这种情况不能排除），大多数情况下，法人都是合法组织，是依法建立的。第二，一般共同犯罪，尤其是犯罪集团中，参加的人都有犯罪意图和相应的犯罪行为。而在法人犯罪的情况下，并非法人的所有成员都有犯罪意图和犯罪行为。正因为法人共同犯罪具有不同于一般共同犯罪的特点，因而其定罪与处罚问题值得专门探讨。

（一）罪责限定原则

法人作为一个社会组织，其成员少则数十人，多则成千上万，一般都具有一定的规模。法人共同犯罪，并非指将全部法人成员都视为犯罪主体，因而应该对法人共同犯罪的罪责加以严格限定。具体地说，就是要求构成法人共同犯罪的人必须主观上对法人犯罪具有罪过。在刑法理论中，罪过可以分为故意和过失。对于法人犯罪，我国刑法学界也有人主张过失犯罪也可以构成。但我们认为法人犯罪只能是构成故意犯罪。对于法人的失职而造成经济损失的，法人一般只承担赔偿责任。对于失职的自然人，情节轻者，可由法人内部处理，或者由主管的行政部门予以行政处罚；情节严重构成犯罪的，依法追究其过失犯罪的刑事责任。总之，法人犯罪的罪过形式不可能是犯罪过失。关于犯罪故意，我国刑法有明文规定，是指在明知自己的行为会造成危害结果的情况下，对于危害社会的行为持希望或者放任的主观心理态度。在法人共同犯罪中，二个以上的法定代表人必须明知自己的行为是危害社会的，并且对于这种行为的危害后果持希望或者放任的态度。只有具备以上主观心理态度的人，才可能构成法人共同犯罪，对于法人犯罪的结果承担刑事责任。法人组织中的一般成员，没有参与决策，对于法人的犯罪

行为没有罪过，因而不负罪责。

（二）职权相关原则

法人组织内部往往存在分工，法人的决策权一般都掌握在法定代表人或者一定的机构手中，有时还需要由上级主管部门批准。因此，法人共同犯罪的认定，还必须根据职权的相关性，对其客观方面的行为加以认定。英美刑法对法人共同犯罪区分直接行为者和间接行为者。法律规定直接行为者不能因以法人名义或为法人获利为由免除责任，雇员被上级命令或授权进行的犯罪行为也必须承担责任。与此同时，法律还规定了间接行为者的责任问题。在法人犯罪中，直接行为者往往是下层雇员，间接行为者则往往是上层官员。我们认为，英美刑法对法人共同犯罪的这种区分值得我国借鉴，但也不能照搬。在我国刑法中，应当根据职权相关原则来认定法人共同犯罪。根据职权相关原则，可以构成法人共同犯罪的，应该是以下两种人：一是直接负责的主管人员。在刑法理论上，法人犯罪中的直接负责的主管人员，通常是指对法人犯罪负有主管责任的人员，他们对下属的犯罪行为暗中默许、放任不管，甚至公开支持，因而根据职权相关原则，应当追究其刑事责任。二是其他直接责任人员。在刑法理论上，法人犯罪中的其他直接责任人员是指对法人的犯罪行为负有决定、策划、组织或者主要实施作用的人员。这种人员，相当于英美刑法法人共同犯罪中的直接行为者，通常是法人组织内部具有决策权的人员。应该指出，对于具体实行法人犯罪行为的人，是否构成共同犯罪，不可一概而论。根据职权相关原则，只有那些在法人组织中具有相关职权的人实施具体法人犯罪行为的，才构成犯罪。如果法人决策机构经过讨论决定实施某一犯罪行为，授权法人组织中的某个一般成员去具体实施，这个法人成员具有执行公务的性质，在不知情的情况下当然不构成犯罪；在知情的情况下一般也不构成犯罪，只有知情而且在具体实施中起了主要作用的人才构成。在这种情况下，不应简单地套用“雇员被上级命令或授权进行的犯罪行为也必须承担责任”的英美刑法原则。因为法人犯罪是一种特殊犯罪形态，法人中自然人的共同犯罪与法人犯罪是密切相关的。法人犯罪主要表现在作出某种犯罪的决策，至于具体实施者，只不过是负责这种决策的付诸实施。应该追究的是主要决策者的刑事责任，否则就会发生具体经办人员锒铛入狱，实际决策人员逍遥法外的不合理现象。

根据上述罪责限定原则和职权相关原则，我们就可以将法人共同犯罪从主观与客观两个方面限制在一定的范围之内，避免扩大刑事责任的范围，罚及无辜，这也是社会主义法制原则在认定法人共同犯罪中的具体体现。

法人共同犯罪的处罚，主要是要在分清各共同犯罪人在法人共同犯罪中作用大小的基础上，确定刑事责任的程度问题。尤其是要注意正确划分法人共同犯罪中的主犯和从犯。法人共同犯罪的犯罪行为，通常表现为法人犯罪的决策并且将其付诸实施。尤其是决策，对于法人犯罪具有十分重要的意义。因此，不能简单地认为，只参与决策而没有具体实施的人在法人共同犯罪中的作用必然小于实施者。在法人共同犯罪中，各共同犯罪人的职权有大小之分，因而对于决策的影响力也有轻重之别。在处罚法人共同犯罪的时候，不能不考虑这种职权的大小。一般来说，职权大的比职权小的人要承担较重的刑事责任。但也不可将职权大小对刑事责任的影响绝对化，有些在法人组织中职权虽然并不是最高的，但却直接分管某一项业务活动，在从事这一业务活动过程中，积极提议并参与决策并具体实施法人犯罪活动。对此，该人就应负主要的刑事责任。总之，在对法人共同犯罪处罚的时候，应当结合共同犯罪人在法人组织中的职权及其所实施的具体行为，综合地评判其在法人犯罪中的作用，正确地认定主犯和从犯，以便使法人犯罪中的各共同犯罪人得到与各自罪行相称的处罚。

二

共同法人犯罪，是法人犯罪中涉及共同犯罪的第二种情况，它是指二个以上法人构成的共同犯罪。在这种情况下，法人是共同犯罪，法人中的自然人也是共同犯罪。法人犯罪和自然人犯罪一样，也有单独犯罪与共同犯罪之分。一个法人犯罪的，是单独犯罪；二个以上法人犯罪的，就是共同犯罪，我称之为共同法人犯罪，以别于由一个法人内部的自然人构成的共同犯罪即法人共同犯罪。

共同法人犯罪的特点主要表现在：其一，共同法人犯罪是法人犯罪的共犯形态。在此，我们侧重考察的是两个以上的法人是如何互相勾结进行犯罪活动的，以及各法人的定罪量刑问题。至于其中的自然人构成的共同犯罪，则是一种更为复杂的法人共同犯罪，即两个以上的法人中的自然人的共同犯罪，应按照处理有关法人共同犯罪的原则解决。其二，共同法人犯罪由于是法人构成的共同犯罪，因而它与一般的自然人共同犯罪也存在较大的差别。因此，在处理法人共同犯罪的时候，不能简单地适用共同犯罪的一般原则。

我们认为，共同法人犯罪应该从以下三个方面加以认定。

（一）主体的该当性

认定共同法人犯罪，首先必须确定具有两个以上的法人。根据我国《民法通则》第36条的规定："法人是具有民事权利能力和民事行为能力，依法独立享有民事权利和承担民事义务的组织。"如果不具备这一要件，即使是实施严重危害社会行为的组织，也不能构成共同法人犯罪。当前社会上存在一些皮包公司，这些公司无资金、无经营场所、无设备、无固定从业人员。严格地说，这些经济组织不具有法人资格。因此，这些组织实施的犯罪不是法人犯罪，而应当视为自然人犯罪。同样，如果一个法人与一个这种皮包公司互相勾结或者两个以上皮包公司互相勾结进行犯罪活动，都不是共同法人犯罪。

（二）故意的共同性

共同犯罪是二人以上共同故意犯罪，犯罪人之间主观上必须具有故意的共同性。在共同法人犯罪的情况下，也不例外。但共同法人犯罪的共同故意与一般共同犯罪的共同故意有所不同，应当加以注意。法人犯罪的故意，主要表现在支配其犯罪行为的法人的意志上。法人虽然是国家赋予它法律上的人格的社会组织，是法律拟制的人，它本身既无大脑，也无思维，然而它毕竟是为了从事特定的社会活动由自然人所组织起来的，因此，在自然人的意志的基础上，又会形成其共同的意志，即法人意志。所以，法人意志在本质上是自然人意志的有机集合，它源于个人意志，又高于个人意志，一旦形成便与其内部成员的个别意志相分离而独立存在，成为超于个人意志之上的集体意志。法人意志在形式上则表现为法人代表人或机构的决策。在法人犯罪的情况下，法人代表人的犯罪意志就是法人的犯罪意志。在单独法人犯罪的情况下是这样，那么，在共同法人犯罪的情况下又如何呢？共同法人犯罪是两个以上法人的犯罪合意，如前所述，法人意志是通过自然人的意志表现出来的，因此，在一般情况下，共同法人犯罪的故意是通过两个以上法人的代表的故意沟通而实现的。例如，甲、乙两个法人组织的代表人共同决定为法人利益进行走私犯罪活动，各自出资若干作为走私的资本，这样就形成了共同法人犯罪的合意。共同法人犯罪故意的认定，是一个复杂的问题。尤其在法人代表人不止一个的情况下，如何确定共同法人犯罪的故意，需要足够的证据。

（三）行为的共同性

共同法人犯罪的构成，不仅在主观上要有故意的共同性，而且在客观上还要有行为的共同性。在法人共同犯罪中，同一个法人内的两个以上自然人共同犯罪，其犯罪行为需要共同性。但就法人而言，这只是一个法人的单独犯罪行为。在共同法人犯罪的情况下，两个以上法人的行为要求具有共同性，这种行为共同性，较之自然人共同犯罪的行为共同性更为复杂。法人犯罪行为，是指法人实施犯罪的整体行为。这种整体行为不同于法人组织内部的个体行为，也不是个体行为的简单相加，而是由法人意志支配，并体现法人意志的行为。但是这种整体行为是以自然人的活动为基础形成的，因而它又以法人组织内部具有权力，并代表法人的自然人所实施的行为为其存在和表现形式。这些具有权利并能代表法人实施行为的自然人，一般是法人代表人即其负责的主管人员和直接责任人员，他们的体现法人意志的种种活动，就是法人整体行为的具体化。在共同法人犯罪的情况下，是两个以上法人的整体行为的互相结合，构成共同法人犯罪的共同行为。在法人代表人只有一个的情况下，这一代表人全权代表法人；因此，他与另一法人的代表人的行为就是共同法人犯罪的共同行为。而在法人代表人具有若干个的情况下，还不能简单地把其中一个法人代表人的行为看作是这一法人的整体行为；他和其他法人的代表人的行为也不能简单视为共同法人犯罪的共同行为。因

为如果这一法人代表人并没有得到该法人的合法授权，其行为只能是个人行为，而非法人行为。只有双方都代表各自法人意志的行为，才是共同法人犯罪的共同行为。两个以上法人有时还往往通过合营等方式建立新的法人，这一法人具有独立的法律地位，其所实施的法人犯罪行为，只能由该法人本身承担刑事责任，这是单独法人犯罪，而不得视为合营的两个以上法人之间的共同行业，因而与共同法人犯罪混为一谈。共同法人犯罪的行为，在表现形态上是形形色色的。在司法实践中，一定要结合具体案情，根据法人代表人的活动，实事求是地加以认定。

根据我国现行刑事立法的规定，对犯罪的法人只能判处罚金。由于法律对于罚金数额未作具体规定，只能由司法机关根据法人犯罪的事实灵活掌握。在共同法人犯罪的情况下，对共同犯罪的法人如何处理，就涉及如何确定法人在共同犯罪中的作用，以便确定罚金数额的问题。对于在共同犯罪中起主要作用的法人所判处的罚金数额应高于在共同犯罪中起次要作用的法人，这是我国刑法处理共同犯罪人的原则的具体体现。那么，如何确定法人在共同犯罪中的作用大小呢？我们认为，至少可以考虑以下因素：其一，故意的发起。共同法人犯罪中，也存在一个故意发起的问题。总是有一个法人首先提议犯罪并得到另一个法人的响应。发起犯意的法人在共同犯罪中的作用显然要大一些。其二，法人的规模。法人的规模有大有小，因而法人的资金有多有少。在走私等共同法人犯罪中，那些规模比较大的法人往往资金雄厚，因而在共同犯罪中出资较多，其在共同犯罪中的作用也要大一些。其三，分赃的情况。分赃数量与在共同犯罪中的作用往往是成正比的，共同法人犯罪亦是如此。那些在共同犯罪中出力较大的法人，往往分赃数量多；反之，那些在共同犯罪中出力较小的法人，往往分赃数量少。因此，法人分赃的情况对于认定法人在共同犯罪中的作用也有一定的参考价值。综合以上诸方面的因素，我们就可以正确地评判各个法人在共同犯罪中所起的作用，区分法人犯罪的主犯与从犯。在此基础上，确定罚金数量，做到对共同法人犯罪罚当其罪。

三

如果说，法人共同犯罪与共同法人犯罪都涉及法人的一般共同犯罪形态，那么，法人与自然人的共同犯罪就是涉及法人的特殊共同犯罪形态。法人与自然人的共同犯罪是指一个或者数个法人与该法人以外的一个或者数个自然人相勾结而实行的共同犯罪。法人与自然人的这种共同犯罪形态，具有比法人共同犯罪与共同法人犯罪更为复杂的特征，主要表现在它是法人犯罪与自然人犯罪结合而成的一种共同犯罪，从而使其定罪量刑更加复杂化。虽然目前这种形态的共同犯罪尚不多见，但作为具有超前性的共同犯罪理论，却不能不对此加以关注。当然，由于实际的与理论的资料匮乏，在此只能略加提示，还谈不上深入的探讨。

在认定法人与自然人的共同犯罪的时候，我们认为应当注意以下两个问题。

（一）主体的特殊性

法人与自然人的共同犯罪的构成，其中一方是法人，一方是自然人。法人必须具备法定资格，否则不能构成。如果一方不具备法定的法人条件，例如盗用法人名义与其他自然人相勾结进行犯罪，那么，这就是纯粹的自然人的共同犯罪，而不是法人与自然人的共同犯罪。至于自然人，也必须具备法定的主体资格，若为特殊主体的犯罪，该自然人还必须具备特定的身份，否则，同样不构成法人与自然人的共同犯罪。

（二）犯罪的特定性

法人与自然人的共同犯罪，虽然有自然人参与其间，但在犯罪成立的范围上又不同于纯粹的自然人构成的共同犯罪。根据我国刑法规定，法人只能构成法定的特种犯罪，而自然人则可以构成刑法规定的所有犯罪。因此，法人与自然人的共同犯罪，只能在刑法规定法人可以作为犯罪主体的犯罪中才能成立。超出这一法定范围的，不存在法人与自然人的共同犯罪。

法人与自然人的共同犯罪，在处罚的时候首先应当正确地区分主犯与从犯。由于法人犯罪活动是与法人代表人的犯罪行为联系在一起的，因而，在认定法人

与自然人构成的共同犯罪中的主犯与从犯的时候，主要应当根据法人代表人与自然人在共同犯罪中的地位、作用等情况加以确定。在此基础上，还要分别依照法律对法人犯罪与自然人犯罪规定的量刑幅度予以处罚。应当指出，法律规定对法人与自然人的处罚是有所不同的。例如根据《关于惩治走私罪的补充规定》，法人走私一般的货物、物品价额在30万元以上的，才构成走私罪。而自然人走私，以2万元作为构成犯罪的最低限。因此，对法人与自然人应当依法分别论处。

（本文原载《法学评论》，1991（6））

九、竞合论

罪数形态序说

罪数，又称一罪与数罪，是一个犯罪的单复数问题。罪数理论研究的是如何依法区分一罪与数罪的问题。由于我国刑法规定了数罪并罚制度，因而正确地区分一罪与数罪是适用数罪并罚制度的前提，这就是研究罪数问题的实际意义。从刑法理论上来说，罪数形态可以说是最复杂的理论问题之一，是犯罪论的基本内容，因而研究罪数形态具有重要的理论意义。

一、罪数标准

为区分一罪与数罪，首先需要明确区分的标准。关于这个问题，在刑法理论上存在各种学说。[①] 现分述如下。

（一）行为标准说

行为标准说认为，犯罪的本质是行为。行为是具体存在的客观事实，仅有犯

① 参见顾肖荣：《刑法中的一罪与数罪问题》，5～6页，北京，学林出版社，1986；马克昌主编：《犯罪通论》，585页以下，武汉，武汉大学出版社，1991；吴振兴：《罪数形态论》，12页以下，北京，中国检察出版社，1996。

意而没有行为不构成犯罪。犯罪侵害法益，必然先有行为之存在，因行为才发生法益的侵害结果。刑法分则就各种犯罪行为，一一加以规定。由此可见，一罪与数罪应当以行为的个数为标准。凡行为人实施了一个行为，为一罪；实施了数个行为，为数罪。应该说，行为在区分一罪与数罪中具有举足轻重的意义。因为行为确实是犯罪的本质要素之一，它在很大程度上决定着犯罪的个数。但如果单纯以行为的个数作为区分一罪与数罪的标准，而完全不顾及行为人的主观犯意，恐难以对犯罪的个数作出正确的区分。而且，行为是在行为人的主观犯意支配之下的身体举止。脱离主观犯意，连行为个数本身都难以确定，更遑论进而以此为标准区分一罪与数罪。

（二）结果标准说

结果标准说，亦称法益标准说，认为犯罪的本质是对法益的侵害，而刑法的目的在于保护法益。犯罪之所以应当受到刑罚制裁，从根本上说是因为犯罪人的行为侵害了法益。刑法分则正是根据行为所侵害的法益设立刑罚处罚的规定，足见法益侵害是形成犯罪行为的基本要素。因而，侵害法益，即犯罪结果的个数也就决定着犯罪的个数。至于如何根据法益的个数区分一罪与数罪，又因法益性质（种类）不同，区分为下列三种①：（1）个人专属法益，又称人格法益，例如生命、身体、自由、名誉、信用等，凡与个人一生有不可分离的关系者皆是。侵害个人专属法益的，以法益所有人计算单复。（2）个人非专属法益，又称财产法益，指财产的监督权。财产法益单复以监督权个数而不以该法益所有权个数为区别的标准。例如窃取为一人监督的数个所有物，只成立一个盗窃罪；如果窃取数人监督的一人所有物，则反而成立数个盗窃罪。（3）国家或社会法益，即不属于个人的公共法益，例如国家、政府及其权力、社会秩序、社会风尚等。公共法益是概括的法益，性质上为单数，凡侵害公共法益的犯罪，不问同时侵害个人法益的个数多少，因为是一个公共法益，只成立一罪。我认为，侵害法益，表现在客观上就是犯罪结果，在犯罪要素中具有十分重要的地位，也是区分

① 参见马克昌主编：《犯罪通论》，587 页，武汉，武汉大学出版社，1991。

一罪与数罪的关键之一。但单纯结果也不能成为区分一罪与数罪的标准。因为结果只是犯罪客观要素之一，其形式及个数的确定，不能脱离行为及其行为人的主观犯意。

（三）因果关系标准说

因果关系标准说认为因果关系是最重要的犯罪构成要件，犯罪事实中行为与结果之间，存在一个因果关系的为一罪；存在数个因果关系的为数罪；虽有数个行为或数个结果，如果只存在一个因果关系的，仍应为一个犯罪。按照此说，因果关系的个数决定犯罪的个数。因果关系标准说，既看到了行为，又考虑到结果，似乎较之行为标准说与结果标准说更为全面。但因果关系仍然只是犯罪客观要素之一，它不能代替犯罪本身。更何况，因果关系只在某些实质犯中存在，在形式犯中不存在因果关系。因此，因果关系标准说同样不足以成为区分一罪与数罪的科学标准。

（四）犯意标准说

犯意标准说认为犯罪是犯罪人的主观恶性的表现，犯罪行为是主观恶性的表征，结果则不过是证明犯罪人的主观恶性的条件。犯罪行为和结果均非犯罪的本质，所以，罪数应由犯罪意思（犯意）的个数来决定。这里所谓犯罪意思，不限于故意，过失也包括在内。依照此说，基于一个犯罪意思实施的行为，成立一罪；基于数个犯罪意思实施的行为，成立数罪。犯意标准说认为行为、结果和因果关系都不足以成为区分一罪与数罪的标准，因而以犯意为标准，是为主观说。但犯意是不能脱离行为而存在的，何况犯意作为行为人的主观罪过形式，其个数更难以把握。因此，在区分一罪与数罪时，不考虑犯罪的客观因素，而只依据犯罪意思，难免失之虚妄。

（五）法规标准说

法规标准说认为应当以犯罪行为触犯法案的个数，作为决定一罪与数罪的标准。这种观点认为，犯罪是由法律加以规定的，是触犯刑律的行为，因而应依法案的单复决定犯罪的单复，虽一行为而触犯两个法律，应认为是二罪，由于法案对犯罪的规定可以概括为一定的罪名，因而我国学者有主张以罪名的个数作为区

分一罪与数罪标准的，指出：数罪是指数个独立的犯罪，不是数个同一的犯罪。一罪与数罪的区别，不能简单地看行为人实施犯罪行为的次数，关键是看行为人实施犯罪行为触犯刑法所规定的罪名来确定。当行为人一次或二次以上个别行为而触犯刑法所规定的罪名或同一罪名，就是一罪；当行为二次以上个别行为而触犯二个以上的独立罪名，就是数罪。① 法规标准说看到了法案在区分罪数中的作用，其中以罪名作为区分一罪与数罪标准的观点尤其强调了罪名对于犯罪单复的意义。但以此作为区分一罪与数罪的标准存在明显缺陷，例如二次以上个别行为而触犯同一罪名，不问二次行为间隔时间长短及与主观犯意的关系，一概定为一罪，则否定了同种数罪的概念，有误数罪为一罪之虞。犯罪单复数，不仅仅是一个法律规定的问题，而且是一个司法适用问题。例如牵连犯，依法律规定无疑是二罪，但在裁判上作为一罪。因此，依据法规标准说也不能正确地区分一罪与数罪。

（六）构成要件标准说

构成要件标准说认为罪数应以刑法分则或其他刑罚法规中规定的构成要件为区别的标准。据此标准，犯罪单复，决定于犯罪行为符合法定构成要件的次数：一次符合构成要件的，为一罪；数次符合法定构成要件的，为数罪。主张此说最力者，乃日本著名刑法学家小野清一郎。小野指出："在罪数论中，就提倡以构成要件为标准，即有充分满足一次构成要件的事实就是一罪，有充分满足两次构成要件的事实即为二罪，以此类推。我想以此来矫正过去的或以意思、或以行为、或以结果为标准的学说最终都偏重犯罪事实的某一要素或某一局部的现象，想从刑法中法律评价方面综合地加以考虑。我确信，在原理上我的见解是正确的。"② 毫无疑问，构成要件说是综合了意思说、行为说、结果说等各种学说的，因而具有相当的科学性。这种学说在我国受到学者的批评，主要是从犯罪构成理论差别上着眼的。在大陆法系国家的刑法理论中，犯罪构成是三要件，即构成要

① 参见朱继良：《数罪并罚的几个问题》，载《湖北财经学院学报》，1980（3），82页。

② ［日］小野清一郎：《犯罪构成要件理论》，王泰译，108页，北京，中国人民公安大学出版社，1991。

件符合性、违法性和有责性。三者呈阶梯式，犯罪是具有构成要件符合性、违法性和有责性的行为。构成要件符合性是首要要件，处于第一阶梯，行为人的行为在具备了构成要件符合性之后，还要依次踏上第二和第三个阶梯，即具备违法性和有责性之后，才能构成犯罪。这就是说，根据他们的犯罪构成理论，行为符合构成要件的次数不一定就完全等于犯罪的个数。以充足了构成要件的次数来决定犯罪的个数是有条件的，即必须同时具备违法性和有责性。这样，在符合构成要件的次数与犯罪的个数之间，在一定的情况下就会产生“断裂带”。这是由大陆法系刑法的犯罪构成理论体系决定的，也是构成要件标准说之欠缺所在。① 应该说，这一批评是有一定道理的，但依然不能否认构成要件标准说的价值。构成要件标准说第一次以一种综合的姿态，从犯罪构成的角度试图解决一罪与数罪区分的标准问题，值得予以充分肯定。尽管在大陆法系刑法理论中，具备了构成要件该当性（即符合性）并不等于构成犯罪，仍需违法性与有责性作为补充，但这里所说的构成要件该当性的行为也不是纯客观要件，而已经是一种主观与客观的统一。小野曾将构成要件界定如下：“所谓构成要件，是指将违法并有道义责任的行为予以类型化的观念形象（定型），是作为刑罚法规中科刑根据的概念性规定。”② 由此可见，构成要件已经使犯罪定型化，违法性和有责性对于区分一罪与数罪已经不起作用，只是确定是否构成犯罪或构成此罪还是彼罪而已。例如，构成要件该当的杀人行为本身可以成为区分杀人罪的一罪与数罪的标准，违法性与罪数无关，只是在阻却违法的情况下不构成杀人罪而已。同样，有责性也与罪数无关；只是无责则无罪；主观罪过是故意则构成故意杀人罪，主观罪过是过失则构成过失杀人罪而已。因为违法性与有责性主要是规范评价要件，而构成要件是事实记述要件。罪数主要是一个事实问题而非评价问题。根据以上分析，小野关于构成要件标准说在原理上是正确的自信不无道理。在这个意义上，我国通行的区分一罪与数罪的犯罪构成标准说，只不过是一种修正的构成要件标准说而

① 参见吴振兴：《罪数形态论》，15～16 页，北京，中国检察出版社，1996。

② ［日］小野清一郎：《犯罪构成要件理论》，王泰译，9 页，北京，中国人民公安大学出版社，1991。

已。如果不看到两者的联系，对构成要件标准说持断然否定态度，未必是可取的。

（七）广义法律要件说

广义法律要件说以构成要件标准说为根据，将完成二个以上的构成要件的行为事实（如牵连犯），因在刑法上规定以一罪论处，或在适用上作为包括的一罪处断，而例外作为一罪。申言之，本来是数罪，因为是一人实施，在观念上视为一罪。我认为，广义法律要件说是以构成要件标准说为基础的，它进一步说明了法律规定与构成要件的关系，认为在存在法律特别规定的场合，应以法律规定作为一罪与数罪区分的标准。

（八）犯罪构成标准说

犯罪构成标准说为苏联学者及我国刑法理论所主张，认为应以犯罪构成的个数为标准确定犯罪的单复：具备一个犯罪构成的，构成一罪；具备数个犯罪构成的，构成数罪。犯罪构成标准说，为区分一罪与数罪提供了一个基本框架与思路，而且在以犯罪构成为核心的犯罪论体系中得以确认，应该说是可取的，当然，犯罪构成仍然是一个复合的概念，它由行为、结果、犯意等主观与客观因素根据一定的逻辑建构而成。因此，在明确了犯罪构成标准说的基础上，还应当进一步研究犯罪构成作为区分一罪与数罪的标准的具体判断问题。

二、罪数的判断

罪数的判断，是指根据犯罪构成标准，对于一罪与数罪进行具体推断。因为一定的标准与根据这种标准作出的判断是两个不同层次的问题。在罪数的区分上也是如此。确立了区分一罪与数罪的标准，不等于就解决了罪数问题。例如，日本刑法学家小野清一郎主张以构成要件为区分一罪与数罪的标准。那么，什么是充分满足了一次构成要件呢？小野指出：从理论上讲，在各个构成要件里，有被类型地预想了的事实范围，应当根据这个范围来决定。在一个构成要件中哪些是被类型地预想了的事实范围，必须有待于分则相应条款的解释。它无论如何不能

分割成只有意思、行为或结果（法益）当中的一个方面，而必须是考虑到构成要件事实全部的人伦意义和社会意义后才能决定。[①] 在此，小野强调了构成要件作为一罪与数罪的区分标准的整体性，这无疑是正确的。但我们又不能忘记，犯罪构成是由主观与客观各个要件组合而成的，因此在以犯罪构成为标准区分一罪与数罪的时候，又不能脱离具体的犯罪构成要件。我国学者将其称为罪数判断的要素，指出：所谓罪数判断的要素，就是指各种具体犯罪必须具有的构成要件要素，如行为、罪过、结果、主体、客体等。[②] 在此，我们对这些罪数判断要素的单复问题进行探讨，从而为区分一罪与数罪提供根据。

（一）行为的个数

区分一罪与数罪应以犯罪构成的个数为标准，这是一个原则。但在很多情况下，正确地区分一罪与数罪还必须分清行为的个数。这是由于行为要件在犯罪构成中的地位所决定的，因此行为的个数需要重点强调。当然，我们是在犯罪构成的条件下考虑行为个数的，因此不同于单纯以行为作为罪数标准的行为标准说。

那么，什么是刑法中的行为呢？在刑法理论上，行为通常是指表现人的意识和意志、危害社会并为刑法所禁止的身体举止（包括作为与不作为）。在刑法理论上，关于如何确定“一个行为”，存在以下各种见解之聚讼[③]：（1）自然行为说（又称事实上行为说）。此说本身有两种不同的观点：有人认为，自然行为应包含犯意发动和结果这两个要素；另一些人认为，所谓行为就是指不包括结果在内的身体的动作，所谓一个行为，就是在事实的自然观察上其行为是“单一的”，而且是“同一的”。由于该说主张行为必须是自然的一个行为，所以，同时同地实施的动作，就不能笼统地讲是一个行为。如果不是自然观察上的一个行为，那就应看成是数行为。我认为，自然行为说单纯从事实上观察行为并确定行为的个数，是一个“裸”的行为论。实际上，脱离了法律以及社会的规范评价要

① 参见［日］小野清一郎：《犯罪构成要件理论》，王泰译，108 页，北京，中国人民公安大学出版社，1991。

② 参见吴振兴：《罪数形态论》，19 页，北京，中国检察出版社，1996。

③ 参见顾肖荣：《刑法中的一罪与数罪问题》，13 页以下，北京，学林出版社，1996。

素，是很难对行为进行性质上与数量上的判断的，因而自然行为说一般不被采用。(2) 社会行为说。此说认为，应当根据社会的见解来判断行为的个数。社会行为说以行为对社会的价值作为立论的根据，并使行为概念包含了规范的意义。此说主张，人在社会环境中的各种举动，必须在对社会有意义时，才能看成是行为，否则便不是行为。这里，所谓的一个行为也就是在社会观察上的一个犯罪意思活动。因此，不仅生理上的一个意思活动可以构成一个行为，而且生理上的数个意思活动也可构成一个行为。我认为，社会行为说对于确定行为的个数，较之自然行为说有所进步，但仍嫌失之过泛，不易为人所掌握。而且，各人所处社会环境、地位与立场不同，观察并确定行为及行为个数时得出的结论也殊异。(3) 犯意行为说。这里所谓犯意，是指犯罪的意思决定。此说认为，行为是基于犯意而进行的动作，行为的本质是犯意。因此，认定行为的个数应以犯意的个数为准。基于一个犯意而实施的行为即为一个行为；基于数个犯意而实施的行为就是数个行为。我认为，犯意对于确定行为的个数是具有积极意义的。例如对同一个人开3枪，从客观行为上来看，似乎有3个杀人行为，但这3枪是在同一杀人故意支配下而实施的，应视为一个杀人行为。当然，犯意毕竟只是行为人的主观心理状态，有时难以把握。(4) 法律行为说（又称构成要件说）。此说认为，行为的单复，应依该行为所符合犯罪构成要件的次数来决定。一次符合为一行为，数次符合为数行为。相对来说，法律行为说对于确定行为的个数具有较大的意义。

从法律行为说出发，确定行为个数的时候，我认为应当注意以下几个问题：(1) 将行为与动作加以区分。由于我们所说的行为是指符合法律规定的构成要件的行为，因而是一种构成要件的行为。这样，它与那些不具有构成要件意义的动作就存在区别。应该说，一定的行为往往通过一定的身体动作表现出来。但绝不能把这种身体动作当作刑法意义上的行为。正如苏联著名刑法学家特拉伊宁指出：刑法意义上的行为，不仅在质量上和身体的动作不同，而且就是在所谓的数量上，一个行为也往往包括几个动作：如举起手枪，对准目标，手握枪机，扳动枪机等。刑法上的行为所包含的永远不是个别的“动作”或“环节”，而是这些

环节的有机的结合，如射击、窃取、收买等。[①] 之所以存在行为与举动的区分，主要是因为行为是抽象的，而举动总是具体的。例如杀人，是刑法分则规定的一种行为，这是对现实生活中形形色色的杀人犯罪活动的概括。但在个案中，这种杀人又是由犯罪人的各种身体动作形成的。某些动作之所以被刑法规定为一个行为，主要是因为这些动作处于一定的内部的相互联系之中。正如苏联学者 B. H. 库德里亚夫采夫指出：这些行为的特殊性，可能是建立在承认人的某一行为或某类行为是一罪的基础上，因而，也是建立在规定该行为的分则规范结构的基础之上。譬如说，这些行为的特殊性，正是这一规范所规定的某些行为和危害结果的那种综合体的普遍性、重复性、典型性和较大的社会危害性。犯罪构成总是反映典型现象，而不论该现象是由一个或几个行为和结果组成的，是短时间或长时间内实施的。立法中认为一罪是具有某种普遍性或正是在这一形式中引起较大社会危害性的行为举动的结合。[②] 在刑法中，为了明确某一犯罪构成的行为，对构成这一行为的举动作了记述性或描述性的规定，从而为认定该行为提供了法律上的依据。例如我国《刑法》第 201 条规定了偷税罪。偷税是刑法规定的一种犯罪行为，法律在罪状中规定为：纳税人采取伪造、变造、隐匿、擅自销毁账簿、记账凭证，在账簿上多列支出或者不列、少列收入，经税务机关通知申报而拒不申报或者进行虚假的纳税申报的手段，不缴或者少缴应纳税款。这里描述的都是偷税行为的具体表现，这些表现总是通过一系列举动反映出来的。因此，在确定行为个数的时候，不能把行为与举动混为一谈。(2) 认定行为还必须以法律规定为标准。刑法对各种犯罪的规定是十分复杂的，在大多数情况下，将一个行为规定为一罪，这就是单行为犯。但在某些情况下，刑法往往将两个行为规定为一罪，这就是双行为犯。例如，强奸罪和抢劫罪就是如此。对于这两种犯罪来说，一方面要有性交行为与抢夺行为，另一方面还要有暴力、胁迫等方法行为。在这种情况下，虽然从一般意义上说，具有两个行为，但由于刑法将这两个行为规定为一

---

① 参见［苏］A. H. 特拉伊宁：《犯罪构成的一般学说》，王作富等译，112 页，北京，中国人民大学出版社，1958。

② 参见［苏］B. H. 库德里亚夫采夫：《定罪通论》，302 页，北京，中国展望出版社，1989。

罪，所以，从构成要件的意义上说，仍然是一个行为，只不过是一种复合行为而已。对此，特拉伊宁指出：不应当把刑法上的行为同人的一系列的行动、同人的活动即他的举动混为一谈。譬如，投机罪是由收买和转卖两个独立的行为（作为）组成的。当法律上讲到常业犯的一切场合，对于犯罪构成来说，所要求的并不是孤立的一个行为，而是一系列的行为。[①] 这种情形，在日本刑法及相关法律中也存在这种数个自然意义上的行为合为一个法律行为的情形，对此日本刑法学家小野清一郎曾经作了生动的说明：有时虽然行为——符合构成要件的——有数个，都必须总括在一起成立一罪（如《日本刑法》第45条）。有时构成要件本身就预想着数个行为，例如散布或贩卖猥亵文书图画（《日本刑法》第175条）、非医师行医（《日本医师法》第17条、第31条）、非律师处理法律事务（《日本律师法》第72条、第77条）等。这些场合，如果有反复意图的，则一方面一次行为就可以充分满足构成要件；另一方面，即使是反复几次，也是总括一起成立一罪。这虽然不是构成要件上的集合犯，但把连续进行的数个行为包括在同一个构成要件里，也必须认为是构成要件一次性充分满足的场合，这在前面已经说过了（接续犯）。还有，有时被同一法案规定的构成要件性的两个或两个以上行为，尽管作为行为其态样不同，但也被作为同一类型的东西，以兄弟构成要件加以规定，并把连续地进行数个行为的人视为单一犯罪。例如，散布和贩卖猥亵文书图画（《日本刑法》第175条）、搬运、寄藏或寄卖赃物（《日本刑法》第256条第2款）等场合，都必须是总括地定为一罪。[②] 在此，小野根据日本刑法的规定，对行为的复杂性作了充分论述。由此可见，行为的个数必须依法认定。

（二）结果的个数

结果是构成要件客观因素之一，对于构成犯罪具有重要的意义。结果的个数虽然不能完全决定一罪与数罪，但对于罪数区分具有参考价值。

---

① 参见［苏］A. H. 特拉伊宁：《犯罪构成的一般学说》，王作富等译，112页，北京，中国人民大学出版社，1958。

② 参见［日］小野清一郎：《犯罪构成要件理论》，王泰译，110～111页，北京，中国人民公安大学出版社，1991。

在刑法理论上，刑法意义上的危害结果可以有广义与狭义之分。所谓广义的危害结果，是指由犯罪人的危害行为所引起的一切对社会的损害，它包括危害行为的直接结果和间接结果，属于犯罪构成要件的结果和不属于犯罪构成要件的结果。所谓狭义的危害结果，是指作为犯罪构成要件的结果，通常也就是对直接客体所造成的损害。[①] 这里需要重点研究，对于确定犯罪的个数有意义的主要是指狭义上的结果，即属于构成要件的结果。正如我国学者指出：在各种不同的结果类型中，构成结果是个核心性结果。其他类型的结果与构成结果一致时，在罪数的认定上有意义，否则就没有或者失去了意义。因此，结果的个数应以构成结果的个数为准。这符合犯罪构成理论，也符合罪数判断上的犯罪构成标准说。

那么，如何确定构成要件的结果的个数呢？我认为，在一般情况下，结果是由行为造成的，因此一行为往往造成一结果。但在司法实践中，行为存在单一行为与复合行为之分，结果也同样可以分为单一结果与复合结果。我国学者认为，犯罪行为侵害简单客体产生的结果为单一结果；犯罪行为侵害复杂客体产生的结果为复合结果。[②] 复合结果的特点是在结果内容中包含对不同社会关系的侵害。例如抢劫罪的结果，既侵害了人身权利又侵害了财产权利。复合结果虽然从自然意义上观察，似乎存在数个结果，但在法律上看，仍为一个犯罪结果。由于结果的个数是以法律规定的犯罪构成为标准的，因而在确定一个结果还是数个结果的时候应当以法律规定为准。例如，财产犯罪通常是数额犯，因而财产犯罪的结果是可以累计的，无论对几个权利主体的财产进行侵害，最终都应以累计的数额作为结果，是一个犯罪结果。人身犯罪侵害是所谓人身专属法益，因而大陆法系刑法理论上通常以权利主体的个数作为犯罪结果的个数。例如杀害一人为一结果，杀害数人为数结果。但在我国刑法理论上也不尽然。在爆炸、投毒等犯罪中，虽然可能造成数人死亡，但一般也认为只是一结果而非数结果。

（三）罪名的个数

罪名是某种犯罪行为的最本质特征的简明概括。罪名与罪数问题具有密切的

---

① 参见王作富主编：《中国刑法适用》，78页，北京，中国人民公安大学出版社，1987。

② 参见李洁：《犯罪结果论》，93页，长春，吉林大学出版社，1994。

联系，因此确定罪名的个数对于确定犯罪的个数具有重要意义。

罪名有单一式罪名与选择式罪名之分。单一式罪名是指犯罪构成的内容比较简单，一个罪名只能反映一种犯罪行为，具备一个犯罪构成，它不能分解拆开使用。例如，《刑法》第 232 条规定的故意杀人罪，它所概括的只是故意杀人的行为。我国刑法分则中的罪名，大多数是单一式罪名。在单一式罪名的情况下，罪名的个数与犯罪的个数是一致的：一个行为触犯一个单一式罪名，就是一罪；数个行为分别触犯数个单一式罪名，就是数罪。选择式罪名是指包含二种或二种以上独立罪名，但各罪名之间又有着某种联系，因而被立法者归到一起，形成一个概括罪名。这种罪名的特点是：具有数个行为或者数个对象，但这些行为与对象之间具有密切联系，因而立法者将其规定在同一法案之中。如果行为仅符合其中的某个罪名，可以分解开来，则按该罪名定罪。例如《刑法》第 359 条规定的引诱、容留、介绍他人卖淫罪，就是适例。该罪名包含三个可分别独立的罪名，即引诱他人卖淫罪、容留他人卖淫罪和介绍他人卖淫罪。当行为仅符合其中任何一个罪名时，就可以该罪名单独定罪；如果既有引诱行为，同时又有容留行为和介绍行为时，可概括认定为引诱、容留、介绍他人卖淫罪。这种既可概括使用，又可选择使用的罪名，可称之为选择式罪名。在选择式罪名的情况下，罪数问题比较复杂。按照一罪名一个犯罪的推论，既然在选择式罪名的情况下，例如引诱、容留、介绍他人卖淫罪，可以分别单独构成，因而似乎在同时具备这三种犯罪构成时，应当视为三个犯罪，实行数罪并罚。但按照我国刑法理论，在这种情况下视为一个选择性的犯罪，不实行并罚。当然，在选择式罪名的确定上也还有一些问题值得注意。例如，偷税、抗税罪是否是选择式罪名，如果是选择式罪名，对既偷税又抗税的犯罪只要定偷税、抗税罪一个罪名即可。如果认为不是选择式罪名，则要实行数罪并罚。按照有关司法解释，对既偷税又抗税的须实行并罚，因而不承认在这种情况下是选择式罪名。修订后的《刑法》第 201 条与第 202 条分别对偷税罪与抗税罪加以规定，更表明它们是互相独立的犯罪，而不是选择式罪名。总之，对于这个问题还要进行深入研究。

三、罪数的分类

罪数可以分为一罪与数罪，这是没有问题的。根据犯罪的构成标准说，凡是在一个故意或者过失支配下实施了一个行为从而造成了一个结果，就是一罪；凡是在数个故意或者过失支配下实施了数个行为从而造成了数个结果，就是数罪。以上是典型的一罪与典型的数罪。问题在于，还有一些不典型的罪数形态，我国有的学者称之为罪数不典型。[①] 罪数不典型，是指犯罪要件组合数不标准形态。在内涵上，罪数不典型就是既非典型一罪也非典型数罪而被当作（立法规定为或者司法认定为）一罪处罚的犯罪构成形态。我们认为，罪数不典型的概念是具有一定价值的，它从典型与不典型的相关性上，为正确地区分一罪与数罪提供了一种新的思路。

在刑法理论上，罪数的分类主要是一罪的分类。因为不典型的罪数一般都是作为一罪处理的，但它与典型的一罪又有所不同。因此，刑法理论对一罪按照不同标准进行分类研究，以便进一步界定那些不典型的一罪。在我国刑法理论上，关于罪数主要存在以下几种分类法。

（一）以行为为特征的分类法

以行为为特征的分类法，主张根据一行为还是数行为以及刑法与司法中的处理，将罪数分为以下三种情形[②]：（1）一行为形似数罪而在刑法上规定为一罪或处理时作为一罪的情况。这类情况的特点是主观上基于一个犯意，客观上实施了一个犯罪行为，但它又不像单纯的一罪那样典型。主要是因为其行为或者具有持续性（继续犯），或者触犯了数个罪名（想象竞合犯），或者发生了加重结果（结果加重犯）。所以，在其犯罪形态上具有某种复杂性。实际上，这些情况都是一罪，而不是数罪。（2）数行为在刑法上规定为一罪的情况。这类情况的特点是实

① 参见储槐植：《刑事一体化与关系刑法论》，436页，北京，北京大学出版社，1997。

② 参见王作富主编：《中国刑法适用》，197页以下，北京，中国人民公安大学出版社，1988。

施了数个行为，把这些行为分开来看，可能构成数罪。但因为这种犯罪总是经常地重复发生（惯犯）或是两个罪往往同时发生（结合犯），而在法律上把它们规定为一罪。(3) 数行为在处理时作为一罪的情况。这类情况的特点是存在数个犯罪行为，但由于出于同一的或者概括的犯罪故意（连续犯），或者由于数个行为之间存在牵连关系（牵连犯），或者由于数个行为之间存在吸收关系（吸收犯），虽然法律没有把它们规定为一罪，但在处理时作为一罪，因此又称裁判上的一罪。以上分类的特点是注重行为在罪数确定中的特殊性，以行为为特征对罪数进行分类。我国教科书一般都采用这种分类法，因而较为通行。但这种分类法被认为理论概括性不足，因而存在瑕疵。[①]

（二）以性质为特征的分类法

以性质为特征的分类法，是指根据一罪的性质将一罪分为若干种类。其中又有二分法、三分法与四分法之别。二分法主张把一罪分为两类：其一是单纯一罪，包括单一罪、吸收犯、结合犯、继续犯、集合犯（营业犯、常业犯、惯犯）、结果加重犯、法规竞合等；其二是处断上的一罪，包括想象竞合犯、牵连犯、连续犯。[②] 三分法主张把一罪分为三类：其一是单纯一罪，指行为人实施法律规定的某种犯罪行为，具备一个犯罪构成，构成一罪的情况，如继续犯、法规竞合等。其二是实质一罪，指行为人实施数个行为，或实施一个行为产生加重结果，形式上具备数个犯罪构成，实质上构成一罪的情况，如结合犯、结果加重犯、集合犯（惯犯、常业犯）、吸收犯等。其三是裁判上一罪，指行为人一个犯罪行为，触犯数个罪名，或者实施数个犯罪行为，具备数个犯罪构成但作为一罪处分的情况，如想象竞合犯、连续犯、牵连犯等。[③] 四分法将一罪分为四类：单纯的一罪与实质的一罪：这里的单纯的一罪是指基于一个罪过形式，实施一个行为，符合一个犯罪构成的情况。实质的一罪是指虽有一定的数罪特征，实质上是一罪的诸种形态，如结果加重犯是一个基本犯罪，两个罪过；继续犯是一个犯罪行为，但

---

① 参见吴振兴：《罪数形态论》，42 页，北京，中国检察出版社，1996。

② 参见顾肖荣：《刑法中的一罪与数罪问题》，11 页，北京，学林出版社，1986。

③ 参见马克昌主编：《犯罪通论》，592～593 页，武汉，武汉大学出版社，1991。

犯罪行为处于继续状态；接续犯是一个犯罪行为由数个举动总合而成；法规竞合是一个犯罪行为触犯数个法案；如此等等。它们都在某一点或者某几点上具有数罪的特征，而究其实质又是一罪。法定的一罪与处断的一罪：法定的一罪是指本来是符合数个犯罪构成的数罪，但因某种特定理由，法律上将其明文规定为一罪的诸种形态。如结合犯中数个原本各自独立的异种原罪，由法律将其结合起来规定为一罪。再如，惯犯是本为可以各自独立的数个同种犯罪，法律上将其集合起来规定为一罪。处断上的一罪，是指本来是符合数个犯罪构成的数罪，但因其固有的特征，处理时将其作为一罪的诸种形态。例如，牵连犯的本罪行为与手段行为或结果行为本来可以各自构成异种数罪，但因其固有的特征按一罪处断。再如，连续犯的数行为本来可以各自独立构成同种数罪，但因其固有的特征，也按一罪处断。[①]

在以上各种分类法中，我赞同按照犯罪的性质对一罪进行分类，即分为以下三种类型：(1) 单纯的一罪，包括继续犯、想象竞合犯。单纯的一罪之所谓单纯，并非典型之意，仅是指只有一个行为而已。但这一个行为具有某些特殊性，易误认为数罪，但从犯罪构成标准来衡量，应当是一罪。(2) 法定的一罪，包括转化犯、结果加重犯、惯犯、结合犯等。法定的一罪的特点在于某些犯罪类型，涉及两个行为或两个结果，或者从实质上来看具备两个犯罪构成，但法律将其规定为一罪。(3) 处断的一罪，包括连续犯、牵连犯和吸收犯。处断的一罪应为数罪，仅在科刑上作为一罪处理而已。这种一罪类型并不符合区分一罪与数罪的犯罪构成标准说。易言之，根据犯罪构成标准说，这种情形应为数罪，但在处断上作为一罪。由于这种一罪认定没有法律上的根据，只是依据法理予以认定，所以，这种一罪类型也是争议最大、易于变动的。对此，尤其应当注意。

(本文原载《湘江法律评论》，第 3 卷，长沙，湖南出版社，1999，为“犯罪形态论”(上) 中的第一部分)

① 参见吴振兴：《罪数形态论》，47～48 页，北京，中国检察出版社，1996。

禁止重复评价研究

刑法作为一种以国家强制力为后盾的行为规范，具有对人的行为的评价机能。正如日本刑法学家指出：刑法在法律上具有明确规定无价值行为应受刑罚处罚的机能，预先规定出犯罪与刑罚的关系，可对一定的行为进行价值判断，这就是刑法的评价机能。[①] 因此，刑事责任的实质就是对人的行为的非价评价。禁止重复评价（Doppelverwer tungsverbot）是刑法评价应当遵循的重要原则，本文对这一原则略加探究。

一

对同一行为禁止重复评价的观念，可以追溯到古罗马法。在古罗马法中，禁止重复评价的问题，从诉讼竞合的意义上予以解决。例如古罗马著名法学家乌尔比安在《论告示》第18编中指出：数个针对同一事实相竞合的诉讼，尤其是刑

① 参见［日］木村龟二主编：《刑法学词典》，10页，上海，上海翻译出版公司，1991。

事诉讼，相互吸收。[①] 古罗马另一著名法学家保罗在《论诉讼竞合》单编本中更为具体地指出：某人以侵辱方式殴打他人奴隶，因同一事实，他触犯阿奎利亚法并卷入侵辱之诉（actionem iniuriarum），因为，侵辱产生于意愿（affectu），损害产生于过错，所以两者都可以管得着。但是，选择一者之后，另一者则被吸收。[②] 这里的诉讼竞合虽然涉及的是程序法问题，但内容却是同一事实尽管触犯两个法律，只得选择其一起诉，也就是不能予以重复评价。当然，这里使用吸收一词，给人以模糊的感觉。我们还看到，古罗马法中对此问题有更为确切的说明。例如盖尤斯在《论行省告示》第76篇中指出：如果某人伤害了一个奴隶随后又将其杀死，那么他既要以伤害又要以杀害负责，因为实际上存在两个不法行为：这类情况不同于某人在一次攻击中将一个人多处击伤致死，这时实际上是因杀害提起诉讼。[③] 这里明确地区分一个不法行为与两个不法行为，两个不法行为应受两次否定评价，一个不法行为则只受一次否定评价。

古罗马法关于禁止重复评价的思想，在现代刑事立法中得以贯彻。例如德国刑法第46条明确规定："已成法定构成要件要素之行为情状，不得再予顾及。"这一规定的要旨在于：禁止对法条所规定之构成要件要素，在刑罚裁量中再度当做刑罚裁量事实，重加审酌，而作为加重或减轻刑罚之依据。[④] 这里的禁止重复评价，是就量刑的意义而言的。其实，禁止重复评价不仅体现在量刑上，而且还贯穿于定罪之中。在某种意义上说，禁止定罪中的重复评价甚至较之禁止量刑中的重复评价更为重要。

在刑法评价时，之所以应当贯彻禁止重复评价的原则，是由法的正义性所决定的。法的正义性是法的最重要的价值取向之一，正如美国著名的哲学家约翰·

---

① 参见［意］斯奇巴尼：《民法大全选译：司法管辖权、审判、诉讼》，73页，北京，中国政法大学出版社，1992。

② 参见［意］斯奇巴尼：《民法大全选译：司法管辖权、审判、诉讼》，74页，北京，中国政法大学出版社，1992。

③ 参见［意］斯奇巴尼：《民法大全选译：债、私法之债、阿奎利亚法》，36页，北京，中国政法大学出版社，1992。

④ 参见林山田：《刑法通论》，2版，431页，台北，三民书局，1986。

罗尔斯提出："正义是社会制度的首要价值。某些法律和制度，不管它们如何有效率和有条理，只要它们不正义，就必须加以改造或废除。"[①] 法的正义性表现在刑法领域，就是要在惩罚犯罪、防卫社会的同时，切实有效地保障被告人的权利，防止不恰当地加重被告人的责任，以期实现罪刑的均衡性，而禁止重复评价正是法的正义性的题中应有之义。

二

禁止重复评价，是指在定罪量刑时，禁止对同一犯罪构成事实予以二次或二次以上的法律评价。为了正确理解禁止重复评价的原则，应当注意以下问题。

（一）只有对同一犯罪构成事实才有重复评价可言

犯罪是主观罪过与客观危害的统一，作为犯罪构成事实，也可以分为主观事实与客观事实。主观事实一般是指心理事实，包括罪过形式、犯罪的动机与目的等。客观事实一般是指行为事实，包括行为、客体和结果以及行为与结果之间的因果关系。而且，这里的行为既可以是作为犯罪构成基本要件的行为，也可以是作为犯罪的加重构成的行为。这里的结果既可以是作为犯罪构成基本要件的结果，也可以是作为犯罪的加重构成的结果。同一犯罪构成事实是禁止重复评价的前提，也就是说，只有对同一犯罪构成事实才有重复评价可言。

（二）重复评价必须发生在同一诉讼之内

作为刑法原则的禁止重复评价只能发生在同一诉讼之内，这是它与刑事诉讼法原则一事不再理的根本区别。一事不再理（non bis in idem）是指对于判决、裁定已发生法律效力的案件或者自诉人撤诉的案件，除法律另有规定外，不得再行起诉或受理。一事不再理源自古罗马法。在罗马共和国时期，法院实行一审终审制，因而实行一事不再理的原则。这一原则最初适用于民事诉讼，以后逐渐适用于刑事审判。在古罗马法中，一事不再理原则主要是为了维护判决的权威。例

① ［美］罗尔斯：《正义论》，1 页，北京，中国社会科学出版社，1988。

如乌尔比安在《论尤里亚和帕比亚法》第1编中指出："已决案被视为真理。"①以后，英美法系进一步发展了这一思想。英国普通法中有一句格言，即任何人不得因同一犯罪而受两次（以上）生命危险。直到17世纪下半叶，这句格言在英国法律中引起高度重视，但此时仍限于死罪。这一原则后来又逐步扩大到一般犯罪。比如，英国在美洲的殖民地马萨诸塞等地的判决中，就确立了任何犯罪都不得受两次以上刑罚危险的原则。该原则在英美法系的首次成文规定当推1789年美国宪法修正条文第5条："任何人不得因同一犯罪而两次受生命或健康之危险。"这就是英美法系刑法中著名的防止重复定罪和刑罚的危险原则（Protection against double jeopardy)，该原则实际上就是一事不再理的原则。当然，这一原则的根据已经不再是维护判决的权威，而更主要是为了保护被告人的合法权利。因为在刑事诉讼中，被告人与国家之间存在一种刑事法律关系，在这一关系中，国家拥有丰富的人力与物力资源，而被告人以一己之单薄力量，处于极为不利的地位。如果允许国家反复努力，对被告人的同一行为定罪处刑，则必将迫使该公民陷于精神上的窘迫、时间与金钱上的消耗以及人格上的严重折磨，使其处于持续的忧虑与危险之中。这样，即使是无辜者往往也极有可能被定罪。由此可见，一事不再理原则虽然与禁止重复评价一样，都体现了对被告人合法权利的保障，但两者的内容有所不同。诚然，一事不再理在某种意义上说，也是禁止重复评价，但一事不再理主要是从诉讼程序上限制或者禁止重复评价，因而是刑事诉讼法的原则。而禁止重复评价主要是指不得对同一行为在同一个诉讼程序过程中重复定罪量刑，因而是刑法的原则。

（三）禁止的是相同性质的重复评价

禁止重复评价中的评价必须是相同性质的刑事评价，因而应当将它与处罚竞合问题加以区分。处罚竞合是同一行为同时受到刑事与行政或民事两种处罚，又称为双重处罚或双重制裁。关于处罚竞合，我国刑法学界存在两种观点：一是否

① ［意］斯奇巴尼：《民法大全选译：司法管辖权、审判、诉讼》，66页，北京，中国政法大学出版社，1992。

定说，认为双重处罚应当禁止。例如有关司法机关在解释全国人大常委会《关于惩治贪污罪贿赂罪的补充规定》时指出，关于对多次贪污未经处罚，是指两次以上（含两次）的贪污行为，既没有受过刑事处罚（包括免予起诉、免予刑事处分），也没有受过行政处理。已经受过刑事处罚的贪污行为，当然不得再累计数额，否则有悖于一事不再理原则。这里的问题是，已受到行政处分，可否累计数额再受刑事处分，这就涉及处罚竞合的问题。显然，上述司法解释是否定双重处罚的。我国刑法学界也有人认为，根据一事不再理原则，凡是受过处理的贪污行为，其数额不应当再行累计，不能把经数次行政处理过的贪污数额再累计起来追究刑事责任。① 二是肯定说，认为双重处罚应予承认。我国刑法学界有人指出：一事不再理中所说的两次处分，一般是指性质相同的两次处分。如因同一罪行而判两次刑，并都付诸执行。而同时给予罪犯以刑事处分和行政处分（或行政处罚），则是两种性质不同的处分，它们完全是独立存在的，并不发生两者择一的问题，更不存在违反一事不再理原则的情况。② 我同意肯定说，因为双重处罚具有理论根据与法律根据。应当说，在处罚竞合的情况下实行双重处罚，实际上也是一种重复评价，但由于这里的评价分别是由不同机关作出的，并且具有完全不同的性质，因而应予肯定。承认双重处罚与刑法中禁止重复评价的原则并不矛盾，两者既不可对立起来，也不能混为一谈。

三

禁止重复评价原则首先体现在定罪之中。定罪是司法机关对某一行为是否有罪的确认。这里所谓的确认，又称为认定，即确定地认为，指从质的规定性上对一定的现象作出分析、认识、判断与确定。在定罪活动中，所谓确认，主要是指对某一行为与刑法所规定的犯罪构成之间进行的相互一致的认定。因此，定罪的

---

① 参见卢泰山主编：《最高人民检察院司法解释评析（1979—1989）》，150 页，北京，中国民主法制出版社，1991。

② 参见张明楷：《行政刑法概论》，176 页，北京，中国政法大学出版社，1991。

评价内容表现为将某一行为确定为犯罪。在定罪过程中，禁止重复评价主要是指：一个行为只能定一个罪名，或者说一个行为只能在构成要件中使用一次，不得在定罪中重复使用。因此，禁止重复评价原则在定罪中的作用主要表现在想象竞合犯问题与法条竞合问题上，下面分别加以论述。

（一）禁止重复评价与想象竞合犯的性质

关于想象竞合犯的性质，在刑法理论上存在单数理论与复数理论之争。单数理论认为想象竞合犯在实质上只有一个行为，虽然实现数个构成要件，但是亦仅构成一罪，故在本质上应属一罪。反之，复数理论则强调想象竞合犯在外观上仅有一行为，但在实质上已实现数个构成要件，故在本质上应认为系数罪。我认为，单数理论与复数理论之争的要害问题是能否对一行为作重复评价。显然，单数理论与复数理论对此作了截然相反的回答。例如日本著名刑法学家小野清一郎就明确指出："就立法政策言，虽应极力避免一个行为在刑法上作双重的评价，然若无适当的构成要件可以评价一个行为时，则依两个构成要件以评价该行为，不仅可能，而且正当!"① 从表面上来看，想象竞合犯的一行为既然触犯了数个罪名，似乎数个罪名同时可以用来评价这一行为。换言之，对这一个行为只用一个罪名来评价都是不充分的，因而需要同时用数个罪名来进行评价。但在实际上，行为只有一个，用数个罪名来评价这一个行为，是一种重复评价，其后果必须是不恰当地加重行为人的刑事责任，因而不妥。所以，从禁止重复评价的原则出发，想象竞合犯是观念上的数罪，实质上的一罪。

（二）禁止重复评价与法条竞合的适用

在法条竞合的情况下，行为人的同一犯罪行为，因法条的错综规定，出现数个法条规定的交叉或者出现构成要件内容的重叠。在此交叉的基础上，起重要的本质的组成要素作用的是代表综合评价的法条规定，就是法条竞合中应适用的法条，而其他法条应予排除。因此，法条竞合之所谓竞合，就是在立法上对一个行为作了重复评价。例如，盗窃枪支的行为，可由《刑法》第 151 条、第 152 条评

① ［日］小野清一郎：《新订刑法讲义总论》，日文版，274～275 页。

价为盗窃罪，又可由《刑法》第112条评价为盗窃枪支罪。立法上的这种重复评价的出现，是出于立法技术上的特殊需要。但在司法上，显然不能对一个行为两次评价，而只能选择其一进行评价。在某些情况下，法律对此有明文规定。例如，《刑法》第113条规定的交通肇事罪，包括过失致人死亡的内容，从刑法理论上来说，这是一种包容竞合，即在两个法条之间存在整体法与部分法的竞合关系。也就是说，《刑法》第113条规定的交通肇事罪，包含《刑法》第133条规定的过失杀人罪的内容，因而存在法条竞合关系。但是，我国《刑法》第133条规定："本法另有规定的，依照规定。"这实际上是在立法上明确排除在这种情况下对《刑法》第133条的适用。我国刑法学界有人将这里所谓"本法另有规定的"情况称为特殊的过失杀人罪。其实这种表述并不确切。我认为，在这种情况下，应该属于包容竞合，即一个罪名概念的外延是另一罪名概念的外延的一部分，但犯罪构成的内容已超出外延窄的罪名概念的情形。在包容竞合的情况下，两个法条之间具有整体与部分的从属关系，即整体法规定的是属罪名，部分法规定的是种罪名。在包容竞合的两个罪名概念中，外延窄的那个罪名概念（种罪名）由于法律规定将其涵括在外延宽的那个罪名概念（属罪名）中，因而其在特定条件下丧失独立存在的意义，包容于属罪名之中，两者之间存在吸收关系。因此，法条竞合在立法的设置与司法的适用中，都是以禁止重复评价为前提的。可以说，法条竞合理论就是禁止重复评价原则的具体体现。

四

量刑是在定罪的基础上，根据事实与法律，对犯罪人裁量适用刑罚的刑事法律活动。如果说，定罪是对犯罪行为的质的评价，那么，量刑就是对犯罪行为量的评价。在量刑中，涉及禁止重复评价的主要有以下问题。

（一）禁止重复评价与犯罪情节

犯罪情节是依附于犯罪而存在，并且是构成犯罪的基本要素。我国刑法中的犯罪情节，可以分为定罪情节与量刑情节。定罪情节是指那些对于构成犯罪或者

区分轻罪与重罪具有决定影响的情节，这些情节往往表现为一定的犯罪构成要件。量刑情节是人民法院对犯罪分子量刑时，据以决定处刑程度或者免除处罚的各种情况。因此，定罪情节与量刑情节具有各自的功能。作为禁止重复评价原则的重要体现，定罪情节不得在量刑时再次使用。定罪情节在确定某一行为是否构成犯罪的时候，已经使用过一次；如果在量刑的时候再次使用这一情节，就是重复评价，因而应予禁止。我国《刑法》第 57 条规定："对于犯罪分子决定刑罚的时候，应当根据犯罪的事实、犯罪的性质、情节和对于社会的危害程度，依照本法的有关规定判处。"这里所谓情节，到底应当如何理解呢？对此，我国刑法学界存在不同理解。通行的观点认为，所谓犯罪情节，是指犯罪构成事实以外的其他能够影响社会危害程度的各种具体事实情况。但也有个别同志认为，把《刑法》第 57 条规定的情节侧重理解为量刑情节是可以的，因为《刑法》第 57 条规定的目的，是为量刑提出一个正确原则。但若把这种规定加以绝对化理解，也是片面的欠妥的。因为刑法分则规定的许多情节，有时是作为犯罪构成要件即定罪的情节，有时又作为量刑的情节。我赞同前一种观点。因为量刑时考虑的只能是构成要件以外的其他表明行为的社会危害性程度的事实要素，定罪情节作为犯罪构成的基本事实在定罪时已经使用，因而在量刑时不能再度使用，否则就会有悖于禁止重复评价的原则。例如，依照《刑法》第 139 条规定，犯强奸妇女罪的，处 3 年以上 10 年以下有期徒刑；情节特别严重的或者致人重伤、死亡的，处 10 年以上有期徒刑、无期徒刑或者死刑。根据有关司法解释，这里的情节特别严重包括强奸妇女多人或多次。正因为强奸妇女多人或多次才视为强奸妇女情节特别严重，处 10 年以上有期徒刑、无期徒刑或者死刑。所以，在量刑时，如果再把这一情节作为从重处刑的根据，就是重复评价，其结果必然不适当地加重犯罪人的刑事责任，因而应予禁止。

（二）禁止重复评价与主犯的处罚

我国刑法中的主犯是指组织、领导犯罪集团进行犯罪活动的或者在共同犯罪中起主要作用的犯罪分子。《刑法》第 23 条规定："对于主犯，除本法分则已有规定的以外，应当从重处罚。"这里所说的"本法分则已有规定"，是指刑法分则

中对某些首要分子或者罪恶重大的主犯，根据其在共同犯罪中所处的地位和所起的作用，已经专门规定了较重的法定刑。这些情况可以分为两种类型：一是分则条文对某些首要分子或者罪恶重大的分子已专门作了加重法定刑的规定。二是分则条文规定以首要分子为犯罪构成必要条件的，如果不是首要分子就不构成该罪，分则条文对这些犯罪的法定刑有明文规定。在上述两种情况下，依照刑法分则规定的法定刑判处，已经体现了对主犯从重处罚的精神；不应按照主犯从重处罚的规定，在这个法定刑幅度内再予从重处罚。因此，我国刑法对主犯处罚的这一规定，也体现了禁止重复评价原则的精神。

（本文原载《现代法学》，1994（1））

法条竞合初探

一、法条竞合的理论界定

在刑法理论上，法条竞合是指同一犯罪行为，因法条的错综规定，出现数个法条所规定的构成要件在其内容上的重合或者交叉。法条竞合是关于法条之间关系的理论，所要解决的是一个行为在数个法条的情况下该适用哪个法条的问题。

法条竞合是基于刑事立法而产生的，但其存在的根源在于刑法所谓调整的社会关系。立法者在根据刑法所调整的社会关系的性质即犯罪客体建立刑法分则体系的时候，由于社会关系的错综交织，不能不在法条所规定的内容上发生一些重合或者交叉，因此，这种刑法所调整的社会关系的复杂性，就是法条竞合存在的客观基础。从本质上说，法条竞合是犯罪所侵犯而为刑法所保护的社会关系的竞合。

这里有必要把法条竞合和想象竞合犯加以区别。

想象竞合犯是指实施一个犯罪行为而触犯数个法条的情形。例如，一枪同时打死一人、打伤一人。从表面上看，想象竞合犯似乎具备了两个犯罪构成，好像

是数罪；但因为它只有一个行为，所以不是实际的数罪，而只是观念上的数罪。法条竞合和想象竞合犯的共同之处在于都是一个犯罪行为，都触犯了两个法条。两者的根本区别在于：法条竞合同时触犯的两个法条之间存在包容关系，而想象竞合犯同时触犯的两个法条之间则不存在这种包容关系。

法条竞合之所谓包容关系是指两个法条对犯罪的规定在其内容上的重合或交叉。法条重合是指一个法条的全部内容为其他一法条的内容的一部分。例如，我国《刑法》第116条规定了走私罪，而第173条又规定了盗运珍贵文物出口罪。盗运珍贵文物出口，实际上是走私的形式之一。因此，就两个法条的关系而言，盗运珍贵文物出口罪为走私罪的一部分，两者在内容上发生重合。法条交叉是指一个法条的内容的一部分为其他一法条的内容的一部分。例如，我国《刑法》第151条、第152条规定了诈骗罪，而第166条又规定了招摇撞骗罪。当犯罪分子冒充国家工作人员诈骗公私财物数额较大的时候，两个法条就发生了交叉关系。法条交叉的特点是在外观上不像法条重合那么明显地可以看出是法条竞合，而只有通过对两个法条内容的分析，才能发现其竞合关系。

在揭示法条竞合的本质的基础上，我们还必须正确地解决我国刑法中法条竞合的法条适用问题。我认为，在法条发生竞合的时候，之所以选择适用此一法条而排斥彼一法条，归根到底是由刑法所调整的社会关系的性质所决定的，并受我国刑法中罪刑相适应原则的制约。在一个犯罪行为同时侵犯两种社会关系而发生法条竞合的情况下，应该分析这一犯罪行为所侵犯的两种社会关系中，哪一种社会关系的性质重要并为我国刑法所重点保护，该种社会关系的性质决定犯罪的性质从而决定其所适用的法条。例如，盗抢枪支、弹药的犯罪行为，同时侵犯公共安全和财产所有权。在这两种社会关系中，公共安全显然是更为重要的，所以应适用我国《刑法》第112条而排除第151条、第152条。在一个犯罪行为侵犯了同一种社会关系但在侵犯程度上具有差别而发生法条竞合的情况下，法条适用取决于对社会关系的侵犯程度。例如，杀人预备和杀人既遂，虽然同是侵犯公民的生命权，但有程度之分。当犯罪分子经过杀人预备阶段而着手实行杀人行为并达到杀人既遂，就发生了法条竞合。在这种情况下，应该适用规定侵犯社会关系程

度严重的犯罪的法条。上述杀人预备和杀人既遂的法条竞合，应适用杀人既遂的法条而排除杀人预备的法条。以上所述是确定法条竞合的法条适用原则的理论根据。在司法实践中法条竞合可以分为法条重合和法条交叉两种形态，现对其法条适用原则分述如下。

法条重合具有三种类型：一是实害法和危险法的竞合；二是基本法和补充法的竞合；三是特别法和普通法的竞合。

在实害法和危险法竞合的情况下，应根据实害法优于危险法的原则适用实害法排除危险法。在我国刑法中，规定不要求某种实际危害结果发生，只要具有足以发生某种危害结果的危险就构成犯罪的法条，是危险法。我国《刑法》第 107 条规定的破坏交通工具罪，是危险法的适例。在我国刑法中，规定发生某种实际危害结果为犯罪构成要件的犯罪的法条，是实害法。我国《刑法》第 110 条规定的破坏交通工具罪，是实害法的适例。犯罪对社会关系侵犯的程度不同，显然应该适用侵犯社会关系程度严重的法条，这就是适用实害法而排除危险法。

在基本法和补充法竞合的情况下，应根据基本法优于补充法的原则适用基本法而排除补充法。在我国刑法中，基本法是指规定犯罪和刑罚的分则条文，而补充法是指规定某些特殊犯罪形态以及处罚原则的总则条文。例如，犯罪预备、犯罪教唆、犯罪帮助等。刑法总则的规定使这些特殊犯罪形态的构成要件得到补充，它不能离开分则条文而独立存在，因此是补充法。犯罪对社会关系侵犯的程度不同，显然应该适用侵犯社会关系程度严重的法条，这就是适用基本法而排除补充法。

在特别法和普通法竞合的情况下，应根据特别法优于普通法的原则适用特别法而排除普通法。在我国刑法中，在任何条件或对任何对象都普遍适用的是普通法；而以普通法的规定为基础，附加特别条件，在特定情况下或对特定对象适用的是特别法。特别法和普通法的竞合，主要是在一个犯罪行为侵犯两种社会关系的情况下发生的，所以应按社会关系的性质选择适用法条。而特别法往往是规定侵犯性质严重的社会关系的犯罪的，因此应该适用特别法。如果在一个犯罪行为侵犯同一社会关系而侵犯程度有别的情况下发生特别法和普通法的竞合，应该适

用特别法。

在法条交叉的情况下，应根据复杂法优于简单法的原则适用复杂法排除简单法。一般来说，规定侵犯两种以上社会关系（复杂客体）的犯罪的法是复杂法，规定侵犯一种社会关系（简单客体）的犯罪的法是简单法。例如，我国《刑法》第132条规定的故意杀人罪侵犯的是公民的生命权，是简单法。而我国《刑法》第105条规定的放火罪侵犯的除公共安全以外，还包括其他关系。例如，在放火而杀人时，侵犯的是公共安全和公民的生命权，因此是复杂法。法条交叉是在一个犯罪行为侵犯两种社会关系的情况下发生的，所以应按社会关系的性质选择适用法条。而复杂法往往是规定侵犯性质严重的社会关系的犯罪的，因此应该适用复杂法。

上述是我国刑法中法条竞合的适用的基本原则，而在某些特殊情况下，尚有补充原则，这就是重法优于轻法的原则。这个问题，我国刑法学界曾经展开过争论，肯定说从罪刑相适应原则出发阐述重法优于轻法的根据，而否定说则认为重法优于轻法违背罪刑法定原则。

我认为，罪刑法定是我国刑法的基本原则之一。按照罪刑法定原则，我国刑法所规定的每一个犯罪都有其特定的罪质和罪责，各法条规定的犯罪都互相独立不可混淆。因此，当某一法条规定的犯罪的法定刑过低，不能做到罪刑相适应的情况下，应该通过修改法律来解决这个问题，而不得任意以罪刑相适应为理由适用其他重法。但在特别法和普通法、复杂法和简单法竞合的情况下，一个行为触犯两个法条，应当按照特别法（复杂法）优于普通法（简单法）的基本原则适用特别法（复杂法）。而特别法（复杂法）规定的法定刑在某些特殊情况下显然不能做到罪刑相适应时，完全可以适用普通法（简单法）即重法，这并不违背罪刑法定原则。因为在这种情况下，存在着由特别法（复杂法）所规定的犯罪向普通法（简单法）所规定的犯罪转化的条件。如前所述，在特别法和普通法、复杂法和简单法竞合的情况下，往往是一个犯罪行为侵犯了两种社会关系。一般来说，按照特别法（复杂法）优于普通法（简单法）的原则，适用特别法（复杂法），是可以做到罚当其罪的。当然，这并不是说该犯罪行为不具备普通法（简单法）

所规定的犯罪的构成要件。恰恰相反，它不仅具备普通法（简单法）所规定的犯罪的构成要件，而且具有其他应当从重的情节。所以，在适用特别法（复杂法）不能做到罪刑相适应的情况下，适用普通法（简单法）完全是可以的。例如，甲冒充国家工作人员招摇撞骗，诈骗财物价值达8万元，这里存在复杂法和简单法的竞合。如果适用复杂法，即以招摇撞骗罪论处，最高只能判处10年有期徒刑，这就不能做到罚当其罪。在这种情况下，按重法优于轻法的原则，适用简单法，即以诈骗罪论处，可以认为是数额巨大，判处10年以上有期徒刑，直至无期徒刑。只有这样，才能做到罪刑相适应。所以，我认为，重法优于轻法的原则是法条竞合的适用的必不可少的补充原则。

二、法条竞合的立法方式

在刑法理论上，法条竞合是指同一犯罪行为因刑事立法对法条的错综规定，出现数个法条所规定的构成要件在其内容上的重合或者交叉。法条竞合是基于刑事立法而产生的，它的存在具有某种客观必然性。

在我国现行刑法中，有相当一部分条文之间具有竞合关系。例如《刑法》第116条（走私罪）和第173条（盗运珍贵文物出口罪），第117条（投机倒把罪）和第164条（制造、贩卖假药罪），第151条（诈骗罪）和第166条（招摇撞骗罪），第112条（盗窃枪支、弹药罪）、第128条（盗伐林木罪）和第151条、第152条（盗窃罪）等法条之间都具有重合或者交叉之处。在这些法条竞合的情况中，有些规定是科学的，例如走私罪和盗运珍贵文物出口罪。根据刑法规定，走私罪的法定刑最高为10年有期徒刑，1982年全国人大常委会的《关于严惩严重破坏经济的罪犯的决定》将其法定最高刑提高到死刑，而刑法规定盗运珍贵文物出口罪的法定刑最高为无期徒刑，该决定也将其法定最高刑提高到死刑。这样，在走私罪和盗运珍贵文物出口罪的处罚上，就不会发生刑罚不协调的问题。但在其他一些法条竞合的情况下，刑罚不协调的现象就比较严重，因而影响了刑法的适用效果。比较典型的是投机倒把罪和制造、贩卖假药罪，根据我国刑法和上述决定，投机倒把罪的法定最高刑是死刑，而制造、贩卖假药罪的法定最高刑是7年有期徒刑；对于没有造成严重后果的，只能判处2年以下有期徒刑。在司法实践中，对于那些大量制造、贩卖假药，非法获利数额巨大，严重破坏社会经济秩序的犯罪分子，由于没有造成严重后果，最重也只能判处2年有期徒刑，这显然是放纵了犯罪分子。

为了在刑事立法中协调各种犯罪之间的刑罚，使刑法体系不因内部矛盾而被推翻，我认为在今后刑事立法中采用法条竞合这一立法方式的时候，应当注意以下三点。

（一）在一般情况下，特别法的法定刑应当高于普通法

在法条竞合的情况下，互相竞合的法条有特别法和普通法之分。所谓普通法，是指对犯罪主体、犯罪客体、犯罪时间、地点、手段不予限制，在一般场合下普遍适用的法条。所谓特别法，是相对于普通法而言的，它是在普通法的基础上，附加一定条件，只在一定场合下适用的法条。根据法条竞合的一般理论，当一个犯罪行为既触犯普通法，又触犯特别法的情况下，应当适用特别法，而排除普通法的适用。这主要是因为法条竞合的实质是社会关系的竞合，在互相竞合的两种社会关系中，往往有一种社会关系是为刑法所重点保护的。在一般情况下，特别法所保护的社会关系是刑法重点保护的，因而当特别法与普通法竞合时，应当优先适用特别法。为此，特别法的法定刑应当高于普通法，只有这样，才能使两者的刑罚相互协调，达到预期的刑罚目的。

（二）在某些情况下，特别法的法定刑可以与普通法相同

犯罪的情况是十分复杂的，刑事立法也应当适应这种复杂情况。在法条竞合的情况下，一般来说，特别法的法定刑应当高于普通法。但在某些情况下，特别法的法定刑也可以与普通法相同，这是因为普通法适用面广泛，案件情况也比较复杂，而特别法适用于某一类特殊情况，案件情况比较明确。因此，对普通法的法定刑幅度规定大一些，以便强化其适用能力，这也是可以理解的。另外，当某些犯罪相当严重，即使是普通法所规定的犯罪也应当判处死刑的时候，特别法所规定的犯罪的法定最高刑也只能是死刑，因而两者相同。应当指出，在某些情况

下，特别法的法定最高刑虽然和普通法相同，但仍然可以通过起刑点的区别使两者的刑罚得以协调，并体现对某种社会关系的重点保护。例如走私罪和盗运珍贵文物出口罪的法定最高刑都是死刑，但起刑点有所不同。走私一般物品有情节严重的限制，其中走私数额的大小是考查情节是否严重的重要内容之一。而盗运珍贵文物出口，则没有这种限制，只要实施了这种行为，就足以构成犯罪。在这种情况下，虽然两罪的法定最高刑相同，但仍然体现了对珍贵文物的重点保护。

（三）在少数情况下，特别法的法定刑可以适当低于普通法

不可否认，在解决法条竞合的问题的时候，刑法重点保护的社会关系是首先应当考虑的因素，但这绝不是唯一的因素，除此以外，还应当考虑犯罪发生率和犯罪成功率等因素，就是在少数情况下，特别法的法定刑可以适当低于普通法的理由。

以犯罪发生率而论，有些犯罪发生较少，而且与普通法是一种法条交叉关系。在这种情况下，如果特别法的法定刑规定得比普通法还要高或者相同，就会显失公正。例如招摇撞骗罪，其犯罪特征是冒充国家工作人员的身份进行诈骗，在大多数情况下，骗取的是提薪提职等经济实惠或者政治待遇。这种行为主要是损害国家机关和国家工作人员的威信，危害社会管理秩序。因此，刑法规定招摇撞骗罪的法定最高刑为 10 年有期徒刑是合适的。但并不排除在个别情况下有人冒充国家工作人员的身份诈骗公私财物，这种情况就和诈骗罪发生了法条竞合。如果冒充国家工作人员的身份诈骗公私财物数额较大或者巨大，仍然可以与诈骗罪的刑法规定相协调。如果冒充国家工作人员的身份诈骗财物数额特别巨大，最重只能判处 10 年有期徒刑，而定诈骗罪最高可以判处无期徒刑，两罪的刑罚就不协调了。那么，能否仅根据招摇撞骗罪中发生可能性很小的这样一种情况，就将招摇撞骗罪的法定最高刑提高为无期徒刑甚至死刑呢？显然不行，否则，就很可能加重一般招摇撞骗罪的刑罚，从而有悖于罪刑相适应的原则。

就犯罪成功率而言，每一种犯罪成功的可能性是有所不同的，因而反映出犯罪的社会危害性的差别。有些犯罪既遂的可能性比较小，虽然是刑法重点保护的社会关系，也没有必要规定重于普通法的法定刑。例如，我国刑法学界有人建议

从诈骗罪中分离出若干经济诈欺的犯罪，诸如保险诈欺罪、破产诈欺罪、货款诈欺罪、广告诈欺罪、合同诈欺罪等。这些经济诈欺罪与诈骗罪之间具有特别法和普通法的竞合关系，那么是否对这些经济诈欺罪都应当规定与诈骗罪相同或者重于诈骗罪的法定刑呢？如果是的话，刑法中就陡然增加了 5 种无期徒刑的犯罪或者死罪。这样做，不仅在立法技术上不可取，而且也不符合罪刑相适应的原则。

当然，在少数情况下，特别法的法定刑可以低于普通法，但这是有条件的，这个条件是“适当”。至于何谓适当，应根据实际需要而定。同时，在个别情况下出现特别法规定的犯罪十分严重难以做到罪刑相适应时，可以根据重法优于轻法的原则适用普通法，使之得以补救。

三、法条竞合的司法适用

法条竞合作为一种立法方式在刑事立法中被采用以后，就发生了一个司法适用的问题。目前我国刑法中的法条竞合，在相当多的犯罪中，普通法的法定刑重于特别法，甚至相差悬殊，即使是在刑事立法中加以修改，也还是不可避免地存在特别法的法定刑低于普通法的少数情况。在这些情况下，如果发生重法与轻法的竞合，是否可以适用重法，就成为在法条竞合的司法适用中迫切需要解决的问题。

当普通法为轻法，而特别法为重法，两者发生法条竞合时，应当适用特别法即重法，这在我国刑法学界是一致公认的，不存在异议。但是，当普通法为重法，而特别法为轻法，两者发生法条竞合时，是适用普通法还是适用特别法呢？在这个问题上，我国法学界主要存在以下三种观点：第一种观点认为应当适用普通法即重法。其理由是：当特别法条优于普通法条的具体原则与罪刑相适应的基本原则相抵触时，自然应是前者让位于后者，服从后者；前者仅是个执法的具体原则，而后者却是立法和执法都必须遵循的基本原则，是刑法的核心因素，刑法的一切规定都应该由此而产生和推论，并始终服从于此。具体说来，当出现适用特别法条则刑不足以抵罪，而适用普通法条却能够解决这个问题时，可以选用普

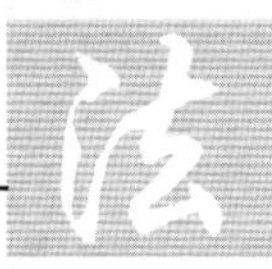

通法条即重法，以符合罪刑相适应的基本原则。第二种观点认为应当适用特别法，其理由是：特别法是在普通法的基础上产生的，当普通法与特别法竞合时，应当优先适用特别法；如果普通法优于特别法，特别法就失去独立存在的意义了。第三种观点认为法条竞合应从重选择，其理由是：从法理上讲，特殊法条的刑罚应重于或者至少应等于普通法条的刑罚，这是因为特殊法条中规定的特殊内容对统治阶级来说更具有危害性。

我认为，罪刑法定是我国刑法的基本原则之一。按照罪刑法定原则，我国刑法所规定的每一个犯罪都有其特定的罪质和罪责，各个法条规定的犯罪都互相独立，不可混淆此罪与彼罪的界限。因此，当某一法条规定的犯罪的法定刑过低，不能做到罪刑相适应的情况下，应该通过修改法律来解决这个问题，而不得任意以罪刑相适应为借口适用其他重法。在特别法和普通法竞合的情况下，一个犯罪行为触犯两个法条，应当按照特别法优于普通法的原则适用特别法。而在某些特殊情况下，特别法规定的法定刑显然不足以抵罪时，就完全可以适用普通法即重法，这就是法条竞合的司法适用中的重法优于轻法的原则。

（一）重法优于轻法原则的立法根据

在重法与轻法相互竞合的情况下，优先适用重法，并不违背罪刑法定原则，因而是有立法根据的。因为在法条竞合的情况下，往往是一个犯罪行为侵犯了两种社会关系。一般来说，按照特别法完全可以做到罚当其罪。当然，这并不是说该犯罪行为不具备普通法所规定的犯罪的构成要件，而是具有其他应当从重的情节，因此，从犯罪构成上说，特别法所规定的犯罪完全存在适用普通法的基础。而且，从犯罪和刑罚的关系上说，犯罪具有应受刑罚惩罚性，这说明刑罚对犯罪具有制约性。在特别法和普通法发生竞合而普通法的法定刑明显高于特别法的情况下，根据我国刑法的罪刑相适应的原则，应当适用普通法即重法，这就体现了刑罚对犯罪的制约性。如果说，完全具备普通法所规定的犯罪构成要件，是特别法所规定的犯罪向普通法所规定的犯罪转化的内在根据，那么，刑罚对犯罪的制约性就是特别法所规定的犯罪向普通法所规定的犯罪转化的外在条件。因此，在重法和轻法竞合的情况下，由特别法所规定的犯罪向普通法所规定的犯罪转化，

根本不存在违背罪刑法定原则的问题，而是具有立法根据的。

（二）重法优于轻法原则的司法根据

重法优于轻法的原则在司法实践中是否必要和可行呢？这是一个需要由事实来回答的问题。我国《刑法》第166条规定的招摇撞骗罪和第151条、第152条规定的诈骗罪存在特别法和普通法的竞合关系。根据我国《刑法》第166条的规定，冒充国家工作人员招摇撞骗的，处3年以下有期徒刑、拘役、管制或者剥夺政治权利；情节严重的，处3年以上10年以下有期徒刑。而我国《刑法》第151条规定，诈骗公私财物数额较大的，处5年以下有期徒刑、拘役或者管制。第152条规定，诈骗公私财物数额巨大的，处5年以上10年以下有期徒刑；情节特别严重的，处10年以上有期徒刑或者无期徒刑，可以并处没收财产。犯罪分子冒充国家工作人员诈骗财物数额不大，还达不到诈骗罪的立案标准，考虑到其冒充国家工作人员的身份，有损于国家机关的威信，可以定招摇撞骗罪。这时不发生法条竞合的问题，适用《刑法》第166条理所当然。当犯罪分子冒充国家工作人员的身份诈骗财物数额较大或者巨大时，发生了法条竞合。在这种情况下，我国《刑法》第166条规定的法定最高刑是有期徒刑10年，《刑法》第152条对数额巨大的诈骗罪规定的法定最高刑也是有期徒刑10年，按照特别法优于普通法的原则，应适用《刑法》第166条，以招摇撞骗罪论处。但是，当犯罪分子冒充国家工作人员的身份诈骗财物数额特别巨大或者情节特别严重时，如果仍然适用特别法，最高只能判处有期徒刑10年。而适用普通法，按照《刑法》第152条则可以判处10年以上有期徒刑或者无期徒刑。在这种情况下，就发生了重法和轻法的竞合；如果不适用重法，就不能做到罪刑相适应。例如，被告人钱某冒充某县商业局百货三级批发站代表，先后诈骗商品总价值19万余元，已提取货物价值15万余元。按照有关司法解释，个人诈骗公私财物所得的数额在1万元以上的，一般可视为数额巨大。而本案钱某冒充国家工作人员的身份骗取财物价值竟达15万元之巨，不能不说是数额特别巨大、情节特别严重。显然，如此严重之不法内涵绝非最高只能判处有期徒刑10年的招摇撞骗罪所能容纳，理应按照重法优于轻法的原则适用《刑法》第152条，以诈骗罪论处，在10年有期徒刑

以上判刑，直至判处无期徒刑。而在司法实践中，法院也是这样处理的。

应当指出，重法优于轻法的情况毕竟是个别的。如果在某个法条上，重法优于轻法原则的适用相当频繁，那么，就应当考虑修改其法定刑，以便达到罪质和罪责的均衡。

（本文第一部分原载《法学杂志》，1986（6）；第二部分原载《法制日报》1989年9月20日；第三部分原载《法制日报》1989年12月10日）

刑法竞合论

刑法中的竞合理论即我国刑法理论中的罪数论，关系到定罪与量刑。正如意大利学者所言，罪数问题是很多刑法制度的交合点。[①] 罪数是刑法学体系中理论性最强的问题之一，在我国刑法未对罪数问题作出具体规定的情况下，如何构建罪数论体系，确实是一个值得探讨的问题。下面笔者拟引入大陆法系法理论中关于刑法竞合的学说，并结合我国刑事立法与刑事司法的实际对罪数问题进行阐述。

一、对罪数论框架的考察

我国刑法与外国刑法相比，在罪数论问题上存在着一个重大差别：我国刑法未对各种罪数形态本身作出规定，只是对数罪并罚制度作出了规定，因而罪数理论是对刑法规定的犯罪现象的某种理论概括。例如，1997 年《中华人民共和国刑法》（以下简称《刑法》）第 89 条第 1 款规定，“追诉期限从犯罪之日起计算；犯罪行为有连续或者继续状态的，从犯罪行为终了之日起计算”。通常人们将这

① 参见［意］杜里奥·帕多瓦尼：《意大利刑法学原理》，陈忠林译，407 页，北京，法律出版社，1998。

里的“犯罪行为有连续状态的”称为连续犯，将“犯罪行为有继续状态的”称为继续犯，但这并不是刑法对连续犯与继续犯的明确界定以及对处理原则的统一规定。相比之下，我国刑法对未完成罪、共同犯罪和单位犯罪都有明确的法律规定，这就为刑法理论研究提供了法律基础。尤其应该指出的是，大陆法系国家刑法大多对罪数问题作出了具体规定，并在此基础上构建了罪数理论体系。

《德国刑法典》在第三章“行为的法律后果”中专门对“行为单数”与“行为复数”作了规定。其第52条“行为单数”规定：(1) 如果同一行为侵犯数个刑罚法律或者数次侵犯同一刑罚法律，那么，只科处一个刑罚。(2) 如果数个刑罚法律被侵犯，那么，根据规定最重刑罚的法律确定刑罚。它不允许轻于其他可适用的法律所允许的刑罚。其第53条“行为复数”规定：如果某人实施了被同时判决的数个犯罪行为，并且因此引起数个自由刑或者数个金钱刑，那么，科以一个总和刑罚。可见，《德国刑法典》是在数罪并罚中对“行为单数”与“行为复数”加以规定的。因此，罪数区分作为数罪并罚的前提，在刑法典中属于刑罚的范畴，但在德国刑法学教科书中，罪数问题却被纳入犯罪论而不归属于刑罚论，因此，关于数罪并罚也是在罪数论中作为数罪的法律后果而论述的。根据《德国刑法典》的规定，德国学者以“同时违反数个法律”为前提展开罪数理论，而“行为单数”与“行为复数”是这一理论的前提。德国学者指出，如果同时违反数个法律，就提出了这样一个问题：法律后果是单独测量并在其后相加，还是适用一个较为宽松的制度？在此基础上，德国刑法理论提出了刑法竞合的概念，包括以下三种竞合：(1) 想象竞合 (Idealkonkurrenz)，指一行为数次违反同一刑法法规或者数次触犯同一刑法法规的情形。(2) 实质竞合 (Reclkonkurrenz)，指行为人实施了数个独立的将在同一诉讼程序中受审判的犯罪情形。(3) 法条竞合 (Gesetzeskonkurrenz)，指数个刑法法规只是表面上相竞合，但实际上是一个刑法法规排除了其他刑法法规的情形。[①] 尽管这一理论是根据德国刑法规定而展

---

① 参见［德］汉斯·海因里希·耶赛克、托马斯·魏根特：《德国刑法教科书（总论）》，徐久生译，860页，北京，法律出版社，2001。

开的，但它大大地简化了传统的罪数理论，尤其是改变了罪数理论的体系性框架，因而具有一定的启迪性。

《意大利刑法典》第三章第三节对数罪作了明确规定，其中第71～80条对数罪并罚作了规定，第81条对形式竞合和连续犯罪作了规定："对于以单一的作为或者不作为触犯不同的法律条款或者实施违反同一法律条款的多次侵害行为的人，按照对最严重的侵害行为本应科处的刑罚处罚，并且可在3倍的幅度内增加刑罚。对于为执行同一犯罪计划，以数个作为或者不作为，实施，包括在不同的时间中实施数项触犯同一或不同法律条款的人，依照第1款规定的方式处罚。"值得注意的是，《意大利刑法典》不是在第三章"犯罪"中而是在第一章"刑事法律"中专门对法条竞合问题作了规定，其第15条规定，"当数项刑事法律或者同一法律的数项规定调整某一相同的问题时，特别法律或法律的特别规定变通一般法律或者法律的一般规定，但另有规定者除外"。因此，正如我国学者所说，意大利刑法理论一般主张把数罪（数罪竞合）问题与"规范的表面竞合或冲突"区别开来，后者是指同时存在数个表面看来可适用于同一事实的罪状条款的情况。对于这种法规竞合情况不适用并罚制度，而是根据《意大利刑法典》第15条关于特别规定变通一般规定的原则处理。① 由此可见，在意大利刑法理论中，狭义上的罪数问题是指犯罪竞合，包括实质竞合与形式竞合，我国学者亦译为实质数罪与形式数罪。所谓实质竞合是指行为人用多个行为触犯了多个刑法法规，而形式上的竞合则是指行为人因一行为而触犯了多个刑法法规。② 广义上的罪数包括法条竞合。《意大利刑法典》之所以将法条竞合作为法律适用问题加以规定，而未将其规定在罪数中，根据意大利学者的解释，是因为从抽象教条的角度讲，法条竞合的理论应属于更为广泛的刑法适用范围的问题，因为这实际上要解决的是某

---

① 参见黄风：《意大利刑法引论》，载黄风译：《意大利刑法典》，25页，北京，中国政法大学出版社，1998。

② 参见［德］汉斯·海因里希·耶赛克、托马斯·魏根特：《德国刑法教科书（总论）》，徐久生译，406页，北京，法律出版社，2001。

一法条的适用范围因其他法条的存在而受到限制的问题。[①] 由于罪数理论既涉及犯罪论又涉及刑罚论，将其放在犯罪论中或放在刑罚论中都会使其受到肢解并难以避免重复。在这种情况下，意大利刑法学家将罪数问题作为犯罪论与刑罚论之外的问题独立地加以讨论，可谓别出心裁。不过，如果按照这种逻辑，那么犯罪的未完成形态与共同犯罪都涉及定罪与量刑两个方面，似乎也都应像罪数理论那样独立于犯罪论与刑罚论之外。因此，这一对罪数在刑法体系中的地位的安排是存在缺陷的

《日本刑法典》第九章规定了并合罪，指的是实质数罪，因而是指数罪并罚的规定，但其第 54 条对想象竞合和牵连犯又作了规定："一个行为同时触犯两个以上的罪名，或者作为犯罪的手段或者结果的行为触犯其他罪名的，按照其最重的刑罚处断。"其第 55 条是对连续犯的规定（但现在已删除）。在日本刑法理论中，对罪数也是作为犯罪论的内容专门加以讨论的。在日本刑法教科书中，罪数论除讨论一罪与数罪的区分标准外，还讨论本来的一罪、科刑的一罪和并合罪。本来的一罪中涉及法条竞合，科刑的一罪涉及想象竞合和牵连犯，并合罪就是指实质数罪。[②] 因此，其大体上与德国、意大利刑法理论中讨论的范围相当。

苏俄刑法未对罪数问题作出专门规定，而只有对数罪并罚的规定。例如《苏俄刑法典》第 40 条规定，"如果犯罪人被认为犯有本法典分则不同条文所规定的两个或两个以上的罪行，而且对其中任何一个都没有处刑时，法院应先就每个罪行分别处罚，然后采取以较重的刑罚吸收较轻刑罚的方法，或者在规定着较重刑罚的条文所规定的限度内，把判处的各刑全部或部分合并，最后确定总和的刑罚"。这一规定明确地将数罪并罚的适用范围限制在异种数罪（该法典分则不同条文所规定的两个或两个以上的罪行）之内，从而排除了对同种数罪的并罚。这对罪数理论带来了深刻的影响。在苏俄刑法教科书中，罪数被称为多罪，我国学者有人将其译为复数犯罪[③]，它是指同一个人犯了几个按照刑法规定都是独立犯

① 参见［德］汉斯·海因里希·耶赛克、托马斯·魏根特：《德国刑法教科书（总论）》，徐久生译，407 页，北京，法律出版社，2001。

② 参见［日］大塚仁：《刑法概说（总论）》，3 版，冯军译，414 页以下，北京，中国人民大学出版社，2003。

③ 参见赵微：《俄罗斯联邦刑法》，156 页，北京，法律出版社，2003。

罪的违法行为。[①] 苏俄刑法中的多罪可以分为以下两种：再次犯罪（再犯、累犯）和犯罪合并。由此可见，苏俄刑法中的罪数理论是相对贫乏的。

我国刑法及刑法理论都是从苏联引进的，因而刑法中亦未对罪数问题作出专门规定，只是在“刑罚的具体应用”一章中规定了数罪并罚制度。1979 年刑法颁行初期出版的刑法教科书中，囿于对刑法典的解释，并未在犯罪论中设专章讨论罪数问题；即使在数罪并罚中讨论数罪，也只作简单论述，尤其是在学理上将同种数罪排斥在数罪并罚的适用范围之外。有人认为，从新中国成立以来的刑事立法和审判实践看，对于判决宣告前犯同种数罪的，一般是作为该种犯罪的从重情节加以处罚，而不按数罪并罚处理。[②] 对罪数问题较为详细的研究也是放在数罪并罚中作为非数罪并罚的几类情况加以讨论的，这通常涉及以下三类情况：（1）一行为在刑法上被规定为一罪或处理时作为一罪的情况，包括继续犯、想象竞合犯；（2）数行为在刑法上被规定为一罪的情况，包括惯犯、结合犯；（3）数行为在处理时作为一罪的情况，包括连续犯、牵连犯、吸收犯。[③] 至 20 世纪 80 年代后期，我国刑法教科书才在犯罪论中设专章讨论罪数问题，并且认为，把这个问题放在犯罪论里加以研究是因为它首先是一种犯罪的现象形态。[④] 随着罪数论研究的深入，我国亦出版了罪数论的专著。但是，从目前我国罪数论研究的现状来看，理论与法律脱节的现象较为严重，因而需要对我国目前的罪数理论进行反思。

由于一罪与数罪的区分被认为是罪数理论的核心内容，因而我国学者关于罪数的讨论都是从一罪与数罪的区分标准着手的。也就是说，我国刑法理论中讨论的是犯罪的单数、复数，但在德国刑法理论中，除讨论行为的单数、复数外，还讨论法条的单数、复数。在行为之单复与法条之单复之间存在着以下对应关系：（1）一行为触犯一法条；（2）一行为触犯数法条；（3）数行为触犯数法条；

---

① 参见［苏］别利亚耶夫、科瓦廖夫：《苏维埃刑法总论》，马改秀、张广贤译，248 页，北京，群众出版社，1987。

② 参见杨春洗等：《刑法总论》，257 页，北京，北京大学出版社，1981。

③ 参见高铭暄主编：《刑法学》（修订本），276 页以下，北京，法律出版社，1984。

④ 参见王作富主编：《中国刑法适用》，195 页，北京，中国人民公安大学出版社，1987。

(4) 数行为触犯一法条。一行为触犯一法条是单纯一罪，数行为触犯数法条是异种数罪，数行为触犯一法条是同种数罪（因其典型而不需专门讨论）。在一行为触犯数法条中，又可以分为想象竞合与法条竞合两种情形。由此可见，只有把法条的因素考虑进来，才能对罪数现象从本质上加以正确把握。而我国目前单纯考虑罪之单、复数的做法存在不周延之处，按照这种逻辑，法条竞合问题往往不能得到合理兼顾。

在目前同种数罪不并罚的情况下，某些罪数形态概念丧失了其存在的价值或者其实质意义大打折扣。例如，在我国较为权威的刑法理论著作中，罪数形态包括以下一罪的犯罪形态[①]，下面逐一加以说明：(1) 继续犯。继续犯是一个行为的持续性问题，属于一行为触犯一罪名的单纯一罪。它与追诉时效的起算有关，与罪数无关。将继续犯纳入罪数论中研究有所不当，事实上它可以被放在行为形态或者追诉时效理论中考察。(2) 想象竞合犯。想象竞合犯是一行为触犯数法条。对其究竟是定一罪还是定数罪容易发生争议，属于罪数论应当研究的问题，并且也是各国刑法理论所研究的内容。(3) 结合犯。结合犯是原为刑法上的数罪而被规定为一罪的形态，这是一个法律规定问题，属于法条竞合现象。我国刑法中并不存在典型的结合犯，因而在我国，结合犯仅有知识论价值，在法律适用上并无意义。(4) 惯犯。惯犯是指以某种犯罪为常业，或以犯罪所得为主要生活来源或腐化生活来源，在较长时间内反复多次实施同种犯罪行为，刑法明文规定对其作为一罪论处的情形。我国刑法中对同种数罪并不实行并罚，因而研究惯犯对于罪数区分并无实际意义。(5) 连续犯。连续犯是指行为人基于同一的或者概括的犯罪故意，连续多次实施数个性质相同的犯罪行为，触犯同一罪名的情形。连续犯是多次触犯同一法条，属于行为复数但法条单数。连续犯实际上是同种数罪，在同种数罪并罚的情况下，连续犯具有限制并罚范围之功能，即德国学者所说的避免强制对所有具体的行为进行确认和避免强制适用实质竞合的有关规定。[②] 连续

---

① 参见高铭暄主编：《刑法学原理》，第2卷，505页以下，北京，中国人民大学出版社，1993。

② 参见［德］汉斯·海因里希·耶赛克、托马斯·魏根特：《德国刑法教科书（总论）》，徐久生译，868页，北京，法律出版社，2001。

犯的概念最先是由中世纪的法律实践家提出来的，当时对犯罪竞合实行极其严厉的并科制度（如对盗窃罪数罪并罚就可处死刑），因此他们试图通过对各种犯罪实质竞合的研究概括出一些不应该实行并科的情况，于是连续犯的概念应运而生。[①] 但在我国刑法不实行同种数罪并罚的情况下，连续犯概念可以说毫无法律上的意义，因为在我国即使不认定为连续犯而视为同种数罪，也不存在并罚的问题。此外，对连续犯连续性的界定本身就十分费力，这也是日本刑法取消连续犯规定的原因之所在。（6）牵连犯。牵连犯是指行为人为实施某种犯罪，而其手段行为或者结果行为又触犯其他罪名的情形。牵连犯本身是实质数罪，但为了限制数罪并罚的范围，一般都规定对牵连犯不实行数罪并罚。在我国刑法中，牵连犯存在着从不并罚到并罚的发展趋势，刑法与司法解释中规定了某些并罚的牵连犯。在这种情况下，牵连犯的价值也大打折扣。可以想见，一旦牵连犯都实行并罚，牵连犯存在的法律意义也就丧失殆尽。就此而言，牵连犯目前在我国刑法中还有部分价值，但意义已经十分有限。（7）吸收犯。吸收犯是指行为人实施数个犯罪行为，其所符合的犯罪构成之间具有某种依附与被依附关系，从而其中一个犯罪被另一个犯罪吸收，只对吸收之罪论处的情形。吸收犯是我国刑法中所特有的一个概念，在外国刑法中较为罕见。吸收犯与牵连犯之间存在交叉，两个概念有时不好区分，因此，吸收犯的命运与牵连犯的命运大体相同。除上述概念之外，在有关论著中还涉及接续犯、徐行犯、结果加重犯、转化犯等概念，这些概念作为知识论存在是有其意义的，但对罪数区分来说意义不大。

经过以上辨析可以发现，在刑法中真正属于罪数论的只有想象竞合、法条竞合和实质竞合这样一些基本概念，因此可以在刑法竞合论的框架内加以讨论。刑法竞合论，历来都是刑法学中最复杂且棘手的问题，不仅在其定位上存在争议，而且在竞合的内容上也是意见不一。竞合论所处理的问题究竟是“罪数”的问题还是“行为数”的问题？有人将竞合论问题视为“罪数”决定的问

---

① 参见［意］杜里奥·帕多瓦尼：《意大利刑法学原理》，陈忠林译，421页，北京，法律出版社，1998。

题，从而所发展出的架构完全属于判断罪数的问题，即决定“一罪”与“数罪”的理论体系。[①] 我国台湾地区学者林山田教授所著的刑法教科书将罪数论改为竞合论，林山田教授在论及这一变动时指出，“本书在竞合论之论述直至第3版，均承袭……传统学说与实务之见解，从一罪与数罪之概念着手，认为一罪有：单纯一罪、包括一罪（含结合犯、双行为犯、常业犯、继续犯与接续犯）与处断上一罪（含想象竞合、牵连犯与连续犯），而数罪则指实质竞合之数罪并罚。至第4版虽引进竞合论中行为单数与行为复数之概念，但为顾及跟刑法实务之配合，在论述体系上除扩张法律竞合（法律单数）与不罚之前行为与后行为之部分外，大体依然维持原来之旧体系，致未能贯彻竞合论之体系，以解决国内刑法学说与刑法实务之乱象与问题。为了除上述之弊，本书在本版（第6版）之论述即以竞合论之内涵为主，首先论述行为单数与行为复数（第2节）、法律单数（第3节）；以及不罚之前行为与不罚之后行为（第4节）；其次，再论述属于犯罪单数之想象竞合（第5节）与现行法特有之牵连犯（第6节），以及现行法规定之连续犯（第7节）。最后，论述属于犯罪复数之实质竞合（第8节），检讨‘国内’学说与判例之吸收与吸收犯（第9节），并提出竞合论之判断体系”[②]。但林山田教授的这一竞合论体系中，仍包含了牵连犯、连续犯等并不属于竞合犯的内容。按照林山田教授的理想体系，竞合论应首先对行为人之行为单数与行为复数加以区分，行为单数中分为不纯正竞合，即法条竞合与纯正竞合。法条竞合是法律单数而想象竞合是犯罪单数。行为复数分为不纯正竞合，即不罚之前行为与不罚之后行为与纯正竞合，即实质竞合，实质竞合是犯罪复数。应该说这一竞合论体系的内在逻辑是十分清晰的。关于竞合论，我国大陆学者也开始有所涉足，例如，刘士心博士出版了《竞合犯研究》一书。虽然该书所称竞合犯只包括大陆法系刑法理论中的形式竞合（法条竞合与想象竞合），不包括实质竞合，但这一研究对于推动我国大陆罪数论向竞合论转变是具有积极意义的，对此应当予以肯定。

---

① 参见柯耀程：《变动中的刑法思想》，270～271页，北京，中国政法大学出版社，2003。

② 林山田：《刑法通论》（下册），增订6版，570～571页，台北，台湾大学法律系，1998。

笔者对罪数理论一直十分关注，但基本上是在单复数罪的意义上讨论它，未能跳出罪数论的旧窠臼。在《本体刑法学》一书中，笔者将犯罪分为单数犯罪与复数犯罪，在单数犯罪中将犯罪分为单纯的一罪（包括继续犯、接续犯、徐行犯）、法定的一罪（包括转化犯、惯犯、结果加重犯、结合犯）、处断的一罪（包括想象竞合犯、连续犯、牵连犯、吸收犯）。在复数犯罪中将犯罪分为同种数罪与异种数罪。[①] 这一分类法虽然遵循的是从罪数判断到法律规定判断，再到法律适用判断的路径，具有一定的内在逻辑性，但其中涉及的概念大多具有知识价值而缺乏法律意义。《规范刑法学》一书，也沿袭了上述分类法。如果说《本体刑法学》一书采用更多与现行刑法无关的知识性概念还有其合理性，那么在《规范刑法学》一书中采用这种与规范无关的分类法就有所缺憾。因此，笔者认为，在规范刑法学视域中，更应引入刑法竞合论。

二、法条竞合

法条竞合，又称法规竞合，是指行为单数而法律复数的情形。法条竞合是大陆法系国家刑法中的一种重要理论，它表明了刑法规范之间的复杂关系，因而对于正确地适用刑法具有重大意义。但是，在其他法系国家的刑法中，法条竞合主要是指法条之间的逻辑关系，因而更多的是一种逻辑性的法条竞合。而在我国刑法中，法条竞合主要是指法条之间的交错关系，因而更多的是一种评价性的法条竞合。日本学者泷川幸辰把法条竞合分为逻辑性的法条竞合与评价性的法条竞合。在特别关系中，特别规定要比一般规定优先适用的情况是从逻辑上决定的，是从事物的性质产生出来的当然逻辑，因而是逻辑性的法条竞合。在其他关系的法条竞合中，既要把具体情况考虑进去，又要把价值判断的结果加以比较，然后再行确定，即怎样竞合的判断属于评价性的，因而是评价性的法条竞合。[②] 在一

① 参见陈兴良：《本体刑法学》，581 页以下，北京，商务印书馆，1991。

② 参见［日］泷川幸辰：《犯罪论序说》，王泰译，169 页，北京，法律出版社，2005。

般情况下，逻辑性的法条竞合要比评价性的法条竞合更容易处理，因为对后者要考虑具体情况，因而较为复杂。由于我国刑法中犯罪分类的标准更为多元，因而犯罪间存在着极为复杂的关系。大陆法系国家刑法中的分类标准十分明确，在宏观上是以侵犯法益为标准的，将犯罪分为侵犯个人法益的犯罪、侵犯社会法益的犯罪和侵犯国家法益的犯罪。在这三者之间，往往很少出现犯罪的重复。在微观上以行为特征为标准分为各种具体的犯罪。但在我国刑法中，犯罪客体是犯罪分类的重要标准，在客体之外，行为标准和主体标准掺杂采用，因此，存在这三种犯罪分类标准的错综关系，使犯罪之间的关系十分复杂，势必出现大量法条竞合现象。由此可见，在我国刑法中法条竞合的重要性远远超过在外国刑法中，我们更应加强对法条竞合的研究。

法条竞合研究中最重要的问题是法条竞合类型的划分问题，对此各国刑法理论都有自己的分类方法。在我国刑法理论中，法条竞合主要有以下四种类型。

（一）普通法与特别法的竞合

普通法与特别法的竞合，在刑法理论中被称为特别关系。这是一种逻辑性的法条竞合，也是最常见的法条竞合。德国学者指出，如果一个刑法规定具备了另一个刑法规定的所有要素，且它只能通过将案件事实以特殊的观点来理解的其他要素而与该刑法规定相区别，即为存在特别关系。在特别关系情况下，也就产生了从属的逻辑上的依赖关系，因为实现特有犯罪构成要件的每一个行为，还同时实现一般犯罪的构成要件，否则不构成特别关系。在此等情况下，一般性法律不被适用，而是遵循“特别法优于一般法适用”（lex specialis derogat legi generali）的原则。① 应该说，这一论述深刻地揭示了普通法与特别法竞合之法律的与逻辑的特征。在所有法条竞合类型中，普通法与特别法的竞合是最具逻辑性的竞合。

普通法与特别法的竞合，被认为是一种特别关系。相对于普通法的规定而

① 参见［德］汉斯·海因里希·耶赛克、托马斯·魏根特：《德国刑法教科书（总论）》，徐久生译，894页，北京，法律出版社，2001。

言，特别法的规定就是一种特别规定。正是这种特别规定，使其从普通法规定中分离出来。但在刑法理论上，对于特别规定存在着理解过于宽泛的倾向。例如，过失致人死亡罪往往与其他犯罪发生牵涉，交通肇事罪中往往就包含过失致人死亡的内容。在这种情形下，两者之间是否属于普通法与特别法之间的关系呢？换言之，刑法关于交通肇事罪中过失致人死亡的规定，是一种特别规定吗？对此，我国学者往往认为两者之间存在特别关系。我国学者在论及过失致人死亡罪与刑法另有规定的过失致人死亡时指出：现代社会，伴随着科学技术水平的提高与危险源的增多，各种过失事故（交通事故、医疗事故、劳动灾害、食品事故等）层出不穷，刑法存在专门的立法规定，例如，汽车司机、航空器驾驶员、执业医师、工矿企业的从业者的业务过失致死行为，都有相应罪名。本罪规定的过失致人死亡，是普通的过失致人死亡犯罪。在法条竞合的情况下，按照特别法优于普通法的原则，应当适用业务上过失致人死亡的特别规定。[①] 笔者认为，对特别规定作上述理解是过于宽泛的，它将普通法与特别法之间的竞合关系以及部分法与整体法之间的竞合关系相混淆了，因而有所不妥。当然在一定意义上，我们也可以将刑法其他法条中关于过失致人死亡罪的规定视为一种特殊规定，但这并非普通法与特别法的法条竞合中的特别关系。这里涉及对我国刑法中“本法另有规定的，依照规定”一语中“另有规定”的理解。根据立法者的解释，1997 年《刑法》第 233 条中的“另有规定”，是指过失致人死亡，除该条的一般规定外，刑法规定的其他犯罪中过失致人死亡的情况，根据特殊规定优于一般规定的原则，对于本法另有规定的，一律适用特殊规定，而不按该条定罪处罚。如 1997 年《刑法》第 115 条关于失火、过失决水、爆炸、投毒或者以其他危害方式致人死亡的规定，第 133 条关于交通肇事致人死亡的规定，第 134 条关于重大责任事故致人死亡的规定等。[②] 将“另有规定”界定为特殊规定，是可取的。特殊规定既可能是普通法与特别法竞合中特别法的规定，也可能是部分法与整体法竞合中整

---

① 参见屈学武主编：《刑法各论》，253 页，北京，社会科学出版社，2005。

② 参见胡康生、李福成主编：《中华人民共和国刑法释义》，327 页，北京，法律出版社，1997。

体法规定。就1997年《刑法》第237条规定的过失致人死亡罪而言，“另有规定”并非特别法的规定而是整体法的规定。在某些法条中，“另有规定”既包括特别法规定又包括整体法规定。例如，1997年《刑法》第266条规定的诈骗罪中的“另有规定”包括以下特别法规定：第192条规定的集资诈骗罪、第193条规定的贷款诈骗罪、第194条第1款规定的票据诈骗罪、第194条第2款规定的金融凭证诈骗罪、第195条规定的信用证诈骗罪、第196条规定的信用卡诈骗罪、第197条规定的有价证券诈骗罪、第198条规定的保险诈骗罪、第204条第1款规定的骗取出口退税罪、第224条规定的合同诈骗罪等。此外，它还包括整体法规定，即1997年《刑法》第205条第2款：“有前款行为骗取国家税款，数额特别巨大，情节特别严重。给国家利益造成特别重大损失的，处无期徒刑或者死刑，并处没收财产。”这里的前款行为是指虚开增值税专用发票、用于骗取出口退税、抵扣税款发票的行为。因此，1997年《刑法》第205条规定的虚开增值税专用发票、用于骗取出口退税、抵扣税款发票罪相对于1997年《刑法》第266条规定的诈骗罪来说，是一种整体法规定。由此可见，只有正确地理解特别规定，才能对普通法与特别法的竞合作出科学的界定。

普通法与特别法的竞合，在某些情况下是简单的竞合。例如1997年《刑法》第397条规定的滥用职权罪与第399条第1款规定的徇私枉法罪之间就是一种简单的特别关系，因为1997年《刑法》第397条规定的是国家机关工作人员的滥用职权行为，而第399条第1款规定的是司法工作人员的滥用职权行为，两者之间的竞合关系十分明显。但在某些情况下，竞合关系较为复杂。例如，1997年《刑法》第193条规定的贷款诈骗罪、第224条规定的合同诈骗罪相对于第266条规定的诈骗罪而言，都属于特别规定，但这两个特别规定之间又存在竞合：在行为人采用签订贷款合同的手段骗取银行或者其他金融机构贷款的情况下，既符合贷款诈骗罪的特征又符合合同诈骗罪的特征。在这种情况下，两罪之间的关系是法条竞合还是想象竞合？笔者认为属于想象竞合，应按重罪处断。对此，2001年1月21日《全国法院审理金融犯罪案件工作座谈会纪要》指出：“根据刑法第三十条和第一百九十三条的规定，单位不构成贷款诈骗罪。对于单位实

施的贷款诈骗行为，不能以贷款诈骗罪定罪处罚，也不能以贷款诈骗罪追究直接负责的主管人员和其他直接责任人员的刑事责任。但是，在司法实践中，对于单位十分明显地以非法占有为目的，利用签订、履行借款合同诈骗银行或者其他金融机构贷款，符合刑法第二百二十四条规定的合同诈骗罪构成要件的，应当以合同诈骗罪定罪处罚。”笔者认为，这一规定是可取的。因此，对于特别规定之间的竞合应当正确地加以认定。

（二）部分法与整体法的竞合

部分法与整体法的竞合，在我国刑法理论中被称为包容竞合，整体法规定的犯罪被称为包容犯。但是，这种竞合在大陆法系刑法理论中被称为吸收关系。例如，德国学者指出，吸收关系，是指如果一个构成要件该当行为的不法内容和罪责内容包容了另一行为或另一构成要件，以至于一个法律观点下的判决已经完全表明了整体行为的非价（unwert），“吸收法优于被吸收法”（lex consumens derogat legi consumptae）①。德国学者将吸收关系界定为吸收法与被吸收法之间的竞合关系，而日本学者将其界定为完全法与不完全法之间的竞合关系。例如，日本学者指出，可以认为适用于一个行为的数个构成要件中，某个构成要件比其他构成要件具有完全性时，“完全法拒绝不完全法”（Lex consumens deerogat legi consumptae）②。从所附德文来看，完全法与不完全法之间的竞合只不过是吸收法与被吸收法之间的竞合的另一种译法。在笔者看来，采用部分法与整体法之间的竞合这一命题更为确切，也更能揭示两者之间的逻辑关系：这是一种包容与被包容的关系。

在外国刑法中，包容竞合的情形并不常见，因为个罪设立的标准明确，罪名之间的重合也被竭力避免。但在我国刑法中，包容竞合大量存在，以至于成为一种最为常见的竞合类型。其原因有二：一是按照犯罪所侵害的客体对犯罪进行分类，从而导致在罪名之间发生重合。例如，危害公共安全罪中包容了普通侵犯人

---

① ［德］汉斯·海因里希·耶赛克、托马斯·魏根特：《德国刑法教科书（总论）》，徐久生译，897页，北京，法律出版社，2001。

② ［日］大塚仁：《刑法概说（总论）》，3版，冯军译，419页，北京，中国人民大学出版社，2003。

身权利罪的内容，两者之间发生包容竞合。二是过多地设置加重构成，将他罪作为本罪的加重构成，从而导致罪名之间发生重合。例如，1997 年《刑法》第 239 条规定的绑架罪，将“致使被绑架人死亡或者杀害被绑架人”作为加重处罚事由并规定了死刑，从而使我国刑法中的绑架罪与过失致人死亡罪和故意杀人罪发生部分法与整体法之间的竞合。

我国刑法中部分法与整体法之间竞合的设置，存在一些值得商榷之处。首先，包容犯与转化犯的设置缺乏客观标准，存在一定的任意性。转化犯是我国刑法中的一种法律现象，是指实施一个较轻之罪，由于连带的行为触犯了另一较重之罪，法律规定以较重之罪论处的情形。例如，1997 年《刑法》第 292 条第 2 款规定，聚众斗殴，致人重伤、死亡的，依照故意伤害罪。这故意杀人罪定罪处罚。这就是转化犯的适例。转化犯之名是我国大陆学者独创的，与之相近的概念有我国台湾地区学者所称的追犯，是指原罪依法律之特别规定，因与犯罪后之行为合并，变成他罪的情形。[①] 我国刑法中存在着广泛采用转化犯的立法倾向，转化犯与包容犯均以一罪论。转化犯是以他罪论，包容犯则是以本罪论，两者在逻辑关系上正好相反。但在何种情形下以他罪论，因而采用转化犯的立法方式，在何种情形下以本罪论，因而来用转化犯的立法方式，缺乏科学根据，存在一定的随意性。其次，包容犯应当是重罪包容轻罪，但在我国刑法中存在着许多轻罪包含重罪的情形，从而使轻罪变成重罪，使包容犯的设置丧失了合理性。例如，1997 年《刑法》第 205 条规定的虚开增值税专用发票、用于骗取出口退税、抵扣税款发票罪本来是轻罪，但立法者将虚开以后的骗取税款行为也包含进来，从而出现轻罪包含重罪的现象。应该说，虚开行为与诈骗税款行为之间存在牵连关系，或者以重罪论，或者实行并罚，都比规定为包容犯合理。此外，故意杀人罪应是刑法中最重之罪，但它也被广泛地包容在其他犯罪之中，如危害公共安全的部分罪名、绑架罪、抢劫罪等，使这些罪名均不得不挂死刑，从而加重了刑法分则的法定刑。最后，正因为如此，包容犯大大地限制了数罪并罚的适用范围。包容犯大多是行为人犯有两

---

① 参见陈朴生：《刑法总论》，6 版，168 页，台北，中正书局，1969。

罪或者两罪以上，本来可以通过数罪并罚使行为人受到较重处罚，但由于过多地采用包容犯的立法方式，通过加重法定刑的方式使行为受到较重处罚，致使数罪并罚制度未能发挥其应有的作用。基于以上思考，笔者认为应当严格限制包容犯的立法方式，减少部分法与整体法的竞合，尤其是应当竭力避免轻罪包含重罪的现象。

（三）轻法与重法的竞合

轻法与重法的竞合，在我国刑法理论中被称为交互竞合，指两个罪名概念之间各有一部分外延竞合的情形。德国刑法理论称其为择一关系（Alternativitaet）。例如，德国学者指出："如果两个犯罪构成要件对行为的描述彼此矛盾，因此必须彼此排除，即存在择一关系。因为法条单一——不受处罚的犯罪前行为和犯罪后行为除外——至少以构成要件行为的部分重叠为先决条件，出于逻辑的原因，择一关系作为法条单的亚群（untergrappe）被予以排除"[①]。在此，德国学者强调择一关系是以构成要件的部分重叠为前提的，因而它区别于全部重叠的包容竞合。当然，部分重叠与全部重叠如何区分，是一个值得研究的问题。择一关系是德国学者宾丁最早提出的，他认为：只要数个法条基于不同的法律观点对同一行为加以处罚，则有选择关系的存在。如果不同的法条论以相同的刑罚，无论适用哪一条都可以，但是若刑罚不同，则应适用对行为人最不利的法条。[②] 例如，我国刑法中既有诈骗罪的规定，又有招摇撞骗的规定，当招摇撞骗财物数额较大时，就同时符合上述两罪之规定，存在一个选择法条适用的问题。这是择一关系的适例。对于择一关系是否属于法条竞合，在德、日等国的刑法理论中存在争论。有学者甚至指出，德国通说已经不再认为择一关系是法条竞合。[③] 但笔者手头的两本德国刑法教科书——李斯特的《德国刑法教科书》和耶赛克、魏根特的《德国刑法教科书（总论）》都论及择一关系，并未将其从法条竞合类型中予以剔除。这种争论，在日本同样存在。日本有学者认为择一关系并不是法条竞

① ［德］汉斯·海因里希·耶赛克、托马斯·魏根特：《德国刑法教科书（总论）》，徐久生译，895页，北京，法律出版社，2001。

② 参见陈志辉：《刑法上的法条竞合》，121页，台北，自版，1998。

③ 参见陈志辉：《刑法上的法条竞合》，120页，台北，自版，1998。

合。例如，日本学者大塚仁指出，在发生所谓择一的关系时，对具体的事案应该适用哪一法条，实际上只不过是事实认定的问题，并非各法条本身的竞合。因此，把择一关系看成法条竞合的一种并不妥当。① 日本学者野村稔虽在注释中提及法条竞合还有两者择一的关系，但并没有正式将其作为法条竞合类型加以确立。② 这表明野村稔也是不承认择一关系为法条竞合的。当然，在日本，也有学者认为择一关系属于法条竞合，如大谷实。③ 笔者认为，择一关系是法条之间的逻辑关系，是一种法律竞合而非事实问题。

对于择一关系，在法条适用上实行的是重法优于轻法原则。正如日本学者指出："在择一关系中，在不能并存的两个规定的关系中，只适用规定着重刑的那一个。"④ 在这个意义上，择一关系是轻法与重法的竞合。当然，轻法与重法的竞合这样一种命题是容易引起争议的，因为竞合是一个犯罪论问题，轻法与重法是一个刑罚论问题，为什么不要犯罪特征而以刑罚特征来描述择一关系中相竞合的两个法条呢？这是因为在择一关系的情况下，竞合的两个法条规定的犯罪处于对立的逻辑关系之中，互相排斥，难以用犯罪特征对其加以描述。所谓择一，就是在立法上以何者论罪并未规定，任由司法者自由裁量。但这种裁量又不是随意的，应以重者论，因而重法应当优于轻法。在交互竞合中，两个不同法律规定的犯罪构成要件概括的是对同一法益侵害的不同类型行为，显示了对同一法益的平行式保护。因此，从法益保护的有效性出发，重法是优位法，应适用重法。

在法条竞合中，能否实行重法优于轻法，是一个存在重大分歧的问题。我国刑法理论中的重法能否优于轻法的争论，于 1984 年发生在冯亚东与肖开权之间。冯亚东提出了法条竞合的从重选择之命题⑤，是为我国刑法学界倡导重法优于轻

---

① 参见［日］大塚仁：《刑法概说（总论）》，3 版，冯军译，419 页，北京，中国人民大学出版社，2003。

② 参见［日］野村稔：《刑法总论》，全理其、何力译，448～449 页，北京，法律出版社，2001。

③ 参见［日］大谷实：《刑法总论》，黎宏译，357 页，北京，法律出版社，2003。

④ ［日］泷川幸辰：《犯罪论序说》，王泰译，160 页，北京，法律出版社，2005。

⑤ 参见冯亚东：《论法条竞合的从重选择》，载《法学》，1984（4）；冯亚东：《法条竞合可以从中选择——与肖开权同志再商榷》，载《法学》，1984（12）。

法之肇始。肖开权则从罪刑法定原则出发否定重法优于轻法。[1] 当时之所以引发争论，是因为随着犯罪态势的变化，个别犯罪按照特别法优于普通法原则处理，不能实现罪刑均衡，由此提出了法条的从重选择问题。笔者在较早的论述中是赞同重法优于轻法的。例如，笔者曾经指出，在个别情况下出现特别法规定的犯罪十分严重，难以做到罪刑相适应时，可以根据重法优于轻法的原则适用普通法，使之得到补救。[2] 当然，当时界定的法条竞合类型是实害法与危险法的竞合、基本法与补充法的竞合、特别法与普通法的竞合，尚未论及交互竞合（择一关系）。在这种情况下，笔者是把重法优于轻法视为特别法优于普通法的补充原则。后来，随着对法条竞合研究的逐渐深入，尤其是确认交互竞合以后，笔者对重法优于轻法原则进行了重新界定，并指出："在法条竞合特别法与普通法的竞合关系上再赋予重法与轻法关系，主张法条竞合中存在重法与轻法竞合的观点，以及有关刑事司法解释中对于特别法与普通法竞合而在法条的适用上作出从重选择的解释，都是缺乏立法和理论根据的。我们认为，在特别法与普通法竞合的情形下，在法条的适用上只能依特别法优于普通法的原则，优先适用特别法。当然，我们主张在特别法与普通法竞合关系中不存在重法优于轻法原则，并不是一概排斥重法优于轻法的存在。事实上，在法条交叉中就存在择一重法条适用的原则。"[3] 这里的法条交叉，是指交互竞合。对于这一观点笔者现在仍然坚持，但需作一补充的是，对于特别关系不适用重法优于轻法原则只应限于法无明文规定的场合。在法有明文规定的情况下，普通法与特别法竞合也可适用重法优于轻法原则。例如，1997 年《刑法》第 149 条第 2 款规定："生产、销售本节第一百四十一条至第一百四十八条所列产品，构成各该条规定的犯罪，同时又构成本节第一百四十条规定之罪的，依照处罚较重的规定定罪处罚。"这就是对特别关系竞合的情况下采用重法优于轻法原则的明文规定。对此应依照规定适用重法。

---

① 参见肖开权：《法条竞合不能从重选择——与冯亚东同志商榷》，载《法学》，1984（8）。

② 参见陈兴良：《当代中国刑法新理念》，484 页，北京，中国政法大学出版社，1996。

③ 陈兴良等：《法条竞合论》，159 页，上海，复旦大学出版社，1993。

(四) 基本法与补充法的竞合

基本法与补充法的竞合，在我国刑法理论中被称为偏一竞合，在大陆法系刑法理论上则被称为补充关系。关于补充关系，德国学者指出，补充关系意味着一个刑法规定只是辅助地适用于不适用其他刑法规定时的情况。被理解为兜底构成要件的法律退到原本要适用的法律之后："原本法优于补充法"（lex primaria derogat legi cubsidiariae)。补充关系的逻辑结构不是从属的结构，而是交叉（veberschneidung，或 interferenz）的结构。[①] 这里所谓交叉，与择一关系中的重叠是有所不同的。重叠是指处于对立关系之中互相排斥，而交叉是指在递进关系中相互包含。因此，德国学者 Honig 将所谓默示的补充关系定义为：如果数个法条以不同的侵害阶段（in verchiedenen Angriffsstadien）来保护同一法益，则数法条之间相互处于补充关系。适用主要规范，不适用补充规范，因为主要法的实现必然会贯穿补充法，所以较低危险的侵害阶段被视为较不重要，不被考虑在内。[②] 例如，我国刑法中拐骗儿童罪与拐卖儿童罪，拐卖以拐骗为前提又超出了拐骗，当行为人实施拐卖儿童行为时，两者之间存在偏一竞合。拐骗儿童罪是补充法规定，拐卖儿童罪是基本法规定。根据基本法优于补充法的原则，应以拐卖儿童罪论处。在我国刑法中，偏一竞合是个别的。当然，在刑法理论上如何对其进行界定，也还存在深入探讨的余地。

三、想象竞合

想象竞合，又称犯罪竞合，指一行为触犯数罪名的情形。从客观上讲，想象竞合是行为单数而非行为复数，这是成立想象竞合的前提。这里的行为既可以是作为也可以是不作为。正如意大利学者所言，在形式上的异种数罪竞合中，从根本上说，一个单独的行为是指可同时作为多个犯罪构成的构成要件的行为，即能

---

① 参见［德］汉斯·海因里希·耶赛克、托马斯·魏根特：《德国刑法教科书（总论）》，徐久生译，895 页，北京，法律出版社，2001。

② 参见陈志辉：《刑法上的法条竞合》，57 页，台北，自版，1998。

使不同犯罪构成相互重合的行为。这种行为表现为由主体实施的一系列有内在联系的举动（即作为），或主体没有履行自己承担的多重法律义务。[①] 从主观上来说，想象竞合既可以是故意犯之间的竞合，也可以是过失犯之间的竞合，或者是故意犯与过失犯之间的竞合。[②] 这要根据各国刑法的规定加以认定。以上客观与主观两个方面的情形，是就想象竞合的事实结构而论的。触犯数罪名，则是想象竞合的法律特征。这里的数罪名，既可以是同种类的罪名，也可以是异种类的罪名。前者被称为同种类的想象竞合，后者被称为异种类的想象竞合。从逻辑上说，上述区分是能够成立的，但在我国刑法理论中往往讨论同种类想象竞合是否属于想象竞合的问题。笔者以为这种讨论不是逻辑意义上的讨论，而是法律意义上的讨论。在刑法对同种数罪实行并罚的情况下，同种类的想象竞合的概念是有意义的——可以排除并罚之适用。但在对同种数罪不实行并罚的情况下，同种类的想象竞合概念是无意义的，因为实质的同种数罪都不并罚，更何况想象的同种数罪。当然，这里的有意义与无意义是就区分一罪与数罪而言的。至于在量刑上，同种类的想象竞合当然是有意义的，对于同种类的想象竞合相较于单一罪应从重处罚。

在对想象竞合的讨论中，最为复杂的还是想象竞合与法条竞合之间的区分。在刑法理论上，关于想象竞合存在各种观点，这个问题涉及对两者性质的根本界分。从我国的情况来看，存在着扩张想象竞合而限缩法条竞合的倾向。例如，我国有学者指出，关于想象竞合与法条竞合的区分，或许存在这样的标准：触犯一个法条便必然触犯另一法条时，属于法条竞合；触犯一个法条并不必然触犯另一法条时，属于想象竞合。例如，军人故意泄露军事秘密，触犯 1997 年《刑法》第 432 条，必然触犯 1997 年《刑法》第 398 条，因而这两个法条之间具有竞合关系。再如行为人交通肇事，触犯 1997 年《刑法》第 133 条时，并不必然触犯 1997 年《刑法》第 233 条，因为并非任何交通肇事必然导致他人死亡。果真如此，法条竞合的范围将大量减少。[③] 这种以必然与不必然（也就是无条件与有条

① 参见［意］杜里奥·帕多瓦尼：《意大利刑法学原理》，陈忠林译，418 页，北京，法律出版社，1998。

② 参见刘士心：《竞合犯研究》，135～136 页，北京，中国检察出版社，2005。

③ 参见张明楷：《刑法分则的解释原理》，285 页，北京，中国人民大学出版社，2004。

件）触犯不同罪名作为区分想象竞合与法条竞合的观点，只适用于特别关系的法条竞合，并不适用于其他关系的法条竞合。在此，涉及对各种法条竞合类型之间在性质上的区分。如前所述，日本学者泷川幸辰将法条竞合分为两种：第一种是逻辑性的法条竞合，第二种是评价性的法条竞合。[①] 特别关系的竞合是逻辑性的法条竞合，因而是一种无条件的竞合，其特征是实施一个行为必然触犯两个法条的规定。而其他关系的竞合是评价性的法条竞合，在认定这种法条竞合的时候要把具体情况考虑进去，因而是一种有条件的竞合，其特征是实施一个行为并不必然触犯两个法条的规定，而是要看是否具备一定条件：在具备一定条件下即发生竞合关系，反之则不然。例如，交通肇事，当发生致人死亡结果时存在竞合，当没有发生致人死亡结果时则不存在竞合。由此可见，不能以是否必然触犯两个法条作为区分想象竞合与法条竞合的区分标准。

对于想象竞合与法条竞合的根本区分，在笔者看来应从事实与法律的关系入手。想象竞合是一种犯罪竞合，因而是一个事实问题；而法条竞合是一种法律竞合，因而是一个法律问题。确切地说，当一行为触犯的两个法条之间存在罪名之间的从属或者交叉的逻辑关系时，为法条竞合；如果不存在这种逻辑关系，则为想象竞合。问题的关键在于：对某一行为法律上是否有明确的界定。

四、实质竞合

实质竞合，也就是实质数罪或称实际数罪，与作为形式数罪的想象竞合相对应。[②] 德国有学者指出，如果行为人实施了数个独立的将在同一个诉讼程序中受审判的犯罪，即存在实质竞合。实质竞合（Realkonkurrenz）的先决条件首先是存在数个行为，其次是存在同时受审判的可能性。[③] 值得注意的是，日本刑法理

---

① 参见［日］泷川幸辰：《犯罪论序说》，王泰译，169页，北京，法律出版社，2005。

② 参见黄风：《意大利刑法引论》，载《意大利刑法典》，黄风译，24～25页，北京，中国政法大学出版社，1998。

③ 参见［德］汉斯·海因里希·耶赛克、托马斯·魏根特：《德国刑法教科书（总论）》，徐久生译，884～885页，北京，法律出版社，2001。

论将实质竞合称为并合罪，指没有经过裁判的数罪。并合罪也被称为与观念竞合相对的实在竞合。[①] 由于实质竞合是以并罚为前提的，因此，在德、日等国的刑法理论中，都以讨论实质竞合如何处理为主，相当于我国刑法理论中的数罪并罚。在我国刑法理论中，关于数罪并罚制度是在刑罚论中讨论的，因而在罪数论中对实质竞合的讨论实际上是对数罪的讨论。例如，我国学者在数罪的类型中讨论实质数罪与想象数罪、异种数罪与同种数罪、并罚数罪与非并罚数罪、判决宣告以前的数罪与刑罚执行期间的数罪。[②] 在这些数罪的分类中，想象竞合已经被单列为一类，在实质竞合的讨论中当然不再涉及。在我国刑法中，对同种数罪并不实行并罚，因而对其进行讨论并无意义。至于判决宣告以前的数罪与刑罚执行期间的数罪，也主要与并罚制度有关，在罪数论中进行讨论没有必要。唯有对并罚数罪与非并罚数罪的讨论是有价值的。我国学者指出："一般情况下的同种数罪、处断一罪中的牵连犯、吸收犯等都是非并罚数罪。牵连犯、吸收犯在我国刑法理论中被认为本来是数罪，因其形态上的特殊性，在运用刑罚上按一罪处理，称为处断的一罪，不实行数罪并罚。"[③] 如果这样的话，对牵连犯就应当在数罪中讨论而不是在一罪中讨论。由于实质竞合是并罚的数罪，它是以数罪为前提的，因而在实质竞合中讨论牵连犯也是符合逻辑的。在我国刑法中，对有些牵连犯法律和司法解释规定并罚，对另外一些牵连犯法律和司法解释规定不并罚。对于法律和司法解释没有规定的牵连犯，刑法理论通说认为不并罚，而是采用从一重罪处断的原则。因此，笔者认为牵连犯可以成为实质竞合中讨论的内容。当然，如果将来法律规定牵连犯一概并罚，那么牵连犯就成为实质竞合，对其讨论的意义也就不复存在了。

（本文原载《法商研究》，2006（2））

① 参见［日］大谷实：《刑法总论》，黎宏译，369页，北京，法律出版社，2003。

② 参见高铭暄、马克昌主编：《刑法学》，204～206页，北京，北京大学出版社、高等教育出版社，2000。

③ 高铭暄、马克昌主编：《刑法学》，205页，北京，北京大学出版社、高等教育出版社，2000。

从罪数论到竞合论

——一个学术史的考察

罪数问题是一个犯罪的特殊形态问题，它是数罪并罚的前提。在我国刑法理论中，对罪数的研究经历了一个从刑罚论到犯罪论，从罪数论到竞合论的演变过程。这是一个逐渐吸收日本刑法学关于罪数的理论，并从日本的罪数论向德国的竞合论转变的过程。可以说，罪数问题是我国刑法理论中最为充分地汲取德日刑法学知识的领域。本文拟以从罪数论到竞合论为中心线索，进行学术史的考察。

一

我国古代刑法中就有俱发罪的规定，对此采用吸收原则。例如《唐律·名例律》规定："二罪以上俱发，以重罪论。"因此，除赃罪采用计赃论罪以外，其他犯罪俱发的，只论以重罪。在这种情况下，不存在罪数理论。及至清末刑法改革，引入大陆法系的刑法典，才出现了牵连犯、连续犯等概念。例如《大清新刑律》总则第五章"俱发罪"，对牵连犯、连续犯等罪数概念作了专门规定。此后的民国刑法承袭了上述规定。在关于并合罪的立法例的基础上，民国时期的刑法学者初步建立了罪数理论。从民国刑法教科书关于罪数论的叙述来看，其时罪数

理论已经从并合论罪中独立出来，成为关于犯罪形态的理论。例如民国学者陈瑾昆将罪数作为犯罪之状态加以论述，指出，超过各种犯罪而抽象地观察其状态，可大别为三方面：第一，自行为本身即犯罪之阶段以观察之，其状态有未遂、既遂、预备、阴谋等问题，刑法总则乃择其中最重要之未遂问题，标曰未遂罪一章以规定之。第二，自行为人即犯人之数以观察之，其状态有单独犯及共犯，共犯又有共同正犯、教唆犯、帮助犯等问题，刑法总则，乃标曰共犯一章以规定之。第三，自行为之数即犯罪之数量观察之，其状态有一罪数罪即单一犯、复数犯，关于后者，于刑罚之适用，至有关系，故刑法总则于规定刑罚之种类后，即于标曰刑名一章之后，标曰累犯及并合论罪二章以规定之。[①] 在此所说的并合论罪就涉及罪数问题，被认为是一种特殊的犯罪形态。并合论罪，也就是我们现在所说的数罪并罚，在刑法典中虽然在刑罚部分予以规定，但陈瑾昆仍将其提至犯罪论中加以讨论。陈瑾昆将并合罪分为一般并合罪与特殊并合罪。这里的一般并合罪，即为一般的数罪，对此应当实行并罚。而特殊的并合罪，则是指特殊的数罪，即性质上为数罪，在法律上认为是一罪的情形，包括想象竞合犯、牵连犯与连续犯。这些情形在刑法中有明文规定，遂使其理论得到依附。

应该说，在民国时期罪数研究已经达到相当高的水平。例如，民国学者王觐在犯罪之单数与复数的名目下，对罪数理论进行了充分展开，其中，论及罪数理论的一个基本问题，即区别犯罪单数、复数之标准。王觐对当时流行的客观说与主观说分别作了说明。

客观说分为二：(1) 以行为之数，为决定罪数之标准，谓犯罪为一种行为。此犯罪之数，所以应决之于行为之数者，所谓行为说，是也。(2) 以结果或法益之数，为决定罪数之标准者，所谓法益说，是也。[②] 值得注意的是，作者在注释中，分别对采客观说与采主观说的德日学者作了列举。采客观说者，有方藜斯托、弗割、毕叶林克、大场茂马、山冈万之助、冈田庄作等。以上提及的毕叶林克，即贝

---

① 参见陈瑾昆：《刑法总则讲义》，170页，北京，中国方正出版社，2004。

② 参见王觐：《中华刑法论》，294页，北京，中国方正出版社，2005。

林（Beling）。贝林持刑法客观主义的立场，在罪数区分标准上采行为说。例如贝林在论及事实单一的要件（具有集合属性的行为）时，指出：一般来说，任何构成犯罪的行为都表现为一个特别的罪案，是“独立的”行为。在出现某人有多个犯罪性行为时，如果这些行为相互都是“独立”的，则对行为也可提起多个刑事诉讼，就是所谓数罪（Realkonkurrenz、concursus delictorum realis、mehrtaetiger Zusammenfluss、tatsaechliche konkurrenz）。但是，也有可能是这种情况，即某人的多个行为在法律上彼此并不能独立，因而应该组成一个所谓的行为单一，更准确的表达是事实单一，并以一个罪案来处理，而且也只是产生一个刑事追诉。① 以上观点完全以行为的个数作为区分一罪与数罪的标准，明显属于客观说。至于采主观说者，王觐列举了牧野英一。牧野英一持刑法主观主义立场，在罪数区分标准上采主观说。由此可见，民国学者关于罪数的理论都是从德日引入的，并且用来解释民国刑法的规定。可以说，从《大清新刑律》到《民国刑法》，从德日不仅引入了刑法典，而且引入了相应的刑法学说。在罪数理论上，这亦体现得极为明显。

1949年中华人民共和国成立后，废除旧法，引入苏俄刑法学。而在苏俄刑法学中，罪数理论仍是一大空白。例如在1950年翻译出版的《苏维埃刑法总论》一书中，根本就没有罪数的专门章节，只是在刑罚论的并合论罪之判例中，将并合论罪分为想象的并合论罪与实质的并合论罪：想象的并合论罪是指一种行为包含数种犯罪构成，即想象竞合犯。实际的并合论罪是指犯罪者以数种行为实行数种个别罪行，即实际的数罪或实质竞合。② 在特拉伊宁的《犯罪构成的一般学说》一书中，也没有专门论述罪数问题，只是在犯罪构成的分类即一般构成和特殊构成、具体化了的构成和综合构成中，论及法条竞合问题。③ 由此可见，苏俄刑法学对罪数问题的研究是极为薄弱的。

---

① 参见［德］恩施特·贝林：《构成要件理论》，王安异译，190～191页，北京，中国人民公安大学出版社，2006。

② 参见［苏］苏联司法部全苏法学研究所主编：《苏联刑法总论》（下册），彭仲文译，587页，上海，大东书局，1950。

③ 参见［苏］A. H. 特拉伊宁：《犯罪构成的一般学说》，王作富等译，204页，北京，中国人民大学出版社，1958。

因为受苏俄刑法学的影响，在1950年代我国并没有形成罪数理论，即使是在1980年代初我国刑法学恢复重建后，罪数论在刑法教科书中也没有占据一席之地。例如，在1981年出版的第一本《刑法总论》（杨春洗等著，北京大学出版社，1981）中，不仅在犯罪论中没有罪数专章，而且在刑罚论的数罪并罚中也只是十分简要地提及想象的数罪与实际的数罪。① 即使是在1982出版的统编教材《刑法学》（高铭暄主编，法律出版社，1982）一书中，也没有设专章讨论罪数问题，而是在数罪并罚中设专节讨论非数罪并罚的三种情况。② 以上的情况表明，我国刑法学中的罪数理论存在先天不足的问题。显然，这是我国刑法学简单地模仿苏俄刑法学所造成的。此后，罪数问题才从刑罚论中独立出来。我国学者在讨论罪数问题到底是一个犯罪形态问题还是一个刑罚适用问题时指出：我们学术界过去一直把数罪与并罚合为一章，作为刑罚论的研究内容。自1985年起，全国高校《刑法学教学大纲》中把罪数与数罪并罚分为两章，分别放在犯罪论与刑罚论中以后，多数教材、讲义循此体例，也对刑法学的体系进行了相应的调整，这是有道理的。罪数问题既有犯罪形态问题、罪质问题，也有刑罚适用问题、罪量问题。只讲罪质，连续犯、牵连犯本属数罪，却不按数罪并罚，这不好解释。只讲罪量，特别是依主观主义的罪量论，结果加重犯有双重罪过，也不按数罪并罚，这同样难以解释。所以，罪数问题，从一罪与数罪的分析和认定角度，应被列入犯罪形态范畴；从数罪并罚的原则、方法角度，应被归在刑罚适用之列。③

以上论述涉及罪数论与并罚论的归属问题。从1985年以后，罪数论才在刑法教科书中被调整到刑罚论。值得注意的是，1986年我国学者顾肖荣出版了《刑法中的一罪与数罪问题》（学林出版社，1986）。这是1980年代初我国刑法学恢复重建以后出版的第一部学术专著。该书对罪数问题的阐述大异于此前的刑法教科书，在罪数论中大量地引入了德日刑法知识。例如，此前的刑法教科书把非数罪并罚的情形分为三类：第一类是一行为在刑法上被规定为一罪或处理时作为

---

① 参见杨春洗等：《刑法总论》，256～257页，北京，北京大学出版社，1981。

② 参见高铭暄主编：《刑法学》，276页，北京，法律出版社，1982。

③ 参见吴振兴：《罪数形态论》，276页，北京，中国检察出版社，1996。

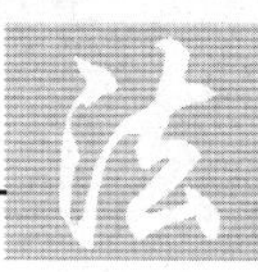

一罪的情况，主要有继续犯、想象竞合犯；第二类是数行为而在刑法上被规定为一罪的情况，主要有惯犯、结合犯；第三类是数行为而在处理时作为一罪的情况，主要有连续犯、牵连犯、吸收犯。[①] 以上对非数罪并罚的情形的分类，尤其是继续犯、想象竞合犯、惯犯、结合犯、连续犯、牵连犯、吸收犯的知识来源已经不可考，但它已经明显地超出苏俄刑法学的知识范围，因为在苏俄刑法学中除想象竞合犯以外，其他概念根本没有。在1987年翻译出版的《苏维埃刑法总论》，也只论及了想象的数罪和实际的数罪。[②] 我国最新翻译出版的俄罗斯刑法教科书，在一罪中论及单纯一罪与复杂一罪，而复杂一罪可以分为持续犯罪（继续犯）、连续犯罪（连续犯）、结合犯罪（结合犯）、择一行为的一罪、具有两个必要行为的一罪、侵犯两个或多个犯罪客体的一罪、具有两个罪过形式的一罪等情形。[③] 以上理论大多是对俄罗斯刑法条文的阐释，法教义学化的程度较低，表明其理论的薄弱。我国学者在评价俄罗斯关于复数犯罪的研究状况时，曾经中肯地指出：俄罗斯联邦刑法理论对复杂的一罪研究得并不够深入，这些犯罪在客观方面比简单的一罪要复杂，容易与复数犯罪相混淆，所以刑法理论专门强调，对这样的犯罪应该作一罪处理。除此之外，俄罗斯联邦刑法理论没有研究诸如实质的一罪和处断的一罪等问题，在这一点上不同于其他西欧大陆国家的做法，与中国刑法理论的发展状况也有一定的差别。显然俄罗斯联邦刑法理论对一罪的划分标准尚且单一，没有把想象竞合犯作为一罪来认定，而且放在复数犯罪中加以研究；至于牵连犯和吸收犯的问题，在理论中还没有触及。这些不足之处都有待于理论的不断完善。[④]

其实，苏俄刑法学中罪数理论的薄弱，对于我国刑法学来说未必是一件坏事。在不受苏俄刑法学的罪数理论限制的情况下，我国刑法理论更多地借鉴了我

---

① 参见高铭暄主编：《刑法学》，2版，276页，北京，法律出版社，1984。

② 参见［苏］别利亚耶夫、科瓦廖夫：《苏维埃刑法总论》，马改秀、张广贤译，257页，北京，群众出版社，1987。

③ 参见［俄］Л. В. 伊诺加莫娃-海格：《俄罗斯联邦刑法（总论）》，2版，黄芳等译，145页，北京，中国人民大学出版社，2010。

④ 参见赵微：《俄罗斯联邦刑法》，177页，北京，法律出版社，2003。

国民国刑法学以及日本刑法学关于罪数的知识，反而使我国罪数理论无论在广度还是深度上，均大大地超过苏俄刑法学，成为我国刑法理论的一个亮点。在民国刑法学中，想象竞合犯、牵连犯、结合犯、连续犯等概念均广泛使用。[①] 而顾肖荣在其著作中对罪数的论述进路明显地接近于日本刑法教科书。例如，顾肖荣将罪数分为理论上的一罪与处断上的一罪，对于理论上的一罪分别讨论单一罪、吸收犯、牵连犯、结合犯、结果加重犯、接续犯、集合犯（营利犯、常业犯、惯犯）、法规竞合；对于处断上的一罪分别讨论想象竞合犯、牵连犯、连续犯。[②] 这种论述分析框架，与当时翻译过来的日本刑法教科书的框架是十分接近的。例如，日本学者把罪数分为本来的一罪和科刑上的一罪。对于本来的一罪中讨论集合犯、结合犯、连续犯、法条竞合等情形。在科刑上的一罪中讨论观念竞合（想象竞合犯）、牵连犯。[③] 虽然囿于当时的学术规范不完善，顾肖荣的著作既无注释又无参考书目，但我还是可以从引文中发现其对日本刑法知识的借鉴。例如，顾肖荣在论述罪数分类时，对我国民国时期和日本的一罪分类以及在我国不适用数罪并罚的三种情况之分类作了概述，继而指出：近年来，日本某些刑法学者把特种一罪和包括的一罪都纳入单纯一罪的范畴之内。这样，原属这两类的常业犯、营业犯、继续犯、接续犯、结合犯、吸收犯也就成了单纯的一罪。有些学者干脆取消了包括的一罪与特种一罪的名称，把单纯一罪、理论上的一罪、实质上的一罪、本位的一罪、当然的一罪都当成一回事。这样，一罪就只分成两类：单纯一罪和处断上的一罪（西原春夫：《刑法总论》，1979，372 页）。但日本也有人主张将处断上的一罪独立门户［藤木英雄：《刑法讲义（总论）》，1980，339 页］；也有人主张将其划入并合罪［香川达夫：《刑法讲义（总论）》，1980，398～405 页］。[④] 顾肖荣对日本关于罪数的最新研究成果作了介绍。他在

① 参见王觐：《中华刑法论》，294 页，北京，中国方正出版社，2005。

② 参见顾肖荣：《刑法中的一罪与数罪问题》，12 页，上海，学林出版社，1986。

③ 参见［日］福田平、大塚仁：《日本刑法总论讲义》，12 页，李乔等译，189 页，沈阳，辽宁人民出版社，1986。

④ 参见顾肖荣：《刑法中的一罪与数罪问题》，12 页，上海，学林出版社，1986。

1980年代初曾访学日本，师从日本早稻田大学的西原春夫教授。在一罪分类上，顾肖荣虽然分为理论上的一罪与处断上的一罪，和西原春夫的单纯的一罪与处断上的一罪似乎在表述上不同，但按照顾肖荣的界定，理论上一罪即单纯一罪或本来的一罪[①]，因此，顾肖荣在一罪的分类上与西原春夫的分类是完全相同的。这是从日本引入刑法学说的最早尝试。这里涉及一个如何对待德日刑法知识的问题，这在当时是我国刑法理论发展中必须面对与正视的一个问题。对此，顾肖荣教授在该书的后记中作出了自己的回答，指出：

> 资产阶级革命的胜利促进了原始和古代刑法思想向现代刑法思想即犯意责任主义的转变。刑法学者愈来愈重视罪数问题，并从司法实践中先后概括出许多法律术语，以区分各种不同形态的一罪与数罪，逐渐形成了较为完整的罪数论体系。旧中国的历次刑法典都因袭了大陆法系的立法例，在罪数问题上也是如此。新中国成立后，特别是1980年《中华人民共和国刑法》实施以来，以马克思主义为指导思想的社会主义刑法学在揭露资产阶级刑法学的阶级本质、扬弃其反动的和反科学的部分的同时，也借鉴、吸收了它的合理的成分。更重要的是，我们总结了新民主主义革命时期和新中国成立以来的司法实践经验，逐渐建立了具有中国特色的社会主义的罪数论的科学体系。我们注意到了这种特色，故在本书有关章节中，试图给许多传统的基本概念注入一些新内容。[②]

这里的给传统的基本概念注入新内容，实际上是采用这些法教义学上的术语解释我国刑法中关于罪数的规定。这样一种对待传统的与外来的刑法理论的态度，笔者以为是十分正确的，这也是我国罪数理论能够迅速地向理论深度推进的一个重要原因。

这种对外来的罪数理论的吸收，在吴振兴的《罪数形态论》（中国检察出版社，1996年第1版，2006年修订第2版）一书中体现得更为明显。马克昌教授

① 参见［日］福田平、大塚仁：《日本刑法总论讲义》，李乔等译，12页，沈阳，辽宁人民出版社，1986。

② 顾肖荣：《刑法中的一罪与数罪问题》，12页，上海，学林出版社，1986。

在为该书所写的跋中指出：罪数论的根本问题在于，根据什么样的标准决定犯罪的单复。在这个问题上，西方学者进行了大量研究，提出了各种学说。但就成果而言，关于某一罪数形态的研究，虽然发表了不少论文，而关于系统研究罪数形态的专著，则为数并不多见。在我国刑法理论中对罪数的研究起步较晚，却取得了可喜的成就。① 马克昌教授对我国罪数理论研究给予了较高的评价，而吴振兴关于罪数论的研究，可以说是1990年代我国罪数理论研究的一个高峰。进入1990年代以后，我国学术规范逐渐形成，在吴振兴的书中，除大量注释以外，还附有主要参考文献。参考文献分为外文参考书目、中文参考书目和主要参考论文三部分。其中，外文参考书目又分为日文参考书目和英文参考书目，日文参考书目计20种，英文参考书目计5种，由此可见该书对外国罪数理论研究成果的吸收。

二

正如马克昌教授所言，我国在罪数理论研究领域取得了较为突出的成就。笔者以为，这一成就主要表现为以下三个方面。

（一）罪数形态

我国刑法学界对罪数理论的研究，是以一罪与数罪的区分及其认定为切入点的，但在很大程度上又停留在对一罪形态的研究上，而未对数罪形态进行研究。王作富主编的《中国刑法适用》（中国人民公安大学出版社，1987）一书中首次对数罪进行了研究。该书第十三章为一罪与数罪，第一节是区分一罪与数罪的标准，第二节是一罪，第三节是数罪，从而使罪数理论得到丰富。在数罪一节中，作者对数罪形态及其划分意义作了以下论述：在数罪中，根据所犯数罪的罪质是否相同，我们可以把数罪分为同种数罪与异种数罪。同种数罪，是指行为人以两个以上的犯罪故意或者过失，实施了两个以上的行为，触犯了刑法规定的一个相

① 参见吴振兴：《罪数形态论》，5页，北京，中国检察出版社，1996。

同的罪名，符合同一种犯罪构成要件的数罪。例如，甲出于报复，将乙杀死，一年后又在斗殴中将丙杀死。在该案中，甲就是犯了同种数罪。异种数罪是指行为人以两个以上的犯罪故意或者过失，实施了两个以上的犯罪行为，触犯了刑法规定的不同的罪名，符合两种以上犯罪构成要件的数罪。例如，甲在一年前强奸一名妇女，一年后又诬告陷害他人。在该案中，甲就是犯了异种数罪。区分同种数罪与异种数罪的意义在于：这两种不同形式的数罪具有各自的特点，因此在如何适用数罪并罚原则上需要区别对待。[①] 尽管该书只对数罪形态分为同种数罪与异种数罪，显得较为单薄，但毕竟弥补了数罪形态上的空白。此后，王作富教授在其《中国刑法研究》（中国人民大学出版社，1988）一书中，又将数罪形态分为以下三种：（1）实际的数罪和想象的数罪；（2）同种数罪和异种数罪；（3）需要并罚的数罪和不需要并罚的数罪[②]，从而丰富了数罪形态。对此，吴振兴教授指出：在我们学术界，过去一般是从一罪角度去研究罪数类型，所以一罪类型的门前熙熙攘攘、沸沸扬扬，诸说林立、争议不休；而数罪类型门前冷冷清清、网可罗雀，很少有人问津。我国著名刑法学家王作富教授在《中国刑法研究》中首开数罪类型研究的先例。这给人以启迪，无论对于深化罪数类型研究、完善罪数的理论体系，还是对于司法实践，都是具有积极意义的。[③] 尽管“首开数罪类型研究的先例”表述不甚准确，但其对数罪形态研究之意义的充分肯定是十分正确的。与此同时，吴振兴教授对数罪形态中的想象的数罪与实际的数罪的分类提出了异议，认为：想象的数罪是一种具体的罪数状态，把它作为一种数罪类型与实质的数罪相并列，似亦缺少对应性。而实质的数罪如果被理解为典型的数罪、纯粹的数罪，则与需要并罚的数罪相重复；如果被理解为虽为数罪但在法律上规定为一罪或处理时作为一罪的情况，又与不需要并罚的数罪相重复。[④] 因而，吴振兴教授主张将数罪形态分为同种数罪与异种数罪、并罚数罪与非并罚数罪。当

① 参见王作富主编：《中国刑法适用》，210 页，北京，中国人民公安大学出版社，1987。

② 参见王作富主编：《中国刑法研究》，269～270 页，北京，中国人民大学出版社，1988。

③ 参见吴振兴：《罪数形态论》，5 页，北京，中国检察出版社，1996。

④ 参见吴振兴：《罪数形态论》，5 页，北京，中国检察出版社，1996。

然，上述两种类型之间也存在交叉。

关于数罪的类型，我国学者结合我国刑法关于数罪并罚的规定，作了以下概述。

（1）并发关系的数罪，指行为人以数个犯罪的意思，实施数个行为，分别构成犯罪，具备数个犯罪构成，其先后或同时发生的犯罪。并合发生在判决宣告前的情况，分别有：1）在判决宣告前实行数罪并罚的数罪（《刑法》第69条）；2）一罪宣告后在刑罚执行过程中又发现漏判之罪实行数罪并罚的数罪（《刑法》第70条）。

（2）累次关系的数罪。指行为人犯罪后再犯罪，具备数个犯罪构成，其先后犯罪间具有依法加处或重罚情节的累次关系的情况，分别是：1）一罪宣告后在刑罚执行过程中又犯新罪，数罪并罚时实行“先减后并”原则的数罪（《刑法》第71条）；2）先犯的罪经宣告后在刑罚执行完毕或者赦免后，法定期间内又犯应处一定刑罚之罪，依累犯情节从重处罚的数罪（《刑法》第65、66条）。[①]

但上述数罪的类型完全可以归入并罚的数罪的范畴，属于并罚的数罪的不同情形。该书对于其他数罪类型并未论及，这是存在缺憾的。

此后在赵秉志、吴振兴主编的《刑法学通论》（高等教育出版社，1993）一书中，关于罪数的一章，是吴振兴执笔的。虽然该教科书在出版时间上早于其个人专著《罪数形态论》，但在该教科书中已经体现了吴振兴教授关于罪数的研究成果。关于数罪的类型，该教科书分为同种数罪与异种数罪、并罚数罪与非并罚数罪。在论及上述两种数罪类型的关系时，作者指出：并罚数罪与非并罚数罪，不仅与同种数罪、异种数罪发生重合，而且与实质的一罪中某些罪数形态发生交叉，因此而形成错综复杂的罪数形态情况。[②]

目前的权威刑法教科书大多有关于数罪的类型的论述。例如，高铭暄、马克昌主编的《刑法学》（北京大学出版社、高等教育出版社，2000）对犯罪的类型

---

① 参见马克昌主编：《犯罪通论》，593页，武汉，武汉大学出版社，1991。

② 参见赵秉志、吴振兴：《刑法学通论》，253页，北京，高等教育出版社，1993。

采用以下表述：（1）实质数罪与想象数罪；（2）异种数罪与同种数罪；（3）并罚数罪与非并罚数罪；（4）判决宣告以前的数罪与刑罚执行期间的数罪。①

作者指出：上述数罪的分类，是从不同角度划分的。它们不是互相无关的，而是在某些方面存在着重合或交叉，因而如何更科学地对数罪分类，值得深入进行研究。② 尽管我国目前对数罪的研究还有所不足，但它是我国在罪数论方面的创新之处。相对来说，德日刑法学中，大多都没有对数罪类型的研究。日本学者在刑法教科书中，或者只有数罪的寥寥数语，例如西田典之教授的教科书中虽有数罪这一级标题，但内容只有一句话——若数罪既非科刑上的一罪也非并合罪，则分别处断，判处数个刑罚③；或者只是简单地论及单纯数罪，以此与并合罪加以区分，例如大谷实教授指出：所谓单纯数罪，即在犯罪实在竞合的场合，不成为并合罪的数罪情况。单纯数罪的场合，根据各个犯罪的情况成立犯罪，并分别按照各个犯罪的法定刑处理。④

当然，是否形成数罪类型的理论，与各国刑法关于数罪并罚的规定有关。我国刑法对同种数罪不并罚，因而在很大程度上影响到我国的罪数理论。尽管如此，数罪类型还是我国刑法学界根据我国刑法规定，在罪数论中具有创新性的研究成果。

（二）罪数不典型

罪数不典型是我国学者储槐植教授提出的概念。那么，什么是罪数不典型呢？储槐植教授指出：罪数不典型，是指犯罪要件组合数不标准形态。在内涵上，罪数不典型就是既非典型一罪也非典型数罪而被当作（立法规定为或者司法认定为）一罪处罚的犯罪构成形态。⑤ 显然，罪数不典型是相对于罪数典型而言

---

① 参见高铭暄、马克昌主编：《刑法学》，189 页，北京，北京大学出版社、高等教育出版社，2010。

② 参见高铭暄、马克昌主编：《刑法学》，189 页，北京，北京大学出版社、高等教育出版社，2010。

③ 参见［日］西田典之：《日本刑法总论》，刘明祥、王昭武译，352 页，北京，中国人民大学出版社，2007。

④ 参见［日］大谷实：《刑法讲义总论》，新版第 2 版，黎宏译，454 页，北京，中国人民大学出版社，2008。

⑤ 参见储槐植：《论罪数不典型》，载《法学研究》，1995（1），72 页。

的。罪数典型可以分为典型一罪与典型数罪，而罪数不典型介乎两者之间，是罪数典型的例外。在此，储槐植教授采用了其所倡导的原则与例外的分析框架。储槐植教授曾经提出刑法例外规律的命题，认为刑法例外现象普遍存在，指出：

> “例外”就是在一般规律或认定之外。“规律”是事物内部的本质联系和发展的必然趋势，具有普遍的不断重复出现的特点。一般说来，例外和规律是两个对立的概念。然而近代刑法规范的例外，不分国界，不断出现、长期存在，使刑法实际处于不断改革之中，从而推动刑法本身的发展。从宏观时、空上看，刑法中的例外是一种普遍现象。既然如此，它就必定具有某种规律性的特点，本文称为“例外规律”[①]。

上述刑法例外规律同样适用于对数罪并罚制度的分析。储槐植教授指出：数罪应并罚，一罪不并罚，这是法制之常规。“数罪”（实是或形似）不并罚，是常规之例外。[②] 作为常规之例外的不典型罪数，是广泛存在的。储槐植教授认为，建立罪数不典型概念的价值在于：以否定式的比较替代肯定式的论证（犹如通常研究方法）。具体地说，无须正面论证某个不典型犯罪构成形态究竟属于一罪还是数罪，而只需否定它属于一罪还是数罪。在关系复杂的条件下，否定一事物要比肯定一事物方便，而且进行现象的比较要比进行理论的论证省力。[③] 储槐植采用罪数不典型的概念，对惯犯、结合犯、转化犯、想象竞合犯、连续犯、吸收犯等罪数形态进行了分析。应该说，罪数不典型从方法论上为罪数理论提供了独特的视角，对我国罪数研究产生了一定影响。[④]

（三）转化犯

在罪数论中，最值得肯定的理论创新在于根据我国刑法规定，创制了转化犯的概念。在德日刑法学中都没有转化犯的概念，庶几可以类比的是，我国台湾地

---

① 储槐植：《刑法例外规律及其它》，载《中外法学》，1990（1），19页。

② 参见储槐植：《论罪数不典型》，载《法学研究》，1995（1），72页。

③ 参见储槐植：《论罪数不典型》，载《法学研究》，1995（1），72页。

④ 参见王志祥、姚兵：《罪数形态专题整理》，3页，北京，中国人民公安大学出版社，2009。

区刑法学中的追并犯，即使罪依“法律”之特别规定，因与犯罪后之行为合并，变成他罪。[①] 我国台湾地区学者对追并犯所举的例子是准强盗罪，但目前我国台湾地区学者在论及准强盗罪的时候，也不再使用追并犯一词。我国台湾地区学者在论及准强盗罪与盗窃罪的关系时指出：在构成要件之关系上，准强盗罪，并非普通盗窃罪与妨害自由罪之结合犯，犯普通盗窃罪，乃系准强盗罪之主体身份。因此，二者间并不具有特别关系，亦不具补充关系。唯准强盗罪，当然包含普通盗窃罪之罪质在内。因此，二者间具有吸收关系，准强盗罪为吸收规定，普通盗窃罪为被吸收规定。[②] 在此，我国台湾地区学者以吸收关系描述准强盗罪原先的盗窃罪与此后构成的抢劫罪之间的关系，当然是有其根据的，但是并未十分逼真地将盗窃罪转变为抢劫罪的过程反映出来，这是有所遗憾的。日本将准强盗罪称为事后强盗罪，即以强盗罪论处的情形。但日本学者又另外论及一种转化型强盗，指出：所谓“转化型强盗”，是指着手盗窃之后，或者在着手之前，因为被发现而转而出于强取财物的目的实施暴力、胁迫行为，而相当于第 236 条的强盗。[③] 由此可见，这里的转化型强盗并不等同于准强盗，即事后强盗。准强盗是为了防止返还财物或者为了逃避逮捕，或者为了隐灭罪迹而实施暴力或胁迫行为（《日本刑法典》第 243 条）。但日本刑法中的转化型强盗是在盗窃既遂之前被发现转而采取暴力、胁迫手段而取得财物。在这种情况下，其行为完全符合强盗罪之规定，应以强盗罪论处。

我国学者在论述准抢劫时，往往称之为转化型抢劫。例如我国刑法教科书在论及准抢劫与普通抢劫罪的关系时指出：一般的抢劫罪是先使用暴力、胁迫，后取得财物，而本条所指的却是先实行盗窃、诈骗、抢夺，而后为了抗拒逮捕等目的而当场使用暴力或暴力威胁，二者确有不同。但是，值得注意的是，正是由于

---

① 参见陈朴生：《刑法总论》，168 页，台北，中正书局，1969。

② 参见甘添贵：《体系刑法各论・侵害个人非专属法益之犯罪》（修订再版），171 页，台北，台湾瑞兴图书股份有限公司，2003。

③ 参见［日］西田典之：《日本刑法各论》，3 版，刘明祥、王昭武译，140 页，北京，中国人民大学出版社，2007。

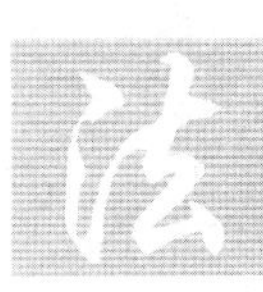

暴力或暴力威胁是在紧接盗窃等行为之后“当场”实行的，前后两种行为结合如此紧密，因此应当认为盗窃等行为的性质发生了转化，同一般抢劫并无本质区别。[①] 在此，作者采用了“转化”一词，以此描述从盗窃向抢劫在犯罪性质上的转变。此后，我国学者明确指出：这种犯罪情况下盗窃、诈骗、抢夺转化为抢劫性质，最终要以抢劫罪论处，可以说是一种特殊形式的抢劫罪（有的称之为转化型抢劫罪）。[②] 由此可见，我国刑法中的转化型抢劫罪，与日本刑法中的转化型强盗罪是完全不同的。我国刑法中的转化型抢劫罪，实际上是指准抢劫罪，即准强盗罪。这种情形，亦称准犯。我国学者在论及准犯时指出：准犯是指符合某一基本构成要件的行为，由于行为情状的特殊而使其社会危害性升高到另一个基本犯的危害程度，因此刑法准许适用危害性更高的基本犯以定罪量刑。[③] 我国学者认为：准犯的用语较为生疏，且易与资产阶级刑法理论中的“准犯罪”“准现行犯”相混淆。至于“追并犯”的称谓，虽有可取之处，但毕竟生僻难解。因此，“准犯”和“追并犯”的称谓都不尽理想，难以普及。于是该学者提出了转化犯的概念。我国学者指出：当前，我国刑法学界基本上赞同第 153 条（指 1979 年《刑法》——引者注）所说的是一种转化形式抢劫的观点。由此得到启迪，我认为第 153 条类型的犯罪形态可称为“转化犯”。“转化犯”的称谓比“准犯”“追并犯”通俗易懂。更重要的是，它突出了此类犯罪的动态特征，强调了此类犯罪是由一种犯罪向另一种犯罪转化，揭示了转化的条件性，也表明了原来的罪对转化成的罪的依附性。所以，“转化犯”的称谓比“准犯”和“追并犯”更为准确。[④] 这是我国学者第一次提出转化犯的概念，并将转化犯界定为由法律特别规定的某一种犯罪在一定条件下转化成另一种更为严重的犯罪，并应当依照后一种犯罪定罪量刑的犯罪形态。从以上转化犯概念提出的背景来看，转化犯是从准犯中提炼出来的，因此包含了准犯，但又不限于准犯，而包括刑法规定的对某一犯

---

① 参见高铭暄主编：《刑法学》，2 版，276 页，北京，法律出版社，1984。

② 参见高铭暄、王作富主编：《新中国刑法的理论与实践》，572 页，石家庄，河北人民出版社，1988。

③ 参见丁文华：《我国刑法犯罪类型的研究》，载《政治与法律》，1986（1），36 页。

④ 参见王仲兴：《论转化犯》，载《中山大学学报》（哲学社会科学版），1990（2），30 页。

罪行为依照另一条文另一犯罪论处的所有情形。转化犯概念被提出以后，受到我国刑法学界的呼应，并引起了某些学术争鸣。例如，关于转化犯是否必须因此罪向彼罪转化，我国学者提出不同见解，认为违法行为也可以转化，由此而界定转化犯：转化犯是指某一违法行为或者犯罪行为在实施过程中或者非法状态持续过程中，由于行为者主、客观表现的变化，整个行为的性质转化为犯罪或转化为严重的犯罪。[①] 以上观点提出的背景是在转化型抢劫中，盗窃、诈骗、抢夺并不需要达到“数额较大”构成犯罪就可以转化。转化犯包括从违法行为向犯罪的转化，能够涵括上述情形。这是具有合理性的。当然，如果把转化犯限于准犯，尤其是包含从违法行为向犯罪的转化，那么转化犯就只具有对个别条文解释的意义。而笔者最早提出，就转化犯的本意而言，应该是罪与罪之间的转化，因而属于罪数形态论。[②] 正是基于这样一个指导思想，笔者提出这样一个问题：拟制的转化犯是否属于转化犯？笔者的回答是否定的。对于准犯与转化犯的关系，笔者作了以下论述：转化型准犯虽然是从此罪到彼罪的转化，但我们认为仍不能将其归于转化犯的范畴。这是由准犯与转化犯两种立法例的不同性质所决定的，因而有必要加以区分。准犯的性质是对不完全符合标准犯的犯罪通过立法推定以标准犯论处，从而解决司法实践中某些似是而非的犯罪的法律适用问题。而转化犯的性质是对实施此罪时出现超出这一犯罪的主、客观构成事实，而完全吻合彼罪的构成要件，从而以彼罪论处的情形。从构成上来说，准犯是一行为，这一行为虽然符合此罪的构成，但不完全符合彼罪的构成，法律推定以彼罪论处。因此，准犯往往发生在两种具有罪质的递进关系的犯罪之间。而转化犯是二行为，例如，《刑法》第136条（指1979年《刑法》——引者注）规定刑讯逼供以肉刑致人伤残的，以伤害罪从重论处，这里包含刑讯逼供行为与伤害行为，由于刑讯逼供以肉刑致人伤残，已经超出刑讯逼供的范围，其行为完全符合伤害罪的构成，因而应以伤害罪论处。因此，转化犯主要是解决罪数问题，即根据法律规定，在这种情况下，

① 参见杨旺年：《转化犯探析》，载《法律科学》，1992（6），37页。

② 参见陈兴良：《转化犯与包容犯：两种立法例之比较》，载《中国法学》，1993（4），79页。

虽然外观上符合两个犯罪的构成，但只以其中较重的犯罪论处。因此，准犯属于犯罪构成论的问题，而转化犯属于罪数论的问题，两者加以区别有利于刑法理论的科学化。① 在包含准犯的情况下，将转化犯纳入罪数论体系，笔者以为是存在一定问题的。事实上，我国学者王仲兴教授早在1992年就将包含准犯的转化犯作为复杂一罪中的事实的一罪纳入罪数论。② 笔者则在《本体刑法学》一书中把转化犯当作法定的一罪。之所以强调转化犯是法定的一罪，是因为只有在法律明文规定的情况下才能构成转化犯。③ 在《规范刑法学》第一版中，笔者亦强调了转化犯的法定性，指出：转化犯之转化的根据是法律的明文规定，这是转化犯的法律特征，也是转化犯之所以为法定的一罪的原因之所在。刑法之所以设立转化犯，是因为所转化的他罪已经超越本罪的罪质，因而按照他罪处理更为妥当。④ 当然，法定性是否为转化犯的特征，这个问题还是值得研究的。事实上，在犯寻衅滋事罪的过程中，致人重伤、死亡的，同样转而以故意伤害罪或者故意杀人罪论处。这可以说是一种非法定的转化犯。因此，对非法定的转化犯的承认，势必与转化犯的法定性这一特征产生冲突。

目前我国某些刑法教科书已经把转化犯吸收为罪数论的内容。有的转化犯不包含准犯，例如曲新久教授所主张的就是一例，其将转化犯纳入法定的一罪。⑤ 也有的转化犯概念包含准犯，并分为典型转化犯与准型转化犯。在论及准型转化犯时，论者指出：准型转化犯，是指刑法所规定的说明转化犯罪成立的诸事实特征虽然并不完全符合所转化犯罪构成要件的标准形态，但是依照该转化犯罪论处，例如，我国《刑法》第269条所规定的转化犯。⑥ 由此可见，我国刑法学界对于转化犯的内容尚未达成一致意见。尽管如此，转化犯仍然是我国刑法学的罪

① 参见陈兴良：《转化犯与包容犯：两种立法例之比较》，载《中国法学》，1993（4），79页。

② 参见徐逸仁、王仲兴：《中国当代刑法学》，181页，南京，东南大学出版社，1902。在王仲兴教授的《刑法学》（中山大学出版社，2008年第3版）一书中，转化犯亦属于复杂一罪中的事实一罪。

③ 参见陈兴良：《本体刑法学》，60页，北京，商务印书馆，2001。

④ 参见陈兴良：《规范刑法学》，183页，北京，中国政法大学出版社，2003。

⑤ 参见曲新久：《刑法学》，2版，168～169页，北京，中国政法大学出版社，2009。

⑥ 参见张小虎：《犯罪论的比较与建构》，761页，北京，北京大学出版社，2006。

数论中最具中国特色的理论形态。

三

罪数是日本刑法学对触犯数个罪名的犯罪现象的一种理论概括，日本学者在论及罪数论的意义时指出：犯罪，是符合构成要件、违法且有责的行为。因此，只要某一行为符合构成要件、具有违法性和责任，就大致成立犯罪。但是，犯罪论的最后课题是：在行为人引起了某种犯罪事实的场合，是将这些事实作为一罪来处理还是作为数罪来处理呢？另外，在作为数罪处理的场合，一个行为人同时具有数个犯罪，产生犯罪的竟合，这时候，必须解决对行为人处以什么样的刑罚的问题。解决这两个问题的理论就是罪数论。[①] 由此可见，日本学者是以一罪与数罪作为罪数论的核心问题的。但对于这里的一罪与数罪，到底是指构成要件上的一罪与数罪还是法律规范上的一罪与数罪，日本学者并没有严格加以区分，因而罪数论的内容较为庞杂。例如在本来的一罪中存在包括一罪的情形，日本学者指出：所谓包括一罪，是指某种犯罪事实在外形上看起来似乎数次符合构成要件，但是，应当包括在一次符合构成要件评价中的犯罪。包括一罪的形态，有：(1) 行为在外形上数次符合同一构成要件的场合；(2) 行为在外形上符合不同构成要件的场合。在 (1) 的场合，是将在外形上符合同一构成要件的事实一次性地评价为一罪，所以，将这种场合称为构成要件评价上的同质的包括性；在 (2) 的场合，是将外形上符合不同构成要件的事实一次性地评价为一罪，所以，将这种场合称为构成要件评价上的异质的包括性。[②] 在以上论述中，日本学者把包括一罪又分为同质的包括一罪与异质的包括一罪。同质的包括一罪包括以下情形——惯犯、职业犯、营业犯、持续犯、连续犯等。异质的包括一罪包括以下情形：共

① 参见［日］大谷实：《刑法讲义总论》，新版第2版，黎宏译，454页，北京，中国人民大学出版社，2008。

② 参见［日］大谷实：《刑法讲义总论》，新版第2版，黎宏译，454页，北京，中国人民大学出版社，2008。

罚的事前行为（不可罚的事前行为）、共罚的事后行为（不可罚的事后行为）。以上情形，实际上是一个构成要件的种类问题。在同种数罪并罚的情况下，对于上述情形中的连续犯作为罪责问题进行研究尚具有意义。在同种数罪不并罚的情况下，上述情形就与罪责问题无关。以连续犯为例，我国台湾地区学者林山田教授指出：连续行为（Die fortgesetzte Handlung）为德国刑法理论与实务界在19世纪初所创设的法概念或创作物，系将自然的观察均属独立的一连串个别行为，在刑法评价上当作一个行为，而属法的行为单数，用以避开使用实质竞合的并合处罚。换言之，在刑法实务中，将具有特定条件的一连串的犯罪行为（Serienstraftat）视为行为单数。通过连续行为这样的创作物，限制实质竞合的适用范围，而对于实现相同不法构成要件的一连串行为，得以特殊的一罪而为科刑。[①] 由此可见，连续犯是以限制同种数罪并罚范围为目的而创设的一个法律概念。当然，连续关系的认定标准不甚明确，因而连续犯的认定时宽时窄。正如德国学者所言：当人们看到它的优点时，就作出广义的理解，但当人们看到它的缺点时，又作出狭义的理解。[②] 在这种情况下，德国刑法学界要求放弃连续犯的呼声日益高涨。在这种情况下，德国联邦法院大刑事审判委员会对连续犯作出以下限制性的解释：关于犯罪复数的法律规定，无论在何等情况下，均应在对同种类的犯罪行为进行量刑时从其整体评价来把握。因此，依赖连续关系的法形态只属于较少的例外情况。[③] 在这种情况下，连续犯的概念逐渐丧失了限制同种数罪并罚适用范围的功能，面临被废弃的命运。这里存在一个十分吊诡的现象：德国想要取消连续犯，是因为越来越坚持同种数罪并罚的立场。而在同种数罪完全并罚的情况下，以限制同种数罪并罚为目的而创设的连续犯概念丧失了存在的必要性。尽管目前仍然承认在例外的情况下存在连续犯，但其重要性已经大为减弱。但在我国，

① 参见林山田：《刑法通论》（下册），增订10版，347页，台北，台湾大学法律学院图书部，2008。

② 参见［德］汉斯·海因里希·耶赛克、托马斯·魏根特：《德国刑法教科书（总论）》，徐久生译，869～870页，北京，中国法制出版社，2001。

③ 参见［德］汉斯·海因里希·耶赛克、托马斯·魏根特：《德国刑法教科书（总论）》，徐久生译，869页，北京，中国法制出版社，2001。

对同种数罪从来都不并罚，因此，连续犯的概念在我国法律语境中是没有意义的。应该说，我国刑法学中的罪数论早期是从日本引入的，因此对一罪形态的区分较为烦琐，此后逐渐受到德国刑法理论的影响，开始了从罪数论向竞合论的转变。

德国刑法理论中的竞合论，是以德国刑法规定为根据而展开的。《德国刑法典》第三章“行为的法律后果”中专设第三节“触犯数法规的量刑”，对行为单数和行为复数作了规定。其中，《德国刑法典》第 52 条第 1 款和第 2 款规定：同一犯罪行为触犯数个刑法法规，或数个犯罪行为触犯同一刑法法规的，只判处一个刑罚。触犯数个刑法法规的，以规定刑罚最重的法规为准。所判刑罚不得轻于数法规中任何一个可适用法规的刑罚。《德国刑法典》第 53 条第 1 款规定：因犯数罪同时受审判，因而被判处数个有期自由刑或罚金刑的，应宣告总和刑。

德国学者将以上的法律规定分别归纳为三种情形，指出：在现行法中分为三个事例组。一行为数次违反同一刑法法规的，行为人只是根据数次违反的法律受一次处罚（第 52 条第 1 款）。如果一行为触犯数个不同的刑法法规，则根据结合原则将不同法律的刑罚构成一个总和刑（第 52 条第 2 款至第 4 款）。相反，如果同一行为人的数个行为同时被判决，部分适用加重原则、部分适用并科原则（第 53 条至第 55 条）。在法律未规定的其他事例组，数次触犯刑法法规只在表面上存在，而实际上由于相关刑法法规的关系存在这样的情况，即只能适用其中的一个法规，其他的法规不得适用之。第一事例组被称为想象竞合（Idealkonkurrenz），第二事例组被称为实质竞合（Realkonkurrenz），第三事例组则被称为法规竞合（Gesetzeskonkurenz）（或者叫作表面上的竞合，seheinbare konkurrenz）。法律和判例对想象竞合使用“行为单数”概念（第 52 条），对实质竞合使用“行为复数”的表述（第 53 条）。[①] 根据以上论述可知，德国刑法中的想象竞合与法条竞合是一个行为单数与行为复数的问题，而法条竞合是一个法条单一的问题。德国学者在论及法条单一的本质时，指出：除了两个真正的竞合种类（想象竞合

① 参见［德］汉斯·海因里希·耶赛克、托马斯·魏根特：《德国刑法教科书（总论）》，徐久生译，869～870 页，北京，中国法制出版社，2001。

和实质竞合），还有这样一种情况，即数个刑法法规排除了其他刑法法规（非真正的竞合）。该非真正的竞合的共同的基本思想在于，犯罪行为的不法内容和罪责内容能够根据可考虑的刑法法规合一被详尽地确定［联邦法院刑事判决 11，15（17）；25，373］。由于只适用这一主要的刑法法规，且被排除的法律并不出现在有罪判决中，用“法条单一”（Gesetzeseinheit）来替代传统的但误导性的表述“法规竞合”（Gesetzeskonkurrenz），看起来似乎是适当的。① 由于想象竞合、实质竞合和法条竞合都是一种竞合，无论是真实的竞合还是假想的竞合，因此，德国刑法教科书一般都把罪数论称为竞合论。我国台湾地区学者林山田教授指出：岛内学界之传统见解，往往将竞合论称为罪数论，而将整个竞合问题之重心放置于所谓的“一罪”与“数罪”之区别，并赋予所谓之“一罪”多种含意，并寻找单一之罪数区别标准，似无法正确而精准地掌握竞合论在刑法学上之定位与判断，且造成司法者在刑法学习上与司法者在刑法实务上之困难，故本书在竞合论之论述，不采“罪数论”之概念与用语。② 林山田教授还较为详细地叙述了其《刑法通论》一书从罪数论到竞合论的转换过程，指出：本书在竞合论之论述直至第三版，均承袭国内传统学说与实务之见解，从一罪与数罪之概念着手，认为一罪有单纯一罪、包括一罪（结合犯、双行为犯、常业犯、继续犯与接续犯）与处断上一罪（含想象竞合、牵连犯与连续犯），而数罪指实质竞合之数罪并罚。至第四版虽引进竞合论中行为单数与行为复数之概念，但为顾及跟刑法实务之配合，在论述体系上除扩张法律竞合（法律单数）与不法之前行为与后行为之部分外，大体依然维持原来之旧体系，致未能贯彻竞合之体系，以解决例如刑法学说与刑法实务之乱象与问题。为了去除上述之弊，本书在本（第六）版之论述即以竞合论之内涵为主，首先论述行为单数与行为复数（第二节）、法律单数（第三节），以及不罚之前行为与不罚之后行为（第四节）。其次，再论述属于犯罪单数之想象竞合（第五节）与现行法特有之牵连犯（第六节），以及现行

① 参见［德］汉斯·海因里希·耶赛克、托马斯·魏根特：《德国刑法教科书（总论）》，徐久生译，869～870 页，北京，中国法制出版社，2001。

② 参见林山田：《刑法通论》（下册），增订 10 版，347 页，台北，台湾大学法律学院图书部，2008。

法规定之连续犯（第七节）。最后，论述属于犯罪复数之实质竞合（第八节），检讨岛内学说与判例之吸收与吸收犯（第九节），并提出竞合论之判断体系（第十节）。①

那么，罪数论与竞合论到底有什么区别呢？换言之，罪数论与竞合论究竟是名异还是实异？对此，我国台湾地区学者之间也存在不同见解。例如，甘添贵教授指出：唯罪数论，既为探讨犯罪之个数或单复之理论，正确言之，并非探讨已经成立之犯罪的个数，而系探讨成立一个具体之犯罪，抑或成立数个具体犯罪之理论。因此，罪数论，乃系具体犯罪成立阶段之问题。至于已经成立之数个具体犯罪之关系，如何予以处理，则非罪数论之问题，而系犯罪竞合论之问题，乃系对于已经成立之数个具体之犯罪，应对之如何予以科刑之问题。因此，有关探讨犯罪之个数以及其如何处罚之理论，在日本学界，大皆称为罪数论；在德国学界，则普遍名为犯罪竞合论。实际上，德、日学界对此理论之用语，虽有差异，究其内容，并无多大差别。盖无论称为罪数论抑或名为犯罪竞合论，均涵括处理两个问题：(1) 在犯罪成立阶段，被告所犯之罪究属一罪抑或数罪？(2) 在犯罪处罚阶段，对于已成立之数个犯罪，究应如何予以处罚？只是，对于有关探讨犯罪之个数以及其如何处罚之理论，本书仍将其称为罪数论。② 根据以上论述，罪数论重在区分一罪与数罪，而竞合论则重在解决数罪如何处罚的问题：前者偏重于犯罪论，后者偏重于刑罚论。因此，甘添贵教授认为罪数论与竞合论名异实同，只是侧重点有所不同而已。但也有台湾地区学者不同意上述观点，认为罪数论是处理一罪与数罪的问题，而竞合论将一行为与数行为作为前提，侧重于对竞合论结构形态的分析及处理，两者有所不同。例如柯耀程教授指出：竞合问题的前提要件，究竟系处理“罪数”问题，抑或是处理“行为数”？不能不先加以说明。首先，刑法所规范的对象，系外在存在的人类行为，亦即其系以行为作为其评价对象，而作为被评价对象的行为，本身必须是完全客观的、评价中性的，同

① 参见林山田：《刑法通论》（下册），增订10版，347页，台北，台湾大学法律学院图书部，2008。

② 参见甘添贵：《罪数理论之研究》，2～3页，北京，中国人民大学出版社，2008。

时其本身并不能即被视为犯罪，行为之所以为犯罪，系经规范评价后的结果，因此，仅规范的内容方得称为“罪”（Delikt），而竞合论所处理的问题，均为复数规范被实现的情况，故而将复数规范任意压缩成单一，在学理的论据上，似乎稍嫌薄弱。其次，刑罚制裁的认定标准，并非犯罪本身，而系导致规范侵害的行为，然而行为的形态万端，绝非有限的法律条文所能完全涵盖，故而法律规范间必须具有相互作用的功能存在，而一个行为同时侵害数个规范的情形，亦非不能想象，唯一个行为终究仅能有一个处罚，其不但是规范评价的对象，同时也是限制刑法对评价对象作双重评价（Doppelbewertung）的基准，此时真正单数者，应为行为，而非罪。再者，竞合论所涉及的问题，均为复数规范被侵害，所不同者，仅在于该数规范之侵害，究竟系一行为或数行为所致而已。因此，对于竞合论前提的判断，应以区隔“行为数”较为妥当。① 在此，柯耀程教授讨论了竞合论是以行为单、复数为前提的，而罪数论是一个犯罪单、复数的问题；并且认为行为与犯罪是存在区分的。柯耀程教授由此得出结论：竞合论而称竞合，并非罪之竞合。其所竞合者，应为法律效果。②

在我国大陆刑法学界，笔者是最早提出将罪数论改为竞合论的学者。从知识背景上来说，来自德国的影响是客观存在的。但更为有力的推动，还是对我国现实法律语境的考量。在《本体刑法学》一书中，笔者把不典型的一罪的分类归纳为以下三种情形：（1）以行为为特征的分类法；（2）以性质为特征的分类法；（3）以竞合为特征的分类法。对于以竞合为特征的分类法，笔者作了以下论述：以竞合为特征的分类法将罪数理论称为刑法竞合论，认为在刑法竞合论中需要理论上解决的问题包括：（1）一个行为多次违反同一个刑法规范；（2）一个行为违反了多个不同的刑法规范；（3）同一个行为人违反了数个法规的多个行为同时受到处罚；（4）形式上违反了多个刑事法规而事实上只应按照一个法规进行处罚。对这些问题的解决，理论上是从观念竞合、现实竞合与法规竞合三个角度进行

---

① 参见柯耀程：《刑法竞合论》，4页，北京，中国人民大学出版社，2008。

② 参见柯耀程：《参与与竞合》，154页，台北，元照出版公司，2009。

的，其中，观念竞合与法规竞合是指行为人的一个行为同时触犯了几个刑法规范或者多次触犯同一个刑法规范的情况。现实竞合是指行为人数个独立的犯罪行为在一个刑事诉讼程序中同时受到处罚的情况。法条竞合是指几个刑事法规在外表上似乎是竞合的，但实质上是互相排除的情形。上述三种不典型的一罪的分类法各有特色。在我国刑法理论上，以往通行的是以行为为特征的分类法，以后逐渐通行第二种分类法，现在又在引入第三种分类法。在笔者看来，前两种分类法都是为了解决一罪的类型问题，并无根本差异，只是理论上的概括不同而已。而第三种分类法并不是简单的一罪的分类法，而是罪数的分类法，其与传统的罪数理论存在较大的差别。考虑到目前我国刑法研究现状，似暂不采用竞合论。[①] 由上可知，笔者已经认识到了竞合论不同于罪数论之处，但对于究竟存在何种差别，当时并没有深入研究。在此后出版的《规范刑法学》（中国人民大学出版社，2003）一书中，笔者还是维持了罪数论的体系，称为单、复数罪，仍然强调不典型的一罪形态的界分。一直到 2006 年发表了《刑法竞合论》（载《法商研究》，2006 年第 2 期）一文，笔者开始引入刑法竞合论，主要动因是传统的罪数论与我国刑事立法、刑事司法存在不契合之处。笔者指出：在目前同种数罪不并罚的情况下，某些罪数形态概念丧失了其存在的价值或者实质意义大打折扣。例如，在我国较为权威的刑法理论著作中，罪数形态包括以下一罪的犯罪形态[②]，下面逐一加以说明：（1）继续犯。继续犯是一个行为的持续性问题，属于一行为触犯一罪名的单纯一罪，它与追诉时效的起算有关，与罪数无关。将继续犯纳入罪数论中研究有所不当，事实上它可以被放在行为形态或者追诉时效理论中考察。（2）想象竞合犯。想象竞合犯是一行为触犯数法条，对其究竟是定一罪还是定数罪容易发生争议，属于罪数论应当研究的问题，并且也是各国刑法理论所研究的内容。（3）结合犯。结合犯是原为刑法上的数罪而被规定为一罪的形态，这是一个法律规定问题，属于法条竞合现象。而且，我国刑法中并不存在典型的结合

① 参见陈兴良：《本体刑法学》，601 页，北京，商务印书馆，2001。

② 参见高铭暄：《刑法学原理》，第 2 卷，505 页，北京，中国人民大学出版社，1993。

犯，因而结合犯仅有知识论价值，而在法律适用上并无意义。（4）惯犯。惯犯是指以某种犯罪为常业，或以犯罪所得为主要生活来源或腐化生活来源，在较长时间内反复多次实施同种犯罪行为，刑法明文规定将其作为一罪论处的情形。我国刑法中对同种数罪并不实行并罚，因而研究惯犯对于罪数区分并无实际意义。（5）连续犯。连续犯是指行为人基于同一的或者概括的犯罪故意，连续多次实施数个性质相同的犯罪行为，触犯同一罪名的情形。连续犯是多次触犯同一法条，属于行为复数但法条单数。连续犯实际上是同种数罪，在同种数罪并罚的情况下，连续犯具有限制并罚范围之功能，即德国学者所说的避免强制对所有具体的行为进行确认和避免强制适用实质竞合的有关规定。① 连续犯的概念最先是由中世纪的法律实践家提出来的，当时对犯罪竞合实行极其严厉的并科制度（如对盗窃罪数罪并罚就可处死刑），因此他们试图通过对各种犯罪实质竞合的研究概括出一些不应该实行并科的情况，于是连续犯的概念应运而生。② 在我国刑法不实行同种数罪并罚的情况下，连续犯概念可以说毫无法律上的意义，因为在我国即使不认定为连续犯而视为同种数罪，也不存在并罚的问题。此外，对连续犯之连续性的界定本身就十分费力，这也是日本刑法取消连续犯规定的原因之所在。（6）牵连犯。牵连犯是指行为人实施了某种犯罪，其手段行为或者结果行为又触犯其他罪名的情形。牵连犯本身是实质数罪，但为了限制数罪并罚的范围，一般都规定对牵连犯不实行数罪并罚。在我国刑法中，牵连犯存在着从不并罚到并罚的发展趋势，刑法与司法解释中规定了某些并罚的牵连犯，在这种情况下，牵连犯的价值也大打折扣。可以想到的是，一旦牵连犯都实行并罚，牵连犯存在的法律意义也就丧失殆尽。就此而言，牵连犯目前在我国刑法中还有部分价值，但意义已经十分有限。（7）吸收犯。吸收犯是指行为人实施数个犯罪行为，其所符合的犯罪构成之间具有某种依附与被依附关系，导致其中一个犯罪被另一个犯罪吸收，只对吸收之罪论处的情形。吸收犯是我国刑法中所特有的一个概念，在外国

① 参见［德］汉斯·海因里希·耶赛克、托马斯·魏根特：《德国刑法教科书（总论）》，徐久生译，869～870页，北京，中国法制出版社，2001。

② 参见［意］杜里奥·帕多瓦尼：《意大利刑法学原理》，陈忠林译，421页，北京，法律出版社，1998。

刑法中较为罕见。吸收犯与牵连犯之间存在交叉，两个概念有时不好区分，因此，吸收犯的命运与牵连犯的命运大体相同。除上述概念之外，在有关论著中还涉及接续犯、徐行犯、结果加重犯、转化犯等概念，这些概念作为知识论存在是有其意义的，但对罪数区分来说则意义不大。在我国同种数罪不并罚的情况下更是如此。[①] 通过以上分析，笔者认为真正属于罪数论的只有想象竞合、法条竞合和实质竞合这样一些基本概念，因此可以在刑法竞合论的框架内予以讨论。为此，笔者在《规范刑法学》第2版中，删繁就简，将单复数罪一章改为竞合论，以竞合为中心线索讨论对于罪数认定具有实际价值的法条竞合、想象竞合和实质竞合。[②]

在我国刑法学界，目前刑法教科书虽然除笔者的之外还没有采用竞合论的，但对于刑法中的竞合问题越来越重视。例如，刘士心的《竞合犯研究》一书，对刑法中的竞合现象作了研究，尤其是指出了竞合论与罪数论的区别：竞合犯问题一开始就被套上了罪数论的面具，被视为一个罪数问题。难怪时至今日犯罪竞合问题仍然只是在罪数论中被零散地涉及，而没有形成自己的理论体系。笔者认为，犯罪竞合处理虽然涉及罪数的判断，但它并不单纯是一个罪数问题，也不可能在罪数论的框架中得到系统、全面的研究。竞合论理论应当在罪数论之外谋求其生存和发展空间，形成与罪数论相对独立的理论体系。因此，竞合犯理论与罪数理论应当是两个具有交叉关系的独立理论系统。[③] 在以上论述中，作者不是主张以竞合论取代罪数论，而是主张两种理论共同存在。这种观点是十分独特的。当然，竞合论是以行为单、复数区分为前提的，行为单复数可能涉及目前罪数论研究的一些主要犯罪形态。在这种情况下，罪数论在竞合论之外还能否独立存在，这是一个值得思考的问题。而我国学者庄劲则明确提出了犯罪竞合理论体系，并把竞合作为罪数分析的一个视角，由此而改造罪数论，指出：本书中的犯罪竞合乃刑法罪数论中的核心部分。刑法中的罪数论，以研究一罪类型为中心。

---

① 参见陈兴良：《刑法竞合论》，载《法商研究》，2006（2）。

② 参见陈兴良：《规范刑法学》，2版，273页，北京，中国人民大学出版社，2008。

③ 参见刘士心：《竞合犯研究》，22页，北京，中国检察出版社，2005。

一罪类型一般分为三种：单纯的一罪、法定的一罪和处断的一罪。一般认为，单纯的一罪包括想象竞合犯、继续犯和结果加重犯，法定的一罪包括结合犯、惯犯，处断的一罪包括连续犯、牵连犯和吸收犯。罪数论的任务就是，判断犯罪的单数与复数，进而确定如何对行为予以处罚。罪数理论的体系看似庞杂，但在司法实践中，能够引起罪数判断和法条适用争议的，往往集中在犯罪竞合的四种形态——法条竞合犯、想象竞合犯、牵连犯和吸收犯——当中。这四种罪数形态，是实务中极为常见且争议巨大的类型。这四种罪数形态的界限何在，其罪数本质如何，如何处罚方为公正，也是理论上长期聚讼、司法上众说纷纭的问题。本书希望能以犯罪竞合的全新视角，研究上述四种罪数形态，通过考察评价竞合与行为竞合的成因和特征，并重新确立罪数的判断标准，进而讨论上述罪数形态的内涵、罪质与处断原则。因此，本书的思路，就是在确立罪数评价基本原则的基础上，重塑罪数的判断标准，通过区分评价的竞合和行为的竞合两种不同的罪数结构，对上述四种罪数形态的界限、罪数本质以及法律效果作出准确的界定。[①] 在以上叙述中，作者力图以犯罪竞合论取代罪数论，尤其是将竞合分为评价竞合与行为竞合。这是具有见地的。其实，这里的评价竞合是法律规范的竞合，而行为竞合则是事实的竞合。当然，把哪些犯罪形态划入犯罪竞合的范围，也还是值得推敲的。笔者主张在行为单、复数区分的基础上，分别讨论法条竞合、想象竞合与实质竞合：前两者都是一行为，第三者属于数行为。在实质竞合中讨论同种数罪、牵连犯和吸收犯等情形，因为它们关涉实质竞合的并罚问题。

在我国刑法学界，尽管竞合论的研究才刚起步不久，但竞合论的价值已经为人所知，从罪数论向竞合论的转变也在悄然发生。

（本文原载《现代法学》，2011，33（5））

① 参见庄劲：《犯罪竞合：罪数分析的结构与体系》，6页，北京，法律出版社，2006。

法条竞合的学术演进

——一个学术史的考察

法条竞合是我国刑法学界在罪数论或者竞合论研究中最为充分、成果最为丰硕的一个领域。法条竞合虽然只是一个学术个案，但从法条竞合理论的演进，可以清楚地看出来自外国的刑法理论是如何在我国获得学术生命力的。本文拟对法条竞合的学术演进加以描述，通过法条竞合这一个案展示我国的刑法学术史。

一

法条竞合的概念主要来自德日刑法学，在我国民国时期的刑法教科书中就有关于法条竞合的学说，例如民国学者王觐指出："外观上之法条竞合云者，一个行为，触犯数个结果，彼项法条，为此项法条所排斥，本此项法条处断之之谓也。"[①] 值得注意的是，上述关于法条竞合的概念之下有一个注解，论及想象竞合犯之性质，并引述了日本学者大场茂马关于法条竞合的概念，指出："关于想象竞合犯之性质，余辈谓其为法条竞合，故名此为外观上之法条竞合，以示与想

① 王觐：《中华刑法论》，姚建龙勘校，北京，中国方正出版社，2005。

象的竞合犯有所区别。有学者对此力持异议，其说曰：‘法条竞合者，非并数个竞合之法律而适用之之谓，谓于数个法条之中，择一而适用之者也。若然，则所谓法条竞合云云，无一而非外观上之竞合，此所以区别法条竞合为外观上的与非外观上的，实不见有若何之理由也。’余以为外观上之法条竞合，系对于纯正的法条竞合（Echte Gesetzes-konkurrenz）而言。因其有触犯数个罪名之外观，而不有触犯数个罪名之实质，固有是名。名实相符，正足以表明二者之区别。”[①] 王觐认为想象竞合犯是纯正的法条竞合，而我们现在所称的法条竞合是外观上的法条竞合。日本学者大场茂马则不赞同外观上的法条竞合这一提法。由此可见，当时在法条竞合与想象竞合犯的区分上存在争议，而我国民国时期关于法条竞合的知识也主要来自日本。

在苏俄刑法学中，本无法条竞合概念。特拉伊宁对于一般构成和特殊构成之关系的论述，涉及类似法条竞合的特别关系。特拉伊宁指出：“一般构成和特殊构成的特点，在于这些构成实质上是相同的，但它们概括着同样的一些犯罪的类和种。这种特点，对于正确定罪来说有着巨大的政治意义。划分一般构成和特殊构成的实际意义在于：在具有两个规范——一个规定着类的构成，另一个规定着特殊的、种的构成——时，犯罪行为永远无条件地不应当依照一般规范，而应当依照特殊规范定罪。特殊构成，对于类的构成来说，是所谓占优势的。因此，类的构成似乎是为了在特殊构成没有概况的场合留作后备用的。”[②] 在此，特拉伊宁所说的一般构成、一般规范或者类的构成，就是指普通法，而特殊构成、特殊规范或者种的构成，就是指特别法。在这两者之间发生竞合的情况下，应当适用特别法而非普通法，即应当适用特殊构成而非一般构成。由此可见，特拉伊宁虽然实质上论及特别法与普通法的竞合，但并没有涉及法条关系，而是从犯罪构成的关系切入的。此后，苏俄学者在定罪理论中提出了法条规合，亦译为法规竞合的概念。例如苏俄学者指出，由于历史原因，在立法中刑事法律规范多种多样，

---

① 王觐：《中华刑法论》，姚建龙勘校，303页，北京：中国方正出版社，2005。

② ［苏］A. H. 特拉伊宁：《犯罪构成的一般学说》，王作富等译，204页，北京，中国人民大学出版社，1958。

刑法典分则规范总体上没有形成十分严谨的逻辑体系。同时，各种缺陷使规范部分交叉、相互“重合”，导致法律部分重复。这样，定罪碰到的困难是实施行为被数个规范同时加以规定。这就是说存在着刑事法律规范竞合。[①] 在规范竞合时，实施了一个罪（在不同于数罪并罚、再犯和累犯的情况下），然而，这一罪中却包含了两个（或两个以上）刑事法律规范的要件。这时产生一个问题：应该适用这些规范中的哪一个规范来对该行为定罪?[②] 苏俄学者把法规竞合分为以下两种情形，指出：“两个规范竞合的第一种类型是一个规范规定了行为的确定的范围，而第二个规范规定的是这一范围的一部分的情况。这是一般规范和特殊规范的竞合。一般规范和特殊规范竞合时，后者与前者关系，是处于从属的逻辑关系中。在规范竞合的第二种类型的情况中，规范之间的区分是比较复杂的。它们的要件可以属于犯罪的不同要素，不是与一般要件相比较的具体化。这一类型竞合可以称之为部分和整体的竞合。”[③] 在以上论述中，苏俄学者提出了规范竞合的概念，并从犯罪构成的角度作了分析，强调法规竞合是犯罪构成要件的竞合。其中对两种规范竞合的类型的分析，还是具有理论意义的。当然，在苏俄刑法学中，并没有形成独立的法条竞合理论，它是从属于定罪理论的。

在20世纪80年代初，首次论及法条竞合的我国学者是马克昌教授。马克昌教授是把想象竞合与法条竞合一并讨论的，并且把重点放在两者的区分上。马克昌教授指出：“所谓法规竞合指一个犯罪行为，同时触犯数个法律条文，其中一个法律条文成为他一法律条文的一部分。所以，法规竞合必须是：(1) 一个行为触犯数个法规（或条文）。如果是数个行为触犯数个法规（或条文），那就不是法规竞合。(2) 一法律条文的全部内容为他一法律条文的内容的一部分。”[④] 马克昌教授的上述论文中引用了李斯特、麦耶、泷川幸辰、宫本英修、冈田庄作等学

---

① 参见［苏］B. H. 库德里亚夫采夫：《定罪通论》，李益前译，255页，北京，中国展望出版社，1989。

② 参见［苏］B. H. 库德里亚夫采夫：《定罪通论》，李益前译，255、256页，北京，中国展望出版社，1989。

③ ［苏］B. H. 库德里亚夫采夫：《定罪通论》，李益前译，258页，北京，中国展望出版社，1989。

④ 马克昌：《想象的数罪与法规竞合》，载《法学》，1982 (2)，13～16页。

者的论述，可见其法条竞合理论均来自德日刑法学而非苏俄刑法学。

在对法条竞合的研究中，涉及的一个重要理论问题，就是法条竞合的形态。可以说，法条竞合形态也是我国刑法学界关于法条竞合的研究中一个最为混乱的问题。之所以存在这种混乱，是因为在德日刑法学中对于法条竞合的形态也是学说不一，而这种学说不一，又源于对法条竞合的范围界定不同。例如马克昌教授把法条竞合理解为一法条的全部内容为他一法条的内容的一部分，因此，马克昌教授对法条竞合的理解是较为狭窄的，其所确认的法条竞合形态包括以下两种：一是特别法与普通法的竞合，二是实害法与危险法的竞合。[①] 姜伟教授则把数个法条之间相互重合理解为法条竞合的根本特征，而又把这种重合分为全部重合与部分重合，由此把法条竞合分为以下两类：一是无条件竞合，也叫绝对的竞合，即两个法条（甚至更多）有整体与部分的关系（见图一）。在任何情况下，只要行为人实施了某种犯罪行为，便同时触犯两个法条（甚至更多）。这是典型的法条竞合。二是附条件竞合，也叫相对的竞合，即两个法条有交叉竞合的关系（见图二）。只在一定条件下，某种犯罪行为才会同时触犯两个法条。这是特殊的法条竞合。[②]

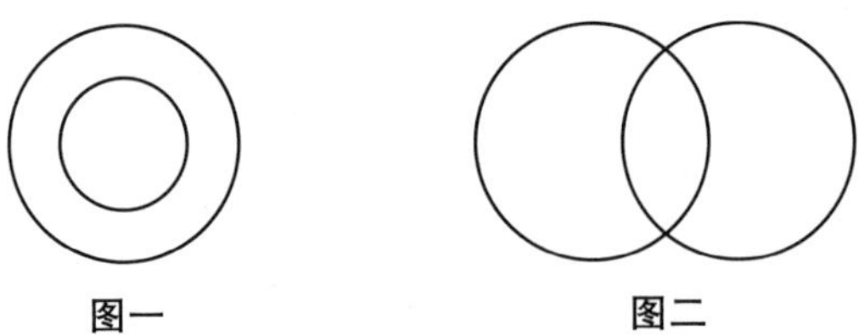

图一　　　　图二

在以上分类的基础上，姜伟教授又进一步把法条竞合分为以下四种情形。[③]

1. 局部竞合

局部竞合是无条件竞合的一种，表现为一个法条是另一个法条的一部分，而行为人的犯罪行为正适合于这一部分的情形（见图三）。其特点是，犯罪行为触犯的数个法条，在形式上都足以评价这个犯罪行为。

① 参见马克昌：《想象的数罪与法规竞合》，载《法学》，1982（2），13～16页。
② 参见姜伟：《法条竞合初探》，载《西北政法学院学报》，1985（4），50～55页。
③ 参见姜伟：《法条竞合初探》，载《西北政法学院学报》，1985（4），50～55页。

2. 全部竞合

全部竞合也是无条件竞合的一种，表现为一个法条是另一个法条的一部分，但犯罪行为已超出局部法条的范围的情形（见图四）。其特点是，在犯罪行为所触犯的数个法条中，只有一个法条可以全面评价这个犯罪行为。

3. 重合竞合

重合竞合是附条件竞合的一种，表现为两个法条交叉重合，而行为人的犯罪行为正适合于重合部分的情形（见图五）。其特点是，在形式上两个法条都可以评价这个犯罪行为。

4. 偏一竞合

偏一竞合也是附条件竞合的一种，表现为两个法条交叉重合，但犯罪行为已超出重合范围的情形（见图六）。其特点是，犯罪行为所竞合的数个法条中只有一个法律条文足以评价这个犯罪行为。①

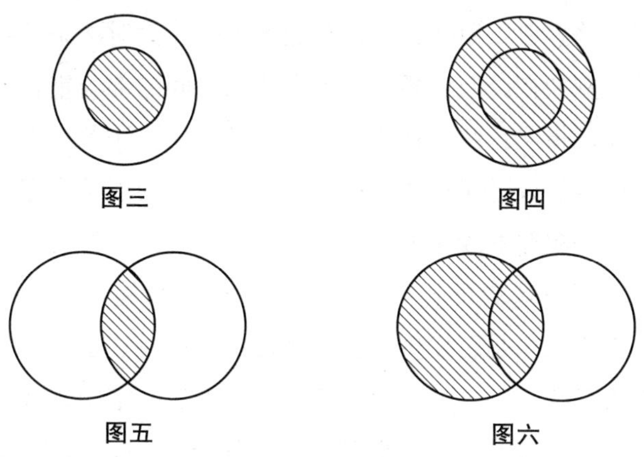

图三　图四　图五　图六

姜伟教授对法条竞合形态作了较为充分的论述，尤其是将部分重合纳入法条竞合的范畴，从而与马克昌教授将法条竞合限于全部重合的观点形成对立。在我国刑法学界，对这个问题是以法条竞合与想象竞合的区分的形式展开讨论的，因为法条竞合与想象竞合之间存在此消彼长的关系。因此，部分重合到底是想象竞

① 参见姜伟：《法条竞合初探》，载《西北政法学院学报》，1985（4），50～55页。

合还是法条竞合，就成为讨论的中心。事实上，马克昌教授从一开始就是在相互参照中讨论法条竞合与想象竞合的。在论及法条竞合与想象竞合的区分时，马克昌教授指出："法规竞合，一法条的全部内容为他一法条的内容的一部分；想象的数罪，所触犯的数法条不存在这种关系，它可能是：甲、触犯内容完全不同的数法规（或条文），乙、触犯的数法规，其内容一部分一致，一部分不相同。"①在此，马克昌教授把全部重合界定为法条竞合，而把部分重合界定为想象竞合。由此为此后关于法条竞合与想象竞合的理论纷争埋下了伏笔。

二

我也较早地对法条竞合理论作了研究②，采用法条竞合理论对我国刑事立法进行解读③，并且合著出版了关于法条竞合的专著。④ 我尤其对法条竞合与想象竞合作了较为深入的思考，以法条形态与犯罪形态作为对法条竞合与想象竞合相区分的分析工具，例如在论及法条交叉，即法条之间的部分重合究竟属于法条竞合还是想象竞合时，指出：我们认为，法条交叉应属于法条竞合而不是想象竞合犯。如前所述，法条竞合是法律条文的竞合，是法条的现象形态。而想象竞合是犯罪行为的竞合，是犯罪的现象形态，两者显然不同。法条交叉是犯罪所侵犯的社会关系的错综交织所造成的，法条之间的这种联系是不以犯罪的发生为转移的，也就是说，无论犯罪是否发生，我们都可以通过对法条内容的分析来确定其交叉关系。而想象竞合不是这样，它的存在是以发生一定的犯罪为前提的，是犯罪的自然形态。当犯罪没有发生的时候，两个法条之间，例如杀人罪和伤害罪，并无内在的联系。而当发生了一枪同时打死一人、打伤一人的犯罪时，杀人罪和

---

① 马克昌：《想象的数罪与法规竞合》，载《法学》1982（2），13～16页。

② 参见陈兴良：《论我国刑法中的法条竞合及适用》，载《法学杂志》，1986（6），15～16页。

③ 参见陈兴良：《晚近刑事立法中的法条竞合现象及其评释》，载《当代法学》，1992（2），11～18页。

④ 参见陈兴良、龚培华、李奇路：《法条竞合论》，58页，上海，复旦大学出版社，1993。

伤害罪的两个法条才发生了连续。因此，想象竞合所触及的两个法条之间的联系，是以犯罪形态为纽带的，没有法条上的原因。显然，法条交叉不同于想象竞合，它具备法条竞合的本质属性，应被视为法条竞合。[①] 在此，我提出将法条竞合定性为法条关系，而将想象竞合定性为犯罪形态，以互相竞合的两个法条之间是否存在逻辑上的重合或者交叉关系作为区分法条竞合与想象竞合的根据。由于法条是对构成要件的规定，因此，法条竞合之法条关系，也就是构成要件的关系，法条竞合就是构成要件的竞合。对此，我曾经指出：法条竞合的法律本质是法条所规定的犯罪构成要件的竞合。每个犯罪都有独立的犯罪构成，但每个犯罪的构成又不是互相完全无关的，在许多情况下存在从属或者交叉的关系。因此，法条竞合与犯罪构成理论有着密切的联系。离开了法律对构成要件的规定，就谈不上法条竞合。[②]

在 20 世纪 90 年代，我国学者主要是结合我国刑法规定进行研究，当时可资参考的德日学术资源还是较为有限的。此后，随着德日刑法学法条竞合的理论被引入，我国关于法条竞合以及其与想象竞合之关系的研究得以在一个更为广泛的学术视野内展开。例如，德国学者从法条单数与复数的角度讨论法条竞合，指出：除了两个真正的竞合种类（想象竞合和实质竞合），还有这样一种情况，即数个刑法法规只是表面上相竞合，但实际上是一个刑法法规排除了其他刑法法规（非真正的竞合）。该非真正的竞合的共同的基本思想在于，犯罪行为的不法内容和罪责内容能够根据可考虑的刑法法规之一被详尽地确定。由于只适用这一主要的刑法法规，且被排除的法律并不出现在有罪判决中，用“法条单一”（Gesetzeseinheit）来替代传统的但误导性的表述“法规竞合”（Gesetzeskonkurrenz），看起来似乎是适当的。[③] 德国学者把法条竞合称为假性竞合，以此区别于是真实竞

① 参见高铭暄、王作富主编：《新中国刑法的理论与实践》，374～375 页，石家庄，河北人民出版社，1988。

② 参见陈兴良：《刑法各论的一般理论》，393 页，呼和浩特，内蒙古大学出版社，1992。

③ 参见［德］汉斯·海因里希·耶赛克、托马斯·魏根特：《德国刑法教科书（总论）》，徐久生译，892～893 页，北京，中国法制出版社，2001。

合的想象竞合和实质竞合，主要是以法条竞合时只适用一个法条为根据的。因此，法条竞合并非像想象竞合和实质竞合那样，一行为或数行为触犯数法条，是真正意义上的竞合。所以，德国学者把法条竞合称为法条单一。在此，德国学者引入了评价的视角，认为：在法条竞合的情况下，只要一个法条即可对行为作出评价，其他法条则被排斥。而想象竞合和实质竞合都是非一个法条所能全面评价，因而区别于法条竞合。我国学者亦引入了评价的观点，明确地在犯罪竞合中区分行为竞合与评价竞合，指出：所谓评价的竞合，是指在对同一法益的同一次侵害过程之中的犯罪竞合形态。评价的竞合形态，包括三个特征：其一，必须发生在对同一法益的同一次侵害过程之中。评价的竞合，是对同一法益的同一次侵害过程中的行为同时为多个犯罪构成所评价之现象，换言之，是在对同一法益的同一次侵害过程中产生的对行为的评价之竞合。其二，必须实现了不同的犯罪构成。评价的竞合是犯罪竞合的一种形态，当然以实现了不同的犯罪构成作为前提。评价的竞合，是多个犯罪构成同时评价侵害同一法益的行为。其三，被竞合的多个犯罪构成中只得有一个被适用。评价的竞合，是在对同一法益的同一次侵害过程之中产生的犯罪竞合。根据禁止重复评价原则，在对同一法益的同一次侵害过程中，只能有一个犯罪构成的评价，否则便是对同一法益的同一次侵害的多余评价。[①]

该论者又进一步地把评价竞合分为两种情形："一是在对同一法益的同一次侵害过程之中，相同的行为过程实现了多个犯罪构成的法律现象。二是在对同一法益的同一次侵害过程之中，不同的行为过程实现了多个犯罪构成的法律现象。其中，第一种评价竞合是法条竞合，第二种评价竞合是吸收犯。"[②] 吸收犯到底是否属于评价竞合，当然还是可以讨论的，但法条竞合无疑属于评价竞合。因此，尽管法条竞合最终只能适用一个法条，但它还是以在逻辑上具有适用数个法条的可能性为前提的。正是在这个意义上，法条竞合仍然是一种竞合。我国学者

① 参见庄劲：《犯罪竞合：罪数分析的结构与体系》，99～100页，北京，法律出版社，2006。

② 庄劲：《犯罪竞合：罪数分析的结构与体系》，100页，北京，法律出版社，2006。

按照以上评价竞合的思路，对法条竞合与想象竞合作了以下区分："法条竞合与想象竞合的本质区别在于，前者是数法条对同一犯罪行为所造成的全部损害事实的多角度重复评价，后者是不同法条或者说不同罪名对同一犯罪行为的损害事实的不同部分分别作出评价。因此，区分法条竞合与想象竞合的总体标准应当是，同一犯罪行为所触犯的不同法条是否均足以对该行为造成的全部损害事实作出评价。如果是，即为法条竞合；如果不是，即为想象竞合。"[①] 应该指出，这种从法条评价角度对法条竞合与想象竞合加以划分的观点，是具有一定合理性的。当然，评价竞合涉及法条结构，即规范结构关系。只有从规范结构关系中，才能寻找法条竞合的真正原因。[②]

根据规范结构关系，可以对法条竞合的形态作出法理上的解读。传统对法条竞合形态的划分，往往注重法条之间的逻辑关系。但从规范结构关系出发，应当对构成要件体系之结构加以分析，由此阐述法条竞合的形态。我将法条竞合分为两类四种：两类是指从属关系的法条竞合与交叉关系的法条竞合；四种是指独立竞合、包容竞合、交互竞合与偏一竞合。[③] 在对以上四种法条竞合形态进行分析时，我曾经套用了德日刑法关于法条竞合的理论框架，现在看来还存在进一步推敲之处。下面分别加以论述。

1. 独立竞合

独立竞合亦即特别关系的法条竞合，是指特别法与普通法之间的法条竞合。

2. 包容竞合

包容竞合亦即整体法与部分法的法条竞合，其中包容的法条是整体法，被包容的法条是部分法。

在对以上两类法条竞合的分析中，我采用了外延与内涵的两种不同视角的分析方法。其中，独立竞合是外延之间具有从属关系，而包容竞合则是内涵之间具

---

① 左坚卫：《法条竞合与想象竞合区分标准之评价与重建》，载《华南师范大学学报》（社会科学版），2009（6），107～113页。

② 参见柯耀程：《刑法竞合论》，99页，北京，中国人民大学出版社，2008。

③ 参见陈兴良：《本体刑法学》，402页，北京，商务印书馆，2001。

有从属关系。我国学者对此提出了批评，指出："在形式逻辑学中，任何一个真实的概念都包括内涵和外延两方面，概念的内涵是指概念反映的客观事物的本质的固有属性，外延则指反映在概念中的具有概念反映的固有属性的个体。概念的内涵和外延之间存在一种反变关系。"① 如果此概念的外延包容彼概念的外延，则彼概念的内涵必然包涵此概念的内涵。既然独立竞合是一罪名的外延包含另一罪名的外延，包容竞合是一罪名的内涵包含另一罪名的内涵，则这两种类型的法条在逻辑关系上就毫无区别。可见，所谓独立竞合和包容竞合，根本是没有区别的两个概念，只不过前者通过法条之间的外延关系来定义，后者通过法条之间的内涵关系来定义罢了。② 以上观点否认独立竞合与包容竞合之间的区分。其实，独立竞合与包容竞合同属于具有从属关系的法条竞合。就两个法条及其所规定的构成要件之间存在从属关系而言，两种竞合形态确实是相同的。但独立竞合与包容竞合之间又确实是不同的。那么，外延从属与内涵从属之间是否存在区别？换言之，是否可以分别采用外延分析法与内涵分析法？这值得我们反思。任何一个概念都具有外延与内涵，并且外延与内涵之间存在负相关性，即一个概念的外延越大，则内涵越小，反之亦然。基于特别关系的独立竞合，在特别法与普通法之间存在种属关系，即一个概念的部分外延与另一个概念的全部外延相同。对此，可以采用外延分析法。因为形式逻辑不全面地考察概念之间各种关系，而只是从外延方面研究概念之间的关系③，因此，对于概念之间的关系不能采用内涵分析法。在存在种属关系的概念之间，外延小的概念从属于外延大的概念。与此同时，外延小的概念内涵越大，外延大的概念内涵越小，在其内涵之间不存在从属关系。因此，包容竞合不能被定义为内涵从属关系。包容竞合是部分法与整体法之间的法条竞合，两者之间是部分与整体之间的关系，例如绑架罪与故意杀人罪是两个不同罪名，但我国刑法中的绑架罪包含了故意杀人罪，后者成为前者的一部分。在某种意义上，如果把不包含杀人的绑架与包含杀人的绑架相比，绑架与

① 中山大学逻辑学教研室：《逻辑导论》，118页，广州，中山大学出版社，1996。

② 参见庄劲：《犯罪竞合：罪数分析的结构与体系》，124页，北京，法律出版社，2006。

③ 参见中国人民大学哲学系逻辑教研室：《形式逻辑》，3页，北京，中国人民大学出版社，1984。

绑架杀人之间也可以说存在特别法与普通法的关系。日本刑法中的强奸罪与强奸杀人罪即是如此。但在我国刑法中，绑架与绑架杀人不是两个相互独立的罪名，而是同一罪名的基本构成与加重构成。在这种情况下，对绑架与绑架杀人间之关系的分析不能适用特别法与普通法的关系，而应当采用部分法与整体法的关系。由此可见，包容竞合在性质上还是不同于独立竞合的。德国学者对吸收关系的描述与包容竞合十分相似，指出："吸收关系是指，如果一个构成要件该当行为的不法内容和罪责内容包含了另一行为或另一构成要件，以至于在一个法律观点下的判决已经完全表明了整体行为的非价（Unwert），'吸收法优于被吸收法'（lex consumens derogate legi consumptae）。"[①] 就一个构成要件包含另一个构成要件而言，吸收关系与包容竞合是极为相似的，但从德国学者就吸收关系的举例来看，其所谓典型的伴随犯（typische Begleittat）更像是我国刑法中的吸收犯而非法条竞合。因此，具有部分法与整体法间之关系的包容竞合在更大程度上是对我国法条间之关系的一种法理概括，而国外没有这种立法例，因而不存在包容竞合的形态。

3. 交互竞合

交互竞合是指两个罪名概念之间各有一部分外延互相重合情况下发生的法条竞合。

4. 偏一竞合

偏一竞合是指两个罪名概念的内容交叉重合，但实际上的内容已经超出所重合范围情况下发生的法条竞合。

在以上两种法条竞合形态中，交互竞合套用了择一关系，而偏一竞合套用了补充关系。关于择一关系，德国学者指出：特别关系的对立面是择一关系（Alterrativitat）。如果两个犯罪构成要件对行为的描述彼此矛盾，因此必须彼此排除，如盗窃罪（第 242 条）和侵占罪（第 246 条），即存在择一关系。因为法条

---

① ［德］汉斯·海因里希·耶赛克、托马斯·魏根特：《德国刑法教科书（总论）》，徐久生译，897 页，北京，中国法制出版社，2001。

单一——不受处罚的犯罪前行为和犯罪后行为除外——至少以构成要件行为的部分重叠为先决条件。出于逻辑的原因，择一关系作为法条单一的亚群（Untergruppe）被予以排除。[①]

择一关系是特别关系的变种。如果说特别关系是两个概念外延的从属关系，那么，择一关系就是两个概念外延的交叉关系，因此这是一种交互竞合。在交互竞合的情况下，两个法条之间存在部分重合，但法条适用互相排斥，应选择适用重法。

关于补充关系，德国学者指出：补充关系意味着，一个刑法规定只是辅助地适用于不适用其他刑法规定时的情况。被理解为兜底构成要件的法律退到原本要适用的法律之后："原本法优于补充法"（lex primaria derogate legi subsidiariae）[②]。补充关系是基本法即上述译文中的原本法与补充法之间的法条竞合，这种法条竞合是对同一法益的不同层次的保护，由此形成上下层次的构成要件。我国台湾地区学者指出：学理上对于补充关系的认知，大多认为补充关系的逻辑结构不同于特别关系的隶属关系，而系一种构成要件彼此间的重叠关系（Verh ltnis der Uberschneidung），或称之为交集关系（Verh ltnis der Interstrenz），因此，补充关系遂被视为形成假性竞合的独立关系。[③] 由此可见，补充关系的法条竞合也是以法条内容的交叉重合为前提的，它是部分法与整体法之间的法条竞合的一种变种。法条竞合的形态，始终是我国刑法理论上存在争议较大的一个问题。由于我国引入的德日关于法条竞合形态的理论都是以其刑法典为基础的，因此，在引入我国以后如何能够与我国刑法规定进行有效的融合，这是一个值得进一步研究的问题。

① 参见［德］汉斯·海因里希·耶赛克、托马斯·魏根特：《德国刑法教科书（总论）》，徐久生译，895页，北京，中国法制出版社，2001。

② ［德］汉斯·海因里希·耶赛克、托马斯·魏根特：《德国刑法教科书（总论）》，徐久生译，895页，北京，中国法制出版社，2001。

③ 参见柯耀程：《刑法竞合论》，141页，北京，中国人民大学出版社，2008。

三

法条竞合理论的使命是解决法条适用问题。我国刑法学界之所以关注法条竞合，其目的就在于试图运用法条竞合理论，解决司法实践中提出的法律适用的疑难问题。可以说，法条竞合理论在我国尚未受到充分的讨论，就遭遇到了司法实践中的现实问题，由此而挑起关于法条竞合中重法优于轻法的讨论，这也决定了法条竞合理论在我国的特殊命运。引发争议的是下面这样一个案例。

> 四川省岳池县苟角公社社员粟某，从1979年8月至1981年4月，非法制造、贩卖假药。他打着“祖传秘方”的招牌，在全国二十多个省、市散发了几万份铅印广告，吹嘘其所制的“麝七丸”能治偏瘫。粟某在不到两年的时间中，就骗取了全国各地二千一百余名患者的购药款3万余元。患者服了粟某寄去的假药后，病情毫无好转，但也不加重，也就是说这药不起任何作用。其间卫生行政主管部门曾对粟某的行为进行追查，粟某两次转移制药地点以逃避。破案后粟某的态度极为恶劣，拒不交代赃款去向。关于该案在处理时有两种意见：一种意见认为应按《刑法》第164条（指1979年《刑法》——引者注）定制造贩卖假药罪，因为粟某是以营利为目的而制造、贩卖假药，完全具备该罪的构成要件；另一种意见认为应按《刑法》第152条定诈骗罪，因为粟某是以假充真、用欺骗手段取得他人财物，具备诈骗罪的构成要件。对该案按这两个罪名分别定罪，在量刑上悬殊甚大：如果引用《刑法》第164条最高只能对粟某判处7年有期徒刑，而且这样量刑还有些牵强，因为粟某的行为并没有直接给“人民健康……造成严重后果”，似乎适用“二年以下有期徒刑、拘役或者管制”的幅度更恰当一些。如果引用《刑法》第152条定诈骗罪，则可以对粟某“处十年以上有期徒刑或者无期徒刑”，并可以“没收财产”。粟某以制造、贩卖假药的手段而营利，其骗取的财物数额巨大，欺骗的患者人数众多，并且所有的赃款都不能追回，其情节特别严重，不重判不足以抵罪，不足以平民愤。

针对上述案例，冯亚东教授提出了“法条竞合后的从重选择”这一命题，并作了以下论述：在社会科学的所有领域，都有个“大原则管小原则、具体原则服从基本原则”的道理所在，刑法科学的领域也不能例外。由此推论，当“特殊法条优于普通法条”的具体原则与“罪刑相适应”的基本原则相抵触时，自然应是前者让位于后者、服从后者，前者仅是个执法的具体原则，而后者却是立法和执法都必须遵循的基本原则，是刑法的核心因素，刑法的一切规定都应该由此而产生和推论，并始终服从于此。具体说来，当出现适用特殊法条则刑不足以抵罪，而适用普通法条却能够解决这个问题时，可以选用普通法条，以符合“罪刑相适应”的基本原则。根据这个道理，对上述粟某案的处理就应该选用第 152 条。① 对于冯亚东教授的上述观点，肖开权教授明确提出了相反的意见，认为法条竞合时不能从重选择，并从立法和司法的权限的角度作了以下论证：司法机关只有严格执行立法机关所制定的法律条文的规定的职责，没有使法律条文“失去独立成罪”“实际上不复存在”的权力，更莫说是执法人员和学者、专家。谈执法，谁也不能站在立法机关之上使法律条文“实际上不复存在”。新《宪法》第 58 条规定只有全国人民代表大会和全国人民代表大会常务委员会才能行使国家立法权，第 62 条规定只有全国人民代表大会才能“制定和修改刑事、民事、国家机构的和其他的基本法律”，第 67 条规定只有全国人民代表大会常务委员会才能“制定和修改除应当由全国人民代表大会制定的法律以外的其他法律”。“冯文”认为罪刑相一致的原则“是立法和执法都必须遵循的基本原则”，执法人员执法时要看立法机关有没有遵循这个原则而后决定是否使它“实际上不复存在”。这当然不妥当，站在立法机关的上面去了。② 显然，肖开权教授是从立法与司法的各自权限来论证法条竞合时不能从重选择的。如果允许从重选择，则必然使某些法律规定“实际上不复存在”，这是以司法权侵越立法权。可以说，法条竞合时能否从重选择，这始终是我国法条竞合理论中面对的一个重大问题。这一讨论至今仍然激烈。

---

① 参见冯亚东：《论法条竞合后的从重选择》，载《法学》，1984（4），22～24 页。

② 参见肖开权：《法条竞合不能从重选择——与冯亚东同志商榷》，载《法学》，1984（8），19～20 页。

在我国刑法学界我也是较早地关注并持之以恒地研究这一问题并尽量使之本土化的学者之一。就法条竞合时能否从重选择问题而言，我一开始是赞同肯定说的，并且把法条竞合时能否从重选择的争论归纳为罪刑法定原则与罪刑相适应原则之争：肯定说从罪刑相适应原则出发阐述重法优于轻法的根据，否定说则认为重法优于轻法违背了罪刑法定原则。我对肯定说作了以下论证：按照罪刑法定原则，我国刑法所规定的每一个犯罪都有其特定的罪质和罪责，各法条规定的犯罪都互相独立、不可混淆。因此，在某一法条规定的犯罪的法定刑过低，不能做到罪刑相适应的情况下，应该通过修改法律来解决这个问题，而不得任意以罪刑相适应为理由适用其他重法。但在特别法和普通法、复杂法和简单法竞合的情况下，一个行为触犯了两个法条，应当按照特别法（复杂法）优于普通法（简单法）的基本原则适用特别法（复杂法）。而特别法（复杂法）规定的法定刑在某些特殊情况下显然不能做到罪刑相适应时，完全可以适用普通法（简单法）即重法，这并不违背罪刑法定原则。[①] 在此，我根据一行为同时符合具有竞合关系的两个犯罪构成，因而适用重法并不违反罪刑法定原则，得出结论，重法优于轻法的原则是法条竞合的适用的必不可少的补充原则。与此同时，我还论述了重法优于轻法原则的意义：重法优于轻法的原则在一定程度上体现了司法对立法的补充，也为将来修改刑法的某些法条创造了条件。因此，重法优于轻法的原则对于处理法条竞合来说，不仅是必要的，而且是可行的。适用重法优于轻法原则的情况毕竟是个别的，如果在某个法条上，重法优于轻法原则的适用相当频繁，那么，就应该考虑修改其法定刑，以便达到法条所规定的罪质和罪责的均衡。当然，在其他法条中，如果重法和轻法的竞合只是偶尔发生，为保持刑法的稳定性，就没有必要修改法定刑，只需按重法优于轻法的原则就可以解决法条适用问题。[②] 以上对重法优于轻法原则的论证，显然肯定了罪刑法定原则，但仍然会在一定程度上消解立法的权威。

---

① 参见陈兴良：《论我国刑法中的法条竞合及适用》，载《法学杂志》，1986（6），15～16页。

② 参见高铭暄、王作富主编：《新中国刑法的理论与实践》，383页，石家庄，河北人民出版社，1988。该书第十九章“法条竞合”系我执笔所写，参见该书前言关于编写分工情况的说明。

应当指出，重法优于轻法问题是我国刑法中的一个特殊问题。在其他国家或者地区刑法中，虽然也偶尔论及重法优于轻法，但其含义是有所不同的。例如，我国学者在介绍外国刑法时，将重法优于轻法作为一种法条竞合加以论述，指出："两个以上专条的竞合，有重刑专条，有轻刑专条，依重刑优于轻刑的原则，适用重刑法条而排除轻刑专条（这非属从轻原则的范畴）。这与科刑上一罪，从一重刑处断的原则，在解释上是同一意义。"[①]

在以上论述中，何谓专条？论者并未加以展开说明。但论者把重法与轻法关系作为和普通法与特别法关系相并列的一种法条竞合形态，因而其所主张的重法优于轻法原则，与我国学者所理解的适用于普通法与特别法关系的重法优于轻法原则是完全不同的。我认为，这里的重法与轻法关系，应该是指对同一犯罪的不同规定，尤其是在时间上存在新、旧法之分的，应当适用重法优于轻法的原则。例如，我国台湾地区学者指出：重法与轻法竞合时，依重法优于轻法之原则，应适用重法。如陆、海、空军刑法系关于身份之特别法。军人犯罪时，陆、海、空军刑法本应较其他一般刑法优先适用。唯其他刑法其刑罚较该法为重时，仍应适用重法处断。"妨害国家总动员惩罚暂行条例"第 2 条规定："本'条例'公布前已经颁行经济管制法令有处罚较重之规定者，依其规定。""惩治贪污条例"第 14 条规定："本'法例'所定之罪，如其他法律定有较重之处罚者，依其规定，均其适例。"[②] 因此，所谓重法与轻法的竞合是刑罚竞合而非法条所规定的构成要件之竞合。正如我曾经指出：从以上论述看，我国台湾地区刑法学家将重法优于轻法原则置于不同的法条竞合形态中，但是从其引用的适例来看，有一点都是一致的，即所谓的重法与轻法都是指不同法律对于同一种具体犯罪先后规定的轻重不同的刑罚。也就是说，重法法条与轻法法条在其规定的具体犯罪构成的内容上是完全一致的，所不同的只是该种犯罪的法定刑。[③] 我认为，所谓重法与轻法关系并非真正意义上的法条竞合，我国刑法中所讨论的重法优于轻法原则，是在

① 甘雨沛、何鹏：《外国刑法学》（上册），455～456 页，北京，北京大学出版社，1984。

② 陈林生：《刑法总论》，6 版，186～187 页，台北，正中书局，1969。

③ 参见陈兴良：《法条竞合犯》，149 页，上海，复旦大学出版社，1993。

普通法与特别法竞合的情况下适用的，并且在一定限度内形成对特别法适用优先的否定。我国学者试图采用重法优于轻法原则来补救立法的不足，以实现罪刑相适应原则。虽然我曾经肯定重法优于轻法原则对普通法与特别法竞合的补充性适用，但此后我很快否定了这一观点，指出："我们过去曾经对重法优于轻法的原则作了肯定性的论述"[①]，现在看来，对重法优于轻法的原则需要反思。过去我们由于未对法条竞合的种类详加论述，因而泛泛地肯定重法优于轻法原则确实存在某些消极作用。[②] 在这种情况下，我明确提出，在普通法与特别法竞合的情况下，既然立法者已经将特殊法独立加以规定，就应该严格依法办事，不能由司法机关司法人员随意选择，因此，重法优于轻法不能作为独立竞合的补充原则。[③] 当然，在特别法与普通法的竞合中排斥重法优于轻法原则，并不意味着在其他法条竞合形态中也一概排斥重法优于轻法原则。例如，我认为在交互竞合中应当适用重法优于轻法原则，并指出："交互竞合的两个法条之间存在择一关系。在这种情况下，两个不同法律规定的犯罪构成要件概括的是对同一法益侵害的不同类型行为，显示重法是优位法，应根据重法优于轻法适用重法、排斥轻法。"[④]

四

如果说在 20 世纪 80 年代至 90 年代中期讨论重法优于轻法，与当时刑事立法滞后导致的罪刑失衡有关，因而重法优于轻法原则之提出具有补救立法不足之实际功效，那么在 1997 年《刑法》修订以后，随着我国刑事立法逐渐完善，对重法优于轻法原则的讨论，更加注重法理上的妥当性，由此提升了这种讨论的学术性。尤其是 1997 年《刑法》第 149 条第 2 款规定："生产、销售本节第一百四十一条至第一百四十八条所列产品，构成各该条规定的犯罪，同时又构成本节第

① 高铭暄、王作富主编：《新中国刑法的理论与实践》，383 页，石家庄，河北人民出版社，1988。

② 参见陈兴良：《刑法各论的一般理论》，427 页，呼和浩特，内蒙古大学出版社，1992。

③ 参见陈兴良：《刑法各论的一般理论》，428 页，呼和浩特，内蒙古大学出版社，1992。

④ 陈兴良：《本体刑法学》，408～409 页，北京，商务印书馆，2001。

一百四十条之罪的，依照处罚较重的规定定罪处罚。”《刑法》第 141 条至第 148 条是生产、销售伪劣商品罪的特别法，而《刑法》第 140 条是生产、销售伪劣商品罪的普通法。根据上述规定，在上述特别法与普通法竞合的情况下，应当依照处罚较重的规定定罪处罚。这是对特别法与普通法竞合时，重法优于轻法原则的明文规定。由此产生的问题是：在法律没有明文规定的情况下，对于特别法与普通法的竞合，能否适用重法优于轻法原则？对此，张明楷教授作了肯定性的论述：“法律虽然没有明文规定按普通条款规定定罪量刑，但对其也没作禁止性规定，而且按特别条款定罪不能做到罪刑相适应时，按照重法优于轻法的原则定罪量刑。从我国刑法的规定来看，许多特别条款规定的犯罪并不轻，但其法定刑轻于普通条款的法定刑，如果绝对地采取特别法条优于普通法条的原则定罪量刑，就会造成罪刑不均衡的观念。在这种情况下，只要刑法没有禁止适用重法，或者说只要刑法没有指明适用轻法，为了贯彻罪刑相适应的基本原则，就应按照重法优于轻法的原则定罪量刑。”[①] 张明楷教授认为，适用重法优于轻法原则必须符合以下三个条件：其一，行为触犯的是同一法律的普通条款与特别条款，否则，应严格适用特别法优于普通法原则。其二，同一法律的特别条款规定的法定刑，明显低于普通条款规定的法定刑，而且，根据案件的情况，适用特别条款明显不符合罪刑相适应原则。其三，刑法没有禁止适用普通条款，或者说没有指明必须适用特别条款。换言之，当刑法条文规定了“本法另有规定的，依照规定”时，禁止适用普通条款，或者虽然没有这样的规定，但从立法精神来看，明显只能适用特别条款时，禁止适用普通条款。后者如，军人犯违反职责罪的行为同时触犯普通条款时，应适用刑法分则第十章的条款，不应适用普通条款。[②] 虽然张明楷教授对重法优于轻法原则的适用作了严格限定，但毕竟还是在法理上肯定了重法优于轻法原则，并且对适用该原则的各种情形作出解释，解释的结果有二：一是使无罪的行为入罪，二是使轻刑转变为重刑。

---

① 张明楷：《刑法学》，3 版，372 页，北京，法律出版社，2007。

② 参见张明楷：《刑法学》，3 版，372～373 页，北京，法律出版社，2007。

关于使无罪的行为入罪，可以以金融诈骗罪与普通诈骗罪为例加以说明。我国《刑法》第226条规定的普通诈骗罪要求诈骗数额较大，《刑法》第192条、第194条、第196条至第198条规定的金融诈骗罪也要求数额较大。如果上述数额较大的标准统一，则根据特别法优于普通法原则以金融诈骗罪论处，不会发生问题。问题在于：根据最高人民法院1996年12月24日《关于审理诈骗案件具体应用法律的若干问题的解释》* 的规定，个人诈骗公私财物2 000元以上的，属于数额较大。该司法解释同时规定，贷款诈骗、保险诈骗以1万元为数额较大的起点；票据诈骗、金融凭证、信用卡诈骗以5 000元为数额较大的起点。2010年5月7日最高人民检察院、公安部《关于公安机关管辖的刑事案件立案追诉标准(二)》** 又把贷款诈骗的数额较大的起点提高为2万元以上，把票据诈骗、金融凭证诈骗、恶意透支型的信用卡诈骗的数额较大的起点提高为1万元以上。在这种情况下，行为人实施上述金融诈骗行为数额在2 000元以上但尚未达到各种金融诈骗罪的数额较大的起点的，应当如何处理？对此，张明楷教授的观点是：行为人实施金融诈骗行为时，主观上打算（包括概括故意等情形），客观上也足以骗取数额较大甚至巨大的财物，但由于意志以外的原因未得逞的，宜以相应金融诈骗罪的未遂犯定罪处罚。如对于打算骗取10万元保险金的A，宜以保险诈骗罪的未遂犯定罪处罚。行为人实施金融诈骗行为时，主观上没有打算骗取金融诈骗罪所要求的数额较大的财物，客观上所骗取的财产数额没有达到相应金融诈骗罪的定罪标准，但达到了普通诈骗罪的数额标准的，应认定为普通诈骗罪。如对于仅打算冒用他人信用卡购买价值4 000元的商品的B，应认定为普通诈骗罪。① 对于前一种情形，即欲金融诈骗数额较大的财物但因意志以外的原因只得到数额较小的财物的，能否以金融诈骗罪的未遂犯论处？这是值得商榷的。在概括故意的情况下，如果对于仅获得数额较小的财物的数额犯（经济犯罪与财产犯罪）都以未遂犯论处，则数额丧失了限定犯罪成立范围的意义。对于后一种情形，即金

* 该解释已于2013年被废止。——编辑注

** 该规定的部分内容于2020年被修改。——编辑注

① 参见张明楷：《诈骗罪与金融诈骗罪研究》，342～343页，北京，清华大学出版社，2006。

融诈骗没有达到数额较大的起点，但达到了普通诈骗罪的数额较大的起点的，以普通诈骗罪论处，正是法条竞合时从重选择的结果，使那些本来不构成金融诈骗罪的行为被认定为普通诈骗罪。对于张明楷教授的上述观点，周光权教授作出了以下回应："张明楷教授关于按照特别法条不构成犯罪的情形，以普通法条论处的观点，与他实质上视重法优于轻法为原则的观点一脉相承：实施信用卡诈骗 4 000 元的行为，按照特别法条不是犯罪，意味着特别法条对其网开一面，此时特别法条是轻法，但对于这种行为，按照普通法条要进行处罚，所以，普通法条是重法。因此，对不符合特别法条规定的行为以普通法条处理，其实质仍然是重法优于轻法。但是，张明楷教授的这一观点，说得严重一点，是对重刑主义观念的迷恋，有悖于法条竞合的法理，因而值得商榷。"①

关于使轻刑转变为重刑，可以以强奸罪与嫖宿幼女罪* 的关系为例。根据我国《刑法》第 360 条第 2 款的规定，嫖宿不满 14 周岁的幼女的，处 5 年以上有期徒刑，并处罚金。而《刑法》第 236 条第 3 款规定，强奸妇女、奸淫幼女具有刑法所规定的六种加重情形之一的，处 10 年以上有期徒刑、无期徒刑或者死刑。在刑法理论上一般认为，嫖宿幼女罪与奸淫幼女罪之间存在特别法与普通法的法条竞合关系，因此嫖宿幼女行为发生于卖淫嫖娼过程中时，排斥强奸罪法条的适用。② 那么，行为人实施嫖宿幼女行为，同时具有《刑法》第 236 条第 3 款规定的加重情节之一的，能否被认定为奸淫幼女型强奸罪，处 10 年以上有期徒刑、无期徒刑或者死刑呢？对此，张明楷教授的结论是肯定的，指出：假若认为，嫖宿幼女与奸淫幼女的客观行为完全相同，那么，嫖宿幼女与奸淫幼女罪（应为奸淫幼女型强奸罪——引者注）就是特别关系。不可否认，当一个行为同时触犯同一法律的普通条款与特别条款时，在通常情况下，应依照特别法条优于普通法条的原则论处。但是，在特别情况下，应适用重法优于轻法的原则，即按照行为所

* 本罪已于 2015 年被废除。——编辑注

① 周光权：《法条竞合的特别关系研究——兼与张明楷教授商榷》，载《中国法学》，2010（3），158～171 页。

② 参见曲新久：《刑法学》，2 版，528 页，北京，中国政法大学出版社，2009。

触犯的法条中法定刑最重的法条定罪量刑。当嫖宿幼女行为具备《刑法》第236条第3款规定的加重情节之一时，也是如此。因为《刑法》第260条第2款这一特别条款规定的法定刑，明显低于《刑法》第236条第3款这一普通条款规定的法定刑。而且，根据具体的情况，适用第260条第2款明显不符合罪刑相适应原则；《刑法》第236条没有禁止适用普通条款，或者说没有指明必须适用特别条款（没有“本法另有规定的，依照规定”的规定）。[①]

类似的观点还被其他学者主张[②]，其共同之处在于主张重法优先，以实现罪刑相适应。对此，我国学者进行了以下批评：法条竞合时必须遵循“特别法优于普通法”的原则，至于“重法优于轻法”，仅限于刑法典个别条款（实际上只有第149条第2款）的明文规定，或者可以看作在学理上对补充竞合的刑罚适用后果的一种事后描述。如果仅仅根据司法者或者解释者个人对“罪刑是否相适应”的感受，就将这一例外性的法律规定不受约束地扩展适用至其他条文，则明显是在重刑迷信的思维引导下，把公民个人的自由权和立法者的决定权一股脑地赐给了司法者。以解释论之名行立法者之实，这一步走得如此之远，是此类推更隐蔽但也更严重的对罪刑法定原则的破坏。对此应该拒绝。[③] 由此可见，在特别关系的法条竞合中，能否采用重法优于轻法原则，始终是我国刑法学界关于法条竞合的理论关注的一个核心问题，而且争论时间持续25年之长。至今仍然没有平息的迹象。我本人对于这个问题也经历了一个观点反复的过程。我目前的立场是，否认在特别关系的法条竞合中适用重法优于轻法原则。

我国学者周光权教授敏锐地揭示了在重法优先背后存在的以刑制罪的思维方法，认为张明楷教授的观点实际上是先考虑能否对被告人进行刑法上的追究问题，再考虑行为的类型化问题，这是将量刑判断优先于定罪予以考虑，可能导致

① 参见张明楷：《嫖宿幼女罪与奸淫幼女型强奸罪的关系》，载《人民检察》，2009（17），8～12页。

② 参见童德华：《嫖宿幼女行为的法条竞合问题》，载《法学》，2009（6），132～135页。

③ 参见车浩：《论强奸罪与嫖宿幼女罪的关系——兼论法条竞合与想象竞合犯的适用》，载《法学研究》，2010（2），136～155页。

判断顺序上的错误，带来刑法适用方法论上的困惑。[①] 这里的“先考虑能否对被告人进行刑法上的追究问题，再考虑行为的类型化问题”的思维方法，就是我们通常所说的以刑制罪。以刑制罪是我国刑法学界目前关注的一个热点问题。我国学者梁根林教授较早在对许霆案的讨论中提出“以量刑反制定罪”的命题，认为“刑从（已然的）罪生、刑须制（未然的）罪”的罪刑正向制约关系并非罪刑关系的全部与排他的内涵，在这种罪刑正向制约关系的基本内涵之外，于某些疑难案件中亦存在着逆向地立足于量刑的妥当性考虑而在教义学允许的多种可能选择之间选择一个对应的妥当的法条与构成要件予以解释、适用，从而形成量刑反制定罪的逆向路径。[②] 在此，虽然梁根林教授把“以量刑反制定罪”看作是“定罪决定量刑”原则的例外，但这一理论的提出还是引发了广泛的讨论[③]，其中不乏赞同者，例如高艳东博士就明确提出了量刑与定罪的互动论，主张为了量刑公正可以变换罪名。虽然高艳东博士也对量刑反制定罪的适用范围作了限制，认为不能为了公正量刑而变换成重罪罪名，只能变换成轻罪罪名[④]，但只要赞同为了公正量刑可以变换罪名，那么以重换轻与以轻换重都涵括在内，很难加以限制。在高艳东博士所主张的可变换罪名的范围中就包括具有法条竞合关系的罪名，而在法条竞合的情况下选择罪名，一般都是从重选择。尽管张明楷教授也不赞成在许霆案中采用以量刑影响定罪的思路，认为该观点违反罪刑法定原则，因为量刑是否公正难有绝对标准[⑤]，但在法条竞合时的从重选择上，张明楷教授的思维方式仍然是量刑反制定罪，即为了实现罪刑相适应原则，可以在特别关系的法条竞合中选择重罪罪名。

---

① 参见周光权：《法条竞合的特别关系研究——兼与张明楷教授商榷》，载《中国法学》，2010（3），158～171页。

② 参见梁根林：《许霆案的规范与法理分析》，载《中外法学》，2009（6），5页。

③ 关于以刑制罪的讨论，参见金刚泽、颜毅《“以刑制罪”思维模式辨析》，载《政治与法律》，2010（7）。

④ 参见高艳东：《量刑与定罪互动论：为了量刑公正可变换罪名》，载《现代法学》，2009（2），164～174页。

⑤ 参见张明楷：《许霆案的刑法学分析》，载《法学研究》，2009（1），30～56页。

我认为，定罪是量刑的前提条件，而定罪只能根据犯罪构成，而不应受量刑的影响。即使是为了实现罪刑相适应，也不能以量刑左右定罪，因为罪刑相适应既是立法原则又是司法原则，而作为立法原则与作为司法原则，罪刑相适应的实现途径是不同的。尤其应当强调的是，司法上的罪刑相适应是受立法上的罪刑相适应限制的，只能在立法所确定的罪刑关系的限度内实现罪刑相适应，而不能超越法律的限界。即使是在法条竞合的情况下，以特别关系而论，特别法优于普通法是立法逻辑的必然结论，只有立法者自身才能改变这一逻辑。而司法者只能遵从立法逻辑，不得随意违反，否则，就有悖于罪刑法定原则。

（本文原载《法律科学》，2011（4））

对两个司法解释的理论探究

——兼论法条的从重选择

为了依法严惩为牟取暴利而从事非法出版活动和盗窃通讯设备破坏通讯线路的犯罪行为，最高人民法院、最高人民检察院于1987年11月27日和1990年7月10日发布了《关于依法严惩非法出版犯罪活动的通知》* （以下简称《通知》）和《关于依法严惩盗窃通讯设备犯罪的规定》** （以下简称《规定》）。对于危害特别严重的从事非法出版和盗窃通讯设备的犯罪行为，在法律条文的适用上，实行从重选择。本文拟对这两个司法解释的理论根据和法条的从重选择问题进行理论上的探究，以就教于刑法学界。

一

《通知》第2条规定："以营利为目的，从事淫书淫画、淫秽音像的出版、印刷、发行、销售活动的，以刑法第一百七十条制作、贩卖淫书淫画罪论处；其中非法经营或者非法获利的数额巨大或情节严重的，不仅触犯了制作、贩卖淫书淫

* 该通知于2010年被废止。——编辑注

** 该规定于1994年被废止。——编辑注

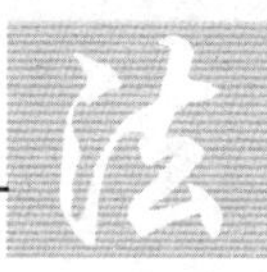

画罪，也触犯了投机倒把罪，应以投机倒把罪论处。”这就涉及两个罪名，对于同一行为，根据数额大小与情节轻重分别以两种犯罪论处，理论根据何在？对此司法解释没有说明，只是指出：在数额巨大或情节严重的情况下，不仅触犯了制作、贩卖淫书淫画罪，也触犯了投机倒把罪。这种行为同时符合两个法条规定的构成要件的现象，在刑法理论上称为法条竞合。

在刑法理论上，法条竞合是指一个犯罪行为，由于法条的错综规定，触犯数个法条，这数个法条所规定的构成要件，在其内容上具有包容或者交叉关系的情形。制作、贩卖淫书淫画罪与投机倒把罪，就存在特别法与普通法的竞合关系，因为投机倒把罪在客观上表现为违反金融、外汇、金银、物资、工商管理法规，非法从事工商业活动，扰乱市场秩序的行为。投机倒把罪的表现形式是多种多样的，刑法采取了空白罪状的立法方式，有关的司法解释和行政法规虽采取列举方式，但并未穷尽各种形式。从理论上来说，只要具备投机倒把罪的本质特征，就应被视为投机倒把行为。一般认为，投机倒把罪的本质特征是侵犯了社会主义市场管理秩序，制作、贩卖淫书淫画罪实际上同样具备这一特征，因为淫书淫画历来是被国家禁止交易和买卖的物品，从事制作、贩卖淫书淫画活动就是从事非法的工商活动，是一种投机倒把行为。如果刑法未对制作、贩卖淫书淫画加以专门规定，则理所当然地应当将它作为投机倒把罪处理。那么，刑法又为什么将制作、贩卖淫书淫画独立成罪呢？这主要是因为该行为有不同于一般投机倒把行为的特殊性。在制定刑法的时候，制作、贩卖淫书淫画一般规模较小、获利不大，是一种轻罪。将它混同于一般的投机倒把行为，反而会因为投机倒把罪有情节严重（主要是数额大小）的要求，而使一些营利数额虽小但社会危害较大的制作、贩卖淫书淫画行为无法受到惩处，导致放松打击。在刑法将制作、贩卖淫书淫画行为单独规定以后，它就和投机倒把罪之间具有特别法和普通法的法条竞合关系。根据特别法优于普通法的原则，对此类行为应以制作、贩卖淫书淫画罪论处，而不能定投机倒把罪。

制作、贩卖淫书淫画罪的法定最高刑是三年，而投机倒把罪的法定最高刑是死刑，两罪相差悬殊。在这种情况下，在刑法理论上就提出了重法优于轻法的问

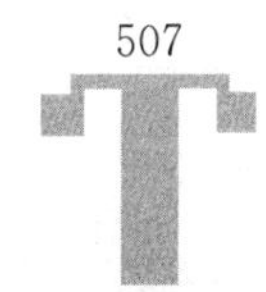

题。重法优于轻法的原则是指，当两个法条相竞合时，在一般情况下应当按照特别法优于普通法的原则，以特别法论处。但在特别法为轻法、普通法为重法，并且适用特别法难以做到罪刑相适应的情况下，可以适用重法，即以普通法论处。这就是《通知》第 2 条的理论根据。

二

《规定》指出："盗窃通讯设备价值数额不大，但危害公共安全构成破坏通讯设备罪的，或盗窃通讯设备价值数额较大，并构成破坏通讯设备罪的，依照刑法第一百一十一条的规定定罪处刑。""盗窃通讯设备价值数额巨大，或者情节特别严重的，依刑法第一百五十二条或《全国人民代表大会常务委员会关于严惩严重破坏经济的罪犯的决定》第一条第（一）项的规定，以盗窃罪从严判处。"这一规定同样涉及两个罪名：一是破坏通讯设备罪；二是盗窃罪。同前面的《通知》一样，这里《规定》也对同一种行为，根据数额大小与情节轻重分别以两种犯罪论处。但《规定》的理论根据是想象竞合犯的从一重罪处断的原则。因此，这两个司法解释虽然都作了从重选择，但其理论根据迥然有别。

在刑法理论上，想象竞合犯是指实施一个犯罪行为而触犯数个法条所规定的数个罪名的情形。盗窃通讯设备，犯罪人实施了一个行为。当然，这一个行为是由多个动作组成的，例如偷割通讯电线，然后将通讯电线非法占有。但不能把这些动作理解为数个行为，否则就是把行为与动作混淆了。因此，盗窃通讯设备只能是一行为，而不是数行为。但这一行为触犯了法条所规定的两个罪名：破坏通讯设备罪和盗窃罪。也就是说，一个行为同时触犯两个罪名，并且，这两个罪名之间不存在从属关系或者交叉关系，这正是想象竞合犯与法条竞合的根本区别。想象竞合犯是一种犯罪形态，而法条竞合是一种法条形态，法条形态永远以犯罪形态为基础，或者说犯罪形态可能因为法律的规定而转化为法条形态。但犯罪形态有别于法条形态，两者不可混为一谈。制作、贩卖淫书淫画罪与投机倒把罪之所以存在法条竞合关系，是因为这两个法条规定的构成要件的内涵与外延，存在

特别法与普通法的逻辑从属关系。也就是说，制作、贩卖淫书淫画是投机倒把行为的一种特殊表现形式。而破坏通讯设备罪与盗窃罪并不存在这种法条上的从属关系，破坏与盗窃是两种完全不同的表现形式：破坏意在毁灭某种物质或者设施的价值；而盗窃意在非法占有，使所有权发生非法转移。这两种犯罪在法条上没有任何瓜葛，而是犯罪人实施的一个行为同时触犯了这两个罪名，从而使两者发生关联。

对于想象竞合犯，在刑法理论上一般认为应当从一重罪处断，这就是所谓从重选择。那么，如何确定罪名之轻重呢？大陆法系刑法理论中存在重点对照主义和全面对照主义之争。我国刑法理论上认为，可依下列标准定其轻重：主刑刑种的轻重，依《刑法》第 28 条中的次序，即管制、拘役、有期徒刑、无期徒刑和死刑依次递重。同种之刑以最高度之较长者为重，最高度相同者，以最低度较长者为重。若两个罪都只有一个罪刑单位，可依此标准确定罪之轻重，择一重罪处断。若两个罪都具有两个以上罪刑单位，如破坏通讯设备罪有两个罪刑单位：没有造成严重后果的，处 7 年以下有期徒刑或者拘役；造成严重后果的，处 7 年以上有期徒刑。其中，前者为基本构成，后者为加重构成。盗窃罪有三个罪刑单位：数额较大的，处 5 年以下有期徒刑、拘役或者管制；数额巨大的，处 5 年以上 10 年以下有期徒刑；情节特别严重的，处 10 年以上有期徒刑或者无期徒刑，根据《严惩严重破坏经济的罪犯的决定》，还可以判处死刑，并处没收财产。其中，第一个是基本构成（数额犯），第二个是加重构成（数额加重犯），第三个是特别加重构成（特别情节加重犯）。盗窃通讯设备价值数额不大的，不存在构成盗窃罪的问题；危害公共安全，构成破坏通讯设备罪的，应以破坏通讯设备罪论处。在这种情况下，一行为触犯一罪名，不发生想象竞合的情形。盗窃通讯设备价值数额较大的，一行为同时触犯《刑法》第 111 条与第 151 条，是想象竞合犯。将两者的法定刑相比较，根据第 111 条，造成严重后果的，最重可以判处 15 年有期徒刑；没有造成严重后果的，也可以判处 7 年以下有期徒刑。而第 151 条规定的第一个罪刑单位的法定最高刑是 5 年。第 111 条重于第 151 条，所以《规定》对此规定以破坏通讯设备罪论处。盗窃通讯设备价值巨大的，根据第 111

条，最重可以判处15年有期徒刑，而第152条规定最重可以判处10年有期徒刑。在这种情况下，第111条重于第152条，似仍以破坏通讯设备罪论处较妥。在盗窃通讯设备情节特别严重（包括数额特别巨大）的情况下，盗窃罪重于破坏通讯设备罪，应以盗窃罪论处。但《规定》将盗窃通讯设备价值巨大的情况与情节特别严重的情况并列，都以盗窃罪论处。这是否确当，尚可商榷。

三

关于法条竞合时能否实行重法优于轻法的原则，在刑法理论上存在较大的争论。肯定说认为，当出现适用特殊法条则刑不足以抵罪而适用普通法条却能够解决这个问题时，宜选用普通法条，可以符合罪刑相适应的基本原则。否定说则认为，重法与轻法的竞合涉及立法和司法的权限问题，司法机关只有严格执行立法机关所制定的法律条文的规定的职责，而不能站在立法机关之上任意选择其所适用的法律条文。笔者过去曾对法条竞合时重法是否可以优于轻法作过肯定性的论述[①]，现在看来，需要反思。泛泛地肯定重法优于轻法的原则确实存在某些消极作用，但一概否定法条竞合中存在重法优于轻法原则的适用也不科学，应该结合法条竞合的种类分而论之。法条竞合的种类主要有二：独立竞合与交互竞合（其他种类姑且不论）。

独立竞合，在大陆法系刑法理论中被称为特别关系，即特别法与普通法的竞合，一般应当实行特别法优于普通法的原则。当特别法轻而普通法重时，能否以重法优于轻法的原则作为补充呢？回答是不能。在特别关系中，特别法轻而普通法重有两种情况：一是特别法该轻而轻。立法者设立特别法，一般是出于对某种社会关系的重点保护，因而特别法的法定刑重于普通法的法定刑。但在某些情况下，特别法的法定刑轻于普通法的法定刑，这恰恰是立法者的良苦用心。正如苏联刑法学家B. H. 库德里亚夫采夫指出：“在有些情况下，某些违法行为应从一

① 参见陈兴良：《法条竞合初探》，载《法学杂志》，1986（6）。

般规范中划分出来，以便更准确、更具体地揭示这些违法行为的社会危害性程度，并能相应地规定比一般规范更重或更轻的制裁。”这种情况在我国刑法中虽不存在（尚可进一步探讨），但在外国立法例中存在。二是特别法该重而轻。有些特别法本来应该重，但因为立法上的不完善而轻于普通法。所谓本来应该重，又有两种情况：其一是立法时就该重而轻，显属立法上的缺陷；其二是立法时是该轻而轻，但在法律适用过程中，由于犯罪情况的变化，由该轻而轻转变为该重而轻，而立法又未作及时调整。制作、贩卖淫书淫画罪与投机倒把罪似乎属于第二种情况。在刑法制定时，制作、贩卖淫书淫画罪的法定刑轻于投机倒把罪的法定刑是合适的。后来，一方面，制作、贩卖淫书淫画犯罪日益猖獗，社会危害性增加，而法定刑依然如故；另一方面，投机倒把罪的法定刑本来就重于制作、贩卖淫书淫画罪的法定刑，一经提高，两者反差更甚。在这种情况下，适用特别法显然不能做到罪刑相适应原则，由此提出重法能否优于轻法的问题。正因为在独立竞合的情况下特别法轻于普通法存在该轻而轻和该重而轻两种情况，如果不加区别地实行重法优于轻法的原则，就会使该轻而轻的法条竞合情形下也适用重法，显然违背立法初衷。即使是在特别法该重而轻的情况下，也不能实行重法优于轻法的原则，因为既然是特别法，就是立法者的特别规定，无论轻重，都属于立法的范畴，司法机关只能依法适用，而不得擅自从重选择，否则，立法者的特别规定就失去存在的意义。重法优于轻法的原则虽能救一时之急，但从根本上说，不利于立法与司法两者的协调发展，司法越权可能危及社会主义法制的严肃性与统一性。对于类似情况，最好是通过立法途径加以解决。

交互竞合，在大陆法系刑法理论中被称为择一关系。在这种情况下，两个罪名概念的外延互相交叉，对于交叉的这一部分，两个法条都可以予以评价，法律又没有对法条适用作出特别规定，因而司法人员可以根据具体案件选择法条的情况。刑法理论上称之为择一关系，实际上是两法条竞合，从一重者适用。之所以从重选择，是因为只有重法才是立法者对这一行为的恰当评价。

综上所述，在独立竞合的情况下，不能实行重法优于轻法的原则；而在交互竞合的情况下，可以实行重法优于轻法的原则。

经过上述理论跋涉，可以得出以下结论：《规定》根据想象竞合犯从一重罪处断的原则，对于盗窃通讯设备价值巨大或者情节特别严重的行为，进行从重选择，以盗窃罪论处，除本文提到的个别问题以外，基本上是正确的。《通知》根据法条竞合时重法优于轻法的原则，对于制作、贩卖淫书淫画数额巨大或情节严重的行为，进行从重选择，以投机倒把罪论处，则在理论上值得商榷。值得注意的是，1990 年 12 月 28 日全国人大常委会颁布了《关于惩治走私、制作、贩卖、传播淫秽物品的犯罪分子的决定》*，该决定第 2 条规定，“以牟利为目的，制作、复制、出版、贩卖、传播淫秽物品的，处三年以下有期徒刑或者拘役，并处罚金；情节严重的，处三年以上十年以下有期徒刑，并处罚金；情节特别严重的，处十年以上有期徒刑或者无期徒刑，并处罚金或者没收财产”。按照新法优于旧法的原则，这一规定实际上已经取代《刑法》第 170 条，因而 1987 年 11 月 27 日最高人民法院、最高人民检察院对《刑法》第 170 条的司法解释也同时失其效力。上述决定对《刑法》第 170 条规定的制作、贩卖淫书淫画罪作了修改、补充，并相应地提高了法定刑，以后对此类案件应一律适用该决定。

（本文原载《法学》，1991（1））

* 该决定于 2009 年被修改。——编辑注

转化犯与包容犯：两种立法例之比较

转化犯与包容犯，是我国刑法中广泛采用的两种立法方式。从解释论与立法论的意义上，对这两种立法例进行比较研究，揭示其法律性质，评价其利弊得失，不仅有益于对法条的深刻理解，而且可以总结立法经验，提高立法水平；对于深化刑法理论研究，亦有所研益。

一、转化犯之界定

转化犯这一概念，是我国刑法学界的首创。类似转化犯的法律现象，在以往刑法理论中被称为追并犯。将转化犯与追并犯相比，前者明白易懂，后者艰深难懂，因而转化犯这一术语是可取的。

虽然转化犯这一用语在一定程度上已为我国刑法学界所接受，但对于其确切含义学者的理解并非完全一致。一种观点认为，转化犯是由法律特别规定的，某一犯罪在一定条件下转化成为另一种更为严重的犯罪，并且应当依照后一种犯罪定罪量刑的犯罪形态。[①] 另一种观点认为，转化犯是指某一违法行为或者犯罪行

① 参见王仲兴：《论转化犯》，载《中山大学学报》(社会科学版)，1990 (2)。

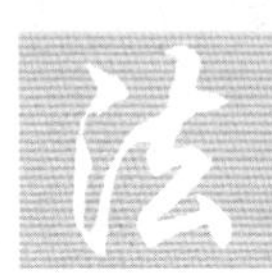

为在实施过程中或者非法状态持续过程中，由于行为者主、客观表现的变化，整个行为的性质转化为犯罪或转化为严重的犯罪，从而应以转化后的犯罪定罪或应按法律拟制的某一犯罪论处的犯罪形态。① 比较以上两个定义，颇多相同之处，较大的差别在于：定义一认为转化犯是由此罪转化为彼罪，由轻罪转化为重罪，总之，是罪与罪之间的转化。而定义二则认为转化犯既可以是罪与罪之间的转化（这种转化犯被称为标准的转化犯），也可以是从非罪（违法行为）向罪的转化（这种转化犯被称为拟制的转化犯）。从逻辑上说，定义一似有可责难之处，因为它虽然将转化犯限于罪与罪之间的转化，但在论述中并未完全排除从非罪（违法行为）向罪的转化。例如，肯定《刑法》第153条是转化犯，而根据司法解释，《刑法》第153条包括被告人实施盗窃、诈骗、抢夺行为，未达到“数额较大”的情形。在这种情况下，被告人的盗窃、诈骗、抢夺行为并不构成盗窃、诈骗、抢夺罪，只因为窝藏赃物、抗拒逮捕或者毁灭罪证而当场使用暴力或者以暴力相威胁，情节严重而转化为抢劫罪。定义二所主张的转化犯的概念包括从非罪（违法行为）到罪的转化与从此罪到彼罪的转化，因而在逻辑上予以贯通，有其独到之处。但是，就转化犯的本意而言，应该是罪与罪之间的转化，因而属于罪数形态论。问题的关键是：拟制的转化犯是否属于转化犯？

拟制的转化犯，准确地说，应该被称为准犯。从语义上说，准者，程度上虽不完全够，但可以作为某类事物看待者也。② 因此，转化型准犯是指某一犯罪（例如根据《刑法》第153条转化而来的抢劫罪，又称为准抢劫罪）与视同的犯罪（例如《刑法》第150条规定的抢劫罪，又称为标准抢劫罪）相比较，在构成要件上并不完全吻合，但立法者出于某种特定的意图，将其视同该犯罪，在法律用语上往往表述为“以……论处”。以转化犯讨论中论及的抢劫罪的转化犯而言，标准抢劫罪的构成特点是以暴力、胁迫或者其他方法劫取他人财物，暴力、胁迫是取财的手段。而准抢劫罪的构成特点是在取财以后为窝藏赃物、抗拒逮捕或者

① 参见杨旺年：《转化犯探析》，载《法律科学》，1992（6）。

② 参见《现代汉语词典》，1511页，北京，商务印务馆，1979。

毁灭罪证而当场使用暴力或者以暴力相威胁，暴力、胁迫不是取财的手段，是在取财以后实施的。因而中国古代刑法以及当今德、日刑法称之为事后盗窃。显然，尽管事先出于盗窃、诈骗、抢夺的意图而实施犯罪，在取财过程中遭到他人阻拦，为取财而当场实施暴力、胁迫的，完全符合《刑法》第150条的规定，没有适用《刑法》第153条之必要。总之，准犯与标准犯相比，在构成上有所差别。

正是由于准犯与标准犯相比较，在构成要件上存在某些差别，因而准犯包含着一定的立法推定的意蕴。所谓立法推定，按照我们的理解，实际上是一种立法类推。我国刑法中的立法类推分为两种：第一种是把刑法分则中没有明文规定的犯罪，通过附属刑法或者单行刑法的规定，比附在刑法分则最相近似的条文中，比照该条类推定罪判刑。例如，《专利法》第63条规定，假冒他人专利，情节严重的，对直接责任人员比照《刑法》第127条的规定追究刑事责任，就是这种类推立法的适例。第二种就是准犯的立法例。我国刑法中的准犯，又可以分为一般准犯与转化型准犯。一般准犯，是指对某种类似于某种犯罪的行为通过法定推定，规定以该罪论处的情形。例如《海关法》第47条与第49条分别规定了“是走私罪”与“按走私罪论处”两类行为，全国人大常委会《关于惩治走私罪的补充规定》则将上述第一类走私行为表述为“下列走私行为”，将第二类走私行为表述为“下列行为，以走私罪论处”。这里，第二类行为本不具有走私的性质，仅仅出于某种需要，立法者才通过法律规定将其划入走私范畴，因而属于“准走私”①。转化型准犯，就是本文论及的犯此罪的过程中，由于主、客观情况的变化，其行为类似于彼罪，法律规定以彼罪论处的情形。我国刑法中的转化型准犯，除第153条规定的以外，还有全国人大常委会《关于惩治贪污罪贿赂罪的补充规定》（以下简称《补充规定》）第3条规定的“挪用公款数额较大不退还的，以贪污论处”的情形。

涉及转化型准犯的另一个问题是：未构成犯罪的违法行为能否以准犯论处?

---

① 陈兴良主编：《经济刑法学（各论）》，19页，北京，中国社会科学出版社，1990。

虽然我国刑法学界也有人主张准犯转化的前提是其行为已构成犯罪，倘若未构成犯罪或未构成特定的犯罪，则绝无转化的可能。[①] 但大多数人认为对这类转化的案件，不应强调必须构成犯罪。[②] 我国司法解释倾向于后一种观点。最高人民法院、最高人民检察院《关于如何适用刑法第一百五十三条的批复》指出：被告人实施盗窃、诈骗、抢夺行为，虽未达到“数额较大”，但为窝藏赃物、抗拒逮捕或者毁灭罪证而当场使用暴力或者以暴力相威胁，情节严重的，可适用《刑法》第153条的规定。同样，最高人民法院、最高人民检察院《关于执行〈关于惩治贪污罪贿赂罪的补充规定〉若干问题的解答》指出：对于“挪用公款数额较大不退还，以贪污论处”的案件，应该依照《补充规定》第2条的规定，与贪污罪适用同一数额标准。根据司法解释，挪用公款罪的数额较大起点为5 000元，而贪污罪数额起点为2 000元，因此，挪用公款2 000元不退还的，虽然不够挪用公款罪的数额标准，但仍应以贪污罪论处。我认为，这种解释是值得商榷的。准犯与标准犯相比，一般是准犯的不法内涵轻、标准犯的不法内涵重。挪用2 000元不退还与直接贪污2 000元相比，虽然在公共财产的损失上相同，但在情节上显然有轻重之分，对之论以贪污罪似有不妥。因此，《补充规定》关于“挪用公款数额较大不退还，以贪污论处”之规定中的数额较大，应该与挪用公款罪的数额较大相一致，而不是同贪污罪的数额较大相同。同样，对于《刑法》第153条中转化为抢劫罪的“犯盗窃、诈骗、抢劫罪”，应按照法条理解为构成这些罪，即达到数额较大的程度。

根据以上论述，虽然转化型准犯是从此罪向彼罪转化，但我认为仍不能将其归之于转化犯的范畴。这是由准犯与转化犯两种立法例的不同性质所决定的。准犯的性质是对于不完全符合标准犯的犯罪通过立法推定以标准犯论处，从而解决司法实践中某些似是而非的犯罪的法律适用问题。而转化犯的性质是在实施此罪时出现超出这一犯罪的主、客体/观构成的事实，该事实完全吻合彼罪的构成要

① 参见郑伟：《刑法个罪比较研究》，181页，郑州，河南人民出版社，1990。

② 参见王作富：《中国刑法研究》，591页，北京，中国人民大学出版社，1988。

件，从而以彼罪论处。从构成上来说，准犯是一行为，这一行为虽然符合此罪的构成，但不完全符合彼罪的构成，法律推定以彼罪论处，因此，准犯往往发生在两种具有罪质的递进关系的犯罪之间。而转化犯是二行为。例如《刑法》第136条规定，刑讯逼供以肉刑致人伤残的，以伤害罪从重论处。这里包含刑讯逼供行为与伤害行为，由于刑讯逼供以肉刑致人伤残，已经超出刑讯逼供的范围，该行为完全符合伤害罪的构成，因而应以伤害罪论处。因此，转化犯主要是解决罪数问题，即根据法律规定，在这种情况下，虽然外观上符合两个犯罪的构成，但只以其中较重的犯罪论处。对于转化犯，之所以在刑法上有必要加以规定，原因正如我国刑法学界有人指出的，转化犯不是简单一罪，而是复杂一罪中的事实的一罪。[①] 因此，准犯属于犯罪构成论的问题，而转化犯属于罪数论的问题。将两者加以区别有利于刑法理论的科学化。

综上所述，我们可以将转化犯定义为：行为人在实施某一较轻的犯罪时，由于连带的行为触犯了另一较重的犯罪，因而法律规定以较重的犯罪论处的情形。

二、包容犯之界定

转化犯这一概念在我国刑法学界已经开始有人使用，但包容犯这一术语尚属鲜见。包容犯，是法条竞合的一种，即包容竞合而构成的犯罪。包容竞合，也称为全部竞合，表现为一个罪名概念的外延是另一罪名概念的外延的一部分，但犯罪构成的内容已超出外延窄的罪名概念的情形。在包容竞合的情况下，两个法条之间具有整体与部分的从属关系，即整体法规定的是属罪名，部分法规定的是种罪名。在包容竞合的两个罪名概念中，外延窄的那个罪名概念（种罪名）由于法律规定而被涵括在外延宽的那个罪名概念（属罪名）中，因而其在特定条件下丧失独立存在的意义，包容于属罪名之中，因此，两者之间存在吸收关系。当犯罪人实施某一犯罪行为，完全符合全部法规定的构成要件时，其行为的一部分必然

① 参见徐逸仁主编：《中国当代刑法学》，181页，南京，东南大学出版社，1992。

同时符合部分法规定的构成要件，从而形成法条竞合。例如，抢劫罪中包含致人重伤、致人死亡的内容，就是适例。在此例中，抢劫罪的法条是全部法，伤害罪、杀人罪的法条是部分法。正如苏联著名刑法学家特拉伊宁指出，在犯罪构成的意义上说，这种竞合是"某一特殊构成，实质上包含着另一犯罪的构成因素"①。因此，抢劫罪就是包容犯。

具体来说，包容犯实际上又可以区分为两种情形：一是结果加重犯，二是结合犯。在我国刑法中，由于立法技术上的原因，还存在第三种类型的包容犯。

结果加重犯，是指一个犯罪行为，由于发生了严重结果而加重其法定刑的情形。例如，我国《刑法》第 134 条第 1 款规定的故意伤害罪，一般是处 3 年以下有期徒刑或者拘役，但是伤害致人死亡的，就要处 7 年以上有期徒刑或者无期徒刑。根据全国人大常委会《关于严惩严重危害社会治安的犯罪分子的决定》，对伤害致人重伤、死亡，情节恶劣的，最高还可以判处死刑。在结果加重犯的情况下，在这一个犯罪构成中，实际上包含了两个犯罪的构成事实，但法律将其规定为一罪。因此，结果加重犯是包容犯。

结合犯，是指通过刑法规定将原来各自独立成罪的数个行为合并，另立一个新罪的情形。关于我国刑法中是否规定了结合犯，目前尚存争议：一种观点认为，我国《刑法》第 191 条第 1 款规定的破坏邮电通讯罪，是邮电工作人员私自开拆或者隐匿、毁弃邮件、电报的行为，同条第 2 款规定，犯前款罪而"窃取财物的……"可以认为是结合犯。所谓窃取财物，应是第 151 条规定的盗窃公私财物的犯罪行为。破坏邮电通讯和窃取财物，本是两个独立的犯罪行为。如果犯罪分子是以邮电工作人员身份私自开拆或者隐匿、毁弃邮件、电报，而又从中窃取财物，这就把两个独立的犯罪行为结合成为第 191 条第 2 款规定的犯罪，因而"依第一百五十五条贪污罪从重处罚"。即是说，把破坏邮电通讯和盗窃公私财物结合起来，定为贪污罪。这就是我国刑法中的结合犯。② 另一种观点认为，《刑

---

① ［苏］A. H. 特拉伊宁：《犯罪构成的一般学说》，王作富等译，206 页，北京，中国人民大学出版社，1958。

② 参见高铭暄主编：《中国刑法学》，220～221 页，北京，中国人民大学出版社，1989。

法》第191条第2款所规定的情况，完全符合贪污罪的特征，即使法律不加规定，也应以贪污论处，没有必要解释为结合犯，而且也不符合结合犯的概念，因为结合犯是对法律所规定的某一类犯罪现象的解释，而我国刑法并没有这样的规定，对结合犯作牵强附会的解释大可不必，也没有实际意义。① 我倾向于第二种观点，认为我国刑法中并不存在结合犯。我国《刑法》第191条第2款的规定属于转化犯，而非结合犯。我国刑法学界有人认为，这里不发生转化问题，因为按照《刑法》第191条的规定，其罪名仍是邮电工作人员私拆、隐匿、毁弃邮件、电报罪，只是依照贪污罪从重处罚而已。② 我认为，这一观点不妥。因为根据《刑法》第191条第2款的规定，行为人既有私拆、隐匿、毁弃邮件、电报的行为，又有利用职务上的便利窃取财物的行为，依法以贪污罪论处，完全符合转化犯的特征，其罪名应定贪污罪，而非仍定破坏邮电通讯罪。结合犯属于法条竞合，互相竞合的两个法条之间存在结合关系，正如我国台湾地区刑法学者指出：二个以上独立犯罪行为，结合而成为一个，学说上称之为结合犯。结合犯采用之法条，基于全部法优于局部法原理，自应适用全部法之规定处断。③ 苏联刑法学家B. H. 库德里亚夫采夫也认为，在整体和部分的法条竞合中，某些要件方面和比较复杂的犯罪构成相同的形态，就形成了所谓的结合犯。④ 因此，结合犯是包容犯。

除上述结果加重犯与结合犯以外，我国刑法中还大量存在着一种包容犯。例如全国人大常委会《关于严惩拐卖、绑架妇女、儿童的犯罪分子的决定》* 第1条，将奸淫被拐卖的妇女，诱骗、强迫被拐卖的妇女卖淫，或者将被拐卖的妇女卖给他人迫使其卖淫，造成被拐卖的妇女、儿童或者其亲属重伤、死亡或者其他严重后果，将妇女、儿童卖往境外等构成犯罪的情形作为拐卖妇女、儿童罪的特

---

* 该规定于2009年被修正，现行有效。——编辑注

① 参见王作富主编：《中国刑法适用》，203页，北京，中国人民公安大学出版社，1987。

② 参见杨旺年：《转化犯探析》，载《法律科学》，1992 (6)。

③ 参见谢兆吉、刁荣华：《刑法学说与案例研究》，186页，台北，汉林出版社，1976。

④ 参见［苏］B. H. 库德里亚夫采夫：《定罪通论》，263页，北京，中国展望出版社，1989。

别严重情节，包容在拐卖妇女、儿童罪之中，就是一个适例。此外，我国《刑法》第150条第2款规定了犯抢劫罪致人重伤或者死亡的情形、如果过失致人重伤或者死亡，解释为结果加重犯尚可。如果故意致人重伤、死亡，应如何解释呢？尤其是抢劫的暴力是否能被理解为包括直接故意杀人？对此，我国刑法学界存在一罪论与二罪论之争。二罪论认为，抢劫而故意杀人的，应以抢劫罪与故意杀人罪论处，实行数罪并罚，因为抢劫罪中的暴力致人死亡，从实际情况看，主要属于伤害致死，也可以包括间接故意杀人，但不包括直接故意杀人。① 一罪论又分为以下三说：一是结果加重犯说，认为：为抢劫而故意杀人的是抢劫罪的结果加重犯。② 二是结合犯说，认为在抢夺财物中因使用暴力而直接造成被害人死亡的，夺取财物是目的，杀人是达到夺取财物目的的手段。在这种场合，目的行为和手段行为都构成犯罪，而刑法分则将这两种犯罪结合在一起，规定为另一独立犯罪，即结合犯抢劫罪。③ 三是牵连犯说，认为为了抢劫财物而杀人，实质是一种牵连犯罪。④ 我认为，在上述观点中，二罪论显然不妥，因为从立法规定来看，抢劫罪之暴力手段似应包括故意杀人。一罪论中的三种解释也都存在缺陷：牵连犯说将故意杀人视为抢劫的手段，认为两者存在牵连关系。但这实际上违反了刑法之禁止重复评价的原则，即一方面将故意杀人评价为独立的犯罪，另一方面又评价为抢劫罪的手段。结合犯说，如果认为是故意杀人罪与抢劫罪的结合，则同样违反了刑法之禁止重复评价的原则；如果认为是故意杀人罪与抢夺罪的结合，则正如我国刑法学界有人指出的，这是割裂了杀人行为与杀人后可能实施的取财行为的内在的主、客观联系，因而不妥。⑤ 至于结果加重犯说，主要问题在于：对于加重结果能否出于故意？在刑法理论上存在一种“故意的结果加重犯”的观点，认为加重结果可以出于故意。⑥ 但这种观点受到普遍否定，因为如果行

① 参见林准主编：《中国刑法教程》，504页，北京，人民法院出版社，1989。

② 参见赵秉志等：《中国刑法的运用与完善》，181页，北京，法律出版社，1989。

③ 参见杨敦先：《试论抢劫罪的几个问题》，载《法学研究》，1983（2）。

④ 参见高铭暄：《中华人民共和国刑法的孕育和诞生》，206页，北京，法律出版社，1981。

⑤ 参见赵秉志等：《中国刑法的适用与完善》，183页，北京，法律出版社，1989。

⑥ 参见［日］木村龟二主编：《刑法学词典》，162页，上海，上海翻译出版公司，1991。

为人已经预见到加重结果发生的必然性或可能性，而希望或放任这种结果的发生，那么其加重结果应当作为另一个新罪的结果，不能成立结果加重犯。所以，我国刑法学界有人指出，犯抢劫罪“致人重伤、死亡”，既包括故意又包括过失，它们不是典型的或标准的结果加重犯。① 总之，用牵连犯、结合犯和结果加重犯解释这种立法例都难以自圆其说，我认为称之为包容犯较为妥当，因为：这种犯罪的特点是甲罪包含乙罪，所以甲罪的规定是整体法、乙罪的规定是部分法，两者之间存在包容竞合。

综上所述，我们可以将包容犯定义为：整体法所规定的犯罪包含着部分法所规定的犯罪，两者发生竞合，应以整体法所规定的犯罪论处的情形。

三、转化犯与包容犯之比较

转化犯与包容犯是刑法所规定的两种犯罪形态，两者都在一定程度上体现了立法者的意图，是对一定犯罪现象的法律概括。下面，我从解释论与立法论这两个方面对这两种立法例加以比较。

（一）解释论之比较

从解释论上说，转化犯与包容犯存在明显的区别。如前所述，转化犯是由此罪（通常是轻罪）向彼罪（通常是重罪）转化，例如由刑讯逼供罪向故意伤害罪转化。由于犯罪性质发生了转变，此罪的构成特征在彼罪中已经不再作为定罪的事实根据，而只是在量刑时予以考虑，因而对于转化犯法律往往明文规定从重处罚。包容犯是此罪包含着彼罪，彼罪因而失去其独立存在的意义，但仍然是定罪的事实根据。显然，包容不同于转化：包容存在时间上的并存关系，而转化则存在空间上的递进关系。

在刑法理论上，结果加重犯被称为“故意与过失之竞合”（culpa dolo deter-

① 参见顾肖荣：《刑法中的一罪与数罪问题》，46页，台北，学林出版社，1986。

minata）或"故意犯与过失犯之复合形态"①，因此，结果加重犯是由故意的基本犯罪与过失的加重犯罪复合而成的一种犯罪形态。在这两个犯罪中，决定犯罪性质的是故意的基本犯罪，因而仍以基本犯罪定性，罪质并未发生变化。而转化犯超出了此罪的范围，罪质发生了变化，以彼罪定性。

结合犯是甲罪与乙罪结合为甲乙罪，结合犯中的两个犯罪互相依存，对结合而成的第三罪的性质都具有决定意义。换言之，结合以后，甲罪与乙罪共存一体，共同决定罪质。正是在这一点上，结合犯不同于转化犯。转化犯由此罪转化为彼罪以后，此罪就不复存在了，仅作为量刑情节予以考虑而已。

其他包容犯虽然在其所包容的两个犯罪之间既不像在结果加重犯中那样存在因果关系，也不像在结合犯中那样存在结合关系，但同样乙罪在甲罪的包容下共存一体，因而不同于转化犯。

（二）立法论之比较

转化犯在我国刑法中主要有以下几种情形：《刑法》第136条规定，刑讯逼供，以肉刑致人伤残的，以伤害罪从重论处；第191条规定，邮电工作人员私自开拆或者隐匿、毁弃邮件、电报而窃取财物的，依照贪污罪从重处罚。全国人大常委会《关于严惩拐卖、绑架妇女、儿童的犯罪分子的决定》第3条第5款规定，收买被拐卖、绑架妇女、儿童又出卖的，以拐卖妇女、儿童罪论处。全国人大常委会《关于惩治偷税、抗税犯罪的补充规定》第6条第2款规定，以暴力方法抗税，致人重伤或者死亡的，按照伤害罪、杀人罪从重处罚。我国刑法关于转化犯的这些规定，大体上较好地把握了转化犯的特性，在犯罪的设置上较为可取，但也存在不足之处，主要是法律用语不够严谨。上述关于转化犯的四个立法例，有两处使用"论处"一词，另有两处使用了"处罚"一词。应该说，"论处"与"处罚"这两个术语是有所区别的。一般地说，以某罪论处是指按照某罪定罪量刑，而按照某罪处罚则是指示法定刑的借用，即不按某一犯罪定罪，而只按这一犯罪的法定刑量刑。就转化犯而言，应当统一采用"论处"一词。刑法用语不

① 陈朴生、洪福增：《刑法总则》，107页，台北，五南图书出版公司，1982。

统一，容易造成理解上的歧义。例如对于《刑法》第 191 条第 2 款，就有人认为其所规定的行为的性质仍然是妨害邮电通讯罪，但应依照贪污罪的刑种与量刑幅度量刑。[①] 因此，关于转化犯的立法有待于进一步完善。

在我国刑法中，除结合犯不存在以外，结果加重犯与其他包容犯的立法例为数不少。从立法技术上分析，还存在较大的缺陷。首先，由于刑法对各罪的构成要件规定得不够明确，因而这种包容关系在很大程度上只能根据刑法理论的阐述加以确定。例如，刑法中在对许多罪的规定中使用“暴力”一词，上至抢劫罪与强奸罪，下至暴力干涉婚姻自由罪。在同一部法典中，同一概念应该有同一种内涵与外延，但对刑法中的暴力不可能作相同的理解，否则，必然违背立法原意；而且，暴力一词过于笼统，轻至拳打脚踢，中至轻重伤害，重至杀人，都可以被包括在暴力之中；此外对于暴力造成后果的主观心理状态，法律也未规定，导致理解上的严重分歧。为此，我认为，今后应该使刑法对具体犯罪的构成要件的规定明确化，以使包容犯更易于识别与认定。其次，我国刑法中的包容犯，在有些情况下刑罚失调。例如，《刑法》第 113 条规定的交通肇事罪的法定最高刑是 7 年，而第 133 条规定的过失杀人罪的法定最高刑是 15 年。交通肇事罪包含过失杀人的内容，法定刑却比过失杀人罪的法定刑轻，两者之间刑罚很不协调。最后，我国刑法中的包容犯，重罪包含于轻罪之中的情况多有存在，这在观念上令人难以接受，而且无形中使刑罚加重。例如，《刑法》第 150 条规定的抢劫罪的暴力方法包括故意杀人，但故意杀人罪在一般人的观念中重于抢劫罪，对抢劫而故意杀人的以抢劫罪论处，使一般人难以接受。并且，故意杀人罪已经配有死刑，由于抢劫罪包含了故意杀人的内容，所以为抢劫罪又配置了死刑，从而使死刑由于立法技术上的原因而增加。尤其是全国人大常委会《关于严惩拐卖、绑架妇女、儿童的犯罪分子的决定》将强奸、引诱、强迫妇女卖淫，故意重伤和伤害致死等作为严重情节包含在拐卖妇女、儿童罪中，缺乏科学的竞合根据，亟待

① 参见卢泰山主编：《最高人民检察院司法解释评析（1979—1989）》，121 页，北京，中国民主法制出版社，1991。

改进。

通过以上对转化犯与包容犯的立法分析，我认为，从立法价值来说，转化犯优于包容犯，这主要表现在：首先，转化犯有助于实现刑罚协调。在转化犯的情况下，由于此罪转化为彼罪，完全以彼罪论处，因而对彼罪的法定刑修改，并不影响对转化犯的刑罚适用。而在包容犯的情况下，甲罪包含乙罪，当乙罪的法定刑修改时，就会发生刑罚不协调的现象。例如，我国《刑法》第136条规定，刑讯逼供，以肉刑致人伤残的，以伤害罪从重论处，即由刑讯逼供罪转化为故意伤害罪。1983年全国人大常委会《关于严惩严重危害社会治安的犯罪分子的决定》（以下简称《决定》）将故意重伤害罪的法定最高刑由7年有期徒刑提高到死刑，由于刑讯逼供致人重伤的行为以故意重伤罪论处，因而可以适用《决定》，保持刑罚协调。但是，《刑法》第143条规定的非法拘禁中致人重伤的情形却与此不同，法律将其规定为包容犯。按照立法原意，这里的致人重伤包括故意重伤的情形，因为其法定最高刑是10年，而一般故意重伤罪的法定最高刑是7年。但此后《决定》将情节恶劣的故意重伤罪的法定最高刑提高到死刑。在这种情况下，非法拘禁故意致人重伤的刑罚与故意重伤罪的刑罚就不相协调。其次，转化犯一般是轻罪向重罪转化，用重罪的法定刑就足以管住。而包容犯是甲罪包含乙罪，在某些情况下，甲、乙两罪都是重罪，其结果是增加重刑，尤其是增加死刑。例如，抢劫包括故意杀人的内容，故意杀人罪有死刑规定，抢劫罪也势必要配置死刑。在立法技术上压缩死刑，将包容犯改为转化犯不失为一条出路。在我国刑法中，故意杀人罪可以被判处死刑，而其他许多犯罪包含故意杀人的内容，例如放火、投毒、决水、爆炸、抢劫等，因而其法定刑中配置了死刑。如果将故意杀人的内容从这些犯罪中排除出去，犯这些罪而故意杀人的，转化为故意杀人罪。这样，就可以将这些犯罪的死刑废除。换言之，用一个故意杀人罪的死刑可以取代现行刑法中的许多死刑。最后，还应当指出，无论是转化犯还是包容犯，都应当慎用，尽可能少用。这里涉及其与数罪并罚制度的关系问题。根据罪刑相适应原则，一罪一罚，数罪并罚。而在转化犯与包容犯的情况下，虽然也可以通过提高刑法分则

中具体犯罪的法定刑而做到罪刑相适应，但这种立法例在一定程度上限制了数罪并罚制度的适用范围。从犯罪构成理论上说，转化犯这样的立法例的立论根据并不充分。例如，以暴力方法抗税，致人重伤或者死亡的，以伤害罪、杀人罪从重论处。在这种情况下，抗税的性质就无从体现。对这种情况，规定实行数罪并罚更妥。包容犯也是如此：例如，在拐卖妇女、儿童过程中，兼犯有强奸、引诱、强迫妇女卖淫，故意重伤和伤害致死等罪行，本来是一人犯有数罪，理应实行数罪并罚，但根据全国人大常委会《关于严惩拐卖、绑架妇女、儿童的犯罪分子的决定》，这些犯罪都成了拐卖妇女、儿童罪的从重情节。其结果是在有意无意中贬低了数罪并罚制度的作用，不利于刑法内部各项规定的协调发展。

（本文原载《中国法学》，1993（3））

晚近刑事立法中的法条竞合及其评释

法条竞合属于法条形态，是作为刑事立法的产物而存在的，因此，法条竞合是一种法律现象。由于立法者在进行刑事立法的时候，会自觉或者不自觉地采用法条竞合的方式表述立法内容，因而在一定意义上说，法条竞合又是一种刑事立法技术。纵观我国晚近刑事立法，较多地采用了法条竞合的立法技术，从而形成了错综复杂的法条竞合现象。本文拟在客观地论述我国晚近刑事立法中的法条竞合现象的基础上，对法条竞合这种法律现象作出理论上的说明，以便于司法适用，并力图科学地评价法条竞合立法技术运用的利弊得失，进一步完善我国的刑事立法。

一

法条竞合是法条所规定的罪名概念的竞合，其法律本质是构成要件的竞合。正如苏俄刑法学家 B. H. 库德里亚夫采夫指出：在规定竞合时，实施一个罪，然而，这一罪中却包含了两个（或两个以上）刑事法律规范的要件。[①] 根据这一标

① 参见［苏］B. H. 库德里亚夫采夫：《定罪通论》，256 页，北京，中国展望出版社，1989。

准，在我国晚近刑事立法（这里主要是指《关于禁毒的决定》和《关于严惩拐卖、绑架妇女、儿童的犯罪分子的决定》）中，可以发现一系列法条竞合现象，现列举如下。

（一）包庇走私、贩卖、运输、制造毒品的犯罪分子罪与包庇罪之间的法条竞合

《刑法》第 162 条规定了包庇罪，此罪的两款是并列关系，不存在法条竞合问题。《关于严惩严重破坏经济的罪犯的决定》第 1 条第 2 款规定：国家工作人员的亲属或者已离职的国家工作人员，犯上述罪行（指包庇走私、投机倒把、盗窃、贩毒、盗运珍贵文物出口、受贿的犯罪分子，隐瞒、掩饰他们的犯罪事实的——引者注）的，按《刑法》第 162 条第 2 款包庇罪的规定处罚。这里，法律虽然对包庇走私等严重破坏经济的罪犯作了特别规定，但又规定按照《刑法》第 162 条第 2 款作为包庇罪处罚。可见，这只是照应性规定，而并未规定一种特殊的犯罪，因而同样不存在法条竞合问题。与上述规定不同，《关于禁毒的决定》第 4 条规定：包庇走私、贩卖、运输、制造毒品的犯罪分子，处 7 年以下有期徒刑、拘役或者管制，可以并处罚金。显然，该决定增设了一个独立的罪名，这就是包庇走私、贩卖、运输、制造毒品的犯罪分子罪。走私、贩卖、运输、制造毒品的犯罪分子，显然属于除反革命分子以外的其他犯罪分子之列，因而从逻辑上说，包庇走私、贩卖、运输、制造毒品的犯罪分子罪与包庇罪（这里是指包庇其他犯罪分子的犯罪）之间就存在特殊法与普通法的关系，从而构成法条竞合。

（二）非法运输、携带经常用于制造麻醉药品和精神药品的物品进出境罪与走私一般货物、物品罪之间的法条竞合

《刑法》第 116 条采取空白罪状的立法形式，把各种形式的走私罪作为单一罪加以规定。随着《关于严惩严重破坏经济的罪犯的决定》的颁布，这种现状被打破。根据《关于惩治走私罪的补充规定》，走私罪是一个集合罪名，下辖各种具体罪名，主要包括：该补充规定第 1 条规定的走私毒品、武器、弹药或者伪造货币罪，第 2 条规定的走私国家禁止出口的文物、珍贵动物及其制品、黄金、白银或者其他贵重金属罪，第 3 条规定的走私淫秽物品罪，第 4 条规定的走私一般

货物、物品罪。[①] 由于该补充规定第 4 条规定的走私一般货物、物品罪，是指走私该规定第 2 条至第 3 条规定以外的货物、物品，因此，上述四种具体走私罪之间具有并列关系，而不存在法条竞合关系。而《关于禁毒的决定》第 5 条规定的非法运输、携带醋酸酐、乙醚、三氯甲烷或者其他经常用于制造麻醉药品和精神药品的物品的犯罪，其行为方式表现为非法运输、携带进出境，显然是一种走私行为；其行为对象，既非毒品本身（如果是毒品本身，则与走私毒品罪形成法条竞合关系），更非《关于严惩走私罪的补充规定》第 1 条至第 3 条规定的物品，只能是第 4 条规定的其他货物、物品。因此，它与走私一般货物、物品罪之间存在法条竞合关系。

（三）拐卖妇女、儿童罪与拐卖人口罪之间的法条竞合

《刑法》第 141 条规定了拐卖人口罪，这里未将人口限定为妇女、男子或儿童，但实践中发生的案件主要是拐卖妇女、儿童案件，拐卖其他人的则属罕见。[②] 鉴于司法实践中拐卖妇女、儿童的案件大量发生，而且社会危害性十分严重，《关于严惩拐卖、绑架妇女、儿童的犯罪分子的决定》规定了拐卖妇女、儿童罪，以加强对妇女、儿童的保护，从而与拐卖人口罪构成法条竞合关系。

（四）窝藏、转移、隐瞒毒品或者犯罪所得的财物罪与窝赃罪之间的法条竞合

《刑法》第 172 条规定的窝赃罪，指明知是犯罪所得的赃物而予以窝藏的行为。《关于禁毒的决定》第 4 条规定了为犯罪分子窝藏、转移、隐瞒毒品或者犯罪所得的财物的犯罪。两相对照，两者在行为方式与行为对象上存在某些差别。刑法将窝赃罪的行为方式表述为窝藏，而《关于禁毒的决定》则表述为窝藏、转移、隐瞒。我认为，转移、隐瞒实际上只不过是窝藏的表现形式而已。正如高铭暄教授指出：实践中也遇到过有人帮助犯罪分子改装、转移赃物的情况，这实质上还是一种窝藏行为，仍可按《刑法》第 172 条论罪。至于隐瞒，更是窝藏的题中应有之义。刑法规定窝赃罪的行为对象是犯罪所得的赃物，而《关于禁毒的决定》规定为毒品或者犯罪所得的财物。这里，犯罪所得的财物是指犯毒品罪所得

① 参见何秉松：《关于惩治走私罪的补充规定的几个问题》，载《政法论坛》，1988（2）。

② 参见高铭暄：《中华人民共和国刑法的孕育和诞生》，189 页，北京，法律出版社，1981。

的财物，符合《刑法》第172条关于犯罪所得的赃物的规定。那么，毒品是否为犯罪所得的赃物呢？严格地说，毒品属于《刑法》第60条规定的"违禁品和供犯罪所用的本人财物"。当然，在一定程度上，也可以将毒品扩大解释为犯罪所得的赃物，例如犯罪分子以出卖为目的的购入毒品。因此，可以把窝藏、转移、隐瞒毒品或者犯罪所得的财物罪视为对窝赃罪的特别规定，两者之间存在法条竞合关系。

（五）拐卖妇女、儿童罪中奸淫被拐卖的妇女的情形与强奸罪之间的法条竞合

《刑法》第141条规定的拐卖人口罪并未包括奸淫被拐卖的妇女的内容，因此，1984年最高人民法院、最高人民检察院、公安部《关于当前办理拐卖人口案件中具体应用法律的若干问题的解答》（以下简称《解答》）规定，拐卖妇女、儿童的罪犯兼犯有强奸妇女、奸淫幼女等罪行的，应按刑法有关条款定罪，并按数罪并罚的规定处刑。但《关于严惩拐卖、绑架妇女、儿童的犯罪分子的决定》将奸淫被拐卖的妇女作为拐卖妇女、儿童罪的严重情节之一。这里所谓奸淫被拐卖的妇女，包括强奸妇女和奸淫幼女两种情况。这样，拐卖妇女、儿童罪的构成要件中就包含了强奸罪的内容，因而该罪与强奸罪形成法条竞合关系。

（六）拐卖妇女、儿童罪中诱骗、强迫被拐卖的妇女卖淫或者将被拐卖的妇女卖给他人迫使其卖淫的情形与引诱、强迫妇女卖淫罪的法条竞合

《刑法》第141条规定的拐卖人口罪并不包括诱骗、强迫被拐卖的妇女卖淫或者将被拐卖的妇女卖给他人迫使其卖淫的内容，因此，《解答》规定：拐卖妇女、儿童的罪犯兼犯强迫妇女卖淫等罪行的，应按刑法有关条款定罪，并按数罪并罚的规定处刑。但《关于严惩拐卖、绑架妇女、儿童的犯罪分子的决定》将诱骗、强迫被拐卖的妇女卖淫或者将被拐卖的妇女卖给他人迫使其卖淫作为拐卖妇女、儿童罪的严重情节之一。这样，拐卖妇女、儿童罪的构成要件中就包含了引诱、强迫妇女卖淫罪的内容，因而该罪与引诱、强迫妇女卖淫罪形成法条竞合关系。

（七）拐卖妇女、儿童罪中造成被拐卖的妇女、儿童或者其亲属重伤、死亡或者其他严重后果的情形与故意重伤和伤害致死罪之间的法条竞合

《刑法》第141条规定的拐卖人口罪并不包括故意重伤和伤害致死罪的内容，

因此，《解答》规定：拐卖妇女、儿童的罪犯兼犯有伤害罪的，应按刑法有关条款定罪，并按数罪并罚的规定处罚。但《关于严惩拐卖、绑架妇女、儿童的犯罪分子的决定》将造成被拐卖的妇女、儿童或者其亲属重伤、死亡或者其他严重后果作为拐卖妇女、儿童罪的严重情节之一。这样，拐卖妇女、儿童罪的构成要件中就包含了故意重伤和伤害致死罪的内容，因而该罪与故意重伤和伤害致死罪形成法条竞合关系。

（八）拐卖妇女、儿童罪中将妇女、儿童卖往境外的情形与组织、运送他人偷越国（边）境罪之间的法条竞合

根据我国《刑法》第177条的规定，组织、运送他人偷越国（边）境罪，是指以营利为目的，非法组织或运送他人偷越国（边）境的行为。而《关于严惩拐卖、绑架妇女、儿童的犯罪分子的决定》把将妇女、儿童卖往境外作为拐卖妇女、儿童罪的严重情节之一，这里所谓“将妇女、儿童卖往境外”，实际上就是以出卖为目的，组织、运送被拐卖的妇女、儿童偷越国（边）境。这样，拐卖妇女、儿童罪的构成要件中就包含了组织、运送他人偷越国（边）境罪的内容，因而该罪与组织、运送他人偷越国（边）境罪形成法条竞合关系。

（九）拐卖妇女、儿童罪与以出卖为目的绑架妇女、儿童罪之间的法条竞合

在《关于严惩拐卖、绑架妇女、儿童的犯罪分子的决定》颁布以前，有关司法机关曾经将以出卖为目的绑架妇女、儿童的行为解释为拐卖人口罪。例如，《解答》指出，劫持、绑架妇女或用药麻醉妇女后将其出卖，后果严重的，是拐卖人口情节特别严重的犯罪行为。应该说，这是对拐卖一词作了扩大解释，因为拐卖，一般是指对被害人进行蒙骗、诱惑甚至威逼，然后将其当作“商品”卖给他人。把劫持、绑架然后出卖解释为拐卖，并不妥当。当然，由于当时没有绑架罪，这样解释实在是出于无奈。现在，刑事立法增设了绑架妇女、儿童罪，明确将以出卖为目的，使用暴力、胁迫或者麻醉方法绑架妇女、儿童的行为规定为独立的犯罪，使这个问题迎刃而解。但是，仔细分析拐卖妇女、儿童罪与以出卖为目的绑架妇女、儿童罪的构成要件，还是可以发现两者存在一定的联系，即以出卖为目的绑架妇女、儿童罪包括拐卖妇女、儿童罪的部分内容，因而两罪之间存

在法条竞合关系。

（十）拐卖妇女、儿童罪与拐骗儿童罪之间的法条竞合

根据《刑法》第 184 条的规定，拐骗儿童罪是指采用蒙骗、利诱或其他方法，使不满 14 岁的男、女儿童脱离家庭或者监护人的行为。一般认为，如果拐骗不满 14 岁的儿童是为了进行贩卖，那就应当按拐卖人口治罪（现在的拐卖妇女、儿童罪）。[①] 至于为何按照拐卖人口治罪，我国刑法学界有人认为，这种情况可以是牵连犯的一个典型例子：行为人为了买卖人口而拐骗儿童，它们实际上是一种目的和手段的牵连关系。按照重罪吸收轻罪的原则，显然，认定为拐卖人口罪为妥。[②] 我认为，这种情况难以被解释为牵连犯，因为：牵连犯是两种独立的犯罪之间具有手段与目的或者原因与结果之间的牵连关系，但是，在拐骗儿童然后出卖的情况下，拐骗儿童是一个完整的犯罪，而拐卖人口罪则并不完整，即只有卖的行为而无拐之手段。我认为，在这种情况下，拐骗儿童罪与拐卖妇女、儿童罪之间应当解释为法条竞合，即拐卖妇女、儿童罪在一定条件下包含了拐骗儿童罪的内容。因此，拐卖妇女、儿童罪与拐骗儿童罪之间也具有法条竞合关系。

二

法条竞合作为罪名概念的竞合，由于各罪名的构成要件之间逻辑关系的不同，可以被区分为各种类型。从以上我列举的法条竞合现象来看，至少可以分为以下三种。

（一）独立竞合

独立竞合表现为一个罪名概念的外延为另一个罪名概念的外延之一部分，而行为人的犯罪行为恰恰适合于这一部分的情形。就相互竞合的两个法条而言，存在着普通法与特殊法的关系。大陆法系刑法理论称之为特别关系，而苏联刑法学

---

① 参见高铭暄：《中华人民共和国刑法的孕育和诞生》，248 页，北京，法律出版社，1981。

② 参见陈忠槐：《刑事犯罪定罪比较》，230 页，上海，同济大学出版社，1989。

家称之为一般规范和特殊规范的竞合，即一个规范规定了行为的确定的范围，而第二个规范规定的是这一范围的一部分的情况。一般规范和特殊规范竞合时，后者与前者是处于从属的逻辑关系中。[①] 我在本文第一部分所列举的晚近刑事立法的法条竞合现象中，第一种至第四种都是独立竞合，即普通法与特殊法的竞合。在这种情况下，一般来说，普通法都是刑法典规定的，而特殊法则是晚近刑事立法新增的。普通法与特殊法存在着逻辑上的从属关系，即特殊法从属于普通法，也就是说，即使没有特殊法的规定，对该行为同样可以依照普通法予以处罚。例如，包庇走私、贩卖、运输、制造毒品的犯罪分子罪中的走私、贩卖、运输、制造毒品的犯罪分子，完全从属于《刑法》第 162 条第 2 款规定的其他犯罪分子。因此，因《关于禁毒的决定》对包庇走私、贩卖、运输、制造毒品的犯罪分子罪不加规定，则对这种行为可以直接按照《刑法》第 162 条以包庇罪论处。那么，既然特殊法不加规定，对某一行为仍然可以依法治罪，为什么又要予以特殊规定呢？这里涉及独立竞合作为一种立法手段的价值问题。我认为，立法者之所以采用独立竞合的立法技术，主要是为了使某一特定的犯罪行为更加具体化，从而切实地贯彻区别对待的刑事政策。例如，《刑法》第 141 条规定了拐卖人口罪，对拐卖妇女、儿童的行为完全可以依照该条处罚，但将拐卖妇女、儿童行为从拐卖人口罪中分离出来单独成罪，以示对拐卖妇女、儿童行为的从严惩处，并且着重对妇女、儿童的人身权利的保护。正如苏联刑法学家 B. H. 库德里亚夫采夫指出："在有些情况下，某些违法行为应从一般规范中划分出来，以便更准确、更具体地揭示这些违法行为的社会危害性程度，并能相应地规定比一般规范更重或更轻的制裁。"[②]

那么，对独立竞合如何适用法律呢？也就是说，在普通法与特殊法竞合的情况下，一个犯罪行为同时符合两个规范，到底适用哪一个规范？从犯罪构成的意义上说，普通法规定的是类的或一般的犯罪构成，而特殊法规定的则是种的或特

---

① 参见［苏］B. H. 库德里亚夫采夫：《定罪通论》，258、259 页，北京，中国展望出版社，1989。

② ［苏］B. H. 库德里亚夫采夫：《定罪通论》，265 页，北京，中国展望出版社，1989。

殊的犯罪构成。例如，拐卖人口罪是一般的犯罪构成，而拐卖妇女、儿童罪是特殊的犯罪构成。苏联刑法学家 A. H. 特拉伊宁指出："划分一般构成和特殊构成的实际意义在于：在具有两个规范——一个规定着类的构成，另一个规定着特殊的、种的构成——时，犯罪行为永远无条件地不应当依照一般规范，而应当依照特殊规范定罪。特殊构成，对于类的构成说来，是所谓占优势的。因此，类的构成似乎是为了在特殊构成没有概括的场合留作后备用的。"① 显然，在独立竞合的情况下，应当根据特殊法优于普通法的原则，适用特殊法，排斥普通法。这一适用原则的理由在于：为了从一般规范中划分出特殊规范，立法者直接地和明确地决定了自己对于犯罪行为的这种多样化的态度。既然在解决具体问题时适用法律的任务是具体体现立法者的意志，那么，我们为达到这一目的，就应该适用特殊规范，而不是适用一般规范。② 因此，于上述拐卖妇女、儿童罪与拐卖人口罪竞合的情形，应以拐卖妇女、儿童罪论处。

（二）包容竞合

包容竞合表现为一个罪名概念的外延是另一个罪名概念的外延的一部分，但构成要件的内容已经超出外延较窄的罪名概念的情形。就相互竞合的两个法条而言，存在着部分法与整体法的关系，大陆法系刑法理论称之为吸收关系，而苏联刑法学家称之为部分规范与整体规范的竞合，即有两个或数个规范，其中一个规范包括整个的实施行为，而另一些规范只是包括实施行为的某些部分。③ 在本文第一部分所列举的晚近刑事立法的法条竞合现象中，第五种至第八种都是包容竞合，即部分法与整体法的竞合。这些法条竞合都出现在《关于严惩拐卖、绑架妇女、儿童的犯罪分子的决定》之中，即把他罪［强奸罪，引诱、强迫妇女卖淫罪，故意重伤和伤害致死罪，组织、运送他人偷越国（边）境罪］作为拐卖妇女、儿童罪的严重情节。在这种情况下，显然不能说这些情节是情节加重犯之情

① ［苏］A. H. 特拉伊宁：《犯罪构成的一般学说》，王作富等译，204 页，北京，中国人民大学出版社，1958。

② 参见［苏］B. H. 库德里亚夫采夫：《定罪通论》，269 页，北京，中国展望出版社，1989。

③ 参见［苏］B. H. 库德里亚夫采夫：《定罪通论》，276 页，北京，中国展望出版社，1989。

节，而是把他罪内容包括进来了，从而形成部分法与整体法之间的竞合。其中，强奸等罪是部分法，拐卖妇女、儿童罪是整体法。

那么，包容竞合时如何适用法律呢？从犯罪构成来说，在包容竞合的情况下，是某一特殊构成实质上包含着另一犯罪的构成因素。[①] 例如，在上述法条竞合中，《关于严惩拐卖、绑架妇女、儿童的犯罪分子的规定》把强奸被拐卖妇女作为拐卖妇女、儿童罪的一个严重情节，因而，拐卖妇女、儿童罪的构成实际上包含了强奸罪的构成因素，使强奸罪成为拐卖妇女、儿童罪的一个有机组成部分。在这种情况下，定罪的一般原则是：永远应该适用最充分地包含实施行为的任何事实要件的那一规范，它在只是规定犯罪人实施行为一部分的规范面前具有优先地位。这一原则可以概括为：整体法优于部分法。因此，在上述情况下，既不是定强奸罪，也不是定拐卖妇女、儿童与强奸两个罪，而是应以拐卖妇女、儿童罪论处，因为该罪已经包含了强奸罪的构成因素。

（三）偏一竞合

偏一竞合表现为两个法条的内容交叉重合，但犯罪行为已经超出重合范围的情形。偏一竞合是一种较为复杂的法条竞合形式。就两个法条的关系而言，大陆法系刑法理论称之为补充关系。在这种情况下，两个法条的内容具有一定的交叉重合，但其犯罪行为又已经超出重合范围，从而构成偏一竞合。在本文第一部分所列举的晚近刑事立法的法条竞合现象中，第九种和第十种属于偏一竞合。例如，拐卖妇女、儿童罪与拐骗儿童罪，前罪的构成要件是拐骗妇女、儿童并加以出卖，后罪的构成要件是拐骗儿童。将两罪的构成要件相比较，有一部分是交叉重合的，这就是拐骗儿童。所谓交叉重合，是指并非像包容竞合那样，拐骗儿童罪完全包含在拐卖妇女、儿童罪之中，因为，拐骗儿童除出卖以外，还可以是自己抚养，等等。这两个罪之间不仅具有交叉重合关系，而且其犯罪行为已经超出重合的范围。换言之，拐卖妇女、儿童罪，除在拐骗儿童上与拐骗儿童罪交叉重合以外，还有出卖行为，而这一出卖行为显然已经超出交叉重合部分，充实了整

---

① 参见［苏］A. H. 特拉伊宁：《犯罪构成的一般学说》，王作富等译，204 页，北京，中国人民大学出版社，1958。

个拐卖妇女、儿童罪，由此偏向于拐卖妇女、儿童罪，从而形成所谓偏一竞合。

那么，偏一竞合时如何适用法律呢？从犯罪构成来说，偏一竞合中的基本法和补充法之间具有交叉重合关系，基本法与补充法往往为保护同一法益而设立，补充法规定的犯罪的不法内涵较低，而基本法规定的犯罪的不法内涵较高。因此，当行为同时触犯补充法与基本法时，根据基本法优于补充法的原则，应适用基本法。例如，拐卖妇女、儿童与绑架妇女、儿童而予以出卖，前罪是补充法，后罪是基本法，应以后罪论处。当然，基本法与补充法是相对而言的，不能绝对化。例如，拐卖妇女、儿童罪相对于拐骗儿童罪来说是基本法，而相对于绑架妇女、儿童罪来说又是补充法。对此，在处理偏一竞合时尤其应当加以充分的注意。

三

我国晚近刑事立法采用了不少法条竞合的立法技术，为法条竞合的理论研究提供了法律素材。这是十分可喜的现象。但是，法条竞合理论不能满足于对法条竞合现象的客观描述，而应当立足于理论，科学地评价这种立法技术运用的利弊得失。毋庸讳言，我国晚近刑事立法采用法条竞合的立法技术，虽有所得，然而所失亦大。在此，主要就包容竞合问题略抒己见。

包容竞合是刑事立法中经常运用的立法技术之一。之所以采用这种立法技术，主要是为了方便定罪，将经常伴随发生的犯罪合并地规定为一罪。在这个意义上说，结果加重犯和结合犯都属于包容竞合。在刑法理论上，结果加重犯是指实施基本的犯罪构成要件的行为，发生基本犯罪构成要件的结果以外的重结果，刑法为此规定加重法定刑的犯罪。例如，我国《刑法》第 134 条第 2 款规定的故意伤害致死，就是结果加重犯的适例。在这种情况下，故意伤害致死罪实际上就包含了故意伤害罪与过失杀人罪这两个罪的构成因素，因而，故意伤害罪是整体法，过失杀人罪是部分法，根据整体法优于部分法的原则，应以故意伤害罪论处。在刑法理论上，结合犯是指通过刑法规定将原来各自独立成罪的几个行为合并，另立一个犯罪。例如，《日本刑法典》第 241 条所规定的强盗强奸罪，就是将强盗罪的行为和强奸罪的行为合并，另立而成的。在这种情况下，强盗强奸罪是整体法，强盗罪与强奸罪都是部分法。在大陆法系刑法理论上，存在明确地将结合关系视为法条竞合的一种独立形态的学说。但我认为，结合犯中存在吸收关系，是部分法与整体法的竞合。由此可见，包容竞合在刑事立法中运用得十分广泛。

从犯罪构成上分析包容竞合，这种竞合往往是因一定的构成要件的竞合而产生的。正如苏联刑法学家 B. H. 库德里亚夫采夫指出："竞合，可以是犯罪客体、犯罪主体、犯罪的客观方面和犯罪的主观方面要件一个方面的竞合，或者是它们中几个方面的同时竞合。"① 在大多数情况下，是犯罪的客观方面的竞合。例如，我国《刑法》第 150 条规定的抢劫罪，其手段为暴力、胁迫，第 2 款规定致人重伤或者死亡是抢劫罪的加重构成。在这种情况下，如何解决抢劫罪与伤害罪、杀人罪的关系呢？对此，我国刑法学界观点聚讼不休。我同意以下观点：在劫取财物过程中施用暴力而致人重伤、死亡，这是抢劫罪使用暴力的当然含义。对于《刑法》第 150 条第 2 款的规定，作为结果加重犯或结合犯来理解，都有一定道理。② 这里，重伤或者杀人被包含在抢劫罪的构成要件之中，是作为抢劫手段而存在的，可以说是手段的竞合。抢劫罪包含故意杀人罪这种法条竞合的存在是否具有合理性，在此姑且不作评价。但我国晚近刑事立法中出现的一些包容竞合，其科学性是令人怀疑的。《关于严惩拐卖、绑架妇女、儿童的犯罪分子的决定》（以下简称《决定》）将强奸，引诱、强迫妇女卖淫，故意重伤和伤害致死等作为严重情节，包含在拐卖妇女、儿童罪中，存在以下缺陷。

（一）竞合根据的不合理性

如前所述，包容竞合一般来说，都是因一定的构成要件的竞合而产生的。也就是说，竞合的根据在于构成要件本身。例如，故意伤害致死，故意伤害是基本

---

① ［苏］B. H. 库德里亚夫采夫：《定罪通论》，278 页，北京，中国展望出版社，1989。

② 参见高铭暄主编：《中国刑法学》，507 页，北京，中国人民大学出版社，1989。

行为，而致人死亡是作为伤害的结果而存在的，但这一结果已经超出了伤害的范畴，涉及过失杀人。因为存在这种密切联系，因而刑法将其规定为一个犯罪。但在拐卖妇女、儿童罪的构成要件中，不涉及任何强奸，引诱、强迫妇女卖淫，故意重伤和伤害致死等犯罪，《决定》却把这些与之毫不相关的犯罪包容在拐卖妇女、儿童罪中，作为从重处罚的情节。此种做法缺乏科学的竞合根据。

（二）犯罪界限的易混淆性

拐卖妇女、儿童罪的构成要件与强奸，引诱、强迫妇女卖淫，故意重伤和伤害致死等本来没有关联，只不过在拐卖妇女、儿童的过程中，有时容易并发这些犯罪而已，但《决定》把这些犯罪统统包容在拐卖妇女、儿童罪之中，从而混淆了拐卖妇女、儿童罪与强奸，引诱、强迫妇女卖淫，故意重伤和伤害致死等犯罪的界限，不利于司法机关正确地区分这些犯罪之间的界限。

（三）犯罪个数的难确定性

根据我国刑法的规定，对于一人犯有数罪的，应当实行数罪并罚。数罪并罚是我国刑法中的一项重要的量刑制度。在拐卖妇女、儿童过程中，兼犯有强奸，引诱、强迫妇女卖淫，故意重伤和伤害致死等犯罪，本来是一人犯有数罪，理应实行数罪并罚。但根据《决定》，这些犯罪都成了拐卖妇女、儿童罪的从重情节。这样，犯罪人到底是犯一罪还是犯数罪？按照罪数标准，本应是犯数罪，但《决定》硬性地捏合在一起，作为一罪处理。其结果是在有意无意中贬低了数罪并罚制度的作用，不利于刑法内部各项规定的协调发展。

（四）罪质轻重的相颠倒性

根据刑法规定和法制观念，强奸犯罪重于拐卖妇女、儿童罪，因为强奸是使用暴力、胁迫或者其他手段强行与妇女发生非法性行为。由此可见，强奸罪不仅侵犯妇女的性权利，而且侵犯妇女的身体健康权甚至生命权。而拐卖妇女、儿童罪，由于采用的是诱骗的手段，一般来说，并不侵犯妇女、儿童的身体健康权，而只是侵犯妇女、儿童的人身自由权。显然，强奸罪是重罪，拐卖妇女、儿童罪是轻罪。但《决定》把作为重罪的强奸行为包含到作为轻罪的拐卖妇女、儿童罪当中，这就完全颠倒了罪质的轻重，使这种规定不伦不类，缺乏理论根据。

综上所述，我认为《决定》把强奸，引诱、强迫妇女卖淫，故意重伤和伤害致死等犯罪包容在拐卖妇女、儿童罪之中，从理论上来说，是难以成立的。如此规定，带来理论与实践的混乱，弊端甚大。为此，我建议将来修改刑法时，取消这些规定。对于在拐卖妇女、儿童过程中进行强奸，引诱、强迫妇女卖淫，故意重伤和伤害致死等犯罪活动的，按照数罪并罚原则予以惩处。

（本文原载《当代法学》，1992（2））

论共同犯罪与一罪数罪

一罪与数罪，也就是罪数问题，是犯罪形态之一。一罪与数罪和共同犯罪一样，是一个比较复杂的问题。而当共同犯罪与一罪数罪发生交织的时候，其复杂性更是显而易见。本文就共同犯罪中如何区分一罪与数罪的一些问题略抒已见，以开拓共同犯罪与一罪数罪研究的广度与深度。

一、共同实行犯与一罪数罪

在共同实行犯的情况下，各实行犯都实行了刑法分则所规定的构成要件行为。共同实行犯的一罪数罪问题具有不同于单独犯罪的特点，现分述如下。

（一）共同实行犯与继续犯

在刑法理论上，继续犯又称持续犯，指犯罪行为在一定时间内处于继续状态的犯罪。例如非法拘禁罪，其行为往往在时间上处于继续状态。假设在甲对他人实行非法拘禁的过程中，乙加入犯罪，甲、乙共同对他人实行非法拘禁。对此，甲、乙是否成立继续犯的共同实行犯呢？回答是肯定的。因为继续犯是一种持续性的犯罪，其犯罪行为持续时间的长短并不影响犯罪的成立。在共同实行犯的情

况下，某一行为人在犯罪行为持续过程中加入犯罪，就构成继续犯的共同实行犯。当然，在量刑的时候，应考虑到参加犯罪时间的长短，对参加时间短的共同犯罪人予以适当的从轻处罚。

（二）共同实行犯与结合犯

在刑法理论上，结合犯是指数个独立的犯罪行为，根据刑法的规定，结合而成为另一个独立的犯罪，用公式表示就是甲罪＋乙罪＝丙罪。例如，根据我国《刑法》第 191 条第 2 款的规定，妨害邮电通讯罪和盗窃罪结合成为贪污罪。假设甲、乙二人具有共同犯罪的故意，由甲私拆邮件，由乙窃取财物。虽然甲、乙二人分别实施了一个犯罪行为，但仍应成立结合犯的共同实行犯。但如果在甲私拆邮件行为实施完毕以后，乙参与共同窃取财物，则甲、乙不能成立结合犯的共同实行犯，甲应构成结合犯，应被论以贪污罪，乙则应被论以盗窃罪的共同实行犯。

（三）共同实行犯与牵连犯

在刑法理论上，牵连犯是指以实施某一犯罪为目的，其犯罪的方法行为或者结果行为触犯其他罪名的情形。例如，犯罪分子伪造公文诈骗公私财物，其犯罪的方法行为触犯了伪造公文罪，其本罪行为又触犯了诈骗罪。在我国司法实践中，对牵连犯不实行数罪并罚，而是从一重罪处罚。假设甲、乙二人具有共同犯罪的故意，由甲伪造公文，乙则使用甲所伪造的公文进行诈骗。虽然甲、乙二人分别实施了一个犯罪行为，但仍应成立牵连犯的共同实行犯，以其中的重罪处罚。但如果在甲伪造公文以后，乙参与共同诈骗，则甲、乙不能成立牵连犯的共同实行犯，甲应构成牵连犯，以诈骗罪从重处罚，乙则应被论以诈骗罪的共同实行犯。

（四）共同实行犯与结果加重犯

在刑法理论上，结果加重犯是指法律上规定的一种犯罪行为，由于发生了法定的某种严重结果，因而加重其法定刑，也就是法定刑升格的情形。如果共同实行犯中的某一实行犯在实行预谋的犯罪行为时发生了法律所规定的加重结果，其他实行犯对这一加重结果是否承担刑事责任呢？我认为，共同实行犯中发生加重

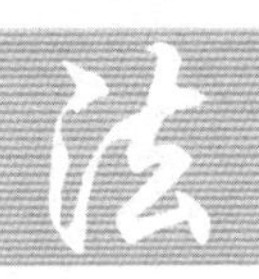

结果的情形不同于实行过限。在实行过限的情况下，过限的犯罪行为超出了共同犯罪故意的范围，其他实行犯主观上对于过限的犯罪行为没有罪过，因此对此不负刑事责任。但在结果加重犯的情况下，共同犯罪人既然共谋实施某一犯罪，对于犯罪中可能发生的加重结果是应当有所预见的，所以主观上亦有过失。因此，共同实行犯中的各实行犯对加重结果都应承担刑事责任，而不论加重结果是否由本人的行为直接造成。

二、教唆犯与一罪数罪

（一）教唆犯与想象竞合犯

在刑法理论上，想象竞合犯是指一行为触犯数个罪名的情形。教唆犯与想象竞合犯可以分为两种情况：一是教唆犯的想象竞合犯，即一个教唆行为教唆一人触犯数个罪名。例如，甲教唆乙以放火的方法杀丙，甲的一个教唆行为触犯了教唆放火罪与教唆杀人罪两个罪名，属于教唆犯的想象竞合犯。对此，应按一个教唆行为所触犯的数个罪名中的重罪名论处。二是想象竞合犯的教唆犯，例如，甲教唆乙杀丙，乙以放火的方法将丙杀死。在该案中，乙成立想象竞合犯，而甲则是想象竞合犯的教唆犯。在这种情况下，教唆犯本身并不是想象竞合犯。在想象竞合犯的情况下，如果想象竞合犯中有的罪名比教唆犯所教唆的罪还要重，那么，对教唆犯是否应以重罪名论处呢？对此，我国刑法学界存在两种观点：一种观点认为，在想象竞合犯的教唆犯的情况下，教唆犯应在其教唆范围内承担刑事责任，不能被论以重罪名。另一种观点则认为，如果教唆犯只是概括地教唆他人犯某罪，并没有指明特定的犯罪手段，那么，对教唆犯就应以想象竞合犯中的重罪名论处；如果教唆犯已经指明了特定的犯罪手段，并且利用这种手段犯罪不可能构成想象竞合犯，而被教唆的人却用其他的手段去实施犯罪构成想象竞合犯时，对教唆犯就不能以想象竞合犯中的重罪名论处。我认为，第二种观点更妥一些，因为：犯罪故意有确定故意与不确定故意之分，教唆故意也是如此。在教唆故意是确定故意的情况下，教唆犯已经指明犯罪方法。如果被教唆的人以其他手段犯罪，因而构成想象竞合犯，则是违背教唆犯本意的，不能让教唆犯承担重于被教唆的罪的刑事责任。在教唆故意是不确定故意的情况下，教唆的内容是概括的，并没有限定犯罪方法，因此，被教唆的人构成想象竞合犯，触犯其他更重的罪名，包括在教唆故意的范围之内，教唆犯应承担想象竞合犯中重罪名的刑事责任。

（二）教唆犯与连续犯

在刑法理论上，连续犯是指基于同一的或者概括的犯罪故意，连续数次实施犯罪行为，触犯同种罪名的情形。教唆犯与连续犯可以分为以下两种情况：一是教唆犯的连续犯，即连续教唆他人犯同一之罪。例如，甲出于对乙的怨恨，连续教唆丙盗窃乙家的财物。这就是教唆犯的连续犯。对于教唆犯的连续犯，不实行数罪并罚，而是按照一个罪名从重处罚；如果危害严重，可以按照该罪名中情节严重对应的法定刑论处。二是连续犯的教唆犯，即教唆他人进行犯罪。在这种情况下，教唆犯只实施了一个教唆行为，而被教唆的人则构成连续犯。例如，甲教唆乙强奸三个妇女，甲就是连续犯的教唆犯。对连续犯的教唆犯应如何处罚呢？我认为，对连续犯的教唆犯只能成立一罪，教唆犯不发生连续的问题，但应从重处罚。

（三）教唆犯与结合犯

在教唆犯的情况下，教唆行为本身会发生结合犯的问题，因此存在所谓教唆犯的结合犯。同时，在司法实践中还存在结合犯的教唆犯。（1）教唆犯的结合犯，即教唆犯教唆他人实施两种犯罪行为，刑法将这两种犯罪行为规定为结合犯，对教唆犯应以结合犯论处。（2）结合犯的教唆犯，即教唆犯教唆他人实施一种犯罪行为，被教唆的人在实施这种犯罪行为的过程中，又实施了另一犯罪行为，构成结合犯。例如，甲教唆邮电工作人员乙私拆邮件，乙在私拆邮件时又窃取了财物，对乙应以贪污行论处。那么，对教唆犯甲是否也应以贪污罪论处呢？回答是否定的，因为：乙窃取财物的行为属于实行过限，超出了教唆犯的教唆故意。对此，教唆犯当然不负刑事责任。

（四）教唆犯与牵连犯

在司法实践中，存在教唆犯的牵连犯与牵连犯的教唆犯。这两种情况在观念

上有所区别，现分别加以说明：一是教唆犯的牵连犯，即教唆犯教唆他人实施两种犯罪行为，这两种犯罪行为之间具有牵连关系，因而，对教唆犯应以牵连犯论处。例如，甲教唆乙使用伪造公文的方法进行诈骗活动。在这种情况下，乙是牵连犯，应被论以其中的重罪诈骗罪；甲也应被视为牵连犯，论以诈骗罪。二是牵连犯的教唆犯，即教唆犯教唆他人实施一种犯罪行为，被教唆的人在犯罪过程中，其手段行为或者结果行为又触犯了其他罪名。在这种情况下，被教唆的人构成牵连犯是无疑的，对教唆犯应如何论处呢？我认为，在一般情况下，教唆犯对被教唆的人所牵连触犯的其他罪名不承担刑事责任。但如果教唆犯的教唆比较概括，有时甚至暗示可以采取犯罪的方法去实施某一犯罪，则教唆犯应承担牵连犯的刑事责任。此外，如果某一结果行为是教唆犯所教唆的犯罪的必然结果，则教唆犯应对此承担刑事责任。例如，甲教唆乙去盗窃枪支，乙盗枪以后必然要私藏，乙成立牵连犯，甲也应被视为教唆犯的牵连犯，对其以其中的重罪处罚。

（五）教唆犯与结果加重犯

教唆犯教唆他人实施某一犯罪行为，被教唆的人在实施这一犯罪的过程中发生了加重结果的情形下，被教唆人应对加重结果负责无疑，但教唆犯应否负责？有人认为，教唆犯仅对被教唆的人所实施的基本犯罪行为负责，而对其造成的加重结果不承担刑事责任。我认为，教唆犯如果对加重结果有预见，应负刑事责任，否则，不负刑事责任。

三、帮助犯与一罪数罪

（一）帮助犯与连续犯

在帮助犯的情况下，如果被帮助的人是连续犯，帮助的人有数个帮助行为，就构成所谓帮助犯的连续犯，即帮助犯以连续犯意，先后帮助犯同一罪名者。例如，甲以概括的犯意，连续帮助他人从事盗窃，对甲应以连续帮助盗窃犯论处。由此可见，构成帮助犯的连续犯，不仅帮助犯要有数个帮助行为，而且被帮助的人也必须是连续犯。因而，帮助犯有数个帮助行为，而被帮助的人不是连续犯

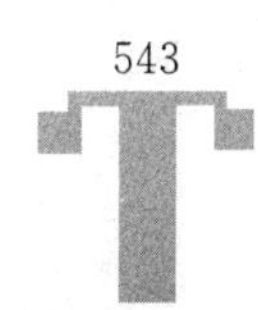

的，亦不应按连续犯处理。

（二）帮助犯与结合犯

在被帮助的人分别实施了两个犯罪行为，而这两个犯罪行为被法律规定为一个独立犯罪的情况下，被帮助的人成立结合犯。那么，帮助犯是否也成立结合犯呢？如果帮助犯对两个犯罪行为都予以帮助，则对帮助犯也应以结合犯论处。如果帮助犯只对结合犯中的一个犯罪行为进行了帮助，我认为，在帮助犯对另一犯罪行为完全不知情的情况下，帮助犯自然不应对这一犯罪行为承担刑事责任。如果帮助犯对结合犯中的一个犯罪行为提供了物质帮助，对另一个犯罪行为也知情，则应视为帮助犯对这一犯罪行为提供了精神上的帮助，因此，帮助犯也应被视为结合犯。

（三）帮助犯与牵连犯

在被帮助的人分别实施两个犯罪行为，而这两个犯罪行为具有牵连关系的情况下，被帮助的人成立牵连犯。如果帮助犯对具有牵连关系的两个犯罪行为都实施了帮助，自然应构成牵连犯的帮助犯。如果帮助犯只对具有牵连关系的两个犯罪行为中的一个进行了帮助，则应分别情况：在一般情况下，帮助犯应对其所帮助的那一犯罪行为承担刑事责任。但帮助有物质帮助与精神帮助之分，如果对牵连犯中的一个犯罪行为提供了物质上的帮助，但对另一犯罪行为也是知情的，则就不能否定其对该犯罪行为具有精神帮助作用。例如，甲明知乙伪造公文是为了诈骗，对伪造公文提供了物质帮助。甲对乙诈骗虽然没有提供物质上的帮助，但为乙伪造公文提供物质帮助本身就表明甲是鼓励乙去进行诈骗活动的，这就是精神上的支持，故应对甲以牵连犯论处。当然，如果帮助犯对实行犯的另一犯罪行为毫不知情，也就谈不上精神帮助的问题。

（本文原载《法学季刊》，1987（4））

图书在版编目（CIP）数据

刑法研究．第九卷，刑法总论．Ⅳ / 陈兴良著．-- 北京：中国人民大学出版社，2021.3
（陈兴良刑法学）
ISBN 978-7-300-29098-0

Ⅰ.①刑…　Ⅱ.①陈…　Ⅲ.①刑法－中国－文集　Ⅳ.①D924.04-53

中国版本图书馆 CIP 数据核字（2021）第 081888 号

国家出版基金项目
陈兴良刑法学
刑法研究（第九卷）
刑法总论Ⅳ
陈兴良　著
Xingfa Yanjiu

出版发行	中国人民大学出版社		
社　　址	北京中关村大街 31 号	**邮政编码**	100080
电　　话	010－62511242（总编室）		010－62511770（质管部）
	010－82501766（邮购部）		010－62514148（门市部）
	010－62515195（发行公司）		010－62515275（盗版举报）
网　　址	http://www.crup.com.cn		
经　　销	新华书店		
印　　刷	涿州市星河印刷有限公司		
规　　格	170 mm×228 mm　16 开本	**版　　次**	2021 年 3 月第 1 版
印　　张	34.5 插页 4	**印　　次**	2021 年 3 月第 1 次印刷
字　　数	516 000	**定　　价**	2 980.00 元（全十三册）